河南工程學院黃帝故里文化研究中心資助項目

高拱年譜長編

岳天雷　編著

中州古籍出版社
·鄭州·

目　録

序　言

歷史研究是要知人論世的。所謂"知人論世",是瞭解歷史人物所處的時代背景,鑒别歷史人物的是與非,議論世事的得與失。要達到知人論世之目的,研讀、編著編年是必不可少的學術工作。正如魯迅先生所説:"編年有利於明白時勢,倘要知人論世,是非看編年的文集不可的。"①編年者,紀事系年也。編年實際上就是年譜,是一種以編年體記載歷史人物的生平、事迹、思想和經歷的著作。年譜以時間爲縱坐標,史實爲横斷面,彙集譜主生平事迹、著作及其他史料,爲知人論世、人物研究提供基本素材。年譜是由後人就歷史人物的相關史籍考訂編次而成。在中國古代,編著年譜肇始於宋代,興盛於明清。

作爲明代嘉、隆、萬時期傑出的政治家、改革家,作爲批判宋明理學和明季時弊的卓越思想家、哲學家的高拱(1513～1578,字肅卿,號中玄,謚文襄,河南新鄭人),明清至今還没有年譜。這在一定程度上使其家族世系、生平事迹、改革功績、學術思想隱而弗彰,鮮爲世人所知,以至於長期以來在政治史上被歪曲、被醜化,在學術史上被遮蔽、被埋没,在歷史地位上被消解、被誤判。

譬如,現今有些論者以渲染、誇大高拱的性格弱點爲根由,以他

① 魯迅:《且介亭雜文》序言。

主政時間短暫爲理據，以他與徐階、李春芳、趙貞吉、殷士儋、張居正等隆慶閣臣的矛盾爲藉口，不僅全盤否定其爲人、爲德和爲政，提出所謂的"性格偏狹"説、"有仇必報"説、"貪污腐化"説、"留下爛攤"説、"相材缺失"説、"政治權謀"説、"新鄭横議"説、"開啓黨争"説等，而且還把本來屬於高拱的靖邊功績、改革事功加以無情地剥奪，將其戴到張居正的頭上，形成"高冠張戴"的現象。這是一樁極不公正的歷史公案。由於歷史的原因或局限，明清之際，黄宗羲的《明儒學案》没有爲他立傳，對其學術思想做出評價，就連馮友蘭先生的《中國哲學史》、容肇祖先生的《明代思想史》和侯外廬先生的《中國思想通史》也没有他的一席之地，致使其從逝世到20世紀40年代的三百餘年間幾乎被人們遺忘。這又是一樁極不公正的學術公案。

不過，歷史又是公正的，它不會埋没任何人，也不會冤枉任何人，更不會醜化任何人。高拱作爲16世紀傑出的政治家、思想家，他的改革功績和學術成就終究會突破重重歷史迷霧，被人們所憶起、所發現，并釋放出燦爛的光輝。當歷史發展到20世紀40年代，著名學者嵇文甫先生終於發現了高拱，并對其學術思想做了開創性研究。嵇先生在《張居正的學侣與政敵——高拱的學術》（1946）一文中，明確提出"他的學術，大概可用'通'和'實'兩個字來概括，平正通達，有實用而近人情"；"新鄭學術，尚通、尚實，有許多地方開清儒之先"①的著名論斷。60年代初，他又相繼發表《論高拱的學術思想》（1962）和《再論高拱的學術思想》（1963）兩篇大作，通過研究高拱的哲學思想和政治思想，判定："高拱不僅在政治上很有表現，他還確乎有一套很值得表揚的學術思想。""他是一個在政治上和學術上都有特别表現的人物，是一個站在時代前面開風氣的人物。""高拱是一位很有幹

---

① 嵇文甫：《張居正的學侣與政敵——高拱的學術》，《嵇文甫文集》中册 河南人民出版社1990年版，第420、434頁。

略的宰相,在許多方面開張居正之先。”[①]當歷史进入 20 世紀 90 年代,明清史專家韋慶遠先生通過研究高拱的軍事、邊政和吏治等方面的改革,對其作了明確定位。他説:“明中葉的改革實際上是從隆慶三年(1569)高拱復出,其後任内閣首輔,張居正任重要閣員時期開始的。舉凡整飭吏治、加强邊防、整飭司法刑獄、興修水利、推行海運、改革中央和地方軍政人事制度,重點推行清丈土地和實行一條鞭法、恤商惠商等多種政策方略,都是在這個時期出臺,并且立竿見影地取得過成果。……可以説,隆慶時期實爲大改革的始創期,實爲其後萬曆朝進一步的改革奠立基礎和確定政策走向的關鍵性時期。由張居正總攬大權以主持的萬曆十年改革,基本上是隆慶時期推行改革方案的合理延續和發展。”[②]如果説嵇先生在高拱學術思想研究上具有開創之功,那麽,韋先生在其政治改革研究上則有拓展之勞。他們取得的成就,做出的貢獻,不僅值得後人欽佩和敬仰,而且也爲高拱研究的進一步深入展開奠定了堅實基礎。

研究高拱,要知其人,論其世,識其學。爲此,必須對高拱的政治和學術著作及其相關文獻加以全面、系統的搜集和整理,進行標點、校注與勘誤。這是高拱學術研究工作的基礎和前提。因此,我們搜集、整理了明萬曆四十二年馬之駿刻本《高文襄公集》、清康熙二十五年高有聞籠春堂刻本《高文襄公文集》等原始文本資料;搜集、整理了明清時期 70 餘人 170 餘篇與高拱相關的文獻資料,編成《高拱生平文獻》;根據正德、嘉靖、隆慶、萬曆四朝《實録》和相關史料,著成《高拱大事年譜》。上述文本文獻資料已彙集成册——《高拱全集》,於 2006 年由中州古籍出版社出版。

筆者原先編著的《高拱大事年譜》,雖然屬於首創,但由於種種原

① 嵇文甫:《論高拱的學術思想》,《嵇文甫文集》下册,第 451、434 頁。

② 韋慶遠:《張居正和明代中後期政局》,廣東高等教育出版社 1999 年版,第 4~5 頁。

因,還存在諸多不足或缺漏。因此,在高拱學術研究逐步深入和拓展的今天,重新編著一部《高拱年譜長編》很有必要。

編著《高拱年譜長編》,有助於瞭解譜主的生平身世、求學經歷及其成爲改革家和思想家的時代背景和學術氛圍;認識嘉、隆兩朝對接的政治基礎,以及主持隆慶大改革的社會政治因素;探討譜主是如何獲得穆宗的充分信任并集内閣、吏部大權於一身,使改革得以有效推行之原因;把握隆慶内閣保守與改革兩大營壘的對峙,厘清譜主與徐階、李春芳、趙貞吉、殷士儋、張居正等隆慶重臣之間的政治主張、學術思想等複雜關係;探尋譜主從早年崇信宋明理學到晚年批判宋明理學之學術立場轉變的原因及其過程;把握譜主構築的以氣本論爲基礎的,以實踐性、辯證性和唯實性爲特質的,以經世致用爲價值取向的學術思想體系以及如何爲其改革的合法性提供理論論證的;研判譜主在明代中後期的歷史地位和學術地位;探討明清政治家、史學家對譜主之評價由貶多於褒到褒貶參半再到褒多於貶的變化趨勢及其社會政治原因等。

在編寫方法上,此年譜長編遵循三個基本原則:(1)譜主活動與時代背景相結合。譜主活動是在特定的時代背景中展開的,只有瞭解時代背景,才能準確把握譜主活動的動機和目的。(2)政治活動與學術活動相結合。譜主的政治活動與學術活動互滲互涵,密不可分。只有把握其政治活動,才能發掘學術活動的現實根基;也只有瞭解其學術活動,才能探明政治活動的方向和目的。(3)思想變化與著作撰述相結合。著作撰述是體現、表現學術思想的,學術思想又是隨著時勢的發展而變化的,自然著作撰述所體現、表現的學術思想也就不同。如同樣是對儒家四書的詮釋,譜主早年在裕邸時期的講章《日進直講》與晚年罷官之後所撰述的《問辨録》之間,就存在著明顯的差別:前者屬於正統的宋明理學著作,而後者則屬於批判宋明理學的著作[①]。總之,通過以上幾個方面,力圖恢復譜主的歷史真實面目,樹立其生動鮮活的形象,真正達到"知人論世"之目的。

在編著形式上,年譜長編分爲譜前、年譜、譜後三部分。譜前記述譜主的家族世系,年譜正文分爲求學、從政、主政和賦閑四個時期,譜主逝世後發生的與之相關的歷史事件和社會影響,均編入譜後部分。每一時期,紀年以皇帝年號爲準,附之以干支和公曆紀年,并標明譜主年紀(虛齡)。凡紀事有年無月可稽考者,以"是年"或"是歲"標示;凡有月無日可稽查者,以"同月"標示;凡日期相同,以"同日"標示。年、月、日均以農曆爲準,并以黑體字顯示,以示醒目。

編著《高拱年譜長編》,只是希望以編年體形式,全面完整地、準確真實地保存高拱這份珍貴的歷史文化遺産和思想學術資源,不至於隨著歲月的流逝而銷聲匿迹,被人們遺忘。當然,這對繼承、弘揚中原傳統文化乃至中國傳統文化,實現中華文明的偉大復興,也有著十分重要的現實意義。

岳天雷

2013 年 2 月於鄭州

① 關於高拱的《日進直講》與《問辨録》對儒家四書詮釋的差異問題,參見朱鴻林先生《高拱經筵内外的經説異同》一文,載曾一民主編《林天蔚教授紀念文集》,臺北文史哲出版社 2009 年版,第 127 ~ 138 頁。

凡　例

一、年譜長編分爲譜前、年譜、譜後三部分。譜前記述譜主的家族世系概況，年譜正文分爲求學、從政、主政、賦閑四個時期。譜主逝世後發生的與之相關的歷史事件和社會影響，編入譜後部分。

二、紀年以正德、嘉靖、隆慶、萬曆年號爲準，均以農曆紀年，并附以干支，標出公曆紀年及譜主年紀（虚齡）。

三、按照年、月、日之順序，分條記事。每月最早日期之前標示月份，以下日期另起一行，月份相同不再標示。凡紀事有年而無月可稽考者，以"是年"或"是歲"標示；凡有月而無日可稽查者，以"同月"標示；凡日期相同，以"同日"標示。

四、對譜主的從政歷程、改革功績、明清論評等有争議之處加以簡略辨析和考證，以澄清歷史之真相；對譜主的著作版本、刊刻日期、卷數異同、思想觀點加以提要性概述，以展現學術之概貌；譜主的家族世系、姻親、恩師、同門、同年、同僚、門生、好友、鄉梓等亦均入譜，脚注方式注出，以釐清譜主社會人際關係之脈絡。

五、凡引用文獻資料，依據與譜主關係疏密程度之不同，或以概述，或以精簡，或以摘録，或以全文等不同方式入譜，均以脚注方式注出。

六、年譜附有四篇附録：《高拱研究文獻》、《高拱文獻列表》、《高拱思想研究綜述》和《高拱改革研究綜述》。

七、爲查閱、檢索之方便，年譜最後附有參考文獻和人名索引。

一 譜前

關於新鄭高氏家族的遠祖,高拱曾在嘉靖四十五年(1566)所撰《高氏族譜序》中有其追述,言:"高家爲先賢子羔之後。元以前譜牒遺失,宗派無傳。惟元時有同高曾祖父之兄弟六十有八人,爲吾七代伯叔祖,乃子羔五十七世孫也。然又四方遠處遷徙靡增,迄於今無譜也。嘉靖戊[丙]寅[1]歲,余於佐政之暇,謹將五十七世以下宗支分爲六十八派,按次修至六十三四代之間,亦可爲吾家敦宗睦族之一助矣。具有未及採訪不獲列於譜者,望後世并爲詳考續入焉。新鄭肅卿氏拱敬識。"[2]

由譜序可知,高氏家族是春秋時期齊國人子羔之後。子羔(前521~?),即高柴,字子羔。[3] 子羔小孔子大約30歲,在孔子門下受業,孔子認爲他憨直忠厚,仗義执言。此時,子路在季氏那裏任職,便派高柴去做費邑宰。高柴在魯、衛兩國先後四次爲官,歷任魯國費宰、郕宰、武城宰和衛國的士師,是孔門弟子中從政次數最多、時間最長的一位。魯哀公十五年(前480),衛國政變,高柴逃離衛國,并勸子路不要回宫,子路拒絶勸阻,結果回宫遇害。故孔子稱讚子羔明大義、善保身。子羔曾遊學山東蘭陵,教授弟子,傳播仲尼之道,死後葬於蘭陵。

元代之前,高氏家族無譜。有記載的是子羔五十七世孫,即元代的高曾祖父兄弟六十八人。其中,元末明初從山西洪洞縣徙居河南新鄭的高成,即是高拱的前六世祖。其後,由於四處遷徙,人數增益,至明代中期尚無高氏族譜。嘉靖四十五年(1566),時任禮部尚書的高拱修撰高氏族譜時,通過採訪整理,將子羔五十七世以下宗支分爲六十八派。其中,第五十九宗高成即爲新鄭高氏一宗。目録如下表:

---

① "戊寅"係"丙寅"之誤。丙寅歲,即嘉靖四十五年(1566)。從嘉靖元年壬戌到嘉靖四十五年丙寅,其間并無"戊寅歲"。根據下文"余於佐政之暇……",可推定此爲高拱於嘉靖四十五年入閣之後所作。

② 高拱:《詩文雜著》卷二《高氏族譜序》。

③ 參見《史記·仲尼弟子列傳》。

先賢子羔第五十七世高氏宗譜六十八宗目録①

宗序	宗名	宗序	宗名
1	澧:元以前譜牒無傳未詳,上世於某代自山東遷至山西,元時由洪洞遷江南太平縣。	35	湘:又諱向泉。
2	植	36	山
3	崙	37	璡
4	嵐	38	淳
5	弼:元時由山西洪洞縣遷河南祥符縣,生四子:長諱煇;次諱勛;三諱焜,遷鄢陵縣;四諱煓。	39	威
6	寵:又諱龍。元末由山西洪洞縣遷新鄭,明初又遷祥符縣,生二子:長諱遇春,住祥符;次諱逢春,遷鄢陵縣。	40	感
7	箴:元時由山西洪洞縣遷河南許昌府,生四子:長諱才,又諱應瑞;次諱德,又諱應祥;三諱應泰,遷襄縣;四諱應兆,遷臨潁縣。	41	璽:又諱良德。
8	雲	42	烺
9	鈖:宋末由山東遷山西洪洞縣,生四子:長諱煦,元時他徙,無考;次諱照,遷河南密縣;三諱晉,晉昌;四諱昺,遷河南葉縣。	43	炳

① 按,六十八宗目録係高拱採訪整理,由高拱後裔高鈞鼎先生於1996年提供。

續表

宗序	宗名	宗序	宗名
10	馥:又諱忠,元初由山東遷山西洪洞縣。	44	熾
11	倬	45	濬
12	珖	46	彬
13	淋	47	銓:又諱金山。
14	槦	48	德:世傳父諱大功,住西華縣;德祖配馬氏,生子居鹽場嶺,又配王氏生子,遷太康縣;又配穀氏生子,遷扶溝縣。
15	橺:元時住山西洪洞縣,生二子:長諱鈺,遷河南密縣;次諱琦,遷江南太和縣。	49	誠:係德祖之胞弟,住西華縣。
16	珩:又諱桂。	50	潁:係德祖之胞弟,住西華縣。
17	兆蘭	51	悳仁:世傳父諱萬招,元時以軍功封侯爵,妣韓氏封夫人,元末由遼東遷湖廣棗陽縣崔橋里,明初遷河南郟縣。
18	兆鼇	52	悳備:係悳仁之胞弟,明初由湖廣棗陽崔橋里遷河南南召縣北皇后峪。
19	兆龍	53	悳昌:係悳仁之胞弟,由棗陽縣遷回遼東。
20	兆鳳	54	良
21	鋤:又諱福。	55	讓

續表

宗序	宗名	宗序	宗名
22	鈔	56	銘:銘祖所自出,元以前譜牒失續,元時住江寧府句容縣,明洪武初遷安徽舒城縣,廷試進士,任户部郎中。
23	鑄	57	斌:住江蘇省。
24	桊	58	啓:元末由山西洪洞縣遷河南密縣,生二子:長諱頣年,住密縣;次諱茹林,他徙無考,其長孫流寓京師。
25	蒼:又諱昌。	59	成:元末由山西洪洞避兵災,遷河南新鄭縣東北十五里。
26	蘚:又諱化。	60	貞:住湖南。
27	吉	61	惠:宋時未詳幾世祖自山東遷至山西,元明由洪洞縣遷南京,生三子:長諱伕;次諱鈺;三諱鐘。
28	明:住黄河北。	62	治:住江南太平縣。
29	樾	63	平
30	涜	64	棻:又諱鳳。
31	洙:又諱寶珠。	65	蘭
32	士睿:又諱雲。	66	煦
33	士章	67	林
34	澄	68	花

嘉靖四十五年(1566),高拱主持始修元末明初從山西洪洞縣徙居新鄭的六世祖高成以下族譜,并作有題記,言:"一代祖成,元時世居洪洞,相傳爲椿樹胡同之高氏。元末兵變,偕祖母唐氏東走至新鄭

東北,地名老沙窩,荆棘中潛匿數日,聞洪武定鼎,因家焉。”新鄭高氏五代譜系如下表:

高氏五代譜系表①

<table>
<tr><th>一代</th><th>二代</th><th>三代</th><th>四代</th><th>五代</th></tr>
<tr><td rowspan="14">始祖成</td><td>大</td><td>絶嗣,養義子四</td><td>絶嗣,養義子言</td><td>絶嗣,招婿崔興</td></tr>
<tr><td rowspan="13">二</td><td rowspan="13">亮
娶蔡氏,繼侯氏,生四子。</td><td rowspan="5">旺
字弦生,生員,贈工部主事,工部虞衡司郎中,累贈光禄大夫柱國少師兼太子太師吏部尚書中極殿大學士。娶蘇氏,贈安人,累贈一品夫人,生五子。</td><td>昇(嗣一子)</td></tr>
<tr><td>松(生八子)</td></tr>
<tr><td>魁(生三子)</td></tr>
<tr><td>進(生四子)</td></tr>
<tr><td>登(生二子)</td></tr>
<tr><td rowspan="4">敏
字有功,娶雷氏,生四子。</td><td>山(生二子)</td></tr>
<tr><td>雲(生二子)</td></tr>
<tr><td>攀(無　後)</td></tr>
<tr><td>綸(生五子)</td></tr>
<tr><td>瑢
生員,中成化二年乙酉科舉人。娶吴氏、楊氏,生一子。</td><td>阜(生二子)</td></tr>
<tr><td rowspan="3">珍
納粟爲義民官,娶鄭氏,生三子。</td><td>爵(生三子)</td></tr>
<tr><td>禄(生二子)</td></tr>
<tr><td>壽(早　卒)</td></tr>
</table>

① 高拱“題記”及此表均由高拱後裔高鈞鼎先生於1996年提供。

續表

<table>
<tr><th>一代</th><th>二代</th><th>三代</th><th>四代</th><th>五代</th></tr>
<tr><td rowspan="15">始祖成</td><td rowspan="15">二</td><td rowspan="5">祥
儒學增廣生員，娶沈氏、田氏，生二子。</td><td rowspan="3">學</td><td>欽（生二子）</td></tr>
<tr><td>鋭（生一子）</td></tr>
<tr><td>銑（無　後）</td></tr>
<tr><td rowspan="2">懷</td><td>珮（生二子）</td></tr>
<tr><td>銀（早　卒）</td></tr>
<tr><td rowspan="4">福
娶鄭氏，生二子。</td><td rowspan="3">聰</td><td>秀（無　考）</td></tr>
<tr><td>德（生一子）</td></tr>
<tr><td>明（無　後）</td></tr>
<tr><td>錦（無　後）</td><td></td></tr>
<tr><td rowspan="6">舉
娶謝氏、柴氏，生三子。</td><td>宣（無　後）</td><td></td></tr>
<tr><td rowspan="4">環</td><td>堂（生三子）</td></tr>
<tr><td>漢（無　後）</td></tr>
<tr><td>洪（無　後）</td></tr>
<tr><td>增（生一子）</td></tr>
<tr><td>平（無　後）</td><td></td></tr>
</table>

由此表可知，高拱先祖爲山西洪洞椿樹胡同之高氏。六世祖曰成，於元末避兵亂，始徙居新鄭縣（今新鄭市）東北高老莊。成生二子：大，絶嗣；二生四子：亮、祥、福、舉；亮生四子：旺、敏、瑢、珍；旺生五子：昇、松、魁、進、登。其中，高魁即爲高拱之祖。

萬曆三十年（1602）四月，明神宗爲高拱平反昭雪，嗣子高務觀承蔭尚寶司司丞。大約此時，務觀編纂《東里高氏家傳世恩録》，并乞請時任順天府尹劉日昇撰序，序曰："新鄭高文襄公捐館舍二十五年矣，今上始追公秉揆忠勞，予一切特恩。令子符丞君輯，恭請部覆諸牘及蒙賜綸誥，匯成一編付梓。"①在《東里高氏家傳世恩録》前附有《高氏世系譜》。現綜合此譜與新鄭高老莊存《高氏族譜》，列表如下：

① 劉日昇：《慎修堂集》卷八《聖恩録序》。

新鄭高氏世系譜

<table>
<tr><th>一代</th><th>二代</th><th>三代</th><th>四代</th><th>五代</th><th>六代</th><th>七代</th><th>八代</th><th>九代</th><th>十代</th><th>十一代</th></tr>
<tr><td rowspan="16">始祖成</td><td rowspan="16">二</td><td rowspan="16">亮</td><td rowspan="16">旺</td><td rowspan="16">魁
成化丙午科舉人，歷任工部虞衡司郎中，累贈光禄大夫柱國少師兼太子太師吏部尚書中極殿大學士</td><td rowspan="16">尚賢
正德庚午科解元，正德丁丑科進士，歷任光禄寺少卿，累贈光禄大夫柱國少師兼太子太師吏部尚書中極殿大學士</td><td rowspan="3">捷
嘉靖甲午科舉人，乙未科進士，南京右僉都御史提督操江</td><td rowspan="2">務滋
貢士</td><td>瑞雛
廕官生</td><td>有聵
廣生</td><td>曰詩
奉祀</td></tr>
<tr><td>瑞隆
貢士</td><td>有恒
監生</td><td>曰温
生員</td></tr>
<tr><td>義子孟男
監生</td><td>無後</td><td></td><td></td></tr>
<tr><td rowspan="2">掇
金吾右衛千户</td><td>淑男
廪膳生</td><td>少逝</td><td></td><td></td></tr>
<tr><td>國彦
監生</td><td>嗣棱
監生</td><td>嗣冀之
生員</td><td>生二子</td></tr>
<tr><td rowspan="11">拱
嘉靖戊子科舉人，辛丑科進士，少師兼太子太師吏部尚書中極殿大學士兼掌吏部事加柱國贈太師，謚文襄</td><td>萊</td><td>夭折</td><td></td><td></td></tr>
<tr><td rowspan="10">嗣
務觀
廕司丞</td><td rowspan="2">杠
襲千户</td><td rowspan="2">永泰
生員</td><td>元徵
生員</td></tr>
<tr><td>元英
生員</td></tr>
<tr><td>則益
廪膳生</td><td>絶嗣</td><td></td></tr>
<tr><td>則謙
貢生</td><td>嗣永祉</td><td>另載</td></tr>
<tr><td>則明
廪膳生</td><td>永昌</td><td>另載</td></tr>
<tr><td>則遠
增廣生</td><td>無後</td><td></td></tr>
<tr><td>則超
奉祀生</td><td>永奕</td><td>另載</td></tr>
<tr><td rowspan="2">則顯
生員</td><td>永次</td><td>另載</td></tr>
<tr><td>永祉</td><td>過繼</td></tr>
<tr><td>則上
廪膳生</td><td>永禄</td><td>少逝</td></tr>
</table>

續表

<table>
<tr><th>一代</th><th>二代</th><th>三代</th><th>四代</th><th>五代</th><th>六代</th><th>七代</th><th>八代</th><th>九代</th><th>十代</th><th>十一代</th></tr>
<tr><td rowspan="25">始祖成</td><td rowspan="25">二</td><td rowspan="25">亮</td><td rowspan="25">旺</td><td rowspan="25">魁
成化丙午科舉人，歷任工部虞衡司郎中，累贈光禄大夫柱國少師兼太子太師吏部尚書中極殿大學士</td><td rowspan="25">尚賢
正德庚午科解元，正德丁丑科進士，歷任光禄寺少卿，累贈光禄大夫柱國少師兼太子太師吏部尚書中極殿大學士</td><td>操</td><td>早逝</td><td></td><td></td><td></td></tr>
<tr><td rowspan="10">才
嘉靖己酉科舉人，前軍都督府經歷</td><td rowspan="10">務本
生員</td><td>枝</td><td>無後</td><td></td></tr>
<tr><td>杞
生員</td><td>懋昭</td><td>承嗣雙祧</td></tr>
<tr><td>杓</td><td>無後</td><td></td></tr>
<tr><td>四</td><td>無考</td><td></td></tr>
<tr><td>椿
生員</td><td>無後</td><td></td></tr>
<tr><td>樽</td><td>無後</td><td></td></tr>
<tr><td>格</td><td>無後</td><td></td></tr>
<tr><td>楷</td><td>無後</td><td></td></tr>
<tr><td>樸
任千總</td><td>另載</td><td></td></tr>
<tr><td>樟</td><td>懋昭</td><td>承嗣雙祧</td></tr>
<tr><td rowspan="14">揀
貢生，歷任南直鳳陽府通判</td><td rowspan="5">務實
蔭中書</td><td>棫</td><td>另載</td><td></td></tr>
<tr><td>棖</td><td>嗣翼之</td><td>生二子</td></tr>
<tr><td rowspan="3">欐
生員</td><td>維之</td><td>另載</td></tr>
<tr><td>緒之</td><td>另載</td></tr>
<tr><td>翼之</td><td>過繼</td></tr>
<tr><td>務觀
蔭司丞</td><td>過繼</td><td></td><td></td></tr>
<tr><td>務勤
貢生</td><td>擢</td><td>另載</td><td></td></tr>
<tr><td>務儉
廪生</td><td>基</td><td>永祐</td><td></td></tr>
<tr><td rowspan="2">務忠
生員</td><td>崑</td><td>另載</td><td></td></tr>
<tr><td>岑</td><td>過繼</td><td></td></tr>
<tr><td rowspan="3">務正
生員</td><td>琹</td><td>另載</td><td></td></tr>
<tr><td>槃</td><td>另載</td><td></td></tr>
<tr><td>采</td><td>另載</td><td></td></tr>
<tr><td>務若
生員</td><td>嗣岑</td><td>另載</td><td></td></tr>
</table>

注：本表根據《東里高氏家傳世恩録》（載《高拱全集》附録一）和新鄭高氏族譜繪製。

高亮爲拱之高祖，娶蔡氏，繼侯氏，生四子。

高旺爲拱之曾祖，字弦生，生員。贈工部虞衡司郎中，以孫貴，累贈光禄大夫柱國少師兼太子太師吏部尚書中極殿大學士。娶蘇氏，贈安人，累贈一品夫人，生五子：昇，嗣一子；松，生八子；魁，生三子；進，生四子；登，生二子。

高魁(1450～1525)爲拱之祖父，字文元，號兩峰，成化二十二年(1486)丙午科舉人，歷官山東金鄉縣知縣，工部都水清吏司主事，督抽荆州商税；後擢陞本司郎中，管理薊州鐵冶。祖母李氏，封宜人，贈淑人，加贈一品夫人。配李氏，封安人。魁生三子：尚義、尚信、尚賢[①]。尚義，字有仁，廩生，娶薛氏，生二子：高擢、高陽。擢，字汝行，任新鄭縣陰陽訓術，娶范氏生繼宗，繼宗娶劉氏生高奇，高奇生本德。陽，無後。尚信，出繼，與胞伯昇承嗣。[②]

高尚賢(1484～1536)爲拱之父，字大賓，號鳳溪，正德五年(1510)庚午科舉人，正德十二年(1517)丁丑成進士，歷官主事、員外郎、按察僉事、光禄寺少卿，著有《鳳溪遺稿》。母沈氏，累贈一品夫人，生五子、三女；繼母黄氏，誥封太安人，生一子。沈氏、黄氏生六男三女。長兄捷，次兄掇，拱排行第三，弟操早逝，次弟才，次弟揀。[③]

---

① 王廷相：《王氏家藏集》卷三一《明故工部都水司郎中進階中憲大夫高公墓誌銘》；孫奇逢：《中州人物考》卷五《高郎中公魁》。

② 參見《高氏族譜》。

③ 郭朴：《明故光禄寺少卿高公神道碑》，清乾隆四十一年《新鄭縣志》卷二六《藝文志》。

二 求學時期

［1 歲至 29 歲］

正德七年壬申(1512)　1歲(虚齡)

十二月十三日　高拱出生於河南省新鄭縣(今新鄭市)東北河東高老莊[①],字肅卿,號中玄[②],晚號中玄山人,謚文襄。

郭正域《太師高文襄公墓誌銘》言:"公生於正德七年壬申。"[③]

張居正《門生爲師相中玄高公六十壽序》言:"嘉平之十又三日,爲公誕辰。"[④]嘉平,舊曆臘月的别稱。

張一桂《壽少師中玄高公六秩叙》言:"皇帝御極之五年十二月十三日,今少師中玄高公初度之辰,蓋春秋六十矣。"[⑤]

由上可知,高拱生於正德七年(1512)十二月十三日。换算成公曆,跨入第二個年頭,即公元1513年1月19日。屬相:猴。

正德八年癸酉(1513)　2歲

是歲　拱父高尚賢撰《新鄭縣修東嶽廟記》碑文。碑刻於正德八年立於廟中[⑥]。碑文略言:"凡所修創十數餘楹,經營三歔餘稔。昉於正德丙寅之仲冬,落於正德己巳之秋季也。貫、譽等欲爲之石以壽厥事,懇予志之。"[⑦]

正德十一年丙子(1516)　5歲

高拱資稟穎異,自幼聰敏,發憤讀書,苦攻經義。史載:高拱"幼

---

① 河東高老莊,在新鄭市城東北八公里處,蓮河東側,稱東高老莊。後人口增多,分居蓮河兩岸,此村因居河東而故名。

② 高拱號"中玄",清籠春堂刻本改爲"中元",因避康熙"玄燁"之諱,由"中玄"改成"中元"。

③ 郭正域:《合併黄離草》卷二四《太師高文襄公墓誌銘》。

④ 張居正:《張太岳集》卷七《門生爲師相中玄高公六十壽序》。

⑤ 張一桂:《漱秇堂文集》卷一《壽少師中玄高公六秩叙》。

⑥ 《新鄭縣志》卷二九《金石志》。

⑦ 《新鄭縣志》卷二六《藝文志》。

穎異，五歲善對偶，八歲日誦數千言”[①]。“公生而狀瑰奇偉，苦學問，攻經義，爲文不好瑣屑，而沉雄開爽，出人意表。”[②]“資稟穎異，多讀書，能文章。志在經世，不沾沾以訓詁爲也。”[③]“學問攻古義，爲文沉雄開爽，出人意表。”[④]這爲高拱以後金榜題名、大展宏圖提供了重要條件。

正德十二年丁丑(1517)　6歲

是歲　拱父高尚賢中丁丑科會試第四十四名進士，殿試二甲第十四名。授工部主事，監臨清磚廠，以廉幹著稱。[⑤]

正德十六年辛巳(1521)　10歲

四月二十二日　朱厚熜御奉天殿即帝位，以明年爲嘉靖元年。[⑥]

八月十七日　拱父尚賢由工部主事轉爲禮部主事。敕命曰：高尚賢“家傳舊學，天賦偉資。早擢秀於賢科，首馳聲於繕部。載膺今命，益重時評。莅事勤能，才既優於綜理；守官清慎，志克篤于操修。閱歲滋深，課功惟最。可無寵命，以示褒嘉。是特進爾階承德郎，錫之敕命”[⑦]。

嘉靖二年癸未(1523)　12歲

三月二十六日　高拱五弟高才出生。才，字德卿，號梅庵，中嘉靖二十八年(1549)己酉科亞元。才“幼英敏，日誦數千言。既長，於

---

① 高有聞：《高文襄公文集・高公諱拱列傳》。
② 郭正域：《合併黄離草》卷二四《太師高文襄公墓誌銘》。
③ 孫奇逢：《中州人物考》卷二《高文襄公拱》。
④ 過庭訓：《本朝分省人物考》卷八七《高拱》。
⑤ 高務觀：《東里高氏家傳世恩録》卷一《禮部儀制清吏司主事高尚賢并妻》。
⑥ 《明世宗實録》卷一，正德十六年四月壬寅。
⑦ 高務觀：《東里高氏家傳世恩録》卷一《禮部儀制清吏司主事高尚賢并妻》。

書無所不讀。以禮經舉於鄉。時典南宫者多兄門下士,才引嫌不與試。後任都督府都事,遷經歷。御衆寬和,軍民咸頌爲惠。人嘗以新鄭爲六省孔道,驛遞遼遠,邑人疲於奔命,請諸文襄具題,復設郭店一驛。至今往來捷便,道路無疲斃憂者,皆其力也。致仕歸,築室黌宫之側,號曰'梅庵',杜門却掃,唯日與門人探討經史。恂恂一老布衣然"①。

高才娶任氏,贈宜人;繼張氏,封宜人;劉氏,誥封太宜人。生一子:高務本。務本,字中立,生員,蔭錦衣衛正千户,誥封武略將軍。娶孟氏、郭氏、李氏、王氏,俱封宜人,生十子:長子高枝,無後;次子高杞,字禹服,生員,娶李氏,生一子:懋昭;三子高杓,無後;四子高四,出外無考②;五子高椿,生員,無後;六子高樽,無後;七子高格,無後;八子高楷,無後;九子高樸,任千總,無後;十子高樟,字伴楓,娶張氏,無出,以胞兄杞之子懋昭承嗣雙祧。③

九月初二日 拱父尚賢任山東按察司僉事,提督儒學。世宗敕諭曰:"今特命爾前往山東巡視,提督各府州縣儒學,爾其欽哉!夫總理一方之學政,是即一方之表率也。然率人以正,必先正己。爾其務端軌範,嚴條約,公勸懲,俾爲師、爲弟子者,一崇正學,迪正道,革浮靡之習,振篤實之風。庶幾儲養有素,而待用不乏,斯足以稱簡任之意。如或因循歲月,績效弗彰,朕將爾責焉,爾其勖哉!所有合行事宜,申明條示於後,其慎行之毋忽。"敕諭規定十八條章規:(1)學者讀書,貴乎知而能行;(2)爲學功夫,必收其放心;(3)習學舉業,亦窮理之事;(4)學校教官須察其德行,考其文學;(5)師生每日讀書,須配齊膳夫齋夫;(6)生員考試不諳文理者,量如決罰,勉勵進學;(7)

---

① 《新鄭縣志》卷一六《高才傳》。

② 《高氏族譜》記載"高四,外出無考",但《新鄭縣志》卷一二《選舉表》却記載"高四,武舉"。卷二〇《人物志》又記載:"李氏,高四配妻。配死,家貧苦守,教子成立。壽八十餘卒,都憲佟旌之。"高四身世有待於考證。

③ 參見《高氏族譜》。

生員之家優免二丁差役，不許故違；(8)凡巡視學校，路費俱支廩給；(9)府州縣提調官員嚴束生徒，不許出外遊蕩爲非；(10)巡官遇有軍民利病和貪酷官吏，從實奏聞；(11)本職專督學校，不理刑名；(12)嚴禁科舉士人詐冒鄉貫，隱蔽過惡，一概應試；(13)布政司、按察司官及巡按御史，不許侵越提督職權；(14)所轄境内遇有衛所學校，一體提調整理；(15)各處歲貢生員嚴加考試，不必會官；(16)廩膳、增廣生員嚴加考選，不許有司及學官徇私作弊；(17)鄉里社學教人子弟，每年考核，責取勤效，以免爲師之差徭；(18)學校一切事務遵依洪武年間"卧碑"①之制，不許故違。②

嘉靖四年乙酉(1525)　14歲

二月　拱之次兄高掇(1508～1578，字汝方，號梧阜)中嘉靖四年乙酉科舉人，任金吾右衛千户，誥封武略將軍。萬曆六年(1578)卒，距生正德三年(1508)，享年七十一歲。葬於新鄭縣城東南三里洧水河北。

高掇娶楊氏，封宜人，生二子：長淑男，字文台，廩膳生，少逝；次國彦，字三槐，監生，娶張氏③，無出，以堂弟務實之次子高棱承嗣。高棱，字玄胄，監生，任上林苑監丞，誥封修職郎。娶張氏、蔡氏、黄氏、趙氏，俱封八品孺人，無出，以堂弟欐之第四子爲嗣子，即翼之④。

五月初三日　張居正生於湖廣荆州府江陵縣，其祖張鎮爲遼王

---

① 明清時期稱鎸刻約束在學生員條規的碑石爲"卧碑"，一般立於明倫堂的左邊，以曉示生員。它是儒學教育的校規，是生員在校期間的行爲規範和守則。

② 高務觀：《東里高氏家傳世恩録》卷三《皇帝敕諭山東按察司僉事高尚賢》。

③ 《新鄭縣志》傳曰："張氏，國子生高國彦妻。夫殁，斷髮毁容，誓無二志，立侄爲嗣，力訓成名。年七十，邑人上其事，旌之。"(《新鄭縣志》卷二〇《人物志》)

④ 參見《高氏族譜》。史載："高翼之，字惟一，明諸生。遭亂隱居，逃禪以自晦。學官逼其應試，乃逃入伏牛山窮絶之境，經數日困餓幾殆，家人踪迹得之歸，遂佯狂綉佛以終焉。"(《新鄭縣志》卷一九《高翼之傳》)

府護衛。其父張文明①讀書入庠,七試不第。②

十月二十三日 拱之祖高魁卒。魁,字文元,號兩峰,距生景泰二年(1450)三月,享年七十六歲。魁中成化二十二年(1486)丙午科舉人,累舉進士不第。弘治年間,初授山東金鄉縣知縣。正德二年(1507),擢工部都水司主事,督荆州税。正德五年(1510),陞都水司郎中,進階中憲大夫,管理薊州鐵冶。因感時政維艱,連疏乞休,居家十餘年而終。後人爲他建有"世科石坊",又建"四代一品"石坊。

與高尚賢有同鄉之誼、僚友王廷相爲高魁撰墓誌銘,略言:"公諱魁,字文元,姓高氏。其先,洪洞人也,元季避亂新鄭,遂家焉……公天性仁孝,且慷慨有氣節。平生奉親無惰容,雖菽水之養,父母亦安之,歡如也。與兄弟同居,財貨盡以屬之,不私一錢。與人同事,遇險難則以身任之,有利即推遜於人。貸者或不能償,公則曰:'人且貧不自殖矣,何以償爲?'遂折其券不取。其孝友廉義著於鄉閭類此……僉事君於予爲僚友,泣血緘狀來請銘。嗟乎!昔予獲侍於僉事君也,仰其温然圭璧之德,毅然剛方之氣,則固已異之矣。孰謂不有自哉?乃爲銘。"③

嘉靖六年丁亥(1527) 16歲

十二月 拱祖高魁祀新鄭縣鄉賢祠。縣儒學教諭、舉人匡南、蔡烈撰文刻石紀之。其碑文曰:"本縣已故致仕郎中進階中憲大夫高魁,德行超卓,名譽著聞。以言其行己之善:幼克勵志,長克勤業。讀書有懸髻之苦,味理有通霄之思。口不出惡言,怒不形遽色。事繼母以孝聞,雙親克諧;待兄弟以恩浮,財産盡讓。教子孫之勤儉,王祖堪

① 張文明,乃湖廣江陵一落魄秀才,其父張鎮是遼王府的護衛,喜得貴子後,取名張白圭。張白圭考秀才,考官李士翱將其改名爲張居正。居正入閣後,張文明在地方飛揚跋扈,招致百姓不滿。萬曆五年(1577)卒。

② 張敬修:《張文忠公行實》,《張太岳集》卷四七。

③ 王廷相:《王氏家藏集》卷三一《明故工部都水司郎中進階中憲大夫高公墓誌銘》。

方;誘鄉人之忠厚,陳實無愧。對妻子容衣必整,待奴僕恩愛以周。與朋友信而義,急難推財,曾無德色;處宗族嚴而恩,徵非救乏,務致雍睦。耕賴以牛、播賴以種者,親識過半;生恃以命、死恃以棺者,故舊甚多。逢借貸而券常焚,本都不息;遇荒年而粥常設,饑多不殍。平時共財於侄弟,臨終散財於族人。以言其居官之善:初尹山東金鄉也,貧富廉訪而徭役必均,善惡周知而刑罰必當。凡可以省財無不省,凡可以興利無不興。遇荒則勸民積粟晒菜,每出鄉村而自課,民賴不流;遇旱則禱神露首跣足,詣城隍廟而齋宿,雨亦輒應。禦冬一布裘,竟不帛爐;每飯只疏食,恒忘飽味。六年間,未嘗一舉私會之燕,亦未嘗一飲於士夫之家。曾有回賊經過其境,聞名而輒避;亦有蝗蟲環災其鄰,感化而不入。是以百姓當時有父母之愛,去後有生祠之祀。及行取陞工部主事,歷官郎中。清操愈勵於前,賢幹尤聞於遠。督課之差,人所易謗,克以公廉而護譽;流賊之徵,人所甚憚,獨以膽略而見推。官方半而知足,年未老而勇退。及其致仕,治家惟事耕讀,自奉不忘淡薄。年尊而謙光益著,化廣而勸誘益勤。非衣冠不出門,非公事不至縣。此皆其大略也。他善尚多,不能盡述。真足以表正鄉俗,風化後人,無愧鄉賢之祠。"①

是歲 高拱六弟高捒出生。捒,字俊卿,號競庵。歲貢生。據《新鄭縣志》載,兩河典試之時,主考官多爲高拱門生,拱爲避嫌,没讓高捒應試。直到嘉靖中期,高捒才得以明經受選。任鳳陽府通判,獲理本府印務。革除苛捐雜税,舒緩民困;有逼良爲娼者,嚴加懲治。及任壽州知州事,痛革貪腐陋習,清正士風,正陽之民倚爲父母。晚年歸家,仍然秉持清廉家風,嚴格約束子弟。他曾告誡子孫説:"吾篋中無剩物,所餘六十金爲我治殮具。吾家世守清白,爾告我子若孫,

---

① 高務觀:《東里高氏家傳世恩録》卷四《刻已故郎中進階中憲大夫高魁入鄉賢記》。

勿變家法也。”[1]

高揀娶孫氏，誥封安人，繼娶張氏、孫氏、于氏，生七子：長子務實[2]，字曙陽，廩膳生，蔭武英殿中書，誥封登仕佐郎。以子礼貴，誥贈承德郎，尚寶司司丞。娶陳氏，誥封太安人。生三子：長棫，嗣；次椳，過繼堂伯國彥爲嗣；三欐[3]。二子務觀，過繼胞三伯高拱爲嗣。三子務勤，字勉中，歲貢生，娶范氏，生一子：擢。四子務儉，字致中，首齋長，廩膳生，娶金氏，生一子：基。基娶劉氏，生一子：永祐[4]。五子務忠，字會中，增廣生，娶王氏，生二子：長崑，次岑，過繼胞七叔務若爲嗣。六子務正[5]，字建中，生員，娶陳氏，生三子：長栞，次槊，三采。七子務若，字由中，生員，娶鄭氏[6]，嗣一子：岑。[7]

嘉靖七年戊子(1528)　17歲

八月　高拱“年十七魁其鄉”，以禮經中嘉靖七年戊子科經元。[8]

閏十月初九日　高拱三妹出生。嘉靖十四年(1535)，許聘河南

---

① 《新鄭縣志》卷一六《高揀傳》。

② 《新鄭縣志》傳曰：“高務實，字曙陽，鳳陽判。揀之冢嗣，少師文襄之猶子也。萬曆間以諸生授武英殿中書。性篤孝，生事葬祭，盡志盡禮。居官二十餘年，忠誠自矢。洎家居，同里王氏有殺婦之誣，務實爲辯明之。又有晉人邢守禮客居於鄭，隆冬被盜，裸體將殆，解衣力救得蘇。曉善養生，八十猶健。易簀前三日，見一道士，敘述往因，人以是知其根器不凡云。”(《新鄭縣志》卷一六《高務實傳》)

③ 《新鄭縣志》傳曰：“高欐，字元印，務實子。爲人真率，不立邊幅。承祖文襄蔭任尚寶司司丞。嘗使楚，賑活饑民數千；使蜀，雪劉良、張賢等冤。後歸里，會蜀兵噪鄭，鄭人危若累卵，適劉良子在軍，感欐德，解兵南歸，鄭幸得免。晚年積藥濟人，歲費無算。崇禎辛巳(1641)大饑，多方設計贍養饑民，賴以全活甚衆。其生平慷慨好施，類如此。”(《新鄭縣志》卷一六《高欐傳》)

④ 參見《新鄭縣志》卷二〇《人物志》。

⑤ 《新鄭縣志》傳曰：“高務正，事親極孝，兄弟友愛無間，與人交必以誠。少勤儒業，晚娛花石。常書‘座上客常滿’及‘小園日日花開之’句以自況。年登八旬，累召鄉飲不至，裏中稱爲‘善人’。”(《新鄭縣志》卷一八《高務正傳》)

⑥ 《新鄭縣志》傳曰：“鄭氏，生員高務若妻。年十九，夫殞乏嗣，誓以身殉，姑力救得免。苦守三十餘年，竭力奉姑。謀繼弗遂，憂鬱成疾而卒。”(《新鄭縣志》卷二〇《人物志》)

⑦ 參見《高氏族譜》。

⑧ 郭正域：《合併黄離草》卷二四《太師高文襄公墓誌銘》。

鄢陵人、刑部尚書劉訒[①]之子劉巡[②]。出嫁十三年，生二男五女。孺人高氏因生小女中寒，故嘉靖三十五年(1556)十二月十二日卒，年二十九歲。高拱撰祭文曰："聞當歸穸，吾輩羈守於此，不能執紼一送，徒南向號慟，有淚如泉。今特遣人陳奠，代致一哭，千里寄哀，如兄親至焉。妹其知乎，其不知乎？嗚呼傷哉，尚饗！"[③]其後，高拱又撰墓誌銘，言："嘉靖丙辰臘月十二日，予妹官生劉憲甫之妻孺人卒於鄢陵。憲甫以訃報予，托銘壙中之石。予方卧病，强起慟哭曰：'嗟乎！妹胡遽至此哉，吾安忍汝銘也，然又安忍不汝銘？'乃扶病收淚而爲之……先是正德庚午，先君與大司寇春岡劉公同舉於鄉，丁丑復同第進士。然意氣相許交密，而敦誼埒昆弟，以鄢距新鄭百里而近，預有婚媾之盟。後先君以嘉靖戊子閏十月九日生孺人，而劉公以庚寅生子巡，蓋憲甫也。時各宦游四方，未克諧約。暨先君謝政，劉公亦終養家居，乃始以乙未春結婚焉……嗟乎！予妹擬步而行，擇言而發，順而能正，慧而能藏，庶哉女之君子者矣，而竟不壽以死，謂天道何哉！嗟嗟，謂天道何哉！"[④]

十一月 創良知之説的心學大師王守仁卒。守仁，字伯安，號陽明子，謚文成，人稱王陽明。浙江餘姚縣(今餘姚市)人。明代著名的哲學家和軍事家，官至南京兵部尚書，因平定朱宸濠之亂等軍功而被

① 劉訒(1483～1559)，字思存，號春岡，河南許昌鄢陵人，刑部尚書劉璟之子。正德十二年(1517)進士，授寧國府推官兼蕪湖縣事。武宗南巡時，朝中權貴索賄不成，於是逮捕其下詔獄。世宗即位，恢復原職，陞爲監察御史，遷南京通政參議。嘉靖十八年(1539)任大理寺左少卿。嘉靖二十年(1541)任都察院右僉都御史，後改左僉都御史。嘉靖二十三年(1544)任大理寺卿。嘉靖二十五年(1546)任刑部右侍郎，同年改左侍郎。嘉靖二十六年(1547)任南京都察院右都御史。嘉靖二十七年(1548)任南京工部尚書。嘉靖二十八年(1549)改南京刑部尚書，同年改北京刑部尚書。後因陽武縣知縣王聯之子誣告，劉訒被除名。嘉靖三十八年(1559)九月二十三日卒，距生成化十九年(1483)十一月二十六日，享年七十七歲。

② 劉巡，字豫田，號憲甫，河南鄢陵人。嘉靖九年(1530)生，以父劉訒蔭官，初任左府都事，陞順天府治中，累官江西南康府知府。劉巡與孺人高氏於嘉靖十四年(1535)春訂婚，嘉靖二十三年(1544)冬結婚。

③ 高拱：《詩文雜著》卷四《亡妹祭文》。

④ 高拱：《詩文雜著》卷三《劉室孺人高氏墓誌銘》。

封爲新建伯，隆慶年間追封侯爵。王守仁是心學之集大成者。在哲學上，主張“良知”和“致良知”，“心外無理”，“知行合一”，“格物致知”等，“四句教”即“無善無惡是心之體，有善有惡是意之動，知善知惡是良知，爲善去惡是格物”[1]。他不僅創建了心學體系，而且還立有赫赫軍功，如平定江西，擒獲寧王，擊潰兩廣少數民族的地方武裝等。王守仁卒後，由門人輯成《王文成公全書》三十八卷，其中最重要的哲學著作是《傳習録》[2]。陽明心學對高拱求學時期影響很大，在其《養心説》[3]、《刻五經白文序》和《真西山〈讀書記〉序》[4]中，均可看出這種影響。

嘉靖八年己丑(1529)　18歲

是年　高拱中嘉靖七年戊子科舉人之前，即嘉靖二年高尚賢開始提督山東學政時，便隨父在濟南師從李麟山達五六年之久。李麟山[5]，係山東濟南府長清縣人，曾誥封中憲大夫都察院右僉都御史。高拱曾贊尊師曰：“公爲士不屈於權門，從宦獨持乎風節。功在王室，名在鐘鼎，天下靡不仰焉。”[6]

---

① 王陽明：《王陽明全集》卷三《語録三・傳習録下》。

② 《傳習録》是王守仁的語録和論學書信。“傳習”一詞取自《論語》“傳不習乎”一語。《傳習録》上卷經陽明本人審閲，中卷書信出自陽明親筆，是他晚年的著述，下卷雖未經本人審閲，但較爲具體地解説了他晚年的思想，并記載了陽明提出的“四句教”。陽明繼承了程顥、陸九淵的心學傳統，并進一步批判了朱熹理學。

③ 高拱：《詩文雜著》卷一。

④ 高拱：《詩文雜著》卷二。

⑤ 李麟山，名良，字遂伯，號麟山，山東長清人。先祖洪洞人，始祖李二避兵亂，徙居長清。嘉靖七年(1528)舉人，次年登進士第。歷官漢中府推官，河南道監察御史，陝西僉事，山西參議副使，河南參政，巡撫宣府贊理軍務，官至都察院右僉都御史。“先生執法守己，不阿時好，獨見短於權要。議當回京調用，而先生浩然，志不可奪矣。……嘉靖辛酉(四十年)夏五月卒，年五十有一。”(張鼎文：《右僉都御史麟山李公良墓誌銘》，載焦竑《國朝献徵録》卷六三)

⑥ 高拱：《詩文雜著》卷四《李麟山祭文》。

高拱中舉之後，又師從尊師賈詠①。在河南臨潁師從其學數年，後曾撰《賈氏家乘序》。序曰："南塢之謝政歸也，式化鄗閭，期自族始。敦叙以正紀，聯屬以綴恩，穆如秩如，有既睦之風矣。而謂支繁易涣，訓久易忘，收涣備忘，存乎紀述，是故家乘作焉。肖形列兆以示本也，表世系胄以明宗也，載厥事迹以彰行也，恩命是禄以著爵也，雜言并采以存徵也，系之誨旨以垂則也。書成而屬予爲序，庸告後人……予，公之門人也，世有通家之誼，故序其乘，不以譽而以規。"②

離開尊師賈詠後，高拱就學於開封"大梁書院"③。這是一所創辦於天順五年（1461）的河南最高學府。著名學者李夢陽④、王廷相等均曾就學於這所書院。高拱在此先是就學，後即任教，直至考中進士，時間長達八九年。他在此曾拜讀過王廷相的大量著作，深受其思想影響。高拱在其後撰寫的著作中多處提到王廷相，贊同其觀點，在政治上主張改革，在學術上倡導氣學，同王廷相一樣成爲氣一元論的

---

① 賈詠（1464～1547），字鳴和，號南塢，河南臨潁人。祖居河南新鄭郭店鄉，元末兵亂遷臨潁。弘治二年（1489）河南鄉試第一。弘治九年（1496）進士，授翰林院編修。弘治十一年（1498）任會試同考官。正德元年（1506）任經筵講官。正德六年（1511）任左春坊中充兼翰林院修撰，八年（1513）任應天鄉試主考，次年任侍讀學士，掌南翰林院事。正德十一年（1516）陞南國子監祭酒，十六年（1521）陞禮部左侍郎。嘉靖三年（1524）任吏部左侍郎，同年入閣，掌詹事府事。後陞禮部尚書，文淵閣大學士，參與機務。嘉靖五年（1526）七月，加光禄大夫、柱國、少保。他輔佐朝政，重視選拔人才。爲人耿直，多次上疏，要求懲治貪官，均被皇帝採納。嘉靖五年八月，告老還鄉。嘉靖二十三年（1544），賈詠八十大壽，皇帝賜羊、酒等物，並立"天恩存問"石坊。嘉靖二十六年（1547）八月三十日卒。享年八十四歲，贈太保，謚文靖。

② 高拱：《詩文雜著》卷二《賈氏家乘序》。

③ 大梁書院，又名麗澤書院，建置河南開封。天順五年（1461），提學副使劉昌創建於城南黄門内。成化二十年（1484），河南巡撫李衍改爲巡撫治所，遷書院於麗景門外二程夫子祠處，於講堂祀二程。都御史、監察御史及提學副使等爲之倡置學田。天啟二年（1622），巡撫馮嘉會、巡按邱兆麟費銀1200餘兩重建。有講堂、會文堂、二程木主堂、繚垣、坊表、門屏、石橋及高明樓、八角亭、碧玉泉與諸生讀書號舍等，置學田120畝。明末没於水。清康熙十二年（1673），巡撫佟鳳彩重建。

④ 李夢陽（1472～1529），字獻吉，號空同，慶陽府安化縣（今甘肅慶城縣）人，後遷居河南開封。工書法，得顔真卿筆法，精於古文詞，提倡"文必秦漢，詩必盛唐"，强調復古，《自書詩》師法顔真卿，結體方整嚴謹，不拘泥規矩法度，學卷氣濃厚。他是明中期著名文學家，是復古派前七子的領袖人物。著有《空同集》。

唯物主義哲學家,是明代中後期實學思潮的倡導者和開創者。因其學業優異,陞爲講習,又從事教學工作。

這時,盧煌即是高拱的弟子。盧煌(1518～1571),字道含,號鶴川,鄭州南七里河人。"君少有慧性,稍長即博稽群籍,補博士弟子員,遂從予受學。予每教以修身之理,與夫用世之道,君即一一領會,欣然其有得也。"①嘉靖十九年(1540)庚子舉於鄉,在開封中舉。嘉靖三十五年(1556)丙辰登進士第,授行人司行人。歷官户部員外郎、郎中、山西按察司僉事等。隆慶五年(1571)三月八日卒,享年五十四歲。卒後,高拱爲其撰墓誌銘。

嘉靖九年庚寅(1530)　19歲

是歲　拱兄高捷撰《明重修二郎廟記》②碑文,現已不存。

是歲　高拱四弟高操早逝③,生年不詳。

嘉靖十年辛卯(1531)　20歲

正月十九日　拱父尚賢陞光禄寺少卿。誥命曰:"奉天承運皇帝制曰:古以光禄勛居九卿之一,視今職任固有不同,然爲國家委重則罔異也。非其人,實貽朕之憂。爾光禄寺少卿高尚賢,蔚以世科之彦,踐揚中外,并著賢聲,迨遷今官,輿論允協。乃能廉慎自持,夙夜匪懈,懋修職業,朕用嘉之。兹特進爾階奉政大夫,錫之誥命……初任工部營膳清吏司主事,二任禮部儀制清吏司主事,三任禮部精膳清吏司員外郎,四任山東按察司僉事,五任山東按察司提學僉事,六任陝西按察司僉事,七任今職。"④

---

① 高拱:《詩文雜著》卷三《山西按察司僉事盧君墓誌銘》。
② 《新鄭縣志》卷二六《藝文志》。
③ 郭朴:《明故光禄寺少卿高公神道碑》,載《新鄭縣志》卷二六《藝文志》。
④ 高務觀:《東里高氏家傳世恩録》卷二《光禄寺少卿高尚賢并妻》。

嘉靖十三年甲午(1534)　23歲

八月　高拱長兄高捷,字漸卿,號存庵,中鄉試甲午科第十二名舉人。"嘉靖甲午領鄉薦"①。嘉靖十四年乙未科會試第二百二十名進士,殿試三甲一百九十一名。初任户部貴州清吏司主事。嘉靖二十三年(1544)十一月,轉任兵部職方清吏司主事。嘉靖二十四年(1545)八月,陞兵部職方清吏司員外郎。後任山東兗州府知府、山西按察司副使②、江西布政司右參政。嘉靖三十五年(1556)六月,受命爲南京都察院右僉都御史提督操江兼管巡江,誥封中亞大夫。其間,高捷率軍多次擊退倭寇入犯。嘉靖三十七年(1558)閏七月,因有權宰嫉功畏直,嗾使鄉人、南京給事中陳慶劾捷,降調曹濮兵備副使,尋陞陝西右參政。但權宰餘怒未息,再次使言官誣劾,遂棄官歸里。捷剛直豪爽,節俠自喜;爲官惠貧摧强,植弱察奸;素閑武略③,立功不傲。歸里後,"家居杜門謝客,口不談世事,足不履公庭。課農教子,化導鄉里"④。隆慶二年(1568)卒,享年六十七歲。

高捷娶邵氏,贈淑人;繼王氏,封淑人;陳氏,誥封太宜人。生一

---

① 《新鄭縣志》卷一六《高捷傳》。

② 高捷任山西按察司副使,魯恭王朱頤坦(明太祖朱元璋第十子朱檀五世孫)撰《送高存庵先生之任山西憲副敘》示賀,言:"余辱知於存庵非一日矣,於其行且揚揚以喜者,何也?蓋以太原得存庵,則京師之根本益固,而天下安矣。故不敢致私情於一己,而重以爲天下賀。"(《新鄭縣志》卷二六《藝文志》)

③ 《新鄭縣志》載一趣事:"高捷罷歸莊居,盜意其厚藏,謀劫之。司警者以報,捷令洞開大門,手舞雙刀,刃光如月,鏢疾如風,盜皆狂奔,間有俯伏者呼曰:'三叔尚雄武如是耶!'"(《新鄭縣志》卷三一《雜志·明世説》)可見,高捷武功高强。

④ 《新鄭縣志》卷一六《高捷傳》。

子務滋,養義子孟男。高孟男娶劉氏,無後①。高務滋②,字益存,號蘭畹,萬曆四十四年(1616)丙辰歲貢生,以子瑞雞貴,贈奉政大夫,右軍都督府經歷司經歷,娶徐氏、柴氏、黄氏、王氏,俱誥贈太宜人,生二子:瑞雞③,瑞隆。長子瑞雞,字玄若,號壑昂,廩膳生,蔭官生,任南京右軍都督府經歷司經歷,誥封奉政大夫。娶王氏、李氏,俱誥封宜人,生一子:有聞④。有聞,字景仲,號伯昌,增廣生員,娶文氏,生一子:曰詩。曰詩,字雅言,奉祀生,娶唐氏,生五子。曰詩之子玉生,字潤涵,號乾樞,中清雍正丙午科(1726)武舉,任江南鳳陽中衛督運千總,娶馮氏,生一子。二子瑞隆,字泰符,歲貢,考授通判。娶王氏、繆氏,生一子:有恒。⑤

嘉靖十四年乙未(1535)　24 歲

是年　高拱祖母李氏去世。李氏,封宜人,贈淑人,加贈一品夫人。⑥

---

① 但《新鄭縣志》載孟男生有一子。言:"劉氏,國子生高孟男妻,生一子.夫亡。時年二十一,勵志自守,後子亦亡。苦節愈堅,歷三十五載,有司旌之。"(《新鄭縣志》卷二〇《人物志》)

② 《新鄭縣志》傳曰:"高務滋,字益存,中丞捷子。六齡失怙,以孝聞。爲諸生,學問淵博,屢冠多士。雖棘圍數躓,然好學不倦,泊如也。萬曆時,當寧欲物色之,將予以官,終不能致,士論重之。平居慷慨好義,周困濟危不可勝紀。時開府樊獎以'學有本源'題其門。著《晰疑操存解》。年六十八終。里人私謚孝惠先生。以子瑞雞贈右府經歷,奉政大夫。"(《新鄭縣志》卷一九《高務滋傳》)

③ 《新鄭縣志》傳曰:"高瑞雞,字玄若,號壑昂,都憲捷之長孫也。性嗜墳典,早歲入黌序,以官生任南京右軍都督府經歷。守正不阿,居官廉慎,與人無忤。致仕後隱居村墅,日以讀書爲事。邑令慕其賢,屢請入鄉飲不赴。遠邇稱爲完人。"(《新鄭縣志》卷一六《高瑞雞傳》)

④ 《高氏家乘》傳曰:"公諱有聞,字景仲,號伯昌,壑昂公之塚嗣,都憲公之曾孫也。長厚醇和,居家以孝友稱;恭謹平恕,事長以敬慎著。學嗜墳典,甫考即入黌序;理玩程朱,一試輒列中庠。見《文集》之遺澤淪於灰燼,即鬻田數百畝,重刻祖集,先烈顯揚於人間。睹醉翁之翰墨毁於兵燹,遂遍搜舊蘇章,複鉤勒石,名帖流傳乎奕世。至若經史撮要,付諸剞劂,舉業雲程,登之梨棗,文襄殿試履歷一策,覯獲於南都,都憲鄉會章程數簡,保全於北直,皆其卓卓可紀者也。然非勤學好義,克繩祖武,又烏能守正不阿,毅然有爲若此哉?古鄶野民撰。"

⑤ 參見《高氏族譜》。

⑥ 參見《高氏族譜》。

嘉靖十五年丙申(1536)　25歲

歲春　拱父高尚賢撰《明重建清源義勇祠記》碑文①。碑刻立於廟階下。②

七月十八日　拱父高尚賢卒。尚賢,字大賓,號鳳溪。正德五年(1510)庚午河南鄉試第一,十二年(1517)丁丑會試中第四十四名進士,殿試二甲第十四名。始授工部營繕司主事,調禮部制儀司陞精膳員外郎,再陞山東按察僉事。嘉靖四年(1525)丁父憂,服除。嘉靖七年(1528)補陝西按察僉事,進擢光禄寺少卿。偶以題奏失誤,解任以歸。家居十餘年卒,距生成化二十年(1484)三月十四日,享年五十三歲。著有《鳳溪遺稿》。

其後,高拱僚友、安陽人郭朴爲其父撰神道碑銘,略言:"公諱尚賢,字大賓,號鳳溪,河南新鄭人。先世諱成者,元末自山西洪洞徙家新鄭……居家築室郊墅,玩心理學,鄉郡髦俊多執經授業。臺諫暨撫按憲臣屢薦公,經綸藴藉,學問該博,閉門養高,罔隨時好,清才逸思,可備詩林云。以嘉靖丙申七月十八日卒,距生成化甲辰三月十四日,享年五十有三歲。公事親至孝,撫兄子如己子。平生至行,率以古人自期。莅官舉職,尤慎典憲。持廉秉公,無間顯隱,且自奉儉約,雖躋卿位,而器無錯銀,衣無錦制,其操可知已。詩文多不存稿,没後搜輯僅百餘篇,爲《鳳溪遺稿》云……朴自爲諸生,誦公之文,即知仰公之德。後與都憲公同舉進士厚善,服官翰林與少師公僚友,周旋者二紀餘,晚同入贊機務,聞公行業家世頗詳。兹屬朴文諸神道之石,謹舉其概而係之以詞曰……"③

高拱另一僚友葛守禮爲其父撰祭文,言:"曰方夫子振鐸東方也,

---

① 《新鄭縣志》卷二六《藝文志》。

② 《新鄭縣志》卷二九《金石志》。

③ 郭朴:《明故光禄寺少卿高公神道碑》,載《新鄭縣志》卷二六《藝文志》。

某實爲弟子員，親承面命者二，與之廩餼，教之擴充，口澤如新。至於循循規條，休休令儀，又其飫聞而習炙者用有今日，與今日之所用皆其賜也。某初倅鄴郡時，車從北上，得邂逅於傳庭，既執事者林居。某嘗有事嵩潁，得紆宴於潭第，未嘗不幸其逢，而思其繼也。今再來游，而夫子往矣。入境懷人，德容莫覿，可爲大慨。然兵部之温醇，内翰之莊雅，才生亦浸浸穎脱，皆炳然玉樹可徵。至德之餘，夫子有知在天者，固怡怡如也。求神於幽，敢潔牲牢。悃愫載陳，惟神鑒之。"①

高氏墳塋：明贈少師大學士高公旺墓、明工部郎中贈少師大學士高公魁墓、明光禄寺少卿贈少師大學士高公尚賢墓，"俱在縣東北十五里高老莊高氏祖塋。崇禎十二年，高則謙置祭田一頃，有碑記②。乾隆初，族中公置塋田十八畝，乾隆二十三年置屋三間於塋西，守伺之。高鵬程有記③。乾隆二十三年，塋西置莊基一處，塋前舊有地八畝餘爲族人開種。公議以舊坊石界，不得耕種"④。

嘉靖十六年丁酉(1537)　26 歲

正月二十三日　皇三子朱載垕生，後爲穆宗皇帝，其母爲康妃杜氏。二月二十九日，皇四子朱載圳生，其母爲靖妃盧氏。嘉靖十八年(1539)二月，嘉靖册立皇子朱載壡爲皇太子，册封皇子朱載垕爲裕王、朱載圳爲景王。

嘉靖十九年庚子(1540)　29 歲

正月初十日　嘉靖帝朱厚熜之貴妃、長子朱載基之母閻貴妃卒。《世宗實録》言："上感閻貴妃之薨，詔以今月十日告廟册封諸妃嬪曾

---

① 葛守禮：《葛端肅公集》卷一一《祭鳳溪高師文》。
② 參見《新鄭縣志》卷一一《明高氏祖塋初置祭田記》。
③ 參見《新鄭縣志》卷一一《國朝高氏塋田創建廬舍記》。
④ 《新鄭縣志》卷一一《祀祠志》。

出皇子皇女者。”①閻貴妃(? ~1540),是嘉靖十年(1531)三月册選的九嬪之一,封麗嬪。嘉靖十二年(1533)八月生皇長子朱載基,兩個月後朱載基夭折,追封“哀沖太子”。嘉靖十三年(1534)晉麗妃,十五年(1536)晉貴妃。嘉靖十八年(1539),嘉靖册封王昭妃所生皇次子爲太子。次年正月將閻氏和王昭妃同時晉爲皇貴妃,不久閻貴妃病卒,年二十餘歲,贈皇貴妃,謚曰“榮安惠順端僖皇貴妃”。

高拱賦詩二首,藉以憑吊。

【五言律】

閻貴妃挽歌

(一)

褕翟承恩日,螽斯衍慶年。
豈期哀博望,仍復别甘泉。
避輦風猶在,當熊事已前。
獨令青史上,重續仲仁篇。

(二)

仙夢辭椒掖,虞歌發綉櫳。
雲深鸞馭遠,月冷鳳樓空。
弓鼎追先帝,香花委舊宫。
千年埋玉處,青鳥下秋風。②

---

① 《明世宗實録》卷二三三,嘉靖十九年正月乙亥。

② 高拱:《詩文雜著》卷一《閻貴妃挽歌》。

三　從政時期

［30歲至54歲］

嘉靖二十年辛丑(1541)　30歲

二月　辛丑會試。命掌詹事府事禮部尚書兼翰林院學士温仁和、翰林院侍讀學士張衮爲會試主考官。①

三月　殿試,帝命大學士夏言、翟鑾,吏部尚書許讚等六部尚書,兵部尚書兼都察院左都御史掌院事王廷相等充讀卷官,繼而進行策問②。賜沈坤等二百九十八人進士及第出身有差。授一甲進士沈坤爲翰林院修撰,潘晟、林一鳳編修③。高拱登辛丑科進士,會試第四十九名,殿試三甲第四十五名。

十一月　考選庶吉士。高拱被選爲翰林院庶吉士,欽定爲第八名。帝諭大學士夏言等曰"考選庶吉士,必精擇吉人",并"欽降御題"。於是夏言等會同吏、禮二部并翰林院官於東閣考試,取正副四十五人卷進呈。帝"親賜覽别,欽定三十三名"。與高拱同選爲庶吉士的還有高儀、董份、林樹聲、嚴納、陳以勤等人。帝命吏部改授庶吉士,送翰林院讀書。命吏部左侍郎兼翰林院學士張潮教習庶吉士。④

高拱登進士第,被選爲庶吉士,賦詩一首,抒發情懷。

【五言古】

奉詔讀書翰林述懷

哲人振英駕,志士感良遇。
矧余駑鈍姿,而乃忝恩顧。
厠迹白玉堂,日夕仰弘度。

---

① 《明世宗實録》卷二四六,嘉靖二十年二月甲子。
② 《明世宗實録》卷二四七,嘉靖二十年三月庚子。
③ 《明世宗實録》卷二四七,嘉靖二十年三月乙巳。
④ 《明世宗實録》卷二五五,嘉靖二十年十一月庚子。

良時不再至，馳景迅頹暮。
感遇惜春華，勉旃赴前路。
豈無子雲草，亦有司馬賦。
技藝寧足先，修能良可慕。
陟嶽貴及顛，涉溟宜問渡。
古則俱在兹，莫枉邯鄲步。①

由詩文可見，高拱不屑於研習詩詞技藝、摹仿古則教條，而是想精研國家典章制度，提高平章政事的能力。其後，他提出輔臣出諸翰林，其職責不止是“備問代言，商榷政務”，且負有“輔德輔政，平章四海”②的重任。

嘉靖二十一年壬寅(1542)　31歲

八月　河南鄢陵名門望族魏廷璧八十大壽，高拱受親家劉訒之託，撰《魏翁八十壽序》。略言：“歲壬寅，鄢陵魏公壽八十，八月某日維厥誕辰。於是春崗丈人乃喟然而嘆曰：‘壽哉！魏翁，予弗獲稱觴壽也。’高子曰：‘公奚嘆于魏翁者，鄉誼歟，抑戚黨之情也？’春崗丈人曰：……高子既聞斯命也，不獲辭而又無所加於公之言也，乃爲述之而有斯序。魏翁名瑎，廷璧字，南坡其别號也。以義授承事郎云。”③

十二月　高拱撰《節推王可庵之任兖州序》。言：“歲壬寅十二月，可庵子以進士授兖州府推官，命下且戒行矣。乃問于高子曰……高子曰：人罔恒情，法罔恒用。夫民也有頑而行讒者乎，有憸而市巧者乎，有陽是陰非、心壬面純者乎，非明莫之能鑒也。有過而誤罹者

① 高拱：《詩文雜著》卷一《奉詔讀書翰林述懷》。
② 高拱：《本語》卷五。
③ 高拱：《詩文雜著》卷二《魏翁八十壽序》。

乎，有怵而故伏者乎，有抑之弗伸、究之弗鳴者乎，非情莫之能體也。有富而貨獄者乎，有寵而囑獄者乎，有媚而希意、戇而取激者乎，非公莫之能直也。是故聽察惟聰，色意是窮，膚愬罔行，斯之謂明。匪雷匪霆，而哀而矜，無辜是恫，斯之謂情。無滯無迎，惟重惟輕，衡平鑒空，斯之謂公。"[①]他提出在立法和司法實踐中，只有"明以斷之，情以鞫之，本之以公"[②]，才能體現法律的價值取向，使百姓敬畏、相信并服從法律，從而有效地化解矛盾，解決糾紛，達到以法治國，穩定社會的目的。

是歲 高拱爲唐韓愈撰《圬者王承福傳》[③]一文題跋，言："余觀圬者王承福事，有深感焉。非其力不食，廉也；餘者以濟乏，義也；謂厚享之貽禍，知也。彼圬者顧能若斯耶，乃韓愈氏猶惜其不畜妻子不合於道。愚謂合道之説當責之學道者，以賤藝而若斯已足多矣……余故不暇責承福以合道，而深嘆夫學道者之未必如承福也。然愈之意不在承福，蓋爲厚享者誡云。"[④]跋文通過頌揚王承福有功不居，甘做農夫，不娶而濟窮，進而提出爲政和學道者應該像王承福一樣，要具有勤儉節約、不貪圖富貴的美德和良好的職業精神、敬業精神。

---

① 高拱：《詩文雜著》卷二《節推王可庵之任兖州序》。

② 高拱：《詩文雜著》卷二《節推王可庵之任兖州序》。

③ 《圬者王承福傳》，是韓愈爲泥瓦匠王承福所作的傳記。王承福，長安人，天寶之亂期間打仗立功，朝廷封功，他却没有接受，而是回到家鄉做泥瓦匠。韓愈"聽其言，約而盡"，與他聊天，發現其有許多可貴之處，故撰《圬者王承福傳》。

④ 高拱：《詩文雜著》卷二《跋〈圬者王承福傳〉後》。

是歲 欽差提督學校河南按察使王應鵬[①]、開封府知府李獻可[②],據新鄭縣令洪勛、督學顧宗師申報,石刻光禄寺少卿高尚賢從祀鄉賢祠。但到隆慶六年(1572)壬申仲春二月,縣令燕好爵祀及鄉賢,因拭苔讀光禄少卿高翁碑,見主已改題,而豐碑則未,且主碑席屈,於是搜斷簡,得行實,再登之石。記云:"公尚賢,號鳳溪,即虞衡郎中,贈少師。公之子乃同祀存翁,今少師玄翁、梅庵、競庵之父也。早承庭訓,夙負重名,遂以葩經發正德庚午解,賜丁丑進士第。甞官繕部,勵節自持,觸權奸而不攝;尋陟春曹,抗疏極諫,涉時禁而不諱。秉文衡於東魯,門人之貴顯者甚衆,洙泗贈夫子之號;楊憲節於西秦,冤獄之斷決者甚多,關中留去思之碑。薦言屢上於言官,少卿遂晉於光禄。中璫咸畏,釐數年侵冒之遺奸;浮費盡蠲,修一代供儲之實録。芳聲懋著,清節愈堅。未老歸田,潛心講學。北科道薦其閉門養高,罔隨時好;南科道薦其清才逸思,可備編摩。既没數日,而本省巡按李公仍追薦其有經綸蘊藉之才,具該博淹貫之學。此特筮仕宦成,歷履之大較也。乃其道本身心,學宗伊洛。教人以立誠爲門户,修己以克敬爲根基。喜怒罔輕,交遊必擇。爲人謀弗殊於己,處官事無異於家。孝於事親,存没盡追養之實;嚴以訓子,伯仲接甲第之芳。負雄才而猶如下士,位卿佐而自視布衣。文章有宏深沖雅之風,詩賦得温厚和平之體。發明甚廣,著述尤多。此又德行文學,表表可仰者也。全節完名,始終無玷;弘才重望,遐邇推先。殆不止一邑之師表而已。

---

① 王應鵬,字天宇,浙江寧波人。正德三年(1508)進士,後任嘉定縣知縣。正德十年(1515),任福建道監察御史,巡按福建、清戎八閩兼理鹺政、出按山東。嘉靖元年(1522),提調北直隸學校,後任山東道監察御史。嘉靖三年(1524),任河南按察司副使。嘉靖六年(1527),任山東按察使,後任大理寺少卿。嘉靖七年(1528),任右僉都御史,巡撫保定等府兼提督紫荆關,後改巡撫山西兼提督鴈門等關。嘉靖十年(1531),陞任右副都御史,協理都察院事。

② 李獻可,字堯俞,號松汀,福建同安浦園人。嘉靖初,賜進士中順大夫。除武昌府推官,因有才學,徵授户科給事中,屢遷禮科都給事中。偕六科諸臣,疏請豫教元子,帝大怒,摘疏中誤書弘治年號,責以違旨侮君,貶秩調外,尋除名。削籍歸家後,日以詩文自娱。享年六十一歲。天啟初,録先朝言事諸臣。獻可已前卒,詔贈光禄卿。

迨年逾知命，天召修文，朝野咸共惜之。兹請入鄉賢者，乃蓋棺之後，事久自定，豈雄黄朱紫，徒出於月旦也哉！”①

是歲　高拱爲已故明名臣、鄉梓馬文昇②歸家後所建“明農堂”③撰對聯。

明農堂聯

一片野心都被青山留住，
九重丹詔休教彩鳳銜來。④

是歲　高拱作《慎獨齋銘》曰：“人匪類殊，克念則聖。悔吝吉凶，咸生乎動。幾伏于潛，亦孔之彰。既分淑慝，亦兆存亡。昔有聖哲，皆審乎是。矧愚罔修，而敢自棄。利用禦寇，惟在於蒙。利用牿牛，惟在於童。不見是圖，爲難於易。未發而禁，是之謂豫。居室而善，毋曰未形。千里應焉，其事將成。念之不臧，毋曰無害。神且伺人，其禍將大。謹爾肇端，勉爾無咎。天鑒在兹，無愧屋漏。惟幾惟敕，罔僞罔遷。天德有要，王道之原。盤也日新，杖也敬義。齋也慎獨，希之則是。”⑤“慎獨”⑥是儒家倡導的道德修養方法之一。它是指

① 高務觀：《東里高氏家傳世恩録》卷四《刻光禄寺少卿贈光禄大夫柱國少師兼太子太師吏部尚書中極殿大學士高公從祀鄉賢記》。

② 馬文昇（1426～1510），字負圖，號約齋，河南鈞州（今禹州）人。景泰二年（1451）進士，官至大理寺少卿。成化十九年（1483）進左副都御史。成化二十年（1484）巡撫遼東，二十一年（1485）任南京兵部尚書。弘治二年（1489）遷兵部尚書，十四年（1501）改吏部尚書，少師兼太子太師。正德元年（1506）被劾乞去，五年（1510）六月卒，享年八十五歲，謚端肅。著有《馬端肅奏議》、《西征石城記》、《撫安東夷記》等。

③ “明農堂”，是馬文昇罷官回鄉後建造的一座莊園，在今禹州市梁北鎮秦村觀耜園（亦稱“大房子”）處。當年的明農堂建築規模不是十分宏大，但也是雕梁畫棟，十分華美。2009年，被列爲許昌市第三批市級文物保護單位。

④ 高拱：《詩文雜著》卷一《聯》。

⑤ 高拱：《詩文雜著》卷一《慎獨齋銘》。

⑥ 語出《禮記·大學》：“此謂誠於中，形於外，故君子必慎其獨也。”

人們在獨自活動情況下，憑藉高度自覺自律，按照一定道德規範行動，而不做任何有違道德信念、做人原則之事。高拱在此强調只有通過"慎獨"修養，才能達到修身、齊家、治國、平天下之目的。

歲冬　高拱應河南鄢陵親家劉訒及胡東魯之請，撰《牛君還鄢陵序》。略言："壬寅冬，君陞自邑庠來遊國學。而予以姻故，數會于中丞劉公暨祠部胡公家，蓋始識所謂牛君者。其犖然之氣，偉然之度，略足以見其平生。然未嘗朝夕焉深叩其藴，而盡驗予疇昔之所聞也。越數月，君竣事將歸，乃以告别於劉公。而劉公則愴然曰：'吾弗忍遽别子也。'遂相與徵文於予，以志其眷戀之懷。予因思之二公固不妄與者，而今獨重别於牛君。則予雖未嘗朝夕焉深叩其藴，而疇昔之所聞者，即此可盡信無疑也。乃於是推二公之意而贈之以言……"①

嘉靖二十二年癸卯(1543)　32 歲

九月　高拱爲南陵王②繼妃、乡梓宗氏撰墓誌銘，言："妃宗氏者，長葛縣人也，而爲周藩南陵王繼妃。父鳳，兵馬副指揮。母李氏以嘉靖四年六月二十九日生妃於長葛，越十三年歸南陵，而以嘉靖二十一年三月某日卒，距其生才十有八歲云……王悲悼逾常，以訃上聞，詔有司制祭營葬事如例。將以癸卯年九月某日歸窆於鄭州七里塚之原。王自恨失良佐，且不忍懿矩無聞於後也，使使緘狀逾千里來徵予銘。嗟乎！予昔獲見南陵也，其高志雅懷，即古東平、河間不加焉，業已欽之矣。而家近長葛又且稔知妃氏賢，銘嗚呼辭。銘曰……"③

十月二十六日　翰林院庶吉士散館。因高拱學習成績優異，授

① 高拱：《詩文雜著》卷二《牛君還鄢陵序》。

② 南陵王朱睦楧生於明弘治十二年(1499)，死於隆慶元年(1567)，謚號"莊裕"。周定王五世孫，正德八年(1513)封，南陵王的墳地在鄭州金水區王府墳村。隆慶五年(1571)，周王崇易撰文墓碑一塊，碑額題"明册封南陵莊裕王墓碑"。

③ 高拱：《詩文雜著》卷三《周府南陵王繼妃宗氏墓誌銘》。

翰林院編修。世宗敕命曰:"奉天承运皇帝敕曰:……翰林院編修高拱,乃工部郎中魁之孫,光禄寺少卿尚賢之子。有明達之才,而本進以忠信;有博綜之學,而發之以文辭。早膺妙選,遂列清階,雅操令猷,鬱爲時望。頃朕以絲綸重典,俾爾專司,乃能崇實黜浮,仰副代言之托,朕益嘉重焉。兹以祀成覃恩,特進爾階文林郎,錫之敕命。夫爾身居近密,則樞機之務乃其所聞知也。其尚愈加練習,豫定訏謨,以俟朕之柄用。欽哉!"①與高拱同授編修的還有董份、潘仲驂、陳昇、嚴納、高儀等五人,王材、裴宇、陳以勤等六人授檢討。

嘉靖二十三年甲辰(1544)　33 歲

正月二十七日　被譽爲"兩京五部尚書"的秦金(字國聲,號鳳山,江蘇無錫人)卒,距生成化三年(1467)九月十一日,享年七十七歲。其後高拱爲其撰碑陰,略言:"粤若錫山秦公,夙邁乃德,策名於時……嗚呼休哉,繼自今詎惟秦之子若孫,宜鑒於兹,以保令聞。凡厥有位者咸若時,亦克有譽於永世。"②隆慶六年(1572)六月,高拱再次罷官回籍,秦金之孫秦柱曾百里相送。

三月　選授大理寺右寺正李登雲爲通政使司右參議。③ 登雲,爲高拱之姻親。此前,李登雲始任金吾衛指揮僉事時,高拱曾撰序示賀,略言:"維時鈞陽李六盤氏倡事聿先,厥貲孔富時用,錫爵爲金吾衛指揮僉事,制揮僉四品階明威將軍。於是六盤君紆紫拖金,雙旄褐蓋,出入騶擁,光動里閭。維士若大夫爰暨戚黨嘉君之義而榮其授也,謀所以揚其休采者,胥詣東里徵予賀辭。中玄子喟然嘆曰:於,都哉!李氏其盛矣乎!古稱薛鳳、荀龍、謝蘭、竇桂,皆以哲士并興,德猶共茂,甲於一時。然猶如彼數人焉止也。惟時李族持法西臬則有

① 高務觀:《東里高氏家傳世恩録》卷一《翰林院編修高拱并妻》。

② 高拱:《詩文雜著》卷四《秦公敕誥碑陰》。

③ 《明世宗實録》卷二八四,嘉靖二十三年三月己亥。

若荆陽，納言内臺則有若方村，作牧蜀邦則有若湫南，博文强學、擢穎藝林則有若二雋，皆六盤君伯仲也。而登名科第，續業箕裘，振振繩繩，濟美於後者猶其伯仲焉。乃六盤君又以助國受恩，義聲浹著於都哉，李氏其盛矣乎……誠若時詎惟里閭之耀，實海内鮮儔焉。然則兹賀之義大矣哉。遂書以贈六盤君。"①

五月二十一日　高拱家居宣武門内稍東偏城下，側室曹氏生長女啓禎。嘉靖二十五年（1546），高拱曾奉使回家，順便携啓禎由京師歸新鄭老家撫養。嘉靖二十六年（1547），啓禎四歲而許聘河南鈞州人李通政②子茹。又據高拱墓誌銘云："長女許都御史孟君淮③子兆梅。"④嘉靖三十七年（1558）二月十八日，啓禎歿，年十五歲。二十四日，將柩權厝廣寧門外鈞州人滕周之舍的静室中。高拱記曰："嘉靖甲辰，予年三十有三歲矣。始生子長女啓禎於京師。生之者予邑曹氏也，其日五月二十有一，其地宣武門内稍東偏城下。兒二歲予携歸新鄭，四歲而許聘鈞人李通政方村之子茹。六歲復携至京師。居八年餘，而予又卜寓城下，與兒生所相望二百武而遥，居五月，爲戊午二月十八日兒歿，才十五歲耳。嗟乎！生於斯，死於斯，數固然歟？"⑤

九月初七日　哲學家王廷相卒，距生成化十年（1474）十月二十五日，享年六十九歲。廷相，字子衡，號浚川，河南儀封（今蘭考）人。弘治十五年（1502）進士，嘉靖時官至南京兵部尚書兼都察院左都御

---

① 高拱：《詩文雜著》卷二《六盤李君榮授金吾衛指揮僉事序》。

② 李通政，即李登雲，字子漸，號鈞陽，河南鈞州（今禹州）人。李乘雲之弟，與弟凌雲（字子鵬）連中嘉靖十四年（1535）進士。授大理寺評事，曾奉詔修律令。後晉通政使，陞工部左侍郎。辭官歸里後，蔬食布衣，終生儉約。此前，登雲任職金吾衛指揮僉事時，高拱曾撰序示賀（見《詩文雜著》卷二《六盤李君榮授金吾衛指揮僉事序》）。登雲同胞七人：長乘雲、次登雲、次凌雲、次披雲、次望雲、次慶雲、次燦雲。其中，乘雲、登雲、凌雲三登甲科，時人有"河東三鳳"之譽。

③ 孟淮（1513～1577），字豫川，號衛原，河南祥符（今開封）人。嘉靖十七年（1538）進士，授大理評事，累官右副都御史。

④ 郭正域：《合併黄離草》卷二四《太師高文襄公墓誌銘》。

⑤ 高拱：《詩文雜著》卷三《啓禎兒權厝記》。

史掌院事。嘉靖二十年(1541),因勛臣郭勛事牽連罷歸。高拱爲其撰行狀云:廷相“乃於甲辰九月七日以疾終。士林聞之,無問識與不識,咸出涕曰:‘嗟嗟! 浚川翁没矣!’巡按吴君以公盛德,不果用而止,乃與巡撫清戎者會疏,論公一世名流,薦伸屬望;致身廊廟,庇民之績甚多;遠迹江湖,戀主之誠無替;宜加恤典,以慰人心。下所司議云云”①。

拱父高尚賢與王廷相爲僚友,交往甚密。應尚賢之請,廷相曾爲其父高魁撰《墓誌銘》。高、王兩家往來交好,有通家之誼。高拱在開封大梁書院期間,曾拜讀過王廷相傳於世的多種著作,深受其思想影響,言:“公德器弘粹,氣稟剛大,修身力學,以聖賢自期。下事浮藻,旁搜遠攬,上下古今,惟求自得,無所循泥。灼見其是,雖古人所非者不拘;灼見其非,雖古人所是者不執。立言垂訓,根極理要,多發前賢所未發焉。”②故廷相卒後,高拱在《浚川王公行狀》中高度評價其學術思想和改革功績。

王廷相著有《王氏家藏集》、《慎言》、《雅述》、《内臺集》、《浚川公移集》、《浚川駁稿集》、《浚川奏議集》等著作。在這些著作中,王廷相闡發了他的哲學思想和政治思想,提出“天地未形,惟有太空,空即太虚沖然元氣”③,“天地、水火、萬物皆從元氣而化,蓋由元氣本體具有此種,故能化出天地、水火、萬物”④的元氣本原論觀點,闡述“天内外皆氣,地中亦氣,物虚實皆氣,通極上下造化之實體也”⑤,“元氣之上無物、無道、無理”⑥的氣本論觀點,此外,他還闡述了天人觀、人

---

① 高拱:《詩文雜著》卷四《前榮禄大夫太子太保兵部尚書兼都察院右僉都御史掌院事浚川王公行狀》。

② 高拱:《詩文雜著》卷四《前榮禄大夫太子太保兵部尚書兼都察院右僉都御史掌院事浚川王公行狀》。

③ 王廷相:《王浚川所著書·雅述》上篇。

④ 王廷相:《内臺集》卷四《答何柏齋造化論》。

⑤ 王廷相:《王浚川所著書》卷一《慎言·道體篇》。

⑥ 王廷相:《王浚川所著書·雅述》上篇。

性論和認識論思想，建構起博大精深的哲學思想體系。王廷相是明代氣學陣營的重要代表，也是構成由北宋張載至明清之際王夫之氣學思想的中間環節。高拱在其晚年所撰《問辨録》和《本語》等學術著作中，屢次稱贊王廷相的哲學觀點"兹言良是"①。可以説，高拱建構"蓋天地之間，惟一氣而已矣"②的氣學思想體系的直接理論來源是王廷相的氣學哲學。

十一月十四日 拱兄高捷由户部主事轉任兵部。世宗敕命曰："奉天承運皇帝敕曰：朕惟《書》謹六師，《禮》申九伐，戎政之重，有自來矣。朕方懋振中興之治，克成禦侮之功。責任本兵登用材彦，一時諸屬務出英選。爾兵部職方清吏司主事高捷，乃故工部郎中進階中憲大夫魁之孫，光禄寺少卿尚賢之子。魁偉之資，英特之器。嗣淵源之世學，陶賢哲之休風。蔚著時稱，高揚甲薦。往下户曹之命，爾則恭率乃職，出納惟允。旋察才略，簡任今官。爾乃殫力效忠，竭誠奉國。舉幹濟之大務，操慎翼之小心。措置緩急而適宜，操持始終而罔間。得臣若此，庶績其熙。最奏來聞，殊用嘉悦，宜加寵褒以爲忠君者勸。兹特晉爾階承德郎，錫之敕命。爾其益勤令德，勉奏膚功。尚有崇階以需來效，而欽承哉。初任户部貴州清吏司主事。二任今職。"③高捷雖爲進士出身，却精通兵法謀畧，故有此任。

嘉靖二十四年乙巳（1545） 34歲

正月 史館抄録列祖御製文集、四書五經、《性理大全》、二十一

① 參見高拱《問辨録》卷一《大學》，《本語》卷三。

② 高拱：《程士集》卷四《策五道・天人之際》。

③ 高務觀：《東里高氏家傳世恩録》卷一《兵部職方清吏司主事高捷并妻》。

史等書成。高拱等人奉旨謄寫四書五經、《性理大全》①,謄修繕寫完成後,擬《進呈表》曰:“命臣等以謄修繕寫,遂集乎衆長,校録尤資夫多士。尚方賜饌,慚廩餼之徒糜;藝苑讎文,荷筆劄之兼具。書未及乎百卷,功乃歷於數年。同心檢閲,僅免於魯魚亥豕之訛;并力裝潢,但借夫錦軸牙籤之麗。千載之聖經賢傳盡在目中,百氏之正論名言指諸掌上。是蓋仰承乎丕命,豈云俯竭夫微勞?特敬獻於重瞳,用備觀於乙夜。臣等叨從館末,才非劉向之雄;濫與清流,學愧更生之富。玉堂載筆,徒覺乎神摇;金匱抽書,只增其汗浹。幸逢聖王,實負明時。伏願接目警心,契千古不傳之秘要;修身治國,開萬年永保之太平。則古今之明訓大行於今,而今日之休光特隆於古矣!臣等無任瞻仰顒望之至,謹以寫完《五經四書性理大全》隨表上進以聞。”②

歲春 高拱開始撰理文官敕誥。嘉靖帝“劄諭輔臣,令於翰林官中簡五六人或三四人,備樞筦之用”。故此,高拱從嘉靖二十四年至三十年(1545~1551)在中秘官署撰理文官敕誥。“於時,輔臣舉編修二人、檢討三人,於中秘撰理文官誥敕,曰‘以備用云’,而拱實在列。先是典誥敕者,或以閣學,或以詹翰長貳。其事既重,而其文亦皆簡實,無失代言之體。後乃屬之兩房供事官。其事既輕,而爲文者又率循情浮濫,所謂以萬乘之尊譽匹夫之賤者實有焉,而失體亦甚矣。至是始還翰林之舊,則其事複重。予乃一滌陋習,特追簡實,且就其所司各加戒勉,以仰副朝廷訓迪百官之意,非敢遂謂得體也。”③高拱所

① 《性理大全》,七十卷,明胡廣等奉敕編纂。與《五經四書大全》同輯成於永樂十三年(1415)九月,成祖撰序,頒行於兩京、六部、國子監及國門府縣學。此書爲宋代理學著作與理學家言論的彙編,所採宋儒之説共一百二十家。成祖《性理大全序》稱此書二百二十九卷。《四庫全書總目》稱自周子《太極圖説》至蔡沈《洪範皇極内篇》共二十六卷,文淵閣《四庫全書》實爲二十五卷,《四庫全書總目》有誤,其後各家多訛其誤。有明殿刊本、明景泰六年(1455)書林魏氏仁實堂刊本、萬曆二十五年(1597)吴勉學刊本、康熙十二年(1673)内府重修明版印本、《四庫全書》本等。

② 高拱:《詩文雜著》卷一《擬史館奉旨寫完〈五經四書性理大全〉進呈表》。

③ 高拱:《外制集·序》。

撰敕誥,名曰《外制集》。

七月 高拱應同年、柱史蕭同野之請,爲其祖母撰壽序。略言:"蕭太夫人者,太史鐵峰公母,而柱史同野君王母也。夙閑陰則,雅有徽音,聖善攸鍾,百祉咸集。乃歲乙巳七秩且三,七月之辰實維初度……客頌已,屬史氏拱序其事……予在秘閣得觀太史公所著書,其明淑慝之途、定是非之分者嚴矣。百世之下有明徵焉,非夫人之澤歟?而柱史君秉憲持法,貞度肅僚,登車攬轡,四方望風采焉,非夫人之澤歟?澤在百世則壽以百世,澤在四方則壽以四方。而況太史公德業崇盛,公望攸屬,他日爲霖雨爲舟楫,所以衍夫人之澤者將有加於是焉。而況柱史君少年芳茂,如日之升,積功累行,公輔可期,所以衍夫人之澤者將有加於是焉……"①

八月初一日 拱兄高捷陞兵部職方清吏司員外郎。世宗誥命曰:"奉天承運皇帝制曰:朕高郎吏之選,以待天下之材。而七兵之曹,名秩甚寵,匪得才行之士,亦何裨於政焉?爾兵部職方清吏司員外郎高捷,乃工部虞衡清吏司郎中魁之孫,光禄寺少卿尚賢之子,秉心介潔,礪行端方;筮仕户曹,已聞清譽;迨遷今職,益懋才猷。兹以祀成覃恩,特進爾階奉直大夫,錫之誥命。夫朕有安攘之志,而考方輿以備戰守,爾實司之。其益殫乃心力,以敏事功,庶不負朕擇而使爾之意。欽哉!初任户部貴州清吏司主事,二任兵部職方清吏司主事,三任本部本司署員外郎事主事,四任今職。"②

十一月十七日 高拱應同年、思州府知府符汝登③之請,爲其父符琦(字廷圭,河南寧陵人)、母周氏合葬撰墓誌銘。略言:"嘉靖戊子,予與寧陵符汝登同舉與鄉。然即意氣相許,後乃莫逆。汝登早失

① 高拱:《詩文雜著》卷二《蕭太夫人壽序》。

② 高務觀:《東里高氏家傳世恩録》卷二《兵部職方清吏司員外郎高捷并妻》。

③ 符汝登,字後岡,河南寧陵人。嘉靖七年(1528),高拱與符汝登同爲戊子科舉人,由此成爲好友。汝登自幼喪父,雖屢次會試,但未進士及第。經高拱勸導,汝登放弃科考,被選爲青城令尹,并迎養其母於青城。

怙，惟其母氏在堂。既屢試南宫弗利，予乃間諷汝登曰：'嗟！君所爲戀戀場屋者，非欲得一第榮親耶？然君之母老矣，乃不及今爲禄養計，即他日鐘鼎何益？'汝登悟，遂謁選得青城令。迎養母氏至青城，甫三月以天年終。汝登扶櫬歸且葬，乃詣新鄭索予銘，且謝曰：'惟君言即欲三月禄養，得乎？'當是時，予亦執先宜人喪，不能文。後汝登服闋，歷宛平知縣，考最，天子乃贈父如其官，母安人。汝登遂歷工部郎中，晉思州府知府。南去且過家，予乃自念曰：'汝登托我銘且十載餘矣，然何可終負之？'於是始次序其二親之事系之銘，俾持歸納諸壙中。"其母周氏"嘉靖甲辰十二月四日卒，以乙巳十一月十七日啓公竁合焉"①。

嘉靖二十五年丙午(1546)　35歲

二月二十九日　高拱次女啓宗生於新鄭，亦爲側室曹氏所出。嘉靖三十六年，啓宗"許廣平知府郭中②子坤，并未有行"③。嘉靖三十八年七月二十三日，啓宗殁，時年十四歲，高拱將柩祔厝於廣安門外滕周之舍，爲其撰墓記曰："去歲予喪長女，乃今爲嘉靖己未七月二十三日，復喪予次女啓宗。嗟嗟！慘毒至此，予豈木石能堪之耶？二兒皆曹氏出，歲丙午予爲編修奉使過家，以二月二十九日生啓宗於新鄭縣。時先太宜人在堂，保愛周至，雙璧足道哉。無何，先太宜人棄養。既免喪，則兒四歲矣，遂携至京師。丁巳，許聘大梁郭知府之子坤。戊午，郭氏納徵，擬一二載間議親迎，而遽有兹變，傷哉！"④雙柩聯几，俟變則歸葬新鄭老家。

---

① 高拱：《詩文雜著》卷三《明贈承德郎宛平縣知縣符公暨配贈安人周氏合葬墓誌銘》。

② 郭中，河南祥符(今開封)人，陝西按察司副使郭鳳翱之子，舉嘉靖二十六年(1547)丁未科進士，官至廣平府知府。與其父郭鳳翱、其叔郭鳳儀俱有名。郭坤事迹不詳。

③ 郭正域：《合併黄離草》卷二四《太師高文襄公墓誌銘》。

④ 高拱：《詩文雜著》卷三《啓宗兒權厝記》。

是年 高拱應鄉梓、河南鈞州(今禹州)人陳東光[①]之請,爲其从父陳淮濱分教徽州撰序。略言:"淮濱先生,鈞之良士也。鈞固多才,而博學能文辭者尤稱淮濱,乃其行亦卓犖不倫,固所謂學之有本者也。而屢試竟不第,乃今以賓貢就徽州府庠官。瀕行,其猶子平岡索予言爲贈。平岡以德行文學重於史館,實淮濱所訓成者,則其能訓徽士可知已。故予重以立教之初意相規勉。不然則今之能以文教者亦既罕矣,而況敢以是望之哉!"[②]

嘉靖二十六年丁未(1547) 36歲

八月 高拱撰《楊處士碑陰》。楊處士,即楊相,字君佐。其先祖爲汝寧新蔡人,始祖宗道爲元代陝西行省左丞,後擇隱河南新鄭,遂家焉。楊相生於景泰甲戌(1454)年,卒於嘉靖乙酉(1525)年,享年七十二歲。拱父尚賢於嘉靖戊子(1528)夏曾撰《楊處士墓表》[③],其勒石之日在嘉靖丁未(1547)秋。其時,高拱又爲其撰碑陰,言:"先大人撰述八泉先生之翁若母也[④],在嘉靖戊子夏,其勒石之日爲丁未秋。蓋八泉即戊子領鄉書後,遊仕齊、趙之間,久乃令,謝宦歸,始克舉云……今觀八泉歷宰巨邑,咸著令績,道不徇時,浩然釋綬,有靖節風。二子曰階、曰埠,又咸立本殖學,擢穎於庠。振振繩繩,濟美弗隕。斯先大人之言不既明徵矣乎?而將來者猶未概見也。庸志下方,諗諸後人,俾永有考焉。時嘉靖二十六年秋八月吉日,高拱識。"[⑤]

九月初九日 河南洧川縣重修廟學始於嘉靖丁未(1547)九月九

① 陳東光,字叔晦,號平岡,河南鈞州(今禹州)人。嘉靖十三年(1534)中舉,次年登進士第。選翰林院庶吉士,大學士考評東光所作《原政論》、《讀五倫書有感詩》皆占第一,由此名聲大顯。初任翰林院檢討,後調任江西瑞州知府,官終四川右布政使。卒於官。

② 高拱:《詩文雜著》卷二《陳淮濱分教徽州序》。

③ 參見《新鄭縣志》卷二六《藝文志》。

④ 八泉先生,是指楊相之子楊自效;翁若母,是指楊相及其夫人劉氏。劉氏卒於正德戊寅(1518),距生年六十有四(參見高尚賢:《楊處士墓表》,載《新鄭縣志》卷二六《藝文志》)。

⑤ 《新鄭縣志》卷二六《藝文志》。

日，再逾月而工竣。高拱應學諭孫梅之請，撰《洧川縣重修廟學記》。略言："太史氏曰：嗚呼！惟聖人之道若宫室然，厥牆數仞，厥宗廟盛美，厥制度大小，罔不悉備。惟士學之若治宫室然。弘乃心以爲堂奥，立乃誠以爲基，致乃知以爲門，踐乃彝倫以爲實地，崇禮義以爲衛，兼之道藝以爲飾。然後可以廣大高明，而至乎聖人之道，是爲實學……嗚呼！爾師爾士，尚鑒兹哉。兹惟作新之會，務滌乃心，慎乃嚮往。俾正道用明，實學用興，以登以庸，爲國之楨，斯謂聖人之徒。"①心學即實學。可見，高拱此時深受王陽明心學之影響。

是歲 學者羅欽順卒，距生成化元年(1465)，享年八十二歲。欽順，字允升，號整庵，江西泰和縣人。弘治六年(1493)進士，廷試甲榜第三名，授翰林院編修。十五年(1502)，任南京國子監司業。正德、嘉靖時期，官至吏、禮二部尚書。嘉靖六年(1527)，致仕歸里。欽順早年信禪，後悟其空，"釋氏之學，大抵有見於心，無見於性，故其爲教，始則欲人盡離諸象，而求其所謂空，空即虚也"②。專攻程朱理學："理即是氣之理"，"理須就氣上認取，然認氣爲理便不是"。"通天地，亘古今，無非一氣而已。"黄宗羲稱"先生之論理氣，最爲精確"，然其"言心性則與朱子同，故不能自一其説耳"。反對王學"心即理"、"致良知"之説："豈可謂心即理，而以窮理爲窮此心哉。"③力主格物工夫："欲見得此理分明，非用程朱格物工夫不可……所貴夫格物者，正要見得天人物我原是一理，故能盡其性，則能盡人之性，盡物之性。"④著有《困知記》、《整庵存稿》等。羅欽順開明代氣學之先河，至王廷相形成氣學思潮，形成與心學思潮相對峙的氣學學派。其後，高拱、吕坤、湯斌等思想家深受氣學思潮的影響。

---

① 高拱：《詩文雜著》卷一《洧川縣重修廟學記》。
② 黄宗羲：《明儒學案》卷四七《諸儒學案中一》。
③ 黄宗羲：《明儒學案》卷四七《諸儒學案中一》。
④ 羅欽順：《困知記·附録》。

是歲　張居正登進士第，選翰林院庶吉士，吏部左侍郎徐階任教習。

嘉靖二十七年戊申（1548）　37 歲

七月二十五日　與高拱同在秘閣、交誼深厚的少傅大學士許讚[①]卒，距生成化癸巳（1473）七月初四日，享年七十六歲，謚文簡。其後，高拱爲其撰《神道碑銘》，言："嘉靖戊申七月二十五日，前少傅大學士許公卒於家……乃僎則請予書諸墓道之石。予與公同在秘閣，交誼最深，胡可以辭。公諱讚，字廷美，河南靈寶人也。先世曰威者仕元，爲兵馬元帥，西征過靈寶，愛其土風家焉……公德性温粹，意氣凝定。坦夷康樂，而涇渭不淆。直率徑盡，而應變無窮。莅官翼翼小心，以不欺不怠爲主。在吏部前後凡十年，每銓注必論才高下與地繁簡，兼風土南北而劑量之。核諸司公而恕，或疵以細，故飛語悉置不行，以是人德之。好著述，老而不倦。所著有《松皋集》、《續集》、《讀史》、《詩論》、《五經臆説》、《三曹奏議》若干卷。嗚呼！公之德澤在四方，勛績在省閣，孝友在家庭，懿行不可殫述。乃予特撮其大者云爾。"[②]前此，高拱曾撰《少傅兼太子太傅吏部尚書文淵閣大學士許讚》[③]文官敕誥。

九月　高拱應好友王誥之請，撰《鄢陵縣修學記》。記云："嘉靖戊申（1548）秋九月，鄢博王君誥等介於中玄子曰：'蓋聞魯泮匪僖公

---

① 許讚（1473～1548），字廷美，號松皋，河南靈寶人。正德年間兵部、吏部尚書許進（1437～1510，字季升，號東崖，成化二年即 1466 年進士）第三子。弘治九年（1496）進士，任大名府推官。弘治十五年（1502）任陝西道監察御史，後任刑部侍郎，以辨疑獄知名，秉公斷案，名噪一時。其父被宦官劉瑾迫害，許讚受牵連調任臨淄知縣。嘉靖年間，官至吏部尚書。嘉靖二十二年（1543），入閣與禮部尚書張璧、嚴嵩一同參與機務，"政事盡決於嵩"，故再三上疏，自請休致。致仕後，在鄭州北郊黄河岸邊築有花園口，占地 540 畝，遍植奇花異木。據説花園口之得名，與之任吏部尚書時所建許家花園有關。

② 高拱：《詩文雜著》卷二《明故光禄大夫柱國少傅兼太子太傅吏部尚書文淵閣大學士贈少師謚文簡許公神道碑銘》。

③ 高拱：《外制集·少傅兼太子太傅吏部尚書文淵閣大學士許讚》。

不作，蜀校匪文翁不興。惟鄢學既久既敝，奉禋弗處，弘誦罔托，將有青衿之刺。乃趙侯鋭意修復，不日就工。制既完美，教乃可振。惟師若生實感僖公之功，沐文翁之化。兹釁幣告成，麗牲有石，願有言以迪多士，以志趙侯之德弗忘。’中玄子曰……士以此思聖，則聖可師矣。升厥堂寬以容，入厥室宏以受，衆寡長少咸囿我闥。士以此思仁，則仁可宅矣。修逵分辟，如砥如矢，出入惟時，罔不咸遂。士以此思義，則義可由矣。崇卑有等，大小有量，遠近有度，後先有序。士以此思禮，則禮可秩矣。重户洞如視則遠，列牖罔蔀明則徹。士以此思知，則知可達矣。是故原諸心覺，驗諸事行，勵之以師友俾勿壞，猶夫因而飭也。成化始於致曲，保遠肇於克端。罔忽於微，罔畫於大，猶夫因而拓也。博在知新，畜由多識，古今名物，網羅而會通，猶夫增而備也。聃曇病學，申韓雜治，時儒不免焉。辭而辟之，惟正是歸，猶更而置也。”①

十一月五日　高拱同年好友宋汝任②卒，距生正德丙子（1516）九月二十四日，享年三十三歲。其後，高拱應邀爲同年、户科給事中宋汝任撰墓誌銘。略言：“予有同年友曰裕州宋汝任者，諱伊，號陟台……汝任生有慧性，八歲能文，數爲當路巨公旌賞。早失恃，旋又失怙。痛惟孤子，乃刻心自樹，隆師遴友，切劘行業，卒成閎器，振聲於時……汝任無嗣，吴孺人娶伯氏子禄承其祀，而爲卜域城南二里之原，將以戊申十一月十三日歸窆，於是仕涕泣緘狀逾數百里來請銘。嗟乎！予自登第友天下士，始識汝任，實心許其賢，乃汝任亦雅善予，事多予咨，不間肝膈，予以是益稔知其藴有遐期，詎謂其不胤短死至是慘乎？

① 高拱：《詩文雜著》卷一《鄢陵縣修學記》。

② 宋汝任，名伊，字汝任，號陟台，河南裕州（今方城）人。嘉靖二十年（1541）進士，歷官崑山令、户科給事中等職。汝任自幼喪母喪父，但其發憤精進，“卒成閎器，振聲於時”。但不幸的是汝任無嗣而早逝，嘉靖二十七年十一月十三日下葬。據此可推知，高拱爲汝任撰墓誌銘，時間大約是在汝任下葬，即嘉靖二十七年之後不久。

嗟！予不復敢論天下士矣，乃欷歔而爲之銘。銘曰……”①

嘉靖二十八年己酉(1549)　38歲

三月　皇太子朱載壡②行冠禮，二日後病故，年十四，謚莊敬。皇太子猝死，裕王地位急變。按宗法制度，裕王成爲皇長子，應是法定的皇位繼承人。但嘉靖皇帝聽信道士陶仲文“二龍不相見”之説，直至去世亦未册立裕王爲皇太子。

歲春　寧晉縣重修廟學始於嘉靖己酉(1549)孟春，三閲月而告成。高拱應侍御蔡靉③之請，撰《寧晉縣重修廟學記》。記云：“維寧晉廟學建自先朝，歲序既遷，日就傾圮。神栖弗侐，弦誦罔依。青衿且歌，泮水靡頌。乃嘉靖戊申，鄢陵陳君棐來尹兹邑……嗟乎！禮失則求諸野。予聞寧晉之士强而直，敦樸而鮮文，猶尚如未涅之質，未斫之璞。其由今之道也若難，而學聖人之道也蓋易。今六經、《語》、《孟》，格訓曄如，誠宜求以實心，體以實行。修己，則毋以灑掃爲屑務，毋以孝悌爲常行，毋以剛毅爲不訓，毋以忠信爲愚拙。論治，則毋以憂時爲妄誕，毋以近民爲庸凡，毋以却賄爲曲廉，毋以守法爲拘礙。師以是乎訓，友以是乎規，切劘罔休要諸成，德由是以居，爲篤行之士。由是以出爲幹國之臣，所以培元氣而昌化理者，莫外於此矣！”④

① 高拱：《詩文雜著》卷三《明故徵仕郎户科給事中宋公墓誌銘》。

② 朱載壡(1536～1549)，明世宗朱厚熜次子，母王貴妃。載壡於嘉靖十五年(1536)生，嘉靖十八年(1539)立爲太子，嘉靖二十八年(1549)卒，年十四歲，追封謚號莊敬太子，葬西山。

③ 蔡靉，字天章，號汶濵，河北寧晉人。初師真定張睿，後從韓邦奇、湛若水遊。嘉靖八年(1529)進士，累官監察御史，巡按河南。蔡靉剛直敢言，與楊爵等因事繫獄，旋罷歸。居家教授，修學廟，置膳日，設義舉，行鄉約，人稱汶濵先生。著有《汶濵集》、《汶濵語録》等。

④ 高拱：《詩文雜著》卷一《寧晉縣重修廟學記》。

九月十二日　吏部尚書聞淵[①]七十壽辰,高拱賦詩一首,以感謝昔日題詩杏園之恩。

【七言古】

中流砥柱歌壽太宰聞公

君不見大河九曲來崑崙,蒼茫萬里浮乾坤。
懸崖絶阪任傾没,惟有當沖一柱巋然存。
芙蓉直峭凌煙霧,不向他山資倚附。
冥杳應知參井鄰,嵯岈那許猿猱度。
天生神物障鴻濤,況有神人修作勞。
孤標上作擎天柱,巨軸深撑斷足鼇。
龍門碣石互吞吐,白練翻飛自今古。
獨壓坤維震蕩中,鯨掀鼉踴空號怒。
靈秘千年會降神,太宰浩氣凌蒼旻。
澆之不濁撼不動,萬仞之壁同嶙峋。
夙抱孤忠事天子,賢豪總入衡銓里。
百辟咸瞻岱華峰,九重自識尚書履。
坐鎮畏途還雅風,江河力挽使朝東。
風波滿眼一時定,柱石應推第一功。
憶昔題詩杏園處,即隨鸞鳳丹霄翥。
豈期今日共金貂,却喜從來依玉樹。
玉樹金貂春複春,素交歲晚更相親。

① 聞淵(1480～1563),字静中,號石塘,浙江鄞縣人。弘治十八年(1505)進士,歷官禮部、刑部主事,考功、文選郎中。嘉靖初,進應天、順天府尹,累遷南京兵部、刑部侍郎,晉南京刑部、吏部尚書。嘉靖二十一年(1542),召爲刑部尚書。嘉靖二十六年(1547),晉吏部尚書,累加太子太保。時嚴嵩勢横,侵奪部權,數以小過奪聞淵俸。嘉靖二十八年(1549)九月十二日,以年七十,請乞致仕,許之。家居十四年卒,享年八十四歲。贈少保,謚莊簡。

各將水蘗酬初約，欲比瓊瑶愧不倫。
生年七十古來少，龍馬精神共矯矯。
召公欲去周公留，整頓還期濟時了。
保乂由來屬老成，千秋萬載翊承明。
預將縑素圖雄觀，爲證他年帶礪盟。①

十月 高拱爲錦衣衛指揮僉事駱安（字時泰，别號月崖，湖廣寧遠人）撰墓誌銘。略言："嘉靖己酉十月十三日，明威將軍錦衣衛指揮僉事駱公不禄，將以其年臘月二十日歸窆都城南五里祖塋之次。於是公弟定暨寅以其兄僚魏君狀來乞銘。予素辱公交厚，知公懿行爲詳，胡可以不文？辭叙曰……距其生成化年月日，享年七十有七。公慷慨樸實出於天性，事父母以孝聞，友愛二弟終其身無間，處鄉好義樂施，赴人之急有烈士風。遇事能斷，雖糾棼［紛］必解，盤錯必利，人以是服公，亦以爲忌，卒滯大用，惜哉！"②

十一月初二日 高拱應兵科給事中孟廷相之請，爲其父孟瑛（字時潤，别號南河，河北霸州人。距生成化壬辰十一月朔日，享年七十六歲）、其母胡氏（距生成化庚子十一月望日，享年七十歲）撰墓誌銘。略言："嘉靖丁未九月朔日封君孟公卒，既穸諸霸之乾城。越二年己酉四月十九日，厥配封太孺人胡氏又卒。將以是年十一月二日啓窾祔焉，禮也。於是嗣子兵科給事中廷相則以其僚吕君狀介於予曰：昊天降割，考妣繼逝，潛德罔耀於後。惟予恫憶昔迎養京邸，實鄰君第，乃制命亦惟君代言，惟先行宜稔知，願撮其凡納諸玄堂，用詔於有永。嗟乎！予實獲侍給諫君辱知厚也，乃胡可以不文辭。按狀……太史氏曰：予嘗讀史，見梁鴻、孟光，伉儷協德，心竊慕之，以爲

① 高拱：《詩文雜著》卷一《中流砥柱歌壽太宰聞公》。
② 高拱：《詩文雜著》卷三《明故明威將軍錦衣衛指揮僉事駱公墓誌銘》。

罕世有也。暨觀孟公夫婦垂白相讓，并著懿矩，即鴻、光何遜焉。乃發祥委祉，昌厥嗣人，而又躬食其報，豈不爲尤難哉。是宜銘也。銘曰……”①

十三日 與高拱同師賈詠之門的四川布政使司左參議胡東魯(字望之，别號三源，河南鄢陵人)卒。其後，其子胡勃如乞銘，高拱爲其撰墓誌銘。略言：“公少穎雋，有奇氣。十歲能文，即補邑庠生，數爲當路巨公旌賞。稍長師事大學士南塢賈公(即賈詠，號南塢)，又與今司寇春岡劉公同筆硯。由是造詣益淵，綽有漸逵之具……公宦況素薄，既釋任，實副初志。即閉門謝客，閱書史，訓迪子姓，不復談及世事。有司以鄉飲賓請，不赴。時或集親友道故舊，雅歌投壺，奇興逸發，輒成篇什，陶陶泄泄，有靖節之風焉。居五載，爲己酉十一月十三日以疾歿，距生成化乙巳正月初九日，享年六十又五……勃如等將以年月日葬公於龍岡山下之新塋，乃泣血緘狀使使逾千里來乞銘。嗟乎！予素辱公厚，知公懿行爲詳，矧在葭莩之末誼，又不可辭。銘曰……”②

十九日 高拱爲河南太康人王友賢撰墓誌銘，略言：“太史公曰：古者行誼之士或耕於岩石之下，或藏於賈肆之中，磨滅而無聞者可勝數哉！然幸得附青雲之士，則可以施於後世。乃今若王處士者，太康人也，諱友賢，字汝資，别號西橋……嘉靖己酉四月十二日以疾終，距其生弘治丙辰七月十四日，享年五十有四……尚忠等以是年十一月十九日歸穸邑南老塚祖塋之次，而職方謝君則爲勒狀致辭曰：昔者金也嘗偕忠儕事師問學，以故稔知處士賢，厥逸行有足術者，願得太史之言以光於泉臺，不識可乎？中玄子曰：唯。銘曰……”③

---

① 高拱：《詩文雜著》卷三《明故應州學正封徵仕郎兵科給事中孟公暨配太孺人胡氏墓誌銘》。

② 高拱：《詩文雜著》卷三《明故朝列大夫四川布政使司左參議胡公墓誌銘》。

③ 高拱：《詩文雜著》卷三《王處士墓誌銘》。

嘉靖二十九年庚戌(1550)　39 歲

正月初八日　高拱撰《吴太孺人八十壽序》。略言:"晉庵子之徵拜柱史也,獲以例封其母爲太孺人。歲庚戌,太孺人壽八十,正月八日維設帨之辰。於是晉庵子則造謂拱曰……惟是願得太史言,馳歸海上爲壽觴侑,庶幾哉少慊望雲之懷。拱聞之嘆曰……今晉庵子敦而莊,明而毅,禔身莅政,咸有矩矱,聲績炳曄,爲士林望。繼今益慎,乃修懋,乃令猷,以登鼎鉉,以敷揚太孺人之慶澤,施於天下,傳諸後世。俾天下後世稱吴母之賢者,如稱歐母焉。則晉庵子所以壽其親者固無量也,而珍綺之奉、岡陵之祝又惡足爲道哉……今既辱聞君子言,豈敢不愈自砥礪以光母氏之令德。遂書諸册,再拜稽首,使使獻於太孺人。"①

四月十四日　高拱三女五姐生於京邸,其生母仍爲側室曹氏。嘉靖三十七年(1558),五姐九歲,許配給大梁孟都憲之子某,而郭正域《太師高文襄公墓誌銘》則言:"三女適兵部侍郎曹金②次子治和。"③嘉靖四十二年(1563)十一月初三日,五姐歿,年僅十四歲。初十日,將柩權厝宣武門外女僧庵中,俟便還葬。高拱撰墓記曰:"予爲編修時,以嘉靖庚戌四月十四日生兒京邸,其生母曹氏。兒本予第四女,而以予弟舉人女爲序曰五姐云……先是九歲時已許聘大梁孟都憲之子某。予方議卜居大梁,冀他日與兒朝夕,乃遽有此。方病時,會予仲兄户侯自家至,爲視醫藥,既乃視含斂,周悉諸内姻,聞者皆

---

① 高拱:《詩文雜著》卷二《吴太孺人八十壽序》。

② 曹金,字汝礪,號傅川,河南祥符(今開封)人。嘉靖二十六年(1547)進士,授南通州知州。隆慶改元,遷山東兖州府同知,累遷陜西左布政使,入爲順天府尹、刑部右侍郎改兵部右侍郎兼僉都御史巡撫陜西。後尋引疾請歸。高拱病逝後,張居正與告歸家居的曹金曾有五次書信往來,叙説與高拱的深厚情誼、乞請恤典及其囑托代爲撰寫行狀等事宜,其中有言:"玄老行狀,事核詞工,足垂不朽。不穀不過詮次其語,附以銘詞耳。"(張居正:《張太岳集》卷三四《答司馬曹傅川》一)曹金所撰行狀,不見史載。

③ 郭正域:《合併黄離草》卷二四《太師高文襄公墓誌銘》。

來,哭盡哀曰:‘安有若斯之年,而聰明惠懿乃若斯也!’噫!嗟嗟,傷哉!”①至此,高拱三個女兒於十四五歲時均殁,可謂人生之遺憾。

八月初八日 高拱同年、山西左布政使吴三樂之父吴瀚(字受夫,號耐庵,河南洛陽人)卒,距生成化丙午(1486)六月二十八日,享年六十五歲。其後,高拱應三樂之請,爲其父撰行狀,略言:“嘉靖庚戌八月初八日,通議大夫都察院右副都御史耐庵吴公卒於家。厥冢嗣車駕君聞卜京邸,哀毁幾絶。既成服,乃叙述其世行囑拱作狀,將爲據以請銘。拱乃爲之狀曰……三樂既請恤典於上,將奔歸,以某月日舉窀穸之事。惟玄堂之石,冀得師相元老名筆,垂托不朽。拱辱通家,後且在中秘與車駕司同筆硯,久知公懿行爲詳,故謹撮其大較,仰備采擇,然實有未能殫述者焉。”②

是年 高拱撰《擬論時事書》。該書是針對西北俺答屢次入侵、邊疆形勢日益嚴峻所提出的防禦性戰略。言:“嘗謂天下有可畏之勢,有可乘之機,而亦有可圖之要。今者承平既久,中國稱無虞矣。而可畏之勢乃在北虜,蓋嘗憑陵我邊鄙,虔劉我人民,累歲迭入,而卒莫之禦也。則其勢之可畏,何如哉?然人情勝則驕驕,則玩玩,則有可敗之理;負則慚慚,則忿忿,則有欲勝之端。苟以吾之忿而乘彼之玩,未有不能得志者也。若然,則可畏之勢雖在彼,而可乘之機實在我。於此而得其要以圖之,虜雖强必摧。否則,吾又恐其乘吾之機而卒以成勢也。”高拱提出要抓住戰機,轉敗爲勝,除了把握“可乘之機”外,還要把握“可圖之要”,即“恃險”或“守險”。“愚則以爲斯固然矣,而尤有要焉者。今亦有以圖之,而或未專用其力也。何者?虜賊悍桀,本非中國之人所能當者,而中國之長技多在於恃險。昔者宋之不振,實以燕雲十六州之地盡爲虜有,故虜騎得以長驅而莫支。我

---

① 高拱:《詩文雜著》卷三《兒五姐權厝記》。

② 高拱:《詩文雜著》卷四《明故通議大夫都察院右副都御史耐庵吴公行狀》。

朝既克復中原,故境内乃設宣、大諸鎮以爲屏蔽,而二百年來遂鮮虜患,蓋有險可恃而又有諸鎮以之護也。今也險之不守,而虜既得以深入,乃欲決勝於平原之地,豈不難哉?故今日之計,莫有要於守險者矣。"那麽,如何"恃險"或"守險"?高拱提出必須根據戰場的地形特點而構築堅固的攻防體系。"今誠宜督召募之卒,不必閑於弓馬者分布諸處,於凡勢之稍平而徑之可通者,伐木積石,以爲死守之計。無一處之不周,無一日之不謹,而於白羊、古北各口亦必多設兵馬,以防不測。則要害既據,固可恃以不恐矣。至於山外諸鎮之兵,則調集而互用,亭障相聯,統體相協,分以參遊,統以大帥。無事則時加操練,以播張皇之聲;有警則互爲應接,以成掎角之勢。"如此,"虜勢既却,其氣必疲。吾以主而應客,以逸而待勞,俟其惰歸而分擊之,未有不可以成功者。斯固所謂可圖之要者也。其機在我,而其要苟又在我,則虜之勢雖可畏,而亦豈能使吾之必畏乎?"①總之,在威勢與戰機的關係上,虜有可畏之勢,而我有可乘之機,以可乘之機必能瓦解可畏之勢;在内綫與外綫的關係上,内綫防守,外綫應戰,内外結合,統體相協;在防守與進攻的關係上,以守爲主,以戰爲輔,以戰固守,以守待戰。這種寓戰於守、寓守於和的防禦性戰略,鮮明體現出高拱的軍事思想特點。

嘉靖三十年辛亥(1551)　40歲

八月初七日　高拱應同年、太史裴宇之請,爲其父裴爵②、母楊氏撰行狀。略言:"公諱爵,字仁夫,别號古愚,既仕,更號懷恬。子世爲山西河東人。唐開國公行儉其遠祖也。元有名仕儀者舉進士,徙澤

① 高拱:《詩文雜著》卷四《擬論時事書》。

② 裴爵,字仁夫,號懷恬,山西河東人。生於成化戊戌(1478)正月十一日,卒於嘉靖辛亥(1551)六月二十六日,享年七十四歲。裴宇是其次子。裴宇,字子大,嘉靖二十年辛丑(1541)進士。隆慶元年(1567)五月,任南京吏部右侍郎,巡撫應天等處。十月,陞南京工部尚書。隆慶二年(1568)二月,改南京禮部尚書。

州下村里。數傳而至高祖榮,徙大陽里,至今因之……(公)好紀述,老而不倦,所著有《裴氏家譜》、《鄉約》、《耆英會集》、《子史備忘》數十卷,藏於家……太史君既聞訃京師,則泣血匍匐謂拱曰:'嗟乎!宇三載不待予親也,乃今不禄,實以未能躬視含飯爲恨。惟是願得巨公名筆,銘諸玄堂之石,垂托不朽。庶哉可少紓予終天之哀。矧先行實有足述者,願撮其凡以備采擇。'拱辱通家後,不敢以不文辭,乃爲撰叙其事。時嘉靖辛亥八月七日。"①

十一月初八日 與高拱有同鄉同朝之誼的兵部郎中朱家相②卒。其後,高拱應乞撰墓誌銘,略言:"嗚呼!此兵部郎中朱君伯鄰之墓。伯鄰諱家相,别號南川,河南歸德人也……伯鄰素臞弱,而時值其棘,事當其繁,日夜經畫無寧時,遂病嘔血以歿。蓋辛亥十一月八日也,距生正德己巳十一月二十二日,享年四十有三。昔哉!伯鄰性仁孝,事親務得歡心,不專滫瀡,與人謙和無忤。然明是非,辨曲直,錙銖罔忒。遇事能斷,雖糾棼必解,盤錯必利,而實從容暇裕,不動聲色。好讀書,即冗劇不廢。爲文奇崛雄渾,有江河沛決之勢,《唐律》、《晉書》咸得其妙……將以年月日葬君於城西南三里之原,乃宰逾千里乞予銘。嗟乎!予與伯鄰同鄉薦也,而又同朝久,交誼最深,則胡可以辭。銘曰……"③

是歲 與高拱有朋友之誼的侍醫顧東川④致仕,高拱爲其撰序,

---

① 高拱:《詩文雜著》卷四《明故直隸吴橋縣知縣封翰林院檢討徵仕郎懷恬裴公暨配贈孺人楊氏行狀》。

② 朱家相,字伯鄰,號南川子,河南歸德(今商丘)人。嘉靖十七年(1538)進士。嘉靖二十二年(1543)任工部都水司主事。家相曾作《增修清江漕船志》,集明朝修漕船志之大成。删去清江人物、土産、古迹、寺觀等與漕船不相干的内容,增設官屬、人役、法例、興革等貼近現實和反映漕政變化的内容。該書反映了明代漕政的利弊興衰,體現出修志者經世致用的思想。

③ 高拱:《詩文雜著》卷三《明奉政大夫兵部車駕司郎中朱君墓誌銘》。

④ 顧東川(1489~1555),名定芳,字世安,號東川,上海青浦縣人。嘉靖十七年(1538),東川被招至京師,爲太醫院御醫。平生輕財好義,時與重臣夏言相交,夏被誣身死後,賓客四散,東川命子從禮哭而收屍。嘉靖三十年(1551),因病致仕。嘉靖三十四年(1555)病故。以孝著稱邑中,與祖并祀鄉賢。

序曰:"昔予曾過訪先生,坐語移日,謂救時之急莫先用才。先生曰:人才沉淪既久,卒難力致。予曰:雲龍風虎,氣類相從,誠有用之,則岩穴之士孚神而應。不然,即日相從於尊俎揖讓之間,而亦莫識其人也。先生咨嗟良久,以爲知言。然孰知其慨然逃禄,挽不可留。使予感嘆而莫能已也。先生仲子方以中翰供奉綸闈,厥同寅諸君咸重先生之别,索予言爲贈。予辱交最久,相知甚深,故爲叙其進退之間,有關於世者如此。若乃朋友之誼,暌闊之情,則有不待述者焉。"①

嘉靖三十一年壬子(1552) 41歲

二月二十三日 與高拱有同僚之誼的都察院右副都御史高澄卒。高澄,字肅卿,别號東玉,河北固安人。嘉靖八年(1529)中己丑科進士,授行人。嘉靖十一年(1532),充副使出使琉球,册封琉球尚清王。歷任光禄寺少卿、太僕寺少卿、光禄寺卿。嘉靖三十年(1551),陞都察院右副都御史,巡撫河南。未久,身故,距生弘治甲寅六月十二日,享年五十有九。高拱應好友孟廷相徵銘,爲其撰墓誌銘,略曰:"嗚呼!此都察院右副都御史高公之墓。先是壬子春有來自南者云,以二月二十三日過大梁見官士奔駭,氓賈嚱嚱市肆間曰:'是日也,撫臺不禄。'既柩還,將以次年月日葬邑乾域祖塋之次。乃嗣子樞持都諫孟君廷相狀來徵銘。惟公保釐我中土,巨負弘施,拱實稔知焉,銘烏乎辭!叙曰……嗟乎!生無秕行,歿無後言,若公者可以瞑目九原矣。然壽不滿德,位非殫才,君子不能無憾焉。銘曰……"②

三月初三日 高拱爲考釋春秋時期鄭國風俗"祓禊"③之意,撰

① 高拱:《詩文雜著》卷二《侍醫顧東川致仕序》。

② 高拱:《詩文雜著》卷三《明都察院右副都御史東玉高公墓誌銘》。

③ 《韓詩外傳》曰:"鄭國之俗,三月上巳之溱洧兩水之上,招魂續魄,秉蘭草,祓除不祥。"時間一般在每年三月初三日,即所謂祓禊。後來"祓禊"的原始精神已失,反而是水邊遊春的風俗大受歡迎。"修祓禊之禮"有士人們開春出遊、踏青除邪之意。

《上巳祓禊解》。略言:“予每見世俗上巳祓禊事,以爲乘時行樂云爾,而未會其義。及觀《周禮》女巫氏所掌,乃知先王愛民之深,而用意之周也。蓋祓之言除也,禊之言潔也。所以蕩滌其舊染,而禳却其疢災也。然歲時行焉,非獨於暮春,亦無取於上巳也。乃後鄭俗有執蘭之事,而惟於三月上巳。巳之言祉也,所以昭受乎福祉也。而必於三月者,氣淑景暢,可以除舊而即新也。點之浴沂風雩,蓋有取諸此也。奈何後世之不知乎此也。泛酒者縱其狂,賦詩者逞其技。於是有石壇金堤之賞,有華林疏圃之遊。甚則摯虞泥曲水之説,束晳詭心劍之對,而先王之意荒矣……予欲世之人以先王之意而修祓禊之事也,於是乎解。”①

同月 裕王、景王同時舉行冠禮。禮部尚書徐階兼東閣大學士,入閣辦事。②

六月十三日 與高拱有同鄉之誼的山東青州府知府徐泮卒。高拱爲其撰墓表,略言:“公諱泮,字崇教,别號潢澗,晚號守庵。先世爲霍丘人,而家固始也……嘉靖乙酉舉於鄉,己丑登進士第……公宦況素薄,既釋位,實副初志,即閉門謝客,閲書史,訓迪子姓,不復談及世事。時或集親友,道舊故,雅歌投壺,陶陶遂遂,有靖節之風焉。居幾載,爲壬子六月十三日以疾歿。距生弘治壬子某月某日,享年六十有一……太史氏曰:夫學崇藻飾則黄中之道散,治先名迹則孚格之功微。若徐公者,蓋末俗之所遺而大雅之所希也,謂非可以軌世維風静一流競者乎!余故列其事實,表諸墓道之石,庶使百世之下可因以想見其人焉。”③

八月十九日 裕王、景王同時出閣講讀,高拱任裕王首席講讀官,凡九年。“嘉靖壬子秋八月十又九日,裕王殿下出閣講讀。上命

① 高拱:《詩文雜著》卷一《上巳祓禊解》。

② 《明世宗實録》卷三八三,嘉靖三十一年三月癸未、辛卯。

③ 高拱:《詩文雜著》卷二《明中順大夫山東青州府知府徐公墓表》。

翰林編修拱暨檢討陳氏(以勤)充講讀官,拱説四書,陳説《書經》。既又有論:先《學》、《庸》、《語》、《孟》,而後及經。於是乃分説四書。故事:藩邸説書,如日講例,先訓字義,後敷大義而止。然殿下聰明特達,孜孜向學,雖寒暑罔輟。拱乃於所説書中,凡有關乎君德、治道、風俗、人才、邪正、是非、得失之際,必多衍數言,仰圖感悟,雖出恒格,亦芹曝之心也……夫拱誠寡昧,其説固荒陋也。然非睿學克懋,則荒陋之説何以自效?故特存之,用誌日進之功云爾,敢謂有所裨益乎哉!"[①]所謂"雖出恒格",就是超出程朱理學對四書經義的詮釋,對君德、治道、風俗、人才、邪正、是非、得失等治國要道作超出常格、精湛獨到的闡發。

高拱賦詩一首,期盼裕王成爲棟梁之材。

【五言律】

種　槐

佳樹映三臺,門牆獨爾栽。
芳蔭他年被,靈根此日培。
雨露自先得,風霜應不摧。
豈期柯葉盛,終擬棟梁材。[②]

歲春　高拱爲明畫家文徵明的畫作《蘭亭修禊圖》[③]賦詩一首。

---

① 高拱:《日進直講·序》。

② 高拱:《詩文雜著》卷一《種槐》。

③ 《蘭亭修禊圖》是明畫家文徵明的代表作,描繪東晉穆帝永和九年(353),王羲之與謝安等人在浙江山陰(今紹興)蘭亭溪上修禊的故事。畫中層巒幽澗,茂林修竹,環境清謐,樹木、建築、人物刻畫皆極精工,全圖於絢爛精微之中不失淡雅之致。尾紙有作者臨王羲之《蘭亭序》全文,款署:[徵明臨]。鈐[徵明]白文長方印、[停雲]白文長方印。又[壬寅五月]自題一段,款署[文徵明],鈐[徵明印]、[悟言室印]二白文方印。壬寅,爲嘉靖二十一年(1542),作者時年七十三歲。

【五言律】

觀蘭亭修禊圖

修禊當年事，茲圖意不窮。
遺容千載識，佳興一時同。
景物丹青裏，風流想象中。
相看渾欲賦，逸思愧群公。①

嘉靖三十二年癸丑(1553)　42 歲

二月　裕王、景王出宮就邸。裕王在其府邸成婚，娶昌平人李銘之女李氏爲妻，册封李氏爲裕王妃。二日後，景王也在其府邸成婚。此時"穆宗爲裕王，出閤講學，居外府，公(高拱)爲講官，反復開導，王目矚而心儀之。時人心洶洶，王日懷叵測。兩府雜居，讒言肆出。公周旋邸中，竭心盡力，王深倚重之"②。高拱任裕王講官，不僅講讀經義，而且還斡旋府中之事，自此與裕王建立起密切關係。裕王即位後，高拱得到重用，與此密切相關。

九月初四日　與高拱有姻親、同朝之誼的陝西布政使司右參政李乘雲③卒。十三日，高拱聞訃，爲其撰祭文曰："歲癸丑九月十三

---

① 高拱:《詩文雜著》卷一《觀蘭亭修禊圖》。

② 郭正域:《合併黄離草》卷二四《太師高文襄公墓誌銘》。

③ 李乘雲，字子雨，號荆陽，河南鈞州(今禹州)人。嘉靖十一年(1532)進士。嘉靖十五年(1536)，陞山東道監察御史，對於藉徵税而收受賄賂之人給以嚴厲打擊。嘉靖二十一年(1542)，任平陽州知州，當時藩王宗親仗勢欺人，恣戾景横，多行不法之事，乘雲選惡者一一拘捕，依法徵收賦税，而對無力繳納者則減免。同時，乘雲還大力興辦學校，教化風氣，提倡節儉，均役平賦，由此市場繁榮，民風大變。嘉靖二十七年(1548)，調任霸州兵備，上任便遇俺答入犯，乘雲身先士卒，馳驅營車十餘回，後在三河縣被圍困。乘雲率衆登陸城，觀察形勢，制定策略，看到不少百姓尋求避難，便打開城門，讓百姓進城躲避。百姓感激，共同禦敵，最終使三河無恙。嘉靖三十二年(1553)，乘雲辭官歸里，不久辭世，時年四十七歲。著有《鳴鳩集》。

日，翰林院編修高拱聞我親家大藩參荆陽先生之訃，既哭於銀臺令弟之庭，乃以子月十日具牲幣庶品之儀，遣使往祭而將之以言曰……拱垂齠締誼，既壯同朝，久挹芝蘭之馨，重托松蘿之好。方幸蒹葭之有倚，遽嘆音徽之水隔。感今思昔，涕泗漣洏。執紼無由，懸劍有日。遣使陳奠，寄意荒詞。其所不能言者，公亦能諒之歟？嗚呼哀哉，尚饗！"①

其後，高拱又應其弟、通政李登雲之請，爲其撰行狀，曰："嘉靖癸丑九月四日，亞中大夫陝西布政使司右參政荆陽李公卒於家。厥仲弟通政公聞訃京邸，擗踊號哭者累日。乃已造謂拱曰……言已，復涕泣嗚咽，莫能仰視。拱既辱葭莩之末，知公行履爲詳，而又感通政公哀念之篤也，乃灑淚而爲之狀……（公）嘉靖辛卯舉於鄉，壬辰登進士第……癸丑，疾作，乃上疏乞骸骨，不待報而行，抵家猶得奉慈闈之歡，盡棠棣之樂。居兩月，竟用前疾弗起。距生正德丁卯七月十一日，享年僅四十有七耳。嗚呼，傷哉！……兹將以某年月日歸窆某處先塋之次。嗟乎！公之孝友在家庭，忠厚在鄉黨，風采在朝廷，遺愛在四方。以正而終，固可以瞑目矣。而壽不滿德，位匪殫才，君子不能無憾焉。乃厥懿行令猷，莫可盡述，兹特撮其大較如此，伏惟立言大君子擇焉。"②

嘉靖三十三年甲寅(1554)　43 歲

正月　裕王生母康妃杜氏薨。禮部尚書歐陽德奏喪儀，請輟朝五日，裕王主喪事，斬衰三年。嘉靖不許，謂當避君父之尊，命比賢妃鄭氏故事，輟朝二日，賜謚榮淑，葬金山③。裕王出宫就邸後，與其母生不得見，死不得訣，對其精神打擊甚大。

---

① 高拱：《詩文雜著》卷四《李荆陽祭文》。

② 高拱：《詩文雜著》卷四《亞中大夫陝西布政使司右參政荆陽李公行狀》。

③ 參見《明世宗實録》卷四〇六，嘉靖三十三年正月壬子。

七月二十八日　高拱同鄉、翰林院檢討徵仕郎晁德龍[①]卒，高拱爲其撰祭文，曰："嗚呼！天不憖遺，逸老凋落。鄉珍宗模，家喪矩矱。維公之先，累葉貂蟬。溯徽遹遠，流澤斯綿。維公之後，有堂有構。繼武鸞坡，芳猷并茂。邦隆慶典，爵服是陳。公夙拜受，光榮日新。躋於遐齡，綏兹繁祉。身其康强，臺背兒齒。瓊枝繞膝，舞衣生花。桑梓晨昏，其樂孔嘉。羡錫有徵，期頤可待。如何數極，喬木自壞。後先館閣，聞訃軫懷。匪云公識，爲子興衰。乃登篚筐，載潔犧樽。筵奠陳詞，聞乎不聞。尚饗！"[②]

其後，高拱應同年、晁德龍長子晁瑮之請，爲其撰行狀。略言："公諱德龍，字時見，姓晁氏。晁氏係出周景王子朝之後，歷漢及唐，代有令聞……嘉靖甲寅七月二十八日以疾歿，距生成化十三年三月朔，享年七十有八。公坦夷爽闓，無匿言詖行。與人交，不設邊幅，不覆機穽。敦道誼重然諾，恬淡寡欲，泊於世利。自少至老，夙興夜寐如一日。制詞謂其孝友儉勤，鄉稱長厚，有德而隱，以貽嗣人，實無愧焉……檢討君將以某年月日啓二母之窆奉公柩合窆之，乃具事實匍匐泣血謁拱曰：'……惟是願得巨公名筆，銘諸隧道之石，垂托不朽。庶哉可紓予終天之哀。矧先行實有足述者，願撮其凡以備采擇。'拱辱通家後，義不可以辭，乃爲撰叙其事。"[③]

嘉靖三十四年乙卯(1555)　44歲

三月二十四日　高拱以九年秩滿，由翰林院編修陞爲侍讀。[④]

---

① 晁德龍(1477～1554)，字時見，號南莊，河南潁川(今禹州)人。他是至義高節之士，自念少失學，於諸子必擇師教之。嘉靖三十三年(1554)七月二十八日卒，距生成化十三年(1477)三月朔日，享年七十八歲。

② 高拱：《詩文雜著》卷四《晁封君祭文》。另，嚴嵩爲其撰《明封翰林院檢討徵仕郎晁君墓誌銘》，現藏河南濮陽縣文物管理所。

③ 高拱：《詩文雜著》卷四《明封翰林院檢討徵仕郎晁公暨二配孺人行狀》。

④ 《明世宗實録》卷四二〇，嘉靖三十四年三月己未。

五月初三日　高拱爲太傅陸東湖、尚寶少卿陸次湖之母撰壽序。序言："李太夫人者，先太保陸公配，今太傅東湖公、尚寶少卿次湖公母也。象服侈[敕]封郡國之禮備，版輿樂志鐘鼎之養隆。聖善所宜，丕膺多祉，乃歲乙卯壽躋七袠，五月三日維誕降之辰。蟒玉青紫繞膝稱壽，貂蟬珠履爛其盈門。於是都府徐君、中舍顧君咸以姻聯奉觴在列，嘉樂休采，願效魯侯之頌。乃授簡於拱，俾序其辭……二君既聞斯言也，乃同辭而贊曰：壽之時義大矣哉，天下之慶其孰加於此乎！遂備書之，獻於太夫人爲壽觴侑。"①

七月十一日　高拱親家、通政李登雲之母太恭人周氏卒。周氏，河南鈞州靈泉里人，距生成化二十年(1487)六月十八日，享年六十九歲。其後，高拱爲其撰行狀曰："太夫人周氏者，封監察御史贈通政司右參議，加贈中憲大夫右通政逸庵李公配也。逸庵卒且葬，厥行誼尚書李公志之詳矣。乃後十有八年，爲嘉靖乙卯七月十一日，太恭人卒。次子登雲方佐通政，在九卿之列，以訃聞，上悼恤賜祭一壇。於是通政君乃得奔歸襄事，將以某年月日啓逸庵公窆合焉。而屬拱狀其懿行，據以請銘，拱乃爲之狀曰……伏惟立言大君子撮其凡而銘之，庶哉淑德徽音施諸後世，與古之賢母并稱，則可以慰孝子之心也已。"②

二十九日　高拱同年、按察使楊宗氣③之父工科給事中楊時遇(字道亨，別號直庵，浙江歸安人)卒，距生成化六年(1470)十二月二十二日，享年八十六歲。其後，其嗣子、按察使楊宗氣乞請高拱爲其父母撰墓誌銘。略言："嘉靖乙卯二月十四日，封文林郎工科給事直

---

① 高拱：《詩文雜著》卷二《陸母李太夫人七十壽序》。

② 高拱：《詩文雜著》卷四《誥封太恭人李母周氏行狀》。

③ 楊宗氣(1514～1570)，字正系，號活水，浙江歸安(今湖州)人。嘉靖二十年(1541)進士，由庶吉士授工科給事中。陞刑科都給事中，擢山東參政。嘉靖四十二年(1563)六月，任都察院右副都御史巡撫山西提督三關，請扣民壯銀充兵餉。嘉靖四十三年(1564)六月，陞總督糧儲、南京右副都御史。隆慶四年(1570)六月二十日卒，距生正德九年(1514)，享年五十七歲。

庵楊公卒於家，將以是歲七月二十九日歸窆杜甫川祖塋之次。先是嘉靖壬辰七月七日公配陳孺人卒，權厝他所，至是則啓殯祔焉，禮也。於是嗣子按察君緘狀走使逾千里來謂拱曰：‘氣也於君有肺腑交，昔先考妣受制命，實君代言。惟先行宜稔知，願撮其凡，勒諸玄堂之石，用詔有永。’拱辱通家後誼，不可以辭，叙曰……史拱曰：昔予第進士，讀書中秘時實與按察君同館舍，見其明毅慷慨，有古人弘濟之志，每私心敬異之。及見直庵公正而惇，直而不僻。雖在耄耋，忠義之訓亹亹不絶於口。乃後按察君颺歷中外，慎身持法，人憚服如神明。凡所建立咸如直庵公意旨。嗟乎！賢豪之生於世也，固必有自哉！”①

十二月三十日　太僕寺少卿劉時用卒。其後，高拱應其子劉重光乞請，爲其父母合葬撰墓誌銘。銘曰：“公諱時用，字際顯，號虎村，先世山東城武人也。曰順者，元末避亂杞之虎丘村，遂家焉……乃嘉靖乙卯十二月三十日，忽晨起衣冠，集諸子與訣曰：‘吾其歸乎！’遂危坐而卒。距生成化己亥十月二十日，享年七十有七……重光等以公卒之明年五月三日，啓城南先塋李宜人之竁合焉。乃泣血緘狀，逾千里來乞銘。嗟乎！予聞劉公仕能樹績，居能表俗，蓋直義厚德人也。而狀稱夫婦齊德又若此，是宜銘也。”②

高拱任侍讀期間，曾賦律詩一首。

【七言律】

鄭王餞席口占奉贈

秘殿晨開復道通，飛花春簇綺筵紅。
極知魚藻情何限，可奈驪駒調欲終。

---

① 高拱：《詩文雜著》卷三《明封文林郎工科給事中直庵楊公暨配陳孺人墓誌銘》。

② 高拱：《詩文雜著》卷三《明中憲大夫陝西行太僕寺少卿虎村劉公暨配宜人李氏墓誌銘》。

作賦偶諧梁苑客，談經故滯獻王官。
恩輝欲答渾無地，爲祝河山帶礪同。①

嘉靖三十五年丙辰(1556) 45歲

六月初七日 命高拱長兄、江西右參政高捷爲南京都察院右僉都御史提督操江，兼管巡江②。敕諭曰："朕惟南京國家根本重地，邇來倭賊侵擾浙、直地方，切近留都，沿江上下不可不爲之備。今特命爾不妨院事，提督操江兼管巡江，整理戰船、肅清江道一應事情，有應與内外守備參贊官員，并專管操江武職及巡撫都御史計議者，公同議處而行。所管地方，上自九江，下抵常熟、福山、通州、狼山而止。其召募淮揚沿海民灶三千名及下海雙桅沙船六十只，分泊出哨。爾宜會同巡撫等官，嚴加查核。至於狼、福二山約束海尾，交接江洋，尤爲要害。行令通、泰兵備參將，率領沙船哨守，與蘇松勢相聯屬。如遇賊船遠來，互爲策應，江南、江北并九江等處兵備、參將、守備、備倭把總等官，悉聽節制。文武職官及兵糧等項，俱許委用調取，敢有抗違阻撓，不肯用命，致誤軍機及貪殘不職，文官五品以下，武職四品以下，徑自拿問。仍每歲自南京泝流而上，巡歷二次，直至九江及鄱陽湖而還。修理城池，操練民兵，查理驛遞等項，仍嚴督巡江御史并巡捕官軍、舍余火甲人等，時常沿江往來巡視。查照舊例，捕緝盜徒，毋致滋蔓。爾爲憲臣，受兹委任，宜協謀戮力，振揚兵威，剿除賊寇，以靖地方，斯副任使。"③

是月 高拱撰《山東大參丘荆野之任序》。略言："歲丙辰六月，東藩缺參政，當道者難其人，乃以兵科都諫丘君請，帝曰：'俞[諭]!

---

① 高拱：《詩文雜著》卷一《鄭王餞席口占奉贈》。
② 《明世宗實録》卷四三六，嘉靖三十五年六月甲午。
③ 高務觀：《東里高氏家傳世恩録》卷三《皇帝敕諭南京都察院右僉都御史高捷》。

其遣往。'夫參政者分牧而身莅之者也,以丘君往兹方,庶其有望乎……夫丘君者,老成有道術之君子也。其德邃,其器宏,其思周,其識遠……兹往東藩,則必有簡易之政而不煩於科條,有撫綏之仁而不炫於形迹,有持久之化而不苟於歲時,以節財用,以平徭賦,以辨臧慝,以弥[弭]奸宄。俾瘡痍漸回而不迫,元氣潛復而不知,固君之能事也,然則兹方其有望乎!"①

十二月二十八日 高拱長兄、提督操江都御史高捷奏:狼、福二山乃倭寇出没之處,請增募水兵萬人,福蒼沙船三百艘,分發參將等官操練。兵部復議,從之。②

是歲 裕王朱載垕在藩邸親書大字二幅:一曰"忠貞",一曰"啓發弘多",賜與講官高拱。③ 此見裕王對高拱情誼之深厚。

嘉靖三十六年丁巳(1557) 46歲

三月 拱之長兄、提督操江都御史高捷疏陳江防事宜:補額軍,擇將領,重責成,懸異賞。兵部議覆,報允。④

四月 高拱同年王材⑤由國子監司業陞南京太常少卿⑥。高拱賦詩相送。

---

① 高拱:《詩文雜著》卷二《山東大參丘荆野之任序》。丘荆野(1508~?),名預達,字若孚,號荆野。福建莆田人。嘉靖二十六年(1547)進士。歷官兵科都給事中、山東參政、四川布政使,嘉靖四十一年(1562)以貴州右布政使致仕。

② 《明世宗實録》卷四四二,嘉靖三十五年十二月癸丑。

③ 高務觀:《東里高氏家傳世恩録》卷五《特恩》。

④ 《明世宗實録》卷四四五,嘉靖三十六年三月辛巳。

⑤ 王材(1509~1586),字子難,號稚川。江西撫州黎川人。嘉靖二十年(1541)進士,改庶吉士,歷官翰林院檢討,《大明會典》修纂官,會試同考官,南京、北京國子監司業,南太常寺卿,署南祭酒,嘉議大夫,通政大夫等。爲人忠直,因與首輔嚴嵩不合,受誣陷被罷官。他怡然歸里,以詩書自娱。大約此時,高拱奉使歸鄭,王材亦贈《送高中玄太史奉使歸新鄭》(載《王稚川全集》卷三)詩文相送。

⑥ 《明世宗實録》卷四四六,嘉靖三十六年四月丙申。

【七言律】

送王稚川南京司業

石渠金馬記同招，視草明光歲更饒。
何幸蒹葭常倚玉，固知雕鶚自凌霄。
春風暖入鐘陵道，北斗光臨泮水橋。
回首故人方朔在，年年避世紫宸朝。①

十一月二十八日　俺答子辛愛之妾桃松寨私通部下頭目，懼誅，來降。總督楊順上其狀以爲功。辛愛諸部入寇，楊順懼，上言"俺答叵測"，欲脅朝廷送歸桃松寨。辛愛看透楊順無能，詐言以叛人丘富來易，楊順信其言，歸還桃松寨。辛愛殺桃松寨，而丘富竟不可得。楊順懼罪，賄賂巡按御史路楷隱其事。給事中吴時來聞之，疏言："桃松寨來降，不過寇中一亡婦耳。苟明於啓釁之謀，拒之勿納可也。始則張皇己功，既而輕墮敵計。乃行賄按臣，相爲欺蔽。然則朝廷邊餉之用，祗借順等潤家之資耳。"疏入，世宗大怒，逮順、楷下獄，削籍。兵部尚書許論亦因此而罷之。② 這是嘉靖時期處置俺答問題的重大失誤。故高拱主政後，汲取這一沉痛教訓而力排衆議，最終以和平方式促成"俺答封貢"。

是年　陝西耀州刻《五經白文》，高拱爲其撰序曰："聖人之有五經也，亦所以釋天地之理者也。而天地之理在吾心焉，是故讀經傳者不可不求其本文，讀經文者不可不求其本旨，而求經旨者不可不會於吾心……是爲序。"③此序显系受王陽明心学之影响。

① 高拱:《詩文雜著》卷一《送王稚川南京司業》。

② 《明世宗實録》卷四五三，嘉靖三十六年十一月丁丑。

③ 高拱:《詩文雜著》卷二《刻五經白文序》。

是年 高拱撰《真西山〈讀書記〉序》,贊揚宋代理學家真德秀讀書致用論。①

嘉靖三十七年戊午(1558) 47 歲

閏七月 高拱長兄、調提督操江都御史高捷外任。是時,江洋盜賊縱横,劫蕪湖縣庫,殺安慶守備黄佐。南京給事中陳慶劾捷不任江防,且歷指其傲愎失人心狀,故有是命。②

八月 帝命太常寺少卿兼翰林院學士董份及翰林院侍讀高拱主持順天府鄉試。高拱預作程士文,曾記述主持鄉試的情況,言:"嘉靖戊午,順天府復當鄉試,上命臣份、臣拱往典厥事。録既成,臣拱當序諸後。""兹役也,臣實夙夜惴惴焉殫厥心,惟其言平正通達是取。厥或鉤棘爲奇,浮誇爲博,閃爍而無當,遊揚而不情,諸若此者,即華采烜爛,如绮如綉,直黜之不復顧惜。何也?國家取士,非爲言也,將緣是以覘知其爲人也。即皆平正通達,如所取者,且所覘或未可諒,乃其言即爾爾,斯其人已可識也,而又何覘焉?臣竊觀時俗:率好以虚辭爲業,不溯本始;以儇利爲才,不右質直;以形迹爲行誼,不崇心術;以文飾爲事功,不求真實。允若時,即所自處,亦既欺甚矣,尚敢望其身致誠信,奉主上之役使哉?故臣於覘知之際,其去取乃如此也。"③可見,高拱試圖通過整頓科舉,以"平正通達"、"務求真實"扭轉當時的文風和士風。

十一月十七日 陞侍讀高拱爲侍講學士,高拱同年、修撰裴宇、陳以勤爲司經局洗馬兼侍講。④

---

① 高拱:《詩文雜著》卷二《真西山〈讀書記〉序》。真西山(1178~1235),名德秀,號西山,福建浦城人。是朱熹理學的正宗傳人,創"西山真氏學派"。

② 參見《明世宗實録》卷四六二,嘉靖三十七年閏七月戊寅。

③ 高拱:《程士集》卷一《順天府鄉試録後序》。

④ 參見《明世宗實録》卷四六六,嘉靖三十七年十一月庚寅。

嘉靖三十八年己未(1559)　48歲

三月十四日　以廷試天下貢士,命大學士嚴嵩、徐階,六部尚書侍郎,通政使司通政李登雲,太常寺少卿兼翰林院學士李春芳、董份,翰林院侍讀學士秦鳴雷,侍講學士高拱充讀卷官。十五日,策試天下貢士。十八日,賜貢士丁士美等三百三十人進士出身及第有差。二十九日,授一甲進士丁士美爲翰林院修撰,毛惇元、林士章俱爲編修。①

五月初九日　巡按直隸御史方銘劾奏,總督薊遼保定都御史王忬調度無策,貽害地方。帝謂王忬官久志怠,調度失宜,致賊深入畿輔,生靈被殘。命逮赴京鞫治。二十三日,下鎮撫司拷訊,付法司議罪。以王忬失陷城案者罪當斬。報可。②

嘉靖三十九年庚申(1560)　49歲

十月　以景王府成,帝令景王朱載圳就藩湖廣安德。自嘉靖二十八年皇太子朱載壡暴死至四十年十月景王朱載圳之國的十餘年間,是裕王和景王争立皇儲的關鍵時期。朝臣亦分爲兩派:以大學士徐階爲首,堅持認爲按長幼爲序,應立裕王載垕爲皇儲,是謂擁裕派;以大學士嚴嵩爲首,竭力唆使景王載圳奪儲,是謂擁景派。嘉靖皇帝一度也有廢長立幼之意。裕王處境岌岌可危,不僅府邸費用拮据,且被特務頭子陸炳派遣的偵探監視。幸得裕王講官高拱、陳以勤獻計獻策,使裕王檢點言行,端莊恭謹,恪盡孝道,實行韜晦之計,贏得朝臣好評,增强了擁裕派的實力,并得到父皇嘉靖的信賴。③ 帝令景王之國就藩,意味着擁景派的失敗、擁裕派的勝利。

---

① 《明世宗實録》卷四七〇,嘉靖三十八年三月丙戌、丁亥、庚寅、辛丑。

② 《明世宗實録》卷四七二,嘉靖三十八年五月辛巳、甲午。

③ 郭正域:《合併黄離草》卷二四《太師高文襄公墓誌銘》。

朱國禎言:“先三十一年,二王出就婚。裕邸講官用編修高新鄭、簡討陳南充,景王皆簡討,示别。然人言藉藉,謂嚴有二心。世蕃一日造新鄭曰:‘某父子事二府低昂在心,因主上多疑,外間形迹不得不少渾合。乃聞殿下微有介介,何也?’曰:‘某史官之長,頗有虚名,尊公推擇,首用進講,此默寓東宫之禮,殿下亦深識此意,但不敢明言,即中外意下亦自曉然。公何所聞爲此言,且休矣。某在此可以相信矣。’世蕃實以新鄭伉直,有懷即吐,故以此試,必徵詞色應之,事真情摯,大喜而去。然宵小煽動,其説益長,甚有摭拾。裕邸校尉酒食小過,報於錦衣陸炳,上之,炳亦欲因此探向背。疏入,候苑門外,上覽而呵曰:‘炳大膽,得無驚動哥兒!’擲去不省。炳爲驚悸,嚴亦心死。而外亦竟無知者。方士陶仲文聽選時,故與新鄭相遇,卜其必貴,至是來通殷勤。却之曰:‘公,天子幸臣,某王府老長史也。交結近侍,國有常刑,獨不鑒覆轍乎!’……每進講,聲宏語壯,昂立班中。王傾聽敬禮殊甚,嘗問曰:‘余出藩,先生資高,能屈同行,坐僉事下乎?(長史與僉事同品,坐其下此舊制也——原注)’叩首曰:‘殿下無爲此言,惟益起孝敬,以人合天,必有大福。’時宫府雖隔絶,而小豎覘報無虚晷。上悉其狀,凝然不發一語。雖殺楊焦山、郭中允,而意久已大定矣。高亦益引嫌移居傍王邸,與朝士日遠。舊知契同年,皆以王官目之,不復加意。惟張江陵數過從,慷慨譚天下事,人莫能測。久之,陞爲祭酒,凡邸中有事,雖夜半必馳馬問之。”①可見,高拱侍裕邸甚爲謙謹、低調。

高拱侍裕邸期間,撰《養心説》。言:“養心之道,譬之養田……惟心亦然。其瑩然覺者不可以有窒也,其犂然真者不可以有虧也,其粹然純者不可有雜也,其油然順者不可以有戕也。是故君子以講學爲先,以主敬爲要,以克己爲功,以自得爲期……得吾心之順焉,猶耨

① 朱國禎:《皇明大事記》卷三八《閣臣》。

之而获也。則天下之善養心者也。或曰:若是則孟氏寡欲之説有遺論乎?曰:孟氏蓋指其至切者言之也。曰‘養心莫善於寡欲’,則寡欲之外尚有道焉,而但莫善乎此耳。四者有焉,寡欲亦在其中矣。”①

高拱侍裕邸期間,又撰《三代所以有道之長》。提出夏商周三代所以綿延流長,永保帝業,就在於教養太子之法完備。言:“昔三代之王也,夏後氏歷年四百,殷人歷年六百,周人歷年八百。天命純而不改,人心結而弗摇,長開浚發之祥,永保孔固之業。夫何故哉?孰不謂積累弘深,丕圖新定,經綸微密,景祚由昌。然不知元良係萬國之本,正養咸作聖之功,宗社靈長胥兹賴焉。是故三王之教太子也,禹貽典則,湯備典刑,文、武有世子之法……賢聖繼作,奕葉相承,咸能致治保邦,祈天永命,豈其性生者哉?誠由燕翼之謀深,教養之法備也……教太子者君之責也,率教者太子之責也,教之盡其道者師傅之責也。”②此論説明高拱侍裕邸期間,已認識到教養太子裕王對延續明朝國脈的重要性。

高拱自嘉靖三十一年(1552)始侍裕邸,凡九年,是年三月乙亥初九日,經大學士嚴嵩、徐階推薦,由翰林院侍講學士陞太常寺卿、管國子監祭酒事。高拱告别裕王時,“王賜金繒甚厚,哽咽不能别。公雖去講幄,府中事無大小,必令中使往問”③。

高拱陞任國子監祭酒後,於五月戊辰初三日薦翰林院編修張居正爲右春坊右中允,管國子監司業,高、張開始合作。不久,又薦張居正入裕邸任講官。早在翰林院期間,二人即爲志同道合的香火盟友。此時,高、張關係更爲密切,各以對方的才華膽識與匡扶社稷的大志相仰慕,并以漢代蕭何、曹參、魏相、丙吉的“相業相期許”。爲此,高拱撰《蕭曹魏丙相業評》,言:“夫相天下者,毋以有己而已。何者?

① 高拱:《詩文雜著》卷一《養心説》。

② 高拱:《詩文雜著》卷一《三代所以有道之長》。

③ 郭正域:《合併黄離草》卷二四《太師高文襄公墓誌銘》。

天下事未有不須人而可以己濟者也。有己，則見人之賢而不能以己推之，見人之美而不能以己成之，與人共事而不能以己下之。夫有己之心不足以治三畝之宅也，況天下相乎！史之稱漢相曰：'高祖開基，蕭、曹爲冠；孝宣中興，魏、丙有聲。'嗟乎！四子之勛爛焉，冠乎當時，施之後世，幾與閎夭、散宜生等争烈矣。間嘗覽其行事。酇侯以創，平陽以守；高平以嚴明，博陽以廣大。奉法順流，與民更始。與夫日飲醇酒，無所請事者，不共術而治。總領衆職，甚稱上意。與夫小事不親，掾吏不案者，不同轍而趨要，各并時而榮，咸濟厥世，難軒輊也。予不詳詳其大者，則所稱毋以有己是已。毋以有己之心，古大臣協恭和衷，師師濟濟之心也。四子未聞道，乃其相漢，蓋庶幾古大臣之用心焉。夫其揖志推賢，不以忿猜㧰厥盛矣，抑何公也！自以不如前人，舉事無所變更，一遵約束。客莫得説，子莫得諫，抑何明也！一以嚴，一以寬，乃同心輔政，令其主兩重之。終身不見其隙，抑何洽也！蓋舉惟其利於國，不必其所善；法惟其宜於民，不必其所立；寬嚴惟其適於治，不必其同而無間。此四子所以忘私徇國，安主庇民，各展訏謨，同濟天綱，勛業垂而不滅，光藻朗而不渝也。向使當推轂而修纖介之嫌，則覩若之令不信於後矣。當仰成而持師心之見，則寧一之歌不興於時矣。處比肩而操異同之志，則中興之功不聞於世矣……何者？獨任者無明，自用者無功，相臣有私心，則國家有棄積也。是故夔、龍讓而虞興，周、召歡而周熾，種、蠡合而越霸，廉、藺睦而趙强，房、杜、姚、宋熙載於唐家，韓、范、富、歐襄理於宋室，共濟之效所從來矣。"①此文可謂高、張携手共政、力行改革整頓的誓言。此後，他們能够聯手合作，實與這時的友誼密不可分。

此時，高拱又撰《韓范經略西夏評》。此評以宋朝對西夏屢和屢敗爲例，提出以和好爲權宜、以戰守爲實務的軍事戰略思想。略言：

---

① 高拱：《詩文雜著》卷一《蕭曹魏丙相業評》。

“愚嘗以爲‘和’之一字不獨貽慶曆之恥，而實釀靖康之禍者也，不敢以文正①之言爲盡善……觀其與魏公②并對有曰：以和好爲權宜，以戰守爲實務。則亦知魏公之議不可奪已。噫！後之謀國者，其亦以文正之言爲權，而以魏公之策爲正。”③

十二月二十九日　與拱父尚賢同中正德五年（1510）庚午科舉人、陝西布政司右參政李經卒。其後，高拱爲其撰墓誌銘，曰：“嗟乎！余讀大參李公事，蓋傷吾先君子云。當正德庚午先君發解時，李公實同舉。而後按察關中也，李公又方守西安，相與久。今先君歿二十年餘矣，乃李公亦下世。夫見似目瞿，聞名心瞿。嗟乎！余獨安忍銘公乎！公諱經，字文極，號南阜居士……以功陞陝西布政司右參政。公在關中久所居，多著顯迹。及晉藩佐，關中父老人人相賀。會有中公者乃摘公在西寧數事，事且白。公曰：‘吾自結髮以來修身潔行，未嘗少污。今吾官至三品，亦復何恨！’解印綬去。得旨許爲昭雪，公竟不返。年七十五以疾終於家……公生成化二十一年九月二十六日庚戌，卒於嘉靖三十七年五月二十日辛酉……卜以嘉靖三十九年十二月二十九日庚申，葬公郡城南七里叢善鄉應王之原。銘曰……”④

是年　高拱任國子監祭酒期間，爲國子監内“敬一亭”撰頌。頌曰：“奕奕者亭，龍蟠鳳飛。豐碑在中，玉潤金輝。厥詞伊何？敬一之

---

① 文正，即范仲淹（989～1052），字希文，蘇州吴縣人。北宋著名政治家、思想家、軍事家和文學家，世稱“范文正公”。他爲政清廉，體恤民情，剛直不阿，力主改革，屢遭奸佞誣謗，數度被貶。皇祐四年（1052）五月病逝於徐州，終年六十四歲，葬於河南伊川萬安山，謚文正，封楚國公。

② 魏公，即韓琦（1008～1075），字稚圭，自號贛叟，河南安陽人。北宋政治家、名將，天聖進士。初授將作監丞，歷樞密直學士、陝西經略安撫副使、陝西四路經略安撫招討使。與范仲淹共同防禦西夏，名重一時，時稱“韓范”。嘉祐元年（1056），任樞密使；三年，拜同中書門下平章事。英宗嗣位，拜右僕射，封魏國公。神宗立，拜司空兼侍中，出知相州、大名府等地。熙寧八年（1075）卒，享年六十八歲，謚忠獻。

③ 高拱：《詩文雜著》卷一《韓范經略西夏評》。

④ 高拱：《詩文雜著》卷三《明故中憲大夫陝西承宣布政使司右參政南阜李公墓誌銘》。

箴。誰其制之？皇皇太君[①]……德固難名，學當有師。百千萬年，道統在兹。”[②]

是年　李克齋[③]因抗倭和平叛功晉南京兵部尚書。高拱爲其撰序曰：“公博學淵識，爲世偉儒，乃其大略雄才綽有經營四方之具。先是淮揚多警，以公撫鎮，乃一鼓而斬倭奴數千人，無得歸者。天子以是甚眷向之，頃欲用諸西北以撻醜虜。而會南中多事，遂用諸南。行且征頗，牧於禁中，折衝帷幄以仰佐安攘之大烈。天子固有意也，彼南中安能遂借公哉。《詩》云：‘仲山甫徂齊，式遄其歸。’吾儕日望之矣。”[④]

是年　陞許龍石（名成名，字思仁，號龍石。山東聊城人。正德六年進士）爲南京吏部尚書，高拱賦詩相送，并讚譽其文章功業。

【七言律】

送許龍石先生赴南都

師席春風已數年，綸恩新拜六曹先。
極知國子思韓愈，又見銓衡待傅玄。
冰鑒舊京懸畫省，文星中夜燭江天。
金陵寄迹應難久，黄閣行看簡上賢。[⑤]

---

① 即嘉靖帝於嘉靖五年所撰的《敬一箴》。

② 高拱：《詩文雜著》卷一《敬一亭頌》。

③ 李克齋（1504～1566），名遂，字邦良。嘉靖五年（1526）進士，曾任刑部郎中、右僉都御史。嘉靖三十九年（1560），因功陞南京兵部尚書。克齋博學多智，長於用兵，然亦善逢迎，由此益獲眷遇。嘉靖四十五（1566）卒，享年六十三歲，贈太子太保，謚襄敏。

④ 高拱：《詩文雜著》卷二《南京兵部尚書克齋李公之任序》。

⑤ 高拱：《詩文雜著》卷一《送許龍石先生赴南都》。

嘉靖四十年辛酉(1561)　50歲

六月初三日　翰林院修撰唐汝楫[①]充裕王府講官。高拱曾賦五言律詩相賀。

【五言律】

送翰撰唐小漁奉使册封就便省覲

詞賦龍頭客，公臺鼎足家。
九天持使節，千里泛仙槎。
寶牒宗盟重，金符帝寵賒。
更諧將母願，恩遣勝皇華。[②]

十二月十三日　高拱鄉梓、明資政大夫兵部尚書贈太子少保謚襄毅王鳳泉[③]卒。其後，高拱爲其撰行狀，曰："公姓王氏，諱邦瑞，字惟賢，别號鳳泉，先世山西夏縣人也。曰貴者，洪武初避亂河南宜陽，遂家焉……乃以十一月四日齋居在公忽中寒，上疏乞假調理。奉旨：准暫調理，痊可即出供職。竟以十二月十三日不起，距生弘治八年五

---

① 唐汝楫(1514～1597)，字思濟，號小漁，浙江蘭溪人。嘉靖二十九年(1550)庚戌科狀元，授翰林院修撰，官至左春坊右諭德。因汝楫之父唐龍依附嚴嵩，嘉靖四十一年(1562)嚴嵩倒臺，汝楫亦被罷職。隆慶元年(1567)，隆慶帝登極後爲其平反。晚年自稱白雲、紫霞二洞主人。著有《小漁先生遺稿》。

② 高拱:《詩文雜著》卷一《送翰撰唐小漁奉使册封就便省覲》。

③ 王鳳泉(1495～1561)，名邦瑞，字惟賢，號鳳泉，河南宜陽人。正德十二年(1517)進士，改庶吉士，授廣德知州。嘉靖初，歷官南京吏部郎中、陜西提學僉事、固原兵備副使。後陞右僉都御史，巡撫寧夏。召爲兵部右侍郎，并改吏部。嘉靖二十九年(1550)八月，俺答犯都城，邦瑞奉命總督京城九門，代攝兵部尚書，兼督團營。他又疏言宦官典兵爲自古以來之大害，盡撤宦官監軍。世宗亦從之。進兵部尚書，協理京營戎政。時大將軍咸寧侯仇鸞跋扈專横，欲節制諸軍，邦瑞堅持不可。故爲仇鸞所誣陷落職。家居十年。嘉靖三十九年(1560)六月，乃起故官。嘉靖四十年(1561)十二月卒於官，享年六十七歲。贈太子少保，謚襄毅。

月十九日,享年六十有七。訃聞札下,門故輔臣具悉以對,上深悼之,賜諭祭几,又命有司營葬事,又命官護喪歸,又贈太子少保,謚襄毅,恩禮稠疊,一時罕儷云……平生惡惡甚,嚴不敢犯。在朝言動和易,自視歉然。至論職掌及國家大事,則毅然執争,不肯少奪。接人雖禮恭謙易,至見人足恭過禮,甚厭之。歷官四十餘年,所至必有建立,百姓愛戴如父母,每有去後之思。律己甚嚴,秋毫無染。自關中提學被謫抵家,止餘俸金七兩,朝夕不繼,乃躬耕宜陽之廉莊以自給。喜觀書,自始仕至今,未嘗一日釋卷。尤好讀史,凡歷代興革政事與國朝故典,皆歷歷道之不爽。文則行雲流水,不甚構思,下筆數千言,頃刻立就。遇情景所觸,必形於詩。著《詩集》若干卷,《關中集》、《寧夏奏議》、《本兵奏議》若干卷,行於世。"①

十二月十五日 拱父尚賢之姻親、刑部尚書劉訒於嘉靖三十八年(1559)九月卒於家,嘉靖四十年(1561)十二月十五日下葬。其後,高拱應妹夫劉巡之請,爲其父撰行狀,略言:"公名訒,字思存,别號春岡,先世平陽人也。元末僑寓扶溝。洪武定鼎,始占鄢陵,故至今爲鄢陵人……成化癸卯十一月二十六日實生公……而以嘉靖己未九月二十三日考終正寢,享年七十有七……公莊嚴簡密,人不敢犯,而敦厚弘裕,不自岸異。遇事明敏詳慎,雖小不苟,而廟堂大議尤克有斷。處僚寀和而正、教而信,有善輒推讓之,事或失當必反復直争,妥而後已。雖若忤意,然出誠心善意,人自敬服之。汲引後進,綣綣不置。一言一行之善,皆爲極口讚揚,而保持愛護若子弟然。所謂'休休有容,技若己有'者,而公實其人焉。居鄉和易可親,然無一毫越繩矩,人皆化之。性嗜學,垂老不倦。雅喜詩歌,所著有《春岡集》若干卷行於世,實弘麗莊勁,成一家言。於是巡卜以辛酉十二月望,葬公城東龍彭岡北新兆。乃逾千里來求巨公名筆,銘其隧道之石,垂

---

① 高拱:《詩文雜著》卷四《明資政大夫兵部尚書贈太子少保謚襄毅鳳泉王公行狀》。

托不朽。而囑拱狀爲先容,拱辱葭莩之末,知公行履最詳,乃爲撰叙其事。”①

是年 高拱遷國子監祭酒既一載,裕王思之甚,又親書“懷賢”兩個大字,遣中使賜至第。②

高拱任國子監祭酒二年,其後通過總結教學經驗,闡發了他的教育思想。關於帝王教育,一是要學習前代《實録》,瞭解祖宗大法,借鑒前代君王的治國經驗:“帝王創業垂統,必有典則貽諸子孫,以爲一代精神命脈。”二是要學習典章制度和治國之道:“如何慎起居,如何戒嗜欲,如何務勤儉,如何察讒佞,如何總攬大權,如何開通言路,如何進君子退小人,如何賞功罰罪,如何肅宫闈,如何御近習,如何董治百官,如何安撫百姓,如何鎮撫四夷八荒……”③關於翰林教育,他提出:“其一在輔德,則教之以正心修身,以爲感動之本;明體達用,以爲開導之資。如何潛格於其先,如何維持於其後,不可流於迂腐,不可狃於曲學……其一在輔政,則教之以國家典章制度必考其詳,古今治亂安危必求其故;如何爲安常處順,如何爲通變達權;如何以正官邪,如何以定國是……而應制之詩文,程士之文藝,在其後焉。”④關於教學方法,他借國子先生之口,闡述了“寬嚴適宜”的方法論思想。言:“‘吾之爲教也,嚴乎? 寬乎?’有對者曰:‘先生寬,諸生感德而不能忘。’先生曰:‘不然,吾不寬也。’又有對者曰:‘先生嚴,諸生畏威而不敢犯。’先生曰:‘不然,吾不嚴也。’又有對者曰:‘先生寬嚴得中。’先生曰:‘不然,吾不寬嚴得中也。’諸生惑,請問之。先生曰:‘吾豈不自知歟! 而以問諸生者,蓋試之爾,而諸生未之達也。吾其語汝:夫寬,施諸率教者也;嚴,施諸不率教者也。何有定用? 使務爲寬,則

---

① 高拱:《詩文雜著》卷四《故資政大夫刑部尚書春岡劉公行狀》。

② 高務觀:《東里高氏家傳世恩録》卷五《特恩》。

③ 高拱:《本語》卷五。

④ 高拱:《本語》卷五。

固有不率教者焉,不亦縱乎?使務爲嚴,則固有率教者焉,不亦苛乎?使務爲寬嚴得中,則固有當全用寬者焉,不亦失嚴之半乎?有當全用嚴者焉,不亦失寬之半乎?故諸生全率教,則全用吾寬;全不率教,則全用吾嚴。率教者多,則多用寬;不率教者多,則多用嚴。又自一人而言:始而率教,則用吾寬;繼而不率,則用吾嚴;終而又率教,則仍用吾寬也。始不率教,則用吾嚴;既而能改,則用吾寬;終而又不率教,則仍用吾嚴也。一分率教,吾有一分之寬;一分不率教,吾有一分之嚴。本質在人,付之而已,而我何與焉?是之謂寬嚴適宜。故吾未嘗不寬,而不可以寬言也;未嘗不嚴,而不可以嚴言也;未嘗不寬嚴得中,而不可以寬嚴得中言也。夫是以事無遺情,而教無遺術爾。'"①

高拱任國子監祭酒期間,撰有三篇儒家思想論評。其一,《士先器識而後文藝》。此論是高拱對唐代大將裴行儉提出的"先器識而後文藝"觀點所作的辨析,提出德才兼備、以德爲先的用人標準。言:"以愚論之,行儉之言是,而其意則有未盡然者。夫人固所養何如,而爵禄則不可定。先器識而後文藝,謂當以此用人可也;謂其可以享爵禄,則恐未必然也。何者?士之志於道也,達焉將以利物,而窮焉將以立身。是故以其學則不可以不充,以其見則不可以不定,以其守則不可以不正,以其量則不可以不宏,以其氣則不可以不和,以其動則不可以不重。由是而又兼之以文藝焉,位之所在則可以經邦,道之所在則可以訓遠,斯天下之全人也。乃若器識有餘,文藝不足,是尚不失爲君子焉。而苟才勝其德,則狂悖妄作,適以僨天下之事,不如無才之愈矣。斯蓋學者之定論,爲士當然。愚之所以是行儉之言者,此也。然以此而斷其可以享爵禄焉,則時有顯晦,命有通塞。富貴豈皆敦重之流,貧賤果盡浮薄之士乎?愚未敢以爲據矣。"②

---

① 高拱:《本語》卷三。

② 高拱:《詩文雜著》卷一《士先器識而後文藝》。

其二,《古人爲學次第論》。此論是高拱通過論述儒家"三綱八目"的修養論,闡發誠正與格致兼修、德性與問學兼舉的思想,并提出三種"爲學次第":"古人之學,崇德廣業而已矣。其崇之也,將以成盛德也;其廣之也,將以臻大業也。是故有進修之方焉,有先後之序焉,有致一之妙焉。不得其方者荒也,不循其序者獵也,不會於一者支也。"(1)進修之方:"是故其崇德也,而明德不可不明也。於是乎格物、致知、誠意、正心、修身焉。由之以造其極,則德之所以盛也。是故其廣業也,而民不可不新也。於是乎齊家、治國、平天下焉。由之以造其極,則業之所以大也。此之謂進修之方。"(2)先後之序:"故先之以格物,格物則析之精矣。析之不亂,則合之無餘。故次之以致知,知者明也。明而後可至於誠。故次之以誠意,誠意者不妄動也。動不妄而後宅心可公。故次之以正心,正心則内直矣。直内而後可以方外。故次之以修身,修身則道立。道之所盡莫先於家。故次之以齊家,家其親者也。親親斯可以教國人。故次之治國,治國則近者化矣。篤近而後可以舉遠,故次之以平天下終焉。此之謂先後之序。"(3)致一之妙:"道無外内、無人己。德也者,業之德也,自其蘊之而謂之德也。業也者,德之業也,自其措之而謂之業也。條目不同,同於求道。綱領不同,同於盡性。性盡而天下之理得矣。天下之理得,而體用皆在其中矣。此之謂致之一妙。"①

其三,《至誠知天地之化育》。此論是借用易學範疇所闡述的宇宙發生論,提出元氣是在天地動静交感中生成和化育萬物的理論:"今夫静專動直而廣生焉,乾之所以易知也。静翕動闢而大生焉,坤之所以簡能也。動静相感而化生焉,乾坤之所以育物也,是孰爲其然哉?爲物不貳,則生物不測,物與無妄,固命之所以流行而不已也。造化以誠而生物,人得誠以有生。而聖人者,則人之至者也。人之至

---

① 高拱:《詩文雜著》卷一《古人爲學次第論》。

云者,亦全乎其誠而已也。是故其寂然而不动也。乾之専也,坤之翕也,其感之而遂通也。乾之直也,坤之闢也,其動静而無端也。乾坤之通復而不窮也。夫惟其然也,是故陰陽之舒慘,吾舒慘也;鬼神之屈伸,吾屈伸也;五氣之生竭,吾生竭也;四序之運行,吾運行也;品彙之化醇而不息,吾化醇也。"①天是在"静専動直"的變化中創造了廣闊的太空,地是在"静翕動闢"的運動中創造了遼闊的大地,天地是在"動静相感"的運動變化中化育萬物的。故"其在天地則爲化育,而天地之化育即聖人之至誠也。其在聖人則爲至誠,而聖人之至誠即天地之化育也"②。

是歲 高拱任國子監祭酒期間,乘暇將其在裕邸的高頭講章整理成帙,名曰《日進直講》,凡五卷十二萬字。卷一《大學直講》,卷二《中庸直講》,卷三至卷五《論語直講》。凡他所發明的講章或義理均收入本書,凡按照朱熹《四書章句集注》講解的内容均略去不收。在此書中,高拱借用儒家經典,採取"六經注我"的詮釋方式,全面闡發了他的君德、治道、改革、人才、邊政思想以及哲學、經濟、法治思想等内容。(1)在哲學思想方面,此書主要闡述了元氣本原論:"蓋天地有大德焉,乃其體之總括,處元氣之根本,敦厚盛大,而生生化化,其出無窮,此所以并育并行也。""蓋天地之爲物,實理運行,更無參雜,惟其不貳也,所以能常久不息,化生萬物,其出無窮。"③元氣作爲創生的本原,具有動態功能。這不僅表現爲"生生化化,其出無窮"的無限性過程,而且也體現爲"實理運行,更無參雜"的有規律性的過程。元氣正是在無窮無盡的動態中有規律性地創生天地萬物的。(2)在經濟思想方面,此書主要闡發了"生財之道"的思想:"夫生之衆,爲之疾,則有以開財之源,而其來也無窮;食之寡,用之舒,則有以節財

① 高拱:《詩文雜著》卷一《至誠知天地之化育》。
② 高拱:《詩文雜著》卷一《至誠知天地之化育》。
③ 高拱:《日進直講》卷二《中庸直講》。

之流,而其去也有限。那財貨自然常常足用了。這便是生財的大道,又何必多取於民而後財可聚哉!"①生財之道不是"多取於民"而後積財聚財,更不是榨取民脂民膏,聚斂錢財,而是"開財之源"和"節財之流",即"開源節流"。如何"開財之源"? 此書提出必須大力發展農業生産。一方面要制止遊惰之人抛荒田土:"蓋財貨皆産於地,若務農者少,財何能多? 必是嚴禁那遊惰之人,使他都去耕種,便是'生之者衆'。"②另一方面要及時耕作,不誤農時:"農事全要趁時,若不及時,田苗便荒蕪了,所以人君要差使他,須待個閑隙,不要妨誤他的農時,那百姓每才得急急的趁時去作田,便是'爲之者疾'。"③只有辛勤耕作,才能廣開財源,從而解決國計民生問題。如何"節財之流"? 此書提出必須堅持"量入爲出"的財政原則,裁去冗濫官役,反對奢侈浪費,減少不必要的行政開支。"蓋國以財爲命,若不節用,豈能常給乎? 故凡奢侈的用度,冗濫的廩禄,不急的興作,無名的賞賜,都裁節了。只是用其所當用,則貨財恒足。雖有水旱之災,軍旅之費,亦不至於匱乏也。"④(3)在法治思想方面,此書著重强調禮樂教化的重要性:"夫政刑之效,但使苟免而無恥;德禮之效,不惟有恥而且格。其不同一至於此,爲人上者,豈可不以德禮爲務,而徒恃夫政刑也哉!"⑤禮樂教化是"無訟之本",而"無訟"又是最高的法治理想:"蓋由聖人盛德在上,以德爲威,以德爲明,大能畏服民之心志,自然無有顛倒曲直相争訟的,所以訟不待聽而自無也。這無訟是民德之新,所以使民無訟是己德之明。觀於此言,可以知明德爲本。"⑥可見,此書繼承儒家道德爲本的法治思想,强調發揮道德教化的作用,消除訴訟

① 高拱:《日進直講》卷一《大學直講》。
② 高拱:《日進直講》卷一《大學直講》。
③ 高拱:《日進直講》卷一《大學直講》。
④ 高拱:《日進直講》卷三《論語直講》。
⑤ 高拱:《日進直講》卷三《論語直講》。
⑥ 高拱:《日進直講》卷一《大學直講》。

紛争，最終達到治國平天下的目的。總之，此書具有濃厚的宋明理學色彩，受到宋明理學的限制，但其中也透露了他的實學思想和實政改革主張。這在一定程度上爲其後穆宗支持改革、高拱主持改革奠定了思想基礎。《四庫全書總目》指出："嘉靖三十一年，拱以翰林編修與檢討陳以勤同爲裕王講官，進講四子書。先訓句解，次敷陳大義，蓋從日講之例。裕王，即穆宗也。時拱已遷國子祭酒，於嘉靖庚申編次成帙。《千頃堂書目》作十卷，今本止五卷。自《學》、《庸》至《論語》'子路問成人'章止，蓋未全之本也。"①

是年　高拱上《賀元旦疏》、《賀白鹿疏》、《賀日當食不食大謝禮成疏》、《賀白兔疏》、《賀雨疏》、《又賀雨疏》、《賀瑞穀疏》、《聖節恭賀疏》、《賀白雁疏》、《賀冬至疏》。②

是年　巡按河南監察御史孫永思③在新鄭縣南大街爲高拱建立過街石坊，上題"少保宗伯"四個石刻紅色大字。④

嘉靖四十一年壬戌(1562)　51歲

正月二十七日　高拱由太常寺卿管國子監祭酒事，超擢禮部左侍郎兼翰林院學士掌院事。誥命曰："資爾禮部左侍郎兼翰林院學士高拱，乃工部郎中贈光禄寺少卿魁之孫，光禄寺少卿尚賢之子，前南京都察院右僉都御史捷之弟。世家宿學，昭代偉儒。正大光明，持確乎不易之操；閎深敏毅，負超然獨運之才。慷慨立朝，公忠奉職。秉文衡而得人爲盛，侍經幄而啓益居多。道化行於北雍，勛庸著於南省。不但寅恭克協，以敦叙乎邦彝；抑且經濟克閑，而弘裨於國政。直節勁氣，如底柱之在中流；淵識格言，如蓍龜之有先見。正兹倚任，

① 《四庫全書總目》卷三七，經部，"四書類"存目。

② 高拱：《獻忱集》卷一《成均表奏》。

③ 孫永思，字性孝，號守泉，山西蒲州人。嘉靖二十六年(1547)進士。歷任甘肅巡按御史、河南監察御史、浙江道御史等職。

④ 高務觀：《東里高氏家傳世恩録》卷五《坊表》。

適睹最書。特進爾階通議大夫，賜之誥命。於戲！公望攸歸，濟旱若期於霖雨；朕心簡在，和羹方待於鹽梅。益茂昌猷，佇膺殊錫。欽哉！初任翰林院編修，二任翰林院侍讀，三任翰林院侍講學士，四任太常寺卿管國子監祭酒事，五任禮部左侍郎，六任今職。"①

高拱擢陞禮部左侍郎，答謝曰："嘉靖四十一年正月二十七日，准吏部咨，奉圣旨：……臣特奉御批，尤係殊常恩命。榮倖感激，倍萬恒品。除赴鴻臚寺報名廷謝外，謹稽首頓首稱謝者……臣敢不誓忠勉酬，洪遇禮樂。自天子出式，共欽承籩豆。則有司存，率先贊佐。雖捐軀而不顧，何銘心之足言？伏願寶命彌隆，瑶圖益固。日升川至，茂迎昌熾之休；獸舞鳳儀，永享文明之治。臣無任激切感戴天恩之至。"②

三月十八日　賜貢士申時行等二百九十九人進士及第出身有差。二十八日，授一甲進士申時行爲翰林院修撰，王錫爵、余有丁俱爲翰林院編修。③

四月二十四日　高拱尊師、都察院右僉都御史李麟山卒。拱以禮部左侍郎爲尊師撰祭文，言："惟嘉靖四十一年，歲次壬戌四月甲寅朔越二十四日丁丑，禮部左侍郎、門生高拱，謹以牲帛庶品之儀，致祭於中憲大夫都察院右僉都御史尊師麟山李公之靈曰：公爲士不屈於權門，從宦獨持乎風節。功在王室，名在鐘鼎，天下靡不仰焉。乃徼圉事殷，壯猶允賴，而公已退；暨薦剡飆起，老誠將用，而公已殂。事就而天左其會，幾合而命奪其成，天下靡不悲焉。拱自齠齡獲侍門牆餘三十載，德音莫忘。乃出乃處，路岐參商。俄傳大訃，頽山壞梁。感思今昔，摧裂肝腸。望風陳奠，涕泗滂湟。蓋非徒以哭吾私[師]

---

① 高務觀：《東里高氏家傳世恩録》卷二《禮部左侍郎兼翰林院學士高拱并妻》。

② 高拱：《獻忱集》卷二《謝陞禮部左侍郎疏》。

③ 《明世宗實録》卷五〇七，嘉靖四十一年三月壬寅、壬子。

也，而實爲天下傷。嗚呼哀哉，尚饗！"[1]其後，張鼎文爲其撰《右僉都御史麟山李公良墓誌銘》。[2]

此前，高拱曾爲尊師李麟山撰《長清李氏族譜序》，略言："粤若麟山李公爲長清望族，代有聞人，至先生益閎而振。其爲譜也，起於五世之祖，五世而上者無徵焉。無徵則止，罔敢援附，欲其真也。自是而下者，惟名惟字惟娶惟隱顯生卒，罔不備書，欲其詳也。櫛比而鱗次，脈貫而珠連，列之以圖，一披可盡，欲其明也。惟真惟詳惟明，斯之謂謹；惟謹，斯之謂孝……我聞曰：昭明始乎族，治平觀乎家。先生族則睦矣，家則理矣。異時登鼎鉉、握鈞衡，以訓敦於天下，以光大聖天子之孝治，則亦舉而措之而已矣。"[3]

五月　徐階代嚴嵩爲内閣首輔。階榜揭語以爲施政綱領，曰："以威福還主上，以政務還諸司，以用舍刑賞還公論。"[4]徐階的"三語政綱"事實上是針對嚴嵩"專權"、"擅政"而言的，由於其與嚴嵩亂政捆綁在一起，故贏得了言路的喝彩，朝士的擁戴。徐階要與嚴嵩劃清界限，號稱要放棄内閣權力，將自己打扮成一位和事佬。這雖然贏得了美譽，但并未能挽救嘉靖末年的社會政治危機，只不過是要在否定嘉靖政治中撈取政治資本而已。沈德符言："嚴之見逐，徐文貞爲政，無專擅之名，而能籠絡鈎致，得其歡心。秉東西銓者，在其術中不覺也。"[5]

八月初三日　詔重録《永樂大典》。帝命禮部左侍郎高拱、右春坊右中允國子監司業張居正各解原務，入館校録。高拱以左侍郎兼翰林院學士同左春坊左諭德兼侍讀瞿景淳充總校官，張居正以右中允兼翰林院編修同修撰林燫、丁士美、申時行，編修王希烈、張四維、

---

① 高拱：《詩文雜著》卷四《李麟山祭文》。
② 焦竑：《國朝献徵録》卷六三。
③ 高拱：《詩文雜著》卷二《長清李氏族譜序》。
④ 張廷玉：《明史》卷二一三《徐階傳》。
⑤ 沈德符：《萬曆野獲編》卷九《閣部重輕》。

馬自强等充分校官。《永樂大典》最初是文皇帝命儒臣分類彙編，以便檢索，參加編輯人員達三千餘人，爲卷三萬有奇。書成，貯之文樓，其帙甚巨。嘉靖登位後，不斷檢索此書。及至三殿失火，帝聞變即命左右趨文樓出《大典》，是書遂得不毁。於是，嘉靖帝意欲重録一部，貯之他所，以備不虞，每爲閣臣言之。至是諭大學士徐階曰："昨計重録《永樂大典》，兩處收藏，兹秋涼可處理。"乃選各色善楷書人禮部，儒士程道南等百餘人，就史館分録，而命高拱校理之。

高拱充總校官，上疏答謝曰："嘉靖四十一年八月初三日，准吏部咨……奉圣旨，以臣拱兼翰林院學士充总校官。備咨到臣，職親地邃，恩巨人微，榮動縉紳，感徹心骨，除赴鴻臚寺報名廷謝外，謹稽首頓首稱謝者……臣才不通方，愧揚雄之識字；學徒稽古，慚劉向之洽聞。乃被選掄，俾參綜理。抽書金匱，縱瞻天府之星辰；分直石渠，親踐蓬山之雲氣。典司既美，名秩仍華。不意駑乘早負之材，獲邁附翼攀鱗之會。敢不奮策綿力，鳩率衆工。染翰鳳池，聽春蠶於筆陣；仇文虎觀，搜亥豖於墨莊。更加嚴省於日時，罔致虚糜於餼廩。裒成竹素，垂托汗青。備千載文獻之徵，多而益善；廣一人繼述之孝，傳之無窮。庶將願效之忠，仰報非常之遇。"①

十九日　祭歷代帝王，遣高拱分奠。高拱上《謝遣帝王廟分奠疏》②，予以答謝。

九月　三殿建成，改奉天殿爲皇極殿，華蓋殿爲中極殿，謹身殿爲建極殿。高拱上《賀三殿工成疏》③，以示慶賀。

十二月初三日　高拱爲其弟高才親家馬穎穀撰祭文，言："惟嘉靖四十一年十二月三日，眷生禮部左侍郎兼翰林院學士高拱、舉人高才，謹以牲帛庶品之儀，致祭於中順大夫順天府府丞穎穀親家馬公之

---

① 高拱：《獻忱集》卷二《謝兼學士充大典副總裁疏》。
② 高拱：《獻忱集》卷二《謝遣帝王廟分奠疏》。
③ 高拱：《獻忱集》卷二《賀三殿工成疏》。

靈曰:惟我先子與公之翁秋闈春省,逵漸遹同。惟公之翁與我先子托好松蘿,締交蘭芷。乃拱與公幼共師門。乃才與公朱陳世婚,親乃益親,厚之又厚。天馬在空,欣看馳驟。霜蹄偶蹶,胡遽淪亡。變生不意,聞訃驚惶。緬惟輀車,言歸蒿裏。執紼無由,望風慟只。千里遣奠,侑之以文。公靈有知,聞乎不聞。嗚呼哀哉,尚饗!"①

同日 高拱爲親家李湫南撰祭文,言:"惟嘉靖四十一年臘月三日,禮部左侍郎兼翰林院學士眷生高拱,謹以牲帛庶品之儀,致祭於亞中大夫山西布政使司右參政湫南親家李公之靈曰:惟公與予年齡相若,膠漆深交,松蘿舊約。予忝中朝,公參藩嶽,睽也牽思,聚乃孔樂。惟昔之歲,公病突興。尚然入覲,黽勉遐征。形貌頓改,相視而驚。公猶笑語,歡若平生。晤言幾何,公遽旋轍。且戀且疑,揮淚以别。度勢難起,所恃者德。云胡數極,竟成永訣。嗚呼傷哉!"②

是年 高拱爲工部右侍郎張龍岡配封太淑人劉氏撰墓誌銘。銘曰:"予從大夫後,嘗敬事工部右侍郎張龍岡先生。蓋先生在吏部時,予與同巷居,實稔知其闳達之才,介潔之行。既交久則又知先生者孝子也。甫登侍郎失怙,乃迎養其母氏彩侍者二十餘年,愛敬備至。既母氏以天年終,天子念侍郎功,追其父拜祭之而命有司營葬事。先生遂扶櫬歸,且穸,乃使使逾千里來乞予銘。嗟乎!予固敬事先生也,則何可以辭。按狀:……葬以壬戌月日,墓在某地先塋之次,與侍郎公合。"③

是年 高拱上《賀元旦疏》、《謝賜牲醴脯果祭品疏》、《賀平逆賊張璉疏》、《賀瑞穀疏》。④

---

① 高拱:《詩文雜著》卷四《馬穎穀祭文》。

② 高拱:《詩文雜著》卷四《李湫南祭文》。

③ 高拱:《詩文雜著》卷三《明贈通議大夫工部右侍郎張公配封太淑人劉氏墓誌銘》。

④ 高拱:《獻忱集》卷一《成均表奏》,卷二《南宫表奏》。

嘉靖四十二年癸亥(1563)　52 歲

三月　李春芳由吏部左侍郎轉陞禮部尚書。禮部左侍郎兼翰林院學士高拱,以三年考滿奉旨蔭一子入監讀書,胞侄孫高瑞雛承蔭,後任南京右軍都督府經歷。繼而高拱由禮部左侍郎轉吏部左侍郎兼翰林院學士掌詹事府事,仍總校《永樂大典》。高拱疏謝曰:"臣不勝榮忭,不勝感戴,除赴鴻臚寺報名廷謝外,謹稽首頓首稱謝者……臣識量至微,品流最劣。猥承末學,徒襲書生。陳腐之談濫旅俊遊,曾乏承明著作之效。乃遷東序,載副南宫。旋領玉堂金馬之班,謬蹤天禄石渠之役。無功徒食,愧貆特之胡瞻;有命疏榮,驚熊魚之兼得。惟少宰爲貳卿之首,而總司居儲宷之先。以稱是名,必茂厥實。自昔巨儒宿望,猶莫敢居;況臣薄技粗才,豈宜非據。仰荷鼎來之渥,殊深震惕之衷。臣敢不奮勵赤忠,堅持素節。服勤大訓,期盡能畢力以圖成;矢報隆恩,雖摩頂放踵而不惜。伏願佑命彌純,保定孔固。豐享豫泰,常孚大慶之占;壽富康寧,永備惟皇之福。"①

三月初四日　大學士郭朴之父郭静庵卒。其後,高拱應河南同鄉、僚友郭朴之請,爲其撰祭文。略言:"惟嘉靖四十二年三月四日,誥封通議大夫吏部左侍郎兼翰林院侍講學士静庵郭公卒於家。厥家嗣太宰公聞喪京邸,擗毁號呼,解綬辭榮,匍匐還鄴。於是同鄉晚生某官某某,謹以牲醪束帛南望而奠之……某等久辱通家,夙瞻福履。德容在目,德音在耳。九源難作,感念曷已?有腥在俎,有酒盈樽。有慟充臆,宣之以文。公靈有知,聞乎不聞?嗚呼哀哉,尚饗!"②

四月初九日　高拱由禮部左侍郎兼翰林院學士轉吏部左侍郎掌詹事府事。

---

① 高拱:《獻忱集》卷三《謝改吏部左侍郎仍兼學士掌詹事府事疏》。

② 高拱:《詩文雜著》卷四《郭静庵祭文》。

是年　高拱上《賀雨疏》、《賀龜生卵疏》、《又賀龜生卵疏》、《聖節恭賀疏》、《賀瑞穀疏》、《又賀瑞穀疏》、《賀冬至疏》、《賀雪疏》。①

嘉靖四十三年甲子(1564)　53 歲

四月初一日　高拱爲已故尊親曹夫人劉氏撰祭文。言:"惟嘉靖四十三年四月朔日,吏部左侍郎兼翰林院學士掌詹事府事辱眷高拱,謹以牲幣庶品之儀,遣使致祭於故尊亲曹老夫人劉氏之靈曰……嗚呼傷哉!拱辱葭莩,聞訃驚悼。千里馳奠,聊寄一哀。靈爽若存,尚其鑒饗!"②

同日　高拱好友趙兩城卒。其後,高拱爲其撰祭文曰:"惟嘉靖四十三年四月朔日,吏部左侍郎兼翰林院學士掌詹事府事眷生高拱,謹以牲幣庶品之儀,遣使致祭於故寧晉令兩城先生趙公之靈曰:嗚呼!先生乃竟已乎。先生長予十有一歲,予方齠時,即辱忘年之交。人徒謂吾二人者遊爲契合也,而不知道義之相礪,疑難之相證,實未有一言之阿徇者焉。先生心誠而行潔,才高而識淵。予每以爲畏友,而先生亦過謂予可以興起斯文……乃予備位朝省,先生亦綰章宰邑,不得罄平生之意。擬他日得請歸田,共尋泉石之盟,而先生胡遽至此,乃使予有無窮之悲也。予既守官,不得走哭執紼爲范、張之事,特遣使致奠,聊寄千里一哀。先生有知,其亦嘆念於冥冥矣。嗚呼傷哉,尚饗!"③

是歲　高拱上《賀元旦疏》、《謝禱雨遣祭告疏》、《謝賜祭品疏》、《謝賜表裏鈔錠疏》、《賀雨疏》、《聖節恭賀疏》、《賀聖體平復還宫疏》④等疏文。

---

① 高拱:《獻忱集》卷三《宫端表奏》。
② 高拱:《詩文雜著》卷四《曹老夫人祭文》。
③ 高拱:《詩文雜著》卷四《趙兩城祭文》。
④ 高拱:《獻忱集》卷三《宫端表奏》。

歲夏 高拱賦詩一首。

【五言排律】

内苑聞鶯

紫禁叢林合,黄鸝深處鳴。
綿蠻隨麗景,睍睆媚新晴。
恰恰遷喬意,嚶嚶求友情。
輕音留秘院,高韵度層城。
乍弄羌兒笛,初調秦女箏。
往來難辨處,斷續若頻驚。
語逐薰風轉,歌宜夏木清。
吾皇奏韶樂,好入雜簫笙。[①]

嘉靖四十四年乙丑(1565) 54歲

正月初九日 景王朱載圳[②]死於藩地,年二十九歲,無子,國除[③]。大學士徐階請將景王所占陂田數萬頃還於民。

二月初七日 命吏部侍郎兼翰林院學士掌詹事府事高拱、翰林

---

① 高拱:《詩文雜著》卷一《内苑聞鶯》。

② 朱載圳(1537~1565),世宗嘉靖皇帝朱厚熜第四子,與明穆宗朱載垕同歲,僅小一月,母靖妃盧氏。嘉靖十八年(1539)被封景王,嘉靖四十四年(1565)正月九日死於德安(湖北安陸)王府,無子廢封,謚景恭王。

③ 《明世宗實録》卷五四二,嘉靖四十四年正月丁未。

院侍讀學士掌院事胡正蒙[①]主考會試[②]。首革科場諸弊,諸如懷挾傳遞、交换試卷、冒替代筆、喧競抗違、搜檢不嚴、校閲不公等。高拱曾記述當時的情況,曰:"歲乙丑,複當會試天下士。届期,禮部尚書臣李春芳、侍郎臣秦鳴雷、臣高儀,以考試官請,上命臣拱暨侍讀學士臣正蒙典厥事。臣方總校《大典》,乃輟館事,陛辭以往……於是群多士三試之,士凡四千六百有奇。遵宸斷,取中式者四百人,以其名氏及文之純者,爲録以獻……是役也,同考試官則諭德臣鏜,侍讀臣旻,中允臣謹,修撰臣泰、臣自强、臣大綬、臣士美,編修臣浩、臣貴、臣四維、臣有丁,都給事中臣守庭,左給事中臣一敬,給事中臣詩,郎中臣奇迪,員外郎臣金、臣三省。監試則御史臣邦珍、臣承蔭,實相與成事。其防檢於外,則御史臣顧廷對、臣周弘祖。增設自今歲始,蓋先是士習稍媮,頗彰訾議,詔特加嚴,故增設焉。"[③]該科録士沈鯉、許國等人,皆爲萬曆時期内閣大學士。

高拱任職禮部,改革科舉制之弊。"知貢舉科場諸弊,百五十年所不能正者,革之殆盡,中外肅然。"[④]這是高拱其後大力推行隆慶改革之前奏。

歲秋 高拱所著《程士集》刊刻成書。此書是高拱於嘉靖三十七年(1558)主持戊午順天鄉試、四十四年(1565)主持乙丑京闈會試,親自撰寫的程文。萬曆刻本二卷,清籠春堂刻本四卷,内含"會試録序"、"順天府鄉試録後序",以及"文"、"論"、"表"、"策"等四部分,共二十二篇。高拱於是年秋撰序成書,序曰:"歲戊午順天鄉試,實學

---

① 胡正蒙(1512~1566),浙江餘姚人。嘉靖十六年(1537)中舉,二十六年(1547)殿試位列探花,授翰林院編修。九年後,陞翰林院侍讀,充裕王府講官。嘉靖四十年(1561)八月,與司經局洗馬兼侍讀裴宇同爲順天府鄉試考官,陞左春坊左諭德兼侍讀,進侍讀學士,總校《永樂大典》。嘉靖四十四年(1565),與吏部左侍郎兼翰林學士高拱一起,出任會試主考官,取中范應期等。

② 《明世宗實録》卷五四三,嘉靖四十四年二月甲戌。

③ 高拱:《程士集》卷一《會試録序》。

④ 郭正域:《合併黄離草》卷二四《太師高文襄公墓誌銘》。

士董公暨予典其事。入簾,予乃語董公曰:‘題皆豫擬,而同考者不與知,非體。今誠願與衆共之當。’董曰:‘諾。’於是集諸同考官聚奎堂中,揭書各擬數題,就其中雜用之。既示士,始爲文刻焉。後七年,乙丑會試,則予暨學士胡公典之,予乃復申前説,命題刻文,悉如戊午例。雖皆倉卒,不中尺度,乃其事則公矣。然程士不獨以文其意,固各有所托。予故以所爲稿自録之。程於何有,徒以識吾意也。”①此書是高拱的重要學術著作,反映了他中期的學術思想,主要有三:(1)實理實事的天人觀。言:“夫天人之際,豈不至微眇難言者哉!然在天有實理,在人有實事,而曲説不與焉。何謂實理?夫陰陽錯行,乖和貞勝,鬱而爲沴,雖天不能以自主,此實理也。何謂實事?夫防其未生,救其既形,備飭慮周,務以人勝,此實事也。至謂天以某災應某事,是誣天也;謂人以某事致某災,是誣人也。皆求其理而不得,曲爲之説者也。”②其後,高拱又將其概括爲“天定勝人,人定亦勝天也”③。這是他批判漢宋儒家“天人感應”,究天人之際的重要哲學觀點。(2)“圓而通”的權變觀。言:“夫權也者,圓而通者也。是聖人之事,而學之儀的也。聖人圓,而學聖人者以方,始而方可也,終而愈方焉,則遂失其圓也。聖人通,而學聖人者以一隅,始而一隅可也,終而止一隅焉,則遂失其通也。夫學不至於聖人,非成也;不能權,非聖人也;非圓非通,不可以與權也。而不知所以求,不求所以至,非學也。”④在這裏,他破除將“權”視爲權宜之計或不得已的應急措施的傳統觀點,通過論證“無時無處,無非權”的普適性,提出“權也者,圓而通者也”的權變新論。這不僅是對中國權説的重大突破和創新,而且也爲其後推行“隆慶大改革”提供了合理論證。(3)適度儲蓄的理

---

① 高拱:《程士集·序》。
② 高拱:《程士集》卷四《天人之際》。
③ 高拱:《問辨録》卷一〇《孟子》。
④ 高拱:《程士集》卷五《孔子言權》。

財觀。言:"三年耕與必使有一年之食,夫三而有一,可謂多矣,而何可必乎?蓋每歲所入,均析爲四;而每歲所出,皆取其三,雖或年不順成,亦寧詘吾所舉而已,而贏羡者固在也。則一分之餘既得於三分之外,而一年之食自裕於三年之中,有可備以無患也已。否則,耕以三年,固用以三年也,而何有於一年者哉?九年耕與必使有三年之食,夫九而有三,則尤多矣,而何可必乎?蓋其析也以四分爲恒規,而其用也以三分爲定,則是雖年有久近,亦惟守吾成計而已,而異同者無有也。則一年之食既裕於三年之中,而三年之餘自得於九年之外,尤可恃以不恐也已。"①此外,該書還涉及吏治思想、人才思想、倫理思想等。當時,《程士集》付梓刊刻,文頗見稱,"傳頌海内"②,在朝臣士人中影響很大。可以説,高拱的《程士集》已内蘊著批判宋明理學的學術立場轉向。

三月十四日 以廷試命大學士徐階、袁煒,兵部尚書楊博,工部尚書雷禮,吏部尚書嚴訥,户部尚書高耀,刑部尚書黄光昇,工部尚書董份,都察院左都御史張永明,詹事府掌府事吏部左侍郎兼翰林院學士高拱,通政使劉體乾,大理寺卿張守直,翰林院侍讀學士胡正蒙、王大任充讀卷官。十五日,廷試。二十日,賜廷試貢士范應期等三百九十四人進士及第出身有差。③

四月十四日 帝命吏部左侍郎高拱代拜文華殿至聖先師。高拱上疏謝恩,言:"嘉靖四十四年四月十四日,該内閣遞出揭帖,四月十五日望日,文華殿先聖先師堂,用果酒上,尚黄袍行禮,有贊禮。奉聖旨:'著侍郎拱代拜,欽此。'臣謹欽遵,齋潔肅恭代拜。禮成,臣不勝榮忭,不勝感激,謹稽首頓首稱謝者。"④

---

① 高拱:《程士集》卷二《三年耕必有一年之食,九年耕必有三年之食》。
② 郭正域:《合併黄離草》卷二四《太師高文襄公墓誌銘》。
③ 《明神宗實録》卷五四四,嘉靖四十四年三月辛亥、壬子、丁巳。
④ 高拱:《獻忱集》卷三《謝遣文華殿代拜疏》。

六月 改進士陳經邦、王嘉言、韓楫、吴學詩、沈鯉、鍾繼英、許國、高啓愚、張一桂等二十八人俱爲庶吉士,送翰林院讀書。陞禮部右侍郎高儀爲禮部左侍郎,尋改吏部左侍郎兼翰林院學士,教習庶吉士。以右春坊右諭德兼翰林院侍讀張居正充《承天大志》副總裁官。①

二十三日 陞吏部左侍郎兼翰林院學士掌詹事府事高拱爲禮部尚書,仍兼翰林院學士,召入直廬②。高拱又上疏辭免,言:"本年六月二十三日,准吏部咨,奉聖旨:'高拱陞禮部尚書仍兼翰林院學士,欽此。'臣聞命自天,不勝感戴,不勝惶悚……伏望皇上鑒臣震惕之衷,察臣止足之分,特收成命,改畀時賢。俾臣仍守舊官,勉圖後報。庶天工可以無曠,而愚分亦得少安。臣無任,受恩感激,祈請懇切之至。"③奉聖旨:"卿性行端慎,才識宏達,秩宗重任,特兹簡用,不允辭,吏部知道,欽此。"高拱又上疏謝恩,言:"臣受非常簡命,不勝感戴,不勝榮幸……臣敢不益勵赤衷,愈堅素守。惟清惟直,勉夙夜以在公;曰慎曰勤,協寅恭而率屬。苟有涓塵之可致,雖摩頂踵以何辭。伏願佑命彌純,保定孔固。馨香升而神祇格,壽禧茂介於萬年。禮樂備而天地官,道化永敷於四海。臣無任,激切感戴之至。"④

高拱在禮部職掌内推行局部性改革。禮部屬官一般都由詞臣充任,"不習吏事,弊孔叢雜,未可究詰",而高拱則"吏事精核,每出一語,奸吏股栗,俗弊以清"⑤。針對當時京官禮儀煩瑣、工作效率低下之弊,他建言:"士風以簡静爲美,臣職以勤慎爲先";"大小衙門官員,務崇簡静,務勵勤慎,晨起即入衙門,不得輒行趨謁";"至於相見

① 《明神宗實録》卷五四七,嘉靖四十四年六月丁亥。
② 《明神宗實録》卷五四七,嘉靖四十四年六月戊子。
③ 高拱:《獻忱集》卷四《辭免重任疏》。
④ 高拱:《獻忱集》卷四《謝陞禮部尚書兼翰林學士疏》。
⑤ 郭正域:《合併黄離草》卷二四《太師高文襄公墓誌銘》。

之禮，尤宜當則而止，毋得仍前煩細"，嚴禁奔競之風①。上述改革雖然是高拱在禮部職掌内的局部性改革，却爲其執政後推行全國性改革奠定了基礎，積累了成功經驗。

高拱任禮部尚書期間，撰《〈周禮〉考異》一文。言："《周禮》，周公之書也。其言詳，其事核，其規模宏闊而不疏。周之所以致太平者，端在是也。然以愚考之，不能無疑焉者。"據此，他提出《周禮》六官之設、六卿分職、六官之屬、周之設都、用刑之道等七個方面俱有可疑之處。"嗚呼！秦火之餘，輒起績紹之陋。觀夫《考工記》之補'冬官'，則《周禮》亦非全書矣，而又安知五官之盡出於周公乎？善爲治者，師其意不泥其迹，取其大端而略其小節可也。否則，其不爲宇文蘇綽也者幾希矣。"②

八月初五日　祭帝社帝稷，命高拱陪祀。高拱疏謝曰："嘉靖四十四年八月初五日，祭帝社帝稷。伏蒙聖恩，遣臣拱陪祀。臣不勝榮幸，不勝感激……臣謬厠文儒，粗聞俎豆之事；猥從卿士，深慚社稷之臣。乃荷殊恩，獲參顯相。敢不致其齋潔，殫厥忱恂。冀奏假於明神，用對揚乎光命。伏願天庥滋至，帝眷彌純。受命而主百神，歌土宇昄章之孔厚；陳常而綏時夏，頌來牟率育以惟均。"③十四日，賜高拱銀二十兩，紵絲二表裏。二十八日，賜銀三十兩，大紅金彩羅飛魚衣一襲，又賜青紵絲金彩雲鶴衣一襲。十二月，賜高拱一品五彩仙鶴紵絲衣一襲。於是，高拱又上疏謝恩。④

九月十七日　高拱上《議處代府宗室疏》。嘉靖四十四年九月十七日具題，二十一日奉聖旨："是。郝國庸等、孟鵬年等，著巡按御史提問具奏。"⑤

---

① 高拱：《南宮奏牘》卷一《釐士風明臣職以仰裨聖治疏》。

② 高拱：《詩文雜著》卷四《〈周禮〉考異》。

③ 高拱：《獻忱集》卷四《謝遣陪祀帝社稷疏》。

④ 高拱：《獻忱集》卷四《謝賜大紅金彩飛魚羅衣疏》、《謝賜紵絲金彩雲鶴衣疏》。

⑤ 高拱：《南宮奏牘》卷二《議處代府宗室疏》。

十月十九日　高拱上《參肅府長史等官疏》。據儀制清吏司案呈,高拱疏請:肅府長史司左長史賈璋等蔑朝廷之明例,敢於故違,法應重治,"提賈璋等到官,從重究治"。嘉靖四十四年十月十九日具題,二十二日奉聖旨:"是。"①

是歲　嘉靖帝出一上聯,高拱對出下聯,成《御製聯》。

御製聯云:

洛水靈龜獻瑞,
天數五地數五,
五五還歸二十五數,
數定元始天尊,
一誠有感。

高拱對云:

丹山彩鳳呈祥,
雄聲六雌聲六,
六六總成三十六聲,
聲祝嘉靖皇帝,
萬壽無疆。②

---

① 高拱:《南宮奏牘》卷二《參肅府長史等官疏》。

② 高拱:《詩文雜著》卷一《御製聯》。

四　主政時期

［55 歲至 61 歲］

嘉靖四十五年丙寅(1566) 55歲

歲初 嘉靖帝甲子壽辰,將年太歲,大祭歲神,誥命王侯,大赦天下。高拱賦詩一首,以此賀壽。

【五言排律】

聖壽無疆詩

九天開壽域,萬國慶昌期。
瑞氣隨龍幄,歡聲繞鳳墀。
重離當此日,育震憶當時。
雲繞呈祥早,河清發兆奇。
承基昭嗣服,御極致雍熙。
禮樂回三代,威靈攝四裔。
聖仁群品被,景物萬年宜。
黄道添新歲,清秋協誕期。
老人連帝座,王母降瑶池。
華祝揚休曆,嵩呼切忭私。
擬陳金鑒録,願獻紫霞卮。
舜壽寧爲上,文齡未足追。
皇圖天地永,遐算一如斯。①

正月二十七日 高拱上《議處唐王孫管理府事疏》。據儀制清吏司案呈,高拱疏請:"其各府奏請名封,姑令各自徑奏。待册封唐王之後,仍遵舊例施行。所有家事眷屬,亦合照例請敕,令唐敬王妃丁氏

① 高拱:《詩文雜著》卷一《聖壽無疆詩》。

同伊孫管理。”嘉靖四十五年正月二十七日具題,三十日奉聖旨:“是。”①

二月初五日 祭先師孔子,遣禮部尚書高拱行禮。高拱上疏謝恩,言:“嘉靖四十五年二月初五日,祭先師孔子。伏蒙聖恩,遣臣拱行禮。臣不勝榮幸,不勝感戴……臣步趨是學,鑽仰徒勤。不得其門,恒嘆宫牆之外望;每問其事,敢云俎豆之曾聞。乃端笏以趨廷,獲升堂而入室。周旋户牖,恍金聲玉振之有聆;登降幾筵,儼梁木泰山之在上。昔焉夢寐,今也羹牆。雖日月之高無階可及,而宗廟之美如管斯窺。臣敢不俯竭精虔,溯千載相通之意;仰期鑒格,副九重致敬之心。伏願益焕堯章,彌增舜壽。五星奎聚,人文争耀於天文;六籍日明,道脈永延乎國脈。”②賜高拱大紅五彩飛魚羅衣一襲,後又賜二襲。高拱賦詩一首:

【七言律】

孔廟陪祀有作

上丁二月禮先師,未喪斯文今在兹。
執鬯顧於千載後,捧璋應憶兩楹時。
多官入室瞻遺器,髦士圜橋展盛儀。
自愧鄙儒叨小相,惟將端甫奉前規。③

二十日 高拱爲應天府尹、開封大梁人孟淮之母太安人謝氏撰祭文,言:“惟嘉靖四十五年二月二十日,忝眷禮部尚書兼翰林院學士高拱、舉人高才,謹以牲帛庶品之儀,致祭於敕封太安人尊親孟母謝

① 高拱:《南宫奏牘》卷二《議處唐王孫管理府事疏》。
② 高拱:《獻忱集》卷四《謝遣祭先師孔子疏》。
③ 高拱:《詩文雜著》卷一《孔廟陪祀有作》。

氏之靈曰……拱等辱交賢胤，夙崇友道。婚嫁相期，葭莩聯好。惟慢何依，雲天莫吊。遣使修儀，陳詞致悼。嗚呼哀哉，尚饗！”[①]其後，高拱又應孟淮之請，爲其母撰墓誌銘，略言：“乃淮等以丙寅三月望日，葬太安人祖塋東新城。於是使使逾千里來乞銘。嗟乎！予與京兆公素厚善，而又兄弟相聯婚[②]，固今朱陳也，則何可以辭？銘曰……”[③]

二十三日　高拱上《議處瑞昌王府宗室疏》。巡撫江西右副都御史周相題參瑞昌王府奉國將軍多熇擅婚冒封，所生子女求托扶同保結等，乞要罰治。高拱疏請：“將多熇、多㸅所配王氏、熊氏照例削奪淑人封號，但成婚已久，生有子女，亦十七八年，姑免革退……”嘉靖四十五年二月二十三日具題，二十六日奉聖旨：“是。”[④]

二十五日　高拱上《議處宜川王府宗室疏》。據巡撫陝西右副都御史張瀚題，高拱疏請：“將懷壤所選廖氏、懷爰所選陳氏、懷墠所選王氏，俱照例革退另選。其胡鏈係輔導官及廖用中、陳大經、王世熙等主嫁之人，通提到官，問擬應得罪名，徑自發落。”嘉靖四十五年二月二十五日具題，二十七日奉聖旨：“是。”[⑤]

二十七日　高拱上《釐正差遣以便遵守疏》。據監察御史顔鯨論奏，高拱疏請：“今後除册封親王正使仍用勛爵外，其副使及世子、郡王正使，止用翰林坊局六科尚寶司官；郡王副使止用行人，行人不足，則以中書充之。其各卿寺官及各部寺屬官不得差遣。”嘉靖四十五年二月二十七日具題，三月初二日奉聖旨：“是。”[⑥]

三月初七日　令户部右侍郎黄養蒙、工部左侍郎李登雲回籍聽

---

① 高拱：《詩文雜著》卷四《孟老夫人祭文》。

② 高拱長女啟禎曾許聘孟淮之子兆梅，但因早逝而未成婚。孟淮三女又許聘高拱五弟高才之子高務本，孟淮四弟孟洙（嘉靖三十五年進士，官至知府）次子兆禎又聘高才之女爲妻。

③ 高拱：《詩文雜著》卷三《明敕封太安人孟母謝氏墓誌銘》。

④ 高拱：《南宮奏牘》卷二《議處瑞昌王府宗室疏》。

⑤ 高拱：《南宮奏牘》卷二《議處宜川王府宗室疏》。

⑥ 高拱：《南宮奏牘》卷一《釐正差遣以便遵守疏》。

用。時給事中胡應嘉論劾二人各不職，宜罷。①

二十六日 高拱上《議處楚等府宗室疏》。禮科都給事中辛自修題稱：楚府納級指揮王朋越境選娶繼室張氏，乞要暫停繼妃之封，查究違法事情。據此，高拱疏請：除將册封繼妃暫行停止外，"即提指揮王朋并原保勘官吏人等及被選營求之人到官，逐一研審。要見張氏是否南京指揮張月山之女，緣何違例冒選，其保勘人等有無通同情弊。問明之日，遵照見行事例治罪"。嘉靖四十五年三月二十六日具題，二十八日奉聖旨："是。"②

二十八日 命吏部尚書郭朴兼武英殿大學士、禮部尚書高拱兼文淵閣大學士，同入閣辦事。朴、拱俱疏辭免，不允。高拱辭免，云：嘉靖四十五年三月二十八日，准吏部咨，奉聖旨……"臣性質戇愚，局致凡近，曾乏片善，何有四長？徒荷九重特達之知，謬躋三禮高華之任。榮參撰述，渥被眷私。爰自受命以來，每以致身自誓。雖葵心向日，罔敢懈於夙宵；然早力負山，竟莫伸於毫髮。方虞遣黜，敢望登延？……伏望皇上俯鑒下誠，收回成命。俾仍舊次，圖報將來。庶少安於陋庸，亦獲免於顛隕。臣無任，受恩感激，祈請懇切之至。"③奉聖旨："卿端毅明敏，衆望所歸，宜承恩命，用效贊輔，不允辭。吏部知道，欽此。"高拱疏謝，曰："乃堅成命以難回，且降温綸而示奬。特達之知一至於此，捐糜之報當何以爲？臣敢不奮礪赤忠，堅持素節。都俞籲咈，雖未能接武於皋夔；疏附後先，亦尚當學步於周吕。毫髮可致，頂踵何辭。伏願佑命彌純，保定孔固。五福凝而皇極建，常輯壽福康寧之疇；六符正而泰階平，永享豫大豐亨之治。"④

未几，召入直，賜直房。高拱謝入直，言："兹者欽蒙聖恩，賜臣直

---

① 《明神宗實録》卷五五六，嘉靖四十五年三月戊戌。

② 高拱：《南宫奏牘》卷二《議處楚等府宗室疏》。

③ 高拱：《獻忱集》卷五《辭免兼文淵閣大學士入閣辦事疏》。

④ 高拱：《獻忱集》卷五《謝入閣迎和門叩頭疏》、《謝兼文淵閣大學士入閣辦事疏》。

房暨食用乘馬皆若例。臣不勝榮幸,不勝感戴,除報名廷謝外,謹稽首頓首稱謝者……臣敢不矢冰淵惕厲之心,奉天日照臨之鑒。曰爲先後,曰爲左右,不遑夙夜以孜孜;國爾忘家,公爾忘私,永佩王臣之蹇蹇。伏願基圖鞏固,寰宇綏寧。帝座增明,四海仰北辰之正;聖齡茂衍,萬年瞻南極之輝。"①

四月 高拱整理《獻忱集》。該集是他在嘉靖三十九年(1560)至四十五年(1566)任太常寺卿直至入閣後所撰寫的進獻世宗皇帝的賀謝疏文。該集萬曆本爲二卷,清籠春堂本爲五卷:卷一《成均表奏》、卷二《南宫表奏》、卷三《宫端表奏》、卷四《南宫表奏》、卷五《綸扉表奏》,共六十一篇賀謝疏文。其序云:"予自遷國子,歷詹府南宫,皆視篆賀必草疏。乃侍郎係御除當謝,尚書、大學士皆例當辭謝,且叨恩隆渥,遣賚爲多,故謝疏亦種種。間乃次第成帙,名《獻忱集》,藏笥中。夫文以事興,事由時異。斯集也,庸紀時事云爾。駢四儷六文云乎哉。嘉靖丙寅夏仲,中玄子自序。"②該集疏文皆是"駢四儷六"文體。高拱於嘉靖四十五年仲夏撰序成書。《四庫全書總目》指出:"《明史》'藝文志'作五卷。豈先有别行之本五卷,後編入《文集》,乃删併爲二卷耶?"③

初二日 高拱整理另一部著作《南宫奏牘》。該著是高拱任禮部尚書期間所撰的奏牘。萬曆本和清籠春堂本均爲二卷,卷一有六疏,卷二内含十一篇疏、咨。其序云:"予視篆南宫未久,奏牘無多。然一二有關處分者,皆自屬草。故特存之,事理所在,後或有稽云。嘉靖丙寅夏四月二日,中玄子題。"④高拱於嘉靖四十五年四月二日撰序成書。《四庫全書總目》指出:"嘉靖壬午(四十一年),拱爲禮部左侍

① 高拱:《獻忱集》卷五《謝入直疏》。

② 高拱:《獻忱集序》。

③ 《四庫全書總目》卷五六,史部一二,"詔令奏議類"存目。

④ 高拱:《題南宫奏牘》。

郎,改吏部,進禮部尚書,召入直廬,皆在一年之中。”①此説有誤。該編是高拱任禮部尚書期間的疏稿,并不包括任禮、吏二部左侍郎期間的疏文。

在《南宫奏牘》中,有一篇高拱入閣前夕撰就的《挽頹習以崇聖治疏》(又名《除八弊疏》)。此疏是高拱在稍後的隆慶朝進行重大改革的綱領性文獻。高拱通過從政二十五年以來對嘉靖政局的深入觀察和認真研討,在疏中首先提出時政“八弊”,指出:“方今時勢,内則吏治之不修,外則諸邊之不靖,以兵則不强,而以財則不充,此天下之患也。”天下之患的根本原因,在於“臣工之八弊流習於下”。所謂“八弊”:(1)“壞法之習”:“欲有所爲,則遊意於法之外,而得倚法以爲奸;欲有所避,則匿情於法之内,而反借法以爲解。愛之者,罪雖大而强爲之辭;惡之者,罪雖微而深探其意。”(2)“黷[贖]貨之習”:“义之所在,則陽用其名而陰違其實,甚則名與實兼違之;利之所在,則陰用其實而陽違其名,甚則實與名兼用之。進身者以賄爲禮,鬻官者以貨准才。”(3)“刻薄之習”:“事有當然,故抑滯留難以爲得;賦有定數,必剥民多羨以爲能。罪不原其情,而以深入爲公;過不察其實,而以多訐爲直。”(4)“争妒之習”:“事出於己,雖甚不善而必要其成;事出於人,雖甚善而每幸其敗。如弗敗也,猶將强獵其功;苟無成也,必且曲嫁其禍。”(5)“推委[諉]之習”:“今也一日之事,動滯數年;一人之事,動經數手。去無程限,來不責遲;苟有微嫌,遂成永避。常使薰蕕同嗅,功罪并途。漏网終逃,國有不伸之法;覆盆自苦,人懷不白之冤。”(6)“黨比之習”:“出諸科甲則群向之,甚至以罪爲功;非出諸科甲則群抑之,甚至以功爲罪。常使多助者昂,寡助者低。昂者志驕,每襲取而鮮實;低者氣沮,多隳墮而恬污。”(7)“苟且之習”:“以因循爲心,以鹵莽爲計。無事則不爲遠慮,而聊徇故事,圖僥倖於目前;有

---

① 《四庫全書總目》卷五六,史部一二,“詔令奏議類”存目。

事則顛頓倉皇，而不度可否，徒摭拾以塞責。名爲救時，而適增其擾；名爲興利，而益重其害。"(8)"浮言之習"："彼之所是，此之所謂非也；甲之所否，乙之所謂可也。事方立而忽奪其成，謀未施而已泄其計。蒼黄反覆，叢雜紛紜。談者各飾其私，而聽者不勝其眩。"八弊危害甚大："由兹八者，士气以之不振，公論以之不明。其習既成於下，則良法美意必爲之淤遏於上……若是，而徒諉曰修、攘、弭、裕之無策，豈不謬乎？"然而尤有甚可憂者焉："夫習之不善，其弊已多；習而積之，弊將焉止？今也恬熙久而巧僞滋，巧僞久而趨向忒。始既以人移俗，既乃以俗移人。轉相漸摩，淪胥而靡，以沿襲爲聖法，以誤謬爲恒談。父詔其子，兄勉諸弟，惟恐不能化而入也。其染無迹，其變無窮，遂使天下之病，尋之莫識其端，而言之不得其故，此則甚可憂者矣。"針對上述八弊，高拱提出"剔蠹釐奸之術"的對策："夫舞文無赦，所以一法守也；貪婪無赦，所以清污俗也。於是崇忠厚則刻薄者消，獎公直則争妒者息，核課程則推委[諉]者黜，公用舍則黨比者除，審功罪則苟且無所容，核事實則浮言無所售。"八弊既除，則可達到"修内攘外，足食足兵"①之目的。

高拱入閣前撰就的此疏未能呈上，這是由當時的政治局勢所决定的：(1)嘉靖皇帝喜怒無常，"恩威不測"，晚年極喜諛辭，忌聽諫言。"世宗操恩威不測之柄，朝臣恐諛"②；"世宗所惡者直言，而不必其忠，所喜者殺戮，而不必其當"③；"威福自操，廷臣時有誅戮"④。俗諺：伴君如伴虎。虎威是否發作，這是高拱不能不考慮的切身利害的大問題。(2)鑒於不久前試題觸忌，高拱幾遭重典的教訓。嘉靖四十四年(1565)，高拱主持"乙丑會試，第一題爲'綏之斯來'二句，下文

① 高拱：《南宫奏牘》卷一《挽頹習以崇聖治疏》。
② 李維楨：《大泌山房集》卷一〇《李文定集序》。
③ 黄景昉：《國史唯疑》卷七。
④ 歸有光：《震川文集》卷六《上高閣老書》。

則‘其死也哀’。上已惡之矣。第三題《孟子》又有兩‘夷’字。時上苦虜之憂,最厭見‘夷’、‘狄’字面。至是大怒,欲置重典。時主文爲高新鄭,賴徐華亭詭辭解之而止”;“至乙丑之春,上年已六旬,不豫且久,宜其倦勤多疑也”[①]。這是高拱終生難忘的重大歷史教訓。(3)海瑞上疏的前車之鑒。嘉靖四十五年二月,海瑞上《治安疏》,對嘉靖帝修仙齋醮、大興土木的種種過失以及誤國殃民的惡政作了深刻揭露和鞭撻。嘉靖見疏震怒,將海瑞逮入詔獄,尋移刑部論死,因徐階論救,才打入牢獄禁錮[②]。海瑞上疏之日,即是高拱撰就此疏之時。高疏與海疏雖有不同,没有指斥嘉靖本人的過錯,但其主旨則是對嘉靖弊政的全面揭露和抨擊,恐怕亦爲嘉靖所不容。如果高拱將該疏呈上,其下場可能比海瑞更慘。(4)高拱此疏恐爲首輔徐階所不容。疏言:除蠹救弊,振興朝政,“臣又惟君出令者也,臣行君之令而致之民者也。行之而善則庶事罔不興,行之而不善則庶事罔不墮。今日所以仰承德意而遂其成者,則又有在於當事之臣焉”[③]。言外之意,嘉靖弊政的形成與革除,“當事之臣”即負有重大責任,流露出對當朝首輔徐階的不滿。因此呈上此疏肯定爲徐階所不容。由於上述種種原因,高拱没有呈上此疏,故爲當時朝野所不知,但它却是不久之後高拱推行隆慶大改革的施政綱領。

學術界對高拱的《除八弊疏》亦有争議。有論者把此疏作爲高拱的改革綱領,認爲其“提出了一系列打破常格,立足於變的方案,堅持變則通,通則興,絶不應再抱殘守缺”;它所“掃除的八弊也是抓住了明中葉官僚政治最主要最惡劣的方面,高在執政後,也是首先針對此八弊痛加割治,然後在此一基礎上再樹立新猷的”[④]。“高拱開出的

① 沈德符:《萬曆野獲編》卷二《觸忌》。
② 參見張廷玉:《明史》卷二二六《海瑞傳》。
③ 高拱:《南宫奏牘》卷一《挽頽習以崇聖治疏》。
④ 韋慶遠:《張居正和明代中後期政局》,廣東高等教育出版社 1999 年版,第 8、301 頁。

根除'八弊'的處方,是比較原則的,但當他執政以後,確曾採取過一系列具體的措施,以貫徹實現其經世醫國的方案……他以'除弊'立論,要求改變舊制舊俗中不利於國計民生的方面。"①并與其後張居正的《陳六事疏》作了比較分析,指出"高拱《除八弊疏》,在揭露嘉靖末葉廊廟和各級官吏中的積弊方面,較之張居正《陳六事疏》更爲具體深入,但在營造新局面的建議方面,則不如張疏條分縷析,全局在胸。但兩份疏文在當時都具有重要的意義,特别是聯繫到高張二人不日都要躍登政治舞臺的中央叱咤風雲,扮演重要的角色,這兩份完成於嘉末或隆初的帶綱領性的文件,就顯得更具分量"②。但是,也有論者提出:"相形之下,高拱也有一本《除八弊疏》,該疏又名《挽頽習以崇聖治疏》,顧名思義,與張居正《陳六事疏》有異曲同工之處……對官場的揭露和鞭撻,具體生動,可謂入木三分。然而,高拱只停留在具體的是非論斷上,缺少理論的提升,更不能斷定其缺乏張居正那樣高屋建瓴、全局在胸的氣勢。"③不過,從該疏揭露嘉靖中後期"八弊"積習,提出"舞文無赦,所以一法守"的改革對策,"貪婪無赦,所以清污俗"的改革重點,"修内攘外,足食足兵"的改革目標等方面來看,不能斷定此疏缺少理論提升,更不能斷定其缺乏高屋建瓴、全局在胸的氣勢。

四月 陞吏部左侍郎掌翰林院事高儀爲禮部尚書,仍兼翰林院學士,改參贊機務;陞右春坊右諭德兼翰林院侍讀張居正爲翰林院侍讀學士兼掌院事。④

五月二十四日 嘉靖帝命大學士高拱分獻行禮前一日,高拱賦七言律詩一首。

① 韋慶遠:《張居正和明代中後期政局》,第330頁。
② 韋慶遠:《張居正和明代中後期政局》,第331頁。
③ 劉志琴:《張居正評傳》,南京大學出版社2006年版,第127頁。
④ 《明神宗實録》卷五五七,嘉靖四十五年四月乙丑、癸酉。

【七言律】

至前一日朝天官習儀用韻

嚴宵風静漏聲稀，擬列鵷班拜紫微。
煙合星壇籠御仗，日輝珠闕晃朝衣。
翠華想像龍文結，清蹕依稀鳳輦歸。
明日占雲應書瑞，洞霞五色見天機。①

二十五日 大祭地於方澤，例遣大臣分獻行禮，命大學士高拱分獻。高拱疏謝言："該太常寺題，嘉靖四十五年五月二十五日，大祭地於方澤，例遣大臣分獻行禮，節奉聖旨：'遣大學士高拱分獻，欽此。'臣初蒙恩遣，榮戴之忱，尤倍恒品，謹稽首頓首稱謝者……伏願靈祇介祉，海嶽增禧。剛健承天，合太和而永保；博厚配地，極悠久以無疆。臣無任。"②帝賜高拱大紅織錦胸背麒麟羅衣一襲，又賜大紅金彩紵絲蟒衣一襲。高拱又上疏恭謝天恩。③

同日 大學士高拱分獻行禮之後，又賦七言律詩一首。

【七言律】

習儀罷道院小憩用韻

蓬萊宫闕到人稀，仙侣重來歷翠微。
早向璇霄瞻法駕，暫因芝室解朝衣。
地偏漸覺鸞聲遠，風肅虚疑鶴馭歸。
相對不嫌清坐久，從來去住本忘機。④

---

① 高拱：《詩文雜著》卷一《至前一日朝天官習儀用韻》。
② 高拱：《獻忱集》卷五《謝遣方澤分獻疏》。
③ 高拱：《獻忱集》卷五《謝賜麒麟羅衣疏》、《謝賜蟒衣疏》。
④ 高拱：《詩文雜著》卷一《習儀罷道院小憩用韻》。

二十七日　高拱上《議處管理府事文移體式疏》。據輔國將軍俊櫆所奏，高拱疏請："除典膳及印俱照例送繳外，其教授不必起送。如已起送者，本部咨行吏部，補選前去。教授印信亦不必繳。凡奏請封名婚禮一應保勘文結，每歲造報玉牒文册、關支錢糧等項，照舊施行。"嘉靖四十五年五月二十七日具題，二十九日奉聖旨："是。"①

八月　帝賜大學士高拱神像十軸，其五有龕、有供桌、供器。高拱在新鄭城内建"尊恩閣"，并撰記奉安。高拱罷官後記曰："拱皆祇領以歸。顧居室湫隘，不堪供奉。乃於縣治北重陽觀後覓隙地一區，築基建閣，奉安諸神像之有龕桌器具者。蓋不惟得敬遠之義，而於先君之賜，亦得以尊崇無褻。於是名之曰'尊恩閣'。而觀之名亦因以易之。隆慶壬申，拱得還里，而閣落成，乃爲之記其事。閣凡三楹，經始於隆慶元年二月，成於六年十月。"②其時，帝又賜輔臣高拱大紅五彩蟒龍紵絲衣一襲，此後又賜七襲。③

十一月十九日　吏科都給事中胡應嘉有所授旨④，遂劾大學士高拱不忠二事："一言拱拜命之初，即以直廬爲狹隘，移其家於西華門外，昏夜潛歸，殊無夙夜在公之意；二言皇上近稍違和，大小臣工莫不籲天祈佑，冀獲康寧，而拱乃私運直廬器用於外。似此舉動，臣不知爲何心？"⑤

高拱疏辯曰："臣蒙皇上隆恩，進閣入直，賜以直房，前後四重爲楹十有六。前此入直之臣，并未有此。而臣獨得之，方自榮幸，以爲奇遇。今乃謂臣嫌其'狹隘'，豈人情乎？緣臣家貧無子，又鮮健僕，乃移家就近，便取衣食，而久侍皇上之計。不意科臣借此誣臣私出，

---

① 高拱：《南宫奏牘》卷二《議處管理府事文移體式疏》。
② 《新鄭縣志》卷二六《尊恩閣記》。
③ 高務觀：《東里高氏家傳世恩録》卷五《特恩》。
④ 郭正域：《合併黄離草》卷二四《太師高文襄公墓誌銘》。
⑤ 《明世宗實録》卷五六五，嘉靖四十五年十一月乙亥。

皇上試一問禁中内臣官校，其有無灼然可知矣。在直諸臣，每遇紫皇殿展禮，必携所用器物而去，旋即移回，相率以爲故事。而科臣又借此誣臣移之出外，尤爲不根。今臣日用常物咸在直房，陛下試一賜驗，其有無又可睹矣。應嘉前此本無怨於臣，每見亟稱臣爲大才。近因臣親工部左侍郎李登雲被應嘉劾罷，應嘉疑臣恨之，遂乘間論臣。夫臣才德淺薄，不堪重任。若以祗不堪論去宜也，而以爲攻之不力則去之不果，遂爾污蔑不遺餘力。本忌臣之入直，而乃以爲出直；昔則稱爲大才，而今則論爲非才。情態反復如此，惟皇上裁察。有旨：令拱供職如故。”①

《世宗實録》按曰：“應嘉傾危之士，時上體久不豫，而拱本裕邸講官，應嘉畏其將見柄用，故極力攻之。疏入，會上病未省，不然禍且不測。拱自入直撰玄，與大學士徐階意頗相左，應嘉又階同鄉，拱以是疑階，謂應嘉有所承望，兩人隙釁愈構，互相排陷。小人交構其間，幾致黨禍，實應嘉一疏啓之云。”②

《實録》按語并非虛言，高拱懷疑徐階指使亦有的據。郭正域言：“閣臣入直西苑，自世皇中年始。有事在直，無事在閣。世皇諭群臣曰：‘閣中政本，可輪一人往。’徐文貞竟不往，曰：‘不能離陛下也。’……公(高拱)正色問文貞曰：‘公元老，常直可矣。不才與李、郭兩公願日輪一人，詣閣中習故事。’文貞拂然不樂。”③徐階豈是不樂，簡直是懷恨在心，決心驅逐高拱出閣。高拱一入閣在直，即與首輔徐階政見相左，思想相異，加之高拱“又性素直率，圖議政體，即從旁可否，華亭積不能容”④，“華亭積不能堪，因百計逐之”⑤。可見，胡應嘉以雞毛蒜皮的小事無限上綱論劾高拱，是事出有因的。

---

① 《明世宗實録》卷五六五，嘉靖四十五年十一月乙亥。

② 《明世宗實録》卷五六五，嘉靖四十五年十一月乙亥。

③ 郭正域：《合併黄離草》卷二四《太師高文襄公墓誌銘》。

④ 于慎行：《穀山筆麈》卷四《相鑒》。

⑤ 于慎行：《穀山筆麈》卷五《臣品》。

十二月十四日　嘉靖皇帝病革，從西苑抬回大内，午時崩於乾清宫，終年六十歲，廟號世宗。急召裕王朱載垕入主喪事，頒發世宗遺詔。遺詔是首輔徐階夜邀門生翰林院學士張居正商議秘密起草的，把同列李春芳、郭朴、高拱均排斥在外，又把年已三十即將登極的裕王朱載垕排斥在外。王世貞言："時門人張居正爲學士，方授經裕邸。夜召與謀，具遺詔草，不以語同列。質明謁王，請入臨畢，遂以詔草上，報可。"①徐階排斥其他閣臣的專横之舉激化了内閣矛盾，爲隆慶政治製造了新的混亂。對此，徐階要負主要責任。

世宗遺詔除肯定皇太子裕王"可即皇帝位"外，主要内容有二：一是嘉靖帝自責罪己，言："祇緣多病，過求長生，遂致奸人乘機誑惑，禱祀日舉，土木歲興，郊廟之祀不親，朝講之儀久廢，既違成憲，亦負初心。邇者，天啓朕衷，方圖改轍，而遽嬰疾病，補過無由，每一追思，惟增愧恨。蓋愆成美，端仗後賢。"在此之前，明代其他諸帝遺詔大多爲套語，"自責"語氣不太强烈。比較而言，世宗遺詔"自責"明顯，是其鮮明特點。二是處置遺留的人和事，言："自即位至今，建言得罪諸臣，存者召用，殁者恤録，見監者即先釋放復職。方士人等，查照情罪，各正刑章。齋醮、工作、採買等項不經勞民之事，悉皆停止。"最後，對裕王寄予希望，對大臣予以開脱："於戲！子以繼志述事兼善爲孝，臣以將順匡救兩盡爲忠。尚體至懷，用欽末命。詔告天下，咸使聞之。"②

世宗遺詔頒下，"朝野舉手相賀，至有喜極而慟者。同列皆惘惘若失，而（郭）朴尤椎，時語人'徐公謗先帝，可斬也'。拱亦與相應和"③。世皇"龍馭上賓，華亭公於袖中出草詔，欲以遺命盡反先政。公（高拱）謂語太峻，與安陽公（郭朴）入室對食相向，曰：'先帝英主，

---

① 王世貞：《嘉靖以來首輔傳》卷六《高拱傳》。

② 《明世宗實録》卷五六六，嘉靖四十五年十二月辛丑。

③ 王世貞：《嘉靖以來首輔傳》卷六《高拱傳》。

四十五年所行非盡不善也。上,親子,非他人也;三十登庸,非幼小也。乃明於上前,揚先帝之罪以示天下,如先帝何?且醮事,先帝幾欲止矣,紫皇殿事誰爲之,而皆爲先帝罪乎?土木之事,一丈一尺,皆彼父子視方略,而盡爲先帝罪乎?詭隨於生前,而詆詈於身後,吾不忍也。'相視淚下,語稍聞外廷,而忌者側目矣。"[①]圍繞世宗遺詔問題,高拱與徐階的矛盾公開化了。

高拱提出在程式上世宗遺詔是"假託詔旨":一是没有得到嘉靖崩逝之前的首肯;二是没有得到皇位合法繼承人裕王的授意或參與;三是徐階獨斷專行,暗箱操作,把同僚一概排斥在外,自食"同衆則公"的諾言。在内容上,世宗遺詔是"欺謗先帝":一是遺詔實質上是嘉靖死後追悔過錯、引咎自責的"罪己詔";二是全盤否定嘉靖功業,盡反先政,凡先帝所去如大禮大獄及建言得罪諸臣,存者起用陞官,死者恤録蔭子;三是徐階爲自己開脱在先朝應負之責。遺詔最後説:"臣以將順匡救兩盡爲忠。"所謂"將順匡救",語出《孝經》,原文是"將順其美,匡救其惡"。其意是臣子侍奉君主,如"君有美善,則順而行之";如"君有過惡,則正而止之"[②]。徐階在先朝并未盡到"匡救"之責,對嘉靖過惡不僅没有"正而止之",反而"順而行之"。正如直臣楊繼盛所説:徐"每事依違,不敢持正,不可不謂之負國"[③]。以嘉靖罪己爲基調的遺詔頒布後,雖然能得到先朝得罪諸臣的"舉手相賀",但也勢必会遭到同列"惘惘若失"的不滿和譴責。如郭朴説:"徐公謗先帝,可斬也。"這話未免過激,而"謗先帝"則是事實。高拱所言基本符合史實,對先帝的功業不應一筆抹煞,"非盡不善也";隆慶帝三十歲登基,在其面前宣揚先帝之罪,有傷父子之情,是不利於嘉、隆兩朝政治對接的;齋醮、土木之事不全是先帝之罪,輔臣也負有

① 郭正域:《合併黄離草》卷二四《太師高文襄公墓誌銘》。
② 阮元校刻:《十三經注疏·孝經·事君章》。
③ 張廷玉:《明史》卷二〇九《楊繼盛傳》。

一定責任。"詭隨於生前,詆詈於身後"一語,恰是徐階的寫照。正因如此,徐階惱羞成怒,決心將高、郭逐出内閣。

二十六日 裕王朱載垕登極前的十餘日,議定三件大事:(1)勸進。高拱呈上勸進第三箋,言:"神器不可久虛,而宗祧必嘗有主。啓既賢於繼禹,舜自合以紹堯。敢干咫尺之威,不避再三之瀆。敬惟殿下靈承丕緒,昭受貞符。學廑文後之緝熙,德邁代王之仁儉。一索而乘震兆,久葉於大横;六龍以御乾世,方望其首出。矧彌留之有托,惟克纂之是期。雖南向讓、西向讓,堅不肯居;然天與之、人與之,竟將焉往。且王者從民之欲,每屈己以安民;惟聖人酌禮之中,貴抑情而徇禮。若忽於負荷,獨持哀痛之情,是上以帝王,俯同士庶之行,非天下國家計,如宗廟社稷何?臣等是用頻數致懇,迫切陳詞,如犬馬之誠未伸,則閶闔之扣不已。伏願殿下以遺大投艱爲慮,以代天理物爲心。少紓罔極之懷,遄發乃雍之旨。恢皇綱而接帝統,保運祚於泰山磐石之安;纘考服以培祖基,綿本支於瓜瓞椒聊之盛。"①(2)擬定隆慶登極詔。隆慶登極詔是按法定程式公開起草的,吸納了裕王朱載垕及閣臣高拱等人的意見。首先肯定嘉靖皇帝的功績:"皇考大行皇帝,以經文緯武之德,建安内攘外之勳。增光先朝,垂庇後世。"②其次全面概括施政内容。隆慶登極詔對新政事宜論列三十條:遺詔内容五條;大赦方面包括司法刑獄七條;財政方面包括減免賦役徵派六條;吏治方面包括行政、用人、考察十條;軍事方面包括邊防二條。最後是確定了新政的改革走向,即"推類以盡義,通變以宜時","一應弊政,詔書開載未盡者,陸續自行查議奏革。其凡可以正士習、糾官邪、安民生、足國用等項長策,仍許諸人真言無隱"③。(3)議定年號。"會上改元,問閣臣。於是四臣(徐階、李春芳、郭朴、高拱)各擬二字

① 高拱:《玉堂公草·勸進第三箋》。

② 《明穆宗實録》卷一,嘉靖四十五年十二月壬子。

③ 《明穆宗實録》卷一,嘉靖四十五年十二月壬子。

上，上竟號‘隆慶’，則公(高拱)擬也，人謂上意在公。”[①]最後，在議定登極賞軍問題上，高拱與徐階的意見對立。“賞軍及請上裁去留大臣事，階悉不從拱議，嫌益深。”[②]“又議登極賞軍事，公(高拱)曰：‘祖宗無此，自正統元年始也。先帝以親藩入繼，時尚殷富，遂倍之。今第如正統事行，則四百萬之中可省二百萬矣。’當事者(徐階)竟如嘉靖事行，而司農苦不支。”[③]結果致使隆慶元年(1567)財政嚴重虧空。

同日　裕王朱載垕即皇帝位，頒布登極詔，大赦天下，減免賦役，改明年爲隆慶元年。高拱賀曰：“恭惟皇帝陛下廣淵神啓，仁儉性成。武孝纘文，明郊社禘尝之義；啓賢承禹，致謳歌朝覲之歸。兆葉大横，時當利見。南面先者五世，方望於親賢；西向讓者三躬，莫辭於曆數。遂膺大寶，爰紹丕基。三十登庸，允協重華於帝德；月正受命，更符元始於王春。乾首出而萬國咸寧，離繼明而四方均照。蠻夷華夏，罔不率俾；草木昆蟲，悉皆忻鬯。臣等幸逢景運，叨列清朝。望如雲，就如日，仰識聖主之有真；風從虎，雲從龍，俯合愚誠而共戴。伏願緝熙睿學，恢振皇綱。務實、慮遠、謹微，永系苞桑之固；敬天、勤民、法祖，益培豐芑之貽。綿聖壽以無疆，保洪圖於罔極。”[④]

是歲　高拱撰《高氏族譜序》。言：“高家爲先賢子羔之後。元以前譜牒遺失，宗派無傳。惟元時有同高曾祖父之兄弟六十有八人，爲吾七代伯叔祖，乃子羔五十七世孫也。然又四方遠處遷徙靡增，迄於今無譜也。嘉靖戊[丙]寅歲，余於佐政之暇，謹將五十七世以下宗支分爲六十八派，按次修至六十三四代之間，亦可爲吾家敦宗睦族之一助矣。具有未及採訪不獲列於譜者，望後世并爲詳考續入焉。新鄭肅卿氏拱敬識。”[⑤]

---

① 郭正域：《合併黄離草》卷二四《太師高文襄公墓誌銘》。
② 張廷玉：《明史》卷二一三《高拱傳》。
③ 郭正域：《合併黄離草》卷二四《太師高文襄公墓誌銘》。
④ 高拱：《玉堂公草·賀登極表》。
⑤ 據《高氏族譜》補入。

是歲　高拱爲同年好友、禮部任職時同僚蕭同野[①]撰祭文，略曰："嗟乎！君乃至此極耶？聞之仁者必壽，厚者多祺。而君忠信正直，明恕坦夷，盎背垂腹，廣顧豐頤，蓋既仁且厚也。而官止臺史，年才强壯，竟客死於兹。壽歟，祺歟，理固然歟？莫不可得而知也。憶昔同第南宫，偕游翰苑，見君識鑒弘遠，文采爛發，已可卜胸中之奇……兹者殯躬既啓，素旐載馳。悵靈輴兮莫輓，聊祖别兮路歧。望嶺雲兮萬里，朔方徽兮永違。冀晤聚之如昔，惟夢寐之來斯。嗚呼哀哉，尚饗！"[②]

歲末　高拱在新鄭縣城建"子房宫"，即"留侯祠"[③]，并作《漢留侯祠碑記》。記曰："漢興，佐命之臣，三傑爲最。而三傑中，智莫如留侯；才莫如淮陰……世傳侯爲韓人，而自哀侯滅鄭，遂徙都鄭。越百四十有七年，而後滅於秦，則侯正鄭人也。而鄭故無祠，予乃特易地一區，建祠祀侯。蓋不惟鄉人之後進寓景仰之意，而父母之邦，英爽時臨，或亦有所依焉。乃予則爲迎送神辭，俾奏之以樂，辭曰……"[④]

隆慶元年丁卯（1567）　56歲

正月　隆慶帝追尊生母杜康妃爲孝恪皇太后。賜年已四歲的皇子名爲"翊鈞"。曰"鈞"者，言聖王制馭天下，猶制器者之轉鈞，其爲

---

① 蕭同野（1521～1554），名端蒙，字曰啓，號同野，廣東潮陽人。自小仰承父教，通五經，嘉靖十九年（1540）中舉，翌年中進士，選庶吉士。嘉靖二十一年（1542）任山東道御史，二十四年巡按貴州，二十五年因病歸家。其後重新起用爲浙江道御史。嘉靖三十年（1551），奉詔至延安、綏德等地挑選精兵入衛京城，不久巡按江西。嘉靖三十三年（1554），卒於回京復命途中，年方三十四歲。著有《蕭御史同野集》。

② 高拱：《詩文雜著》卷四《蕭同野祭文》。

③ 張良，姓姬，字子房，戰國末期韓都（今河南新鄭）人。西漢開國功臣，與蕭何、韓信并稱"漢初三傑"，著名政治家和謀略家。公元前230年，秦滅韓。公元前226年，韓國貴族在韓都反秦，被鎮壓。張良決心反秦復韓，輔佐劉邦。劉邦稱帝後，封賞功臣，認爲"運籌帷幄之中，決勝千里之外，子房之功也"，故此封齊地三萬户於張良。張良不受，只求封留縣。劉邦封張良爲留侯。公元前186年，張良病卒，謚號文成侯，葬於留。

④ 《新鄭縣志》卷二六《漢留侯祠碑記》。

大義矣。録用建言得罪諸臣,分三等撫恤死難者。①

隆慶登基後,高拱與徐階的矛盾進一步加深。郭正域言:"會有言大臣某者,其人實有望,不當擬去。而首揆重違言者意,乃以揭請上裁。公(高拱)曰:'此端不可開。先帝歷年多通達國體,故請上裁。今上即位甫數日,安得遍知群下賢否?而使上自裁,上或難於裁,有所旁寄,天下事去矣。'乃竟請上裁,兩人嫌益開。言者争謂公擅矣。"②

十三日 方士王金等下獄論死。"金初以修煉,夤緣真人陶仲文子世恩希求恩澤,乃僞造五色靈龜靈芝以爲天降瑞徵,又與世恩及陶仿、劉文彬、申世文、高守中僞造諸品仙方養老新書七元,天擒護國兵策及以金石藥進御,仿得遷太醫院使,世恩太常寺卿,金太醫院御醫,文彬太常寺博士。至是,以遺詔逮金等鞫問,遂皆伏法。"③對王金一案的判決,是高拱與徐階矛盾激化的重要導火索。

同日 大學士徐階奉詔自陳求退。"所辭不允。"④

十五日 大學士李春芳、郭朴、高拱各奉詔自陳求退,上俱優詔褒留,令益展猷爲,以副眷任。⑤

二十日 以上大行皇帝尊謚,詔告天下。詔曰:"洪惟我皇考大行皇帝以上聖之德,撫中興之運,湛恩所被,莫不歸仁;明威所加,罔不震攝。蓋在臨御之日,爲天下所尊親久矣。逮乎宸衷厭世,龍馭遐升,朕銜哀茹荼,不勝瘠毁。而凡臣庶亦莫不摧心泣血,有喪考之感焉。兹朕敕諭文武群臣,稽古禮文儀,薦謚號,博參輿論,允協至公。乃於正月十九日祇告天地宗朝社稷,奉册寶恭上皇考大行皇帝尊謚。曰:'欽天履道英毅聖神宣文廣武洪仁大孝肅皇帝',廟號'世宗'。

---

① 《明穆宗實録》卷二,隆庆元年正月己未、壬戌。

② 郭正域:《合併黄離草》卷二四《太師高文襄公墓誌銘》。

③ 《明穆宗實録》卷二,隆慶元年正月己巳。

④ 《明穆宗實録》卷二,隆慶元年正月己巳。

⑤ 《明穆宗實録》卷三,隆慶元年正月辛未。

諒爾萬方，其頌而思焉之心均無窮也。”[①]

二十五日 黜吏科都給事中胡應嘉爲民，尋以原職調外任。初，應嘉在先朝論大學士高拱，欲中以危法，但未得逞。及至隆慶登極，“吏部考察庶官，應嘉謂尚書楊博曲庇鄉里，以私憤謫給事中鄭欽、御史胡維新，因上疏劾博考察不公狀”[②]。

《實録》言：“大學士徐階、郭朴與拱謂應嘉黨護同官，狹私妄奏，首犯禁例，擬旨黜之。”[③]時，郭朴執筆，奮然曰：“應嘉小臣也，上甫即位，而敢越法，無人臣禮，宜削籍。”[④]高拱“以嫌故，不敢出一語”[⑤]。但是“臺諫諸人疑其意出於拱，謂拱修故怨，脅階以黜應嘉，思有以憾之矣”[⑥]。

《實録》又言：“兵科給事中歐陽一敬[⑦]因論救應嘉，語侵拱。其疏言：陛下初登大寶，宜以堯舜明目達聰爲法，即使應嘉妄言，猶當宥之，而況言實不妄乎？”并謂“應嘉素號敢言，即今輔臣高拱奸險横惡，無異蔡京，將來必爲國巨蠹。應嘉亦嘗極力論列，諸臣孰有如其任事任怨者哉？應嘉前疏，臣實與謀。臣才識又不及應嘉遠甚。若黜應嘉，則不若黜臣。章下所司，是日給事中辛自修、監察御史陳聯芳等俱交章論救。階奪於衆論，亦自悔處應嘉爲過，乃改擬應嘉調用。而拱又疑一敬之疏，謂階主之。兩人之隙愈深矣。然應嘉爲人傾險好

---

① 《明穆宗實録》卷三，隆慶元年正月丙子。

② 《明穆宗實録》卷三，隆慶元年正月辛巳。

③ 《明穆宗實録》卷三，隆慶元年正月辛巳。

④ 王世貞：《嘉靖以來首輔傳》卷六《高拱傳》。

⑤ 郭正域：《合併黄離草》卷二四《太師高文襄公墓誌銘》。

⑥ 《明穆宗實録》卷三，隆慶元年正月辛巳。

⑦ 歐陽一敬，字司直，彭澤（今屬江西）人。嘉靖三十八年（1559）進士，授蕭山知縣，陞刑科給事中。曾彈劾晉應槐、董份等。三遷兵科都給事中，劾吴繼爵、陳其學、戴才、張溶、董一奎、劉顯及李隆等九人。自嚴嵩敗，言官争發憤論事，一敬尤敢言。彈劾高拱、齊康，康亦劾一敬。時康主高拱，一敬主徐階，互指爲黨。言官復論康，康竟坐調。不久，一敬陞太常少卿。拱再主政，一敬即告歸。

訐，士論亦薄之"[①]。徐階這一"改擬"，足證言官之"疑"中的，重懲應嘉確係"拱修故怨，脅階以黜應嘉"。這就把言官攻擊的矛頭集中指向高拱。而高拱其人有懷即吐，"性素直率，圖議政體，即從旁可否，華亭積不能容"，"因百計逐之"[②]。當時，科道言官及六卿之長論劾高拱"凡二十八疏（一説三十餘疏[③]），大略保華亭之功，劾新鄭之罪，以爲不可一日使處朝廷"[④]。"華亭元宰，初不出一語，陰餌拱於叢棘之上，誠智老而猾矣。"[⑤]

無奈，高拱上疏乞休，言："往時胡應嘉劾臣親侍郎李登雲，不數日而臣即入閣，以此相防，遂謂臣不樂直贊，移家俱以出，賴先帝洪慈，不加誅譴。而應嘉一擊不中，相防愈深，臣亦時謹避之矣。乃應嘉去官，而一敬論臣則何爲乎？蓋一敬，應嘉之密友；應嘉去，一敬恐不得自安，遂明爲此言，挾臣以自固。其言應嘉所奏'臣實與謀'可知矣。至謂臣'奸横'，比之'蔡京'，必以某事爲證，乃一無所指而徒曰'奸横'，曰'蔡京'，誠何據哉？近日人情不一，國是紛然，即無一敬之論，臣亦欲乞身，而況有此論乎？古人云：'大臣不重則朝廷輕。'使傳之四方，謂真有蔡京在位，臣不足惜，豈不取輕朝廷耶！""疏入，上曰：卿心行端慎，朕所素知。兹方切眷倚，豈可因人言輒自求退？宜即出視事，不允辭。"[⑥]

同日　吏部尚書楊博亦奏辨應嘉論劾事，因乞解職。上亦諭留之。次日，楊博再以疾求退。不允。[⑦]

二十六日　大學士高拱再疏乞休，言："謂去歲胡應嘉劾臣不肯

---

① 《明穆宗實録》卷三，隆慶元年正月辛巳。

② 于慎行：《穀山筆麈》卷四《相鑒》；卷五《臣品》。

③ 徐開任言："言官劾公三十餘疏，公力求去。"（《明名臣言行録》卷第六三《太師高文襄公拱》）

④ 于慎行：《穀山筆麈》卷五《臣品》。

⑤ 談遷：《國榷》卷六五，隆慶元年正月辛巳，"談遷曰"。

⑥ 《明穆宗實録》卷三，隆慶元年正月辛巳。

⑦ 《明穆宗實録》卷三，隆慶元年正月辛巳、壬午。

直贊，意欲殺臣。彼時即欲乞休，以先帝不豫，不敢自明。及皇上初登大寶，典禮方殷，又不可言去。今歐陽一敬又踵應嘉之説，易口而談，以求必勝。夫閣臣，重臣也，乃因攻擊他人輒相連引，臣亦志士也，乃皆漫無指據而徒加詆誣，臣何能靦顔就列。況今黨比成風，紀綱潰亂，使聖主孤立于上而無有爲收拾之者，有識之士長懼而願去者，多不直臣也。上答曰：'大臣之道，重在康濟，不專潔身。宜遵前旨即出，以副眷倚。不允辭。'"①

二十八日 吏部尚書楊博奏辨歐陽一敬疏絶無事實，因力請去位。上曰："卿心迹無私，公論有在，豈可因人言求退，不允。"②

二月初九日 上以登極加恩，提調講讀及侍從藩邸諸臣。加太子太保吏部尚書武英殿大學士李春芳、郭朴俱少保。陞原藩邸講官禮部尚書文淵閣大學士高拱爲少保兼太子太保武英殿大學士。陞吏部左侍郎兼翰林院學士掌詹事府事陳以勤爲禮部尚書兼文淵閣大學士；陞禮部右侍郎兼翰林院學士張居正爲吏部左侍郎兼東閣大學士，俱入閣辦事。陞翰林院侍讀學士殷士儋爲禮部右侍郎兼翰林院學士。起用原任户部右侍郎趙貞吉爲吏部左侍郎兼翰林院學士掌詹事府事。③

高拱上疏辭免，言："隆慶元年二月初九日，准吏部咨，节奉敕諭……伏望皇上收回成命，俾臣仍以舊銜供職。或問以言，臣當披瀝而無隱；或委以事，臣當鞠瘁而不辭。苟係社稷之謀，必不敢避嫌疑而擇便；苟非國家之利，必不敢隨時勢以圖容。倘有蟻績之可觀，乃拜鴻恩而未晚。臣無任祈請懇切之至。爲此，謹具本親賫奏聞，伏候敕旨。"④

---

① 《明穆宗實録》卷三，隆慶元年正月壬午。
② 《明穆宗實録》卷三，隆慶元年正月甲申。
③ 《明穆宗實録》卷四，隆慶元年二月乙未。
④ 高拱：《玉堂公草·辭免加少保兼太子太保武英殿大學士疏》。

十一日　京城内外錢法不通，詔户部、都察院議所以便民者。户部奏："錢法之弊，其説有三：當嘉靖初年，崇文門等處税課皆徵錢，官吏俸給、小民貿易皆資于錢，故錢之用廣。其後鋪户濫收惡錢，以充俸鈔錢，稍不售，及税課專徵銀而不徵錢。又民間止用制錢，不用古錢。于是錢法始壅，一也。又法令疏闊，私鑄者多，真僞混淆，則煩擇揀，擇揀太精則礙行使，二也。又無知小民聽信訛言，轉相摇惑，謂制錢且罷，遂格不行，三也。"①高拱針對當時存在的前代之錢與當代之錢并用，以舊頂新；私鑄之錢與官鑄之錢并用，以假亂真；南方用錢與北方用錢不同，錢法不一的三大弊端，撰《鑄錢議》，提出三項整頓措施：(1)健全錢幣流通體制。"欲興錢之利，當先去錢之害。必也告諭天下，使當今之錢與前代并用，而有不然者，即置之法。又申嚴私鑄之律，不惟鑄者有罪，而用者皆爲犯令，庶乎可免於僞矣。乃於是達之四方，使南方之用與北方等，不得以遠近有所異同，則錢法之行自有周流無滯者矣。錢法既行，爲用必廣；爲用既廣，則惟患其不足，而不患其有餘。由是而自官鑄焉，自上行焉，以來商旅，以鳩貨財，以資國計，以助邊儲，豈有不得其益者哉！"②(2)控制鑄錢之權，嚴禁私人濫鑄。"是故古之人君，或鑄或不鑄。其鑄之也，非欲其多也，因其不足也；其不鑄也，非欲其少也，因其有餘也。即是而觀，則錢之鑄與不鑄，亦係乎時焉爾矣。方今錢法大行，物雖微必數錢而後易，則錢爲有餘，若無俟於鑄也。殊不知據其迹似爲有餘，而求其故實爲不足，不可以遽已也。何者？公私相通，此三代而上之法，後世民僞日滋，而三代之法有不可行者矣。鑄錢之權既在官而不在民，則用錢之法當在上而不在下。今天下之錢果皆自官鑄之乎？自上行之乎？吾恐其未必然也，則亦安可遂謂之有餘而不鑄也。"③(3)實行公平買

---

① 《明穆宗實録》卷四，隆慶元年二月丁酉。

② 高拱：《詩文雜著》卷一《鑄錢議》。

③ 高拱：《詩文雜著》卷一《鑄錢議》。

賣,等價交换。"物有贏縮,而錢則與之上下。錢貴則物賤,錢賤則物貴。低昂之勢,不可以或偏也。"①在明代中後期資本主義商品經濟剛剛萌芽之時,高拱就初步認識到錢與物、貨幣與商品的價值關係,頗爲可貴。《鑄錢議》在中國經濟學説史和貨幣史上極有價值。

二十九日 晉高拱爲光禄大夫。穆宗誥命曰:"咨爾少保兼太子太保禮部尚書武英殿大學士高拱,得淵源之正學,抱康乂之弘猷。禔身以介,而行必顧言;濟務以誠,而名不符實。凝重見廟堂之器,公忠稱社稷之臣。爰自擅譽於詞垣,已即升華於講幄。蓋先帝念輔導之重,慎選明儒,俾沖人在藩邸之年獲聞至道,竭啓沃者九載。秉敬慎,惟一心,乃由胄監以晉宫端,乃正秩宗而躋揆路。獨持國是,屹如山嶽之承;參决政機,沛若江河之下。朕兹承繼,爾實劻勷。誾顧命言,親與召公之托;應大横兆,允諧漢相之謀。遂陟孤卿,載兼宫保。貳公弘化,佇收寅亮之功;一德陳謀,亟藉論思之益。是頒涣號,庸示泰交。兹特進爾階光禄大夫,錫之誥命。於戲!殷德盛於高宗,應念甘盤之舊;唐基紹於秦府,寧忘房杜之勞。其在朕躬曰:惟卿首學焉而後臣,方茂尊賢之禮;忠焉能勿誨,益堅匡辟之忱。共保昌圖,永臻至治。欽哉!"②此時,高拱已從"七任吏部左侍郎兼翰林院學士掌詹事府事,八任禮部尚書兼翰林院學士,九任禮部尚書兼文淵閣大學士入閣辦事"至"十任今職"③。

三月初三日 授翰林院庶吉士陳經邦等四人爲編修;許國、高啓愚、沈鯉等八人爲檢討;韓楫④等六人爲給事中,楫刑科;鍾繼英等八

① 高拱:《詩文雜著》卷一《鑄錢議》。

② 高務觀:《東里高氏家傳世恩録》卷二《少保兼太子太保禮部尚書武英殿大學士高拱并妻》。

③ 高務觀:《東里高氏家傳世恩録》卷二《少保兼太子太保禮部尚書武英殿大學士高拱并妻》。

④ 韓楫(1528～1605),字伯通,號元川,山西蒲州(今永濟)人。嘉靖四十四年(1565)乙丑科進士,爲高拱門生。

人爲御史,繼英云南道[①]。此次散館授官的庶吉士,均爲高拱主考乙丑科進士。

二十七日 上以册封皇貴妃賢妃告奉先殿,世宗皇帝幾筵及弘孝神霄二殿畢,遂出御皇極殿,遣英國公張溶、鎮遠侯顧寰持節,大學士高拱、陳以勤捧册寶行禮。[②]

二十九日 敕諭大學士高拱等爲《世宗實録》編纂總裁官。敕曰:"朕聞自昔帝王履中興之運者,其德必崇;啓昌隆之祚者,其業必廣,所從來遠矣。至於闡述鴻休,敷揚駿烈,以流播無窮者,則後人事也。洪惟我皇考世宗肅皇帝,以至神至聖之資,纘二祖七宗之緒,明倫更制,振教敷仁,内殄奸欺,外平倭虜,盛德大業,照耀古今。真足以追二祖而超百王,宜有紀述,以備一代之制。爾禮部其遵祖宗故事,通行中外,采輯事實,送翰林院纂修《實録》。"[③]以成國公朱希忠爲監修官,大學士徐階、李春芳、郭朴、高拱、陳以勤、張居正爲總裁。禮部尚書高儀,侍郎趙貞吉、林樹聲、潘晟、殷士儋爲副總裁。左春坊侍讀姜金和等爲纂修官。

四月初四日 南京吏科給事中岑用賓、湖廣道御史尹校等,以自陳考察拾遺,劾工部尚書雷禮、刑部尚書錢邦彦行檢可議,而大學士高拱屢經論列,宜各令致仕。上以閣臣無拾遺例,旨下切責用賓等,命拱供職如故。於是高拱上疏求退,上温旨慰留,不允。[④]

初五日 兵科都給事中歐陽一敬再疏劾奏大學士高拱,屢經論列,不思引咎自陳,反指言官爲黨,欲威制朝紳,專擅國柄,亟宜罷斥。上以拱昔侍藩邸講讀年久,端謹無過,令拱安心供職。"拱因奏辨,且言一敬必欲去臣,臣一日不去,其攻擊一日不已。惟上裁察。上復優

---

① 《明穆宗實録》卷六,隆慶元年三月戊午。

② 《明穆宗實録》卷六,隆慶元年三月壬午。

③ 《明穆宗實録》卷六,隆慶元年三月甲申。

④ 《明穆宗實録》卷七,隆慶元年四月己丑。

詔留之。”①

初七日　大學士徐階上疏引疾乞歸。上曰:“卿輔弼元臣,德望隆重。朕方虚懷委托,贊理化機,豈可以微疾輒求引退,宜即出供職,以副眷倚,不必再辭。”②

初八日　命成國公朱希忠、大學士徐階知經筵事。大學士李春芳、郭朴、高拱、陳以勤、張居正同知經筵事。敕曰:“朕惟帝王修齊治平之道具在經史,然必講明之無疑,庶幾推行之有效。肆我祖宗列聖,法古帝王,講明正學,經筵盛典,世世舉行。朕以眇躬君臨萬國,仰承丕緒,恒思克荷之艱,祗率舊章,冀獲多聞之益……夫君以修德爲要,宜勤講學明理之功;臣以輔德爲忠,務盡責難陳美之實。卿等其尚端志竭誠,稽於古訓,啓沃朕心。凡經史所載,理欲消長之端,政治得失之故,人才忠邪之辨,統業興替之由,明白開陳,毋有所隱,務俾學緝熙於光明,治允躋於隆盛。上以副皇天祖宗眷託之重,下以敷海宇黎庶熙皞之休。而卿等引君當道,輔成上德,人臣之職斯無忝矣。”③

初九日　南京廣東道御史李復聘等劾大學士高拱奸惡五事,請罷之。上以其言不實,切責復聘等,令拱安心供職。④

初十日　大學士高拱復疏乞休。上曰:“朕素知卿,豈宜再三求退? 宜即出,以副眷懷。”⑤

---

① 《明穆宗實録》卷七,隆慶元年四月庚寅。

② 《明穆宗實録》卷七,隆慶元年四月辛卯。

③ 《明穆宗實録》卷七,隆慶元年四月癸巳。

④ 《明穆宗實録》卷七,隆慶元年四月己丑。

⑤ 《明穆宗實録》卷七,隆慶元年四月乙未。

十五日　以重録《永樂大典》[①]成,加少師兼太子太師吏部尚書建極殿大學士徐階正一品俸。少保兼太子太保吏部尚書武英殿大學士李春芳、郭朴,少保兼太子太保禮部尚書武英殿大學士高拱,各加少傅兼太子太傅。禮部尚書文淵閣大學士陳以勤加太子太保,吏部左侍郎兼東閣大學士張居正陞禮部尚書武英殿大學士。參與各官陞賞有差。已而階等各上疏辭免恩命,俱優詔不允。[②]

二十日　工科給事中李貞元劾奏大學士高拱剛愎褊急,無大臣體。外姑爲求退之狀,而内懷患失之心。屢劾屢辯,屢留屢出。中外指目,轉相非关,非盛世所宜有。願亟賜罷免,或特加優禮,以示曲全。有旨"責貞元瀆擾,令拱安心供職。拱不自安,力請去位"。上曰:"朕屢旨留卿,特出眷知,宜以君命爲重,人言不必介意。"[③]

二十二日　前吏科都給事中尹相、禮科都給事中魏良弼加太常寺少卿;户科給事中張選加通政司左參議;南京浙江道試御史馮恩加大理寺丞;大理寺正毋德隆、南京兵部職方司主事劉世龍加尚寶司少卿;各致仕。時馮恩年七十五,竟加大理寺丞致仕;魏良弼等六人并如之。談遷曰:"華亭當國,好結言路。而於先朝遺直不無偏心焉。魏良弼、馮恩齒髮未衰,遽在引年之例,益意有所嗛也。朝廷優老之德,乃爲政府行其私耶。"[④]這是徐階結好言路的確證。

---

① 《永樂大典》是成祖於永樂元年(1403)命翰林學士解縉等纂修的一部最大類書。解縉日以繼夜纂書,於第二年便纂集成書,取名《文獻大成》。全書 22937 卷,11095 册,約 3.7 億字。然因短期草就,内容不豐富,不合成祖之意。不久,成祖又加派太子少師姚廣孝等爲監修,儒臣文士參加編校、録寫、圈點工作。收集七八千種圖書,包括經、史、子、集、釋藏、道經、戲劇、評話、工技、農藝等,上至先秦,下到明初,統會古今,包羅萬象,集古今之大成。經過四年的精心纂修,於永樂六年(1408)完成,定名爲《永樂大典》。原書編成後,藏於南京文淵閣。至永樂十九年(1421)北京皇宫建成,此書才移藏於北京文樓。嘉靖三十六年(1557)宫内失火,此典經搶救免於焚毁,五年後明世宗朱厚熜恐原本又遭意外,命閣臣儒士 109 人摹寫副本一部,到隆慶元年(1567)完成。藏於皇史宬。明朝滅亡之際,正本被焚。副本傳到清乾隆時已缺 2000 餘卷,至光緒二十六年(1900)被八國聯軍焚毁大部分。

② 《明穆宗實録》卷七,隆慶元年四月庚子。

③ 《明穆宗實録》卷七,隆慶元年四月乙巳。

④ 談遷:《國榷》卷六五,隆慶元年四月丁未。

二十五日　大學士高拱復疏求去，上慰留不允。①

五月二十日　降廣東道試御史齊康二級，調外任。初，康以大學士高拱屢被論劾，意大學士徐階主之。乃疏論階險邪貪穢、專權蠹國狀。復言先帝欲建儲，階堅執不可。及皇上登極，有疑懼心，遂詐稱疾以嘗上意。階在直久，子在外多幹請，蒼頭橫恣。又與大學士李春芳聲勢相倚。有旨切責康妄言，令階、春芳安心視事。②

同日　對齊康疏劾，徐階疏辭言："康劾臣過惡，皆曖昧之事。及謂父子請托，則各部當事之臣可以召問，俱不必辯。至以建儲一事，係臣阻撓，尤爲妄誕。臣昔在禮部，曾四疏請立東宫，不報。及備員内閣，先帝嘗問及傳繼，於時恐起他釁，以故不敢贊成。而皇上之純孝，曾懇爲先帝陳之。至令繳進御劄及臣所藏，皆可查對，亦何待臣之辯而後明也？獨以父子蒙恩叨逾，已極履滿盈，昔人所戒。乞罷臣父子官，以謝人言者。"上報曰："卿夙效忠懇，朕以久悉。兹當初任，方切倚毗，豈可遽以浮言求退？宜遵諭即出供職。"是日，春芳亦具疏乞休。上亦温旨答曰："不允。"③

於是六科給事中陳瓚、歐陽一敬，十三道御史凌儒、張櫝等交章劾康爲拱門生，聽其指授，宜置諸法。而大理寺寺丞海瑞言："廣東道試監察御史齊康，正皇上耳目所寄也。其論輔臣徐階，備載貪穢實迹，中外傳聞，人人駭異。夫徐階輔弼先帝十五年，無能改於先帝神仙、土木之誤。律之大臣以道事君之義，階誠歉然矣。然階與惡嵩同相十一年，嵩以其貪，階以其廉；嵩以其邪，階以其正。惡嵩父子，迄不加害。罷黜惡嵩以來，階爲首相，天下駸駸然有向治之漸。謂非徐階翼贊之力，不可也。今以老臣復相陛下，陛下信而任之，其才與德，諒亦昭然莫逃於聖鑒下矣。孟子第人臣品類，謂'有事是君，則爲容

---

① 《明穆宗實録》卷七，隆慶元年四月庚戌。

② 《明穆宗實録》卷八，隆慶元年五月甲戌。

③ 《明穆宗實録》卷八，隆慶元年五月甲戌。

悦者；有安社稷臣者，以安社稷爲悦者也'。徐階心在社稷，是雖畏威保位，間不免於容悦順從，而隨事調和，足小補於天下。且其不招權，不納賄。素所親厚，事在當斥而不爲之容；素所怨惡，事在可取而不爲斥逐。古之所謂休休有容，克伐怨欲不行焉，階亦有之。有臣如階者，天民大人，品題不及，謂非一時之選，社稷之衛也哉！臣之所言，中外公議。徐階一大公斷案也。齊康身爲御史，任陛下耳目之寄，乃敢不顧公是公非，捏架無影虚詞，污辱宰輔。次相李春芳，清勤慎守，保惜名節，均之可必其爲善不爲惡人也，康奏連及焉。善人君子，齊康一網打之矣。康將以其狡且凶如高拱者，謂有才力而遺之以輔陛下禍天下乎？盜賊資性凶强，刀矢慣熟，故殺人劫財，無所不至。小人非才不能動人，小人非才不能亂國。今天下動極而疲，正宜崇惇大、養和平、續一綫之脈，以躋之生全之區。其汲汲也復付凶醫，再施毒劑，識者知其不可。康乃以是爲非，以非爲是，欲陛下斥階而用拱焉。臣不知康之心何心也！惡如高拱，誠不可一日使居輔弼以掌鈞軸，備在南北科道十三疏中。中外共知，臣不必贅論。所可恨者，齊康甘爲鷹犬，受高拱指使，搏噬善類，顧一己爵禄，不顧天下安危，罪浮於拱矣。宋惕甲試邑有聲，部使者以不降意誣劾之，時有貓噬鸚鵡，罪無可恕之説。康職爲御史，不咋如鼠高拱，反噬鸚鵡徐階，情可恕乎？伏望皇上細加體察，如果臣言不謬，速賜乾斷，罷斥高拱，將齊康重加刑治，以爲人臣黨邪不忠之戒。徐階、春芳得以安位行志。朝無小人，君子道長。天下幸甚，宗社幸甚。"[①]左都御史王廷亦言："拱前後被劾，不引咎，輒復逞辯，以故言者不已。康懷奸挾私，黨邪誤國，不重治之，無以慰人心，定國是。"[②]是日，尚書楊博，侍郎遲鳳翔、樊琛各奏康妄言。上納其言，乃重責康，而留諭階。

① 海瑞：《海瑞集》上編[京官時期]《乞治黨邪言官疏》。

② 《明穆宗實録》卷八，隆慶元年五月甲戌。

《實録》又言："始康疏上，科道諸臣集闕下相唾罵之。一敬尤不勝憤，首疏論康，而康亦論一敬，互相指爲黨邪。譁然攻訐，無復忌憚。至於康疏雖妄，然皇上意既已洞察，宜候聖斷，乃舉朝騰疏攻之，亦非政體。識者非之。"①

徐階同里、祠祭郎中范惟丕，素忌編修陳懿德，往語階曰："齊疏乃陳生所授也。"階甚銜之。己巳京察，謫判光州。②

二十三日 少傅兼太子太傅吏部尚書武英殿大學士高拱懇疏乞休，許之。《實録》謂："自胡應嘉以言事得調，歐陽一敬等數論拱，拱前後疏辯，詞旨頗激，言者益衆。及齊康論劾徐階，衆籍籍謂拱嗾之。於是，九卿大臣及南北科道官紛然論奏，極言醜詆，連章特疏不下數十。其持論稍平者，勸上亟賜拱歸，以全大臣之体。而其他詞不勝憤，輒目爲大兇惡。寺丞何以尚至請尚方劍誅拱，以必去拱爲快。御史巡按在遠方者，轉相仿效，即不言衆共起之，大抵隨聲附和而已。"③郭正域言："於是，歐陽一敬輩論劾公不少休。時上初政，公亦初在政府，無大異同。而三月之間，言者三十餘疏，公亦力請去，疏十二。故事：拾遺不及閣臣。而南給事岑用賓、御史尹校，遂以公拾遺。公自念非請病無以謝人言，遂力求去。穆皇驚問左右曰：'高先生病耶？'左右對曰：'病甚。'穆皇猶弗忍，良久，得請賜馳驛，遣行人護送，又賜銀幣以歸。"④

既拱稱病乞休，疏屢上。上遣醫珍視，宣諭賜賚，恩禮有加。拱終不出，求去益堅。至是言："臣實爲狗馬疾，恐一旦遂填溝壑。惟上幸哀憐，使得生還。"⑤上知拱不可復留，乃報許。命馳驛還鄉調治，仍賜白金、文綺，遣行人護送。時在五月二十三日。

---

① 《明穆宗實録》卷八，隆慶元年五月甲戌。

② 談遷：《國榷》卷六五，隆慶元年五月丁丑。

③ 《明穆宗實録》卷八，隆慶元年五月丁丑。

④ 郭正域：《合併黄離草》卷二四《太師高文襄公墓誌銘》。

⑤ 《明穆宗實録》卷八，隆慶元年五月丁丑。

于慎行曰:“隆慶改元,新鄭自以御日登極,又性素直率,圖議政體,即從旁可否,華亭積不能容。廣平人齊康者,新鄭門人也,上疏劾華亭,極其醜詆。時新鄭勢甚孤,又康言多謬,於是舉朝大臣各具一疏,劾新鄭及康,而爲華亭解請。自六卿、棘寺下迨中書、行人,外至藩臬無恥者,凡二十八疏。時上方向用新鄭,左右又多其舊人,堅欲留之,後見舉朝嘵嘵,不得已罷新鄭。方是時,江陵張公居正與新鄭厚,見其狀不平,往請華亭,華亭不聽。一日,華亭以政務咨之,江陵謝曰:‘某今日進一語,明日爲中玄矣!’其明年戊辰,華亭即罷。蓋江陵有力焉。”①

又曰:“穆考初政,新鄭以藩邸之舊即欲自用。華亭積不能堪,因百計逐之。自太宰楊公、御史大夫王公及六官之長,各率其屬上疏,及臺省屬官交章論奏,凡二十八疏,大略保華亭之功,劾新鄭之罪,以爲不可一日使處朝廷。穆考甚眷新鄭,及見論者日衆,不得已策罷之。是時,葛端肅公守禮爲大司徒,而獨不上疏。少司徒二人:其一桂林徐公養正,新鄭之同館也;其一扶溝劉公自强,新鄭之里人也,皆請葛公上疏。葛終不肯,曰:‘人之所見不同,有者自有,無者自無,何可强乎?’二公不得已,乃爲白頭疏上之。已而葛公自罷,徐遂遷南大司空去。其後二年,新鄭再相,感葛公之誼,因召而用之……葛公,廉直人也……世不幾見。”②

支大綸曰:“宦途真市道哉。階柄用皆助以逐拱,拱復起而反刃攻階矣。然拱精潔峭直,家如寒士。而言者過爲掊擊,則言者之過也。”③

學術界關於大學士高拱首次罷休問題,均認定是其自負剛愎的性格所致。事實上,首輔徐階在這一事件中暗箱操作,起到了推波助

① 于慎行:《穀山筆麈》卷四《相鑒》。
② 于慎行:《穀山筆麈》卷五《臣品》。
③ 談遷:《國榷》卷六五,隆慶元年五月丁丑。

瀾乃至決定性的作用。他通過"高拱不忠事"的發酵以及對胡應嘉前後不一的處理,誘使鄉黨言官猛烈抨擊高拱,導致高拱下臺。徐階迫使高拱下臺,既是出於對首輔地位和權力的維護和壟斷,也是由於兩人的學術觀點的對立:徐階遵奉程朱理學,篤信陽明心學,大興講學之風:"合部寺臺省,及覲會諸賢,大會靈濟宫。徐政府手書程子《定性》一書'學者先須識仁'一條,令長子携至會所。兵部南離錢公出次朗誦。諸公懇師申説,師亦悉心推演,聽者躍然。"[①]而高拱則批判陽明心學:"徒務口説,依傍他人門户,隨場悲喜,以爲知道,良可羞也。"[②]闡揚經世實學,痛抑講學之風:"新鄭高文襄起掌吏部,以與華亭有隙,痛抑講學。"[③]他還通過考察貶謫京官,遏制京師講會,以經世實學端正學風,改變談玄論虛、不務實際的官場風氣。其次是治國方略的分歧:徐階奉行救弊補偏、恢復舊制的治國方略:通觀他在致仕前所上的奏疏都是一些"致君堯舜上"的舊套,"階所持諍,多宫禁事"[④],名爲關注皇帝生活,其實關注的仍是自己如何保位固寵,没有提及改革原有政治體制和經濟體制的内容。而高拱則力行"挽刷頽風,修舉務實之政"[⑤]的變法改革方略,"有時異世殊不宜於今者,亦皆爲之變通之,斟酌損益,務得其理"[⑥]。"事以位異,則易事以當位;法以時遷,則更法以趨時。"[⑦]徐、高作爲隆慶内閣重臣,他們在學術思想和治國政綱上有着保守與改革的根本分歧,隨着隆慶前後期閣權的轉移,即徐階致仕,不久高拱職掌吏部繼又提任内閣首輔後,隆慶政局呈現出由保守到改革的走向。

---

① 羅汝芳:《盱壇直銓》卷下。
② 高拱:《本語》卷三。
③ 焦竑:《國朝獻徵録》卷四一。
④ 張廷玉:《明史》卷二一三《徐階傳》。
⑤ 高拱:《政府書答》卷四《答同年陳豫野書》。
⑥ 高拱:《問辨録》卷二《中庸》。
⑦ 高拱:《問辨録》卷六《論語》。

同日　大學士徐階三疏乞休。上曰:“朕勉留卿,正賴裨益新政,況輔弼大臣義當先國事而後身圖,豈可固求引退。不允辭,宜速出供職。”①

同日　吴兑“舉鄉試出高拱門,拱之初罷相也,兑獨送至潞河。及拱再起兼吏部,遂超擢之”②。吴兑爲高拱門生,拱失勢,吴兑不忘舊恩,故拱起復後投桃報李,对其頗爲重用。

二十六日　大學士徐階四疏求退。上曰:“卿德望隆重,中外具瞻。朕方虚懷倚托,期弘化理,豈可以浮言決於引去,宜體朕勉留至意,即出贊輔,慎毋固辭。”③

是月　高拱退職故里,賦詩一首,以表達經邦濟世夢想無法實現之悲涼。

【七言絶】

聞　蟬

何處寒蟬抱葉吟,日高風静響沉沉。
無端清切驚殘夢,暗引悲秋萬里心。④

七月初三日　上諭内閣曰:“朕即位以來,賴卿等輔弼,乃科道官不諳事體,屢肆欺言,卿等宜有以處之。”工科都給事中冯成亦上疏极言:“聖明之世不當以言爲諱。宜發德音,明示天下,使曉然知前日之諭,乃一時有爲之言,而非皇上本意。庶忠言日聞,而無壅蔽之患。”上報曰:“聽諫,朕之素心,若所言當理,無不嘉納。昨諭乃謂妄言失

① 《明穆宗實録》卷八,隆慶元年五月丁丑。
② 張廷玉:《明史》卷二二二《吴兑傳》。
③ 《明穆宗實録》卷八,隆慶元年五月庚辰。
④ 高拱:《詩文雜著》卷一《聞蟬》。

實者。此後爾等進言,各宜審擇,以稱朕意。”①

八月初四日 故總制薊遼右都御史兼兵部左侍郎王忬子、原任山東按察司副使王世貞上書訟父冤,言:“臣父皓首邊廷,六遏大虜,不幸以事忤大學士嚴嵩,坐微史論死。傷堯舜知人之明,解豪傑任事之體。乞行辨雪,以伸公論。詔復忬官。”②

王忬之論死與平反,其子王世貞對嚴嵩恨之入骨,對徐階德之入骨,對高拱怨之入骨。如果説前兩個“入骨”是事出有因的話,那麽後一個“入骨”則毫無事實根據。王世貞與高拱到底有何是非恩怨呢?這還得從王世貞之父王忬罹難被殺和平反復官兩件事情談起。王忬父子與嚴嵩父子,兩家原本相好,而後積怨甚深。嘉靖三十八年(1559),時任薊遼總督的王忬因灤河之敗,“嵩構之,論死繫獄”。王世貞聞訊,立刻解職青州兵備副使赴京,“與弟世懋日蒲伏嵩門,涕泣求貸”。嚴嵩陽語寬慰,而陰持其獄。王世貞兄弟“又日囚服跪道旁,遮諸貴人輿”,叩頭求救其父,但諸人均“畏嵩不敢言”③。次年,王忬被斬西市。

王忬下獄後,王世貞兄弟爲救其父,在求諸貴人中,即有時任裕邸講官的高拱。而高拱却表示無力相助,由此王世貞懷恨在心,銜怨高拱。“高中玄粗直無修飾。王思質(即王忬)總督,其辛丑同年也。王失事被逮,弇州兄弟往叩,高自知無可用力。且侍裕邸,人皆以長史目之,又與嚴氏父子無交。而思質貴盛時,相待甚薄。比至有事,意下殊少繾綣。弇州固已銜之矣。”④高拱與王忬雖爲辛丑同年(嘉靖二十年)進士,但二人一文一武,官秩懸殊:高拱當時僅爲裕邸講官,被視爲“長史”;而王忬則爲薊遼總督兼任兵部左侍郎,身居高位。

---

① 《明穆宗實録》卷一〇,隆慶元年七月丙辰。

② 《明穆宗實録》卷一一,隆慶元年八月丙戌。

③ 張廷玉:《明史》卷二八七《王世貞傳》。

④ 朱國禎:《湧幢小品》卷九《中玄定論》。

他們平素無交,更談不上深情厚誼。高拱與嚴嵩父子亦無交情,自知無力相救。不僅如此,高拱其人性格秉直,“粗直無修飾”,直言相告,結果獲罪於人。當時,王世貞兄弟求救於其父結交過的許多達官貴人,如次輔徐階、李本等時也毫無結果,而求救於一個官品甚低的裕邸講官能有效果嗎?即使高拱應酬不周,缺乏同情心,也不應該由此而結怨。顯然,王世貞銜怨高拱是不合乎情理的。

王世貞銜怨高拱的另一個原因,是他誤認爲高拱曾阻撓其父王忬的平反復官。朱國禎説:“比鼎革,上疏求申雪,高在閣中異議,力持其疏不下,弇州怨甚,徐文貞因收之爲功。”①沈德符説:“後嚴敗,弇州叩閽陳冤,時華亭當國,次揆新鄭已與之水火,正欲坐華亭以暴揚先帝過,爲市恩地,因昌言思質罪不可原。終賴徐主持,得復故官,而恤典毫不及沾。”②在此,朱國禎、沈德符均提出高拱“力持其疏不下”、“昌言思質罪不可原”,即阻撓王忬的平反復官,是不符合歷史事實的。

據張廷玉《明史·王忬傳》載:“穆宗即位,世貞與弟世懋伏闕訟冤,復故官,予恤。”《明史·王世貞傳》載:“隆慶元年八月,兄弟伏闕訟父冤,言爲嵩所害,大學士徐階左右之,復忬官。”從這些史料中,可以推知:(1)王世貞銜怨高拱在時空上是錯位的。王忬平反是在隆慶元年八月,而高拱早在同年五月因與首輔徐階發生矛盾而稱病歸里。與王忬平反時間相隔三個月之久,地點相差千里之遥,高拱怎會在新鄭故里阻撓京師内閣對王忬的平反復官呢?(2)高拱“力持其疏不下”、“昌言思質罪不可原”是不實之詞。因爲王忬於隆慶元年八月平反,是由其子王世貞兄弟親自“伏闕訟冤”、“叩閽陳冤”的,而不是預先在同年五月高拱歸家之前上書要求平反的。因此,高拱不可能

---

① 朱國禎:《湧幢小品》卷九《中玄定論》。

② 沈德符:《萬曆野獲編》卷八《嚴相處王弇州》。

在閣中持有異議,“力持其疏不下”、“昌言思質罪不可原”。退一步說,即使王世貞上疏訟父冤在當年五月高拱歸家之前,高拱也不會阻撓王忬平反。因爲,當時高拱、徐階矛盾正處在激化之時,徐階發動衆多言官彈劾高拱,高拱完全處於被動地位。幾個月之内,論劾高拱彈章達30餘疏,形成“舉朝攻拱”的局面,無奈,高拱只好被迫申辯并請致仕。身處逆境中的高拱自身難保,無暇亦無權阻止王忬平反復官;作爲堅持對先朝得罪諸臣不加甄别、一概恤録的首輔徐階,也不會聽任閣員高拱“力持其疏不下”。再説,當年正月至五月,據《實録》統計,在先朝得罪諸臣中,生者召用復官37人,死者恤録80人,高拱并没有對其中任何人持有異議,加以阻撓,那麽有何理由偏偏要阻止素無交往的王忬平反復官呢?因此,所謂高拱“力持其疏不下”、“昌言思質罪不可原”云云,并非歷史事實。(3)首輔徐階把王忬平反復官收爲己功,確是歷史事實。隆慶元年八月,世貞兄弟“伏闕訟父冤”,徐階積極爲王忬平反復官,其真正目的是可以收譽收功,名垂青史。沈德符説:“當華亭力救弇州時,有問公何必乃爾?則云:‘此君他日必操史權,能以毛錐殺人。一曳裾不足錮才士,我是以收之。’人咸服其知人。”①史家的“毛錐”是一把雙刃劍,可以殺人,亦可媚人,如詆誣高拱,溢美徐階即是。王世貞説:“晚而從故相徐公所得金匱石室之藏,竊亦欲藉薜蘿之日,一從事於龍門蘭臺遺響。”②王世貞晚年從徐階那裏得到的藏書藏稿以至面談中獲悉的朝中掌故,或許是他“誣高媚徐”的重要資料來源。不過,以當代司馬遷自稱的王世貞,并没有繼承“龍門蘭臺遺響”,在史德、史識方面與司馬遷相距甚遠。

可見,王世貞囿於私人恩怨,擺脱不了一己私仇,更不能秉持客

① 沈德符:《萬曆野獲編》卷八《嚴相處王弇州》。
② 王世貞:《弇山堂别集·序》。

觀公正的治史原則，這是醜詆、厚誣高拱的重要原因，也是導致其《嘉靖以來首輔傳·高拱傳》不真、不確、不實的主要因素。如孫鑛説："足下甚推服弇州，第此公文字，雖俊勁有神，然所可議者，只是不確。不論何事，出弇州手，便令人疑其非真，此豈足當巨家！"①黄景昉説："《首輔傳》叙高多醜詞，至誣以賕賄。即如順義款貢事，何等大功，僅一二語及之。孫月峰謂語出弇州，多不足信，信然。文士視名臣分量終别。"②朱國禎説：《首輔傳》對高拱"極口醜詆。要之，高自有佳處不可及，此書非實録也"③。黄雲眉也説："當諛王風盛時，鑛獨於王多所貶損，要足備異説；其'不真''不確'之語，尤爲王文之藥石歟！"④上述史家的論評表明王世貞歷史觀的嚴重偏頗。

二十六日　上諭内閣，欲親詣天壽山行秋祭禮。大學士徐階等上疏請停止。上不允，令如前旨。故階等極言："今邊報方極，重以淫雨爲災，外虞内憂，皆當詳計遠慮，不宜冒此二患，決于一行。"上不悦，責階等違旨煩言。階等復奏："臣慮不能奉行上命，無所逃罪。所以再疏勸止，不避煩瀆者，爲皇上計，爲國家計耳。夫天壽山之後即黄花鎮，黄花之外即虜地。今虜既結聚，萬一猝入，何以禦之？近據邊將報稱，東虜土蠻欲犯喜峰口，西虜把都兒等欲犯古北口，此繫豈輕？小者臣等不知皇上何所見聞，何所倚伏而聖欲爲此行也，臣等亦知順旨可以取悦，但計度利害，實不敢以國家之事輕試於危險。"上悟乃止，命以事寧之日奏行。⑤

九月十六日　户部尚書馬森奏："太倉銀庫歲入僅二百一萬四千二百有奇，歲支在京俸禄糧草一百三十五萬有奇，邊餉二百三十六萬有奇，各省常賦諸邊民軍運今年詔蠲其半。以出入較之，共少三百九

---

① 孫鑛：《月峰集》卷九《與余君房論文書》。
② 黄景昉：《國史唯疑》卷八。
③ 朱國禎：《湧幢小品》卷九《中玄定論》。
④ 黄雲眉：《明史考證》第七册，中華書局1985年版。
⑤ 《明穆宗實録》卷一一，隆慶元年八月戊申。

十六萬一千四百有奇。昔謂國無三年之蓄,國非其國。今查京通二倉之粟七百餘萬石,以各衛官軍月糧計之,僅支二年之用。歲漕四百萬石,内除撥薊鎮兖運班軍行糧,并免湖廣顯靈二衛起兑,實入二倉者三百四十九萬二千六百餘石,逋負漂流,歲更不下二十餘萬,改折湊補,别用不與焉。"疏入,上令内外諸司各實心經理,樽節以資國用。[①] 可見,徐階主政的隆慶前期,國庫是何等的困窘!

二十三日　少傅兼太子太傅吏部尚書武英殿大學士郭朴[②]致仕,許之,令給驛以歸。先是御史龎尚鵬論朴負才使氣,無相臣体。上以朴先朝舊臣,雅稱慎静,尚鵬言妄不聽。而御史凌儒復言,朴往居父喪,奪情赴召,爲士論所鄙,又言朴有老母病耄殆且死,不思乞歸終養,傷薄風化。於是朴求去益力,章三上,始得請云。朴爲人長者,方大學士徐階、高拱排相根攻,朴與拱同鄉,頗懷不平。及拱去,尚鵬等遂并劾朴,而凌儒至詆之爲忘母,尋端力攻,真傾危之士也。[③]

十月初四日　上日講畢,問大學士徐階等以石州陷,故諭選將調兵,加意防守。二十三日,上諭輔臣徐階等曰:"朕聞東西二邊虜荼毒,防虜之策,圖之宜豫。卿等宜會文武群臣,務實詳議以聞。"[④]唐鶴徵曰:"時上御經筵畢,而詢階以戰守方略。掌詹趙貞吉條對甚詳,階不能答,乃請至閣議。及議,貞吉首言,宜用首相巡邊。階不懌,竟以漫語上覆。是時,上方秉淵穆,諸臣始奉玉音,竟無長策登對,殊缺

---

① 《明穆宗實録》卷一二,隆慶元年九月丁卯。

② 郭朴(1511～1593),字質夫,號東野,世稱東野先生,河南安陽人。嘉靖十四年(1533)進士,嘉靖四十年(1561)任吏部尚書。嘉靖四十二年三月回籍守父喪,嘉靖四十四年四月世宗召朴回京任職,郭朴因守制未終,不願赴任,但世宗念其做官廉正,未准其請,只好再次出任吏部尚書。四十五年三月,郭朴兼任武英殿大學士,與高拱同時入閣。是年十二月,世宗死,穆宗即位。徐階草擬遺詔,未同高拱、郭朴商議,遂引起高、郭不滿,隔閡日深。隆慶元年(1567)九月,郭朴致仕回籍。"茅厦三間蔽日,槿籬四面遮風","几上一編農譜,壁間幾幅耕圖",即是他晚年生活的真實寫照。萬曆二十一年(1593)卒,享年八十三歲。贈太傅,謚文簡。著有《文簡公集》。

③ 《明穆宗實録》卷一二,隆慶元年九月甲戌。

④ 《明穆宗實録》卷一三,隆慶元年十月乙酉、甲辰。

望也。不久,貞吉出而南矣。”[1]徐階作爲輔政大臣,不僅對邊疆軍政大事漠不關心,而且還排斥異己,黨同伐異,於本月二十七日將趙貞吉出爲南京禮部尚書。所謂徐階“休休有容”,在此恰成反證。

十一月初十日 輔臣徐階等以上諭示文武群臣集議防虜之策,於是集府部卿寺科道等官各陳所見。階等因上議曰:比者皇上以東西二鎮突被虜患,特降聖諭,命臣等務實講求預處之策。此誠聖慮宸猷,所以制治保邦,衍隆平之慶于無疆者也。臣等愚陋不足奉明詔,其事在關外難遥度者,請仍俟邊臣計奏;而廷臣得便宜從事者,臣等亦無容鎖瀆,以煩聖聽。謹以邊臣所不得自言之情與所不能自專之情,提綱挈要,隱括諸臣所條議而參以一得之愚,具列十三事如左:一責實效,二定責任,三明戰守,四申軍令,五重將帥,六練軍兵,七繕城堡,八團民兵,九處久任,十廣招納,十一儲人才,十二理鹽法,十三擇邊吏。“上是之,命各邊總督鎮巡等官,即以所議,務實舉行。其有仍前欺怠者,兵部科道及巡按御史參奏重治。”[2]

十二月十八日 上諭户部查内庫太倉銀出入數。尚書馬森[3]奏:太倉見存銀一百三十萬四千六百五十二兩,歲支官官俸銀一百三十五萬有奇,边餉二百三十六萬有奇,補發年例一百捌十二萬有奇,通計所出須得銀五百五十三萬有奇。以今数抵算,僅足三月。竊惟積貯天下大命,故無三年之蓄,則曰國非其國,今帑藏所積似此,可謂匱乏之極矣。平居無事,尚難支推,萬一有不虞災變,供費浩繁,計將安

---

① 唐鶴徵:《皇明輔世編》卷五《徐文貞階》。

② 《明穆宗實録》卷一四,隆慶元年十一月辛酉。

③ 馬森(1506~1580),字孔養,福建懷安縣人。嘉靖十四年(1535)進士,授户部主事,改員外郎,出知太平府(今安徽當塗);又陞江西副使、按察使、左布政使,擢巡撫。隆慶元年(1567),調任户部尚書。時穆宗即位,詔免天下田賦半數,馬森上疏提出儲積關係國命,應首停土木之工、罷珍奇貢品、除無益之費、减不急之官。翌年四月,穆宗命發户部銀六萬購買黄金,馬森力阻,事乃止。隆慶三年(1569)以母老乞養歸里,值士卒因索欠餉作亂,馬森穿葛巾野服出來勸解,亂乃定。福建巡撫劉堯誨建議恢復“夫甲庫役法”,馬森表示反對;以後,巡撫龐尚鵬欲行“一條鞭法”,馬森極力贊成。晚年在福州鐘山北雅俗橋築鐘丘園。萬曆八年(1580)卒,贈太子太保,謚恭敏。

出？當時的財政形勢是："今日催徵急矣，搜括窮矣，事例開矣，四方之民力竭矣，各處庫藏空矣。勢時至此，即鬼運神輸亦難爲謀。臣愚以爲生財未若節財，多取不如儉用。恭惟皇上登極首詔鋭意省節，止土木之工，罷珍宝之市，損無益之費，損不急之官，其一念節儉。天下固以喁喁然歌誦盛德。玆復稽帑藏出入大數，憂深慮遠之心，更出尋常萬万。臣切以爲皇上興念及此，國家之福也……伏願上計國儲之匱乏，下恤民生之艱難。視銀數之少若此，則白金之費必思所以惜之；視粮數之少若此，則九年之蓄必思何以致之。持守此心始終不變，由朝廷以及百官，由百官以及万民共成恭儉之化，漸至殷富之盛，則一切權宜搜括可以勿行，而皇上憂國愛民之心，亦當少慰。"疏入，上手詔曰："帑藏之積，何乃缺乏致此？朕于一切用度十分省減，正供之外，未賞妄費分毫。尔等尚當悉心措處，以濟國用。"馬森覆奏曰："臣查祖宗舊制，河淮而南以四百万供京師，河淮以北以八百万供邊境，一歲之入足以供一歲之用，邊境未嘗求助于京師，京師亦不煩搜天下。後因邊廷多事，之費漸繁，一變而有客兵之年例，再變而有主兵之年例，然其初止三五十万耳。邇來漸增至二百三十餘万。屯田十虧其七八，鹽法十折其四五，民運十逋其二三，悉以年例補之。在各邊則士馬不加于昔，而所費則幾倍于先。在太倉則輸納不益于前，而所出則幾倍于舊。如是，則邊境安得不告急？而京師安得不告匱？加以改元詔蠲其半，故今日缺乏視往歲尤甚焉。"①此又可見，徐階主政的隆慶初期，國庫銀兩是何等困窘！

隆慶二年戊辰(1568)　57歲

正月初十日　禮科給事中張鹵主張對嘉靖朝大禮大獄得罪諸臣要加以甄别區處，不能一概平反復官。其言："先朝建言得罪及應得

① 《明穆宗實録》卷一五，隆慶元年十二月戊戌。

恤典諸臣，事久時移，搜覈未遍，宜趣撫按及提學官采訪奏聞，其諸陳乞者一切報罷。”禮部覆言：“諸臣中固有進退光明、始終一致仕者，亦有因人成事、因事見斥及退居之後肆情妄作、晚節不終，其爲人品難以概論。設不稍爲區別，則朝廷勵世之典，遂爲臣下市恩之私，其何以勸天下後世？請申飭所司從公體訪，分别等第：行誼卓越，心術純正，見重鄉評者爲上；謹守廉隅，人無疵議者次之；罔利營私，敗名喪節者爲下。各指陳實迹，毋徇私情。即有濫舉者，參奏如法。上是之。”①

二月初七日 敕諭天下朝覲官曰：“即位之初，已亟下詔蠲征免役，蕩滌煩苛，有不便于民者，悉與更始。猶欲得循理之吏，平心畢力，各務究宣恩澤，以登于至治。顧在位者多因循之弊，鮮任職之心，口習空言而不求其實政，尚苟且而惟便于私，欲民之安于田里而無愁怨嘆苦之聲，不可得也。朕甚憫之。兹當來朝，特命所司審核，黜其不職甚者，爾等獲被簡留，蓋寬之也。自今其幡然永思善道，勵精自新，務在廉以律己，仁以撫民，公以存心，勤以莅事，率是四者而行之，自然政平訟理，民咸樂業，治可庶幾于古矣。朕豈無爵禄以爲勸乎？假使狃于舊習，或朘削民財以自豐，或殘害不辜以爲快，或以己私咈公理，或以宴安廢官事，有一于此，皆足以蠹政傷民，是從事焉不恪而守官無狀也。朝廷之上凛然憲典在焉，爾等曾不懷怵惕而戒勉，譬猶踐薄冰以待白日也，豈不謬哉！”②此諭顯示出，隆慶帝并非碌碌無爲，不關心國政，而是要勵精圖治，修舉實政，力行改革，顯然這與高拱對其長期教導密不可分。那種認爲隆慶帝沉湎酒色、庸碌無爲，恰恰給内閣大臣留下施政空間、大有作爲的觀點，與史實不符。

二十一日 改南京禮部尚書趙貞吉爲禮部尚書兼翰林院學士，

---

① 《明穆宗實録》卷一六，隆慶二年正月庚申。

② 《明穆宗實録》卷一七，隆慶二年二月丁亥。

協管詹事府事。初貞吉起用,日侍講讀,時年六十餘,然氣壯甚,議論侃侃,輔臣薦其可大用,上心屬焉。及遷南京,以吏部右侍郎林爌代。一日,上手詔諭輔臣,調爌南京用,而召貞吉還爲講官,添注詹事府與尚書。殷士儋以府事讓貞吉,不允。①

三月二十七日 陞大理寺左少卿李邦珍爲都察院右僉都御史,巡撫河南。② 退職故里的高拱以《子昂畫馬圖》相贈,并賦詩一首,期望李中丞經邦濟世,建功立業。

【七言古】

子昂畫馬圖歌贈河南李中丞

卷中此馬畫者誰,毛鬣欲動風骨奇。
尺縑能收上閑駿,意態便欲隨風馳。
天閑十二紛相矗,想是晴郊初出牧。
大宛雄姿宿應房,渥窪異種龍為族。
金羈玉勒不須跨,且看連錢五色花。
忽見麒麟出東櫪,還疑騄駬涉流沙。
沙邊青草茸茸起,上有垂楊覆河水。
圉人騎放緑蔭中,參差牝騋成雲綺。
我觀此馬皆能逐電不見塵,安得蕃息日適河之濱。
邊關已息烽煙警,上苑因同苜蓿春。
吴興妙手誰堪伍,遺墨流傳自今古。
人間駑輩徒紛紛,哲匠掄求心獨苦。
擬將此幅比瓊瑶,寄贈佳人云路迢。

① 《明穆宗實録》卷一七,隆慶二年二月辛丑。
② 《明穆宗實録》卷一八,隆庆二年三月丁丑。

天閼昔曾窺立仗，霜臺今復憶乘軺。
手持黄紙臨中土，甲兵十萬胸中吐。
皋夔事業待經邦，韓范威名先震虜。
氛祲潛消塞北場，河山坐鎮汴封疆。
成皋歸來放戰馬，嵩陽今作華山陽。
嗟乎！宵旰九重猶拊髀，奇勛早奏明光裏。
願徵頗牧入禁中，坐令天下之馬休逸皆如此。①

四月初七日　大學士徐階以疾在告。上遣太醫院官珍視，賜豬羊等物，階疏辭，既而引疾乞休。上不允辭。十八日，大學士徐階再以疾懇疏求退。二十二日，上遣中官至徐階第賜諭曰："朕見卿累疏奏辭，豈可以小疾舍朕求退，早出輔政，不負望焉。"階上疏陳謝，乃起視事。②

六月初三日　選進士徐顯卿、陳于陛、張一桂、沈一貫、李長春、韓世能、賈三近、王家屏、沈位、田一儁、朱賡、沈懋孝、張位、劉東星、于慎行、李維楨、習孔教等三十人爲翰林院庶吉士。命詹事府事禮部尚書殷士儋、趙貞吉管教習。③

七月初二日　上諭輔臣加强秋防，言："秋防届期，不知各邊已有備否？去歲失事邊臣，朕悉從寬宥。今内外官尚多虛言誤事者，卿等宜示兵部申飭譚綸等，今後務期實心共濟，不得仍蹈前非，縱虜得志。違者，必置之重典不貸。"④

十七日　户科左給事中張齊上疏劾大學士徐階不職狀。略言："階事世宗皇帝十八年，神仙土木，皆階所贊成；及世宗崩，乃手草詔，

① 高拱：《詩文雜著》卷一《子昂畫馬圖歌贈河南李中丞》。
② 《明穆宗實録》卷一九，隆慶二年四月丙戌、丁酉、庚子。
③ 《明穆宗實録》卷二一，隆慶二年六月辛巳。
④ 《明穆宗實録》卷二二，隆慶二年七月己酉。

歷數其過。階與嚴嵩處十五年,締交連姻,曾無一言相忤;及嚴氏敗,卒背而攻之。階爲人臣不忠,與人交不信,大節久已虧矣。比者,各邊告急,皇上屢屢宣諭,階略不省聞,惟務養交固寵,擅作威福。天下惟知有階,不知有陛下。臣謹昧死以聞。"上曰:"徐階輔陛首臣,忠誠體國,朕所素鑒。張齊輒敢肆意詆誣,姑調外任用。"①

十八日 大學士徐階疏辯張齊論劾,爲其失職、失策、失律、失德之處辯解。凡四事:(1)"據齊所論,除修撰玄文,雖前後同事,不止臣一人。然臣既不能獨辭,何所逃責?永壽宫之毁,臣因見先帝宸居無所,聖衷焦勞,又係成祖文皇帝舊宫,孝子慈孫,似宜修復。委實不能諫止,亦無所逭罪。其餘三端,則於臣之職掌未合,於臣之心事未亮,於人臣之大義未明,臣不容無辨。"(2)"我朝革丞相,設六卿,兵事盡歸之兵部,閣臣之職止是票擬,亦猶科臣之職止是建白,凡内外臣工疏論邊事,觀其緩急,擬請下部看詳。及兵部題覆觀其當否,擬請斷處。間值事情重大,擬旨上請傳行。蓋爲閣臣者,其職如此而已。非若督撫等臣親臨邊塞,幹理戰守之務也。如齊所奏,板升一節已經下部覆准施行,而臣等恭遇皇上登極之初,擬上詔條,先已及於招來。去冬會議邊防,又已申明其説。中間行之力與不力,乃在邊臣,非臣等所能代爲也。今如齊奏,必當使閣臣臨邊若宗祝之舍,尊俎而代庖與?斯則于臣之職掌未合者也。"(3)"輔臣草詔,是謂代言。前歲先帝所頒遺詔,草雖具于臣手,然實代先帝言也。臣于時竊思禹湯罪己,其興勃焉。其下者如輪臺奉天之詔,亦足以收人心,恢帝業。遂不自量淺薄,欲於文字之間成先帝之盛德,贊皇上之新政,是以有蓋愆成美、端仗後賢等語,實非敢彰先帝之失也。當遺詔之開讀也,百姓萬民莫不感動啼哭,頌先帝之聖,增遺弓之思。此在皇上可訪而知也。然則臣于先帝爲毁歟,爲忠歟?斯則于臣之心事未亮

① 《明穆宗實録》卷二二,隆慶二年七月甲子。

者也。”(4)“臣與嚴嵩同官,其序在先,其齒又長。彼所行事,臣安能盡與相違。然中間勸諭調維固亦多矣。其後事敗,御史鄒應龍、林潤等據公論以劾奏于外,三法司、錦衣衛按公法以議擬于中,先帝秉公道以主張于上,或親洒宸翰,或親批章疏,明日月而威雷霆。于時,嵩父子之獲罪,又何待臣攻之?夫古者大義滅親,誠以國家爲重也。推齊之意,以爲人臣者,必當不顧君父而惟私友之是徇,然後爲君子長者之道歟?斯則于人臣之大義未明者也。”總之,“臣淺才薄德,無補明時,嘗累疏求退矣。兹益何顔立于百僚之首,惟是職掌心事大義之所存,不容不白。故敢不避瀆煩,披瀝上奏。至若臣之官職,伏乞聖明削奪,以謝言者。”疏入,上令即出視事,不必再辭。①

十九日 大學士徐階再疏乞休,上許之。特命馳驛遣行人護送以歸。有司歲給人夫八名,月給廪米六石。時大學士李春芳、陳以勤、張居正皆以階内閣首臣,諳達政體,力勸上留階。上謂階年高,且求退再三,故卒從所請,而宴勞錫予之隆,一如楊廷和故事,稱優隆云。吏部尚書楊博、兵部尚書霍冀、刑部尚書毛愷各上疏,請留大學士徐階。上俱報聞。②

不久,都察院左都御史王廷,遂發給事中張齊奸利事,言:“齊前奉命賞軍宣大,時有鹽商楊四和者,故與齊父棟相善。入其賂數千金,還爲言恤邊商、革餘鹽等數事,皆窒碍難行,爲大學士徐階所格。而四和見事不遂,復抵齊父索金,踪迹敗露。齊内慚,且恐得罪,乃借以攻階爲名,黷亂無狀,宜正刑典。”疏入,上以齊既受財枉法,令錦衣衛逮齊父子及諸疏内有名者,送鎮撫司鞫實以聞。③

關於徐階致仕的原因,有論者將其歸罪於高拱。其實,徐階致仕與高拱并無直接關係。早在去年五月,高拱已被迫歸家,“一個在野

---

① 《明穆宗實録》卷二二,隆慶二年七月乙丑。
② 《明穆宗實録》卷二二,隆慶二年七月丙寅。
③ 《明穆宗實録》卷二二,隆慶二年七月丙寅。

失意之臣,如何能撼動日值中天的首輔徐階"[1]。更有甚者,把徐階致仕歸罪於高拱被逐出閣。如說:"徐階爲此也付出了慘重代價,失却穆宗的信任,很難在政治上繼續展布,隆慶二年七月致仕。"[2]這完全背離史實。徐階致仕的根本原因,是給事中張齊論劾其不職。前述張齊所劾四事,前二事衆所周知;後二事鮮爲人知。隆慶元年九月,"癸亥,俺答陷石州,殺知州王亮采,掠交城、文水。壬申,土蠻犯薊鎮,掠昌黎、盧龍,至於灤河"[3]。穆宗親自選將調兵,屢有宣諭,加意防守,而具有輔弼職責的徐階却不聞不問。"時上御經筵畢,而詢階以戰守方略……階不能答,乃請至閣議","竟無長策登對,殊缺望也"[4]。在穆宗一再督促下,徐階召集文武群臣集議,同年十一月呈上老生常談的防虜之策十三事[5]。由上可知,首先是徐階不展布、不作爲,瀆職失職,没有盡到首輔平章軍國大政的職責,才導致失却穆宗的信任,決非先失却穆宗的信任,而後才很難在政治上繼續展布。徐階持諍"多宫禁事",關心"養交固寵",而無視軍國大政。針對彈章,徐在乞休疏辯中首言"閣臣之職止是票擬","兵事盡歸之兵部",推御嘉靖以來形成的首輔平章軍國大政的職責;二言"禹湯罪己,其興勃焉","輪臺奉天之詔,亦足以收人心",臣擬遺詔"實代先帝言","蓋衍成美",終於坦認遺詔的實質是嘉靖帝的"罪己詔",而他從中"以收人心";三言嚴嵩敗亡與己無關,而是先帝、法司的主張和明斷,把"卒背而攻之"説成是"大義滅親,以國家爲重";等等。徐再疏乞休,上許之。徐階之去,如其歸因於高拱,不如歸因於其得意門生張

① 張憲博:《明代的内閣》,載張顯清等主編:《明代政治史》(上),廣西師範大學出版社 2003 年版,第 353 頁。

② 趙毅:《高新鄭相材缺失論》,《哈爾濱師範大學社會科學學報》2010 年第 1 期。

③ 張廷玉:《明史》卷一九《穆宗本紀》。

④ 唐鶴徵:《皇明輔世編》卷五《徐文貞階》。

⑤ 《明穆宗實録》卷一四,隆慶元年十一月辛酉。

居正。徐階乞休,“居正實言之李芳,謂階宦久倦政,以是亟報許”①。

八月二十九日　少保兼太子太保禮部尚書武英殿大學士張居正上《陳六事疏》,提出六項改革措施。疏曰:“臣聞帝王之治天下,有大本,有急務。正心修身,建極以爲臣民之表率者,圖治之大本也。審幾度勢,更化宜民者,救時之急務也……但近來風俗人情,積習生弊,有頹靡不振之漸,有積重難反之幾,若不稍加改易,恐無以新天下之耳目,一天下之心志。臣不揣愚陋,日夜思惟,謹就今時之所宜者,條爲六事,開款上請,用備聖明採擇。”其“六事”是:對當時議論太多,浮言塞責,提出“省議論”的對策;對綱紀不振,法度廢弛,提出“振綱紀”的對策;對朝廷詔旨廢阻不行,效率低下,提出“重詔令”的對策;對選拔人才眩於聲名,名實不符,提出“核名實”的對策;對國庫空虛,財政危機,提出“固邦本”的對策;對南倭北虜大肆侵擾,邊防大弛,提出“飭武備”的對策。奉聖旨:“覽卿奏,俱深切時弊,具見謀國忠懇,該部院看議以聞。”②

張居正的《陳六事疏》和高拱於嘉靖四十五年(1566)所上的《除八弊疏》,儘管提出的時間不同:高疏在前,張疏在後;特點不同:高疏較爲籠統,張疏比較具體;反響不同:高疏未上,反響較小,張疏呈上,影響較大。但是,這兩份疏文的立場和觀點則是基本一致的,都是立足於除弊興利、革舊布新之上的,都是把國家的前途命運寄託於整頓改革、力行實政之上的。可以説,這兩份綱領性文獻是整頓改革的姊妹篇,起著前呼後應、統籌全局的作用,是指導隆萬改革整頓的綱領性文獻。

九月二十二日　兵部議覆大學士張居正所陳“飭武備”事宜。其一議兵,其二議食,其三議將,其四議選擇邊吏,其五議團練鄉兵,其

---

① 萬斯同:《明史》卷三〇二《張居正傳》。

② 張居正:《張太岳集》卷三六《陳六事疏》;《明穆宗實録》卷二三,隆慶二年八月丙午。

六議併守城堡,其七議整飭京營,其八議大閲之禮。上曰:"然。大閲既有祖宗成憲,允宜修舉。兵部宜與戎政官先期整飭,俟明年八月内來聞。餘悉如議,務實行之。"①

十月十七日 左春坊左諭德兼翰林院侍讀張四維乞假歸省。上以四維日侍講讀,命馳驛去。二十四日,廢遼王朱憲㸅爲民。憲㸅曾虐張居正祖以酒而死,居正心銜之。適憲㸅事發,至於奪國。②

是年 高拱乘歸里之暇,將其在嘉靖四十五年(1566)三月至隆慶元年(1567)五月所撰箋、表、文、疏以及辭免加官的奏疏,輯録成《玉堂公草》。因此書所收集的疏文係"内閣有關機密,人不與知者,不敢泄"③,故又名《綸扉内稿》。萬曆刻本書名爲《綸扉内稿》,清籠春堂刻本書名則改爲《玉堂公草》。《四庫全書總目》指出:《玉堂公草》係採進"副都御史黄登賢家藏本",共十卷。"是編首載《大學講義》一卷,《中庸講義》一卷,《論語講義》三卷,皆嘉靖間藩邸所講。次爲《程士録》二卷,載嘉靖戊午及乙丑鄉會録序及所擬程文,三場皆備,獨無《易經》文,未喻其故。後爲《獻忱集》二卷,皆辭謝稱賀諸表奏。次爲《綸扉稿》一卷,則在政府時作也。皆已見全集,此蓋初刻之本,故《綸扉外稿》不與焉。"④此書是多種著述的合訂本。

是年 高拱長兄高捷卒於家,拱在原籍主持喪事。捷,字漸卿,號存庵,嘉靖十四年(1535)進士,官至南京都察院右僉都御史提督操江兼管巡江。因有權宰嫉功畏直,嗾使鄉人劾捷,降調曹濮兵備副使,尋陞陝西右參政。但權宰餘怒未息,再次使言官誣劾,遂棄官歸里。捷剛直豪爽,節俠自喜;爲官惠貧摧强,植弱察奸;素閑武略,立功不傲。歸田後,"家居杜門謝客,口不談世事,足不履公庭。課農教

① 《明穆宗實録》卷二四,隆慶二年九月戊辰。
② 《明穆宗實録》卷二五,隆慶二年十月壬辰、己亥。
③ 《四庫全書總目》卷五六,史部一二,"詔令奏議類"存目。
④ 《四庫全書總目》卷一七七,集部三〇,"别集類"存目四。

子,化導鄉里。年六十六卒,入祀鄉賢”①。下引詩詞兩首,贊頌高捷的道德文章功業。

入鄭寄高存庵先生

朱觀熰

舊遊一别五秋螢,聞道經時兩鬢星。
憶闕夢深魂欲斷,登樓眼闊醉初醒。
喜看宿望留天地,莫訝升沉類梗萍。
暫把琴書消暇日,好音行見下彤庭。②

贈中丞高存庵先生

朱拱柄

紫薇香裏日出長,八位堂中政澤揚。
會見夔龍真相業,誰言班馬只文章。
煙消遠塞霜威肅,星耀中臺夜氣光。
文武全才今有幾,勛庸佇擬翊陶唐。③

隆慶三年己巳(1569)　58 歲

三月十一日　大學士李春芳乞休,上不允。十四日,再乞致仕,仍不允。未幾,求退益力,且言:“今明主在上,衆正盈朝,而臣自惟碌碌,不能有所建明,已負素餐之責久矣。若貪戀不止,則危辱隨之,惟上加怜察。”上仍不允。④

---

① 《新鄭縣志》卷二六《高捷傳》。
② 《新鄭縣志》卷二八《入鄭寄高存庵先生》。
③ 《新鄭縣志》卷二八《贈中丞高存庵先生》。
④ 《明穆宗實録》卷三〇,隆慶三年三月乙卯、戊午。

四月初六日　陞江西南湖嘴守備指揮同知楊彝署都指揮僉事，爲湖廣行都司僉書。楊彝過河南新鄭拜訪高拱，曾在瓜皮上賦七言律詩一首，歌頌鄭子産。此詩刻於石碑，現存新鄭市博物館。①

【七言律】

子産祠(瓜皮詩)

楊彝

溱洧河邊子産祠，鄭侯城下黍離離。
惠人懿範應難見，君子高風何處追。
塵世幾更山色在，英雄如夢鳥聲悲。
行人馬上空回首，落日荒郊不盡思。②

五月初八日　初廣東叛將殺耿宗光，亡入賊巢，屯兵平安山大垌等處，入掠海豐縣，從鹿境渡河。會總兵郭成等方率兵進剿，而南贛巡撫張翀亦遣參將蔡汝蘭等兵至。於是共趨大浦白雲屯以入平山夾攻之。凡月餘，各部共擒斬一千三百七十五人，内生擒真倭酋丘古所一人，從倭一百餘人。奪歸被虜通判潘槐等六百餘人。叛將周雲翔潰圍出走，成部卒擒之。於是將丘古所及周雲翔等，即令梟示众，以正國法。上命先賞蔡汝蘭而下，兵部議功，得旨："張瀚復原職聽用，

① 相傳，江津(今重慶市)人楊彝是高拱的好友。一天，楊彝到新鄭訪友，碰巧高拱不在家，這位詩人就到城西卧佛寺旁的子産祠内遊玩。在祠内他看到一通尚未刻字的石碑竪在那裏，楊彝對子産又很推崇，一時詩興大發，但環顧左右，既無遊人，也無祠主，苦苦找不到筆墨。正當無奈之時，看到附近草叢裏有一塊半幹不濕的西瓜皮，靈機一動，隨手撿了起來，即以瓜皮代替筆墨，把胸中的詩情洋洋灑灑地揮寫在石碑上。由於瓜皮上粘有一些泥土，經風吹幹後，泥土寫成的字迹保留在石碑上。楊彝走後，人們發現碑上留下的那首詩不僅好，而且字也寫得遒勁灑脱，是難得的藝術珍品，便急忙請手藝高超的石匠，把泥土字刻在碑上。因爲碑上的字是用西瓜皮寫的，後人便把那通讚頌子産的碑稱爲"瓜皮碑"。那通碑高約 2.2 米，寬 1 米，現已折爲兩截，珍藏在新鄭市博物館。碑身正面以草書刻《子産祠》七言詩一首。

② 《新鄭縣志》卷二八《藝文志》。

熊桴等俱開俸，桴仍與郭成、張翀各賞銀三十兩，紵絲二表裏，餘悉如議。"①

八月十二日　録平閩、廣巨寇曾一本功。陞總督閩廣軍務右都御史劉燾爲左都御史，廣西總兵都督同知俞大猷爲都督，福建總兵都督僉事李錫、廣東總兵都督僉事郭成俱署都督同知，參將王詔實職二級。"先是一本劫掠閩廣間，勢益猖獗。上命燾兼兵部右侍郎往督三省師，又調大猷率兵會閩廣夾剿，六月，大猷及錫先與賊遇於柘林澳，三戰皆捷，俘斬甚衆，賊遁入馬耳澳，整衆復戰。會成及詔率廣東兵至次萊蕪澳，分三哨進攻。一本勢窮，自駕大船，戰益力，成等復敗之。遂焚其舟，賊多赴水死。詔生擒一本及其妻鄭氏，并族黨尾叔等。斬首五百餘級，賊平……一本尋死，仍磔其屍并尾叔等，梟首以狥。"②

二十一日　命禮部尚書兼翰林院學士協理詹事府事趙貞吉兼文淵閣大學士，入内閣辦事。貞吉疏辭，上不允。貞吉復于講筵陳謝，上曰："卿其盡心輔佐，贊理政事。"貞吉復言："近日朝廷紀綱、邊方政務，多有廢弛。臣欲捐身任事，未免致怨，惟皇上主張于上，臣不敢負任使，以干明典。"上然之。③

九月初四日　刑部尚書毛愷疏陳刑法之濫，言："今災異頻仍，由刑獄冤濫所致。其弊有六：曰濫詞，曰濫拘，曰濫禁，曰濫刑，曰濫擬，曰濫罰。六者皆足以殃民生、召災異。宜嚴飭内外諸司禁革，犯者以輕重黜罷。"上曰："爾来刑獄太濫，致干天和，其行内外諸司，務平恕明允，痛祛濫弊，以付朕欽恤弭災之意。苛刻害民者，在内法司、在外撫按官劾治之。"④

---

① 《明穆宗實録》卷三二，隆慶三年五月辛亥。
② 《明穆宗實録》卷三六，隆慶三年八月癸丑。
③ 《明穆宗實録》卷三六，隆慶三年八月壬戌。
④ 《明穆宗實録》卷三七，隆慶三年九月甲戌。

二十一日 上大閲將士於京營教場。閲畢,命總督戎政等官及將士曰:"詰戎講武,保治弘圖,訓練有方,國威乃壯。爾等其勉之。"①

二十四日 敕諭總督戎政鎮遠侯顧寰、協理侍郎王之誥等大閲强兵之策,曰:"朕惟國家設立京營,以養戰士,平時則講軍實,遇警則壯國威。蓋以居重馭輕,安内攘外,爲萬世計也……夫何邇年以來,法令寖弛,蠹弊叢生,士馬消耗,器甲凋敝,將多怯敵,兵無選鋒。朕甚慮之。夫列屯坐食之兵非益寡,而春秋操練之期非甚疏也。則何以廢壞如是?無乃任事之臣不能明宣朕意,而以空文塞責與?《書》不云乎:'有備無患。'故治兵講武,搜卒簡乘,帝王之所重也……以今年秋季親行大閲之禮,將領以下薄加賞罰,以示勸懲。惟爾等職司營務,爲國爪牙,其尚仰體朕心,益修戎備。無玩愒以廢事,無姑息以長奸,無營私以撓公,無苛刻以擾衆。務使部伍充實,士馬精强,訓練不爲虚文,征調皆有實用。庶幾重根本之勢,消釁孽之萌,以稱朕張皇六師至意。"②

是月 退職故里的高拱聞知"穆宗大閲",撰文頌賀曰:"大閲何?閲兵也……此古之聖帝明王,所以久安長治者也。自是而後,斯典久廢。我皇上聖文神武,度越百王。頃因北虜犯順,赫然斯怒,乃取斯典而復之,是即成周保治之心也。簡練有實,張皇有聲,虜不足滅。臣躬逢盛典,不勝踴躍之至。乃於是上大閲之頌。"頌曰:

穆穆我皇,天授神武。
德綏元元,威懾率土。
白雉來供,楛矢庭聚。

---

① 《明穆宗實録》卷三七,隆慶三年九月辛卯。
② 《明穆宗實録》卷三七,隆慶三年九月甲午。

赫赫王命，親修我戎。
虎臣驂乘，鞹鞃彤弓。
嘽嘽徒旅，如雷如霆。
駪駪騏驥，如虎如龍。
劍舞虹飛，射舉猿啼。
有謀臣請纓，以繫虜頸。
有飛將效技，以作熊羆。
用殄胡塵，四方其靖之。①

二十五日　刑科右給事中許天琦奏，今刑獄之濫，其源有六："一則有司承上官意指，殺人媚人；一則傾任書吏因公行威，舞文析律；一則以贓罰爲名，多受民詞而陰濟其貪；一則干譽悦名之士，務苛察刻深謂之風力，雖心知其冤而莫之省；一則以威嚴恐喝，令民誣服而不敢訴；一則長吏教化不先，使民棄仁誼而死財利。故獄訟繁興。宜飭所司督責郡縣，務以仁明公恕，遏惡未形爲急，毋相習爲濫，以傷天地之和。"刑部覆奏，報可。②

十月初四日　西虜犯邊。先是虜入大同塞，七日引去。總督陳其學、巡撫李秋各言：本鎮探得虜情，預爲之備，以故虜無所利。總兵趙岢等先後邀擊，皆有俘斬功，宜加賞録。而巡按御史燕儒宦言：虜自入境來，我兵無敢發一矢與之敵者。攻陷城堡大者二所，小者九十一所，殺掠男女及創殘者數千人，掠馬畜糧數以萬計。我軍雖稍有擒斬，然竟未接一戰。宜正諸臣玩愒之罪。疏上，得旨："趙岢避事殃民，本有常刑，姑降實級三級。陳其學降俸二級。李秋奪俸半年。"③

十一月初六日　查元年以來國庫收支之數。先是上覽户部疏，

---

① 高拱：《詩文雜著》卷一《擬上大閱頌》。
② 《明穆宗實録》卷三七，隆慶三年九月丁未。
③ 《明穆宗實録》卷三八，隆慶三年十月甲辰。

有稱開納事例者,因傳諭户部臣,令奏元年以來入數。尚書劉體乾等具言:"先後開納銀一百七十二萬五千六百有奇,除已給邊餉外,存者僅十萬九千九百有奇。而各鎮年例未完,尚欲補給。"上曰:"開納銀所以濟邊,歲入尚不止此。其十三省户丁糧草、鹽引税課銀,通計三年支用,見存幾何,其以數奏。"體乾等復言:"各項銀兩自元年以來,已給經費凡九百二十九萬有奇,存者二百七十萬有奇。今補給邊餉及官軍折俸布花當用銀二十餘萬,各邊年例當用銀二百八十萬,計所入不能當所出。"上因問九邊年例軍餉,太倉歲發及各省解納之數。體乾等又言:"國家備邊之制,在祖宗朝止遼東、大同、宣府、延綏四鎮,繼以寧夏、甘肅、薊州爲七,又繼以固原、山西爲九。今密雲、昌平、永平、易州俱列戍矣。其防守士馬,各鎮原自有主兵,一鎮之兵足以守一鎮之地。後主兵不可守,增以募兵;募兵不已,增以客兵。調禁多於往時,而坐食者愈衆矣。其合用芻餉,各鎮原自有屯田,一軍之田足以贍一軍之用。後屯糧不足,加以民糧;民糧不足,加以鹽糧;鹽糧不足,加以京運。饋餉溢於常額,而横費者滋甚矣。庫府空而國計日絀,田野耗而民力不支。今日缺乏之故,供邊之費固其大者。因以元年至三年,太倉及各省歲發兵餉與本鎮屯糧之數,備呈上覽。"上曰:"歲發銀數甚多,臣下全不爲國體恤,其他弊姑置不問。"①

十二月初五日 刑科都給事中舒化等疏言廠衛冤獄,言:"皇上以部院政事屬廠衛,密訪百官,惴惴莫知所措。夫祖宗設廠衛以捕賊盜,妨奸細,非以察百官也。駕馭百官,乃天子之權,而奏劾諸司,責在臺諫,廠衛不得與。是以各司其事,政無牽掣。今以暗訪之權,歸諸廠衛,萬一人非正直,事出冤誣,由此以開羅織之門,伸陷阱之術,網及忠良,殃貽善類,是非顛倒,陛下將安從乎?且陛下既委之廠衛,廠衛必託之番校,此輩貪殘,何所不至?人心憂危,衆目輕眦,非盛世

① 《明穆宗實録》卷三九,隆慶三年十一月乙亥。

所宜有也。惟上幸追寢成命,以一政体,安人心。”上俱付所司知之。[①]

二十二日 起少傅兼太子太傅吏部尚書武英殿大學士高拱,以原官不妨閣務兼掌吏部事。[②]

高拱復政的主要原因是:(1)他與穆宗有著深厚淵源和相同的治國理念。當穆宗爲裕王身處逆境之時,高拱對其精心教導和百般調護,兩人間有着長期共患難、同命運的深情厚誼。故此當拱去職之後,穆宗念念不忘,“時時齒及之”[③],“思公不置”[④]。同時,穆宗在治國理念上深受高拱影響,如力主興利除弊、實政惠民、加强邊防、整飭漕政等。可見穆宗起用高拱,絶非偶然。(2)司禮監太監陳洪的建言與大學士張居正的斡旋。陳洪與高拱皆爲河南鄉曲,高拱復出將會鞏固他的政治地位。張居正與高拱曾是志同道合的學侶政友,二人在政見上力倡整頓改革,在學術上主張經世實學。當時張居正所上《陳六事疏》基本上還是紙上談兵,儘管吏、兵等部擬定了實施方案,但并没有真正貫徹執行。因此高拱復出,便於他們共同推行隆慶新政。(3)隆慶内閣形勢變化之需要。當時閣臣四人:李春芳、陳以勤、張居正和趙貞吉。李、陳、趙主張保守舊制,只有張傾向於整改,兩派力量對比懸殊。李任首輔軟弱無能,無甚建樹;趙居末相,但“自負長輩宿儒”,“意輕江陵”,每語恒曰:“非爾少年所解!”[⑤]對位居其前三人都不放在眼裏。此時,張甚感處境孤立。“隆慶己巳,上特旨相内江趙公貞吉。内江素豪直自用,又爲上所識拔。江陵恐其逼也,謀召新鄭。”[⑥]高拱復出將改變内閣兩派力量的對比,促使隆慶政局由保

① 《明穆宗實録》卷四〇,隆慶三年十二月癸卯。

② 《明穆宗實録》卷四〇,隆慶三年十二月庚申。

③ 尹守衡:《明史竊》卷七一《徐階傳》。

④ 郭正域:《合併黄離草》卷二四《太師高文襄公墓誌銘》。

⑤ 黄景昉:《國史唯疑》卷八。

⑥ 于慎行:《穀山筆麈》卷四《相鑒》。

守向改革轉變。

高拱賦詩一首,以表達内心之喜悦。

【五言律】

院中聞鶯

玉署忽聞鶯,關關自有情。
往來難辨處,斷續若頻驚。
乍弄羌兒笛,新調秦女箏。
餘音風卷去,萬户作春聲。①

是歲 高拱復出之前,夏日乘家居之暇,將其任翰林院編修時,於嘉靖二十四年至三十年(1545～1551)在中秘官署撰寫的文官敕誥,集録成帙,名曰《外制集》。該書自序曰:"昔嘉靖乙巳春,我世宗肅皇帝劄諭輔臣,令於翰林官中簡五六人或三四人,備樞筦之用,意至沃也。於是,輔臣舉編修二人、檢討三人,於中秘撰理文官誥敕,曰'以備用云',而拱實在列……積稿頗多,歲久不復見。歸田之暇,偶於書笥中得數紙,旋復檢索,則散失者多,十存一二而已。因憶先帝簡微臣於廿年之前,而卒大用於廿年之後,其期待之隆,蓋非一日爲。嗚咽久之,遂以逸稿録而藏之家。庸志鼎湖之感思,抑以存鑾坡之故事云爾。隆庆己巳夏日,東里高拱自序。"可見,該書集録的敕誥并非全稿,"十存一二"。清籠春堂刻本一卷,共六十七篇。《四庫全書總目》指出:"是編乃其代言之稿也。前有自序,稱掌誥敕者,初以閣學,或翰詹掌貳,後乃屬之兩院供事官。至是,姑復翰林之舊云。"②

① 高拱:《詩文雜著》卷一《院中聞鶯》。

② 《四庫全書總目》卷一七七,集部三〇,"别集類"存目四。

高拱針對隆慶時期法弛刑濫之弊，在《外制集》中對法治思想多有闡發。如根據《管子》“治國使衆莫如法，禁淫止暴莫如刑”[①]，反對大赦，主張“刑期無刑”、“辟以止辟”[②]，如此才能達到“刑清而民服”[③]，社會安寧之目的。又説：“夫主刑者，民之司命。然或偏於辟，則深刻而失情；或偏於宥，則縱弛而廢法。”[④]濫用酷刑，草菅人命，必然導致“殘害善良”的惡果；反之，法弛刑輕，寬宥罪犯，也必然造成“縱惡長奸”的結局。只有“法必貴當”，量刑適度，才能獲得治國安民的效果。另外，他還提出“國家折民惟刑用，弼五教惟大理”[⑤]的觀點，力圖實行禮法互補、德刑并用的治國方略。

是歲　高拱應户部陝西司郎中盧思齊之子、山西僉憲盧煌之請，爲其父撰墓誌銘。略言：“君諱思齊，字希賢，别號中虚。生於弘治壬子正月二十二日，卒於隆慶戊辰二月四日，享年七十有七……乃炳等卜己巳年二月二十八日，合葬君於城南七里河之原。於是僉憲君匍匐越百里來乞銘，僉憲君爲予門人，義不可以辭，乃爲之銘曰……”[⑥]

是歲　高拱應禮部任職時所取之士、監察御史崔廷試之請，爲其母朱氏撰墓誌銘。略言：“封孺人朱氏者，恩授冠帶封文林郎陝西渭南知縣崔翁輅之配，監察御史廷試之嫡母也。以隆慶己巳八月五日卒於家。監察君方奉璽書閲邊務，遂匍匐以歸，將以臘月十六日葬孺人祖塋之次，乃緘狀來乞銘。蓋監察君實予南宫所取士。義甚崇篤，則胡可以辭？按狀……”[⑦]

是歲　新鄭地方公舉故都御史高捷入鄉賢祠，呈上報批。“獨河

---

① 管仲：《管子》卷二一《明法解》。
② 高拱：《外制集·大理寺右寺丞閻鄰》。
③ 高拱：《外制集·大理寺卿劉訒》。
④ 高拱：《外制集·大理寺左寺丞方鈍》。
⑤ 高拱：《外制集·大理寺卿劉訒》。
⑥ 高拱：《詩文雜著》卷三《明誥封奉政大夫户部陝西司郎中盧君墓誌銘》。
⑦ 高拱：《詩文雜著》卷三《明敕封孺人崔母朱氏墓誌銘》。

南提學副使楊本庵俊民力持之,則專指殺子一事,極詆其忍薄,鄉祀事遂終不行。"原來,嘉靖末年,"高捷有子不才,屢戒不悛,因手刃之"。殺子一事指此。及至隆慶三四年之間,"中丞嫡弟,即高相公拱方起首揆,兼掌銓部。時以楊此舉爲難,相公亦不介懷,即擢爲本省參政,馴至通顯"。"楊後官一品,歿於位。"①可見,高拱具有品行純正,不爲親者諱,不因仇者怨的品格。

隆慶四年庚午(1570)　59 歲

正月十一日　大學士趙貞吉疏言:變更三大營及戎政爲五府。疏入,上曰:"分營練兵係祖宗舊制,該部即與廷臣從實會議以聞。"故兵部乃集議東闕下,英國公張溶等十六人請分營練兵,如貞吉言;成國公朱希忠等二十八人請革戎政武臣與印,而仍用三大營,如張鹵言。兵部尚書霍冀上議曰:"法未至於大壞者,無貴于紛更;議有涉于異同者,當從乎衆論……在廷文武諸臣,多謂京兵之訓練不在于營制之更張,而在于將佐之得人,操練之如法,似皆探本之論。《經》曰:'三人占則從二人之言。'臣等參酌群言,竊謂三大營仍舊,則將領不增而占役少,號令不煩而統紀明。似屬稳便。"得旨:"營制既經多官會議明白,俱依擬行。"②

十八日　原任少傅兼太子太傅吏部尚書武英殿大學士高拱抵達京城,賦詩一首:

---

① 沈德符:《萬曆野獲編》卷二八《戮子》。

② 《明穆宗實録》卷四一,隆慶四年正月己卯。

【七言古】

玉河春水曲

東皇一夜吹風起，萬里春歸帝城裏。
早見冰消太液池，虹橋簾洞皆春水。
春水元從天上來，洗天浴日真奇哉。
晴波倒影白玉闕，回流曲抱黄金臺。
雲濤煙浪自漭沆，雪花文藻相縈回。
金疏噴薄蒼龍吼，石堰斜鋪俯螭首。
出省猶翻上苑花，緣堤遠映千門柳。
我知主上敷陽和，衍慶流祥潤澤多。
馮夷起舞陽侯歌，淑氣先通紫禁河。
嗚呼紫禁河！……
願言流向人間去，千溪萬曲皆恩波。①

抵達京城，高拱疏辭召命，曰："兹乃謬荷記存，特頒寵命。既還其禄秩，復假以事權。顧臣止足久安，何敢望於隴蜀。而今高華增重，乃兼得於熊魚。矧吏部統叙百寮，爲天子平均四海。必其至正，乃不奪於干託之私；必其至公，乃不狃於愛憎之素。必有獨運之才，乃可以酌群品而當其用；必有獨照之鑑，乃可以破似是而識其真。至如臣者，豈其人哉？於正於公，雖嘗自勵；曰才曰鑑，實則未能。將何以仰副九重之簡求，俯答輿情之屬望乎？伏願皇上收回成命，俾臣仍守退閑，别選殊材，以充大任。"隆庆四年正月十八日具奏，奉聖旨："卿輔弼舊臣，德望素著，兹特起用，以副匡贊，銓務暫管已有成命，不

① 高拱：《詩文雜著》卷一《玉河春水曲》。

允所辭。”①

高拱赴任,“慨然以天下爲己任。凡晨理閣事,午視部事。人謂公門無片楮,公曰:‘是奚足哉!大臣以體國爲忠,以匡國事爲美,區區小廉,細節耳,寧足多乎!’往黜陟,取辦倉卒,不無疵繆。公集諸司官,各授之策曰:‘吏部職在知人,人不易知也,幸諸公早計之:某也德,德何如;某也才,才何如;書諸册。某也不德,不德何如;某也不才,不才何如;書諸册。某也所自見,某也所自聞,某也得之何人,書諸册。皆親識封記之,月終以復於予。慎之哉!予且以此見諸君賢。’益每歲所得,凡百八十餘册,以爲參驗。以故賢否不淆,黜陟允當”②。這裏的“册簿”或“簿籍”,是一種人事檔案。建立人事檔案制度既能儲備人才,也能隨時爲朝廷提供全國賢才資訊。可以説,這是封建吏政中一項制度創新。

二十九日 總督陝西三邊軍務都御史王崇古上疏論用人理財,必任其事。言:“且邊事非經涉無以知山川之險易,非服習無以耐風霜之艱苦,非督戰無以知兵力之勇怯,非見敵無以知虜勢之强弱。故有不可戰而責以必戰,可攻而顧謂不必攻。當事邊臣真莫知所適從矣。議論日多,成功日少。”“理財之道,費出有大小。省其大,則小者可并省;大者費,小者雖省無濟也。邇者户部之議邊費,率謂嘉靖初年止五十九萬,後二十八年加至二百二十一萬,又十年至二百四十餘萬,又五年至二百五十一萬,而歲入不給矣。然内府京倉各項正支,視初年增損該部所悉也。中間豈無大費可省,而小費可節者乎?”上下其章于所司。③

是月 巡按河南監察御史楊相在新鄭縣南大街爲高拱建立過街

① 高拱:《綸扉稿》卷一《懇乞天恩辭免重任疏》;《明穆宗實録》卷四一,隆慶四年正月丙戌。

② 郭正域:《合併黄離草》卷二四《太師高文襄公墓誌銘》。

③ 《明穆宗實録》卷四一,隆慶四年正月丁酉。

石坊，額題“少輔家宰”四個石刻大字。①

二月初一日 命太子太保禮部尚書兼文淵閣大學士趙貞吉兼掌都察院事。初三日，刑部尚書毛愷致仕。初，王廷、毛愷倡議攻高拱，及拱再入，不自安也。初八日，命掌吏部事大學士高拱、掌都察院事大學士趙貞吉，俱免奏事承旨。②

十三日 高拱上《覆御史尚德恒論總督王之誥疏》。對尚德恒論劾王之誥與王之誥辭免兵部左侍郎總督陜西三邊軍務之職，疏文提出：“王之誥久歷邊疆，才猷明練，就難舍易，乃公論之所推；棄安即危，豈人情之所願？論劾實出意度，既莫可憑；辭免雖極懇誠，亦難遽允。”處理意見是：“行令本官遵照聖旨作速前去，交代供職，不得再行陳乞，有誤大計。”隆慶四年二月十三日題，十五日奉聖旨：“是，王之誥着遵前旨，上緊赴任交代，毋得再辭。”③

同日 起原任户部尚書葛守禮爲刑部尚書。守禮疏辭，上以其老成清慎，不允。④

十五日 高拱上《覆給事中戴鳳翔論巡撫海瑞疏》。吏科給事中戴鳳翔論劾巡撫應天右僉都御史海瑞六大罪狀：一濫受詞訟，致使律法掃地，羅織成風；一田産分贖，違例問斷，致使棍徒不營活計，專謀奪産；一客兵既已散歸，而兵糧仍派如故，致使衆心洶洶，莫不思亂；一公差所省者小，而所費者大，名雖愛民，實則蠹國；一妄禁佃户不許完租，致使佃户結賴其租，産户空賠其税；一不遵明例，妄禁不許還債，致使强暴劫掠苟生，柔軟束手待斃。請求“將海瑞改授清銜，以示優禮，或加授重秩，令其致仕”。高拱則充分肯定海瑞的改革舉措，“看得都御史海瑞自撫應天以來，裁省浮費，釐革宿弊，振肅吏治，矯

---

① 高務觀：《東里高氏家傳世恩録》卷五《坊表》。

② 《明穆宗實録》卷四二，隆慶四年二月己亥、辛丑、丙午。

③ 高拱：《掌銓題稿》卷二三《覆御史尚德恒論總督王之誥疏》。

④ 《明穆宗實録》卷四二，隆慶四年二月辛亥。

正靡習，似有惓惓爲國爲民之意。但其求治過急，更張太驟，人情不無少拂。既經言官論劾前因，若令仍舊視事，恐難展布"。提出處置意見："將本官遇有兩京相應員缺，酌量推用。遺下員缺，先行會官推補。"隆慶四年二月十五日題，十七日奉聖旨："是。"①

十七日 高拱上《議處知州等官容朝望等加銜疏》。巡撫四川右僉都御史嚴清咨稱：賢能所宜久任官員，如崇慶州知州容朝望應加府同知職銜，射洪縣知縣李猷、新都縣知縣甘闓，各應加知州職銜。高拱疏請："州縣官加以職銜，則名分爲崇；仍管原務，則禮節爲屈……若止加服俸，亦足示優，俟其政成，就以所加品格陞用。"據此，"將知州容朝望加陞正五品服俸，知縣李猷、甘闓俱加陞從五品服俸，仍各管原州縣事務，以示優異"。隆慶四年二月十七日題，十九日奉聖旨："是。"②

十八日 高拱上《覆侍郎楊巍乞休疏》。兵部右侍郎楊巍以母子俱病爲由，乞要照舊養病或令致仕。高拱提出本官志行高潔，才略恢弘，據此"行令本官照舊在籍調理，痊可之日，撫按官具奏起用"。隆慶四年二月十八日題，二十日奉聖旨："是，楊巍准照舊調理。"③

十九日 高拱上《議處直隸縣官加恩疏》。總督漕運户部左侍郎趙孔昭、巡按直隸監察御史王友賢題稱：要將淮安府安東等縣知縣范惟恭等量陞職銜，仍令在縣照舊管事。高拱認爲有司止宜加以服俸，不必加銜。據此批示："將范惟恭、劉正亨俱加陞從五品服俸，仍各管原縣事務，以示優異。"隆慶四年二月十九日題，二十一日奉聖旨："是。"④

同日 高拱上《議留定興縣知縣任鎧疏》。知縣任鎧於嘉靖四十

---

① 高拱：《掌銓題稿》卷二三《覆給事中戴鳳翔論巡撫海瑞疏》。

② 高拱：《掌銓題稿》卷一三《議處知州等官容朝望等加銜疏》。

③ 高拱：《掌銓題稿》卷二一《覆侍郎楊巍乞休疏》。

④ 高拱：《掌銓題稿》卷一三《議處直隸縣官加恩疏》。

四年(1565)四月除授陝西韓城縣知縣,隆慶元年(1567)二月回籍,三年九月復除定興縣知縣,莅任未及三月而降級别用。高拱面質本管副使何東序、知府賈淇,俱稱本官廉静不擾,勤敏有爲,民皆愛戴。今該本縣耆民李從智等奏乞存留,管理縣事,委出實情。據此批示:“將知縣任鎧降俸一級,以當前罰。仍用原官管理該縣事務,以答百姓之望。如後政績茂著,照例陞遷。”隆慶四年二月十九日題,二十一日奉聖旨:“是。”①

同日 高拱上《題大學士夏言復官疏》。原任少師兼太子太師吏部尚書華蓋殿大學士、已故今復吏部尚書夏言孫夏朝輔奏請比照曾銑例,乞要復祖原職。隆慶元年(1567)十二月,吏科都給事中王治等題,帝准復夏言吏部尚書。本年七月,兩京科道官辛自修等題,本部議請復職加贈兵部尚書、蔭一子,照依贈官尚書二品事例選用,題奉欽依。高拱疏請:“除祭葬賜謚移咨禮部議覆併蔭子一節,擅難輕議外,爲照本官特受先帝知遇,好大喜功,生前固有可議,但被人傾陷,與曾銑駢首就戮,死後不無可憫。及查曾銑已蒙優渥之典,而本官原職亦當盡復,以慰冤魂。”隆慶四年二月十九日題,二十一日奉聖旨:“夏言准復原官。”②

二十三日 吏部疏請申明朝覲考察事宜。言:“先行各撫按官悉心廉訪,手注考語,指實直書,毋得拘泥對偶,組織浮詞,抄謄舊案,虚應故事。其四品以上尤當奉公秉直,甄别分明,以釐夙弊。來朝正官,如有支詞漫語,應答無據及畏避上官,附和任情者,先以罷軟論斥。奏可。”③

二十四日 高拱上《參治刁官以肅選法疏》。據未任省祭官劉宣揭稱爲分豁揀取人材,超拔螻蟻以圖補報事,高拱提出揀選典史,自

① 高拱:《掌銓題稿》卷一三《議留定興縣知縣任鎧疏》。

② 高拱:《掌銓題稿》卷三一《題大學士夏言復官疏》。

③ 《明穆宗實録》卷四二,隆慶四年二月庚申。

有選法。而劉宣尚不得與,即以張儀爲辭,妄行揭告,呈其刁惡,肆爲無賴,以索要好官。若不重加懲治,恐刁風既熾,效尤者多。故此,"伏望皇上敕下行事衙門,將劉宣拿問重治,以警將來。庶人心知畏,選法可清"。隆慶四年二月二十四日具題,二十六日奉聖旨:"劉宣這厮刁潑,不畏法度,着錦衣衛拿送法司問。"①

二十五日 調巡撫應天右僉都御史海瑞以原官總督南京糧儲。陞保定巡撫右僉都御史朱大器爲右副都御史代之。先是吏科給事中戴鳳翔誣劾海瑞沽名亂法,不諳吏事,濫受詞訟,魚肉縉紳,迂狂顛倒之甚,不可一日使居地方。章下吏部,"吏部復議言:瑞志大才疏,宜改授兩京他秩,故有是命"②。《實録》所謂"志大才疏"云云,不是吏部斷語,而是史家的錯簡。大學士兼掌吏部事的高拱在戴疏最後的批語是:"都御史海瑞自撫應天以來,裁省浮費,釐革宿弊,振肅吏治,矯正靡習,似有惓惓爲國爲民之意。但其求治過急,更張太驟,人情不無少拂。既經言官論劾前因,若令仍舊視事,恐難展布。"并提出處置意見:"將本官遇有兩京相應員缺,酌量推用。"③高拱的批示,對海瑞在應天的改革政績做了肯定性評價,對其缺點做了適當批評,對其以後工作安排提出了"酌量推用"的意見。這裏根本没有"瑞志大才疏"的指責。高拱在給代爲應天巡撫的朱大器的信劄中,再次肯定海瑞的功績説:"夫海君所行謂其盡善,非也;而遂謂其盡不善,亦非也。若於其過激不近人情處不加調停,固不可;若併其痛懲積弊爲民作主處悉去之,則尤不可矣。天下之事,創始甚難,承終則易。海君當極弊之餘,奮不顧身創爲剔刷之舉,此乃事之所難。其招怨而不能安,勢也。"④這裏高度讚揚海瑞的改革事功,具有創始之功。此函是勉

① 高拱:《掌銓題稿》卷一〇《參治刁官以肅選法疏》。
② 《明穆宗實録》卷四二,隆慶四年二月癸亥。
③ 高拱:《掌銓題稿》卷二三《覆給事中戴鳳翔論巡撫海瑞疏》。
④ 高拱:《政府書答》卷三《答蘇松朱巡撫書一》。

勵朱大器要繼承海瑞的改革事業,但也應糾正其不近人情的缺點。

海瑞以右僉都御史調任總督南京糧儲一個月後,南京裁革冗員十二人。其時,南京貴州道監察御史楊邦憲上疏,奏稱要將總督糧儲都御史議行裁革。吏部查照正統、嘉靖朝事例,總督糧儲仍令南京户部侍郎帶管。海瑞依議被裁,另行安排。時在三月二十五日。由此海瑞大爲光火,先在《被論自陳不職疏》中,不僅對戴鳳翔謬論一一加以駁斥,而且對科道諸臣一概痛斥爲"逞己邪思,點污善類,不爲鷹鸇以報國,過爲蠅口以行私"。又借《告養病疏》,對"舉朝之士"一概罵爲"皆婦人也",并以衰病不能供職爲由,乞賜歸田。[①] 這就引起衆多言官的不滿和憤慨,如吏科都給事中光懋、御史成守節等連疏再論海瑞,掀起倒瑞狂潮。有論者提出海瑞被裁是高拱所爲的觀點,顯然有悖於史實。

同日 高拱上《議處本兵及邊方督撫兵備之臣以裨安攘大計疏》。這是一篇有關軍制改革的重要奏疏。疏文提出三項改革措施:(1)打破兵部"一尚二侍"的舊體制,建立"一尚四侍"的新體制。"兵部侍郎止如别部額設二員,蓋邊關無事之時則然也。近年既稱邊關多事,而官則如舊……宜於兵部添設侍郎二員,同額設侍郎協理部事。平日則練習本兵政務,或欲巡閲邊務,即以一人往,既便行事,又不煩於假借。或遇邊方總督員缺,即以一人往,既可朝發夕至,又不費於那移。迨其出入中外,閲歷既深,凡本兵政務,與夫邊關險隘、虜情緩急、將領賢否、士馬强弱,皆已曉暢諳熟,方略素定,遇有尚書員缺,即以其尤深者補之。"這一方案確爲一大創舉:一是增設兵部侍郎,既可在部内任職,又可巡視邊務,還可以侍郎資格出任邊防總督。這種部臣又兼總督的體制使其密切溝通和配合,一改過去令出多門甚至動至失機的狀況。二是有助於他們熟悉邊關部署、防務、戰況等

① 海瑞:《海瑞集》上編[應天巡撫時期]。

邊情,也有助於在邊防實戰和軍事業務中得到歷練,提高指揮作戰能力,革除過去那種高層閉衙談兵的陋弊。三是培養既能勝任部務又熟悉邊情,具有韜略的侍郎,爲兵部尚書提供人才儲備,若尚書有缺,再不必"皇皇求索"。(2)兵部司官精選久任。"儲養本兵大臣,即當自兵部司屬始……今宜特高其選,而以有智謀才力者充之,使其專官於此,練習事務,不復他遷。而又議其陞格:如邊方兵備缺,即以兵部司屬補;邊方巡撫缺,即以邊方兵備補;邊方總督缺,即以邊方巡撫補。而總督與在部侍郎時出時入,以候尚書之缺。"培養軍事人才,可通過内外互調方式來解決,部臣可以轉爲邊帥,邊帥也可以轉爲部臣。通過輪换,使他們既諳知國家軍事典章,又能熟悉邊塞兵機,掌握用兵之道,這對提高部臣的軍事素質,加强其指揮作戰能力是大有裨益的。(3)提高邊將待遇和實行輪流休假的新制度。"誠宜特示優厚,有功則加以不測之恩,有缺則進以不次之擢,使其功名常在人先,他官不得與之同論俸資。""若使儲養有素,用不乏人,自可行通融休假之法。如其在邊日久,著有成績,則特取回部以休假之。休假之後,不妨再出。使其精神得息而不疲,智慧長裕而不竭。"這種以厚賞重罰作爲鞭策手段,激勵邊關將佐勤於邊事,奮力戰陣的提議,較之從前功罪不分,賞罰不明,不體恤邊關將士勞苦的情况,定能收到立杆見影之效;實行輪流休假制度,可以使他們得以調整休養,使其增長智慧才幹,不致於疲倦誤事。隆慶四年二月二十五日具題,二十七日奉聖旨:"兵事至重,人才難得,必博求預蓄,乃可濟用。覽卿奏,處畫周悉,具見爲國忠猷,都依議行。"①

二十九日 改南京户部尚書郭乾爲兵部尚書。陞户部左侍郎劉自强爲南京右都御史,谷中虚爲兵部右侍郎,河南右布政使梁夢龍爲

① 高拱:《掌銓題稿》卷二《議處本兵及邊方督撫兵備之臣以裨安攘大計疏》。

右副都御史督理營田,巡撫山東。[1]

三月初一日 高拱上《覆給事中王禎論尚書孫植等疏》。南京吏科給事中王禎題稱:魏國公徐鵬舉冒違典禮,棄長子徐邦瑞而立幼子徐邦寧,朦朧竝送入監。爲此,重賄於南京國子監祭酒姜寶和南京刑部尚書孫植。高拱認爲:“刑曹乃綱紀之司,必守正不撓而後可以明法;祭酒爲師儒之長,必行己無玷而後可以教人。”孫植、姜寶被論事情如果是實,誠爲上污清朝,下拂公議,即當顯行罷斥。據此,“將孫植、姜寶一面行令回籍聽勘,一面將所劾事情移咨南京都察院,嚴提李秀等一干人證到官,從公體勘明白具奏”。隆慶四年三月初一日題,初三日奉聖旨:“是,孫植、姜寶着回籍聽勘。”[2]

同日 高拱上《覆科道交參僉事譚啓疏》。吏科左給事中光懋、巡按直隸監察御史王友賢各題參原任浙江道監察御史、今陞雲南按察司僉事譚啓,輕舉妄動,追訐往事;偏執求勝,肆言無忌,乞要降調别用。高拱認爲譚啓“昔日奏事不實,已犯憲綱;今日反復求勝,更屬舛謬”。據此,“將本官仍以原職照浮躁事例,降調外任”。隆慶四年三月初一日題,初三日奉聖旨:“譚啓依擬降調。”[3]

初二日 禮科給事中胡檟疏言禁講學:“督學憲臣聚徒講學,本爲儒者之事。乃其徒遂緣是而詭辭飾貌以獵進取,至有一語相合以爲曾唯而優之廩餼,一見如愚以爲顔子而貢之大廷者。徒以長競進之風,而其中實無所得也。夫孔孟聚徒,彼其時固未有賞罰予奪之柄也。操賞罰予奪之柄而立爲門户,破其藩籬,豈持憲執法之體哉?”部覆:“請如檟言,戒諭督學憲臣務敦崇實行,毋倡爲浮説,以滋奸弊。”上從之。[4] 談遷曰:“華亭講學,爲天下倡,世群而效之,學社棋置。

---

① 《明穆宗實録》卷四二,隆慶四年二月丁卯。

② 高拱:《掌銓題稿》卷二三《覆給事中王禎論尚書孫植等疏》。

③ 高拱:《掌銓題稿》卷二六《覆科道交參僉事譚啓疏》。

④ 《明穆宗實録》卷四三,隆慶四年三月庚午。

舍官守而語玄虛，薄事功而課名理。下至巨奸元蠹，竊入而影附焉。故戒諭學憲，敦崇實行，有以哉！"[①]這是高拱禁講學的重要因素。

初三日 高拱上《覆河南撫按參官疏》。巡撫河南右僉都御史李邦珍、巡按河南監察御史蔣機題稱：祥符縣知縣謝萬壽性資剛暴，擅用非刑，打死無辜蘇仲仁等一十二命。論法本當擬斥，但其初入仕途，在任日淺，乞要姑從改調閑散，以全器使。但高拱認爲："以酷而留其官，是廢朝廷之法；以酷而調其官，是殘他處之民。若謂在任日淺，情有可惜，則人命國法顧不可惜與？"據此，"將謝萬壽照依酷例革職爲民，移咨都察院，轉行彼處撫按衙門，遵照施行"。隆慶四年三月初三日題，初五日奉聖旨："謝萬壽着爲民。"[②]

初四日 高拱上《覆直隸提學御史參官疏》。提督學校、巡按直隸監察御史陳省論劾，要將陝西漢中府通判張鵬翰罷斥，隆平縣知縣周啓東、雞澤縣知縣畢元稜、獲鹿縣知縣吉來朝改教。故此，高拱提出處置意見："將張鵬翰照不謹事例，冠帶閑住；吉來朝、周啓東、畢元稜俱照不及事例，起送赴部，吉來朝量調簡僻，周啓東、畢元稜改授教職。"隆慶四年三月初四日題，初六日奉聖旨："張鵬翰着閑住，吉來朝等依擬調改。"[③]

初六日 高拱上《覆禮部尚書吴山乞休疏》。尚書吴山奏稱：衰病不堪供職，另推才賢以充是任。高拱認爲"本官性行嚴潔，操履端方，品格甚優，雅稱典禮。雖年齡之近艾，實精力之尚强，難以准其致仕"。據此，高拱提出："移咨本官欽遵前旨，作速赴任，不得再辭，致乖大義。"隆慶四年三月初六日具題，初八日奉聖旨："是，吴山着遵前旨，赴任供職。"[④]

---

① 談遷：《國榷》卷六六，隆慶四年三月庚午。

② 高拱：《掌銓題稿》卷二九《覆河南撫按參官疏》。

③ 高拱：《掌銓題稿》卷二九《覆直隸提學御史參官疏》。

④ 高拱：《掌銓題稿》卷二一《覆禮部尚書吴山乞休疏》。

初七日　高拱上《議懲酷官播示中外疏》。禮科都給事中周詩參論祥符縣知縣謝萬壽殘忍不職,該省撫按官議擬姑息,乞要盡法重懲,仍將處治緣由播示中外。高拱批示:"將謝萬壽題奉欽依事情,通行在内在外大小衙門知會,自後務要心存仁恕,政尚寬平。上繹祖宗設官之意,而以固邦本爲良圖;下體黎庶仰賴之心,而以保赤子爲急務。倘有苛刻殘民如萬壽者,撫按官據實參奏,從重處治。"隆慶四年三月初七日題,初九日奉聖旨:"是。"①

初九日　高拱上《議處廣東兵備知府等官疏》。巡按廣東監察御史楊標題:選用兵備,議立賞格;知府功罪,宜同兵備。據此,高拱提出申嚴兵備官員的獎懲措施:"今後各地方兵備官員,歷俸年深、賢能稱職者,即奏薦到部,以憑查例超陞。如歷俸僅一二年者,仍不得一概奏薦,以市私恩。否者,即行參論,以憑罷斥。使人咸知賞不倖徼,罰不倖免,自當知所勸懲,盡心職務。"他還提出理順管理體制,軍政歸一:"知府與兵備職任雖殊,均有地方之責,實則同功一體者也。如功罪賞罰漠不相關,則上下之間視如秦越,何以弭盜安民,共成化理哉……其知府有功,得與兵備并薦,失事亦與并參。庶避事者絶巧免之私,而戮力者獲同賞之勸。"隆慶四年三月初九日題,十一日奉聖旨:"是。"②這是高拱治粤方略的重要舉措。

初十日　高拱上《覆給事中舒化參郎中孫大霖疏》。刑科都給事中舒化參刑部山西司郎中孫大霖納賄銀兩千八百兩,贓迹數多,乞要罷斥。高拱提出凡官員貪者,革職爲民。"孫大霖立志粗鄙,行己卑污,鞫獄納賄於西曹,恤刑遺羞於東省。"故此,高拱疏請:"將本官照依貪例,罷斥爲民。"隆慶四年三月初十日題,十二日奉聖旨:"孫大霖着爲民。"③

---

① 高拱:《掌銓題稿》卷一六《議懲酷官播示中外疏》。

② 高拱:《掌銓題稿》卷一六《議處廣東兵備知府等官疏》。

③ 高拱:《掌銓題稿》卷二五《覆給事中舒化參郎中孫大霖疏》。

十二日 高拱上《覆參政曹科乞休疏》。四川巡撫右僉都御史嚴清,巡按御史王廷瞻題稱:原任天津兵備副使、今陞四川布政司分守川北道右參政曹科,在籍患病,難以赴任,乞容致仕。故此,高拱奏請:"行令本官照依今陞參政職銜致仕。病痊之日,本處有司具奏起用。"隆慶四年三月十二日題,十四日奉聖旨:"是。"①

十三日 高拱上《議歲終考核鴻臚寺屬官疏》。鴻臚寺卿李際春等題稱:本寺序班等官,見任九十五員,人數既衆,志行難齊。奏請嚴加考核,每歲終將賢否大著者,開呈吏部。高拱提出:"序班三年奏績,例有考核,然必九年通考,方行斥陟。六年京察,亦得與在京五品以下官通行斥陟。緣彼既以入貲出身,未嘗學問,不知法紀,且員多人雜,怠縱者實多。以故賢否混淆,玉石莫辨。"故此,高拱奏請:"每歲終堂上官即將寺屬勤惰賢否,注擬考語,造册送部,以憑分別擢處施行。"隆慶四年三月十三日題,十五日奉聖旨:"是。"②

十四日 高拱上《覆參政方啓參乞休疏》。山東布政司右參政方啓參奏稱:舊病危篤,乞要致仕。高拱提出本官年力才猷,尚堪效用,遽從休棄,不無可惜。但其患病危篤,恐難莅事。故此,"行令本官致仕,病痊之日,有司具奏起用"。隆慶四年三月十四日題,十六日奉聖旨:"是。"③

十七日 高拱上《題豁王親疏》。總督陝西三邊軍務、都察院右副都御史兼兵部右侍郎王崇古咨稱:行據陝西布政司揭報,本司左布政使栗永禄女,先爲沁水府輔國將軍夫人,近於隆慶三年八月二十七日病故,相應照例開豁王親,推陞京職。高拱據《大明會典》一款:"凡文職本身并族屬有女爲王妃、爲夫人,男爲儀賓等項,俱各見在及有子孫者,不許陞除京職;或已故及無子孫,一體陞除。"奏請:"照例

---

① 高拱:《掌銓題稿》卷二二《覆參政曹科乞休疏》。
② 高拱:《掌銓題稿》卷一五《議歲終考核鴻臚寺屬官疏》。
③ 高拱:《掌銓題稿》卷二二《覆參政方啓參乞休疏》。

開豁王親,一體陞授京職。"遇有相應員缺,容臣等即行推用。隆慶四年三月十七日題,十九日奉聖旨:"是。"①

十八日 高拱上《查處不職佐貳等官以示勸懲疏》。文選清吏司提出要對州縣正佐、首領及教職等官吏進行嚴加考察,不能僅憑考語優劣以爲黜陟。高拱提出考察下限不能僅到知州、知縣爲止,其他首領官、佐貳官及教職等官也應該列入,擴大考察範圍,言:"州縣正官陞授王官者常少,惟佐貳、首領、教職陞授者多。緣正官官守有議,撫按例得參劾改降,惟佐貳、首領、教職等官,既無參劾之例,必俟三年大察,方行黜落。不無殃民廢職、縱惡長奸,是以欲行查照前例,改陞王官,蓋有以處之也。然實雖擯抑,名則陞遷,固是一時救弊之權,終非國家癉惡之體。"據此,他奏請規定:"將前項各官罪過顯著者,遵奉前旨拿問,罪過差薄者,行令革任閑住。按季徑自具題,以憑復奏施行。"隆慶四年三月十八日題,二十日奉聖旨:"是。"②這是高拱加强官員考察的重要舉措。

同日 高拱上《補制敕房官疏》。大學士李春芳等乞敕吏部選取文學頗通、字畫端楷者二三員,送房供事。高拱提出户部浙江清吏司署員外郎事司務黎民表、南京太僕寺寺丞歸有光,俱文學頗通,字畫端楷,令其到任各供事,并"轉行在京各衙門,查取六品以下官員情願考選者呈部,或有歷事及續到舉人願考者,亦許赴部收候類考,揀選數人銓補,其各員務要常川在房辦事,不許仍前出入無常,反成捷徑。"隆慶四年三月十八日題,二十日奉聖旨:"是。"③

同日 高拱上《議處本兵司屬以裨邊務疏》。這是高拱推行軍事改革的又一重要奏疏。疏文提出"方今邊徼用兵之處,惟是薊、遼、宣、大、延、綏、寧夏、甘肅,而南則閩、廣。是數處者,風土不一,事體

---

① 高拱:《掌銓題稿》卷一二《題豁王親疏》。

② 高拱:《掌銓題稿》卷六《查處不職佐貳等官以示勸懲疏》。

③ 高拱:《掌銓題稿》卷一五《補制敕房官疏》。

各異。每遇有事,本兵處分,止憑奏報之詞,别無據證",無法及時準確掌握戰地情報資訊,作出正確判斷和處置。據此,高拱奏請:"宜於是數處之人,擇其有才力、知兵事者,每處多則二人,少則一人,使爲本兵司屬。彼生於其地,身家之慮既無不周,至如山川之險易、將領之賢否、士馬之强弱,與夫奏報之虚實、功罪之真僞,皆其所知,便可一問而得。以是爲參伍之資,處分或無不當。""伏望聖明裁定,敕下臣等施行。仍乞著爲令甲,永遠遵守。俾是數處之人在兵部者,後先繼續,不至間斷。其於邊務所裨必多。"因爲邊塞知兵之才生於當地,有身家之慮;同時對山川險易、將領賢否、奏報虚實、功罪真僞,俱有真知灼見,提供的情報資訊比較真實可靠。這樣,便於兵部對兩條渠道獲得的情報資訊加以比較分析,作出正確的判斷和決策,從而減少、避免處置失當和失誤。高拱這一改革舉措,在武選人事制度上是前所未有的創舉。隆慶四年三月十八日題,二十日奉聖旨:"這兵部司屬,依擬選用,着著爲令。"①

二十日　加少傅兼太子太傅禮部尚書武英殿大學士陳以勤勛柱國,蔭一子中書舍人,以一品三年考滿也。②

二十一日　高拱上《議處順天等府更置守令疏》。巡撫順天右僉都御史劉應節、巡按直隸監察御史房楠會題:要將永平府知府劉庠破格加銜,霸州知州田可徹等相應久任。高拱提出:"守令之賢否,生民之休戚係焉。其治績上下,雖人人殊,惟在馭之之何如耳。故實政宜民者,非久任無以竟其施;職業弗充者,非改調無以當其用。此固鼓舞吏治之機也。"據此,他奏請:將灤州知州崔柄、平谷縣知縣樊秬,俱照不及事例,改調簡辟。知州田可徹、馮凱、高尚仁,知縣馮子履、王宣化、趙德光、李一本、賈濂等,俱令久任,候政有成績,不次擢用。永

---

① 高拱:《掌銓題稿》卷二《議處本兵司屬以裨邊務疏》。

② 《明穆宗實録》卷四三,隆慶四年三月丁亥。

平府知府劉庠年資已深,另候酌處,不必加銜等。隆慶四年三月二十一日題,二十三日奉聖旨:"是。崔柄、樊秬依擬改調。"①

二十三日　高拱上《議革南京督糧都御史疏》。南京貴州道監察御史楊邦憲奏稱:要將總督糧儲都御史議行裁革。據此,高拱奏請:"將新陞南京户部右侍郎徐貢元帶管提督糧儲,原給關防,就彼留用。仍咨該部請給敕書,令其欽遵行事。其部運規條,移咨户部,轉行通曉。巡倉御史亦止設一員。見任總督南京糧儲都御史海瑞依議裁革。"隆慶四年三月二十三日題,二十五日奉聖旨:"是。"②

同日　裁革南京冗官共十二人。"吏部驗封司主事一員,户部雲南、江西二司司員外郎各一員,禮部儀制司主事一員,刑部四川司主事一員,工部營繕司員外郎一員,都察院都事一員,通政使司右參議一員,光禄寺少卿一員,國子監博士、學正各一員,太僕寺寺丞一員。"③這是高拱裁革冗官、精簡機構的内容之一。

三十日　高拱上《議革廣東屯田僉事疏》。巡撫廣東都察院右副都御史熊汝達,會同巡按廣東監察御史楊標題稱:按察司額設清軍副使一員,職務甚簡,又設僉事一員,專管屯田、鹽法,俱駐劄省城,似應併省。南韶兵巡原設僉事,近因刘稳以功陞副使職銜,养病去訖。後來者遂以副使推補,似應復舊。守巡等道各有原擬駐劄信地,不时巡歷,人心知警。近年以來,守巡等道皆擇便安而處,俱久不駐劄信地……乞將各官應併復者,或就近改除;應存留者,仍責成任事。據此,高拱奏請:將廣東按察司專理鹽法兼管屯田僉事鍾繼元裁革,事務歸併清軍副使施堯臣管理。南韶兵巡照舊,仍除僉事。各守巡等道務依原分信地駐劄,遵照憲綱,於所分轄州縣,無論遠近衝僻,俱要常川巡歷,一應政務着實舉行。如有仍前不行巡歷,擇處便安,坐廢

---

① 高拱:《掌銓題稿》卷一三《議處順天等府更置守令疏》。

② 高拱:《掌銓題稿》卷一四《議革南京督糧都御史疏》。

③ 《明穆宗實録》卷四三,隆慶四年三月庚寅。

職業者,許撫按官指名參奏重治,不得輕貸。隆慶四年三月三十日題,四月初二日奉聖旨:“是。”①

是月 高拱賦詩二首:

【七言排律】

春 雨

禁城三月雨如煙,散潤飛膏太液邊。
寒色近從原野合,斷絲遥與翠花連。
浥塵柳葉盈堤緑,含濕桃花向客妍。
幾處農夫濡帝澤,誰家父老祝公田。
傅岩既協甘霖望,魯國應書大有年。
知祝聖心通造化,萬方歌舞樂堯天。②

【七言律】

雨後望西山

雨過西山半緑苔,煙嵐硉兀翠屏開。
歸雲欲逐層峰動,返照疑從疊巘來。
裊裊晴光摇草樹,葱葱遠色入樓臺。
望中遥識盤龍處,王氣氤氲鎖碧隈。③

四月初四日 太常寺少卿歐陽一敬以疾請告,許之。④ 史稱途中

---

① 高拱:《掌銓題稿》卷一四《議革廣東屯田僉事疏》。
② 高拱:《詩文雜著》卷一《春雨》。
③ 高拱:《詩文雜著》卷一《雨後望西山》。
④ 《明穆宗實録》卷四四,隆庆四年四月辛丑。

憂死,不實。

初六日 高拱上《查處年老官員疏》。查得廣西按察司按察使丁湛,係江西九江府彭澤縣人,中嘉靖八年進士,三十一年以副使爲民。隆慶二年三月,題准起用,歷陞今職。本官中進士時行年三十八歲,今扣該行年七十九歲,則是衰疲已甚,豈能釐奸決獄,總憲一方?故此,高拱奏請:“將本官照依年老事例,回籍致仕。”隆慶四年四月初六日題,初八日奉聖旨:“是。”①

同日 高拱上《議加河道都御史總理軍務并復曹濮兵備疏》。兵科都給事中温純題稱:各督撫兵備材質所限,或有宜於彼而不宜於此者。且内地多警,凡策應保土之責,即與邊臣無異。曹濮兵備裁革無名,所宜復設。濟寧當三省適中之地,宜於河道都御史加以總理軍務職銜,節制兵道。據此,高拱奏請:“將總理河道加提督軍務職銜,其各臨近地方,南直隸則淮、揚、潁州、徐州,山東則曹濮、臨清、沂州,河南則睢、陳,北直隸則大名、天津,各兵備聽其節制。曹濮仍設兵備道,其各項事務照前管轄。東兖、沂州各道,亦各照前分管本務。”隆慶四年四月初六日題,初八日奉聖旨:“是。”②

初七日 高拱上《覆給事中光懋論兵備副使宋豫卿等疏》。吏科都給事中光懋題稱:霸州兵備副使宋豫卿守尋常之尺寸,乏揮霍之良才,無益地方,所當降用;天津道兵備副使周希哲耽擱誤事,執拗戕民,相應罷職或降級别用。高拱提出:“方今天津、霸州等處,群盜縱横,商民不安,兵備官委難辭責。”據此,他奏請:“將宋豫卿改用,周希哲降調。遺下員缺,另擇才幹官員銓補。至於各省兵備職掌地方城池、兵馬錢糧,關係甚重,容臣等訪其廉敏有爲、實心綏輯者,令其久任,待著有成績,題請超遷,以示奬勸。其才力不堪者,另行議處。”隆

① 高拱:《掌銓題稿》卷九《查處年老官員疏》。
② 高拱:《掌銓題稿》卷一六《議加河道都御史總理軍務并復曹濮兵備疏》。

慶四年四月初七日題,初九日奉聖旨:“是。”①

初十日 高拱上《覆河南巡按御史蔣機劾參政沈寅疏》。巡按河南監察御史蔣機論劾原任分守汝南道參政沈寅,贓迹昭著,乞行罷斥。據此,高拱奏請:“將沈寅一面行令回籍聽勘,一面將所劾事情移咨都察院,轉行彼處撫按衙門,逐一從公查勘明白,徑自具奏定奪。”隆慶四年四月初十日題,十二日奉聖旨:“是。”②

十一日 總督兩廣右都御史劉燾奏:“古田僮賊俱已聽撫。署印主簿廖元得賊情,乞陞縣丞,俾安輯其衆,功成即擢爲令。”兵部覆言:“渠魁獲而後脅從可宥,今首賊韋銀豹尚遁山澤,必令其出而伏罪,然後餘黨可撫,儻仍抗避則朝廷問罪之師必不容已。請行新任總督李遷協撫鎮諸臣再計。”上是之。③

十二日 高拱上《議處各省兵備疏》。兵科都給事中温純等條陳:廣東各道兵備不堪者,行令亟處,速以才猷克壯者調補。兵部覆議:兵備官員非獨廣東所當亟處,至於各省兵備亦當酌議。查得井陘兵備崔近思、陳州兵備傅霖、臨清兵備喬應元、潁州兵備劉得寬等,或武略之未閑,或才力之未贍,或困於久病之嬰身,或奪於家難之亂志,均於地方未便。據此,高拱奏請:“將崔近思、傅霖、喬應元、劉得寬暫令回籍,聽候别用。遺下各缺,本部查訪賢能官員、克堪兵計者,速行銓補。”隆慶四年四月十二日題,十四日奉聖旨:“是。”④

十三日 高拱上《覆侍郎陸樹聲乞休疏》。原任吏部右侍郎陸樹聲奏稱:久病沉痼,不能赴任,乞要休致。高拱認爲本官清望素著,年力未衰。據此奏請:“行令本官照舊在籍調理,病痊之日,本處撫按官具奏起用。”隆慶四年四月十三日題,十五日奉聖旨:“陸樹聲准照舊

① 高拱:《掌銓題稿》卷二六《覆給事中光懋論兵備副使宋豫卿等疏》。
② 高拱:《掌銓題稿》卷二七《覆河南巡按御史蔣機劾參政沈寅疏》。
③ 《明穆宗實録》卷四四,隆慶四年四月戊申。
④ 高拱:《掌銓題稿》卷九《議處各省兵備疏》。

在籍調理，痊可之日，撫按官具奏起用。”①

同日　高拱上《覆都給事中光懋論巡撫海瑞疏》。四月二十三日，又上《覆御史成守節等論巡撫海瑞疏》。吏科都給事中光懋彈劾海瑞：“悻悻自好，皎皎自明。假以自陳，横泄胸臆，且反中言官，醜詆孟浪，無所執據，事屬乖違，法應參究。”要求將其“降級調用，以示創懲”。河南道監察御史成守節論劾海瑞：“爲衰病不能供職，懇恩曲賜歸田，以延殘喘事。中間首張誇大之詞，終侮舉朝士人，以泄怏怏不平之氣。”乞要“嚴加戒諭”。高拱批示：本官“憤激不平，詞涉攻擊，委的有傷大體”，但“一時憤激，乃其氣稟學問之疵；揆之官常，原無敗損”。并以“欽依”、“欽遵”爲據，堅持原來“照舊候用，遇有員缺推補”、“無容别議”的處置原則。他語重心長，寄希望於海瑞：只要“責躬省過，平氣虚心，正直而濟以中和，剛方而文以禮樂。務擴包荒之度，毋狃意見之偏，則將來建立必有勝於今日者，固不止爲一節之士矣”。時在四月十五日和二十五日，兩次奉聖旨：“是。”②只是海瑞不聽勸導，便執意歸家了。其後史學家謂高拱“復疏有‘器小易盈，晚節不終’諸語，令其回籍候用”③。這是完全違背歷史事實的。所謂“器小易盈”云云，其八字出於光懋論疏中的用語，最後一字不是“終”，而是“竟”；高拱對光懋論疏的批示，從未有此八字批評性的評價之語。所謂“回籍候用”云云，高拱在復疏中一直堅持“已奉有欽依，無容别議”、“令本官照舊候用，遇有員缺推補”，從未有“令回籍候用”的字樣。可見，海瑞回籍并非出於高拱的打擊報復。

十六日　高拱上《議處商人錢法以蘇京邑民困疏》。這是推行恤商惠商政策的重要疏文。(1)力陳京師商民之困，言：“臣奉召至京，

---

① 高拱：《掌銓題稿》卷二一《覆侍郎陸樹聲乞休疏》。

② 高拱：《掌銓題稿》卷二三《覆都給事中光懋論巡撫海瑞疏》、《覆御史成守節等論巡撫海瑞疏》。

③ 沈德符：《萬曆野獲編》卷二二《海忠介被糾》。

兩月有餘,見得閭巷小民十分凋敝。有素稱數萬之家,而至於賣子女者;有房屋盈街,拆毁一空者;有潛身於此,旋復逃躲於彼者;有散之四方,轉徙溝壑者;有喪家無歸,號哭於道者;有剃髮爲僧者;有計無所出,自縊投井而死者;而富室不復有矣。臣驚問其故,則曰:'商人之爲累也。'臣又問:'朝廷買物,俱照時估。商人不過領銀代納,如何輒致貧累?'則曰:'非朝廷之價值虧人也,商人使用甚大。如上納錢糧,該是百兩者,使用即有六七十兩,少亦不下四五十兩,是已有四五六七分之賠矣。即得領銀,亦既受累,乃經年累歲不得關支。小民家無餘貲,所上錢糧,多是揭貸勢豪之物。一年不得還,則有一年之利。積至數年,何可紀算?及至領銀之時,又不能便得,但係經管衙門,一應胥役人等必須打點周匝,纔得領出。所得未及一兩,而先已有十餘兩之費,小民如何支撐?所以派及一家,即傾一家。其未派及者,各爲展轉避逃之計。'"(2)提出解除商困的興革方案,言:"先朝公用錢糧,俱是招商買辦。有所上納,即與價值,是以國用既不匱乏,而商又得利。今價照時估,曾未虧小民之一錢,比之先朝固非節縮加少也,而民不沾惠,乃反凋敝若此。雖屢經題奏議處,寬恤目前,然弊源所在,未行剔刷,終無救於困厄。恐凋敝日甚一日,輦轂之下,所宜深慮,必不可謂其無所處而任之也。臣願陛下特敕各該衙門,備查先朝官民如何兩便,其法安在,題請而行。其商人上納錢糧,便當給與價值。即使銀兩不敷,亦須那移處給,不得遲延。更須痛釐夙弊,不得仍有使用打點之費。就中尚有隱情,亦須明言,一切懲革,不得復爾含糊,則庶乎商人無苦,而京邑之民可有寧居之望也。"(3)提出疏通錢法的改革措施,言:"蓋小民日求升合、覓數錢,以度朝夕,必是錢法有一定之説,乃可彼此通行。而乃旦更暮改,迄無定議,小民見得如此,恐今日得錢而明日不用,將必至於餓死。是以愈變更愈紛亂,愈禁約愈驚惶。鋪面不敢開,買賣不得行,而嗷嗷爲甚。臣惟錢法之行,當從民便。試觀當年,未議錢法而錢行,近年議之而反不行;外省未議錢法而錢行，京師議之而反不行，則其理可知也。臣願陛下特降聖諭，行錢只聽從民便，不許再爲多議，徒亂小民耳目。如此，則人心自定。人心既定，錢法自通，而買賣可行，斯各得以爲朝夕矣。"[①]隆慶四年四月十六日題，奉聖旨："覽卿奏，具見爲國恤民之意。錢法委宜聽從民便，再不必立法紛擾。商人一節，該部亟議以聞。"[②]

針對嘉隆時期財政危機的局面，一些有識之士在高拱之前曾提出過恤商惠商的建議。如嘉靖三十三年(1554)，張居正曾提出"厚農而資商"、"厚商而利農"的觀點："余以爲欲物力不屈，則莫若省徵發，以厚農而資商；欲民用不困，則莫若輕關市，以厚商而利農。"[③]高拱這篇爲商人商業解困謀利的疏文，雖然比張居正討論榷税問題的文章晚了十六年，但兩人所持的論點則是基本一致的。其不同之處在於，張在當時僅是在野議論，而高則是以執政的地位，對有關商業問題正式提出興革方案，其影響和效果當然大不相同。高拱上疏不久，即得到隆慶皇帝的批准和支持。於是，高拱便可以"口銜天憲"，以推行重商惠商政策。由此促成了明朝中後期的商業繁榮和經濟發展。

十七日　官軍征剿貴州水西安國亨敗。巡撫貴州右僉都御史王諍免職，諍因安大朝敗，上章自劾，奪大朝官。"先是貴州宣慰司土舍安國亨仇殺其叔祖故宣慰使安萬全之子信，逐信母疏窮及其兄智於安順州別居，智母子因告國亨謀反。前巡撫趙錦檄畢節兵備楊應東治之，未決。會巡撫王諍至，有言應東受國亨賄，陰持兩端者。諍遂疏請罷應東聽勘，而發兵誅國亨。詔從之。智喜，爲總兵安大朝畫進剿策，且約以兵糧數萬爲内應，諍意愈決。於是大集漢土兵萬餘人，屬大朝統之。仍奏留大朝毋應調四川。二月初七日誓師，至陸廣河，

---

① 高拱：《綸扉稿》卷一《議處商人錢法以蘇京邑民困疏》。

② 《明穆宗實録》卷四四，隆慶四年四月癸丑。

③ 張居正：《張太岳集》卷八《贈水部周漢浦榷竣還朝序》。

智兵糧無一助者。諍懼,乃令人撫諭國亨,而密止大朝毋輕進兵。會大朝已渡河至水西,國亨使其子隘目把、阿弟得費等詐以三千人請降。大朝信之,遂深入賊巢。我兵絶食二十九日,賊合圍外攻,三千人内應,我兵敗死者過半。是役也,大朝子榮在行率所部苗兵擄掠,師無紀律,故輕進而敗。於是諍上疏自劾,巡按御史蔡廷臣請治失事諸臣罪,因并劾諍。兵科都給事中温純亦以爲言。"得旨:"令大朝革職,戴罪殺賊。諍回籍聽調,而下榮等御史按問。"①應該説,這次官軍失敗的原因是多方面的。在戰略上,不瞭解邊疆少數民族問題的特殊性,没有核準安氏仇殺事件的真實情況,對安智的誣告深信不疑,因而照搬鎮壓内地反叛勢力的模式,動輒用兵,輕行征伐,而不是以撫爲主,靈活處理少數民族糾紛問題。在戰術上,王諍、安大朝所部孤軍深入,資養無繼,且"大朝子榮在行率部苗兵虜掠,師無紀律",對安國亨詐降又信以爲真,盲目輕敵。再者,安智狡詐多端,背信棄義,没有履行事先約定的内應計劃。這些都是導致官軍慘敗的重要原因。如此沉痛的教訓,促使高拱痛下決心,改變以往解決安氏之亂的方略,儘量争取和平解決。

二十日　爲解決貴州安氏之亂,高拱疏請陞太僕寺少卿阮文中爲右僉都御史巡撫貴州,兼督軍務。②

二十三日　高拱上《題大學士梁儲孫補蔭疏》。廣東廣州府番禺縣儒學生員梁欽奏稱:臣係梁儲孫男,梁次摁親子,守制已滿,相應補蔭。況臣父所授中書舍人,乃臣祖大學士一品九年考滿之蔭,載在舊例,又非别蔭可比。如蒙敕下吏部,查照舊例,准臣補蔭。高拱奏請:"補蔭緣由既經原籍衙門結勘前來,且與見行事例及彭得順所奏相同,似應題請補給。"隆慶四年四月二十三日題,二十五日奉聖旨:"梁

---

① 《明穆宗實録》卷四四,隆慶四年四月甲寅。

② 《明穆宗實録》卷四四,隆慶四年四月丁巳。

斂且罷,以後年遠的不許奏擾。"①

同日 高拱上《題侍書李中子改蔭疏》。制敕房辦事大理寺左寺左評事兼翰林院侍書、已故李中男監生李佃請奏:伏望皇上憫念臣父供事九載微勞,敕下吏部,將臣改蔭翰林院習字出身。高拱疏請:"本部先題止擬送監讀書,揆之情例,實爲未盡。今據李佃再奏前因,該司查有舊例可援,相應題請,照例改送翰林院習字出身。"隆慶四年四月二十三日題,二十五日奉聖旨:"李佃准照例改蔭習字出身。"②

二十四日 高拱上《議處知縣張旆加恩疏》。都察院右副都御史王遴、巡按直隸監察御史姚繼可各題稱:永寧縣知縣張旆居官謹飭,敷政循良,今九年任滿,委應照例起送給由。但本鎮極邊重地,乞要免其赴京,留任管事。高拱疏請:"將張旆量加從五品服色俸級,行令仍管該縣事務,待後政績有成,仍以知州叙遷。"隆慶四年四月二十四日題,二十六日奉聖旨:"是。"③

二十八日 高拱上《覆貴州巡按御史蔡廷臣參參議曹司賢疏》。貴州巡按御史蔡廷臣參稱:貴州布政司參議曹司賢進表回還,違限九個月零二日,乞行提問。高拱疏請:"將曹司賢問擬應得罪名,就彼發落。及通行各省巡按,以後不拘進表、陞遷、除授,各官到任違限,一體照例參究。雖有患帖,亦不准理其違限。自行具奏者,本部參奏處治。庶曠官知警,國法不撓。"隆慶四年四月二十八日題,三十日奉聖旨:"是,曹司賢着巡按御史提了問。"④

高拱賦詩一首。

---

① 高拱:《掌銓題稿》卷三二《題大學士梁儲孫補蔭疏》。
② 高拱:《掌銓題稿》卷三三《題侍書李中子改蔭疏》。
③ 高拱:《掌銓題稿》卷一三《議處知縣張旆加恩疏》。
④ 高拱:《掌銓題稿》卷二七《覆貴州巡按御史蔡廷臣參參議曹司賢疏》。

【五言律】

首　夏

春色還疑在，炎光忽已通。
池荷舒嫩緑，檻藥試新紅。
晝夜寒喧雜，乾坤長養同。
聖人歌解阜，無處不春風。①

五月初二日　高拱上《議處都御史吴時來舉薦太濫疏》。吏科都給事中光懋等題稱：南京操江右僉都御史吴時來舉劾有司官員一疏，濫至五十九人。其中，所屬賢者之多，而不肖者止寥寥一二也。乞將吴時來量調外任，以爲徇私濫舉者之戒。高拱認爲“憲臣薦舉之典，所以進達賢材，激勸吏治，關係甚重”，而今都御史吴時來不論任淺陞任薦至五十九人，其濫已甚。市恩徇私之弊，顯然可見。據此，批示：“將吴時來量調外任，以警將來……今後務遵節題事例。除卓異資深者照舊疏薦外，其陞任行取并歷俸年淺者，不許一概列名，以市私恩。薦語務要簡明精確，據事直書，不得仍舊連篇累牘，牽連對偶，反掩情實。文書到日，悉要着實舉行。再有違者，聽部院及該科參奏處治。”隆慶四年五月初二日題，初四日奉聖旨：“吴時來着調外任用。近來撫按官委的舉薦太濫，徇私市恩，有乖憲體。今後再有這等的，重治不饒。”②

同日　高拱上《覆布政凌雲翼乞休疏》。山東布政司右布政使兼按察司副使凌雲翼奏稱：患病不堪供職，乞要放歸田里。高拱提出：

---

① 高拱：《詩文雜著》卷一《首夏》。

② 高拱：《掌銓題稿》卷二〇《議處都御史吴時來舉薦太濫疏》。

"本官年力精强,才猷敏練,乃今患病,實因水土不服,難以准其致仕。"據此,批示:"行令凌雲翼回籍聽用,遇有東南方便員缺推補。"隆慶四年五月初二日題,初四日奉聖旨:"是。"①

初四日 高拱上《議加副使鄭洛職銜疏》。都察院右副都御史王遴題:薦懷隆兵備道副使鄭洛,俊穎天成,機宜神解,允爲卓異,似應查照近例,超陞一級,仍管原務,以示優待。高拱批示:"將本官加陞山西布政使司右參政,仍兼副使職銜,照舊管理懷隆兵備事務。"隆慶四年五月初四日題,初六日奉聖旨:"是。"②

同日 高拱上《覆布政劉斯潔乞休疏》。覆除陝西等處承宣布政使司左布政使劉斯潔奏稱:遵照部科原議,乞要休致。高拱認爲:"本官志行清嚴,才猷詳練,關陝重地,正賴旬宣。"據此,批示:"行令劉斯潔照依新任,作速前去供職。"隆慶四年五月初四日題,初六日奉聖旨:"是。"③

十一日 高拱上《議革廣東巡撫疏》。吏科都給事中光懋、巡按直隸等處監察御史蘇士潤題稱:將近設廣東巡撫裁革,廣西巡撫暫令調度,仍將總督閩、廣巡撫改爲提督兩廣軍務兼理廣東巡撫事,惠、潮兩府仍宜復屬南贛兼管。高拱批示:將廣東巡撫裁革,原任巡撫熊汝達,行令速赴浙江到任管事。其見任總督兩廣軍務兼理糧餉、兵部左侍郎兼都察院右僉都御史李遷,改爲提督兩廣軍務兼理糧餉兼巡撫廣東。其惠、潮二府軍民政務,姑仍照舊管轄,以免前弊。隆慶四年五月十一日題,十三日奉聖旨:"是。廣東巡撫依擬裁革,着李遷兼管,换敕與他。"④這一措施對於加强廣東地方軍政官員相互協作,勤於政事,共同抵禦倭盗侵擾,提供了體制上的保障。

---

① 高拱:《掌銓題稿》卷二二《覆布政凌雲翼乞休疏》。
② 高拱:《掌銓題稿》卷一二《議加副使鄭洛職銜疏》。
③ 高拱:《掌銓題稿》卷二二《覆布政劉斯潔乞休疏》。
④ 高拱:《掌銓題稿》卷一四《議革廣東巡撫疏》。

十五日　高拱上《覆尚書譚大初乞休疏》。南京户部尚書譚大初以年老患病,乞賜放歸田里。高拱批示:"俯從所請,准其以南京户部尚書致仕。"隆慶四年五月十五日題,十七日奉聖旨:"譚大初准以尚書致仕。"①

十九日　高拱上《議處廣東有司官加恩疏》。巡撫廣東兼理軍務、都察院右副都御史熊汝達,巡按廣東監察御史楊標查議:韶州府知府李渭、肇慶府四會縣知縣劉順之,委皆治行廉能,歷俸三年,似應優處留任。高拱批示:"將李渭加陞從三品服俸,劉順之加陞從五品服俸,仍管原府原縣事務,以示優異。"隆慶四年五月十九日題,二十一日奉聖旨:"是。"②

二十日　高拱上《覆副使張守中乞休疏》。總督陝西三邊軍務、都察院右都御史兼兵部右侍郎王崇古題稱:定邊兵備道副使張守中郁勞致疾,乞要暫回原籍調理,俟其病痊録用。高拱批示:"將張守中暫令回籍致仕。病痊之日,本處撫按官具奏起用。"隆慶四年五月二十日題,二十二日奉聖旨:"是。"③

二十一日　高拱上《議處江西縣官加恩疏》。巡撫江西等處兼理軍務、都察院右副都御史劉光濟咨稱:袁州府萬載縣知縣胡文光、廣信府永豐縣知縣韓詩,俱歷俸三年,政績已著,似應量加服俸,責令久任。高拱批示:"將胡文光、韓詩俱加陞從五品服俸,仍各管原縣事務,以示優異。"隆慶四年五月二十一日題,二十三日奉聖旨:"是。"④

同日　高拱上《議處福建州縣官疏》。提督軍務兼巡撫福建地方、都察院右僉都御史何寬題稱:要將汀州府清流縣知縣劉光奕量加五品職銜,邵武府邵武縣知縣鄭夢賚加五品服俸,責令照舊在任管

① 高拱:《掌銓題稿》卷二一《覆尚書譚大初乞休疏》。
② 高拱:《掌銓題稿》卷一三《議處廣東有司官加恩疏》。
③ 高拱:《掌銓題稿》卷二二《覆副使張守中乞休疏》。
④ 高拱:《掌銓題稿》卷一三《議處江西縣官加恩疏》。

事。高拱批示："將劉光奕、鄭夢賚俱加陞從五品服俸，仍各管原縣事務，以示優異。"隆慶四年五月二十一日題，二十三日奉聖旨："是。"①

同日　高拱上《題黔國公沐昌祚襲爵疏》。雲南撫按官陳大賓等會題稱：原任鎮守雲南總兵官征南將軍黔國公沐朝弼，屢次被論，虐害莊民，及近日固留母嫂等項事情，俱已會勘明白。伊男沐昌祚應否准襲祖爵，咨吏部擬議題請。高拱批示："准令沐昌祚照依沐朝輔等事例，免其赴京，給與制敕，就彼襲爵，挂印充總兵官，鎮守雲南等處地方。"隆慶四年五月二十一日題，二十三日奉聖旨："沐朝弼事情既會勘明白，沐昌祚准免赴京，襲黔國公，着挂印充總兵官，鎮守雲南地方，寫制敕與他。"②

二十二日　陞南京都察院右都御史劉自強爲南京户部尚書。陞江西饒州府推官齊康爲禮部主客司主事。③ 齊康爲高拱門生。

二十九日　陞陝西右布政使曹金爲本司左布政使。④ 曹金爲高拱姻親，有婚約而未成婚。

六月初四日　高拱上《議處邊方有司以固疆圉疏》。此疏針對邊方有司"非雜流，則遷謫；非遷謫，則多才力不堪之人"的弊端，高拱提出：(1)嚴其選、重賞罰的改革措施："國家用人，不當爲官擇地，只當爲地擇官。今邊方既係要緊之地，又皆狼狽，則尤宜以賢者處之。合無今後各邊有司，必擇年力精强、才氣超邁者除補；或查治有成績，兼通武事者調用，而又議其賞罰。有能保惠困窮俾皆樂業者，以三年爲率，比内地之官加等陞遷。有能捍患禦敵特著奇績者，以軍功論，不次擢用。如其才略恢弘，可當大任，即由此爲兵備、爲巡撫、爲總督，無不可者。惟以治效爲準，不必論其出身資格。若乃用之不效，無益

① 高拱：《掌銓題稿》卷一三《議處福建州縣官疏》。
② 高拱：《掌銓題稿》卷三四《題黔國公沐昌祚襲爵疏》。
③ 《明穆宗實録》卷四五，隆慶四年五月已丑。
④ 《明穆宗實録》卷四五，隆慶四年五月乙未。

地方者，降三級别用。若乃觀望推委，以致誤事者，輕則罷黜，重則軍法治罪。”(2)劃定邊方之地：“又有本是腹裏而借邊方省分之名，以圖倖進者，亦不可不預爲一定之説。”故此，高拱劃定薊、遼十八個州縣，山西二十六個州縣，陝西十七個州縣，共六十一個州縣爲邊方之地。“其他雖是薊、遼、山、陜所屬，不得概以邊稱，徒資倖路。”隆慶四年六月初四日題，初六日奉聖旨：“邊方有司，防守攸賴，委宜加意。這所議都准行。”①

高拱這一邊政整頓方案，意義重大：一是在沿邊有司的選配上要“爲地擇官”。沿邊有司“雖是牧民之官，實有疆埸之責”；邊疆雖屬遠地，却是國家門户，其治理的好壞，將直接關係到國家的安危。因此，應選拔年富力强、才氣超邁者，或治績突出兼通武事者到邊地任職，革除過去那種在邊地安插“才力不堪之人”即“爲官擇地”的弊端。二是在獎懲措施上要賞罰分明。獎懲惟以治效爲準，不能僅憑出身資歷。若政績突出，軍功卓著，就要比内地之官加等陞遷，甚至破格提拔；若推諉扯皮，貽誤軍機，輕則降級，重則軍法治罪。這些獎懲措施，必能激勵邊官盡職盡責，備邊禦敵。三是實行特遷制度，即不拘常格，破格提陞。爲了避免特遷制度實施中官員“概以邊稱”，他明確劃定了特遷之制的適用範圍，即六十一個州縣爲邊地。而其他雖是“薊、遼、山、陜所屬，不得概以邊稱，徒資倖路”。

初七日　高拱上《覆保定巡撫都御史參官疏》。巡撫保定等處都御史朱大器論劾：要將任縣知縣林大畜罷斥，新安縣知縣李承弼降用。高拱認爲林大畜貪婪有迹，罷斥固宜；而李承弼既有指實之贓，今議降謫，殊爲姑息，與本部調用之例不合。故此，批示：“將知縣林大畜、李承弼俱照貪例爲民，庶於事理爲當。”隆慶四年六月初七日

---

① 高拱：《掌銓題稿》卷二《議處邊方有司以固疆圉疏》。

題,初九日奉聖旨:"林大畜、李承弼俱着爲民。"①

初八日 户部條議大學士高拱疏請恤商事宜:一定時估,一議給價,一嚴禁革,一裁冗費,一公僉報。疏入,上悉從之。②

初九日 高拱上《覆給事中章甫端劾提學副使林大春疏》。這是高拱整頓學政的重要疏文。禮科左給事中章甫端題稱:浙江按察司提學副使林大春濫厠文衡之任,敢逾詔格之常。如聖賢經傳,章各有旨也,大春乃妄自割裂組織,以爲題目。高拱認爲林大春者,乃敢變亂國制而割裂聖經,誠爲壞法干紀,實名教之所不容,王法之所不貸。據此奏請:"將林大春照不謹事例,冠帶閑住。"高拱針對當時僞稱道學,鼓弄虚聲,憑恃奥援,獵取美秩的不正之風,又題請:"戒諭各提學官,務要恪遵憲制,勉樹表儀。公以取人,不得濫竽於非類;勤以閲卷,不得假手於屬官。敢有倡僞言以惑士聽,爲僻行以敗官常,不惜名節,致干清議者,即便參奏究斥……庶人心知畏,學政可興。"隆慶四年六月初九日題,十一日奉聖旨:"是,林大春着閑住。"③

初十日 高拱上《議處遠方有司以安地方并議加恩賢能府官以彰激勸疏》。這是高拱整頓邊政的又一重要奏疏。疏言:"廣東舊稱富饒之地,乃頻年以來,盗賊充斥,師旅繁興,民物凋殘,狼狽已甚。以求其故,皆是有司不良所致。"爲破除此弊,高拱提出:(1)選賢任能,不用雜流、遷謫:"今後廣東州縣正官,必以進士、舉人相兼選除,雜流、遷謫姑不必用。"其具體措施是:廣東"總計其州縣共八十處,其掌印官每三處則用進士一、舉人二,皆揀其年力精壯、才氣通敏者以充,而監生以下不與焉"。(2)以治績爲考核標準:"果有治績,撫按從實奏薦,行取推陞;如其奉職無狀,必須盡數參來處治,不得仍前聊取一二,苟且塞責;如尚苟且塞責,容臣等參奏治罪。庶人心知警,而

① 高拱:《掌銓題稿》卷二九《覆保定巡撫都御史參官疏》。

② 《明穆宗實録》卷四六,隆慶四年六月甲辰。

③ 高拱:《掌銓題稿》卷二六《覆給事中章甫端劾提學副使林大春疏》。

不敢公然縱肆也。”(3)勸廉懲貪:“然不肖者罰,固可以示懲,若使賢者不賞,又何以示勸？臣等訪得潮州府知府侯必登公廉有爲,威惠并著,能使地方鮮盜,百姓得以耕稼爲生。此等賢官,他處猶少,而況於廣東乎？若使人皆如此,又何有地方不靖之憂?”(4)加强溝通,破除粵地欺隱之弊:“使遠方功罪之實,爲在上者所明照;而君上綜核之意,爲在遠者所周知,則誰敢不畏、敢不修職？萬里之外,如在目前;治理之機,可運掌上。聖人所以能使中國爲一人,用此道也。”針對廣東地處“嶺南絶徼,僻在一隅,聲聞既不通於四方,動静尤難達於朝著”的地理特點和“有司者苟可欺其撫按,即無復有誰何之者”的弊端,高拱提出要加强朝廷與廣東邊地官員的溝通,力求做到上情下達,下情上達,有令必行,有禁必止。隆慶四年六月初十日題,十二日奉聖旨:“近來遠方有司不得其人,以致民不聊生,盜賊滋蔓。這所議甚得弭盜安民之要,都准行。”①高拱推行的上述改革措施,不僅遏制了貪賄腐敗之風,而且還提高了行政效率,爲有效抵禦倭寇入侵,平息少數民族反叛提供了體制上和軍事上的保障。正因如此,這些舉措得到了隆慶帝的大力支持,獲准執行。

十七日　吏部覆都給事中光懋所陳考察事宜,言:“宜請行各處撫按官通查所部地方,如兩廣用兵孰爲危急,他省災變孰爲重大,直陳狼狽之狀。量留正官料理,此外毋概藉口以曠盛典,并嚴催應填各屬賢否文册,務親行查訪,毋假借於耳目;直書事實,毋牽附以對偶。定限十月以前陸續到部,仍置小册。自二司以至知府,中間廉能公謹及貪酷罷軟等類實迹,手書次第,亦同文册封送。如有遷延過期與含糊失實者,聽部院該科指名參治。報可。”②

十八日　高拱上《參總督陳其學薦舉違例疏》。都察院右都御史

---

① 高拱:《掌銓題稿》卷三《議處遠方有司以安地方并議加恩賢能府官以彰激勸疏》。

② 《明穆宗實録》卷四六,隆慶四年六月癸丑。

兼兵部右侍郎陳其學題稱:訪得大同府知府程鳴伊、平陽府知府吕鳴珂、蒲州知州許希孟、曲陽縣知縣袁魁等府州縣官員二十二人,均廉勤公謹,所當薦揚。高拱認爲陳其學薦舉太濫,有乖憲體,故此應"將陳其學量加罰治,以爲將來之戒。乃可以見賞罰之必信,乃可以使政令之必行"。至於舉劾章疏,高拱乞著爲定式:"硃語之下,不必鋪叙繁文,只稱某差已滿,例當舉劾,訪得某某賢能,有何政績,所宜薦揚;某某不職當斥,或老疾、不及,當致仕、調用,所宜糾劾,如此而止。非但陞任俸淺等項當遵前禁,即所當久任,亦不必有。通候命下……一體永遠遵行。"隆慶四年六月十八日題,二十日奉聖旨:"是。陳其學罰俸一個月。今後撫按官舉劾章疏,都照所定體式行。有故違的,你部里參來處治。"①

二十四日　工部覆大學士高拱所陳恤商事,言:"貧商困累,惟多給預支銀可以拯之。乞將年例錢糧辦納之數,以難易定其多寡,以遲速定其先後。多者預支十分之四,遞減至一分,半年以内全給,一年以外先給其半。"詔可。②

二十七日　高拱上《覆廣東巡按御史參官疏》。巡按廣東監察御史楊標題參:瓊州府知府周思久領憑赴任,過違限期,乞要量行罰治,或姑令策勵供職。高拱提出本官始既違限,又複違限,較之初違限者不同。故此,"將周思久令其起送赴部,照例降調别用。"隆慶四年六月二十七日題,二十九日奉聖旨:"是。"③

二十八日　高拱上《覆陝西巡按御史參官疏》。巡按陝西監察御史潘民模論劾:要將僉事聶瀛致仕,副使劉行素改調簡僻,兩當縣知縣張效良罷斥,寧遠縣知縣文公試、澧縣知縣劉羽改教,鞏昌府通判楊叔永降調。高拱認爲除聶瀛與老疾致仕之例未合外,其餘俱與本

---

① 高拱:《掌銓題稿》卷二〇《參總督陳其學薦舉違例疏》。

② 《明穆宗實録》卷四六,隆慶四年六月庚申。

③ 高拱:《掌銓題稿》卷二九《覆廣東巡按御史參官疏》。

部查訪相同，故此，“將知縣張效良照貪例爲民，僉事聶瀛、副使劉行素及知縣文公試、劉羽，通判楊叔永，俱照不及例起送赴部，内聶瀛量行降調，劉行素量調簡僻，文公試、劉羽俱降二級，楊叔永降三級用。”隆慶四年六月二十八日題，三十日奉聖旨：“張效良着爲民，聶瀛等依擬降調。”①

七月初二日　高拱上《覆山西巡按御史參官疏》。巡按山西監察御史饒仁侃論劾：要將臨縣知縣王士欽罷斥，或姑爲降調閑散，繁峙縣知縣楊朗改調。高拱認爲王士欽既有指實之贓，難以擬其降調。故此，“將王士欽照貪例爲民。楊朗照不及例，改調簡僻地方。”隆慶四年七月初二日題，初四日奉聖旨：“王士欽着爲民，楊朗改調。”②

同日　高拱上《請禁章奏繁詞以肅朝廷疏》。這是整頓士風、文風的重要奏疏。疏言：尚實之世不多言，守法之臣無曲説。然近來章奏日趨浮泛，鋪綴連牘，徒煩聖覽。且言多意晦，端緒難尋；翻可竄匿事端，支調假飾。人臣奏對之禮，不當如此。故此，高拱奏請：“伏望敕下該部，嚴加禁約，通行内外大小衙門，凡有章奏，務要直陳其事，意盡而止，不得仍前鋪綴。違者，聽該部科道官參奏治罪。庶存恭肅之體，且還簡實之風。”隆慶四年七月初二日具奏，奉聖旨：“着便通行嚴禁，有違的，部院該科參來處治。”③

初三日　高拱上《覆浙江巡按御史參官疏》。巡按浙江監察御史吴從憲題稱：兩浙運司副使今陞南京兵部武庫清吏司郎中蕭九成，貪饕成性，穢迹彰聞。乞要罷斥爲民，或仍提問追贓。高拱提出蕭九成贓私大露，法例有在，難以姑容。故此，“將蕭九成行提到官，查審前贓是實，照數嚴追貯庫，依律問遣，以爲貪肆者之戒。”隆慶四年七月

① 高拱：《掌銓題稿》卷二九《覆陝西巡按御史參官疏》。
② 高拱：《掌銓題稿》卷二九《覆山西巡按御史參官疏》。
③ 高拱：《綸扉稿》卷一《請禁章奏繁詞以肅朝廷疏》。

初三日題,初五日奉聖旨:"蕭九成革了職,着巡按御史提問具奏。"①

同日 高拱上《議專任總部京糧官疏》。巡撫河南等處地方、都察院右僉都御史李邦珍題稱:該省京糧道止因原無注選官員,以故接管不常,缺人廢事,乞要於布政司年淺參政、參議内注選一員,以便責成。故此,高拱奏請:將兩省京糧道專於參議内注選一員。自後注選官員,在京陞者,即許到任管事;在外陞者,即星夜前來接管行事。其撫按官亦不得别項差委,致誤大計。隆慶四年七月初三日題,初五日奉聖旨:"是。"②

初四日 刑部尚書葛守禮請禁酷刑,言:"在外有司,無以奉承體德,凡有訊鞫,不論輕重,動用酷刑。有問一事未竟而已斃一二命,到甫期年而拷死數十人者,輕視人命有若草菅。如汾州知州齊宗堯三年致死五十人,榮河知縣吴朝一年致死十七人,甚可駭也。請行各處撫按官戒諭有司,如有仍前慘刻用刑者,照例降級爲民;有故勘故禁故入致死者,依律抵罪;容隱者事發并治。"上令行撫按官嚴加體訪,有仍前酷刑者劾治之。③

初五日 設河南新鄭縣郭店驛站,從巡撫都御史李邦珍奏也。④此前,高拱曾致書河南布政司參政查志立:"添驛一節,過承留意,亦可少蘇奔走之疲。第鄭州驛馬驢既多,而縣驛亦有五十三,今議新驛止二十五,則往來接應不敷,反貽重累,仍需有處可也。"⑤他又致函

---

① 高拱:《掌銓題稿》卷二九《覆浙江巡按御史參官疏》。
② 高拱:《掌銓題稿》卷一四《議專任總部京糧官疏》。
③ 《明穆宗實録》卷四七,隆慶四年七月庚午。
④ 《明穆宗實録》卷四七,隆慶四年七月辛未。
⑤ 高拱:《政府書答》卷三《答河南查大參書》。

開封府知府張夢鯉[1]:“蓋添馬驢所以蘇民困也,若添廩給、鋪陳以奉過客爲何?故願於此處再裁酌也。”[2]

初七日 高拱上《議總督劉應節給由加恩疏》。整飭薊州等處邊備兼巡撫順天等府地方、都察院右僉都御史劉應節,奏爲給由事。高拱提出:“本官久勞邊務,夙著壯猷,效有保障之功,允副鎖鑰之寄。兹當考績,委與前項格例相合。”故此,“將本官照例陞授都察院右副都御史,照舊巡撫順天等府地方”。隆慶四年七月初七日題,初九日奉聖旨:“劉應節陞都察院右副都御史,照舊巡撫,寫敕與他。”[3]

同日 高拱上《議考察光禄寺屬官疏》。巡視光禄寺陝西道監察御史張守約題稱:光禄寺屬官,舊例止於五年大計,不才竟多漏網,乞要每歲終,許巡視查刷。高拱批示:“考察仍照五年舊例,今只行令巡視科道官,逐日逐事悉心體訪。如有怠緩優柔、狡僞恣肆、收支混淆、開報糊塗等項情弊,聽其即時參奏處治。”隆慶四年七月初七日題,初九日奉聖旨:“是。”[4]

同日 高拱上《覆大學士陳以勤條陳疏》。這是高拱推行吏治改革的重要奏疏。大學士陳以勤條陳六事,其“慎擢用”一款關涉吏部。高拱議復:“吏部司屬與科道官俱稱顯要,責任重大,本部皆慎選以充,非泛然而用也。惟是陞擢京堂,尚有可議,蓋京堂所以待卓異之才,而常調不與焉。查得先年陞京堂者原無定數,亦無定時,惟視其

---

① 張夢鯉(1533~1597),字汝化,號龍池,山東樂安縣人。嘉靖三十四年(1555)中舉,次年中進士。四十年(1561)授户部主事,監管國家糧庫,制度謹嚴,秋毫無損。嘉靖四十五年(1566)任兵部員外郎。隆慶元年(1567)陞開封府知府。審理官司,清理積案。罰款進獻,登記入庫。謝絶送禮,禁止舞弊。遇災減免錢糧,開倉濟民。萬曆元年(1573)陞山西布政司右參政。萬曆四年(1576)陞江西按察使,整頓吏治,懲辦訟棍,清理積案,平反冤獄,聲望益高。萬曆五年(1577),陞山西右布政使,主管鑄錢,推行錢法,百姓稱便。萬曆九年(1581),調甘肅副都御史,同年又召爲大理寺卿。萬曆十年(1582)致仕,二十五年(1597)病逝。著有《文繡閣詩草》。

② 高拱:《政府書答》卷三《答開封張太守書》。

③ 高拱:《掌銓題稿》卷一一《議總督劉應節給由加恩疏》。

④ 高拱:《掌銓題稿》卷一五《議考察光禄寺屬官疏》。

才而已。近年來在吏部者,京堂既多,而又有歲一外補之説。常使宜出者衆,亦惟一人而止;宜出者無,亦取一人以充;既謂拘矣。若夫科道陞京堂者,則有挨次間陞,每歲一科二道之説。常使名在前者,雖非卓異,必有京堂之推;名在次者,雖甚卓異,無復京堂之望。又每在春陞,常使春中無缺,則强爲謄缺以趁時;春後有缺,則故爲抑滯而不補。是以斟酌用人之活法而爲聊且了事之局,方非所謂當也。又南京科道皆係耳目之官,與北京科道同時選用者,本無彼此,何乃低昂太甚?皆屬外遷。各部司屬甚衆,中豈無人,何乃一無拔取?令人灰沮,非所謂均也……今後吏部科道除員外郎、左右給事中以下,及年未甚深御史應外補者,隨時推用外,其雖已爲郎中、都給事中、京畿提學、河南道御史者,仍須察其既任之後建立何如。果稱卓異,不妨連陞數人於内;不然者,不妨連陞數人於外。資俸相應者,即一歲併陞而不爲多;不然者,即終歲無之而不爲少。其南京科道稱卓異者,不拘人數,俱令久任;待其更有建立,俸資相應,一體陞以京堂;餘者隨時外補。各部司屬稱卓異者,亦待資俸相應,拔在京堂之列。則擇之已精,既無不當;用之亦廣,又無不均。用人之理,似爲有得。"隆慶四年七月初七日題,初九日奉聖旨:"是。"①

初八日　高拱上《議革會考科舉疏》。據順天府呈:照得本年八月初九日,本府開科鄉試,乞將應試歷事監生早爲考試,備送本府,以憑遵奉施行。高拱認爲吏、禮二部堂上官會考,乃是一時釐弊之意,於體統終爲未妥,且科舉事於吏部本無關涉,似亦不必用吏部官。據此題請:"敕下禮部,另行議處。"隆慶四年七月初八日題,初十日奉聖旨:"是。"②

初九日　高拱上《覆尚書黄光昇乞休疏》。原任刑部尚書、今補

---

① 高拱:《掌銓題稿》卷一七《覆大學士陳以勤條陳疏》。
② 高拱:《掌銓題稿》卷八《議革會考科舉疏》。

南京刑部尚書黄光昇奏稱:衰病不堪供職,乞要辭免新任,仍准致仕。高拱批示:"行令本官作速起程,前赴南京刑部,到任管事,毋得再陳仰瀆。"隆慶四年七月初九日題,十一日奉聖旨:"黄光昇着遵前旨,上緊赴任供職。"①

初十日 高拱上《申議養病事例以一法守疏》。考功清吏司案呈:近年養病京官,率多延違年限,遂藉口限内起文及中途再病等語,無憑查考,相應酌議。高拱批示:"備行境内養病官務要及期赴部,方准敘用。若到部在三年之外,雖稱三年之内給文,仍照違限,罷職不敘。其三年赴部,而又稱中途患病者,照有疾例致仕。庶欺肆知警,而官事亦不曠廢。"隆慶四年七月初十日具題,十二日奉聖旨:"是。"②

十一日 高拱上《參巡按御史王君賞舉劾違例疏》。巡按陝西監察御史王君賞題稱:請將布政司左布政使栗永禄、鳳翔府知府黄翼等二十二人陞任擢用,固原兵備副使張昇、蒲城縣知縣吕宗儒二人所當罷斥。高拱批示:"將張昇照年老事例致仕,吕宗儒照貪酷例爲民。"又因王君賞兩疏濫敘市恩,有違法禁,故奏請:"姑照潘民模事例,量加罰治。"隆慶四年七月十一日題,十三日奉聖旨:"張昇着致仕,吕宗儒爲民。王君賞姑罰俸一個月。"③

十二日 高拱上《議處邊方久缺正官疏》。山西等處大同等府渾源州等衙門,缺知州等官共十五員。高拱照例推陞山西等處榆社等縣康棨等十五員,節年考語"才力俱優",堪以陞任,催令星夜前去新任管事。"計開:擬陞山西大同府渾源州知州一員,康棨榆社縣知縣;擬陞山西大同府應州知州一員,吴守節聊城縣知縣;擬陞陝西延安府綏德州知州一員,王學孟平陸縣知縣;擬調順天府昌平州密雲知縣一

① 高拱:《掌銓題稿》卷二一《覆尚書黄光昇乞休疏》。

② 高拱:《掌銓題稿》卷五《申議養病事例以一法守疏》。

③ 高拱:《掌銓題稿》卷二〇《參巡按御史王君賞舉劾違例疏》。

員，張思正博野縣知縣；擬調山西太原府代州五臺縣知縣一員，王勣商丘縣知縣；擬調山西太原府忻州定襄縣知縣一員，曲宦陽谷縣知縣；擬調山西太原府代州繁峙縣知縣一員，任朝臣肅寧縣知縣；擬調山西大同府應州山陰縣知縣一員，張宗信靈壽縣知縣；擬調山西大同府朔州馬邑縣知縣一員，宗鑰寧陵縣知縣；擬調山西大同府蔚州廣陵縣知縣一員，韓希龍長山縣知縣；擬調山西平遥縣知縣一員，崔元吉金鄉縣知縣；擬調陝西延安府膚施縣知縣一員，趙可化東光縣知縣；擬調陝西延安府塞縣知縣一員，宿金通許縣知縣；擬調陝西延安府延川縣知縣一員，毛儲元石泉縣知縣；擬調陝西延安府葭州吴堡縣知縣一員，李木恩縣知縣。"隆慶四年七月十二日題，十四日奉聖旨："是。"①

十四日　高拱上《議處府佐官疏》。文選清吏司案呈：卷查裁革起復知州、知縣舊例，俱係雙月急選，致使府佐官員久缺廢事。高拱批示："將見聽選與今後起送起復、裁革二項府佐官員到部者，查無違礙，照依知州、知縣事例，遇有相應員缺，即行補除。其改調等項，仍照常急選施行。"隆慶四年七月十四日題，十六日奉聖旨："是。"②

同日　高拱上《議處改教官員疏》。文選清吏司案呈：查得各省府學教授缺少，近年改教官員數多。事體殊爲未妥，選法不無壅滯。高拱批示："將在部聽選與今後改教到部者，除盡補府學教授外，若遇人多缺少，不論州學學正、縣學教諭，酌量改除，以後仍照府學教授一體陞遷。"隆慶四年七月十四日題，十六日奉聖旨："是。"③

十六日　高拱上《覆副使張嘉孚乞休疏》。巡撫四川等處地方、都察院右僉都御史嚴清等題稱：建昌兵備副使張嘉孚因病乞休，情詞迫切，議將本官准令回籍調理，病痊之日起用。高拱批示："行令本官

---

① 高拱：《掌銓題稿》卷七《議處邊方久缺正官疏》。

② 高拱：《掌銓題稿》卷六《議處府佐官疏》。

③ 高拱：《掌銓題稿》卷六《議處改教官員疏》。

就彼回籍致仕調理。病痊之日,有司具奏起用。”隆慶四年七月十六日題,十八日奉聖旨:“是。”①

同日 高拱上《辯理副使張鳳來疏》。提督軍務兼巡撫福建地方、都察院右僉都御史何寬題稱:原任福建按察司巡視海道副使陞江西參政、今回籍聽勘張鳳來,贓私毫無實迹,應合辯理。高拱批示:“行令本官仍以參政起送赴部,候有相應員缺,即行銓補。庶使公道彰明,人無虧屈。”隆慶四年七月十六日題,十八日奉聖旨:“是。”②

十七日 高拱上《覆江西巡按御史劉思問參僉事陳成甫等疏》。巡按江西監察御史劉思問題稱:隆慶三年十二月内,江西按察司分巡湖東道僉事陳成甫賫賀萬壽表文赴京,索騙所轄十七縣水手折干銀兩并青布葛布、建昌杉板,隨身箱扛八十餘抬,行至浙江蕭山縣被知縣許承周挾制搜盤。乞將陳成甫速行罷斥,許承周從重議罰。高拱批示:先將僉事陳成甫、知縣許承周俱行革職,并將二臣前後情罪逐一核實明白,奏請定奪。隆慶四年七月十七日題,十九日奉聖旨:“陳成甫、許承周俱革了職,着巡按御史勘明具奏。”③

同日 高拱上《覆福建巡按御史參官疏》。巡按福建監察御史蒙詔論劾:要將延平府大田縣知縣李校罷斥,建寧府蒲城縣知縣潘玉潤、漳州府長泰縣知縣唐珊罷斥。高拱認爲:“知縣李校以酷濟貪,固當提問。潘玉潤、唐珊贓罪差薄,亦犯貪例,似難止議罷斥。”故此,高拱奏請:將李校、潘玉潤、唐珊俱先行革職,通提到官,查果貪酷,情罪是實,即將贓銀照數追贮,仍依新例分别究遣,不得徇情姑息。隆慶四年七月十七日題,十九日奉聖旨:“李校等革了職,着巡按御史提問具奏。”④

---

① 高拱:《掌銓題稿》卷二二《覆副使張嘉孚乞休疏》。

② 高拱:《掌銓題稿》卷二八《辯理副使張鳳來疏》。

③ 高拱:《掌銓題稿》卷二七《覆江西巡按御史劉思問參僉事陳成甫等疏》。

④ 高拱:《掌銓題稿》卷二九《覆福建巡按御史參官疏》。

十九日　高拱上《議重民牧疏》。吏科給事中賈三近題稱:乞要申明聖諭,於各州縣長吏毋偏重進士,一遇有缺,不得濫授雜流。高拱提出:"我國家舊有三途并用之條,年來亦間行之。但係才賢,則出身皆不必論,豈特不當薄視鄉舉耶?"故此,奏請打破出身資格、選拔賢才的改革舉措:"各州縣長吏,無拘何項出身,俱要一體相待。果係卓異,雖非甲科,必與薦剡,不得故遺。如有貪肆,雖係甲科,亦列彈章,毋容故縱。"隆慶四年七月十九日題,二十一日奉聖旨:"是。"①此疏顯示,高拱不僅重視州縣正官的選拔和使用,而且還破除重進士輕舉人的舊套,力行惟賢是用的用人政策。這是高拱吏治改革的重要內容之一。

同日　高拱上《覆都給事中温純論總督劉燾疏》。兵科都給事中温純題:原任兩廣總督劉燾寓書於臣,開函見有禮帖一通,内開金色緞等物共代銀二十四兩,通賄鑽刺。乞敕將劉燾斥奪其官,或重加降罰。高拱認爲劉燾饋送無名,指摘有據。通柬書於白晝,雖非苞苴之爲;加卑禮於言官,乃是脂韋之行。故此,"將劉燾令其致仕,員缺另行會官推補"。隆慶四年七月十九日題,二十一日奉聖旨:"劉燾着致仕。"②

二十日　高拱上《再題大學士梁儲孫補蔭疏》。補蔭故少師大學士梁儲孫梁鈫中書舍人,上以其年久詔罷之,并禁諸陳乞者。高拱認爲:"欲行題覆,則皇上之明旨不敢違;欲不題覆,則先朝之明例不敢廢。"據此,他奏請:"伏望皇上仍將梁鈫照例補蔭中書舍人。"隆慶四年七月二十日題,二十二日奉聖旨:"是,梁鈫准補蔭中書舍人。"③

二十二日　少傅兼太子太傅武英殿大學士陳以勤四疏乞休致仕。上察其誠懇,優詔許之,仍加兼太子太師吏部尚書致仕,給驛遣

---

① 高拱:《掌銓題稿》卷一六《議重民牧疏》。

② 高拱:《掌銓題稿》卷二三《覆都給事中温純論總督劉燾疏》。

③ 高拱:《掌銓題稿》卷三二《再題大學士梁儲孫補蔭疏》。

官護行。①

闗於陳以勤致仕問題,有論者提出:陳"因上疏請'慎擢用,酌久任,治贓吏,廣用人',諸事涉新鄭所掌吏部權,'時高拱掌吏部,惡所言多侵己職',而忌恨以勤"②。這并非史實。隆慶四年七月,陳奏時政六條,其中四條與吏部相闗。針對"慎擢用",高拱專上一疏,提出處理意見。其他"酌久任"等三條,高在其《掌銓題稿》卷十七、十八"條陳急務"的八疏中均有所論,并作過政策性規定,怎麽能説是"寢其奏"不行呢? 高、陳二人在裕邸、在内閣中,共事闗係融洽。在隆慶前期内閣中,陳一貫保持"中立無所比,亦無私人竟"③;在後期内閣中,無甚矛盾衅隙。所謂高"忌恨以勤",爲高"所不容"云云,純係主觀推測。陳決不是被逐,而是爲保持中立而自動請求致仕的。陳考慮到自己"與拱同年,且裕邸舊僚,貞吉其鄉人,而居正則所舉士也。然以勤度不能解,恐終不爲諸人所容,力引疾求罷"④。

二十四日　高拱上《覆尚書林雲同乞休疏》。南京工部尚書林雲同奏稱:臣今年七十一,老病侵尋,精神荒悖,重任弗堪,乞賜休致。高拱批示:"俯從所請,准其致仕。"隆慶四年七月二十四日題,二十六日奉聖旨:"林雲同准致仕。"⑤

同日　高拱上《覆湖廣撫按參官疏》。巡按湖廣監察御史雷稽古等會題:要將知縣毛彬、竇如蘭、夏子諒、馬逢伯、崔大壯、王騰溪免其起送,遇有本省知縣員缺,添注某州判官職銜,管理某縣事務。高拱批示:"將毛彬等各降俸二級,仍以知縣管理後開各縣事務,本部給憑,行令到任管事。"隆慶四年七月二十四日具題,二十六日奉聖旨:

---

① 《明穆宗實録》卷四七,隆慶四年七月戊子。

② 趙毅:《高新鄭相材缺失論》,《哈爾濱師範大學社會科學學報》2010 年第 1 期。

③ 萬斯同:《明史》卷三〇三《陳以勤傳》。

④ 萬斯同:《明史》卷三〇三《陳以勤傳》。

⑤ 高拱:《掌銓題稿》卷二一《覆尚書林雲同乞休疏》。

"是。"①

二十五日 高拱上《覆都御史張翀乞休疏》。巡撫南贛等處地方提督軍務、都察院右僉都御史張翀奏稱:謬承軍事,勞思過度,疾勢日增,乞賜休致調理。高拱批示:"行令本官遵奉前去供職,毋得再陳,致乖大義。"隆慶四年七月二十五日題,二十七日奉聖旨:"張翀着上緊赴任供職。"②

二十七日 高拱上《議裁革冗員等事疏》。據刑科都給事中舒化裁革冗員條陳,高拱奏請:"將所裁官員務要審處。固不得專汰卑微,以塞目前;亦不得輕革緊要,以滋後議。至於考劾賢否,當取資於本官公正,上官相與評質,以昭公道。一切群小互訪及暗投揭帖等事,俱應嚴禁。其有貪酷不法、踪迹顯著、明例不宥者,方許照例應拿問者拿問,應參提者參提,毋得誤聽,致有誣枉。"隆慶四年七月二十七題,二十九日奉聖旨:"是。"③裁革冗員亦是高拱吏治改革的重要內容。

二十九日 高拱上《覆直隸巡按御史參官疏》。巡按直隸監察御史傅孟春題稱:肅寧縣强賊李尚素越獄脱逃,知縣任朝臣禁盜無方,所當重加罰治;典史童恩緝捕無略,所當嚴加究問。高拱奏請:"將任朝臣重加罰治,仍咨都察院轉行巡按御史,將童恩并失事人員通提到官,究問如律,具奏定奪。"隆慶四年七月二十九日題,八月初一日奉聖旨:"是,任朝臣罰俸二個月。"④

八月初二日 祭先師孔子,命大學士高拱行祀。起原任都察院右副都御史潘季馴總理河道,提督軍務。⑤

初六日 户部尚書張守直上疏裁減邊餉,言:天下錢穀歲入僅二

---

① 高拱:《掌銓題稿》卷二九《覆湖廣撫按參官疏》。

② 高拱:《掌銓題稿》卷二一《覆都御史張翀乞休疏》。

③ 高拱:《掌銓題稿》卷一六《議裁革冗員等事疏》。

④ 高拱:《掌銓題稿》卷二九《覆直隸巡按御史參官疏》。

⑤ 《明世宗實録》卷四八,隆慶四年八月丁酉。

百三十萬有奇,歲出京師百餘萬,而邊餉至二百八十餘萬,其盜情不與焉。自嘉靖十八年始被虜,邊臣日請兵餉,蓋五十九萬增至二百八十餘萬。士馬豈盡皆實數,芻餉豈盡皆實用耶？宜令廷臣酌裁,不得過歲入常數之外。上是之,下各督撫詳其實。①

初七日　高拱上《公考察以勵衆職疏》。這是高拱加强官吏考察的重要疏文。疏陳以往考察循以定數的積弊,言:“數十年來,每遇考察,其懲汰之數,大較前後不相上下,以是襲爲故常。其數既足,雖有不肖者,姑置勿論;其數不足,雖無不肖者,强索以充,可謂謬矣。乃其稱爲不肖者,又多苛求隱細,苟應故事。而所謂大奸大惡者,或有所不敢問,而佯若不知;或有所不能識,而反稱高品……此人心所爲不服也。”②故此,高拱奏請:“考察懲汰者,必是大奸大惡,真正不肖之人,一切隱細,俱不必論。果不肖者多,不妨多去;果不肖者少,不妨少去。惟求至當,不得仍襲故常。如此則官不得逞其且去未去之惡,民不至被其已甚更甚之殘。惡者不得倖免,既皆有以自懼;善者不至濫及,亦皆有以自安。”隆慶四年八月初七日具題,初九日奉聖旨:“是。”③

初八日　高拱上《覆總督王之誥條陳疏》。總督陝西三邊軍務、都察院右都御史兼兵部左侍郎王之誥條陳十事。内惟議處有司二事,係吏部掌行。對“議處邊道”,高拱批示:“行令暫管本道事務,候新任副使温如璋到日交代,遵照前旨回籍。至於今後陞遷各邊司府等官,務令勒限到任,革去水程,仍於文憑内明注不得枉道回籍。一面移咨新任督撫衙門,一面移咨轉行本官籍任衙門,俱行督催,作速赴任。”對“議處有司”,高拱批示:“將永壽縣知縣杜可教調補平涼縣,中部縣知縣常熙調補鎮原縣,南鄭縣知縣鍾萬殊調補崇信縣。其

---

① 談遷:《國榷》卷六六,隆慶四年八月辛丑。
② 高拱:《掌銓題稿》卷四《公考察以勵衆職疏》。
③ 高拱:《掌銓題稿》卷四《公考察以勵衆職疏》。

常熙、鍾萬殊年資已深，量加陞從五品服俸。”隆慶四年八月初八日題，初十日奉聖旨：“是。”①

初九日 高拱上《覆直隸巡按御史傅孟春參副使周希哲疏》。巡按直隸監察御史傅孟春題參：原任天津道兵備副使周希哲性氣乖方，操持頓壞，欲要亟行罷黜。高拱奏請：“將周希哲照貪例爲民，以爲被論放縱者之戒。”隆慶四年八月初九日題，十一日奉聖旨：“周希哲着爲民。”②

十一日 高拱上《覆貴州巡按御史蔡廷臣參知府何維等疏》。巡按貴州監察御史蔡廷臣題稱：知府何維斷獄李仲富一案，酷刑致死二十五命，所當罷斥，或仍行提問；僉事金甌依阿謬戾，每事皆爲府官所持，委屬不堪，乞將量行降調。高拱奏請：“先將何維革職，金甌革任”，“如所劾皆實，通行提究如律，及金甌市恩縱惡緣由，一并具奏定奪”。隆慶四年八月十一日題，十三日奉聖旨：“是。”③

同日 高拱上《覆湖廣巡按御史參官疏》。巡按湖廣監察御史雷稽古論劾：要將原任按察司分巡下荆南道副使徐學謨、長州府通判胡穆、漢川縣知縣張崇德等俱罷斥，益陽縣知縣石震提問，常德府知府樊垣等降謫，零陵縣知縣宋維馨改教。據此，高拱奏請：將副使徐學謨先行革職，從公勘明，具奏定奪。僉事樊仿及通判胡穆、季文啓，知縣李講、姚尚賓俱照貪例爲民。石震與張崇德、龍希尹、吴國器等提究贓私下落，依例追遣。知府樊垣、通判楊瑩卿、知縣宋維馨俱降調閑散及改授教職。隆慶四年八月十一日題，十三日奉聖旨：“是。徐學謨革職聽勘。樊仿等着爲民。石震、張崇德等巡按御史提問具奏。樊垣等依擬降改。”④

---

① 高拱：《掌銓題稿》卷一七《覆總督王之誥條陳疏》。

② 高拱：《掌銓題稿》卷二七《覆直隸巡按御史傅孟春參副使周希哲疏》。

③ 高拱：《掌銓題稿》卷二七《覆貴州巡按御史蔡廷臣參知府何維等疏》。

④ 高拱：《掌銓題稿》卷二九《覆湖廣巡按御史參官疏》。

同日　高拱上《參巡撫熊汝達舉劾違例疏》。因浙江巡撫熊汝達濫叙參論、陞任、任淺、已薦繁冗等語，高拱奏請："今巡撫熊汝達首叙知府李渭等已經會薦、參論等語，明違禁例，本當照依題奉欽依議處，但念地方隔遠，或尚出於不知，似應量加罰治。"隆慶四年八月十一日題，十三日奉聖旨："熊汝達罰俸三個月。"①

十五日　宣大總督王崇古以諜者言：東西諸虜當大舉入寇，移文兵部。兵部請修戰守之備。② 上飭譚綸督鎮巡加緊防禦及崇古整兵待援，許各以軍法行事。高拱致函王崇古："近稱西有動作，當不能出公籌略之外。佇俟長驅，奏功當寧也。""惟有嚴備不懈，是則在我者耳。"③又致信譚綸："今遇盤根，尤徵利器。願播張皇之武，以收全勝之勛。"④

同日　起原任都察院左都御史劉燾以家，令駐守通州，提督保定等處援兵。高拱致函劉燾曰："特兹勸駕，願早發程。仰慰九重之懷，俯作三軍之氣。撻彼鬼域，靖我疆埸。"⑤

同日　中秋節。高拱賦詩一首。

【七言律】

中秋内直觀月

兔魄分秋影更圓，禁城相對益堪憐。
素波漸轉金河裏，寶鏡俄懸玉殿前。
地静寒生桐葉露，天空香散桂花煙。

① 高拱：《掌銓題稿》卷二〇《參巡撫熊汝達舉劾違例疏》。
② 《明世宗實録》卷四八，隆慶四年八月庚戌。
③ 高拱：《政府書答》卷一《答宣大王總督書二》。
④ 高拱：《政府書答》卷一《與薊遼譚總督書》。
⑤ 高拱：《政府書答》卷一《與護守通州劉總督書》。

齋居猶有通宵興，一别西風又隔年。[①]

二十日 陞提督神機營都察院右副都御史魏學曾爲兵部右侍郎。改刑部左侍郎戴才爲户部左侍郎，時以虜警，兵餉方急，而户部新補左右侍郎未至，故有是命。[②]

二十一日 高拱上《覆都給事中光懋參知州等官張求可等疏》。吏科都給事中光懋等題稱：趙州知州張求可赴任違限一年零五個月，此當革職。南京禮部精膳司郎中蔡茂春還任違限八月，此當從重究處。據此，高拱奏請："將張求可照違限例，革任致仕。蔡茂春照不謹例，冠帶閑住。"隆慶四年八月二十一日題，二十三日奉聖旨："是。張求可着致仕，蔡茂春冠帶閑住。"[③]

二十二日 高拱上《邊情緊急議處當事大臣疏》。薊遼總督侍郎譚綸報稱：邊情緊急，聲言欲犯古北口、黄花鎮等處地方。高拱認爲今兵部止有尚書郭乾一人在任，恐匆劇之際，一人難以獨理。據此奏請將本部右侍郎靳學顏"暫令協理兵部事務，待事寧之日，回部管事"。黄花鎮切近陵寢，雖有發去京營防守，但防護尚屬單弱。故此奏請順天府府尹栗永禄"加以憲職，令其前去提督各項防護陵寢兵馬"。隆慶四年八月二十二日題，二十四日奉聖旨："是。靳學顏着暫協理兵部事。栗永禄陞都察院右副都御史，提督防護陵寢兵馬。寫敕與他，着上緊去。"[④]

二十四日 高拱上《覆尚書劉采乞休疏》。南京兵部尚書劉采奏稱：年老病侵，身衰力弱，重以長孫、曾孫繼歿，多憂多病，乞要放還。高拱批示："准其歸休，以遂老臣乞骸之願，惟復加之優處，以爲賢者

---

① 高拱：《詩文雜著》卷一《中秋内直觀月》。

② 《明世宗實録》卷四八，隆慶四年八月乙卯。

③ 高拱：《掌銓題稿》卷二六《覆都給事中光懋參知州等官張求可等疏》。

④ 高拱：《掌銓題稿》卷二《邊情緊急議處當事大臣疏》。

去國之榮。”隆慶四年八月二十四日題,二十六日奉聖旨:“劉采准致仕,着馳驛去。”①

二十七日 高拱上《議起用布政王宗沐疏》。提督軍務、巡撫浙江等處地方、都察院右副都御史谷中虛等題薦:左布政使王宗沐賢能,乞要録用。據此,高拱奏請:“將王宗沐遇有相應員缺,起用。”隆慶四年八月二十七日題,二十九日奉聖旨:“是。”②

同日 高拱上《參巡按御史楊標舉劾違例疏》。據巡按廣東監察御史楊標舉劾,高拱奏請:“將涂光裕、陳廷觀、吕希望、陳廷式通行提究,贓私下落照例追遣。陸仁等起送赴部,改授教職。”又因楊標舉劾違例,將其量加罰治。隆慶四年八月二十七日題,二十九日奉聖旨:“涂光裕等着巡按御史提問具奏,陸仁等依擬改教。楊標姑罰俸一個月。”③

二十九日 總督兩廣軍務侍郎李遷④等議上征剿古田事宜:區處錢糧,調任兵將,分别撫剿,進兵機宜,鄰省堵截,防守策應,善後事宜。兵部覆奏,報可。⑤

九月初四日 高拱上《議處兵馬正官并革曲阜世職知縣管民事疏》。廣西道監察御史趙可懷題稱:掌印兵馬,乞要正途選除。曲阜縣世職知縣止管林廟,該縣事務,行令本府同知管理。據此,高拱奏請:“兩京五城掌印兵馬,俱將科目出身、壯年有志行者陞除,專一檢驗人命,管理賊盜刑名。”“至於曲阜縣事宜,注選兖州府清軍同知駐劄該縣管理。其世職知縣止支俸給,專管林廟,該縣事務一毫不得干

---

① 高拱:《掌銓題稿》卷二一《覆尚書劉采乞休疏》。

② 高拱:《掌銓題稿》卷一二《議起用布政王宗沐疏》。

③ 高拱:《掌銓題稿》卷二〇《參巡按御史楊標舉劾違例疏》。

④ 李遷,字子安,號蟠峰,江西新建人。嘉靖二十年(1541)進士。嘉靖四十二年(1563)十月,任工部左侍郎總督河道。隆慶四年(1570),任南京兵部右侍郎兼右僉都御史總督兩廣軍務。隆慶五年(1571)五月,以平定韋銀豹功加右都御史,不久陞爲南京刑部尚書。八月,引疾致仕。

⑤ 《明穆宗實録》卷四八,隆慶四年八月甲子。

涉。”隆慶四年九月初四日題,初六日奉聖旨:“是。”①

同日 高拱上《題侍郎曾鈞贈官疏》。巡撫江西等處地方兼理軍務、都察院右副都御史劉光濟題:歷任南京刑部右侍郎曾鈞在家病故,例應贈官。據此,高拱奏請:“本官行己端嚴,莅官廉正,論其人品既優,考其宦績亦懋。所據贈官,似應題請。”隆慶四年九月初四日題,初六日奉聖旨:“曾鈞贈刑部尚書。”②

初六日 高拱上《正綱常定國是以仰裨聖政疏》。先是原任刑部主事唐樞在先朝以大獄得罪,故吏科都給事中王俊民以議大禮得罪。上登極詔録建言之臣,樞復職聽用,俊民贈官蔭子。至是浙江撫臣谷中虚以樞老請加秩致仕,而俊民孫秉禮到部承蔭。而高拱提出悉從恤録大禮、大獄及建言得罪諸臣有悖君臣之義,言:“當時議事之臣不以忠孝事君,務行私臆,乃假託詔旨,於凡先帝所去,如大禮、大獄及建言得罪諸臣悉起用之,不次超擢,立至公卿,其已死者,悉爲贈官蔭子。夫大禮,先帝親定,所以立萬世君臣父子之極也。獻皇尊號已正,《明倫大典》頒示天下已久矣。而今於議禮得罪者,悉從褒顯,將使獻皇在廟之靈何以爲享?先帝在天之靈何以爲心?皇上歲時祭獻,何以對越二聖?則豈非欺誤皇上之甚者乎?至於大獄及建言得罪諸臣,豈無一人當其罪者?而乃不論有罪無罪、賢與不肖,但係先帝所去,悉褒顯之,則無乃以仇視先帝歟……皇上,先帝之親子也;議事者,固先帝之臣,遺諸皇上者也。乃明於皇上前所爲如此,是自悖君臣之義,而傷皇上父子之恩,非所以爲訓於天下也……臣獨痛夫人臣歸過先帝,反其所爲,以行己之私臆,既多時矣,宜亦有明之者矣。而今當事之臣,尚公然爲之,不覺其悖。”故此,高拱奏請:“務將皇上繼述之本心,與夫今日群臣所以仰體聖心而敬承先帝之志者,當何如

---

① 高拱:《掌銓題稿》卷一六《議處兵馬正官并革曲阜世職知縣管民事疏》。

② 高拱:《掌銓題稿》卷三一《題侍郎曾鈞贈官疏》。

爲是，并往日所行之非，明白諭告天下，以醒久迷之人心，以開久塗之耳目。嗣後敢有務行己私，揚先帝之過者，皆以大不敬論。”隆慶四年九月初六日具題，初八日奉聖旨：“大禮，皇考聖斷，可垂萬世。諫者本屬有罪，其他建言被譴諸臣，亦豈皆無罪者？乃今不加甄别，盡行恤録，何以仰慰在天之靈？覽卿奏，具見忠悃。這所陳乞，都不准行……以後敢有借例市恩、歸過先帝的，重罪不饒。”①

高拱此疏堅持維護世宗所欽定的大禮議，實現了嘉隆政治對接，爲其主持隆慶改革奠定了政治基礎。“高拱此疏是世宗去世後閣臣第一次全面而又明確闡述世宗所定大禮議在後嘉靖時代所具有的政治意義和獨特作用，是隆慶時代極爲重要的一份奏疏，具有極高價值，應予重視。高拱提醒毫無折扣地堅守世宗所定大禮議是世宗子孫必須固守的最高原則，君臣不得借助否定這一核心問題而撈取政治資本……高拱以世宗所定大禮議爲主綫，從更高層次上説明了嘉隆政治的密切聯繫，將徐階依靠世宗遺詔一味批評嘉靖皇帝而换得的資本從政治上徹底清除，使其難以反攻。”②此論甚是。

同日 高拱上《議處廣西官員久任疏》。巡撫廣西地方、都察院右僉都御史殷正茂等題稱：南寧府横州知州鄭國臣、平樂府修仁縣知縣唐執中應久任加陞職銜，崇善縣知縣徐宗静、平南縣知縣俞獻可應聽叙遷。高拱奏請：“將知州鄭國臣量加正五品服俸，知縣唐執中量加從五品服俸，仍各管原州縣事務。”隆慶四年九月初六日題，初八日奉聖旨：“是。”③

初八日 高拱上《參處郎中費懋樂疏》。因原任工部屯田清吏司郎中費懋樂因病違限達九年之久，高拱奏請：“將本官革職，冠帶閑住，以正養病違限之條。”隆慶四年九月初八日題，初十日奉聖旨：“費

---

① 高拱：《掌銓題稿》卷一《正綱常定國是以仰裨聖政疏》。

② 田澍：《震蕩與調適：隆慶政治的走向》，載《社會科學輯刊》2011年第2期。

③ 高拱：《掌銓題稿》卷一三《議處廣西官員久任疏》。

懋樂着冠帶閑住。”①

十七日 高拱上《辯大冤明大義以正國法疏》。該疏對世宗死於王金②等方士妄進丹藥提出辯駁：世宗“保愛聖體，尤極詳慎。即用太醫院官一劑，亦必有御劄與輔臣商榷。安肯不問可否，輕服方士之藥？又安有既服受傷，不以爲言，又復服之理？”金等又“妄進湯藥，内有大黄、芒硝等物，遂損聖體”，但均缺乏物證。據此，高拱奏請：“敕下法司，會同多官，將王金等從公再問，務見的確。然後涣發綸音，明其事於天下；宣付史館，明其事於後世。”隆慶四年九月十七日具題，十九日奉聖旨：“這事情重大，着法司會同多官，從實究問明白來説。”③

最終，王金一案由原判“子殺父律論死”改判爲“坐爲從律編成”。這反映了高拱與徐階在司法審判上的重大分歧，并非是高拱對徐階的“報復”：(1)司法審判必須以事實爲根據。世宗是否爲王金所害，這是判處王金死刑的依據。刑部尚書葛守禮會同多官公審後，言：王金等“原不知醫，則未進藥爲實。竊詳九重深密，在外草野之人，不經藥物亦無緣得進。今既審無進藥，則先帝聖躬違和，委於各犯無干。欽惟我世宗皇帝，四紀御天，既三代之鮮有；六甲終命，亦五福之兼全。迹將大漸之時，曾無卒暴之患；歸咎硝黄之説，何有指實之憑？事理貴真，不可妄意；法律以正，豈得輕加？”④這是守禮綜合朝臣通過會審得出的結論。(2)葛守禮不以高拱的意志爲轉移，而是

① 高拱：《掌銓題稿》卷九《參處郎中費懋樂疏》。

② 《新鄭縣志》傳曰：“王金，號芝山，秦之西安(户縣)人。當世廟時，以白衣召見，爲言三元大丹，輒稱旨，授官太常。世廟賓天，廷議以金進藥不謹，論極刑。時新鄭相國高文襄公以首輔掌銓，覆疏力救……疏上，如其議，乃得論戍。金至戍所數年釋歸，晚依文襄以居，遂爲鄭人。臨殁屬其子懷芝，曰：‘爾父以方術賈禍，汝其慎之。’嗣後懷芝隱於醫。懷芝之殁也，復以屬其子繼懷，後遂以醫世其家云。”(《新鄭縣志》卷一九《王金傳》)

③ 高拱：《掌銓題稿》卷一《辯大冤明大義以正國法疏》。

④ 葛守禮：《葛端肅公集》卷三《辯冤明義疏》。

依法改判的。《明史》説："守禮議王金獄，與拱合，然不附拱。"[1]守禮是公認的"正色獨立"的直臣，從不依附於任何人。時人評論"葛守禮始不從華亭攻新鄭，中不從新鄭扼華亭……立朝本正直忠厚，其斯人歟！"[2]改判王金一案是糾正錯案，維護司法尊嚴、公平問題，不存在高拱對徐階的所謂"報復"問題。

十八日　朝審重囚，高拱以大學士兼吏部事參與此事。他罷官後曾回憶説："予攝吏部時，審録重犯，蓋詳閲文卷者月餘，乃集刑官於朝房，件件面究者又十餘日。又奏請朝審，分爲二日，以盡其詳。審時各令盡言，面察其情，頗爲盡心。是時，重犯凡四百七十起，乃審出冤獄一百三十九人。其餘尚有情冤而證佐未甚的者，不敢釋也。"[3]王金一案只是其中一起錯案。

十九日　俺答孫叩關降明。俺答孫把漢那吉因家庭糾紛，率十餘騎來降。巡撫方逢時許之，後至大同，以報宣大總督王崇古。崇古以爲奇貨可居，提出上中下三策[4]。王、方在上疏的同時，又派私人特使飛報高拱。高拱鑒於嘉靖以來俺答頻繁侵擾西北邊疆的困局，在回信中，一方面要求王崇古切應汲取嘉靖時期與俺答交往的沉痛教訓："桃松寨之事可鑒"，"石天爵之事可鑒"；另一方面又爲王、方出謀劃策，極力促成俺答封貢的實現。高拱一再提出："此乃中國利機，處之須要得策。"[5]他的策略是："只宜將把漢那吉厚其服食供用，使過所望，而歆艷吾中國之富貴，而吾又開誠信，以深結其心。"[6]從長遠來説，是示恩於把漢，授予中國名號，必要時"可封之以官，使歸領

---

① 張廷玉：《明史》卷二一四《葛守禮傳》。
② 黄景昉：《國史唯疑》卷八。
③ 高拱：《本語》卷六；又見郭正域《太師高文襄公墓志銘》。
④ 參見王鴻緒：《明史稿》列傳第一〇〇《王崇古傳》。
⑤ 高拱：《政府書答》卷一《與宣大王總督書》。
⑥ 高拱：《邊略》卷四《款敵紀事》。

其衆"①;對當前來説,則可充分利用俺答"愛其孫甚,而其妻之愛之也更甚"之心理,"執此以爲撓制之具"②,迫使其接受明朝提出的贖還趙全等叛逆的條件,力爭達成隆慶和議。這是高拱最終促成俺答封貢的重要契機。

嘉靖時期,俺答入侵多達四十餘次。俺答頻繁入侵之原因,有學者曾有精當分析,言:"明朝立國之後,從洪武至成化一百二十多年間,雙方時戰時和,隨時權變,明朝君臣從政治、軍事、經濟諸方面進行調節,維持着一種雙方相互對立,時戰時和的關係。弘治、正德時期,蒙古社會經歷了一次大的變革,成吉思汗十五世孫答言罕肅清蒙古異姓封建主勢力,整頓内部封建秩序,分封諸子,建立了六萬户,將漠南蒙古諸部置於自己子孫的統治之下。此期間,蒙古重在整頓内部事務,明蒙之間的戰爭摩擦與經濟往來也不太頻繁,北邊防禦也相對顯得和緩。到了嘉靖年間,漠南蒙古經過一段時間的穩定,社會經濟有了較大的發展,人口增加,對外經濟聯繫的需求和欲望增强,十分希望和明朝重新建立通貢互市關係,解決單純的畜牧業經濟所不能獲得的内地物資,也使蒙古的多餘經濟産品有輸出的管道。當時蒙古右翼首領俺答汗首先意識到這一點,多次主動提出要與明朝進行互市,但一再遭到拒絶。不得已,蒙古初時通過入邊搶掠獲取所需的各種物資,既而欲通過戰爭迫使明朝與其建立貿易互市關係。但以嘉靖皇帝爲首的明朝中央却頑固地堅持隔絶蒙古的政策,致使明蒙關係惡化到了極點。北邊兵連禍接,無有寧日。對蒙古的防禦戰爭成爲明朝難以擺脱的困患。無論是明朝還是蒙古,百姓都承受着殘酷的戰爭苦難。嘉靖皇帝爲什麼會頑固地堅持隔絶蒙古的政策,這是十分難解之謎。尤其是在地位穩固之後,當蒙古的入掠不斷升

① 高拱:《邊略》卷四《款敵紀事》。
② 高拱:《政府書答》卷一《與宣大王總督書》。

級，要求與明朝建立互市關係的意向又十分明顯，明朝爲抵禦蒙古戰爭的負擔沉重不堪，而且也確有不少有識大臣提出要正視對蒙方針的情況下，嘉靖皇帝却仍然剛愎自用，一意孤行，對持這種認識的翁萬達等人大加申斥，下令‘各邊開市悉令禁止，敢有效逆建言者斬’。在相當長一段時間内，這道諭旨既是加在欲通過捋順明蒙關係以解決北邊防禦問題諸臣頭上的‘緊箍咒’，也成爲那些腐朽臣僚反對改變對蒙古政策的‘殺手鐧’。改善與蒙古的關係，成了嘉靖時期朝野議事的禁區。”①

二十七日　高拱上《議陝西添設憲職疏》。總督陝西三邊軍務、都察院右副都御史兼兵部左侍郎王之誥等題稱：要於榆林東路添設憲職一員，神木參將移駐高家堡，該堡守備移駐神木，其各原領之兵照數兑换，及東路通判早爲銓補。高拱相應依擬。隆慶四年九月二十七日題，二十九日奉聖旨：“是。”②

十月初一日　陞巡撫河南都察院右僉都御史李邦珍③爲南京右副都御史，提督操江。此前，新鄭知縣匡鐸④因西南隅城牆被水浸毁，請求改築。爲此，河南巡撫李邦珍給高拱去信。高拱回信説：“聞公

---

① 王雄：《高拱與明隆慶朝的北邊防禦》，《廣播電視大學學報》（哲學社會科學版）2009年第4期。

② 高拱：《掌銓題稿》卷一四《議陝西添設憲職疏》。

③ 李邦珍（1515～1593），字子懷，號同川，福建興化府莆田縣人。嘉靖二十九年（1550）進士。嘉靖四十二年（1563）冬，他舉起抗倭大旗，任防守台、温、福、興和福寧中路等處總兵，又請任戚繼光爲副總兵，合力重創倭寇，功業顯著。隆慶元年（1567）三月，任南京通政使司右通政，十一月改任大理寺左少卿。隆慶二年（1568）任都察院右僉都御史兼河南巡撫，他秉公執法，廉潔自律，百姓爲其立生祠以示紀念。萬曆三年（1575）致仕，在家鄉建“同川書院”，聚徒授業，曾有兩名進士金榜題名。萬曆二十一年（1593）卒，享年七十八歲，朝廷爲悼念其功績，追封爲“正奉大夫”。

④ 匡鐸，字淑教，號松野，山東膠州人。嘉靖四十四年（1565）進士，任北直隸淶水縣知縣。隆慶四年（1570）任新鄭縣知縣。明果有斷，公廉有威。莅政未幾，百廢振舉。節省里甲，抑伏豪强，百姓威而愛之。故，高拱曾讚嘆爲數十年所罕見者。後陞監察御史，兵科給事中。隆慶末年，外放北直隸大名府知府。因府境内常發水災，貶爲夷陵州（今湖北宜昌）知州，又調任南陽府同知。晚年，陞任刑部郎中，繼任陝西寧夏道按察司僉事。享年七十八歲。

議爲敝縣築城，多感。第今民財敝匱，年歲凶荒，重大工程豈宜輕舉？望姑已之，待豐稔之時，不妨再議。”[①]但邦珍未聽勸阻，調用他處勞力、磚石，即行開工。高拱得知情況，又致函邦珍：“若爲僕修城，爲城召怨，非僕平生之所安也。恃愛敢布腹心！”[②]可見，高拱不以自己的社会地位爲家鄉謀取利益。

初五日　高拱上《覆侍郎翁大立代尚書吴岳乞休疏》。總理河道兼提督軍務、都察院右副都御史、今陞兵部左侍郎翁大立題稱：南京吏部尚書吴岳赴京考滿，行至揚州地方，忽感瀉痢，服藥不愈，乞令致仕，仍給與應得勛階。高拱批示：“行令本官致仕，員缺即便照例會官推補。”隆慶四年十月初五日題，初七日奉聖旨：“是，吴岳准致仕。”[③]

初八日　高拱上《題究考察被黜官員朦朧在任疏》。考功清吏司案呈：直隸河間府交河縣泊頭鎮巡檢司巡檢趙琰，隆慶二年因考察不謹閑住，然至今尚充官朦朧在任，已及三年。高拱批示：“擒拿趙琰到官，根究蒙蔽在任情由，查照律例，問擬應得罪名，追出冒支過俸糧入官。”隆慶四年十月初八日題，初十日奉聖旨：“是。”[④]

初十日　陞吏部右侍郎靳學顔爲本部左侍郎。翰林院學士張四維爲吏部右侍郎，經筵日講如故。改南京户部尚書劉自强爲南京兵部尚書，參贊機務。薊遼總督譚綸爲右都御史兼兵部左侍郎，劦理京營戎政。[⑤]

同日　高拱上《覆侍郎王遴乞休疏》。兵部協理部事右侍郎王遴奏稱：父年八十有一，朝夕莫保，憂苦之情，積久傷心；氣滯火動，肢體麻木，不能辦事。乞准回籍，依親調理。高拱批示：“行令王遴在任調理，痊可即出供職，不得再陳。”隆慶四年十月初十日題，十二日奉聖

---

① 高拱：《政府書答》卷三《與河南李巡撫書一》。

② 高拱：《政府書答》卷三《與河南李巡撫書二》。

③ 高拱：《掌銓題稿》卷二一《覆侍郎翁大立代尚書吴岳乞休疏》。

④ 高拱：《掌銓題稿》卷一〇《題究考察被黜官員朦朧在任疏》。

⑤ 《明穆宗實録》卷五〇，隆慶四年十月甲辰。

旨:“王遴着在任調理,痊可即出供職。”①

同日 高拱上《覆陝西巡按御史參官疏》。巡按陝西監察御史楊相題參:陝西行太僕寺寺丞王文學偏執冥情,擅離職任,乞要罷職,或原情候降。高拱批示:“行令本官候服闋日起送赴部,量降一級别用。”隆慶四年十月初十日題,十二日奉聖旨:“是。”②

十一日 高拱上《覆副使潘一桂乞休疏》。原任直隸鎮江府知府、今陞陝西按察司副使潘一桂奏稱患病,乞要休致。高拱批示:“行令本官致仕,回籍調理。痊可之日,撫按衙門具奏起用。”隆庆四年十月十一日題,十三日奉聖旨:“是。”③

十二日 高拱上《覆左都御史劉燾乞休疏》。駐守通州提督保定等處、都察院左都御史兼兵部左侍郎劉燾奏稱:筋力疲乏,病勢日沉,自知鞭策不前,乞容致仕。高拱批示:“行令本官暫回原籍調理候用,有缺即行推補。”隆慶四年十月十二日題,十四日奉聖旨:“是。劉燾准回籍調理。”④

十三日 在高拱主持下,授俺答孫把漢那吉爲指揮使,阿力哥爲正千户,各賞大紅紵絲衣一襲。“上令王崇古盡心處置,務求至當。時兵部陰持兩端,高拱奮力主款,張居正和之,得勝算矣。”⑤

十六日 高拱上《覆侍郎任士憑告病疏》。兵部右侍郎兼都察院右僉都御史、今在籍聽用任士憑奏稱:臣感染濕疾,四肢沉重,不能赴南京刑部右侍郎之任,乞容在籍調理。高拱批示:“仍准本官在籍調理,待痊可之日,撫按具奏起用。”隆慶四年十月十六日題,十八日奉聖旨:“任士憑准在籍調理。”⑥

---

① 高拱:《掌銓題稿》卷二一《覆侍郎王遴乞休疏》。
② 高拱:《掌銓題稿》卷二九《覆陝西巡按御史參官疏》。
③ 高拱:《掌銓題稿》卷二二《覆副使潘一桂乞休疏》。
④ 高拱:《掌銓題稿》卷二一《覆左都御史劉燾乞休疏》。
⑤ 談遷:《國榷》卷六六,隆慶四年十月丁未。
⑥ 高拱:《掌銓題稿》卷二一《覆侍郎任士憑告病疏》。

二十三日 上諭掌吏部大學士高拱等曰:“朝覲在邇,糾劾宜公。自朕即位四年,科道官放肆,欺亂朝綱,其有奸邪不職,卿等嚴加考察,詳實以聞。”①

二十五日 掌都察院事大學士趙貞吉疏上考察,毋以葉夢熊波及諸臣,一網打盡,以致人心洶洶,人人自危。願收回成命,特加寬赦。疏入,上報有諭,不聽。②

同日 高拱上《題同都察院考察科道官疏》。疏言:京官六年考察,皆吏部、都察院同行。“惟是嘉靖丙辰春,大學士李本管理部事,考察科道係奉旨專行,與都察院無預。今臣等奉命考察科道官,雖與李本事例相同,然竊思考察貴精,耳目貴廣,似宜與都察院同行爲當。”據此,高拱奏請:“容臣等會同都察院堂上官,將各科道官仔細考察。庶得參伍之情,以盡大公之道。”隆慶四年十月二十五日題,二十七日奉聖旨:“是。”③

二十六日 高拱上《考察科道官疏》。疏言:“臣等謹遵嚴諭,會同都察院堂上官,將各科道官逐一仔細考核。擇其公論難容者,照不謹與浮躁不及事例,開列上請。”再照科道係耳目之官,其任甚重,“務俾各持敬慎以尊君,各秉公忠而體國,無徇小名而以濟事爲心,無應故事而以真實爲美。至於職掌所在,更要講究,必明遵奉惟謹,不得以私意有所出入。”隆慶四年十月二十六日會題,二十八日奉聖旨:“這各官既考察停當,依擬不謹的,着冠帶閑住;浮躁不及的,俱降一級調外任。科道係朝廷耳目之官,責任至重。今後都要秉持公正,遵守成憲,謹修其職,不許恣意妄言,摇亂國是,倚借言路,報復恩仇。有這等的,重治不饒。”④上述兩道考察科道官疏,既是高拱整頓吏

① 《明穆宗實録》卷五〇,隆慶四年十月丁巳。

② 《明穆宗實録》卷五〇,隆慶四年十月己未。

③ 高拱:《掌銓題稿》卷九《題同都察院考察科道官疏》。

④ 高拱:《掌銓題稿》卷九《考察科道官疏》。

治、加强考核的重要内容，也導致其與趙貞吉意見相左，爲争去留而使矛盾漸趨激化。

二十八日　吏部、都察院考察科道言官，素行不謹者九人，浮躁淺露者八人，才力不及者十人。以鄭大經、魏時亮、周世選，前御史張檟、周希旦，按察副使前御史王漸、王汝正、劉思賢，南京户部郎中前御史何其賢俱素行不謹；太僕寺少卿前給事中陳瓚、右參議前給事中王諫、劉東星，知府前南京給事中岑用賓，副使前御史周宏祖、傅寵俱浮躁；右參政前給事中顧弘潞，知府前給事中戴鳳翔、黄才敏，前御史高申、王君賞，僉事前御史趙岩、周以敬、王忻，御史顧廷對、張問明俱才力不及；凡二十七人，各降斥如例，因戒諭科道。①

同日　高拱上《覆直隸巡按御史參官疏》。巡按直隸監察御史傅孟春論劾滿城縣知縣周思大奸以飾詐，酷以濟貪，要將其革職提問。高拱批示："將周思大先行革職，仍行提到官究問，前情果係明白，即照新例處分。"隆慶四年十月二十八日題，十一月初一日奉聖旨："是。周思大革了職，着巡按御史提問具奏。"②

三十日　俺答試圖以武力索取把漢那吉，故宣大總督王崇古奏：俺答調黄台吉所部兵分道入犯，索把漢甚急。"黄台吉陽爲發兵，而陰擇便利擄掠，志不在把漢也。我偵得其情，分道禦之，虜頗不利。及聞把漢授官爵，遂率衆出邊，顧慮誠款……宜録總兵趙岢等以輕重行賚。上嘉諸臣禦虜功。"③其時，高拱致函總兵趙岢："今邊報孔急，正君出力報國之時。惟勉樹奇勛，垂名青史，豈不爲丈夫哉！"④

十一月初二日　高拱上《覆給事中張崇倫論都御史李邦珍等疏》。南京禮科給事中張崇倫奏稱：提督操江都御史李邦珍一聞邊

---

① 《明穆宗實録》卷五〇，隆慶四年十月壬戌。

② 高拱：《掌銓題稿》卷二九《覆直隸巡按御史參官疏》。

③ 《明穆宗實録》卷五〇，隆慶四年十月甲子。

④ 高拱：《政府書答》卷一《答趙總兵書二》。

警,惶遽失措,且交結王府,所當罷斥;保定巡撫李尚智政務廢弛,所當致仕。高拱批示:"將各官調别衙門用,行令回籍聽候。"隆慶四年十一月初二日題,初四日奉聖旨:"是。李邦珍、李尚智着回籍聽調。"①

初七日 陞吏科右給事中賈三近爲左給事中,户科給事中雒遵、禮科給事中陸樹德爲右給事中。②

初九日 高拱上《覆四川撫按參官疏》。巡撫四川都察院右僉都御史陳瓚等題參:彰明縣劫庫失銀,要將知縣熊守教、典史惠恩提問革職,僉事李復聘量加罰治,按察使郭斗免究。高拱批示:照依所擬,查照施行。隆慶四年十一月初九日題,十一日奉聖旨:"李復聘罰俸一個月,熊守教、惠恩革了職,着巡按御史提問具奏。"③

十三日 在高拱指示下,朝廷與俺答開始和談。先是黄台吉逼近大同,俺答令其罷兵。總督王崇古遣鮑崇德入俺答營,言:朝廷待把漢那吉不薄,若趙全等旦致,那吉夕返矣。俺答大喜,曰:我不爲亂,亂由全等。吾孫降漢,此天遣合華夷之好,其忍背德乎?遂發使五人隨崇德來乞封,又爲黄台吉乞官,要求封貢互市。於是王崇古上言,請對俺答、黄台吉封王加爵,以結其父子祖孫之心。歸我叛人,剪其羽翼,亦中國之利也。通貢互市,則和好可久,而華夷兼利。上命賞把漢那吉彩緞四表裏、布百匹,封貢事令總督鎮巡官詳議復奏。④從受降到遣返把漢那吉等事宜,均是在高拱主持下進行的。

十八日 高拱上《覆總理河道侍郎參官疏》。總理河道兼提督軍務、今陞兵部左侍郎翁大立論劾:要將山東淄川縣知縣和格、河南桐柏縣知縣徐潤、考城縣知縣安民俱改教;山東沾化縣知縣郭獻弖、武

---

① 高拱:《掌銓題稿》卷二三《覆給事中張崇倫論都御史李邦珍等疏》。

② 《明穆宗實録》卷五一,隆慶四年十一月辛未。

③ 高拱:《掌銓題稿》卷二九《覆四川撫按參官疏》。

④ 《明穆宗實録》卷五一,隆慶四年十一月丁丑。

城縣知縣彭標、河南沈丘縣知縣戴乾俱罷黜。高拱批示:“將和格仍與徐潤、安民照素行不謹例,郭獻民、戴乾照罷軟無爲例,俱冠帶閑住。”隆慶四年十一月十八日題,二十日奉聖旨:“是。和格等、郭獻民等,都着冠帶閑住。”①

十九日 此前,高拱指示王崇古,明蒙和談的底綫是俺答收補叛逆趙全等,明方遣返把漢。故此日俺答遣其黨伍那住收捕趙全、李自馨、吕老祖等七人以獻,周元聞變服毒死。初,自嘉靖辛亥,吕老祖以白蓮教構亂,爲三晉之患。有司捕急,於是亡入胡中,趙全携千餘人從之。俺答割板升地爲家。全多略善謀,自馨諳文字,周元能醫。初入寇,止盗村寨,不敢威逼城堡。自全叛後,益習兵事,教虜殺掠城堡。諸鎮疲於奔命。趙全有衆萬人,騎五萬,其他叛人稍減,最下者亦千餘騎。俺答每盗邊,問計全等而行。②

此前,高拱提出受降納叛之策引起朝議激烈紛争,“詔下兵部議,時衆論洶洶”③。御史饒仁侃、吴尚賢、葉夢熊等皆言敵情叵測,不可輕許,以免上當。如山西道御史葉夢熊言:“把漢那吉之降,邊臣不宜遽納,朝廷不宜授以官爵,將致結仇激禍……上覽疏,怒其妄言摇亂,命降二級,調外任。”④兵部尚書郭乾、侍郎谷中虚猶豫不決,甚至横加阻撓,恐之以禍。在此關鍵時刻,高拱力排衆議,堅持受降納叛之策,并提出要以實力爲後盾,加强邊疆防禦力量。因此,他又指示王崇古、方逢時,俺答“果擁兵來索,則吾只嚴兵以待”⑤,以此杜絶俺答以武力索還愛孫的幻想。不出所料,“俺答聽趙全等唆誘,擁兵駐邊,爲索孫計,并調伊長男黄台吉兵至”⑥。俺答率大兵壓境,朝中訛言

① 高拱:《掌銓題稿》卷二九《覆總理河道侍郎參官疏》。
② 《明穆宗實録》卷五一,隆慶四年十一月癸未。
③ 高拱:《邊略》卷四《款敵紀事》。
④ 《明穆宗實録》卷五〇,隆慶四年十月丙辰。
⑤ 高拱:《邊略》卷四《款敵紀事》。
⑥ 高拱:《邊略》卷四《款敵紀事》。

四起。隆慶四年十一月,宣大御史姚繼可上疏彈劾王、方因致兵禍,欲將“巡撫方逢時亟行罷斥”[①]。爲力行封貢和議,高拱上疏駁斥姚繼可,保護方逢時,“上然之,令逢時供職如故”[②]。其時,總兵趙岢與黄台吉兵遇,大戰於帶刀嶺,敗其前鋒。“虜憚之,遂轉兵從故道至鎮羌堡而出。自是,稍稍有内屬意矣。”[③]據此,王、方遵照高拱指示,派遣部下鮑崇德前去俺答軍營談判,最終達成和議。十一月十九日,俺答“執我叛人趙全、李自馨、王廷輔、趙龍、馬西川、吕西川、吕小老等來獻”[④]。十二月二十一日,明朝禮遣把漢。俺答“既得孫,而又見榮耀乃如此也,相持感泣,南向脱胡帽,崩角稽首無已”[⑤]。至此,在高拱決策和主持下,第一階段的遣返和納叛取得圓滿成功。

同日 高拱上《覆科道官條陳考察事宜疏》。吏科都給事中韓楫等、河南等道監察御史孫丕揚等各條陳四事:(1)韓楫題“精考核之法”,孫丕揚題“稽實政以察群吏”。高拱批示:“冒虚譽者必究其心術,有薦舉者尤核其職業。操履無議,施爲在所必稽;才能可觀,素行尤所當察。”(2)韓楫題“酌勸懲之典”,孫丕揚題“赦小過以惜群吏”。高拱批示:“查有詿誤於前,悛改於後,無玷官箴,尚堪樹立者,併加酌量保全,不復追究往昔,以塞自新之路。”(3)韓楫題“均貪酷之罰”,孫丕揚題“懲顯惡以肅群吏”。高拱批示:“訪有貪殘之甚者,奏行各撫按查照新例究遣,以爲將來之戒。撫按官有所阿護者,部院該科查出,併行參治。”(4)韓楫題“申嚴禁之例”,孫丕揚題“禁流風以全群吏”。高拱批示:“查照先今科道諸臣條議及本部覆行事理,務要着實防範禁緝,使内嚴外肅,弊絶風清。”隆慶四年十一月十九日具題,二

---

① 高拱:《邊略》卷四《款敵紀事》。
② 《明穆宗實録》卷五一,隆慶四年十一月丁亥。
③ 瞿九思:《萬曆武功録》卷八。
④ 《明穆宗實録》卷五一,隆慶四年十一月丁亥。
⑤ 高拱:《邊略》卷四《款敵紀事》。

十一日奉聖旨:"依議行。"①

同日 高拱上《覆吏科給事中韓楫條陳疏》。吏科左給事中韓楫條陳四事:保任、核實、酌才、甄微。高拱分别批示:(1)"今後薦舉屬官及地方人才,不拘出身資格、官職崇卑,惟其心行端平,不修虚譽,治績卓異,不事彌文者,方許疏薦,以備卓用。"(2)"今後巡歷務遍所轄地方,慎委公明,僚屬相與體訪,仍須親自參酌。"(3)"今後糾劾官員,務要詳審較量,除官守大壞者,照例究處外,其才勝盤錯者,當略其微瑕;行已悛改者,不問其舊過;俱要曲加保全,以圖共濟。"(4)"今後於府首領與州縣佐貳官内,除貪殘者照例拿問外,其有才能卓異、可備任使者,不拘出身資格,一體據實薦揚,以憑酌量超擢。"隆慶四年十一月十九日題,二十一日奉聖旨:"依擬行。"②

二十一日 大學士署都察院事趙貞吉③致仕。時吏科都給事中韓楫劾其庸横,以議改京營爲變亂,奏保嚴清爲欺罔,考察科道恣意詆排。乞罷。貞吉疏辯,指韓楫爲私門排斥異己,高拱借考察報復私憤,言:人臣庸則不能横,横非人臣之所能也。臣往時奉特旨兼掌院事,臣不敢辭,竊意上以拱權太重,入參密勿,外立銓選,皇上委臣以彈壓之司,以分其權。今既十月矣,僅考察一事與之相左,其他壞亂選法,縱肆大惡,昭然在人耳目者,尚噤口不能一言,有負任使如此,臣真庸臣也。若拱者斯可謂横也已。臣放歸後,願令拱復還内閣,毋久專大權。上手詔令貞吉致仕,賜馳驛歸。④

關於趙貞吉其人,需辨析三點:(1)有論者提出:"貞吉對當時的

---

① 高拱:《掌銓題稿》卷一八《覆科道官條陳考察事宜疏》。

② 高拱:《掌銓題稿》卷一八《覆吏科給事中韓楫條陳疏》。

③ 趙貞吉(1508~1576),字孟静,號大洲,四川内江人。嘉靖十四年(1535)進士,授翰林編修。擢左諭德、監察御史,奉旨宣諭諸軍。會嚴嵩以事中之,廷杖謫官。隆慶三年(1569),復起,歷禮部尚書文淵閣大學士。因考察科道,與高拱不協,乞休歸。萬曆四年(1576)卒,享年六十七歲。謚文肅。

④ 《明穆宗實録》卷五一,隆慶四年十一月乙酉。

社會問題有較清醒的認識，且勇於任事，願意負起責任的。"[1]然而趙入閣一年，并無太大政績可言，反而不斷挑起内閣政争。他以資深大佬自居，尤其藐視年輕有爲、力主整頓的張居正。"大學士趙貞吉入，其位居居正下，然自負長輩而材，間呼居正'張子'，有所語朝事，則曰'唉！非爾少年輩所解'。居正内恨，不復答。"[2]張居正在内閣甚感孤立，視趙貞吉、李春芳爲其推行政綱、仕途干進的最大障礙。於是，"居正與故所善掌司禮者李芳謀，召用拱，俾領吏部，以扼貞吉，而奪春芳政"[3]。隆慶四年正月，高拱至京上任，因與張在政見上志同道合，二人相處益密。趙見高兼掌吏部，於是"言於李春芳，亦得掌都察院"[4]。這時内閣五人，除陳以勤中立外，改革與保守兩派力量對比基本平衡，李、趙與高、張雙方陣綫分明，旗鼓相當，其矛盾衝突是不可避免的。(2)有論者認爲李春芳、趙貞吉是俺答封貢的力主者和主持者，極力抹煞高拱的主導和決策作用，從而顛倒決策封貢的主次關係。如引萬斯同《明史》曰：隆慶四年俺答款塞求封，朝議多以爲不可，"貞吉力主其議，封事遂成"；"春芳以爲當許，而衆議紛然，乃偕拱、居正即帝前決之，封事遂成"[5]。而對高、張則加以并列，不分主次。又引張廷玉《明史》曰："拱與居正力主之，遂排衆議請於上，而封貢以成。"[6]李、趙、高、張四人平列，都是"力主"者，但其主旨本意則認定李、趙是力主者和主持者，并説"封把漢那吉指揮使之詔書，是春芳商貞吉草擬的"[7]。這是對史實的嚴重誤讀和曲解。必須明確指出：俺答求貢，"朝議多以爲不可。拱獨力主之，春芳與居正亦如拱

① 趙毅：《高新鄭相材缺失論》，《哈爾濱師範大學社會科學學報》2010年第1期。
② 王世貞：《嘉靖以來首輔傳》卷七《張居正傳》。
③ 張廷玉：《明史》卷二一三《張居正傳》。
④ 萬斯同：《明史》卷三〇三《趙貞吉傳》。
⑤ 萬斯同：《明史》卷三〇三《趙貞吉傳》。
⑥ 張廷玉：《明史》卷二一三《高拱傳》。
⑦ 趙毅：《高新鄭相材缺失論》，《哈爾濱師範大學社會科學學報》2010年第1期。

指，遂排衆議請於上，而封貢竟成"。"居正佐拱等力請許之，貢市遂定，邊患以寧。"[①]這兩條關鍵史料，確證高拱是俺答貢市的主持者和決策者。居正言：俺答"款關求貢。中外相顧駭愕，莫敢發。公（高拱）獨決策，納其貢獻，許爲外臣"[②]。俺答貢市，"拱獨力主"、"獨決策"，也爲史實所證實。從受降、遣還、處叛、封貢、互市各個環節，再到事竣提出修舉邊政八事，以及辭免加恩獎賞，無一不是高拱的主謀和決策。只因當時李春芳爲首輔，故而"偕拱與居正即帝前決之"，其時決策與趙無關，因他已致仕。至於李、趙相商草擬詔書之事，國史正史查無實據，不可詳考。（3）有論者借趙貞吉的激憤之言，把高拱定性爲"一代橫臣"。高、趙之間的直接衝突起因於御史葉夢熊上疏反對朝廷受降把漢那吉的正確決策。穆宗怒葉妄言摇亂，命降級外調，并面諭高拱考察："朝覲在邇，糾劾宜公。自朕即位四年，科道官放肆，欺亂朝綱，其有奸邪不職，卿等嚴加考察，詳實以聞。"[③]當趙得知聖諭，因無自己參與其事，便疏止考察，曰：頃因葉夢熊考察科道并及四年以前，"衆心洶洶，人人自危"，"今一概以放肆欺亂，奸邪不職罪之"，"未免忠邪并斥，玉石俱焚"，"未聞群數百人而盡加考察，一網打盡"。要求皇上"收回成命"。疏入，"上報有諭"[④]。曲解聖諭，指斥朝政，理所當然遭到拒絶。高拱請與都察院共同考察，上是之。在考察中，高趙難免一番争論，結果二十七人降斥如例。吏科都給事中韓楫劾趙庸横，請罷之。趙疏辯曰："人臣庸則不能横，横非人臣之所能也。"無端指責高"藉乎聖諭，以報復私憤，以張大威權"，"其他壞亂選法，縱肆大惡，昭然在人耳目者，尚噤口不能一言"，"臣真庸臣"。然後反咬一口，"若拱者斯可謂横也已"，"願令拱復還内閣，毋

① 萬斯同：《明史》卷三〇二《高拱傳》、《張居正傳》。

② 張居正：《張太岳集》卷七《門生爲師相中玄高公六十壽序》。

③ 《明穆宗實録》卷五〇，隆慶四年十月丁巳。

④ 《明穆宗實録》卷五〇，隆慶四年十月己未。

久專大權，以樹衆黨”，“助成横之勢，以至于摩天横海而不可制”。疏入，“上手詔令貞吉致仕，賜馳驛歸”①。然而趙歸家未久，閉户追思，又致書高拱曰：“今之世，惟公能知我，惟公能護我，亦惟公能恕我。往者合聚歡若骨肉，一旦乖隔，即成參商，是僕之罪過，薄德甚矣。”“僕自謝事以來，終不敢以纖芥有憾於公。”②從趙前後矛盾心態的變化來看，指高爲“横臣”不過是一時激憤之言，并未真正認定高就是“一代横臣”。而有些論者却借貞吉這一激憤之言，得出所謂“高新鄭也給我們提供了一個缺失某些相材的一代横臣形象”③的結論。顯然，這是有悖於史實的。

同日　高拱上《覆順天巡撫都御史參官疏》。整飭薊州等處邊備兼巡撫順天等府地方、都察院右副都御史劉應節題稱：武清縣知縣龐賢志頽事廢，修城縱下人賣夫勘灾憑催促未報，盜賊縱横於國門坐視不問，老稚展轉於溝壑塞耳無知，題請相應降調，或姑容戒飭。高拱批示：“將龐賢照才力不及事例，起送赴部，降調閑散。”隆慶四年十一月二十一日題，二十三日奉聖旨：“是。龐賢依擬降調。”④

二十三日　高拱針對趙貞吉詆誣，上《懇乞天恩特賜罷免以全臣節疏》。疏曰：臣昔病廢草野，緣吏部尚書缺，起臣以原官掌吏部事，懇辭未允，乃勉就列。是時，貞吉亦有兼掌都察院之命。臣與貞吉共事一載，未嘗一言相忤。不意有韓楫之奏，而貞吉遂以此爲辭。考察科道，出自聖諭，臣豈敢借此報復。考察事畢，曾否報復，事實具在，人皆知之，無庸臣辯。至謂臣“壞亂選法，縱肆大惡”，不知曾壞何法？縱肆何事？如其然，安所逃罪？如其不然，安可厚誣？亦無庸辯也。貞吉以韓楫之奏遂反詆臣，如楫之奏果爲臣，則前給事中張鹵、御史

① 《明穆宗實録》卷五一，隆慶四年十一月乙酉。

② 趙貞吉：《趙文肅公全集》卷二二《與高中玄閣老書》。

③ 趙毅：《高新鄭相材缺失論》，《哈爾濱師範大學社會科學學報》2010年第1期。

④ 高拱：《掌銓題稿》卷二九《覆順天巡撫都御史參官疏》。

王友賢等皆曾有言，又何爲乎？亦無庸辯也。又謂臣"當還内閣，不得久專大權"，身任重權，臣所甚懼，日夜思念，求謝事權，以圖保全。臣本庸劣，分當引退，不當但求解權而止，願特賜罷免，別選才賢以代臣任，則國家用人允當，而德薄位高，力小任重如臣者亦得免於顛危矣。上曰："卿輔政忠勤，掌銓公正，朕所眷倚，豈可引嫌求退？宜安心供職，不允所辭。"①

同日　高拱上《覆宣大巡按姚繼可論巡撫方逢時等疏》。巡按直隸監察御史姚繼可②題稱：隆慶四年十月初一日，虜賊二萬餘騎，自平虜地方入境，殺虜人畜。巡撫大同方逢時見賊勢逼近鎮城，乃差旗牌龔喜通事土忽智直入虜營。黄酋差賊帖木舍來見，逢時引至城樓，密行譯審，犒賞送回。又授諜者，指以侵犯宣府地方。黄酋果起營侵犯洪州一帶。事迹昭然，通應併究。巡撫方逢時亟行罷斥。而高拱則提出當今"虜酋執叛乞降之時，正撫臣臨機設策之日。夷情既不可盡泄，秘計亦難以自明"。是罪是功，當觀其"後效如何耳"。因此"行令方逢時照舊安心供職，務要協贊總督，奮勵將士，期收五利，共圖萬全"。隆慶四年十一月二十三日題，二十五日奉聖旨："是。方逢時着照舊供職。"③這是高拱對受降納叛反對派的重拳出擊，并獲得勝利。

二十五日　命太子太保禮部尚書兼翰林院學士殷士儋入閣辦事。士儋疏辭，上不允辭。④

同日　高拱上《覆侍郎靳學顏告病疏》。吏部左侍郎靳學顏⑤奏

---

① 高拱：《綸扉稿》卷一《懇乞天恩特賜罷免以全臣節疏》。

② 姚繼可（1534～1608），字光父，號又軒，河南襄城人。嘉靖四十四年（1565）進士，授南陵知縣。隆慶二年（1568），擢御史，出巡宣府、大同。後遷四川僉事，巡撫陝西。萬曆年間，官至工部尚書。

③ 高拱：《掌銓題稿》卷二四《覆宣大巡按姚繼可論巡撫方逢時等疏》。

④ 《明穆宗實録》卷五一，隆慶四年十一月己丑。

⑤ 靳學顏，字子愚，山東濟寧人。嘉靖十三年（1534）鄉試第一，次年中進士，授南陽推官，以清廉著稱。歷官吉安知府，累遷左布政使。隆慶初，爲太僕寺卿，改光禄寺卿。不久，拜右副都御史，巡撫山西。應詔陳理財，凡萬餘言，涉及選兵、鑄錢、積穀，最終未能盡行。後任工部右侍郎，改至吏部，晉陞左侍郎。後病歸，卒於鄉。著有《雨城集》。

稱:暑濕瀉痢,致傷脾胃,氣體虚弱,乞要回籍調理。高拱批示:"准令本官暫回原籍調理,待痊可之日,撫按具奏起用。"隆慶四年十一月二十五日題,二十七日奉聖旨:"是。靳學顔准回籍調理。"①歸家未久,病故。

二十六日 改刑部尚書葛守禮爲都察院左都御史,守禮疏辭,不允。②

二十九日 高拱上《覆侍郎趙孔昭乞休疏》。總督漕運兼提督軍務、巡撫鳳陽等處地方、户部左侍郎兼都察院右僉都御史趙孔昭奏稱:運道淤塞,阻船數多,臣職司漕運,糧不至京,不職之罪一罰不足以示懲,乞容罷斥。高拱批示:"行令趙孔昭除罰俸遵照前旨外,其疏濬河道轉行新任右副都御史陳炌着實經畫,本官一面准其回部管事。"隆慶四年十一月二十九日題,十二月初一日奉聖旨:"是。趙孔昭姑准回部管事。"③

十二月初四日 陞總督三邊右都御史兼左侍郎王之誥爲南京兵部尚書,參贊機務。總督殷正茂、巡撫李遷、都督同知俞大猷征諸道兵十四萬人,進攻古田盜,克其巢。盜奔合潮水巢爲據點。④

同日 俺答執叛人趙全、李自馨、王廷輔等九人來獻,至云石堡待命。總督王崇古得旨,遂請受其俘。又遣使康綸送歸把漢那吉。那吉戀戀不欲行,崇古諭以朝廷恩意,許奉表通貢不絶,晏賞甚厚。那吉感泣,誓不敢貳中國,携其妻以歸。留阿力哥及虜二使爲質。俺答迎那吉於河上,祖孫相泣,南向頓首,遣使打兒漢入謝,并奏願世爲外臣,貢方物。上下兵部議。兵部言:全等爲患中國數十年,一旦駢首就縛,宜祭告郊廟,以昭武功。其宣力之臣皆宜叙録。上曰:"叛逆

---

① 高拱:《掌銓題稿》卷二一《覆侍郎靳學顔告病疏》。
② 《明穆宗實録》卷五一,隆慶四年十一月庚寅。
③ 高拱:《掌銓題稿》卷二一《覆侍郎趙孔昭乞休疏》。
④ 《明穆宗實録》卷五二,隆慶四年十二月丁酉。

元兇,糾虜入犯,荼毒生靈,罪惡滔天。奏告郊廟,獻俘正法。”[1]趙全等被押解到北京,高拱親自審問,并反復考慮應如何處置這些叛逆,才能爲國家謀得最大利益。他曾在《邊略》中詳細記録自己的考慮、審判的過程和結果。“九人者如令行之,囚甚悦,各盡其説。每日暮,九人者各送揭帖至,得敵情甚悉。”[2]二十二日,上御門樓,受俘趙全等,文武群臣致詞稱賀。是日,磔全等於市,傳首九邊。

至此,高拱已促成“俺答封貢”第一階段即遣返和納叛順利實現。這是明代民族史和邊疆史上的重大事件,也是自嘉靖中期以來明蒙雙方由戰轉和的標誌性事件,意義重大。如方逢時説:“九邊生齒日繁,守備日固,田野日辟,商賈日通,邊民始知有生之樂。”[3]王鴻緒説:“自是三十餘年,邊陲晏然。”[4]“自是,邊境休息,東起延、永,西抵嘉峪七鎮,數千里軍民樂業,不用兵戈。”[5]查繼佐也説:“隆、萬間,中土平安,不見兵戈。”[6]

關於俺答封貢的主持者或決策人問題,學術界主要提出兩種觀點:一是張居正,朱東潤説:“在封貢互市的争論中,居正占據主要的地位。這次決策的大功,當然由高拱、王崇古和張居正平分,但是居正却盡了最大的努力。”[7]劉志琴説:俺答封貢“是隆慶年間新政的最大成就,其中,張居正起了重要的策劃、推動作用”[8]。另,其其格《張居正與“俺答封貢”》[9]、唐玉萍《張居正、高拱在“隆慶和議”中的作用對比》[10]也表達了相同觀點。二是高拱,如鄧之誠説:“高拱以招致

① 《明穆宗實録》卷五二,隆慶四年十二月丁酉。

② 高拱:《邊略》卷四《款敵紀事》。

③ 方逢時:《論諳達(俺答)貢市疏》,載清乾隆《御選明臣奏議》卷二九。

④ 王鴻緒:《明史稿》列傳第九二《高拱傳》。

⑤ 王鴻緒:《明史稿》列傳第一〇〇《王崇古傳》。

⑥ 查繼佐:《罪惟録》列傳卷之一一下《梁夢龍傳》。

⑦ 朱東潤:《張居正大傳》,湖北人民出版社 1981 年版,第 115 頁。

⑧ 劉志琴:《張居正評傳》,南京大學出版社 2006 年版,第 105 頁。

⑨ 載《内蒙古師大學報》(社會科學版)1996 年第 2 期。

⑩ 載《赤峰學院學報》(漢文哲學社會科學版)2010 年第 5 期。

俺答一事爲最成功，雖成於王崇古，而主持者則拱也。隆、萬以後，韃靼擾邊之患遂減。”[①]另，李勤奎《促成“俺答封貢”的首功當屬高拱》[②]、顔廣文《高拱與“俺答封貢”》[③]、王雄《高拱與明隆慶朝的北邊防禦》[④]等均持高拱説。俺答封貢的主持者和決策人是高拱，而非張居正。理由是：(1)從決策體制來看，當時高拱爲首輔，張居正爲次輔的權力格局，不可能給張居正留下太大的施政空間，因爲權力之大小、權位之高低，始終是能否擁有決策權的根本性或決定性條件。面對俺答封貢如此重大的邊疆民族事件，其決策者肯定是高拱，而非張居正。(2)從明清文獻來考察，《神宗實録》説：“俺答孫降於塞，拱靖歸之，遂入貢，因求互市，朝議紛紛。拱奮身主其事，與居正區晝甞而貢事成，三邊寧戢……拱主持力爲多。”[⑤]又説：高拱“受那吉之降，薄示羈縻而大虜稱臣，邊氓安枕，所全生靈何止數百萬？此皆力爲區晝，卓有主持”[⑥]。王世貞説：“拱奮身主其事，張居正亦和之，所以區晝頗當，亡何而貢成。”[⑦]沈德符説：“北虜俺答失其孫把漢那吉，時高中玄在閣，王鑒川在邊，議還之以易叛人，初其嘩，而後卒得成功。”[⑧]王鴻緒説：“拱獨力主之，春芳與居正亦如拱指，遂排衆議，請於上，而封貢以成。”[⑨]張廷玉也説：“拱主封俺答，居正亦贊之，授王崇古等以方略。”[⑩]上述兩個方面完全可以確證高拱是俺答封貢的主持者和決策人，而張居正只是輔佐者或襄助者。

當然，在“俺答封貢”中，張居正也是嘔心瀝血的，他所起的襄助

① 鄧之誠：《中華二千年史》卷五(上)《明代之政治·高拱》。
② 載《駐馬店師專學報》1992年第1期。
③ 載《廣東教育學院學報》2004年第1期。
④ 載《廣播電視大學學報》(哲學社會科學版)2009年第4期。
⑤ 《明神宗實録》卷八四，萬曆七年二月乙巳。
⑥ 《明神宗實録》卷三七〇，萬曆三十年三月丁卯。
⑦ 王世貞：《嘉靖以來首輔傳》卷六《高拱傳》。
⑧ 沈德符：《萬曆野獲編》卷一七《款議有所本》。
⑨ 王鴻緒：《明史稿》列傳第九二《高拱傳》。
⑩ 張廷玉：《明史》卷二一三《張居正傳》。

作用也是不能抹煞的，翻檢《張太岳集》“書牘”，從他給王崇古、方逢時、吴兑等人的十餘封信函就可見一斑。不過，許多明清史料的記載，總是首列高拱，次言張居正，在次序上從未發生過錯亂和顛倒。如，《明史·高拱傳》説：“朝議多以爲不可，拱與居正力主之。遂排衆議，請於上，而封貢以成。”《明史·王崇古傳》説：在授把漢那吉官職問題上，遇到强大阻力，是“大學士高拱、張居正力主崇古議。詔授把漢指揮使，賜緋衣一襲，而黜夢熊於外，以息異議”。清魏源也説：“高拱、張居正、王崇古，張馳駕馭，因勢推移，不獨明塞息五十年之烽燧，且爲本朝開二百年之太平。仁人利溥，民到今受其賜。”[①]這種“先高後張”的記載順序，也足以確證促成“俺答封貢”的主持者當屬高拱，而非張居正。

初五日　高拱上《覆吏科條陳疏》。吏科都給事中光懋等條陳五事：甄别舉廢、優用邊臣、簡拔下僚、酌議久任、慎重更調。高拱分别批示：薦舉地方人才，須見其年力才猷，可當大任、可保無他者，方許列諸薦剡，否則聽本部及該科參究；所屬官員，不拘歲貢、納粟吏員資格，但其年力强壯，才猷卓越，訪實具奏；守令等官，其有治行卓異，有益一方者，許各該撫按官奏薦前來，本部再行訪實，具題久任；今後知州、知縣務要行令在任三年，不必互相更調。隆慶四年十二月初五日題，初七日奉聖旨：“依議行。”[②]

初七日　陞户部左侍郎戴才爲右都御史兼兵部右侍郎總督三邊軍務。才疏辭，不允。[③]

十二日　陞吏部右侍郎張四維爲本部左侍郎。兵部右侍郎協理部事魏學曾爲吏部右侍郎。[④]

---

① 魏源：《聖武記》卷一二《武事餘記》。

② 高拱：《掌銓題稿》卷一八《覆吏科條陳疏》。

③ 《明穆宗實録》卷五二，隆慶四年十二月庚子。

④ 《明穆宗實録》卷五二，隆慶四年十二月乙巳。

十七日　少保兼太子太保禮部尚書武英殿大學士張居正三年考滿，加兼太子太傅吏部尚書授柱國，給三代誥命，廕一子爲中書舍人。居正疏辭，不允。①

同日　高拱上《詳議調用條約以便遵守疏》。這是他對考察條例細化和創新的重要疏文。在既往考核條例中"才力不及、浮躁淺露，降調"一條，在具體操作中存在著標準不一、無所適從的混亂情況。據此，高拱奏請："今次考察，不分方面有司，若止是才力不勝繁劇，猶堪以原職調用者，就注擬於'才力不及，調簡僻地方'項下。若原非繁劇，亦不堪以原職調用者，就注擬於'才力不及，調閑散衙門'項下。其迹涉瑕疵，尚未太著者，姑注擬於'才力不及，降級'項下。或才力不及，不宜有司，文學猶堪造士者，則注擬於'才力不及，改教'項下。總此四款，皆麗'不及'之條……各將所屬'才力不及'官員，細評等第，候過堂之日，本部面加質證，照前填注。仍咨行各撫按官，以後劾疏内有'不及'官員，悉照前款，明白開注，以憑本部議覆施行。不許仍爲含糊'降調'之説，以致銓補之日，猶滋遷就之弊。"隆慶四年十二月十七日題，十九日奉聖旨："是。"②

同日　高拱上《覆山西巡按御史武尚賢參參議黄九成疏》。巡按山西等處監察御史武尚賢題稱：冀北道右參議黄九成所轄地方，略不介意，莫展一籌，難堪邊職，所當罷斥。高拱批示："將本官姑行罰治，令其免修職業，以贖近愆。"隆慶四年十二月十七日題，十九日奉聖旨："是，黄九成罰俸三個月。"③

二十日　高拱上《覆南京科道交論江西科場事變參提學副使陳萬言等疏》。兵科給事中李嵩、南京河南等道監察御史王嘉賓各奏稱：隆慶四年江西鄉試，遺失甚多，衆至三萬八千餘人。提學副使陳

---

① 《明穆宗實録》卷五二，隆慶四年十二月庚戌。

② 高拱：《掌銓題稿》卷四《詳議調用條約以便遵守疏》。

③ 高拱：《掌銓題稿》卷二七《覆山西巡按御史武尚賢參參議黄九成疏》。

萬言聽任都指揮王國光令人攔打,死者六十五人。南昌縣知縣劉紹恤私通生員胡如焕、劉應旂,使其皆得中式。乞將御史劉思問、副使陳萬言降調,知縣劉紹恤罷斥,胡如焕、劉應旂革斥,王國光處置。高拱批示:"將劉紹恤亦照不及事例,量調簡僻,以示懲創,以爲守令私受門徒之戒。"隆慶四年十二月二十日題,二十二日奉聖旨:"是。"①

二十二日 趙全等叛逆被押解到北京。"督撫乃以趙全等併先获張彦文九人者,檻送京,以十二月二十二日至。"②高拱親自審問,并反復考慮,應該如何處置這些叛逆,才能爲國家謀得最大利益。他本人曾詳細地記録了自己的考慮、審判的過程和結果。言:"方送法司時,予邀同官至射所面審之。七人者皆無言,惟趙全、李自馨有言。而李自馨者,故生員也。乃數言不能明者,全一言即明之,果驍黠異常。予問全曰:'我要奏皇上,寬汝死,令汝報效,能否?'曰:'能。'予曰:'汝爲俺答腹心年久,安保無他?'全曰:'小的在營用事多年也,曾替他掠地攻城,使他大得志。又每以衣服、飲食、器用、珍奇之物,常常供奉。我孝順他可謂至矣。乃今爲他一個孩子,將我等綁縛而來,不如蒿草,無恩至此,我恨不得食其肉,尚可與見面乎?'予曰:'汝能用多少人馬?'全曰:'兵貴精,而不貴多;將在謀,而不在勇。兵多累贅,不如用少,輕健耳。'予曰:'汝且去。'遂送刑部獄中。予因思曰:敵得吾人即用之,知吾虛實而入犯,每得利。吾得敵人乃即殺之,反爲彼滅口,非計。今誠宜奏於上,姑緩全等死,豢以美食好衣,而明告之曰:'上欲用汝報效,然無便用之理。必是汝等盡説敵情,各獻破敵計,待汝言果效,乃始用之也。'於是,但有敵情,即以問之,則吾可以得敵中虛實,而即以制之,不有愈於夜不收偵探無實者乎?因又思曰:'中朝議尚汹汹,封貢事尚未行,今刑章未正,爲此出奇事,恐又惹

① 高拱:《掌銓題稿》卷二六《覆南京科道交論江西科場事變參提學副使陳萬言等疏》。

② 高拱:《邊略》卷四《款敵紀事》。

紛亂，有防後着，不如已之。而活口幸在，乃不得一盡敵情，亦可惜也。'於是，選伶俐曉事衛經歷九人，使入獄中，人守一囚，隔别不得相通。日飲之酒，而謂之曰：'高爺要上本饒汝死，令汝立功。汝須吐實獻謀。言果有驗，乃可用之。不然，汝負大罪，可便用耶？'因問以敵之所長者何？所短者何？其所幸中國者何？所畏中國者何？其將領幾人？是何姓名、年紀各若干？所領人馬各若干？某强某弱？某與某同心？某與某有隙？其所計欲如何？中國如何可以制伏？以及纖息動静皆問之。日各書一紙來。於是，九人者如令行之，囚甚悦，各盡其説。每日暮，九人者各送揭帖至，得敵情甚悉。至今封存焉。"①經過高拱的精心布置，明朝從趙全等人處獲得了準確詳細的情報，然後由隆慶親臨，主持受俘典禮，下諭即將趙全等九名叛逆頭目磔諸市，并傳首九邊。應該説，從把漢那吉來降之日始，在高拱主持之下運籌帷幄，完成了受降、遣還、封貢、開市、處決叛逆等工作，明朝一直處在主動的地位。這充分體現出高拱既能高瞻遠矚以制勝，又能細致周詳地巧爲部署，具有寓戰於守，寓守於和的高明策略。

二十四日 以受俘功，加總督宣大右都御史王崇古爲太子太保兵部尚書兼都察院右副都御史，巡撫大同右副都御史方逢時兵部右侍郎兼右僉都御史。加兵部尚書郭乾太子少保，侍郎谷中虚、王遴各陞俸一級。②

同日 高拱上《覆山西撫按并查盤御史交參員外席上珍疏》。山西巡撫石茂華、巡按御史饒仁侃、巡按山西等處地方監察御史武尚賢等題稱：原任總理邊關糧儲户部員外郎席上珍，受賄貪污銀 149 兩，給商人謀利，掛欠國家錢糧。乞將本官照貪例罷斥，商人轉行有關部門追繳原欠錢糧數目。高拱批示"將席上珍照貪例爲民"，安承宗、李

① 高拱：《邊略》卷四《款敵紀事》。
② 《明穆宗實録》卷五二，隆慶四年十二月丁巳。

陽武“各照原欠錢糧數目,勒限追并究遣”。隆慶四年十二月二十四日題,二十六日奉聖旨:“是,席上珍着革職爲民。”①

二十五日 上諭内閣輔臣殫心運謀,勞績可嘉,特敕加恩。李春芳加支尚書俸,進中極殿大學士,餘官如故;高拱加少師兼太子太師、建極殿大學士,尚書如故;張居正少傅、建極殿大學士,太子太傅、尚書如故;各蔭一子尚寶司丞。殷士儋少保武英殿大學士,太子太保、尚書如故,與原任大學士趙貞吉俱蔭一子中書舍人。

禮部奏:是年災異。上曰:“中外臣工其痛加省飭,修舉實政,共圖消弭,以仰上天仁愛。”②

歲冬 高拱賦詩一首:

【五言古】

早霽出苑中望西山積雪

淡淡晴日暉,冽冽晨風寒。
出苑偶西望,積雪盈層巒。
層巒何嶙峋,萬仞相屼巑。
昔見青蔥結,今見縞素攢。
玉鳳排空飛,白龍伏地蟠。
霏霏仙掌中,凝華何其繁。
顧兹麗陽候,肅氣猶未殘。
山前既如此,山後寧劇乾。
將軍擁貂裘,誰知戰士難。
能推挾纊恩,當為驅呼韓。③

---

① 高拱:《掌銓題稿》卷二五《覆山西撫按并查盤御史交參員外席上珍疏》。
② 《明穆宗實録》卷五二,隆慶四年十二月戊午。
③ 高拱:《詩文雜著》卷一《早霽出苑中望西山積雪》。

隆慶五年辛未(1571)　60歲

正月初十日　吏部會都察院考察方面有司官考察,有布政使、副使、參政、參議、僉事、知府等五十四人,被罷斥降調如例;下貪酷異常知府徐必進等二十五人,御史按問追贓。賜賢能卓異按察使楊綵,副使勞堪、姜一林,僉事蕭大亨,知府丁應璧、徐學古、侯必登、李渭、高文薦,同知章時鸞,知縣許希孟、林會春、徐成位、曹大埜、劉不息等十五人各衣一襲、鈔百錠。以朝覲至者,仍宴於禮部。①

十五日　高拱上《覆科道拾遺方面官疏》。吏科都給事中韓楫等,雲南等道掌道事、廣西監察御史趙可懷等題稱:大計吏治,國家重典。兹當考察之後,不無漏網之奸。臣等例應拾遺,謹即見聞之真者,爲皇上陳之。高拱批示:"將曹天祐、周賢宣、佘敬中、陳忠翰、王道行俱照不謹例,冠帶閑住。其餘俱照才力不及例,内劉炌從重降用;馮叔吉、蹇達量行降用;黄錝量調簡僻。"隆慶五年正月十五日會題,十七日奉聖旨:"是。曹天祐等着冠帶閑住;劉炌降二級,馮叔吉降一級;黄錝調用。"②

二月初一日　高拱上《覆給事中賈三近劾官疏》。吏科左給事中賈三近糾劾前因,欲將原任直隸開州知州陞南京户部員外郎、今考察才力不及湯希閔革職爲民,提問原任真定等府巡按御史、今陞陝西苑馬寺少卿黄襄,原任直隸大名府知府、今聽降丁憂姚汝循,原任開州知州歷陞廣東布政司右參議、今丁憂章世仁,俱罷斥。高拱批示:"將湯希閔行提到官,查照該科所參事理,追究原斷王田情罪,因何即致死地,及妻子孫曾否計逼以絶其類。諸凡貪酷踪迹,有無證佐可指,

① 《明穆宗實録》卷五三,隆慶五年正月甲戌;高拱:《掌銓題稿》卷一九《申飭朝覲考察重典以勵庶官疏》。

② 高拱:《掌銓題稿》卷一九《覆科道拾遺方面官疏》。

逐一研審明白。查照律例，定擬罪名。及章世仁有無受意黄襄、姚汝循，應否併究，通行勘實明白，徑自回奏，以憑再加酌議施行。”隆慶五年二月初一日題，初三日奉聖旨：“是。”①

初三日　高拱上《題侍郎劉源清孫補蔭疏》。驗封清吏司案呈，據山東布政使司咨呈，據兖州府東平州申稱，查勘得劉國楨委係已故原任兵部左侍郎劉源清嫡長親孫，身家并無違礙，相應補蔭。高拱批示：“將劉國楨咨送禮部，轉送國子監讀書。”隆慶五年二月初三日題，初五日奉聖旨：“劉國楨准補蔭。”②

初七日　上御文華殿開日講。以會試天下士，命少傅兼太子太傅吏部尚書建極殿大學士張居正、掌詹事府事吏部左侍郎兼翰林院學士吕調陽爲考試官。

上敕諭天下朝覲官曰：“朕纘承大業五年于兹，夙夜兢兢，惟敬天勤民是務。顧四方萬國，豈朕一人所能遍察，所冀承流宣，化乂安元，實賴爾藩臬郡縣諸臣與朕分理，共圖至治。兹當大計群吏之期，既令所司審核簡汰，其貪虐異常者，仍盡法重按之；政績卓異者，特賜宴賚，用彰彝典。今爾等各還舊任，尚益加省勵，恪修乃職，守法奉公，約己惠下，俾民生樂遂，德澤旁流，庶副朕養賢求治之意。如或殃民自殖，怠棄官常，憲典具存，朕不爾貸。爾等其勉之戒之。欽哉！”③

初八日　總督尚書王崇古等以與俺答封貢互市事條上八議：一議錫封號官職，二議定貢額，三議貢期貢道，四議立互市，五議撫賞之費，六議歸降，七審經權，八戒狡飭。上覽其疏，令兵部議奏。兵部請以崇古八議，刊示廷臣，會議可否，請自上裁。從之。④

初十日　高拱上《覆都給事中韓楫等論侍郎游居敬等疏》。吏科

---

① 高拱：《掌銓題稿》卷二六《覆給事中賈三近劾官疏》。
② 高拱：《掌銓題稿》卷三三《題侍郎劉源清孫補蔭疏》。
③ 《明穆宗實録》卷五四，隆慶五年二月己亥。
④ 《明穆宗實録》卷五四，隆慶五年二月庚子。

都給事中韓楫等論劾刑部右侍郎游居敬,应天府府尹姚一元各年老;順天府府尹周俶,原任操江右僉都御史、今調雲南副使吴時來各不職,乞要將游居敬、姚一元勒令致仕,周俶、吴時來速爲罷斥。高拱批示:“將游居敬、姚一元俱令致仕回籍,周俶、吴時來俱令冠帶閑住。”隆慶五年二月初十日題,十二日奉聖旨:“是,游居敬、姚一元着致仕,周俶、吴時來冠帶閑住。”①

十三日 高拱上《議恤刑官在差考滿疏》。刑部左侍郎王國光等題稱:審録大臣大率以二三年方得事完復命,但各官自隆慶五年以後,皆當三六年考滿之期,難以赴部給由。乞照户部公差事例,將行過事迹并考語送部考核具題,就彼復職管事。高拱批示:“姑照前例,將雲、貴、兩廣、福建、四川審録郎中等官,許就差考滿,具由申部。其餘省份恤刑官,仍照例候事完回京補考。”隆慶五年二月十三日題,十五日奉聖旨:“是。”②

二十三日 高拱上《議處賢能官員以彰激勸疏》。高拱批示:“將張蕙加陞山西按察司按察使,廖逢節加陞山西布政司右參政,吴一本加陞山東布政司右參議,仍兼舊銜,照舊管理地方事務。”隆慶五年二月二十三日題,二十五日奉聖旨:“是。”③

二十四日 高拱上《覆遼東巡按向程論巡撫毛綱疏》。巡按遼東監察御史向程論劾巡撫遼東右僉都御史毛綱,聞喪擅離地方,乞要比照顧應祥事例,冠帶閑住。高拱批示:“俟本官服闋之日,薄示降調,以警將來。”隆慶五年二月二十四日題,二十六日奉聖旨:“毛綱候服滿之日,降一級調外任,欽此。”④

三月初三日 高拱力主“俺答封貢”第二階段即封貢和互市引起

---

① 高拱:《掌銓題稿》卷二四《覆都給事中韓楫等論侍郎游居敬等疏》。

② 高拱:《掌銓題稿》卷一一《議恤刑官在差考滿疏》。

③ 高拱:《掌銓題稿》卷七《議處賢能官員以彰激勸疏》。

④ 高拱:《掌銓題稿》卷二四《覆遼東巡按向程論巡撫毛綱疏》。

巨大争議。時都給事中章甫端、張國彦,給事中宋應昌、張恩忠、紀大綱等各條上封貢互市事,與總督王崇古八議互有異同。詔下部議。於是兵部集府部科道諸臣廷議:定國公徐文璧、吏部左侍郎張四維等二十二人,皆以爲可許;英國公張溶、户部尚書張守直等十七人,以爲不可許;工部尚書朱衡等五人以爲封貢便,互市不便;都察院僉都御史李棠極言宜許狀;兵部尚書郭乾淆於群議,不知所裁,姑條爲數事,大抵皆持兩端。疏上,上以爲未當,令部臣更議以聞。①

初八日　上御文華殿,大學士李春芳、高拱、張居正等面奏,俱言封貢互市之利,外示羈縻,内修守備。上曰:"卿等既議允當,其即行之。"②

初九日　兵部奉旨:再議俺答封貢事宜。請如崇古議,且言事在邊疆,惟邊臣知之,亦惟邊臣能任之。今日之事,宜及時内修爲良圖,以久任責成爲要務。惟皇上叮嚀督撫諸臣,乘時整飭邊備,務使常勝之勢在我,意外之變無虞,以紓宵旰之憂,慰按攘之望。又言:套虜事體與宣大不同,宜令陜西督撫更議可否。上允行之,諭崇古悉心經畫,務期安妥,仍督率鎮巡官益嚴武備,不得解弛,以致疏虞。③

十六日　工科給事中劉伯燮劾兵部尚書郭乾謬應中樞,有負任使。北虜封貢事,廷臣集議,陰持兩端,竟無可否。及綸音再下,猶漫爲題復。庸暗欺漫,無大臣體。乞罷斥。於是乾上疏引咎,以疾求退。許之,賜馳驛歸。④

高拱認爲遣返納叛已爲漢蒙民族和睦相處開啓端緒,但要鞏固其基礎,還必須有第二階段即封貢互市:"然須有下節,則上節方爲完美。"⑤因此,他授意王崇古,於隆慶四年十二月上疏正式提出封貢互

---

① 《明穆宗實録》卷五五,隆慶五年三月甲子。
② 《明穆宗實録》卷五五,隆慶五年三月己巳。
③ 《明穆宗實録》卷五五,隆慶五年三月庚午。
④ 《明穆宗實録》卷五五,隆慶五年三月丁丑。
⑤ 高拱:《政府書答》卷一《與宣大王總督書》。

市,主要包括“相戒不犯邊,專通貢,開市以息邊民”,并承諾明軍“不燒荒,不搗巢”①。穆宗詔下廷議,結果再次譁然,“時衆論洶洶愈甚”②。貢市之議再次陷入僵局。在這種情況下,高拱毅然挺身而出,力主崇古之議,堅持貢市不動摇。一方面,他檢出成祖封忠順、忠義王的檔案,請兵部及持有異議的大臣查看,以證明貢市符合祖宗之法,有其歷史根據;另一方面又對以“宋氏講和”、“先帝禁馬市”、“虜必渝盟”爲藉口,反對貢市的論調痛加駁斥:(1)“今所爲紛紛,動以宋氏講和爲辭,不知宋弱虜强,宋求於虜,故爲講和。今虜納貢稱臣,南向稽首,而吾直受之,是臣伏之也,何謂和?”(2)“又動以先帝禁馬市爲辭,不知先帝所禁者官與之市,而仇鸞爲奸者也。然遼東不互市乎?今正如遼東例,與民互市耳,何謂馬市之禁?”(3)“又動以虜少渝盟爲辭,虜往累歲内犯,直至近郊,殘毒爲甚,豈皆封貢致之哉?縱使渝盟,不過如往歲之入而已矣,而又能加乎?”不僅如此,高拱還對異議紛然的原因做了分析,言:“今議事之臣,紛紛然者,豈皆審究利害爲國謀哉,徒見事體重大,故發言相左,恐後有不諧者則以爲莫道不曾説來,以是推諉而已,而豈其本心然乎?”③同時,高拱還陳述如若貢市成功,對明朝有利無害:“可以息境土之蹂踐,可以免生靈之荼毒,可以省内帑之供億,可以停士馬之調遣,而中外皆得以安。”④高拱力排衆議,貢市之議取得一致,并得到隆慶帝批准。高拱又給總督王崇古、巡撫吴兑(此時方逢時已丁憂)致函,對貢市的具體細節做了周密部署安排,使得貢市萬無一失。至三月二十八日,明朝册封俺答爲“順義王”,把漢那吉爲“昭勇將軍”,昆都力哈、黄台吉爲都督同知,其子侄、部下 63 人俱授官封賞。封貢互市的成功不僅鞏固了邊

① 《明穆宗實録》卷五二,隆慶四年十二月甲寅。

② 高拱:《邊略》卷四《款敵紀事》。

③ 高拱:《邊略》卷四《款敵紀事》。

④ 高拱:《綸扉稿》卷一《虜衆内附邊患稍寧乞及時大修邊政以永圖治安疏》。

疆和平局面,而且也建立了明清數百年中央政府對蒙古地區的管治模式,意義深遠。可見,在封貢第二階段,高拱仍然起到了決定性的推進作用。

初四日 高拱上《覆南京科道官參劾冒濫京堂疏》。南京户科給事中張焕、南京廣西道監察御史李紹先各奏稱:通政使司右參議宋訓貪淫不檢,原任延綏巡撫都御史今丁憂何東序心同虎狼,乞行罷斥;江西巡撫都御史李一元心術奸險,才力疏庸,乞將量行降用。高拱批示:"將何東序姑准致仕;李一元降調外任;宋訓先令回籍,其所劾事情,行各該巡按御史作速勘明,具奏定奪。"隆慶五年三月初四日題,初六日奉聖旨:"是。何東序着致仕,李一元降一級調外任,宋訓回籍聽勘。"①

初七日 高拱上《議加副使傅希摯職銜疏》。總督漕運兼提督軍務、巡撫鳳陽等處地方、都察院右副都御史陳炌題稱:淮揚海防兵備副使傅希摯,三年任滿,例應給由。本官職司海防,地方倚賴,擅難起送,乞要保留,以資干濟。高拱批示:"將傅希摯免其赴京給由,加陞浙江布政司右參議,仍兼副使職銜,照舊管理原務。"隆慶五年三月初七日題,初九日奉聖旨:"是。"②

同日 高拱上《議復督糧官疏》。巡撫山東等處地方兼督理營田、都察院右僉都御史梁夢龍題稱:乞復督糧參政,給以關防,駐劄省城,巡歷催償税糧,不得營求别委。高拱批示:"將山東布政司復設左參政一員,專管督糧,駐劄省城,每歲夏秋巡歷各府州縣,催償税糧,不得營求别委,遇缺即行銓補。"隆慶五年三月初七日題,初九日奉聖旨:"是。"③

初八日 高拱門人盧煌(字道含,號鶴川,鄭州南七里河人,嘉靖

---

① 高拱:《掌銓題稿》卷一九《覆南京科道官參劾冒濫京堂疏》。
② 高拱:《掌銓題稿》卷一二《議加副使傅希摯職銜疏》。
③ 高拱:《掌銓題稿》卷一四《議復督糧官疏》。

三十五年進士)卒,距生正德戊寅十二月二十六日,享年五十四歲。高拱爲其撰墓誌銘,曰:“嘉靖庚子舉於鄉,丙辰登進士第。授行人司行人,例得爲臺省,而時方重賂,君徒静守罔攸賂,遂止量移司副。人以此爲君詘,然亦以此多君有雅操,非世俗巧宦伍也。司副逾一載,遷户部員外郎,視九門鹽法。甫三月而袪鹽法弊甚多,乃晉郎中。奉璽書董甘肅軍餉,於是劑盈縮、剗浮冗,條出納之宜,而著令布之,士得宿飽而氓亦罔困,公私咸利賴焉。三載,擢山西按察司僉事,巡河東,威令孚格,吏畏而民則懷之。甫期月有巡撫者與君左,奏君宜他調,而君遂拂衣歸矣……乃敏政等將以壬申年十一月卜葬城南二里許應龍崗之原,而先遣使持狀來乞銘。嗟乎!予固知君也,則何可以不銘。銘曰……”①

十三日 高拱上《辯理副使林烶章疏》。巡按貴州監察御史蔡廷臣題稱:巡撫貴州右副都御史趙錦論劾原任威清兵備副使林烶章,百計造謗,流言淆亂,遂蒙不潔之污。乞將林烶章照舊推用,或催行速勘。高拱批示:“將林烶章照舊推用,仍通行在外撫按衙門,以後凡遇聽勘官員,務要秉公,作速查勘,固不可使漏网之得逃,亦不可使覆盆之徒苦,則法令平而人心服,治道其可興也。”隆慶五年三月十三日題,十五日奉聖旨:“是,林烶章准照舊推用。”②

十四日 以廷試天下貢士,命大學士李春芳、高拱、張居正、殷士儋,尚書郭乾、朱衡、張守直、劉自强,左都御史葛守禮,吏部左侍郎吕調陽,禮部左侍郎張四維,及王正國、董傳策、丁士美等充讀卷官。③十五日,上御皇極殿,策試天下貢士。十八日,賜天下貢士張元忭等三百九十六人進士及第出身有差。④

---

① 高拱:《詩文雜著》卷三《山西按察司僉事盧君墓誌銘》。

② 高拱:《掌銓題稿》卷二八《辯理副使林烶章疏》。

③ 《明穆宗實録》卷五五,隆慶五年三月乙亥。

④ 《明穆宗實録》卷五五,隆慶五年三月己卯。

十五日 高拱上《覆都給事中韓楫條陳疏》。吏科都給事中韓楫等條陳三事,其中一事屬禮部,二事屬吏部:一曰"信風勵之典",一曰"公選擢之規"。高拱分别批示:"以後撫按官逐年從公量薦卓異數員,以備大計之後題請宴賜。如徇私濫舉,聽本部該科參治。""督令該司一洗故套,應補者補,各稱其地;應調者調,各稱其才;應陞者陞,各不拘其時與格。於是乃漸圖久任,務使在在有官,人人效用。"隆慶五年三月十五日題,十七日奉聖旨:"是。"①

二十日 高拱上《議廣西按察司改併道分疏》。兩廣提督撫按等官李遷等題稱:要將廣西驛傳道事務,併入清軍道管理,改道僉事改作古田兵備副使。高拱批示:"將廣西驛傳道僉事改爲古田兵備副使,請給敕書、關防,令其經略。五年果有成功,破格超擢。其該道併管等項事宜,悉照所議施行。"隆慶五年三月二十日題,二十二日奉聖旨:"是。"②

二十四日 高拱上《薦舉才望舊臣乞賜召用以裨治理疏》。高拱言:臣職在進賢,敢不以薦。照得致仕少傅兼太子太傅、吏部尚書楊博,才猷明遠,戎務暢諳,年紀未衰,正堪宣力,若用之專理兵政,必然事至能應,調度不差,可副安攘之托。照得致仕太子少保、禮部尚書兼翰林院學士高儀,德望甚高,文學且裕,年甫逾艾,精力有餘,若用之於輔導,必多啓沃之功;若用之於纂修,必就編摩之績。"如蒙皇上不以臣言爲謬,乞將二臣特賜召起,俾各以原官典司前務。"隆慶五年三月二十四日題,二十六日奉聖旨:"楊博、高儀准起用,着便行取來京。"③高拱不以楊博曾於隆慶元年五月彈劾過自己爲嫌,毅然起用楊博。

二十七日 高拱上《題侍書鄭守德蔭子疏》。驗封清吏司案呈,

---

① 高拱:《掌銓題稿》卷一八《覆都給事中韓楫條陳疏》。
② 高拱:《掌銓題稿》卷一四《議廣西按察司改併道分疏》。
③ 高拱:《掌銓題稿》卷七《薦舉才望舊臣乞賜召用以裨治理疏》。

奉本部送據福建布政使司咨呈,據漳州府漳浦縣申稱,結勘得生員鄭廷昇委係已故原任禮部祠祭司主事兼翰林院待詔鄭守德嫡長親男,身家無礙,相應録蔭。高拱批示:"將鄭廷昇照例送翰林院習字出身。"隆慶五年三月二十七日題,二十九日奉聖旨:"鄭廷昇准照例習字出身。"①

二十八日 封俺答爲順義王,賞大紅蟒衣一襲,彩緞八表裏。賜之敕曰:朕惟天地以好生爲德,視華夷爲一家,並育于宇内;胡越一體,併包兼育。尚爾仰遵天道,堅守臣節,約束爾衆,永篤恭順,使老者得安,幼者得長,保境息民,世世安樂。儻爾背初心,輕棄盟言,非爾之福,爾其體悉朕意②。二十九日,總督宣大尚書王崇古言:封貢事宜,與臣原議未合者三:封貢俺答,不可獨拒吉能;互市之議,不可獨遺陝西三邊;撫賞之費,必不可省。章下兵部,請行陝西總督戴才勘議可否;户部以撫賞之費可動支客兵歲餉。上俱從之。③

同日 高拱上《查究假官以正國法疏》。高拱查得先年省祭官劉添雨,給文赴部聽選,於隆慶四年四月内除授山西安邑縣遞運所大使,領憑赴任去訖,今及一年。近訪得劉添雨一向未選,即喚來面問,果實。據此,高拱奏请:"將見任大使劉添雨拿解來京問罪,并將劉添雨正身,行提面證,從重治罪。"隆慶五年三月二十八日具題,三十日奉聖旨:"是。這假官着巡鹽御史拿解來京問。"④

同日 高拱上《覆江西巡按御史參官疏》。巡按江西監察御史劉思問題參饒州府同知張從律縱脱聽問贓官,通判程一夔受賄,乞要將張從律降調閑散,程一夔仍行提問。高拱批示:"將張從律仍以通判降調閑散,程一夔聽巡按御史提問。"隆慶五年三月二十八日題,三十

① 高拱:《掌銓題稿》卷三三《題侍書鄭守德蔭子疏》。
② 《明穆宗實録》卷五五,隆慶五年三月己丑。
③ 《明穆宗實録》卷五五,隆慶五年三月庚寅。
④ 高拱:《掌銓題稿》卷一〇《查究假官以正國法疏》。

日奉聖旨:“是。”①

二十九日 命吏科左給事中賈三近②往勘貴州土舍安國亨事,中途罷之。國亨與安智相攻,事久不決,撫臣阮文中請發兵糧,刻期進剿。大學士高拱薦賈三近往勘。行之途中,國亨即出聽撫就理,獻出罪人并輸銀四萬一千兩抵罪,不煩兵而定。自是貴州抵寧,生民樂業。③

高拱圓滿解決貴州安氏之亂,主要原因有三:(1)準確判定安氏之亂的性質。安氏之亂是貴州水西土司内部的自相仇殺事件,屬於彝族安氏的家事,并非叛逆:“夫叛逆者,謂敢犯朝廷,背去爲亂者也。今彝族自相殘殺,果是敢犯朝廷,背去爲亂乎?縱拘提不出,亦只違拗而已,而違拗何以爲叛逆乎?乃遂輕兵掩殺,彼彝民安肯束手就戮……而今必以叛逆論之,亦甚矣。”④叛逆是“敢犯朝廷,背去爲亂”,而仇殺只是因個人或家族的恩怨而互相殘害。因其性質不同,其解決方式也不相同。對待叛逆,必須發兵剿滅,不可輕待;而對於仇殺,則應化解矛盾,争取和平解決。就安氏之亂而言,起因是安國亨仇殺安信,引起安智的懷恨報復,而當地撫臣又袒護安智,遂造成安國亨擁兵自衛的對抗局面。即使安國亨“不服拘提”,也只是“違拗”即背離撫臣意願,而“違拗”并非犯上叛逆。故不能將其定性爲叛逆:“安氏之亂,本是安國亨、安智同族自相仇殺,此乃彼之家事,非有犯於我者,何以謂之‘叛逆’?”⑤(2)提出和平處置方略。既然安氏之亂是彝

---

① 高拱:《掌銓題稿》卷三〇《覆江西巡按御史參官疏》。

② 賈三近(1534~1592),字德修,號石葵,山東嶧縣(今棗莊嶧城區)人。嘉靖三十七年(1558)中舉。隆慶二年(1568)進士,選翰林庶吉士,授吏科給事中。隆慶四年(1570),遷吏科左給事中,勘事貴州,中道罷遣,遂請急歸。後賦閑在家。萬曆元年(1573)起用,八年(1580)擢陞南京光禄寺卿。但以父母年邁、身體欠安爲由,上疏請歸。萬曆十二年(1584),三近拜光禄寺卿,同年九月陞都察院右僉都御史。萬曆二十年(1592),寧夏總督舉兵反叛,朝廷下旨封賈三近爲兵部右侍郎,至寧夏督軍平叛。同年七月,三近因背疽發作而逝,享年五十九歲。

③ 《明穆宗實録》卷五五,隆慶五年三月庚寅。

④ 高拱:《邊略》卷三《靖彝紀事》。

⑤ 高拱:《政府書答》卷二《答貴州阮巡撫書一》。

族自相仇殺事件，并非叛逆，那麼就必須運用據實定策、以撫爲主的和平方式加以處置。“若中原之民，敢行稱亂，大逆不道，此則所謂上告天子，發兵征討，滅此而後朝食者也。若土司異類，順逆殊塗，雖有釁隙，本非叛逆之實，則人臣當自爲處分，而不可過言於君父之前。”[①]處理邊疆民族問題所以不能照搬内地武力鎮壓的模式，一是由於民族不同，少數民族屬於“非我族類”；二是由於地域不同，内地反叛對朝廷威脅更大。而安氏既“非我族類”，更“非叛逆之實”，因此不可以武力征剿的方法加以處置，而應以撫爲主，化解矛盾，力争和平解決。否則，“事非其實，而徒勤兵於遠”，於國於民都是有害無益的：“若以吾中國百姓之財，中國百姓之力，而剿一自相仇殺、無敢犯我之土夷，誠不敢以爲然也。”[②]（3）謀劃周詳，用人得當。隆慶四年四月，貴州撫臣王諍回籍聽調，高拱便推薦“沉毅可屬以事”的阮文中巡撫貴州。阮文中至貴州，訪得實情，果如高拱所言，安國亨并非叛逆而爲仇殺，但其礙於地方官浮言議論，不敢驟變前舉，仍具疏請兵征伐。高拱又復書阮文中：“嘻！阮子誤矣。安國亨所爲不出者，疑畏深也。今明旨既下，事在必行，是真以叛逆處之矣。處以叛逆，彼將叛逆自爲也，將不逼而使即真乎！”[③]當時貴州形勢是，阮文中礙於浮議，奏請發兵征剿，而國亨亦上疏辯誣，乞求歸順。雙方針鋒相對，僵持不下，“欲從之，則非計；欲無從，則失威”[④]。故高拱斟酌再三，決定派遣科官去貴州進一步勘察實情，因“大抵天下之事，在乎爲之出於實，而處之中其機，則未有不濟者”[⑤]。這時，高拱派“聰明練達，可濟大事”的吏科給事中賈三近前往貴州勘察，協助文中妥善處置，并指出：國亨“若負罪是實，非敢負國，則聞科官至必幸其有歸順

---

① 高拱：《政府書答》卷二《答貴州阮巡撫書一》。

② 高拱：《政府書答》卷二《答貴州阮巡撫書二》。

③ 高拱：《邊略》卷三《靖彝紀事》。

④ 高拱：《邊略》卷三《靖彝紀事》。

⑤ 高拱：《邊略》卷三《靖彝紀事》。

之路，而服罪愈懇，吾乃只以其本罪處之。若負固［國］是實，而所謂服罪者只以虛言款我，則即發兵發糧屠戮之，未晚也"①。結果，賈三近未至貴州而安氏之亂便告平息。應該説，高拱採取據實定策、以撫爲主的靖彝方略，不僅和平解決了邊疆少數民族的内亂問題，而且也有利於民族團結，對西南邊陲政治穩定產生了重要影響。"自是境土謐寧，生民安業，兵無征戍之苦，官免奔命之勞，上下恬熙與中華埒矣。"②

三十日　高拱上《分撥進士觀政講求律例疏》。這是高拱推行法治改革的重要奏疏。疏言："我朝設科取士，固非一途，而首重者進士之科。中間建功立業、克稱任使者固多，然昧於法律、誤罹憲章者亦有。推原其故，蓋由其以科第自足，於法律全不究心，一旦任用，罔知攸措。"故高拱提出："欲將第二甲趙鵬程等七十七名，三甲金階等三百一十六名，分撥各衙門，各依出身等第，支俸辦事。仍行各堂上官約束，俱在本衙門講求律例，習學政體，定以課程，時加考校。務期明曉法制，通達治理，以副任使。"隆慶五年三月三十日題，四月初二日奉聖旨："是。"③

同日　高拱上《議增正歷監生疏》。據國子監祭酒馬自强所題，高拱批示："每該正歷三名者，量增一名，仍不拘已未撥出，俱減三個月，止歷九個月准滿。即以所減歷月之餘糧，扣抵所增歷缺之正俸。暫行二年，仍復舊規。其考勤上選日期，仍照舊例遵行。"隆慶五年三月三十日題，四月初二日奉聖旨："是。"④

同日　高拱上《議處聽勘僉事楊應東疏》。據原任貴州按察司整飭畢節等處兵備分巡貴寧道僉事、今聽勘楊應東所奏，高拱批示："行

---

① 高拱：《政府書答》卷二《答貴州阮巡撫書二》。

② 高拱：《邊略》卷三《靖彝紀事》。

③ 高拱：《掌銓題稿》卷八《分撥進士觀政講求律例疏》。

④ 高拱：《掌銓題稿》卷一五《議增正歷監生疏》。

令楊應東待罪貴州,聽該科委用。俾始終其事,待事完日,或功或罪,具奏處分。其所辯情由,仍備行勘官并前劾事迹,一併從公會勘明白,奏請定奪。”隆慶五年三月三十日題,四月初二日奉聖旨:“是。”①

四月初二日 授第一甲進士張元忭爲翰林院修撰,劉瑊、鄧以讚爲編修。初四日,陞浙江道監察御史孫丕揚爲大理寺右寺丞,湖廣道監察御史楊標爲光禄寺少卿,陞河南布政使司右參議吴兑爲按察副使。②

初四日 河東巡鹽御史部永春與宣大總督王崇古相互攻訐。永春疏言:鹽法之壞在大商專利,其根在勢要。因指總督尚書王崇古弟、吏部右侍郎張四維父爲大商,崇古及四維爲勢要。請罰治崇古而罷四維。四維自辯,其父未嘗爲河東運司商人,亦無其他子弟。永春奏不實,因乞避位候勘以自明。上謂四維日侍講讀,素稱清謹,令供職如故。③

初六日 高拱上《乞恩辭免兼任疏》。言:内閣密勿之司,吏部銓衡之地,處其一也,猶謂難勝,矧乃兼之,豈容易稱雖。既逾一載,曾蔑寸功。果賢俊之咸升乎,憸壬之悉屏乎,綜核名實吏治興乎,釐革虚浮士風正乎?每自省循,徒增惶汗。用之寡效,既抱負乘之憂;久且彌深,必致覆餗之咎。此臣所爲衷懷踧踖,不能自寧者也。先曾引退,未荷俞允。伏望皇上察臣綿薄之質,憫臣孤孑之踪,准辭部事,俾還内閣,追隨三輔,贊佐下風。别選名賢,專總銓務。隆慶五年四月初六日具奏,十八日奉聖旨:“朕素知卿公正廉直,秉銓,其勿辭。”④

初七日 高拱上《覆都御史李棠條陳疏》。都察院右僉都御史李棠條陳六事,其用人、重任二事,該本部議覆。(1)用人。高拱議覆:

---

① 高拱:《掌銓題稿》卷二八《議處聽勘僉事楊應東疏》。

② 《明穆宗實録》卷五六,隆慶五年四月癸巳、乙未。

③ 《明穆宗實録》卷五六,隆慶五年四月乙未。

④ 《明穆宗實録》卷五六,隆慶五年四月己酉;又見高拱《綸扉稿》卷一《乞恩辭免兼任疏》,文字有出入。

"將九邊與兩廣兵備及守令等官,備加查揀。但不堪邊地而官箴無玷者,酌量別調;或原選腹裏而才勝繁劇者,即調補邊地。人或不足,仍於新科進士内除補,此後久任。超遷之法,前後互用,通融優敘。"(2)重任。高拱議覆:"巡撫、將領以下諸臣,於凡一切兵馬錢糧等務,總督得以節制調度者,俱聽照敕書内事理,徑自舉行,不必瑣瀆聖聽。若所奏大事中間,利害得失要在廟堂諸臣揆以理勢,從公酌斷,請自上裁。至於他日之成敗利鈍,本難逆睹,偶有未合,所宜據理原情,不得旁觀迂論,豫持兩可,以開後日指摘之端。"隆慶五年四月初七日題,初九日奉聖旨:"是。"①

初十日 高拱上《覆科道官參員外包大爟等疏》。禮科都給事中張國彥、陝西等道監察御史舒鰲等,各糾劾刑部廣東司員外郎包大爟、順天府治中張德恭,各於太廟陪祀,放肆不恭,乞要重加懲處。高拱批示:"將包大爟、張德恭降調外任,以爲臣工不恪者之戒。"隆慶五年四月初十日題,十二日奉聖旨:"包大爟、張德恭都着降一級,調外任。"②

十二日 高拱上《議處兵馬養病疏》。兵馬指揮司副指揮席蔭,因病不能供職,乞放回籍調理。高拱批示:"令其回籍調理,痊可之日起文赴部聽用。以後兵馬司指揮及副指揮有患病者,俱照席蔭事例一體施行。"隆慶五年四月十二日題,十四日奉聖旨:"是。"③

十三日 高拱上《查處王親疏》。據吏科都給事中韓楫條陳"弘登薦之例",高拱批示:"不拘見任聽用,凡係王親者,俱各查明要見某官,有無與前例相合,應否開豁,通限文到一月以裏,從實回奏,以憑酌用施行。"隆慶五年四月十三日題,十五日奉聖旨:"是。"④

---

① 高拱:《掌銓題稿》卷一七《覆都御史李棠條陳疏》。

② 高拱:《掌銓題稿》卷二五《覆科道官參員外包大爟等疏》。

③ 高拱:《掌銓題稿》卷六《議處兵馬養病疏》。

④ 高拱:《掌銓題稿》卷一二《查處王親疏》。

十五日　高拱上《覆河南巡撫都御史栗永禄參長史許邦才疏》。巡撫河南等處地方都察院右副都御史栗永禄題稱：周府左長史許邦才給假回籍，延今一年之上，不行復任，乞行罷斥。高拱批示："照不謹事例，令其冠帶閑住。"隆慶五年四月十五日題，十七日奉聖旨："是，許邦才着冠帶閑住。"①

二十日　總督尚書王崇古疏辯御史郜永春所劾事，并發郜永春贓迹。户科都給事中宋良佐等謂：二臣因憤互訐，重傷國體，宜加整飭，以杜私競。既而十三道御史周思充等及河東巡鹽御史俞一貫各前後疏言：崇古懷忿肆辯，污蔑言官，驕悍無大臣體，乞重加罰治。皆寢不行。②

同日　命授俺答部昆都力哈、黄台吉爲都督同知，賓兔台等十人爲指揮同知，那木兒台吉等十九人爲指揮僉事，打兒漢台吉等十八人爲正千户，阿拜台吉等十二人爲副千户，怡台吉等二人爲百户。③ 昆都力哈即俺答弟把都兒。

二十一日　高拱上《議豁王親疏》。都御史栗永禄咨報：陜西左布政使曹金有姊爲汝陽府奉國將軍淑人，係夫人以下之親，不在應禁之例。高拱批示："遇有相應員缺推用。"隆慶五年四月二十一日題，二十三日奉聖旨："是。"④

同日　高拱上《覆御史郜永春總督王崇古互相論訐疏》。巡按山西監察御史郜永春題稱：吏部左侍郎張四維父張允齡、總督宣大兵部尚書王崇古弟王崇教，皆嗜利忘義，阻公營私，乞將四維罷斥，崇古罰治。隨該王崇古奏稱：御史永春指劾臣事，原無情實，一因永春冬月挑渠，凍餒貧民，臣行議止，遂以抱恨；二因考察舉劾，臣查得運司副

① 高拱：《掌銓題稿》卷二七《覆河南巡撫都御史栗永禄參長史許邦才疏》。
② 《明穆宗實録》卷五六，隆慶五年四月辛亥。
③ 《明穆宗實録》卷五六，隆慶五年四月辛亥。
④ 高拱：《掌銓題稿》卷一二《議豁王親疏》。

使丘瓚貪鄙當黜，而永春於參論丘瓚詞語，指其當鹽法更張之會，不能匡贊，乃挾仇揑誣臣弟王崇教阻壞鹽法；三因永春鼓舞愚民，報中超掣，貪以後利；四因安邑縣知縣袁弘德以六皮箱金銀首飾，饋送永春收受。乞將永春論臣緣由及臣奏内事情勘查明白。据此，高拱批示："戒諭御史部永春，令其痛自省改；一面移咨尚書王崇古，當以邊務爲重，一意經畫，亦不得以人言動氣，有失大臣之體。如再有攻訐，容臣等參奏究治。以後言官論事，務要虚心平氣，據事直陳，不許懷忿妄奏。其被論者，只當聽候處分，不許輒事辯訐。若果係誣枉，亦止許自明心迹，不得指摘言官他事，以圖報復。"隆慶五年四月二十一日題，二十三日奉聖旨："是。"①

三十日 高拱上《議責成州縣正官徵糧問刑及多選進士疏》。據刑科給事中陳三謨奏請，高拱批示："凡一應州縣正官，務要嚴禁迎送、參謁等項虚文，及一應泛常差委。令其專理民事，如催徵必須及時親理，不得過期逼追，使民無措。其推委佐貳、縱其漁獵者，尤當嚴戢"；"至於觀政進士，見今尚踵故套，群居終日，無所用心。合行各衙門堂上官，督令講律，限定書程，不時查考，或摘條面訊，以稽勤惰。"隆慶五年四月三十日題，五月初二日奉聖旨："是。"②

五月初一日 叙廣西古田平寇功，陞李遷爲右都御史，仍兼兵部左侍郎，總督如故；殷正茂爲兵部右侍郎，仍兼右僉都御史；總兵官俞大猷實職二級世襲，各賞銀幣有差。先是古田僮賊攻劫會城，戕殺官吏，連歲苦之。其首領韋銀豹、黄朝猛據鳳凰、翔水二寨，險不可拔。至是正茂與遷調土兵及漢兵十四萬，令大猷統之，合營進剿，斬首七千四百六十級。正茂之功居多。上嘉三臣首功，故有是命。③ 正茂得授重任并建功，實因高拱力排衆議而倚任之："正茂在廣時，任法嚴，

---

① 高拱：《掌銓題稿》卷二四《覆御史部永春總督王崇古互相論訐疏》。

② 高拱：《掌銓題稿》卷一六《議責成州縣正官徵糧問刑及多選進士疏》。

③ 《明穆宗實録》卷五七，隆慶五年五月壬戌。

道將以下奉行惟謹。然性貪,歲受屬吏金萬計。初征古田,大學士高拱曰:'吾捐百萬金予正茂,縱乾没者半,然事可立辦。'時以拱爲善用人。"①正茂雖爲進士出身,但熟諳軍機韜略,是一幹才而兼勇將,雖有貪聲,却是瑕不掩瑜、瑜過於瑕的難得將才。高拱重用殷正茂,也正是本着既重實效,而又有權變的原則出發的,不因正茂之貪而棄之不用。在使用殷正茂問題上,體現出他富有遠見,能用大手筆㫚斷處理大問題之气魄。這是高拱提拔、重用有作爲人才的典型範例。

初二日 高拱上《覆三邊總督侍郎參官疏》。總督陝西三邊軍務、都察院右都御史兼兵部左侍郎王之誥論劾,要將白河縣知縣郭嘉文改教,寶雞縣知縣劉闊革任提問。高拱批示:"郭嘉文才力懦弱,相應依擬改教";"將劉闊降雜職以示懲,斯於情理允當。"隆慶五年五月初二日題,初四日奉聖旨:"是。"②

初六日 巡撫廣西都御史殷正茂以古田既平,欲修舉鹽法,以足兵食,富庶廣西,因條上八事:議法守,明賞罰,計工本,造官船,謹防範,限時月,禁私販,明職掌。户部是其議,請飭殷正茂及時修舉,兼行兩廣提督、湖廣巡撫協心共濟。上是之。③

初八日 高拱上《題加僉事蕭大亨服俸疏》。吏科都給事中韓楫題稱:湖廣按察司等衙門按察使楊綵等一十五員,俱賢能卓異,特加風勵。高拱批示:除已優陞行取外,"將蕭大亨加陞從四品服俸,丁應璧加陞從三品服俸,照舊管理該道、該府事務"。隆慶五年五月初八日題,初十日奉聖旨:"是。"④

十一日 高拱上《推補兵部右侍郎并分布事宜疏》。高拱據先前《議處本兵及邊方督撫兵備之臣以裨安攘大計疏》中提出"兵部添設

---

① 張廷玉:《明史》卷二二二《殷正茂傳》。
② 高拱:《掌銓題稿》卷三〇《覆三邊總督侍郎參官疏》。
③ 《明穆宗實録》卷五七,隆慶五年五月丁卯。
④ 高拱:《掌銓題稿》卷七《題加僉事蕭大亨服俸疏》。

侍郎二員，同額設侍郎協理部事"之議，推舉大理寺卿張翀、巡撫河南都察院右副都御史栗永禄任協理部事侍郎。其任用、職掌是："今後除左侍郎一員外，其右侍郎三員，惟以到任先後爲序，不得仍前争講禮儀，致乖體統。至於職掌，尤宜預先分定，乃得早爲之謀，不致臨時倉皇，苟應故事。如遇總督員缺，或應巡閲邊務，照前題准事例，即於四臣中揀一人往。其平居無事，皆令在部協理。每遇防秋，或有緊急，則以左侍郎在部，其右侍郎三員，以一防護陵寢，以一提督九門，以一護守通州漕糧。次序有定，無相攙奪。臨時各照職掌而行，不必再行題請煩瀆。"隆慶五年五月十一日題，十三日奉聖旨："是。張翀陞兵部右侍郎。"①這是高拱對兵部"一尚四侍"軍事領導體制改革措施的具體化。

十四日　高拱上《覆御史蘇民望參不到官員疏》。貴州道監察御史蘇民望等題稱：要將册立侍班不到官員，敕下吏部罰治，并將陞殿糾儀事體，詳加酌議。高拱批示："伏望皇上將前侍班官姑免查治，敕下禮部嚴責各糾儀官，以後務要遵奉。近日題奉欽依，遇朝參官少，即行糾奏，如或不言，聽其從重參究。"隆慶五年五月十四日題，十六日奉聖旨："是。"②

十七日　高拱上《覆直隸巡按御史羅鳳翔參副使紀誠疏》。巡按直隸監察御史羅鳳翔題稱：井陘道兵備紀誠，奉巡撫宋纁委勘修河，不候呈允，輒欲興工。纁行牌暫止，乃揚箠奮辭，即欲求歸。具揭執辯有迹，難復相臨共事。姑議降調，以示薄懲；若果有心疾，放歸調理。高拱批示："將紀誠姑降一級，令其回籍聽用，以爲屬官無禮之戒。"隆慶五年五月十七日題，十九日奉聖旨："是。紀誠着降一級，回籍聽用。"③

---

① 高拱：《掌銓題稿》卷二《推補兵部右侍郎并分布事宜疏》。

② 高拱：《掌銓題稿》卷二五《覆御史蘇民望參不到官員疏》。

③ 高拱：《掌銓題稿》卷二七《覆直隸巡按御史羅鳳翔參副使紀誠疏》。

同日　少師兼太子太師吏部尚書中極殿大學士李春芳[①]致仕。春芳乞休疏凡五上,上察其誠懇,乃許之。優詔褒美,遣行人護行,賜馳驛歸[②]。大學士高拱遂代爲内閣首輔。

李春芳其人,擅長青詞,爲人寬厚,議論持平,素有“青詞宰相”、“太平宰相”[③]之稱。徐階致仕,陞爲首輔,其同年張居正“恃才傲物,視春芳蔑如也”。階去,“春芳嘆曰:‘徐公尚爾,我安能久,容計旦夕乞身耳!’居正遽曰:‘如此,庶保令名!’春芳愕然。未幾,遂三疏乞休,帝不允”[④]。時在隆慶三年三月乙卯、戊午間。八月,趙貞吉入閣。次年正月,高拱復起,以次輔掌銓。有論者提出:高拱“握有實權,似可大有展布,侃侃行志了。然而,他的面前還横着一個首輔李春芳”,目標是奪取李的“首輔位置”[⑤]。其實,李雖爲首輔,但并無妨礙高的展布:“用人行政,皆自拱出。”[⑥]“高出理部事,入參閣務。興化爲首揆,受成而已。遇大事立決,高下在心,應機合節,人服其才,比與排山倒海未有過也。”[⑦]至於李之去位,則是形勢所迫,決非高有意驅逐。高拱再次入閣一年有餘,即取得顯著功績:“高決策定貢市,合七鎮爲一,歲省邊費百餘萬。招安國亨出就理,盡平兩廣諸蠻。一時經略,慷慨直任,皆有成功。然興化不勝迫,辭位去,高居首。”[⑧]隆慶五年二月壬寅,李以疾乞休未允。四月庚申,南京吏科給事中王楨

---

① 李春芳(1511～1585),字子實,號石麓,揚州興化人。嘉靖十年(1531)舉人,嘉靖二十六年(1547)擢進士第一,以鼎甲第一成丁未科狀元,授翰林學士。嘉靖四十四年(1565)爲禮部尚書加太子太保兼武英殿大學士,入閣拜相。隆慶二年(1568)七月至五年(1571)五月任首輔。李春芳性恭謹,治論平恕,時人比之李時。才雖不及,清廉過之。萬曆十三年(1585)三月卒,謚文定。著有《貽安堂集》。

② 《明穆宗實録》卷五七,隆慶五年五月戊寅。

③ 張廷玉:《明史》卷一九三《袁煒傳》;《明神宗實録》卷一五○,萬曆十二年六月癸亥。

④ 萬斯同:《明史》卷三○三《李春芳傳》。

⑤ 趙毅:《高新鄭相材缺失論》,《哈爾濱師範大學社會科學學報》2010年第1期。

⑥ 萬斯同:《明史》卷三○二《高拱傳》。

⑦ 朱國禎:《皇明大事記》卷三八《閣臣》。

⑧ 朱國禎:《皇明大事記》卷三八《閣臣》。

疏詆春芳，李疏辯求退，仍未諭允。五月壬戌、辛未、戊寅，又三疏求退，帝見其求退誠懇，乃許之。可見，李五疏求退，與高拱無關。而有論者却把李之致仕歸罪於高，言："王楨希拱意疏詆春芳，春芳疏辨求去，帝允其請。""高新鄭如願以償，登上内閣首輔寶座。"①王楨"疏詆"確是事實，而"希拱意"則是揣摩之談。"希"者，迎合也。言官迎合，或許有之；但决非高的指使。穆宗允准李之致仕，并非王楨的疏詆，這在《穆宗實録》卷五十四、五十六、五十七中有其明確記載。

十八日　高拱上《覆巡城御史王元賓緝獲鑽刺犯人孫五等疏》。巡城御史王元賓緝獲鑽刺犯人孫五，從口供得知，漢陽府知府、徐階同鄉孫克弘送五銀兩，托求運司、苑馬肥缺，并得知徐府在京城開設布店及其他違法事情。由此上疏伏乞對孫克弘"特賜罷斥"，對已致仕家居的前首輔徐階"敕旨戒諭"。高拱覆言："欽遵抄出送司，案呈到部，除孫五等事情聽法司問結奏請外，看得巡視中兵馬司廣西道監察御史王元賓題稱：湖廣漢陽府知府孫克弘鑽求陞官，乞要罷斥一節，爲照孫克弘不思聖世清明，乃敢妄圖鑽刺，官常不謹，已可概觀。法紀甚嚴，自難輕貸。既該御史王元賓參論前來，相應議擬，合候命下，將孫克弘姑照素行不謹例，冠帶閑住。"隆慶五年五月十八日題，二十日奉聖旨："孫克弘着冠帶閑住。"②高拱在題覆中對"再乞皇上敕旨戒諭"徐階一事，隻字未提。然而有論者竟然張冠李戴，錯把巡城御史王元賓"再乞皇上敕旨戒諭"（徐階）之疏言當成"高拱親自進疏論徐階"："原任大學士徐階（放歸後），當闔門自懼、怡静自養可也。夫何自廢退以來大治産業，黷貨無厭，越數千里開店鋪於京師，縱其子攬侵起解錢糧，財貨將等於内帑，勢焰薰灼於天下"，甚至還"故違明旨，（令人）潛往京師，强阻奏詞，探聽消息，各處打點，廣延

---

① 趙毅：《高新鄭相材缺失論》，《哈爾濱師範大學社會科學學報》2010 年第 1 期。

② 高拱：《掌銓題稿》卷二六《覆巡城御史王元賓緝獲鑽刺犯人孫五等疏》。

聲譽，迹其行事，亦何其無大體也”。引文還將“黷貨無厭”當作“黜貨”。[①] 張居正等編纂的《穆宗實録》則提出：王元賓此疏是“給事中韓楫、宋之韓相與計，欲尋端批根以中（徐）階。五寄宿民家，兩人奄至其卧内襲執之，大索資裝，求階事爲佐驗。而五所持獨克弘所與親故書，他無所獲。乃更引他事，謂階子璠等侵盜本府起解錢糧，各坐以不法，并盡捕階家人留居京師者，雜考治之。御史王元賓受楫等指，窮究其事，執五等送法司，因奏克弘夤緣陞遷當罷黜狀，并極言詆階。於是克弘坐斥，而喜事幹進之徒，益務踪迹階事爲奇貨矣”[②]。《實録》言王与韩、宋“相与计”并受韩楫的指使，并未提出佐证，系揣测之谈。《穆宗實録》五年中期以後的記載多有不實之詞。

二十七日 高拱上《再乞天恩辭免兼任疏》。高拱再疏辭免部事，言：兹者大學士李春芳得請致仕，則閣務爲重，政本之地，臣不得以暫離。若仍攝銓衡，非惟勢有不能，而理亦有所不可。乞許辭免，專司閣務，庶於事體爲安。再惟天下之治亂係人才，人才之進退由吏部。故掌吏部者，其人之正與不正，則君子小人之進退因之，而天下理亂所係，可不慎與？然所謂正者，又必有確然不易之心，然後可以肩當重任而莫之能撓；有超然獨運之才，然後可以陶鑄群流而各得其當。非曰但能守正，可以居此任也。今宜選衆而舉，不惟其格惟其人，庶真賢可得而邦治有賴。隆慶五年五月二十七日具奏，奉聖旨：“卿元老舊臣，才望忠正，兼選重務，不允辭。”[③]

二十九日 高拱上《起用賢才疏》。這是高拱推行吏治改革，提拔重用人才的重要奏疏。吏科都給事中韓楫等題：尚書霍冀以下二十二員，才尚可用，委難終棄。高拱奏請：“將尚書霍冀，侍郎陸樹聲、

---

① 許敏：《高拱傳》，載白壽彝總主編《中國通史》第 9 卷“明時期”，上海人民出版社 1999 年版，第 1598 頁。

② 《明穆宗實録》卷五七，隆慶五年五月己卯。

③ 高拱：《綸扉稿》卷一《再乞天恩辭免兼任疏》。

劉隷、吴嘉會、楊巍、冀鍊，都御史張松、李燧、温景葵、張祉行，太僕寺卿蔡結，參政馮皋謨，副使温如璋、張加孚、盧鎰、黄憲卿、張昇，主事魯邦彦，御史劉存義、柴祥，參議常三省，僉事沈淮，俱候有相應員缺，酌量起用。”隆慶五年五月二十九日題，六月初二日奉聖旨：“是。”①

同日 高拱上《三乞天恩辭免兼任疏》。高拱三疏辭免部事，言：“我國家之事，皆屬部臣題行，閣臣擬票。或未當，則爲之駁正；或未妥，則爲之調停。不嫌異同，務在參伍。所以事多得其理，而人不敢爲奸，是閣之與部不容混而一也。臣昔以閣臣奉命攝銓而不敢辭，既辭不得請而不敢再者，實以名居大學士李春芳之次，其駁正調停有在，而臣可以無避耳。今春芳既解任去，而臣又忝居二輔之先，若仍領銓務，則自所題行，自所擬票，駁正調停終爲未便，是謂以水濟水，誰能食之。此其不可一也。又人臣不可操權太重，今内閣平章重事，吏部進退百官，皆權所在也。臣既忝閣臣之先，而仍總吏曹之職，則操權不亦太重乎？權太重，非惟臣難以居，而國體亦非所宜。此其不可二也。臣素任事，安敢憚鞠瘁之勞？臣素樸直，安敢徼孫膚之譽？直以事理如此，輾轉再四，不敢不明陳於君父之前。伏望皇上鑒臣懇悃，容臣辭免，斯於事理爲安，事理安則臣心乃安，所以竭犬馬圖報稱者，始得展布而無不盡也。”隆慶五年五月二十九日具奏，奉聖旨：“已有諭了。”②

是月 土蠻大舉進攻遼東盤山驛，巡撫張學顔、總兵李成梁、指揮蘇承勛將敵擊退。不久，土蠻又大舉内犯。李成梁與副將趙完先是率部夾擊來犯之敵於卓山，斷其首尾，直搗其巢穴，土蠻損兵折將，大敗而歸。③ 這是高拱推行邊政改革，并重用張學顔和李成梁在遼東取得的重要邊功。

---

① 高拱：《掌銓題稿》卷一二《起用賢才疏》。
② 高拱：《綸扉稿》卷一《三乞天恩辭免兼任疏》。
③ 張廷玉：《明史》卷二三八《李成梁傳》。

六月初六日　高拱上《議設土官學校補教官疏》。四川鎮雄府應襲土知府隴清奏稱:要於本府復設學校,乞補教官一員,降印前來,導化夷民。高拱批示:"將鎮雄府復設儒學,本部銓選教授一員,并移咨禮部,鑄給印信,令其欽遵行事。"隆慶五年六月初六日題,初八日奉聖旨:"是。"①

初七日　高拱上《申明京官考滿事例以一法守疏》。這是一篇加强京官考核的重要奏疏。疏言:考功清吏司案呈,查得本部見行事例,京官考滿,俱論歷俸月日,但足三十六個月爲一考。邇年以來,奉行此例者固多,中間亦有未經交代到任,即以命下之日爲始,將在途月日准作實俸。赴部考滿者,事體不一,相應酌議。據此,高拱批示:"行令在京各該衙門,以後或自内而外,或自外而内,或自此而彼,俱以到任支俸之日爲始,總計考滿,其在途、在家日月,不許一概朦朧扣算。若已陞調候代者,既尚在地方理事,得准實俸;離任之後,截日住支。待其給由本部查理明白,方爲引奏,如有前弊,參奏究治。"隆慶五年六月初七日具題,初九日奉聖旨:"是。一應公差,陞授官員給由事例,也都查議來説。"②據明朝考滿制度,京官考滿須足够三十六個月(三年)。然多年以來,在遇到京官内外互調時,不是以"到任支俸,乃作實歷",而是"以命下之日爲始,將在途月日,准作實俸,赴部考滿"。這是考滿制度的嚴重陋弊。高拱提出必須嚴格考滿制度,理一日之事則支一日之俸,歷俸必須計其月日,滿三年才可赴考,在途、在家的虚曠之日不能計作實歷。這對完善京官考滿制度具有重要意義。

十二日　改選進士趙用賢、張應元、吴中行等三十人俱爲庶吉士,同修撰張元忭、編修劉瑊、鄧以瓚送翰林院讀書。吕調陽任

---

① 高拱:《掌銓題稿》卷一四《議設土官學校補教官疏》。

② 高拱:《掌銓題稿》卷四《申明京官考滿事例以一法守疏》。

教習。[①]

十四日 總督陝西三邊都御史戴才[②]奏報套虜封貢事宜，言："東西虜各爲雄長授職，宜均其進貢，夷使一百五十名，馬五百匹，應貢御馬三十匹，俱派有定數，即令隨付俺答一路總進爲便。惟是互市之説，在陝西係重鎮，既不可招之内地，以貽禍階，而甘肅番回開市已久，又不當使强虜混入延寧二鎮。雖號爲近虜，然法紀頗嚴，絶無以寸帛私通者，有如引之入市，反啓釁端。故互市之議，第可行之宣大，而不可行之陝西；無已則宣諭吉能，令與其部落各赴大同互市，是亦羈縻之術。"上曰："戴才受三邊重任，套虜應否互市，當有定議，顧乃支吾推諉，豈大臣謀國之忠，姑不究，其令從實速議以聞。"[③]

此前，輔臣高拱兩次致函戴才，促使其開邊互市。其中有謂："貢市一節，尊意謂止行於宣大，而不行於三邊。僕則以爲三邊、宣大似難異同。不然，則宣大之市方開，而三邊之搶如故。豈無俺答之人稱吉能而搶於三邊者乎？亦豈無吉能之人稱俺答而市於宣大者乎？是宣大有市之名，而固未嘗不搶也；三邊有搶之實，而亦未嘗不市也。故兹事也，同則兩利，異則兩壞。願公之熟計之也。"[④]在高拱勸導和穆宗裁決下，戴才上疏同意陝西三邊互市。

十五日 高拱上《議處蔭官及遠方府守疏》。這是一篇加强蔭叙官員選拔任用的疏文。疏言：官生一途在宗人五府者，率多出爲雲、貴、兩廣知府，不旋踵輒罷去。遂使有志者皆自隳沮，無志者優游待遷。彼此成風，善政甚鮮。況雲、貴、兩廣皆稱絶遠，休養輔輯尤甚内

---

① 《明穆宗實録》卷五八，隆慶五年六月壬寅。

② 戴才（1514～1586），字子需，號晉庵，河北滄州人。嘉靖二十三年（1544）進士，授行人司行人。歷陞户科給事中，吏科右給事、左給事中，兵科都給事中，南京太僕寺少卿，都察院右僉都御史巡撫陝西、河南，大理寺卿，刑部右侍郎、左侍郎，都察院左僉都御史督理糧餉，都察院右都御史兼兵部右侍郎總督陝西三邊，兵部尚書兼右都御史仍督三邊，南京都察院掌院刑部尚書，南京兵部尚書參贊機務。萬曆十四年（1586）九月卒，享年七十三歲。贈太子少保。

③ 《明穆宗實録》卷五八，隆慶五年六月甲辰。

④ 高拱：《政府書答》卷一《答三邊戴總督書一》。

地;知府一方之主,顧可令官生苟且卒事哉! 夫既用之矣,而故示之不足用,是棄其人也;既爲地方設官而故使之不善於官,是棄其地也。人則吾人,地則吾地,求其用與治且不可得,顧奈何棄之? 按部署等官,年資深者始得爲知府,官生既可爲知府,則亦可爲部署等官。乞自今官生出身六七品以上者,得陞部署及京府治中太僕寺丞等官。以觀其政績,果能稱職則使爲知府、藩臬,固不必遠方;知府、藩臬又稱職,則又遞遷之,亦不必限制。至於遠方知府,尤當與内地一體除授陞遷,不得復有低昂之。隆慶五年六月十五日題,十七日奉聖旨:"是。"①所謂蔭叙官員,是因父輩或兄長的顯赫功績而得蔭授職的官員。當時普遍存在着鄙薄蔭叙官員的傾向。此疏提出蔭叙官員只要盡心職務,政績突出,就可依次遞陞任用;如不稱職,不能自律,則不得渾噩官場,濫竽職務。這一改革方案,强調加强對蔭叙官員的督教考核,視其實在才德和政績而擢陞任用,就必然能够激勵他們勤於政事,爲國效力。

十六日 高拱上《覆參政李玳乞休疏》。原任陝西等處承宣布政使司右參政、今補江西布政使司右參政李玳奏稱:母氏十分衰病,乞要休致。高拱批示:"行令本官照舊致仕,待親終之日,另行具奏起用。"隆慶五年六月十六日題,十八日奉聖旨:"是。"②

同日 高拱上《覆給事中張國彦論侍郎姜廷頤疏》。禮科都給事中張國彦題稱:南京兵部右侍郎姜廷頤衰老不職,乞要致仕。姜廷頤亦自陳衰老,乞要罷斥。高拱批示:"行令本官以老疾例致仕。"隆慶五年六月十六日題,十八日奉聖旨:"是,姜廷頤着致仕。"③

十七日 擒获古田叛逆韋银豹。"先是古田賊首韋銀豹數爲官

① 高拱:《掌銓題稿》卷五《議處蔭官及遠方府守疏》;又見《明穆宗實録》卷五八,隆慶五年六月乙巳。

② 高拱:《掌銓題稿》卷二二《覆參政李玳乞休疏》。

③ 高拱:《掌銓題稿》卷二四《覆給事中張國彦論侍郎姜廷頤疏》。

軍所敗,勢甚窮蹙。則令其黨陰覓肖己者斬首以獻,而古田主簿廖元、把總王綱相與證之。於是巡撫殷正茂、總兵俞大猷檄告提督李遷,遂以捷聞。其後稍稍傳銀豹不死,正茂令僉事金柱踪迹之,銀豹兄銀站乃生縛銀豹致之麾下。至是正茂具疏其狀,且引罪以請。"有旨:"械銀豹至京正法,命御史治元等罪,并核柱等功狀以聞,宥遷等勿問。"①

同日 高拱上《考選庶吉士疏》。高拱等根據本月十二日聖旨"正卷准改庶吉士作養,欽此",又題請"將進士趙用賢等三十員,照例改授庶吉士,與同一甲進士張元忭、劉瑊、鄧以讚,俱送翰林院讀書進學"。隆慶五年六月十七日題,十九日奉聖旨:"是。欽此。"②

二十四日 順義王俺答并昆都力哈等貢馬五百九匹,遣使六十四人賫表文貢上馬三十匹,銀鞍一副。許之③。此前,高拱曾致函王崇古、吴兑商榷此事。④

二十五日 高拱上《議處科目人才以興治道疏》。略言:國初進士、舉人并用,今進士偏重,舉人甚輕,如是而冀治理,胡可得哉?臣以爲,欲興治道,宜破拘攣之説,以開功名之路。凡舉人就選,初以資格授官;授官之後,惟考政績,不必問其出身。苟係賢能,一體陞取,一體保薦。若果才德出衆,一體陞爲京堂,即至部卿無不可者。舉人就選,必稽其年貌,五十以上者授以雜官,不得爲州縣之長,蓋恐繁巨之任,非精力衰劣者所能勝任。如此則吏治可興,而化理有賴。隆慶五年六月二十五日具題,二十七日奉聖旨:"祖宗用人,原不拘資格。近來偏重太甚,以致人無實用,事功不興。覽卿奏,具見經濟宏猷,於

---

① 《明穆宗實録》卷五八,隆慶五年六月丁未。

② 高拱:《掌銓題稿》卷八《考選庶吉士疏》。

③ 《明穆宗實録》卷五八,隆慶五年六月甲寅。

④ 參見高拱:《政府書答》卷一《與宣府吴巡撫書四》、《與宣府吴巡撫書五》、《與宣府吴巡撫書六》。

治道、人才大有裨益。依議着實舉行,吏部知道。”①

這一疏文提出選才、用人、考核等方面改革的重要舉措:(1)選賢任能,不拘出身資格。當時吏政敗壞的表現就是厚進士薄舉人,選官不問其才,陞遷只論資格:“俗重甲科,其非出諸甲科者,禮待既輕,前路又狹,既多隳沮。而所謂甲科者,又多輕薄,視民如草菅,任情殘虐。其間有稱善宦者,亦民事未諳,不過飾虚文以媚上,爲急政以徇名,勉習時套以規進取,而實政之及民鮮矣。”②爲此,高拱奏請:“進士而優則先之,苟未必優即後於舉人無妨也。舉人而劣則後之,苟未必劣即先於進士無妨也……夫舉人與進士并用,則進士不敢獨驕,而善政必多。進士不敢獨驕,則舉人皆益自效,而善政亦必多。”③(2)州縣正官年輕化。當時選用州縣正官存在着按年齡論資排輩的弊端。爲此,他提出選用州縣正官不但要從進士、舉人中挑選,而且還要有年齡限制。州縣正官雖爲守令親民之官,但其政務繁忙,責任重大,應該由年富力强、精力充沛的人擔此重任。因爲五十歲以上的人,無論從體力或精力上說,都不宜擔任州、縣正官,只能授以副職或其他輔助官員。(3)惟考政績,務核名實。在考核内容上,他針對既往“止有陞而無黜,是考績黜幽之典廢,此考察所以不能無弊也。然法不能無弊,而行之既久,其弊更不可勝言。乃遂襲爲故套,無複置議者,此士風日敗,而治理所以不興也”④的弊端,提出“惟考其政績,而不必問其出身”⑤的考核標準。

二十八日 高拱上《議處馬政鹽政官員以責實效疏》。這是一篇推行軍事和經濟改革的重要奏疏。疏言:太僕苑馬寺專理馬政,鹽運司專理鹽政,皆國家要務,非閑局也。而近來視之甚輕,其官皆卿與

---

① 高拱:《掌銓題稿》卷五《議處科目人才以興治道疏》。
② 高拱:《本語》卷五。
③ 高拱:《掌銓題稿》卷五《議處科目人才以興治道疏》。
④ 高拱:《本語》卷五。
⑤ 高拱:《掌銓題稿》卷五《議處科目人才以興治道疏》。

使，而以不稱職、有物議者充之。既不稱職、有物議則斥退可也，奈何以是爲安置之所乎？如此遂使奸貪苟且，政務廢弛，殊非設官初意。今宜破除常套，凡卿、使員缺，必以廉謹有才望者推補。又定其階格，卿視布政司參政，使視按察司副使。俟政成之後，一體陞遷；若有卓異，當即超擢。隆慶五年六月二十八日具題，三十日奉聖旨："卿所言是。馬政鹽政，國家重務，必重其官，乃可責以實效。着吏部着實舉行。"①

二十九日 高拱上《再議京官考滿事例以一法守疏》。這是繼本月初七日所上《申明京官考滿事例以一法守疏》之後又一篇加强京官考核的疏文。疏言：近來奉使官員，往往違限，不來復命。其有在差陞任者，亦多違限，不即到任。及至赴部考滿，又將違限月日，俱准實俸。實爲欺罔，均當議處。據此，高拱題請："今後公差官員，惟正限之内准作實俸。違限日久，應送問者照舊送問；其未應送問者，正限之外，俱作虚曠。在差陞任者，必到任之日，方准實俸。如有假捏日月，以虚爲實，仍前朦朧考滿者，俱聽本部參究，罷職不叙。"隆慶五年六月二十九日具題，七月初一日奉聖旨："是。"②

同日 高拱上《辯理判官張齊疏》。大理寺題稱：審得原任給事中張齊被論事情，毫無干涉，委繫誣罔，理宜昭雪。高拱批示："將張齊添注順天府通州判官，張貴添注鴻臚寺主簿，暫令到任，候各員缺，即與填補。"隆慶五年六月二十九日題，七月初一日奉聖旨："是。"③

同日 高拱上《議留副使王化立功贖罪疏》。巡按廣東監察御史趙焞題稱：廣東按察司副使王化索受銀兩，事有指實，已玷官箴，擬以贓罪，但其屢立戰功，斬獲數多，況今賊復猖獗，苦無將才。乞要王化立功贖罪。高拱批示："將王化量起廣東按察司僉事，就駐劄惠、潮地

① 高拱：《掌銓題稿》卷五《議處馬政鹽政官員以責實效疏》。
② 高拱：《掌銓題稿》卷四《再議京官考滿事例以一法守疏》。
③ 高拱：《掌銓題稿》卷二八《辯理判官張齊疏》。

方，管理兵備事務……限三年内果能剿賊安民，立有奇功，另行敘用；如或因循塞責，罔所報效，撫按官從重參究。”隆慶五年六月二十九日具題，七月初一日奉聖旨：“是。”①

三十日 高拱上《議處知州唐執中疏》。廣西巡撫殷正茂題稱：修仁縣知縣近升陜西寧羌州知州唐執中，原委經理古田事宜，今古田既陞爲永寧州治，欲將本官改留本州，及將今陞知州就近調用。高拱批示：“將未任陜西寧羌州知州唐執中改授廣西永寧州知州，及查鄰省湖廣隨州知州員缺，就將周行改補。本部各更給文憑，令其到任管事。”隆慶五年六月三十日題，七月初二日奉聖旨：“是。”②

同日 工部左給事中胡檟勘查山東膠萊河還，言其不可開，苟率意捐内帑百萬之費，以開三百里無用之渠，則誤國病民，請罷其事。并令所司明示膠河必不可成之端，勿使今日既誤而復誤後人也。③ 胡檟本是高拱門生，高拱派其前去山東膠萊河實地勘察，目的是要促成此事。而胡檟到實地勘察之後，提出開鑿膠萊新河不可成的建議。胡疏是促成高拱同意停開新河之議的重要原因：“今執事查勘詳悉，明示不可，不徇僕意，亦可謂無成心矣。願即題止可也。蓋可開則開以濟運，所以爲國也。不可開則止，以免無利之害，亦所以爲國也。”④

七月初一日 高拱上《覆御史馬三樂論太常卿陳慶疏》。貴州道監察御史馬三樂題稱：太常寺卿陳慶形體羸弱，步履艱難，乞照年老事例，容令致仕。高拱批示：行令本官致仕。隆慶五年七月初一日題，初三日奉聖旨：“是，陳慶着致仕。”⑤

初四日 高拱上《覆給事中程文論孫丕揚等疏》。禮科給事中程

---

① 高拱：《掌銓題稿》卷二八《議留副使王化立功贖罪疏》。

② 高拱：《掌銓題稿》卷一三《議處知州唐執中疏》。

③ 《明穆宗實録》卷五八，隆慶五年六月庚申。

④ 高拱：《政府書答》卷三《答胡給事書》。

⑤ 高拱：《掌銓題稿》卷二四《覆御史馬三樂論太常卿陳慶疏》。

文題稱:大理寺右寺丞孫丕揚納鄉官王表賄銀五百兩,唆使御史王君賞論蒲城縣知縣吕宗儒,乞將孫丕揚依律究處。高拱批示:“將孫丕揚先行革職回籍,本部一面移咨都察院,劄行彼處巡按御史,將一干人犯嚴提究問明白,奏請處分。”隆慶五年七月初四日題,初六日奉聖旨:“是,孫丕揚着革職,回籍聽勘。”①

初六日 高拱上《覆貴州巡按御史蔡廷臣論都御史孫應鰲等疏》。巡按貴州監察御史蔡廷臣參論原任撫治鄖陽右僉都御史孫應鰲居鄉不檢,乞要速爲議處,或賜罷斥;原任府同知孫衣等各挾私誣妄,乞要提問。高拱批示:“將孫衣等提問明白,奏請發落。孫應鰲照舊在籍養病,斯於事理爲當。”隆慶五年七月初六日題,初八日奉聖旨:“是。孫衣等着巡按御史提問具奏,欽此。”②

初九日 高拱上《四乞天恩辭免兼任疏》。高拱四疏辭免部事曰:“夫樞軸之司,政本攸在,臣既不敢暫離,而銓務繁多,吏胥爲奸者衆,臣一日不至,則張主無人,事必壅遏,防範弗密,弊且叢興。臣身既不能兩在,則勢自難於兼理。非惟顧此以失彼,抑將彼此之交誤也。若果成瘝曠,則臣當有負國之罪,死不足贖矣。伏望皇上鑒臣懇悃,允臣辭免部事。庶臣得以專精壹志,畢力盡能,承贊休明,少裨尺寸。”隆慶五年七月初九日具奏,奉聖旨:“卿兼部事,秉公持正,朕心嘉悦,賜羊酒、鬥牛衣一襲,銀五十兩,以酬勞績,不准辭。”③

同日 高拱上《覆侍郎王遴乞休疏》。原任兵部右侍郎王遴奏稱:親年益衰,自揣庸病,乞要休致。高拱批示:“行令本官遵奉前旨,作速前來,到任供職,不得再辭。”隆慶五年七月初九日題,十一日奉聖旨:“王遴着上緊前來供職。”④

---

① 高拱:《掌銓題稿》卷二四《覆給事中程文論孫丕揚等疏》。
② 高拱:《掌銓題稿》卷二七《覆貴州巡按御史蔡廷臣論都御史孫應鰲等疏》。
③ 高拱:《綸扉稿》卷一《四乞天恩辭免兼任疏》。
④ 高拱:《掌銓題稿》卷二一《覆侍郎王遴乞休疏》。

初十日　陞直隸蘇州府知府蔡國熙爲湖廣按察司副使，整飭蘇松常鎮兵備。① 或謂高拱授意蔡國熙報復徐階，此説係虚妄揣摩之談，有悖史實。②

十八日　高拱上《虜衆内附邊患稍寧乞及時大修邊政以永圖治安疏》。這是高拱推行軍事改革，實現邊疆長久安寧的重要奏疏。疏言：頃者北虜俺答率衆款塞，稽顙稱臣，奉貢闕下。數月之間，三陲晏然，曾無一塵不擾。邊氓釋戈而荷鋤，關城熄烽而安枕。然初議之時，發言盈廷，而臣等仰奉宸斷，贊成大計者，其説有三：夷狄之性惟當順所利而因以制之，固非可以禮樂馴服、法度繩約者也。昔嘉靖十九年，北虜遣使求貢，不過貪利賞賚與互市利而已。而邊臣不知所策，當事之臣憚於主計，直却其請，斬使絶之。以致怨憤，擁衆入犯，或宣大，或陜西，或薊昌，或直抵京畿，三十餘年迄無寧日。遂使邊民深受其害，邊臣重苦莫支，而帑儲竭於供億，士馬罷於調遣，中原亦且敝也。此往歲失計之明驗也。今裔孫來降，朝廷處置得宜，彼遂感恩慕義，請貢稱藩，我遂因而受之，則不惟名義爲美，而可以息境土之蹂踐，可以免生靈之荼毒，可以省内帑之供億，可以停士馬之調遣，中外皆得以安。此其一焉。北虜輸誠叩首，稱臣請貢，較之往歲呼關要索者萬倍不同。彼既屈服於我，我若拒而不受，則不惟阻其向順之意，又且見短示弱，謂我畏之。故直受而封錫之，則可以示輿圖之無外，可以見桀獷之咸賓，可以全天朝之尊，可以伸中華之氣。即使九夷八蠻聞之，亦可以堅其畏威歸化之心。此又其一焉。然斯二者，猶非要領之圖、本意之所在。虜自庚子猖獗以來，受吾封爵，邊境無事。正欲趁此閑暇，積錢糧，修險隘，練兵馬，整器械，開屯田，理鹽法，收胡

① 《明穆宗實録》卷五九，隆慶五年七月庚午。

② 參見高拱《政府書答》卷四《與蘇松蔡兵備書》、《與蘇松劉巡按書》等，張居正《答松江兵憲蔡春台》，朱國禎《湧幢小品》卷九《華亭歸田》以及于慎行《穀山筆塵》卷四《相鑒》，黄景昉《國史唯疑》卷八《隆慶》等有關部分。

馬,散叛黨。雖黠虜叛服無常,然一年不犯,則有一年之成功;兩年無警,則有兩年之實效。但得三五年寧静,必然安頓可定,布置可周,兵食可充,根本可固,而常勝之機在我。當是時,彼若尋盟,我仍示羈縻之義;彼若背約,我遂興問罪之師。伸縮進退,自有餘地。虜狂故態必難再逞,而中國可享無窮之安。此則要領之圖,本意之所在也。前二説乃目前之計,既皆驗於行事;後一説乃久遠之計,是在本兵及邊方督撫將領加意而已。若不思社稷之深計,不識制馭之微權,苟見一時寧息,遂爾怠玩偷安,無復備戒之慮,沿習故套,播弄虚文,止圖苟免一身,罔顧貽患來者,從此邊備浸弛,久愈難振,則是利未得而博其害,虜未制而反制於虜。所謂病加小愈,乃大亂之道也。伏望敕下兵部,嚴飭督撫將領,務要趁此閑暇,將邊事大破常格,着實整頓,有當改弦易轍者,明白具奏議處,毋得因循自誤。戒諭邊臣,責其實效。每年特差才望大臣或風力科道官二三員,分投閲視錢糧、險隘、兵馬、器械、屯田、鹽法以及諸事,俱比上年拓廣若干,明白開報。若果著有成績,當與擒斬同功;若果仍襲故常,當與失機同罪,必不可赦。如是則邊方之實政日興,中國之元氣日壯,廟堂得坐勝之策,宗社有永安之庥。隆慶五年七月十八日具題,奉聖旨:"邊境既寧,邊政正宜及時修舉。覽卿等奏,具見爲國深遠忠猷,着兵部看議來行。"①

這一疏文既是高拱促成"俺答封貢"的經驗總結,也是其西北靖邊戰略的體現。高拱認爲俺答稽顙稱臣,貢市以成,西北邊陲獲得暫時安定,但不能從根本上改變邊備久馳的局面。因此,他提出要抓住這一有利時機,大修邊政,争取邊塞的長期安寧。他建議隆慶帝"敕下兵部,嚴飭各該督撫將領諸臣,務要趁此閑暇之時,將邊事大破常格,着實整頓,有當改弦易轍者,明白具奏議處,毋得因循自誤"②。

---

① 高拱:《綸扉稿》卷一《虜衆内附邊患稍寧乞及時大修邊政以永圖治安疏》。

② 高拱:《綸扉稿》卷一《虜衆内附邊患稍寧乞及時大修邊政以永圖治安疏》。

在此疏中，高拱不僅强調邊政改革之必要，而且在整頓内容上提出了巡邊"八事"制度：即積錢糧、修險隘、練兵馬、整器械、開屯田、理鹽法、收塞馬、散叛黨[1]。爲了加强整飭效果，他提議每年派遣才望大臣或風力科道官二三員，四出閱視："要見錢糧比上年積下若干，險隘比上年增修若干，兵馬比上年添補若干，器械比上年整造若干，其他屯田、鹽法以及諸事俱比上年拓廣若干，明白開報。若果著有成績，當與擒斬同功；若果仍襲故常，當與失機同罪，而必不可赦。"[2]這様有三五年的功夫，則邊防鞏固，勝機在我，盟則許之，戰則勝之，"中國可享無窮之安"。需要指出，高拱這一巡邊"八事"制度不僅在隆慶朝已成定制，而且一直延續到萬曆末年，長達五十年之久。

二十三日　高拱上《議處外官考滿事宜疏》。這是一篇加强吏治整頓的重要疏文。疏言："在外官員考滿，前任日少，計算通理，若過十八月之上，另歷三年。蓋恐其前任事遠，難於稽查也。然不知考滿者官之賢否，朝廷之斥陟係焉，一日不可放過者也。若後俸少者，止積後俸以考，不論前俸，則其前任倘曾有奸弊罪犯，顧可置之不理乎？其於國法似爲未妥。"據此，高拱批示："將以後考滿官員，不論前後歷任年月多寡，俱得通理本部，仍兼查兩處賢否以行考核。庶賢者不至棄其前功，不肖者不得逃其往咎。"隆慶五年七月二十三日具題，二十

---

① 《明史》卷二一二《戚繼光傳》。按，該奏疏呈上後，隆慶帝亟下所司議行。於是兵部又將"八事"具體化爲如下八項整頓措施："一、宜府南山一帶如總督王崇古前議，不必先期駐守，防秋畢日，有所嬴財，另項收貯。其户部年例銀，仍令歲給如故，以備緩急。一、各邊城堡惟宜府稍完，大同次之，延、固、甘肅則半傾矣。宜令官民隨便修築，務求堅善。一、訓練兵馬，大操不如小操，合操不如分操。宜責之守巡兵備官悉心考核，不得徒具彌文。一、工部軍器多不堪用，今宜發銀聽各邊自造，請下所司詳定可否。一、屯卒逃亡，苦於賦重，請令各邊以甘肅一鎮爲例，屯地久荒者永不起科，近荒者十年後起科。一、鹽法之弊起于有司多派門頭，以致官商多困，倉庾日虚。宜設法疏通，以復國初飛輓之舊。一、邊軍缺馬，俱令籍數上請，以憑給發馬價。一、邊民亡入虜中者，行所在多方招撫，若有沉機密畫，不妨徑自酌處。得旨：依拟仍令从实举行。"（《明穆宗實録》卷五九，隆慶五年七月戊寅）

② 高拱：《綸扉稿》卷一《虜衆内附邊患稍寧乞及時大修邊政以永圖治安疏》。

五日奉聖旨:“是。”①

二十六日 高拱上《議處卑官地方以順人情疏》。疏言:聖人之爲治也,以法以情。若情礙於法,則當以法爲主,情不足言也。如於法無所礙,而於情有所苦,則必爲之通之,乃順治之道也。國家用人不得官於本省,蓋爲親族所在,難於行法;身家相關,易於爲奸。此惟有民社之責者則然耳。若夫學、倉、驛遞、閘壩等官,其所司者不過訓誨、出納之常,供應、啓閉之役,非有民社之責。又其官甚卑,其家甚貧,一授遠地,或棄官而不能赴,或去任而不能歸,令丁萬狀,其情可矜。近例教官得授本省地方,甚以爲便。據此,高拱題請:“今後學、倉、驛遞、閘壩等官,俱得除本省隔府地方,不必定在異省。彼其道途易達,妻子易携,必重其官而安心於所職。如有敗於職者,即重懲之,彼亦且甘心也。若此則變通之理得,而體悉之仁溥,亦聖朝寬大之政也。”隆慶五年七月二十六日具題,二十八日奉聖旨:“依議行。”②

明朝對官吏的任用實行地區(籍貫)回避制度,目的在於防止地方官吏與宗族勢力勾結,加强朝廷對地方的控制。高拱此疏一方面肯定實行這一制度的必要性,但另一方面也提出這一制度只適用於“有民社之寄者”,即有關治民和社稷之重任的省級政權及其所轄府、州、縣機構的正官,至於“非有民社之寄”的屬官,即本省各級政府中的學官、倉官、驛遞官、閘壩官等不必一定隔省任用,因爲這些官員“其官甚小,其家多貧,一除遠地,遂有棄官而不復之任者焉,有去任而不得歸家者焉,其情亦良苦矣。而欲使在官者安心,以修職亦難矣”③。因此,對地區回避制度亦可作彈性處置,即在“於法無所礙,而於情有所苦”的情況下,應該照顧人情,將這些卑微之官安排在本省隔府地方任用,不必一定安排在異省。這一改革措施既照顧到地

① 高拱:《掌銓題稿》卷六《議處外官考滿事宜疏》。

② 高拱:《掌銓題稿》卷五《議處卑官地方以順人情疏》。

③ 高拱:《掌銓題稿》卷五《議處卑官地方以順人情疏》。

區回避制度的原則性,又具有根據不同情況而處置的靈活性。這是高拱對地區回避制度的完善和發展。

八月初一日　高拱上《禁奸僞以肅政體疏》。疏言:輦轂之下,各行事衙門在焉,而四方奸民往往輻輳於此,妄言亂政,指稱吏部誆騙者尤多,動以十數成群,互相勾引。其有不才官吏誤入術中,事發無效則掉臂去之,莫可推詰。此輩實繁,今雖訪獲一二,若畫脂鏤冰,旋復如舊,不足以爲懲也。據此,高拱題請:"伏望皇上敕下廠衛及巡視五城御史,嚴加緝訪挨拿,務期盡絶。如歇家敢有窩藏,許兩鄰舉首,若不舉首,事發一體連坐重罪。"隆慶五年八月初一日具題,初三日奉聖旨:"這奸徒指稱誆騙,情罪可惡,着廠衛并五城御史嚴行訪拿,務要盡絶。歇家不舉者與同罪,還着都察院榜示禁約。"①

同日　高拱上《覆尚書陳其學乞休疏》。南京刑部尚書陳其學奏稱:三年給由,赴京行至山陽,舊疾舉發,於是便道抵家,就醫調理,乞要休致。高拱批示:"行令本官在籍致仕,員缺,另行會官推補。"隆慶五年八月初一日題,初三日奉聖旨:"是,陳其學准致仕。"②

初七日　高拱上《議處欠糧欠穀官員以圖實效疏》。這是他推行經濟改革的重要疏文。疏言:有司積穀備荒雖非急務,然較之正賦自是輕重不同。今宜稍從寬假,止治其侵漁無狀者;若止怠玩,仍當分别輕重,明注考語,俟本部劣處,不必遽議降調。至於催科乃有司第一事,積逋苟多,法宜降調。但方徵會之時,降調以去,則攝官既不盡心,而新官至日,又未必能得要領,亦未必果勝前官。而彼此延誤已逾數時,是欲急而反遲也。且地方素稱難處,各官恐其爲累,有甘心降調者。本以示懲,適隨私計。若前官積逋數多,後官所徵止作前數,而現年之額反稱逋負,俱非事理所安。此後宜以現年爲正徵,當

---

① 高拱:《掌銓題稿》卷一〇《禁奸僞以肅政體疏》。
② 高拱:《掌銓題稿》卷二一《覆尚書陳其學乞休疏》。

年即完;以前負爲帶徵,陸續補足。總計分數若干,議定降格。當降者止降一級,仍在地方視事,俟完足之日,始復原官。復官之日,始計俸考秩,行取陞遷。若地方凋敝殊甚,雖盡力催徵而亦不能完者,當令撫按核實定限,許其從容徵補。如俸資已深,限期未滿而額有半完者,亦得陞遷行取。隆慶五年八月初七日具題,初九日奉聖旨:"依議行。"①

高拱認爲,隆慶前期國家財政之所以嚴重危機的主要原因是,地方各級官員借每年徵收夏税秋糧之機,千方百計地侵盜中飽;錢糧到手,又拖延起運上繳,遂使百姓繳納超額之糧,而國家難收額内之賦。故此,他上疏提出對拖欠税糧、積穀的地方官員不能一概處以降調,必須區别議處。拖欠軍國所用的税糧與拖欠備荒爲務的積穀,輕重不同;各地貧富差異亦有不同,不能一律看待;積穀應按各地貧富差别規定不同數額。催糧應以當年爲"正徵",以前官拖欠爲"帶徵"。如"正徵"、"帶徵"均完不成幾分者,降級使用,不得調離。這種降而不調的辦法,只適用於富裕地區的欠糧官員。對原係百姓逃亡、田地抛荒甚多的貧困地方,既不能使"地苦其官",盡力催徵仍完不成欠糧而受懲處;也不能使"官苦其地",因完不成欠糧而用嚴刑峻法的辦法催徵,致使逃亡抛荒更多,更加貧困;而應寬其税糧數額,限期改變貧困之狀。只要能够招集流亡、開墾荒田、以蘇民困者,可以徐徵税糧。如限期未滿而完糧過半者,也可陞遷。高拱要求對欠糧欠穀地區,分别貧富不同情況,對官員採取不同的變通措施,既體現了朝廷愛護官員之意,又在徵收税糧的各個環節加强督促檢查,保證了國家正常的財政收入,扭轉了經濟下滑的趨勢。

初九日 高拱上《覆副使李蓘乞休疏》。原任山西布政司左參議、今陞貴州提刑按察司副使李蓘奏稱:病患綿延,不能赴任,乞要休

---

① 高拱:《掌銓題稿》卷六《議處欠糧欠穀官員以圖實效疏》。

致。高拱批示:"行令本官照依今陞副使職銜致仕。病痊之日,有司具奏起用。"隆慶五年八月初九日題,十一日奉聖旨:"是。"①

十一日 高拱上《議豁王親疏》。疏言:看得同知牛若愚、王用章,推官周于德,知縣楊時寧各官,雖係王親,實爲夫人及將軍以下之親,不在應禁之例。故此,高拱題請:"相應照例開豁王親,一體陞授京職。"隆慶五年八月十一日題,十三日奉聖旨:"是。"②

十三日 高拱上《覆給事中吴文佳條陳疏》。這是一篇選才用人、修舉實政的重要奏疏。吏科給事中吴文佳條陳六事:(1)重責成。高拱題請:"責令諸司,利當興即興,害當除即除,務要真心實政,毋徒要譽沽名。如仍有沿襲舊套,不肯任事,以致貽累地方者,雖經去任,亦必盡法參究。其有任勞任怨,致招浮議者,特許代爲申辯,以昭公道。"(2)慎更張。高拱題請:"俱要慎守成規,實心幹濟。如真見事體窒礙及弊端有在,不得不隨時變易者,亦須講求斟酌,務求至當。"(3)核名實。高拱題請:"於各屬官員嚴加查核。但問其政之美惡,勿論其名之有無。如有實心幹理,不肯逢迎時好者,雖無赫赫之聲,亦必薦舉;否則,雖有赫赫之聲,亦必參究。如此則官修實政而民受實惠矣。"(4)酌舉刺。高拱題請:"兩直隸御史復命之時,果應劾無人,即有舉無劾,不以爲縱。若雲、貴、兩廣諸省,務要盡法處置。應拿問者即時拿問,應參奏者即時參奏,即一疏劾數十人不以爲苛。庶寬猛適中,而遠近無不均之嘆。"(5)豫甄收。高拱題請:"務要虚心博訪,分别等差。如某人韜略素閑,可以司武備;某人學行俱優,可以典文衡;某也諳於法律,可使之理刑名;某也長於計算,可使之管錢谷。於薦本及考語册中,開具明白,本部遇有員缺,斟酌推用。庶抱奇者固得以自見,而偏長者亦不至於獨遺。"(6)慎延訪。高拱題請:

① 高拱:《掌銓題稿》卷二二《覆副使李蓑乞休疏》。

② 高拱:《掌銓題稿》卷一二《議豁王親疏》。

“務求己有真見，無得輕信人言。司府州縣官員，如果行誼修潔、心事光明、才識通達者，然後委以體訪之責。否則，慎毋輕用，以滋奸弊。”隆慶五年八月十三日題，十五日奉聖旨：“依議行。”①

十七日　高拱上《議加恩管河郎中張純疏》。總理河道兼提督軍務、都察院右副都御史潘季馴題稱：管理南河工部都水司郎中張純，志行貞亮，才識充融，累有勞績，乞將本官擢以副使之職，專理河道。高拱批示：“將張純仍以都水司郎中，照舊管理河務，待河工有成，另議超陞。”隆慶五年八月十七日題，十九日奉聖旨：“是。”②

二十二日　高拱上《題大學士劉忠孫補蔭疏》。據驗封清吏司案呈，該周府長史司右長史今起復劉存恩奏請，高拱題請：“少傅大學士劉忠先任掌詹事府事吏部尚書，已經三年考滿，例得蔭叙。又查與楊一清三品補蔭事體相同，似應題請。”隆慶五年八月二十二日題，二十四日奉聖旨：“劉餘蔭准送監讀書。”③

二十四日　陞山東按察司副使吴兑爲都察院右僉都御史，提督騰黄，巡撫宣府。右通政張鹵爲南京都察院右僉都御史，提督操江。陞順天府通州判官張齊爲太僕寺寺丞。④

① 高拱：《掌銓題稿》卷一八《覆給事中吴文佳條陳疏》。
② 高拱：《掌銓題稿》卷一一《議加恩管河郎中張純疏》。
③ 高拱：《掌銓題稿》卷三二《題大學士劉忠孫補蔭疏》。
④ 《明穆宗實録》卷六〇，隆慶五年八月癸丑。

二十五日 命巡撫廣西兵部右侍郎兼都察院右僉都御史殷正茂①總督兩廣軍務,兼巡撫廣東。命禮科左給事中雒遵往邳州等處查勘河工。先是總理河道都御史潘季馴奏,邳河工成,乞録效勞諸臣。上曰:"今歲漕運比常更遲,何爲輒報工完?且敘功太濫,該部核實以聞。"於是工部尚書朱衡復言:"河道通塞,專以糧運遲速爲驗,非謂築口導流,便可塞責。乞遣官就彼復勘,而命季馴戴罪管事。"報可。②

二十六日 穆宗根據高拱此前提出巡邊"八事"之議,敕諭諸邊鎮督撫等官王崇古等曰:"昨歲北虜款關求貢,議者紛紛,可否互異。朕方欲廣并包之仁,故不責既往,納其貢獻,授以官職,許爲外臣。然夷狄之性,叛服不常,制禦之方,自治爲要。近該輔臣建議請降敕諭,申飭各鎮文武諸臣,及時整理邊務,誠爲安攘至計。兹特諭爾等,除職掌所係,照常修舉外,乘今邊患稍寧,嚴督將領諸臣,將一應戰守事宜,著實整理:撙節費用,務有嬴餘;修築險隘,務堪保障;訓練兵馬,務皆精壯;修整器械,務極犀利;召種屯田,務廣儲積;清理鹽法,務使疏通;收買胡馬,務得實用;招徠逆黨,務令解散。其事有不便,應合改弦易轍者,亦要明白具奏,請旨定奪,毋得拘泥陳説,因循自誤。以後每年聽行邊大臣查核紀驗,果能事事整飭,著有實績,比照擒斬事例,重加陞賞;如踵襲故套,推諉誤事,即照失機從重擬罪。爾爲總督

---

① 殷正茂(1513~1592),字養實,號石汀,徽州府歙縣(今安徽歙縣)人。嘉靖二十六年(1547)進士,授行人,擢兵科給事中。歷任廣西、雲南、湖廣兵備副使,江西按察使。隆慶初,廣西古田壯族韋銀豹、黄朝猛反叛,廷議征剿,擢正茂爲右僉都御史巡撫廣西。正茂與提督李遷調土、漢兵十四萬,令總兵俞大猷爲將,先奪牛河、三厄等地,連克東山鳳凰寨,直逼潮水。正茂又誘殺黄朝猛。捷還,陞兵部右侍郎兼巡撫。未幾,僉事金柱捕獲韋銀豹,正茂因自請罪而未被追究。隆慶四年(1570),提督兩廣軍務。時倭寇侵擾惠州、潮州、瓊州。正茂建議守巡官劃地分守,并遷徙瀕海謫戍之民於雲南、四川、湖北等内地,以絶倭嚮導,先後殺倭寇一千餘人,平定寇亂,陞兵部尚書兼右副都御史。萬曆三年(1575),改授南京户部尚書。萬曆六年(1578),致仕。後又起爲南京刑部尚書。張居正死後,御史張應詔稱正茂以兩座金盤種植珊瑚賄賂張居正,又用金珠、翡翠、象牙饋送馮保及居正家人游七。因查無實據,朝廷未作處置。萬曆二十年(1592)卒,享年八十歲。

② 《明穆宗實録》卷六〇,隆慶五年八月甲寅。

重臣，通貢一事既已屢效忠謀，尤須慎終如始，廣集衆思，悉心區畫。毋以目前無事，而遂忘戒備之心；毋以一時權宜，而遂爲經久之計。務俾邊政修舉，日勝一日；禦虜之算，萬全無遺。斯副朕委託之重。高爵懋賞，朕不爾吝。如或怠玩廢弛，以致僨事，責有所歸。爾其慎之慎之！"①這是穆宗根據高拱的建言下達的邊政整頓政令。

二十九日　高拱上《議覆蘇松管糧參政并水利僉事兼轄蘇松疏》。巡按浙江監察御史吴從憲題稱：各省皆有督糧參政、參議等官，而蘇、松、常、鎮四府獨無，所以往往拖欠不完。三吴之水，乃浙江治其上流，蘇、松治其下流，彼此勢不相顧，亦屬未便。故此，高拱奏請："將山東布政使司仍舊添注參政一員，專一管理蘇、松、常、鎮四府錢糧。浙江水利僉事兼轄蘇、松等府水利。見任副使蔡國熙止管理兵備事務。本部移咨該部，各請换敕書，令其欽遵行事。"隆慶五年八月二十九日題，九月初一日奉聖旨："是。"②

三十日　高拱上《覆直隸巡按御史參官疏》。巡按直隸監察御史劉世曾論劾：欲要將原任徽州府知府、今降山東都轉運鹽使司同知段朝宗罷斥，石埭縣知縣李子躍改教，青陽縣知縣龔鳴鸞調用。高拱批示："將段朝宗冠帶閑住，李子躍、龔鳴鸞俱改教職。"隆慶五年八月三十日題，九月初二日奉聖旨："是。段朝宗着冠帶閑住，李子躍、龔鳴鸞俱改教。"③

九月初一日　高拱上《覆直隸巡按御史參官疏》。巡按直隸監察御史蔡應陽論劾：欲要將淮安府通判高一飛致仕，鳳陽府通判張永廉、安東縣知縣陳敦質罷斥，英山縣知縣葉世行降調閑散，五河縣知縣黄應龍改教。高拱批示："將高一飛致仕，張永廉、葉世行、陳敦質俱革職爲民，黄應龍冠帶閑住。"隆慶五年九月初一日題，初三日奉聖

---

① 《明穆宗實録》卷六〇，隆慶五年八月乙卯。

② 高拱：《掌銓題稿》卷一四《議覆蘇松管糧參政并水利僉事兼轄蘇松疏》。

③ 高拱：《掌銓題稿》卷三〇《覆直隸巡按御史參官疏》。

旨:"高一飛着致仕,張永廉等爲民,黄應龍冠帶閑住。"①

初三日 高拱上《議處審録大臣疏》。疏言:今歲"復當審録,而内閣人少,臣又忝首。臣機務爲重,即一日不敢暫離,而況有十餘日之專功乎?人命所繫,又非可以草率而爲。"故此,高拱題請:"少傅兼太子太傅吏部尚書掌兵部事楊博,見是吏部職銜,執筆讞決,亦自順妥。伏乞聖明裁斷,恭候命下,臣等遵奉施行。"隆慶五年九月初三日題,初五日奉聖旨:"准卿奏,着楊博審。"②

初五日 高拱上《覆江西巡按御史參官疏》。巡按江西監察御史劉思問論劾,欲要將瑞昌縣知縣石元鉠罷斥,袁州府通判皮汝謙、永新縣知縣萬一龍調簡。高拱批示:"將石元鉠照貪例革職爲民,皮汝謙、萬一龍量調閑散。"隆慶五年九月初五日題,初七日奉聖旨:"石元鉠着爲民,皮汝謙、萬一龍調閑散用。"③

同日 高拱上《覆科道官參尚寶司司丞岳相疏》。兵科給事中烏昇、工科等衙門給事中等官張博等,各糾劾尚寶司司丞岳相,於禁地擅刑指揮,乞要將本官懲處罷斥,或姑容降調。高拱批示:"將岳相調外任用,亦足以當罰而示懲。"隆慶五年九月初五日題,初七日奉聖旨:"是。"④

初八日 高拱上《覆侍郎張翀乞休疏》。原任巡撫湖廣都御史、今陞兵部右侍郎張翀奏稱:病苦不能赴任,乞要休致。高拱批示:"行令本官在籍調理,病痊之日,撫按官具奏起用。"隆慶五年九月初八日題,初十日奉聖旨:"是,張翀准回籍調理。"⑤

十五日 吏部覆給事中宋之韓奏:守令最稱親民,而各郡縣邊腹

---

① 高拱:《掌銓題稿》卷三〇《覆直隸巡按御史參官疏》。

② 高拱:《掌銓題稿》卷八《議處審録大臣疏》。

③ 高拱:《掌銓題稿》卷三〇《覆江西巡按御史參官疏》。

④ 高拱:《掌銓題稿》卷二五《覆科道官參尚寶司司丞岳相疏》。

⑤ 高拱:《掌銓題稿》卷二一《覆侍郎張翀乞休疏》。

繁簡衝僻不一，請各撫按官備開有司才力所宜，聽部酌處。[①] 重用地方守令，是高拱推行吏治改革的重要内容。他説："守令，親民之官，最爲緊要。使天下守令得人，太平即此。"[②]"守令之賢否，生民之休戚繫焉。其治績上下，雖人人殊，惟在馭之之何如耳。故實政宜民者，非久任無以竟其施；職業弗充者，非改調無以當其用。此固鼓舞吏治之機也。"[③]

二十一日 磔廣西逆賊韋銀豹[④]，并斬其孫韋扶獞于市，傳首夷方。銀豹，廣西古田獞民。其父朝威自弘治間與其伯朝猛占據縣治，殺副總兵馬俊、參議馬鉉。正德間，銀豹嘗隨朝威攻陷洛容縣，朝威誅死。銀豹乃挾其子四出擄掠，屢敗官兵。隆慶元年五月，銀豹兄銀站恐爲己累，密送款巡撫殷正茂執銀豹以降，傳詣京師。上以付吏論銀豹謀反律，與扶獞俱伏誅，其家屬黨類，下撫臣論治如律。[⑤]

高拱重用殷正茂剿除韋銀豹等叛逆勢力，明清史家有其高度評價。范守己評曰："廣東傜寇韋銀豹倡亂，蔓延日滋，嶺表騷動。臣夫（高拱）揀拔督撫重臣，授以方略，不旬月而剿平。"[⑥]萬曆時期禮部侍郎郭正域言："廣東昔稱樂土，後爲盜區。上官計無可施，每以撫爲得策。公請以殷正茂爲總督，促其剿除，勿致養寇。而廣東郡邑多除制科，寬其薦額，勿拘成數。遂使廣東造亂之邦，樂業而向化矣。"[⑦]沈德符亦言："穆廟末年，殷石汀正茂以司馬督兩廣，專征伐，爲首揆高新鄭相知，以故得度外行事如此。""初嶺外不靖，連年用兵不得要領。

---

① 《明穆宗實録》卷六一，隆慶五年九月甲戌。

② 高拱：《本語》卷五。

③ 高拱：《掌銓題稿》卷一三《議處順天等府更置守令疏》。

④ 韋銀豹（1504～1571），廣西古田所（今永福）人。壯族。初隨父參加桂林農民起義。正德末年，率部先後攻占古田、洛容（今柳州東北）。嘉靖四十五年（1566）降明，不久再起，占鳳凰、連水兩寨，又自永福攻入桂林。隆慶五年（1571），遭廣西巡撫殷正茂鎮壓，兵敗被俘。

⑤ 《明穆宗實録》卷六一，隆慶五年九月庚辰。

⑥ 范守己：《御龍子集》卷六七《代高少師張夫人昭雪抑枉疏》。

⑦ 郭正域：《合併黄離草》卷二四《太師高文襄公墓誌銘》。

時新鄭相方兼領銓政,遂用殷爲帥……後果奏功如所策。”①

二十四日　宣大總督王崇古報:互市事竣。大同得勝堡、新平堡、宣府張家口堡、山西水泉營四處互市,官市馬七千三十匹,價五萬六千四百七十兩;私市馬驢牛羊一萬六千六十只,撫賞費三千九百四十二兩。市皆無擾。疏入,得旨:加王崇古等督撫鎮巡官、兵部尚書楊博等官員各陞賞有差。② 這是高拱促成俺答封貢所取得的經濟效益。

同日　在高拱督促下,陜西三鎮貢市事竣,上降旨欲加陞蔭輔臣贊襄之功,高拱上《披瀝懇誠辭免加恩疏》。略言:虜酋奉貢稱藩,雖古今希曠之事,然乃皇上聖德神武所致。臣等何力,敢貪天功。臣等夙抱苦心,久未敢明其意。方兹事之始也,群議紛亂,日異而月不同,幾方合而忽奪其成,計未就而先幸其敗。當是時,欲擬却那吉之降,則縱桃松寨之辱國可徵也,而恐又傳笑於四方;欲擬拒俺答之貢,則斬石天爵之貽患可徵也,而恐又結禍于他日。用是殫精悉慮,畫此大計,以爲國家;幸皇天鑒臨,聖主明斷于上,俾邊臣之謀得以有終。即今封貢互市皆已竣事,三陲晏然,曾無一矢之警。境土免于蹂踐,生民免于虔劉,客兵不調,帑藏不發,即邊費之省不下百餘萬,即胡利之入不下數萬。有榮而無辱,有益而無損。蓋至是而事理始昭然可見,臣等爲國之心始得少明。即臣等夙夜圖畫,不無微勞,然而備員輔弼,乃其職分當盡者。惟皇上俯燭下情,特允辭免。隆慶五年九月二十四日具奏,二十六日奉聖旨:“卿等所奏准辭,還各賜銀五十兩,鬥牛衣一襲。”③

二十六日　高拱力主破除海禁,恢復海運,故巡撫山東都御史梁

---

① 沈德符:《萬曆野獲編》卷一八《嶺南論囚》。

② 《明穆宗實録》卷六一,隆慶五年九月癸未。

③ 高拱:《綸扉稿》卷一《披瀝懇誠辭免加恩疏》;《明穆宗實録》卷六一,隆慶五年九月乙酉。

夢龍議試海運，漕司撥漕糧十二萬石，自淮入海。從之。[①] 梁夢龍等試行海運，是在首輔高拱的支持下進行的。此前，高拱曾多次致函梁夢龍和山東布政王宗沐，其中有言："海道可通，乃國家無疆之利。而公之殫竭忠猷，爲社稷計非淺淺也。已有旨該部議行。其一應事宜，公須料理停當，俾可久而無弊，厥功斯永。"[②]"所示海運，詳考明白周悉，具見經國之猷。若果得遂，實國家無窮之利。但不知試行者有下落否？幸早示知，以慰懸懸。"[③]高拱主政時期力主破海禁，通海運，改變嘉靖朝實行的"海禁"政策。

三十日 南京國子監祭酒姜寶削籍爲民；誠意伯劉世延、南京刑部尚書孫植閑住；復南京國子監助教鄭如瑾官。初給事中王禎論寶，止言其徇情亂法而不及受贓。及是南京法司希大學士高拱指[④]坐寶贓千金，而爲如瑾辯雪，故有是命。[⑤]

是月 先是已賜輔臣高拱蟒衣四襲，又賜大紅鬥牛紵絲衣一襲，軟帶、崖瓢、寶刀各一件。[⑥]

是月 少師兼太子太師吏部尚書中極殿大學士兼掌吏部事高拱，以處北邊封貢功，奉手敕：蔭一子尚寶司司丞。嗣孫高櫆承蔭。[⑦]

十月初二日 高拱上《覆尚書譚綸養病疏》。兵部題稱：協理京營戎務兵部尚書兼都察院右副都御史譚綸忽染風症，痰涎湧塞，兩耳雷鳴，頭目眩暈，右體麻木，調治無減，懇乞放歸田里。高拱批示："行令本官回籍調理，俟病痊之日，撫按官具奏起用。"隆慶五年十月初二

① 《明穆宗實録》卷六一，隆慶五年九月乙酉。

② 高拱：《政府書答》卷三《答山東梁巡撫書》。

③ 高拱：《政府書答》卷三《答山東王方伯書》。

④ 事見隆慶四年三月初一日高拱所上《覆給事中王禎論尚書孫植等疏》，載《掌銓題稿》卷二三。

⑤ 《明穆宗實録》卷六一，隆慶五年九月己丑。

⑥ 高務觀：《東里高氏家傳世恩録》卷五《特恩》。

⑦ 高務觀：《東里高氏家傳世恩録》卷五《蔭叙》。

日題,初四日奉聖旨:“是,譚綸准回籍調理。”①

同日　高拱上《覆操江都御史參官疏》。操江都御史陳省論劾:要將鳳陽府通判張永廉罷斥,淮安府通判高一飛致仕;亳州知州劉光奕、英山縣知縣葉世行降調閑散;原任銅陵縣知縣今陞廣州府同知翁金堂以原官改調,靈璧縣知縣盛意以今職改調;五河縣知縣黄應龍改授教職。高拱批示:“將劉光奕照貪酷例爲民,翁金堂以原職改調,盛意以今職改教。”隆慶五年十月初二日題,初四日奉聖旨:“劉光奕着革職爲民,翁金堂、盛意依擬。”②

初六日　高拱上《覆提督兩廣軍務侍郎李遷養病疏》。巡按廣東監察御史趙焞題稱:提督兩廣軍務侍郎李遷,舊患病屙,自入廣以來,水土不服,感患脾泄病症,服藥不效,乞容令回籍調治。高拱批示:“行令本官回籍調治,病痊之日,撫按官具奏起用。”隆慶五年十月初六日題,初八日奉聖旨:“是,李遷准回籍調理。”③

初九日　高拱上《覆科道官論漕運都御史陳炌疏》。户科都給事中宋良佐等、巡按直隸監察御史唐鍊各題參:漕運都御史陳炌調度失策,船糧漂損數多,乞要重加罰治,仍責令整飭,以圖後贖,或令戴罪回籍聽勘。高拱批示:“行令本官回籍聽勘,俟查勘回日,另行具奏。”隆慶五年十月初九日題,十一日奉聖旨:“是,陳炌着回籍聽勘。欽此。”④

初十日　高拱上《覆山東巡按御史參官疏》。山東巡按御史張士佩題參:齊河縣知縣陳天策營求薦剡,鑽刺通天,乞要罷斥。高拱批示:“將陳天策先革職爲民,仍行巡按御史嚴提究問具奏。”隆慶五年十月初十日題,十二日奉聖旨:“陳天策革職爲民,着巡按御史提問

① 高拱:《掌銓題稿》卷二一《覆尚書譚綸養病疏》。

② 高拱:《掌銓題稿》卷三〇《覆操江都御史參官疏》。

③ 高拱:《掌銓題稿》卷二一《覆提督兩廣軍務侍郎李遷養病疏》。

④ 高拱:《掌銓題稿》卷二四《覆科道官論漕運都御史陳炌疏》。

具奏。”[1]

同日　高拱上《覆山東巡按御史參官疏》。山東巡按御史張士佩論劾：欲要將分巡濟南道僉事高克謙量調簡僻；莒州知州李思忠、樂安縣知縣吴一龍罷斥；陽谷縣知縣徐民望改教。高拱批示：“將高克謙改調簡僻，李思忠、吴一龍爲民，徐民望致仕。”隆慶五年十月初十日題，十二日奉聖旨：“李思忠、吴一龍着爲民，徐民望致仕，高克謙改調簡僻。”[2]

十二日　貴州宣慰司土舍安國亨[3]降，守臣以聞。上賞巡撫阮文中[4]等八人銀幣有差。初，總兵安大朝既敗，國亨懼誅，勒兵自守；遣使哀辭乞降，朝廷不許。高拱遣阮文中代王諍爲貴州巡撫，使人勸解國亨曰：今大兵且至，能盡出所匿奸徒，束身請罪，割地以處安智母子，賠還所費兵糧，則朝廷當待爾以不死。高拱又遣賈三近往勘。國亨迫于大兵壓境，又得知查勘不會殺己，於是出聽就理，執獻其黨阿弟、吴瓊等，輸銀抵罪。上果赦不誅，而官其子民及智子國貞，斬阿弟等於市，且戒兩族今後勿復相攻，自取誅滅。[5]

和平解決貴州安氏之亂，是高拱在西南邊陲取得的重要功績，明清時期有其高度評價。萬曆三十年三月，禮部言：“其人(高拱)實有

---

① 高拱：《掌銓題稿》卷三〇《覆山東巡按御史參官疏》。

② 高拱：《掌銓題稿》卷三〇《覆山東巡按御史參官疏》。

③ 安國亨，貴州水西(今大方)人。彝族土司，他是奢香夫人後裔。嘉靖四十一年(1562)襲其叔祖安萬銓之職，任貴州宣慰使。他以萬銓長子安信爲輔佐。隆慶四年(1570)，將安信殺害，安信弟安智與其姐夫永寧宣慰使安效忠告安國亨謀反，相約攻水西，導致同室操戈，互相仇殺近十年。後在高拱謀劃下，仇殺始告平息。萬曆九年(1581)，安國亨復官。此後他注意發展農業生産，組織百姓開墾，對貧窮者都給予耕牛農具接濟，并不斷參與平亂立功，因此得到“飛魚服”的賞賜。國亨能詩，擅書法，尤長楷書，修文、大方等地均有其摩崖碑刻遺迹。萬曆二十五年(1597)，國亨卒，由安疆臣襲職。

④ 阮文中(1518～1572)，字用和，號沙城，江西南昌新建縣人，嘉靖三十二年(1553)進士。歷官南京兵部車駕司主事、兵部職方司員外郎、吏部考工司郎中、湖廣按察副使、太僕寺少卿、貴州巡撫、右副都御史、湖廣巡撫、總督川、貴、湖廣軍務。卒於湖廣巡撫任上，贈兵部左侍郎。

⑤ 《明穆宗實録》卷六二，隆慶五年十月辛丑。

憂國家之心，兼負濟天下之具。即如處安國亨之罪，不煩兵革而夷方自服，國體常尊，所省兵餉何止數十萬？”[①]范守己言：“貴州土官安國亨與族類仇殺，抗我王師，守土者倉皇無措。臣夫選擇撫臣，授以成算，料敵遥中其機宜，故勘，遂致其投順，使一隅既摇之人心，復就安輯。”[②]萬曆四十二年（1614）五月，户部主事馬之駿説：“至於處叛胡，處安氏，綸扉幕府之懸絶，呼吸闢通，而以竿尺代樽俎，靡不纚纚鑿鑿，中情實妙權衡，恐又非李、寇之所敢望也。”[③]馮夢龍謂：“如安國亨一事，若非高中玄力爲主持，勢必用兵。即彼幸而獲捷，而竭數省之兵糧，以勝一自相仇殺之夷人，甚無謂也。嗚呼！前事不忘，後事之師，吾今日安得不思中玄乎？”[④]談遷亦言：“夷俗仇殺，尺一可解。輒叛坐之，出於幸功。萬一豕變，惟力之是視，黔無幸矣。新鄭當事，單于解辮，土司革心，亦寧得易言制勝乎。”[⑤]上述評價甚爲確當，也是對高拱和平解決貴州安氏之亂功績的充分肯定。

十五日　高拱力主開通漕運，故陞山東左布政使王宗沐爲右副都御史，總督漕運兼提督軍務，巡撫鳳陽等地。[⑥]

十七日　高拱上《覆御史吴道明論應天巡撫陳道基疏》。河南道監察御史吴道明論劾應天巡撫右僉都御史陳道基，奸貪不職，乞要罷斥。高拱批示：“將陳道基被劾事情，移咨都察院，劄行彼處巡按御史查勘明白具奏。陳道基行令回籍聽勘。”隆慶五年十月十七日題，十九日奉聖旨：“是，陳道基着回籍聽勘。欽此。”[⑦]

同日　高拱上《覆保定巡撫宋纁參進士孫鳴鳳疏》。保定巡撫宋

---

① 《明神宗實録》卷三七〇，萬曆三十年三月丁卯。
② 范守己：《御龍子集》卷六七《代高少師張夫人昭雪抑枉疏》。
③ 馬之駿：《高文襄公集序》，載清籠春堂刻本《高文襄公文集》。
④ 馮夢龍：《智囊》卷三“馮之評語”。
⑤ 談遷：《國榷》卷六七，隆慶五年十月辛丑。
⑥ 《明穆宗實録》卷六二，隆慶五年十月甲辰。
⑦ 高拱：《掌銓題稿》卷二四《覆御史吴道明論應天巡撫陳道基疏》。

纁參論通政司辦事進士、今出差孫鳴鳳,需索驛遞,擅用非刑,乞要發回原籍,使之涵養改過,撫按具奏起用。高拱批示:“將孫鳴鳳候取選到日,降一級外任用,以爲浮躁之戒。”隆慶五年十月十七日題,十九日奉聖旨:“是。”①

二十二日 陞吏科都給事中韓楫爲太常寺少卿,提督四夷館。②

二十三日 高拱上《題侍郎曾銑蔭子疏》。驗封清吏司案呈,奉本部送據直隸揚州府申,據江都縣起送已故原任兵部右侍郎兼左副都御史、今贈兵部尚書曾銑次男生員曾汴,身家無礙,應該承蔭。高拱批示:“將曾汴咨送禮部,轉送國子監讀書。”隆慶五年十月二十三日題,二十五日奉聖旨:“曾汴准送監讀書。”③

二十五日 高拱上《覆直隸巡按御史參官疏》。巡按直隸監察御史蘇士潤題參:河間府同知管通州事劉耀武,庫藏盗銀近四千兩,了無稽查,縱容吏書侵隱,恬不舉發,誠恐中有隱漏,遽難定擬,乞要先行革任勘問。高拱批示:“先將劉耀武革職爲民,仍行巡按御史嚴提究問,併合於人犯文卷,詳查明白,擬罪具奏。”隆慶五年十月二十五日題,二十七日奉聖旨:“是。劉耀武着革職爲民,巡按御史提問具奏。”④

二十七日 吏部左侍郎張四維以疾乞歸,上不允,命在任調理。次日,再疏求去,許之,以日講加恩,令馳驛以歸。⑤

十一月初一日 録是歲五月中虜犯遼東盤山驛官軍斬獲功,賞巡撫都御史張學顔、總兵李成梁、中軍指揮蘇承勛各銀幣有差。⑥

初八日 高拱上《覆陝西巡按御史參官疏》。巡按陝西監察御史

---

① 高拱:《掌銓題稿》卷二五《覆保定巡撫宋纁參進士孫鳴鳳疏》。
② 《明穆宗實録》卷六二,隆慶五年十月辛亥。
③ 高拱:《掌銓題稿》卷三三《題侍郎曾銑蔭子疏》。
④ 高拱:《掌銓題稿》卷三〇《覆直隸巡按御史參官疏》。
⑤ 《明穆宗實録》卷六二,隆慶五年十月丙辰、丁巳。
⑥ 《明穆宗實録》卷六三,隆慶五年十一月己未。

褚鐵題參:原任廣西按察司副使陞陝西苑馬寺卿鄭一龍,規避遷延,怠廢官常,乞要革任閑住;陝西按察司僉事陞本寺少卿馬文健,過違憑限,量加罰治。高拱批示:"將鄭一龍先行革任,仍咨都察院劄原任地方御史查勘,具奏定奪。馬文健姑免罰治。"隆慶五年十一月初八日題,初十日奉聖旨:"是。"①

初十日 陞吏部右侍郎魏學曾爲本部左侍郎。改户部右侍郎劉光濟爲吏部右侍郎。陞刑部右侍郎朱大器爲本部左侍郎。陞順天府府尹曹金爲刑部右侍郎。陞巡撫河南右副都御史栗永禄爲兵部右侍郎。②

十一日 大學士殷士儋致仕。先是士儋因御史趙應龍言求去,不果。未幾,御史侯居良復論士儋始進不正,求退不勇,大略如應龍言。於是,士儋求去益力。上慰留至再,及是始允,賜路費銀兩鈔幣,馳驛以歸。③

關於殷士儋致仕問題,史書記載多有不實之詞。王世貞《首輔傳》言:"殷士儋亦裕邸故臣,自禮部入,累遷至少保武英殿大學士矣。士儋之入,亦中人援,以不由拱,故拱不能無忌,而居正亦厭之……韓楫復揚語脅士儋,欲其自免歸。故事,給事中朔望入閣揖,士儋對衆而詰楫曰:'聞科長欲有憾於我,憾則可耳,毋爲人使!'既別,拱語之曰:'非故事也!'士儋忽勃然起曰:'若爲張吏部道地而抑我,我不敢怨。而今者又逐我,而使張吏部據我座。若逐陳公,再逐趙公,又再逐李公,次逐我。若能長有此座耶?'揮拳擊之,不中,中几,其聲砉然。拱不能卒答,居正從旁解之,亦誶而對。明日,韓楫之疏上,士儋得請致仕。"④談遷《國榷》曰:王元美爲"韓楫之疏上,士儋得請致

---

① 高拱:《掌銓題稿》卷三〇《覆陝西巡按御史參官疏》。

② 《明穆宗實録》卷六三,隆慶五年十一月戊辰。

③ 《明穆宗實録》卷六三,隆慶五年十一月己巳。

④ 王世貞:《嘉靖以來首輔傳》卷六《高拱傳》。

仕"[1]。高拱作爲首輔掌銓而素賢吏部侍郎張四維,是理所當然無可非議的事實;而殷却錯憶高要逐他出閣而薦張入閣,則是子虚烏有之事。殷致仕後直至高罷官歸家,都没有薦張入閣,這是鐵一般的史實。殷之所以被論,動因是他入閣暗走宦官途徑,進路不正。所以御史趙應龍、侯居良劾其"始進不正,求退不勇"[2]。殷之致仕,給事中韓楫始終未上彈章,"豈彈疏出彼二人,爲韓楫之意耶?"[3]而王世貞、談遷硬説是"韓楫疏上,士儋得請致仕"。這完全是無中生有。不僅如此,上引情節對話亦是王世貞編造之事。殷據道聽塗説的"揚語",便在内閣主動發難,大發怨氣,影射嘲諷同僚,實爲泄私憤。所謂"士儋忽勃然起","揮拳擊之,不中,中几"云云,不過是王世貞以此來羞辱高拱。試問:殷忽起到高面前,"揮拳擊之",怎麽會"不中"而"中几"呢? 從字面上看,事實不過是殷來到高的面前,用手拍響桌几,以發洩私憤怨氣而已。王世貞羞辱傳主的場景,被今人發揮得淋漓盡致、活靈活現,如説:殷"指著高拱鼻子罵了一通,説完一擼袖子,上來一把揪住高拱的衣領子,就要揍他"。而高則理屈詞窮,無言以對,只好坐等挨打。"這就是明朝歷史上赫赫有名的'宰相打架事件'。"[4]但非常可惜:當時内閣有無朔望會揖制度還是問題。據明末曾任閣臣的黄景昉考證:"《首輔傳》:故事,給事中朔望入閣揖,殷士儋對衆詰韓楫云云,高拱非之,殷怒,幾奮拳。按:給事中無朔望入閣禮,惟閣臣上日一至耳。豈今昔異歟?"[5]此可確證,王世貞、談遷等所言并非史實。

十六日 陞巡撫山東都察院右僉都御史梁夢龍爲右副都御史,

---

① 談遷:《國榷》卷六七,隆慶五年十一月己巳。
② 《明穆宗實録》卷六三,隆慶五年十一月己巳。
③ 《明穆宗實録》卷六三,隆慶五年十一月己巳。
④ 酈波:《風雨張居正》,中國民主法制出版社 2009 年版,第 107 ~ 108 頁。
⑤ 黄景昉:《國史唯疑》卷八。

巡撫河南。①

十七日 高拱上《覆尚書曹亨乞休疏》。南京工部尚書曹亨奏稱:年將七十,夙秉怯弱,奔馳到任,即感勞嗽,淹延不痊,乞要回籍致仕。高拱批示:"行令本官回籍致仕。"隆慶五年十一月十七日題,十九日奉聖旨:"是,曹亨准致仕。"②

二十一日 高拱上《議豁王親疏》。疏言:左布政使李敏德、右參議宋守約、聽用僉事李可久、知府李充善、同知張崇謙、通判楊良才、知州沈應坤各官,雖係王親,實爲夫人及將軍以下之親,不在應禁之例。據此,高拱題請:"遇有相應員缺推用。"隆慶五年十一月二十一日題,二十三日奉聖旨:"是。"③

二十三日 陞順天府丞傅希摯④爲右僉都御史,巡撫山東。⑤ 高拱爲破除海禁,開通海運,曾致函傅希摯:"海運一節,乃僕所日夜在念者。有公圖計,必可望成也。"⑥

二十六日 高拱上《參處崇明縣民黄善述等保官疏》。直隸崇明縣縣丞孫世良已陞吉府奉祠正,詐爲縣人黄善述等上疏乞留。吏部廉得其狀,請下世良於理。且言:近來黠狡成風,凡有司不得志去任,往往邀求無賴詣闕奏保。爲吏者既啖以目前之利,而又許爲他日之逋主;爲民者既餌其目前之賄,而又冀爲他日之憑藉。彼此煽惑,以

---

① 《明穆宗實録》卷六三,隆慶五年十一月甲戌。

② 高拱:《掌銓題稿》卷二一《覆尚書曹亨乞休疏》。

③ 高拱:《掌銓題稿》卷一二《議豁王親疏》。

④ 傅希摯,字承弼,號後川,河北衡水人,嘉靖三十五年(1556)進士,四十四年(1565)任淮安知府。隆慶五年(1571)陞右僉都御史,巡撫山東。隆慶末年,户部因爲軍餉匱乏,準備裁撤山東、河南民兵,希摯力争而未撤。萬曆元年(1573),改任河道總督。因黄河泛濫,茶城段運河淤塞,開新河由梁山下寧洋山,出右洪口,避開黄河之險,使漕運河道能够通行。萬曆五年(1577),陞右副都御史,巡撫陝西。萬曆十一年(1583),任户部右侍郎,兼右僉都御史任漕運總督。後改任南京兵部右侍郎,陞任南京户、兵二部尚書。後入京佐理戎政,加太子少保,不久致仕。

⑤ 《明穆宗實録》卷六三,隆慶五年十一月辛巳。

⑥ 高拱:《政府書答》卷三《答山東傅巡撫書》。

售奸欺。不一重處，恐將來效尤，無所底止。故此，高拱奏請："命下本部，移咨都察院，轉行彼處巡按御史，將孫世良并黄善述等行提究問明白，奏請處治。并行通政司，以後但有奏保官者，即將投本之人付兵馬司拘留，待抄出送部面審。如有欺詐情由，俱照孫世良、黄善述等事例行該巡按御史問奏發落。"隆慶五年十一月二十六日具題，二十八日奉聖旨："是。孫世良并黄善述等着巡按御史提問具奏。"①

十二月初三日 大學士高拱、張居正疏言：機務重繁，請簡命賢良，共圖治理。得旨："卿二人同心輔政，不必更加。"②

初八日 高拱上《覆河南巡按御史參官疏》。巡按河南監察御史楊家相論劾，要將歸德府知府羅大玘罷斥，原任尉氏縣知縣今調四川什邡縣韓天衡改調閑散，原武縣知縣李召改教。故此，高拱批示："將羅大玘、韓天衡俱照貪例爲民，李召照不謹例冠帶閑住。"隆慶五年十二月初八日題，初十日奉聖旨："羅大玘、韓天衡着爲民，李召冠帶閑住。"③

十三日 輔臣高拱六十歲壽辰，同僚撰壽文、壽序凡八篇。

高拱壽文壽序列表

序號	作者	壽文、壽序篇名	文獻來源
1	張居正	《翰林爲師相高公六十壽序》	《張太岳集》卷之七
2	張居正	《門生爲師相中玄高公六十壽序》	《張太岳集》卷之七
3	馬自强	《壽少師高公六十序》	《馬文莊公集》卷二
4	張四維	《壽高端公六十序》	《條麓堂集》卷二一
5	申時行	《壽少師高公六十序》	《賜閑堂集》卷一五

① 高拱：《掌銓題稿》卷一〇《參處崇明縣民黄善述等保官疏》。
② 《明穆宗實録》卷六四，隆慶五年十二月辛卯。
③ 高拱：《掌銓題稿》卷三〇《覆河南巡按御史參官疏》。

續表

序號	作者	壽文、壽序篇名	文獻來源
6	張一桂	《壽少師中玄高公六秩叙（代作）》	《漱秇堂文集》卷一
7	吴中行	《高中玄相公六十壽序（代吕館師作）》	《賜餘堂集》卷八
8	李維楨	《少師高公壽序（代）》	《大泌山房集》卷二七

這些壽序、壽文對高拱的改革事功做了高度評價，如張居正言："今少師中玄高公，相肅皇帝及今天子有年矣……虜從庚子以來，歲爲邊患，一旦震懼於天子之威靈，執我叛人，款關求貢。中外相顧駭愕，莫敢發。公獨決策，納其貢獻，許爲外臣，虜遂感悦，益遠徙，不敢盜邊。所省大司農芻粟以鉅萬計。曹、沛、徐、淮間，數苦河決。公建請遣使者按視膠萊河渠，修復海運故道，又更置督漕諸吏，申飭法令。會河亦安流，舳艫銜尾而至，國儲用足。是時方内乂安，四夷向風，天下翕然稱治平矣。"①對高拱的道德品行亦有高度稱讚，如張居正言："公虚懷夷氣，開誠布公。有所舉措，不我賢愚，一因其人；有所可否，不我是非，一準於理；有所彰癉，不我愛憎，一裁以法；有所罷行，不我張弛，一因於時……身爲國相，兼總銓務，二年於兹。其所察舉汰黜，不啻數百千人矣。然皆詢之師言，協於公議。即賢耶，雖仇必舉，亦不以其嘗有德於己焉，而嫌於酬之也；即不肖耶，雖親必斥，亦不以其嘗有惡於己，而嫌於惡之也。少有差失，改不旋踵；一言嘗心，應若響答。蓋公向之所言無一不售者，公信可謂平格之臣已！"②

高拱六十歲壽辰，賦詩一首。

① 張居正：《張太岳集》卷七《門生爲師相中玄高公六十壽序》。
② 張居正：《張太岳集》卷七《翰林爲師相高公六十壽序》。

【七言律】

壽相公限體

瑞鐘光岳會生申①,劍履中朝領縉紳。
早有殊方來翡翠,遂合當代繪麒麟。
殷勤東閣延賢日,夙夜公家報主身。
丹籙永期綿鶴算,黄扉長擬贊鴻鈞。②

十八日 高拱上《議處刑部司官究律久任疏》。這是高拱整頓法治的重要疏文。疏言:"刑乃民命所繫,而刑部則司刑之總也。有堂官主於上,有司屬分理於下。居是職者,使非律例精貫,則比擬輕重,必不能當其情。然乃非久於其職,則閲歷未深,講究未熟,欲其精貫,亦不可得。此久任之法,不可以不行也……乃近時刑部司官,頗多不職:有黷貨而鬻獄者;有遊意法外,務在深文,不求得情,苛入以爲公者;有審讞不平,執拗自是,堂官改之而不從,大理駁之而不服,每將稱冤犯人痛加箠楚,立斃杖下,遂使審大理而不敢出言者;有巧肆支吾,務爲推諉,一日之事動經數時,一人之事動經數手,苟有微嫌,遂成永避,頻年累歲不爲問結者;有聽從囑託,曲徇人情,欲爲之出,則罪雖大而强爲之辭,欲爲之入,則罪雖微而羅織其獄者;有法律不講,苟應故事,愒日玩時,徒積俸以待遷者。諸若此類,習以成風,恬不爲異,遂使刑獄不清,冤號無訴,而覆盆之下,天日終不能照。若不痛加懲創,則民將何恃以爲命也?"故此,高拱題請:"合候命下本部,移咨刑部,責令司官將律例用心講究,中間有練達老成,用刑明慎者,咨行

① "生申",即屬猴者誕生,兹因高拱屬猴。
② 高拱:《詩文雜著》卷一《壽相公限體》。

本部,悉令久任,待其積有年勞,推陞京堂及參政、副使等官,以示優異。其才有别長者亦開來,另行改用。其有踵襲前非、不行悛改者,即行參處,貪酷者爲民;推諉者照罷軟例,聽囑者照不謹例,冠帶閑住;執拗者照浮躁例,苟應故事者照不及例,降調外任。如堂官隱護不舉,聽該科一併參究。庶使賢者得以修職,而可收久任之功;不肖者無以自容,而不爲久任之病。刑法清而萬民服矣。"隆慶五年十二月十八日題,二十日奉聖旨:"是。"①

中央司法機構是三法司,即刑部、都察院、大理寺。三相比較,刑部職任最重。故高拱奏請實行刑部司官"久任之法"。其具體措施是:練達老成,用刑明慎者,悉令久任,待其積有年勞,推陞京堂及參政副使等官,以示優異;其才有專長者,亦另行别用;其有踵襲前非,不行悛改者,即行參處,或爲民,或冠帶閑住,或降調外任。這樣"使賢者得以修職,而可收久任之功;不肖者無以自容,而不爲久任之病"。刑部司官實行久任之法,使他們"精通刑名",熟練而準確地依法量刑判案,并對其履行職責進行密切監督,區分優劣而加以考核賞罰。這一措施是達到"刑罰清而萬民服"的重要手段。

十九日　高拱上《覆直隸巡按御史參官疏》。巡按直隸監察御史余希周論劾:要將原任密雲管餉河間府通判今聽調史篆,查照貪例罷斥爲民,薊鎮管餉永平府通判王建降調。高拱題請:"將史篆照貪例爲民,王建照不謹例冠帶閑住。"隆慶五年十二月十九日題,二十一日奉聖旨:"史篆着革職爲民,王建冠帶閑住。"②

同日　高拱上《覆山西巡按御史參官疏》。巡按山西監察御史饒仁侃論劾:要將潞城縣知縣鍾爵、樂平縣知縣侯維藩罷黜,平陸縣知縣費桂、嵐縣知縣劉家相降調,石樓縣知縣嚴國寵、臨縣知縣李從誨

---

① 高拱:《掌銓題稿》卷一六《議處刑部司官究律久任疏》。

② 高拱:《掌銓題稿》卷三〇《覆直隸巡按御史參官疏》。

改教。高拱題請:“將鍾爵、侯維藩、李從誨照貪例爲民,費桂、劉家相照不謹例,嚴國寵照罷軟例,冠帶閑住。”隆慶五年十二月十九日題,二十一日奉聖旨:“鍾爵等着革了職爲民,費桂、劉家相并嚴國寵俱冠帶閑住。”①

同日 高拱上《覆僉事紀大綱乞休疏》。原任禮科給事中、今陞陝西按察司僉事紀大綱奏稱:親病甚劇,中途憂鬱幾絶,不能赴任,乞要休致。高拱批示:“行令本官回籍,照有疾例致仕。痊可之日,有司具奏起用。”隆慶五年十二月十九日題,二十一日奉聖旨:“是。”②

同日 高拱上《覆僉事劉田乞休疏》。巡撫遼東地方兼贊理軍務、都察院右僉都御史張學顔題稱:山東按察司分巡遼海東寧道兵備僉事、今陞山東布政司分守遼陽右參議劉田病篤,不能供職,乞要休致。高拱批示:“行令本官照有疾例致仕。待痊可之日,有司具奏起用。”隆慶五年十二月十九日題,二十一日奉聖旨:“是。”③

二十三日 王宗沐奏:漕糧漂欠,雖因河决,亦多有貪軍侵耗,鑿舟自沉者,宜先議優恤。令有司各將扣下米數給軍,其各軍兑完起運之後,責令五船同坐,庶人樂用力而漂損可漸少也。户部覆奏,從之。④ 这是高拱漕政改革的重要舉措。

同日 高拱上《參處知縣王淑民莊鵬舉疏》。文選清吏司案呈,都察院右僉都御史劉應箕咨:山陰縣知縣王淑民、廣靈縣知縣莊鵬舉,既選給領文憑,迄今半載尚未前來。且王淑民雖稱患病,未知真僞;莊鵬舉回籍日久,亦有規避邊方之情。故此,高拱題請:“將王淑民降二級,莊鵬舉降一級,俱仍在邊方,用令其赴部聽處,以爲人臣受職而怠事者之戒。”隆慶五年十二月二十三日題,二十五日奉聖旨:

---

① 高拱:《掌銓題稿》卷三〇《覆山西巡按御史參官疏》。
② 高拱:《掌銓題稿》卷二二《覆僉事紀大綱乞休疏》。
③ 高拱:《掌銓題稿》卷二二《覆僉事劉田乞休疏》。
④ 《明穆宗實録》卷六四,隆慶五年十二月辛亥。

“王淑民、莊鵬舉各依擬降用。欽此。”①

同日 虜寇遼東,總兵官李成梁等率師禦之於卓山等處,大破之。斬首五百八十餘級,内酋首二人,獲戰馬六百餘匹,甲二百餘副,其他夷器無算。② 捷聞,禮部以東西二邊同時報功,疏請擇日宣表受賀,兵部亦請録將吏效勞者。上喜,從之。陞總督劉應節俸一級,李成梁署都督同知,蔭一子正千户世襲,陞巡撫張學顔右副都御史,其他晉級加俸有差。賜兵部尚書楊博,侍郎谷中虚、石茂華及職方司官調度有功者,各賜銀幣有差。③ 初,土蠻汪住等部時爲遼東邊患,高拱舉張學顔巡撫遼東,與總兵官李成梁訓練兵馬,修舉實政,大破土蠻入侵,故有是捷。史稱“遼左大捷”。

“遼左大捷”,是與高拱對遼東地區的經略密不可分的:(1)破格任用足智多謀的張學顔巡撫遼東,使其同驍勇善戰的總兵李成梁相互配合,協同守邊,共同禦敵:“會撫臣(李秋)者去,予思代者,議欲用副使張學顔。或曰:‘未聞時譽。’予曰:‘此人卓犖倜儻,時眼不能識,置諸盤錯,利器當見。’會侍郎魏確庵(魏學曾號)至,予因問曰:‘遼東撫臣去,誰可代者?’確庵思良久,曰:‘有張學顔者可。’予曰:‘得之矣,公知人哉!’”④高拱重用的另一員大將是李成梁,成梁坐鎮遼陽,“大修戒備,甄拔將校,收召四方健兒,給以厚餼,用爲先鋒。軍聲始振”⑤。這爲遼左大捷奠定了人事基礎。(2)大力進行邊政整頓,“乘時修戰守之具,訓練兵馬”,以提高明軍的防禦作戰能力。“先是,予因西邊臣伏,題請整飭邊備,下敕各邊督撫諸臣,乘時修戰

① 高拱:《掌銓題稿》卷九《參處知縣王淑民莊鵬舉疏》。

② 關於此捷戰績,高拱《邊略》卷二《撻伐紀事》有詳細記載:計斬敵首領把太兒、寧公提二人,斬首級五百八十八人,繳獲戰馬六百餘匹,明甲二百一十三副,敵器無數。而官軍損傷極少,陣亡士兵僅八人,射死官馬二十二匹。

③ 《明穆宗實録》卷六四,隆慶五年十二月辛亥。

④ 高拱:《邊略》卷二《撻伐紀事》。

⑤ 張廷玉:《明史》卷二三八《李成梁傳》。

守之具,訓練兵馬,務皆精壯;哨探敵情,務得的確;調遣應援,務中機宜。俾禦敵之策,萬全無遺,云云。張(學顔)遵行惟謹,經畫周詳,號令明肅。"[①]這爲取得遼左大捷奠定了戰略基礎。

遼左大捷後要嚴加防範。高拱提出遼左大捷,國威大振,但決不可驕傲輕敵,尤其是在土蠻諸部"乘吾戰勝解嚴而窺伺之"之時,更應該嚴加防範。爲此,他多次致書張學顔:"今土蠻謀犯,既云露形,則防備宜周,仍期一捷,斯國威益振。蓋土蠻自謂强於東虜,故敢乘吾戰勝解嚴而窺伺之,以爲吾氣且驕,吾力且疲,而因遂可以得志也。今須整肅人馬,愈加奮勵。彼出吾不意,而吾亦出彼不意,大加挫衄,則西北諸酋皆落膽矣。"[②]又致函總兵李成梁:"今土蠻謀犯,亦既露形,須再得一大挫,則國威益振,是在將軍奮力耳。然須慎重,計出萬全乃可。"[③]遼左大捷後,能否再次挫敗土蠻謀犯,不僅關係到東北邊疆能否實現長期的和平安定,而且也關係到能否鞏固剛剛促成的西北俺答封貢互市的勝利成果。因爲東北戰局總是與西北戰局相互影響、相互制約的。故此,高拱又致函薊鎮總兵戚繼光:"西虜新附,而東虜尚然内窺,若遂得志,則有以陰啓西虜驕心,雖得貢市不足爲罕也。必須大加一挫,則不惟此虜寒心,而西虜亦皆知畏,貢市乃可永焉。况西虜不動,則東虜無援。吾無西憂,則得以專力於東,以防秋之全力專用於失援之虜。"[④]對高拱之於遼左大捷,史家有高度評價。萬曆七年(1579)二月,禮部認定:"廣寇鴟張,遼東數與虜角一時,督撫剿除,拱主持力爲多。"[⑤]王世貞言:"遼東數年用兵,拱善其撫臣張學顔以及總帥李成梁,撫而用之,遂屢勝,成功名。"[⑥]范守己言:"東

---

① 高拱:《邊略》卷二《撻伐紀事》。
② 高拱:《政府書答》卷一《答遼東張巡撫書二》。
③ 高拱:《政府書答》卷一《答李總兵書》。
④ 高拱:《政府書答》卷一《答戚總兵書》。
⑤ 《明神宗實録》卷八四,萬曆七年二月乙巳。
⑥ 王世貞:《嘉靖以來首輔傳》卷六《高拱傳》。

虜汪住等恃其强衆，時侵遼東，臣夫舉張學顔爲撫臣，遵奉廟謀，勠力致勝……胡虜大挫，不敢復來者數年。”[①]黄景昉亦言：“遼東土蠻援俺答例要貢，撫臣張學顔不許，曰：‘虜款而得請，是羈之也，重在内；蠻逼而與和，是媚之也，重在外。外將不可久。’遂發兵拒走之。俺答聞，益推附焉。張此舉有虚有實，得聲東擊西之勢。高文襄果不謬知人。”[②]上述評價甚爲確當。

隆慶四年促成俺答封貢和隆慶五年取得遼左大捷後，初步扭轉了西北、東北邊疆被動挨打的局面。爲此，高拱撰《破虜露布》，略言：“乃者北虜恃部落之既多，瞰邊疆之少備。乘機鼓釁，敢爲侵略之謀；伺隙揚埃，大肆虔劉之毒。攻奪城堡，逞冒頓於白登；沮遏官兵，陣苻堅於淝水。分番而進，累歲罔休。蓋惟知犬羊之力所向莫當，而豈知龍虎之威終爲無敵……計欲出於萬全，功卒收於一鼓。追奔逐北，直搗黑山之巢；獲醜招降，漸消青海之劍……時方乘勝以長驅，尚欲除凶而雪恥。赤組繫單於之頸，定不崇朝；彤管勒燕然之銘，行且有日。顧大虜之已遁，幸西鄙之稍安。謹以破虜，大較露布以聞！”[③]

二十五日　高拱上《議加致仕僉事陳乙服色疏》。巡撫河南等處地方、都察院右副都御史栗永禄題稱：開封府杞縣致仕鄉宦、原任四川按察司僉事陳乙變賣家産，賑濟本縣貧民災民，乞請量加服色，以彰激勸。高拱題請：“將原任四川按察司僉事、今致仕陳乙，量加四品服色，用示優奬。”隆慶五年十二月二十五日題，二十七日奉聖旨：“是。”[④]

同日　上御皇極門，鴻臚寺官面宣遼東捷音，明日文武百官吉服行禮，致辭稱賀。上以遼東大捷，歸功輔臣高拱、張居正，敕各廕一子

---

① 范守己：《御龍子集》卷六七《代高少師張夫人昭雪抑枉疏》。

② 黄景昉：《國史唯疑》卷八。

③ 高拱：《詩文雜著》卷一《破虜露布》。

④ 高拱：《掌銓題稿》卷一二《議加致仕僉事陳乙服色疏》。

錦衣衛正千户世襲。拱等疏辭。上曰:卿等運籌制勝,功當首論。拱等再辭益力,不允。①

二十八日 高拱上《恭繳聖諭辭免加恩疏》。疏言:"兹因遼左大捷,又該兵部論叙有功人員,又首及臣等,擬加陞蔭。臣等又未敢擬票,具揭辭免。……疊荷温綸,恩眷隆厚,臣等不勝感戴。但臣等備位臺司,謬蒙皇上心膂之托,竭忠效力,理所宜然,委的不敢言功。伏望皇上特賜停寢,容臣等照舊供職,以圖報稱,斯於愚分獲安,所有敕旨,仍未敢擬,臣等無任戰慄之至。"隆慶五年十二月二十八日題,奉聖旨:"卿等宜承朕眷,還擬敕來。欽此。"②

歲秋 徐階行賄,張居正受賄。高拱罷官後曾言:"辛未秋,徐因一通判送銀三千、玉帶、寶玩等物於渠,渠(居正)受之。有松江人顧紹者知其事,揭告於予,證據明白。渠惶甚,莫適爲居。予爲解慰,以爲小人告訐不信,而執紹付法司解回。渠始稍寧,而稱我曰:'畢竟是公光明也。'然雖眼底支吾,而本情既露,相對甚難爲顔面。於是遂造言訕謗,發意謀去我矣。"③這是高、張交惡的重要因素。

對張居正受賄問題,王世貞《首輔傳》記載有不實之處。言:"拱之客構於拱,謂居正納階子三萬金賄,不足信也。拱無子,而居正多子。一日戲謂居正曰:'造物者胡不均,而公獨多子也?'居正曰:'多子多費,甚爲衣食憂。'拱忽正色曰:'公有徐氏三萬金,何憂衣食也!'居正色變,指天而誓,辭甚苦。拱徐曰:'外人言之,我何知?'以故倆自疑。而拱之客謂間可乘也,日稍稍以居正過聞拱。而都給事中宋之韓遂具疏,且論居正。草成,而居正知之,走見拱而乘氣言曰:'公不念香火盟,而忍逐我耶?'拱錯愕出不意,曰:'誰敢論公者。'居正曰:'公之門人宋之韓,已具草矣。'拱曰:'亟呼而止之。'居正曰:

---

① 《明穆宗實録》卷六四,隆慶五年十二月癸丑。

② 高拱:《綸扉稿》卷一《恭繳聖諭辭免加恩疏》。

③ 高拱:《病榻遺言》卷二《矛盾原由上》。

‘公發之，安能止之？’拱曰：‘請出之外，以明我心。’晨入部，以某省參政補之韓，而其疑居正益甚。”①(1)第一則對話是張居正受賄數額問題。《明史》說：“拱客構居正納階子三萬金，拱以誚居正。居正色變，指天誓，辭甚苦。拱謝不審，兩人遂交離。”②當今論者也以此來說明高、張交惡。然這則對話嚴重失實：一是張納賄三萬金是不實之詞，因爲“三萬金”在當時是駭人聽聞的天大數字，没有其他史料證實；二是這則對話是以文學虛構來演繹政治問題，以形象思維代替事實根據；三是高拱爲政嚴於律己，要求“言必責實”，不實者要進行查勘，决不會道聽塗説，風聞言事，對同僚開這樣大的政治玩笑。張居正受賄確有其事，但其數額不是“三萬金”，而是三千銀。高拱從大局出發，爲保持與張携手共政之誼，對顧紹告訐不予受理，而付法司解回。但“本情既露”，兩人之交遂離。王氏是旁觀者，高拱是親歷者。二人所言，信誰？當然應信後者。高拱所言是真實可信的，況且顧紹揭告，亦有巡城御史王元賓上疏的史料作證。③ (2)第二則對話已無可考，但有一事可以證僞。這即是王氏提出高拱“以某省參政補之韓”一説。穆宗駕崩的前四天，即隆慶六年五月二十二日，吏科左給事中宋之韓陞任刑科都給事中。④ 其後，高、張便忙於穆宗治喪和神宗登極兩件大事，六月十六日即神宗登極後第六日，高拱便被逐歸家。在此期間，停止了一切官員的陞遷調配活動，《實録》和其他史料均無所謂“以某省參政補之韓”的記載。據此推定，宋之韓具疏論張，草成而張知之及高、張的對言，均爲無中生有，嚴重失實。

---

① 王世貞：《嘉靖以來首輔傳》卷七《張居正傳》。

② 張廷玉：《明史》卷二一三《張居正傳》。

③ 參見高拱：《掌銓題稿》卷二六《覆巡城御史王元賓緝獲鑽刺犯人孫五等疏》。

④ 參見《明穆宗實録》卷七〇，隆慶六年五月丙午。

是歲 巡按山西等處監察御史郜永春[①]於新鄭城内爲高拱立過街石坊,額題"少師大學士"五個石刻大字。[②]

是歲 同年好友符後岡被選爲青城令尹,高拱送别符後岡[③],曾賦詩一首:

【五言律】

送符後岡尹青城

北闕承恩重,東城望澤深。
郎星千里動,卿月一方臨。
莫羡王喬舄,須鳴子賤琴。
征書他日下,應慰故人心。[④]

不久,高拱又致書符後岡,表達了他堅定的改革願望和決心,言:"僕本薄劣,謬當重任,乃不自知其不肖,欲爲主上進忠直,黜讒邪,振紀綱,正風俗,崇舉敦明之治,實夙夜盡瘁,不敢自有其身……數十年來,曾無整頓之人,僕幸有斯志,然年已六十矣。河清幾時,日中已昃,故每自惜桑榆之景,勉攄犬馬之忠。於是明祖宗之法,以喚醒久迷之人心;破拘攣之説,以振起久隳之士氣。事務乎循名核實,而志

---

① 郜永春(1532～1609),字子元,號仰蘧,河南長垣人。嘉靖四十一年(1562)進士,授南陵知縣,悉心治理。陞河南道監察御史,極力申張正義。未幾出巡河南,提出河南鹽法敗壞,是由勢要横行,大商專利所致。其主張與權臣不合,遂乞請歸里,於邵村(長垣縣邵寨村)隱居十六年。萬曆十五年(1587)再起,官至山西按察使。著有《問學直指》、《廉吏規鑑》、《論孟大義》等。

② 高務觀:《東里高氏家傳世恩録》卷五《坊表》。

③ 嘉靖七年(1528),高拱與符後岡(名汝登,字後岡,河南寧陵人)同中真嘉靖七年(1528)戊子科舉人,由此成爲好友。汝登自幼喪父(其父符琦,字廷圭),雖屢次會試,但未進士及第。經高拱勸導,汝登放弃科考,被選爲青城令尹,并迎養其母於青城。在選爲青城令尹時,高拱賦詩《送符後岡尹青城》,以此表達送别同年好友的深情厚誼。

④ 高拱:《詩文雜著》卷一《送符後岡尹青城》。

在乎尊主庇民,率之以身,誠之以言,使天下皆知治道如此而興,非若向者可苟然而爲也。如其得行,當畢吾志;如其不可,以付後人;倘有踵而行者,則吾志亦可畢矣。此則僕之隱衷,朝夕在念,不能忘者。”①此書是高拱改革之志的自我剖白和表露,也希望後繼者能繼承這場改革大業。

是歲 高拱撰《諸葛孔明畫贊》,曰:“有美一人,羽扇綸巾。可仰者清淑之度,可諒者開濟之心。僾乎若見其縱擒之略,愾焉若聆其指揮之音。使此公而永耶,業何遽止於三分。而惟其不然也,乃使人欷歔而至今。嗚呼!不足者數,有餘者材。用之雖不究,而誦之則不衰。蓋天之不祚漢也,而於公何與哉。”②

隆慶六年壬申(1572) 61歲

正月初六日 因遼左大捷,敕吏部加大學士高拱柱國、進中極殿大學士,張居正少師兼太子太師,餘官如故。仍各蔭一子爲錦衣衛正千户世襲。③ 於是,高拱復上《披瀝悃誠辭免恩命疏》,疏言:“人臣各有所職,盡其職而有所建立則爲功。如調度兵糧,發縱指示,以保固邊疆,督撫之職也。躬擐甲冑,率士卒,戰則爲戰,守則爲守,將帥之職也。若乃經略得宜,虜酋款順,戰陣克捷,邊境肅寧,則其功焉。何者?其所職在此也。至如臣等之職,果安在哉?國朝設置閣臣,初止備問代言而已,後乃隆以穹階,委以平章重務,是輔弼之臣也。輔弼之臣,上佐萬幾,無專職而其職無所不兼,必使陰陽調和,紀綱振飭,百官奉職,萬姓樂生,禮教流行,風俗淳美,兵强財足,四夷咸賓,然後其職乃盡。盡其職,乃可言功。今水旱時聞,漕渠未利;紀綱之廢弛者,未盡修復;官僚之縱肆者,未盡汰清;黎庶尚爾流離,風俗尚爾薄

① 高拱:《政府書答》卷四《答同年符後岡》。

② 高拱:《詩文雜著》卷一《諸葛孔明畫贊》。

③ 《明穆宗實録》卷六五,隆慶六年正月癸亥。

惡,帑藏告匱,行伍不充。諸如此者,皆是臣等贊襄罔效,瘝曠之罪實多。即西虜歸降,東虜挫衄,不無籌畫微勞。然揆之職分,纔萬分之一,曾不足以補罪,而敢言功乎?臣等受皇上心膂之寄,且屢荷温綸,迄加恩渥,實感徹心骨,安敢矯激沽名,有孤聖眷,顧其理本如此。而臣等表率百僚,其自處之理本當如此。故敢不避煩瀆,懇切陳情。伏望聖慈俯鑒愚悃,收回成命,俾臣等仍舊待罪供職,勉圖報稱,則不惟事理得當,而冒叨之咎,臣等亦可以免,斯爲幸大矣。"隆慶六年正月初六日具奏,奉聖旨:"卿等功在社稷,宜承恩眷,勿再固辭。"①高拱以處北邊封貢功,蔭一子尚寶司司丞,嗣孫高欐承蔭;以遼左大捷功,蔭一子錦衣衛正千户世襲,嗣孫高杠承襲。②

初八日 高拱上《明事例以定考核疏》。這是一篇加强吏治考核整頓的疏文。略言:今外官賢否必據撫按舉劾,而邇來撫按諸臣往往事例不明,任意輕重,所論所擬自相矛盾。或論其操守之敗壞,或論其氣性之乖方,乃擬曰"致仕"。夫非老非疾,則安得致仕乎?或論其贓私狼藉,咸有證據;或論其打死人命數多,各有姓名,乃擬曰"降調"。夫貪既酷,則安得降調而已乎?或論其行止之不端,或論其昏庸之特甚,乃擬曰"改教"。夫不謹罷軟,則安得改教乎?以求其故,則有二説焉:或欲左謫其人,以爲不甚言之,恐不能動也,遂從而重劾之;或欲姑息其人,以爲既直述其事,恐不能留也,遂從而輕擬之。撫按既自依違,則本部益難憑據,非所謂蕩蕩平平之治也。宜令都察院行各撫按官,以後糾劾庶僚,凡如前所擬,必直列其狀,應提問者,不得止論罷官;已降調者,不得再論不及。隆慶六年正月初八日具題,奉聖旨:"是。今後各該撫按官糾劾庶職,照見行事例,據實分别論奏。你部裏再加裁酌,定擬去留。如有不合規則,輕重失倫者,參來

---

① 高拱:《綸扉稿》卷一《披瀝悃誠辭免恩命疏》。
② 高務觀:《東里高氏家傳世恩録》卷五《蔭叙》。

處治。"①

當時考核中的諸多弊端,高拱在其後所著《本語》中歸納爲六:(1)考核失實,徒具形式:"以六年之官而考於三二人,以六年之事而核於三二日,則豈能得其善惡之真? 所以毁譽肆出,飛語中傷,而行事者遂以爲據,大奸任其彌縫,小過取以塞責,十分曾無一二之實。此一弊也。"(2)考察考語,自相矛盾:"六年之間,其考滿者,率加以美辭,又數陞遷,有至二三品者,而考察之時,乃又以原官指摘而黜謫之。夫使其不肖,固當處也;乃何故加以美辭,又數陞遷? 既加美辭、數陞遷,乃何又以原官黜謫之? 先後不一,自相矛盾,非所以示勸懲於天下。此又一弊也。"(3)循以定數,苟且了事:"每考察時,所去之人,前後不相上下。其數未足,則必取盈;其數已足,即不復問。天下豈有六年之間,不肖者皆有定數? 其爲苟且了事可知。此又一弊也。"(4)懲汰湊數,嚴重失實:"夫考察本爲去不肖也,使不肖者多,不妨盡去;無不肖者,不妨不去。而所爲乃如此,徒使不肖者徼數多之幸,而賢者受輳[湊]數之苦。此又一弊也。"(5)造謠中傷,誣陷忠良:"考察之時,不肖者造作言語,鼓弄風波,傾陷善人,以圖衙門有人而可以免己,其善者則畏縮而無以自藏。蓋非惟不能去不肖,而尤以長人不肖之計,傷賢者之心。此又一弊也。"(6)結黨營私,排斥異己:"被黜者既不許辯,科道糾劾不公之例又復不行,遂使權奸於此行忮害之毒,以爲此乃死局,禁錮終身者矣。乃以平日所憾、所忌、所異己者,推入其中,使抱没齒之恨,而不得再見天日……是以朝廷癉惡之條,徒爲權奸作威固黨之具,不惟臨事行其傾陷之計,而平日猶持此以爲嚇制之機,使朝臣垂首喪氣,無復志節,皆由於此。此又弊之大者也。"②爲破除上述積弊,高拱提出要申嚴考核制度,務必遵照事

① 高拱:《掌銓題稿》卷四《明事例以定考核疏》。

② 高拱:《本語》卷五。

例,并將考核事例具體化,以便操作。考核要務必從實際情況出發,重事實,重證據,論擬當實,不得任意輕重,更不能自相矛盾。這既是高拱"務核名實"考核原則的具體體現,也是其主持吏部工作時所推行的一項重要人事政策。

同日　高拱上《覆廣東巡按御史參官疏》。巡按廣東監察御史趙焞論劾,欲要將南雄府通判王柯、新興縣知縣鄧應平罷斥,恩平縣知縣趙文祥降調閑散,瓊山縣知縣王國相、海康縣知縣李邦奇改教。據此,高拱題請:"將王柯、鄧應平照貪例爲民,趙文祥、王國相照不謹例,冠帶閑住,李邦奇照不及例,赴部降改。"隆慶六年正月初八日題,初十日奉聖旨:"王柯、鄧應平着革職爲民,趙文祥、王國相冠帶閑住,李邦奇降改。"①

同日　高拱上《覆直隸巡按御史參官疏》。巡按直隸監察御史郭莊論劾:池州府建德縣知縣羅元士操守大壞,正合貪例,乞將罷斥;安慶府望江縣知縣李孟彰已成廢疾,正合老疾例,乞請閑住。高拱批示:"將羅元士照貪例爲民,李孟彰照有疾例致仕。"隆慶六年正月初八日題,初十日奉聖旨:"羅元士着革職爲民,李孟彰致仕。"②

初九日　高拱上《議差尚書朱衡治漕河疏》。禮科左給事中雒遵題稱:近年黄河爲患,治非其人,梗阻漕船,屢虧國課。乞將工部尚書朱衡暫令總理河道,整修河防,待治有次第,仍取回部管事。高拱認爲,尚書朱衡昔年治河既效,地方之人既皆思之,則可任之人無如衡者。故此題請:"暫將本官量兼憲職,領敕前去經略事宜,督理工程,待成功之日,另行題請回部管事。"隆慶六年正月初九日題,十一日奉聖旨:"是。朱衡着兼都察院左副都御史,前去經理河工,寫敕與他。"③

① 高拱:《掌銓題稿》卷三〇《覆廣東巡按御史參官疏》。
② 高拱:《掌銓題稿》卷三〇《覆直隸巡按御史參官疏》。
③ 高拱:《掌銓題稿》卷一一《議差尚書朱衡治漕河疏》。

十三日　上加勛高拱柱國、進中極殿大學士。賜之誥命曰："奉天承運，皇帝制曰：朕躬膺駿命，嗣守鴻基，願得不二心之臣，共致大有爲之治。天惟純佑，邦欲中興。篤生名世之英，茂翊格天之業。昭宣異烈，誕霈殊恩。咨爾光禄大夫柱國少師兼太子太師吏部尚書中極殿大學士兼掌吏部事高拱，振今豪傑之才，稽古聖賢之學。養氣極其剛大，爲衆人所不能爲；析理入於淵微，發前哲所未嘗發。精忠貫日，貞介絶塵。訏謀爲百辟之師，風采係萬民之望。在先帝爰立作相，託以代言；暨渺躬先學後臣，賴其訓志。偶遭讒忌，周公遂以居東；迨黜庸回，司馬於焉再相。既端揆席，載攝銓衡。朕思觀德化之成，卿乃以天下爲任。赤心報國，力扶既斁之綱常；正色立朝，頓折久淆之議論。内弘啓沃，外竭劻勷。盡鞠瘁以不辭，當怨嫌而弗避。澄清流品，虞廷之黜陟惟明；登進材賢，漢室之循良最盛。士風丕變，吏治勃興。澤普於民，如喬嶽大川之無私，而均蒙其利；誠孚於衆，如青天白日之無隱，而皆信其心。且值國家多事之時，先爲社稷萬年之計。乃通海運，乃飭邊防，乃定滇南，乃平嶺表。制降西虜，坐令稽顙以稱藩；威撻東夷，屢致投戈而授首。蓋有不世之略，乃可建不世之勛；然必非常之人，斯克濟非常之事。既大書於彝鼎，宜顯示於朝廷。兹特加爾勛柱國，進兼中極殿大學士，錫之誥命。仍廕一子爲世襲錦衣衛正千户。於戲！文武成功，卿既徵於歷試；安危注意，朕益切於眷懷。詎止風雲龍虎，慶會昌時；固將帶礪山河，永垂盟府。卿其盡攄閎藴，懋贊大猷；罔俾皋夔名績，專美於前。庶幾堯、舜君民，親見於世。欽哉！初任翰林院編修，二任翰林院侍讀，三任翰林院侍講學士，四任太常寺卿管國子監祭酒事，五任禮部左侍郎，六任禮部左侍郎兼翰林院學士，七任吏部左侍郎兼翰林院學士掌詹事府事，八任禮部尚書兼翰林院學士，九任禮部尚書兼文淵閣大學士，入閣辦事，十任少保兼太子太保禮部尚書武英殿大學士，十一任少傅兼太子太傅吏部尚書武英殿大學士，十二任少傅兼太子太傅吏部尚書武英殿大學士兼掌吏部事,十三任少師兼太子太師吏部尚書建極殿大學士兼掌吏部事,十四任今職。……制誥之寶,隆慶六年正月十三日。"①

十八日 高拱上《議處督撫等官劉應節等薦舉違例疏》。吏科署科事左給事中宋之韓等題稱:總督薊遼都御史劉應節、巡撫順天都御史楊兆,巡按監察御史饒仁侃、楊家相,乃將已陞任按察使吴道直,任淺副使蔡可賢,僉事張廷弼、胡定,同知張崇謙,知縣邢玠、馮桂芳,久離任推官劉魯等,各列疏中。質之明例,俱屬有違。乞將劉應節等或示罰治,或行改調。據此,高拱題請:"姑將劉應節、楊兆、饒仁侃、楊家相重行罰治。以後敢有再犯者,俱照吴時來例,降調外任。"隆慶六年正月十八日題,二十日奉聖旨:"是。濫舉市恩,屢有明旨禁約。劉應節等乃敢故違,本當重究,姑各罰俸三個月。再有犯的,照例降調。"②

二十一日 高拱上《覆山西巡撫都御史楊綵參參議查鐸等疏》。山西巡撫都御史楊綵題參:分守河東道布政司左參議查鐸,奉賫進之委,甘便安之圖;分守冀寧道布政司右參政孫枝,明知賫捧之迫,敢起規避之心。乞要將查鐸行令致仕,或量調簡僻;孫枝併加罰治。高拱批示:"將查鐸冠帶閑住,孫枝降三級别用,以爲人臣欺慢者之戒。"隆慶六年正月二十一日題,二十三日奉聖旨:"查鐸、孫枝欺肆不敬,都着冠帶閑住。"③

---

① 高務觀:《東里高氏家傳世恩録》卷二《少師兼太子太師吏部尚書加勛柱國進兼中極殿大學士兼掌吏部事高拱并妻》。

② 高拱:《掌銓題稿》卷二〇《議處督撫等官劉應節等薦舉違例疏》。

③ 高拱:《掌銓題稿》卷二七《覆山西巡撫都御史楊綵參參議查鐸等疏》。

二十四日　高拱上《覆福建巡按御史杜化中論侍郎谷中虛[①]等疏》。巡按福建監察御史杜化中題：福建南路參將王如龍侵剋兵糧，受賄銀三千餘兩，又受廣寇厚賄，姦淫良婦，貪穢殘酷。福建遊擊將軍署都指揮僉事金科剋減欽賞功銀及兵糧，詐騙銀七千餘兩。都司軍政僉書署都指揮僉事朱珏侵削軍餉，索銀五千餘兩，刑斃無辜。金、朱以二千金請托戚繼光行賄兵部左侍郎谷中虛以求解救。谷令福建巡撫問理。金、朱又以七百金和絲布等物送福建巡撫都御史今陞大理寺卿何寬，何令福建都轉運使司運使李廷觀、福州府推官李一中問理。金、朱又送廷觀、一中七百金，各從輕擬。福建按察使莫如善老而昏庸，聽其舞文弄法。王、金、朱各捐千金賄總理練兵事務兼鎮守薊州等處總兵官戚繼光，代奏行取赴京聽用。於是三犯遂赴浙推用。乞將王、金、朱遞回福建嚴究如律，乞敕吏、兵二部將戚繼光戒諭，谷、何、李罷斥，莫如善致仕，李一中降用。據此，高拱題請："除總兵等官戚繼光等兵部徑自查覆外，爲照侍郎谷中虛、都御史何寬俱係大臣，若果受賄縱奸，則是重干法紀，豈容輕貸？但事出風聞，靡所證據，未經勘實，何以正法而服其心？合無行令回籍聽勘，待事明之日，另行奏請處分。""將莫如善照年老例致仕，李廷觀照不謹例冠帶閑住，李一中照不及例起送赴部降用。"隆慶六年正月二十四日題，二十六日奉聖旨："是。谷中虛、何寬着回籍聽勘，莫如善致仕，李廷觀冠帶閑住，李一中降用。欽此。"[②]

---

① 谷中虛（1525～1585），字子聲，別號岱宗，山東無棣縣人。十八歲中舉，十九歲中進士。嘉靖二十三年（1544），任高陽縣知縣。嘉靖二十七年（1548），授山海關兵部分司主事。守關三年期滿，擢車駕員外郎，陞郎中。後陞山西副使，兵備潞安道。後遷浙江按察使，朝廷決定壓縮浙江糧餉十分之四。谷中虛建議緊縮編制，被采納。隆慶元年（1567），陞浙江巡撫。隆慶四年（1570），調任湖廣巡撫。正值災荒，黃中領導的農民起義聲勢浩大，督撫將帥主張武力鎮壓，谷中虛力排衆議，主張招撫。陞爲右副都御史、巡撫陝西。未及任，丁憂，服滿，仍留任浙江巡撫。因抵禦倭寇有功，陞兵部右侍郎。"俺答封貢"後，晉左侍郎、兵部尚書。隆慶六年（1572），辭官還鄉。萬曆十三年（1585）病逝，享年六十一歲。

② 高拱：《掌銓題稿》卷二四《覆福建巡按御史杜化中論侍郎谷中虛等疏》。

對上述"納賄招權,支吾賣法,情罪甚重"的大案,高拱罷官後曾有揭露,言:壬申正月,福建巡按御史杜化中參論福建將官金科、朱珏贓罪重大,先該巡按論劾,兵部覆行巡撫衙門勘問。國朝二百年來,曾未有巡按所劾行巡撫勘問之理。巡撫何寬受二犯賄,乃不屬按察司而屬運使問,亦未曾有運使問刑之理,金科、朱珏遂得輕縱。然尚未結,又各持金送總兵戚繼光接受,遂爲奏行取,赴京聽用。遂將二犯督發浙江,統領往邊。予不知所謂,因訪之。此事乃荆人(張居正)之爲也。荆人久招納戚繼光,受其四時饋獻金銀寶玩,不啻數萬計,皆取諸軍餉爲之者。又差心腹頭目錢珮珮等四五人,日在荆人宅聽用,荆人極力庇護。二犯被論時,即納賄求解。而繼光遂引入荆人家,各饋千金。荆人特令兵部覆行巡撫勘問,又作書何寬,令其出脱。而繼光仍復取用,實皆荆人展轉爲之。杜化中,河南人也,荆人疑我知之,而不知此乃隆慶二年事,吾尚家居,則何由知也?又恐有人因而大發其事,力囑兵部題覆將繼光開豁不問,二犯胡亂了事。而何寬則當吏部題覆,荆人不得已告知實情,願公曲處。"荆人雖幸了此事,而踪迹已露,心愈不安。而謀我又愈甚,令其密黨布散流言於南北,欲趁上病不理事,好嗾保下毒手陷我,其計無所不至矣。"①這是繼隆慶五年秋之後,高、張交惡乃至居正最終"附保逐拱"的又一重要因素。

同日 高拱上《題南和伯方燁襲爵疏》。高拱根據驗封清吏司案呈,奉本部送准刑部咨,提出方燁襲爵處理意見:"已故南和伯方炳的親堂弟方燁,先該南京右軍都督府保勘宗圖供結前來,後以争襲,參送刑部問明應該承繼伯爵,隨經本部審驗誥券軍功與供結相同,似應題請。"隆慶六年正月二十四日題,二十六日奉聖旨:"方燁准襲

---

① 高拱:《病榻遺言》卷二《矛盾原由上》。

祖爵。"①

是月 巡按河南監察御史楊相在新鄭縣城南大街爲高拱立過街石坊,額題"少傅冢宰"四個石刻大字。②

二月初二日 高拱上《覆給事中涂夢桂論侍郎谷中虚疏》。吏科給事中涂夢桂論劾兵部左侍郎谷中虚,奸貪不職,乞要亟行罷斥,仍將近得封蔭另行議奪。高拱提出:"爲照谷中虚,先該巡按御史杜化中論劾,已經覆奉欽依,革任回籍聽勘。今據給事中涂夢桂論其兩任巡撫,再貳本兵,皆有貪聲,贓私狼藉,似難再留。其封蔭恩典,已有成命,似宜姑免追奪,通應議處。"故此,題請:"行令本官冠帶閑住,原得封蔭俱免追奪。"隆慶六年二月初二日題,初四日奉聖旨:"是,谷中虚着冠帶閑住。欽此。"③

上述杜化中和涂夢桂的劾疏,關涉戚繼光、谷中虚、張居正的受賄問題,高拱對此案的處置,使其與張居正的矛盾進一步激化。高拱根據巡按御史杜化中的論劾,提出處理意見:總兵官戚繼光等由兵部查覆;谷中虚、何寬俱係大臣,受賄縱奸未經勘實,令回籍聽勘;按察使莫如善年老昏庸致仕;運使李廷觀照不謹例冠帶閑住;推官李一中照不及例降用。并得到聖旨批准。④ 時隔不久,給事中涂夢桂又論谷中虚原任陝西、浙江巡撫時,皆有貪聲,贓私狼藉,遂令其冠帶閑住。⑤上述文臣武將貪賄大案,張居正亦曾參與其中。因此案涉及吏、兵二部處理,張居正見杜化中奏疏,坐卧不寧,隱去受賄一事,而對高拱吐露一點真情:"今乃敢以情告,二將(金、朱)皆可用,吾故扶持之,欲得用也。前兵部覆巡撫勘,乃吾意,吾亦曾有書與何寬。今若如化中言,吾何顔面,願公曲處。"高拱曰:"今只令聽勘(谷中虚、何寬),勘

---

① 高拱:《掌銓題稿》卷三四《題南和伯方熚襲爵疏》。
② 高務觀:《東里高氏家傳世恩録》卷五《坊表》。
③ 高拱:《掌銓題稿》卷二四《覆給事中涂夢桂論侍郎谷中虚疏》。
④ 高拱:《掌銓題稿》卷二四《覆福建巡按御史杜化中論侍郎谷中虚等疏》。
⑤ 高拱:《掌銓題稿》卷二四《覆給事中涂夢桂論侍郎谷中虚疏》。

來便好了也。"居正"雖幸了此事,而踪迹已露,心愈不安。"令其密黨散布流言於南北,謀去高拱愈甚。① 於是曹大埜論拱"大不忠十事"之疏起矣。

萬曆初年,張居正執政後,却歪曲真相,顛倒是非,逐步爲其翻案:(1)杜化中奏章要求兵部對戚繼光"戒諭",高拱批覆只説戚繼光等由"兵部徑自查覆",而張居正却説"時宰"要殺戚繼光,言:"譚(綸)、戚二君,數年間大忤時宰意,幾欲殺之。僕委曲保全,今始脱諸水火。"②所謂"時宰",即高拱。對戚繼光和譚綸,高拱"幾欲殺之"。顯然,這是無中生有,向壁虚構。(2)獨操史權的張居正在其"删潤"裁定的萬曆二年七月成書的《穆宗實録》中,加"按"曰:"(王)如龍等在福建有戰功,所贓犯事,罪止罷斥。繼光惜其才,欲置之部下爲用。會有調取南兵事,遂咨白兵部,求早結其獄,令部署南兵赴鎮。中虚覆奏及寬等所擬,亦未爲縱弟。化中、夢桂欲因此陷繼光、中虚,以阿當路意。而上不知也。"③在這裏,張居正把自己擺脱得一乾二淨;戚繼光没有納賄,只是惜才用將;谷中虚、何寬亦未納賄,亦未縱奸,也没有違反法定程式之誤(如谷中虚將巡按所劾令巡撫衙門勘問,巡撫何寬不屬按察司而屬運使問刑,都是違反明朝法定制度的)。在張看來,戚、谷、何没有違法和貪賄,主要是巡按杜化中、給事中涂夢桂的有意陷害,"以阿當路意"。"當路"者誰?高拱是也。高拱反而成了陷害戚、谷、何的罪魁禍首,懲貪者變成了陷害者。這真是顛倒是非、混淆黑白。(3)《穆宗實録》又載:"法司奏上,將官金科、朱珏、王如龍等獄,言其用賄營求事無左[佐]驗,貪恣侵剥罪不容誅。請下福建巡按御史再訊,從重擬罪以聞。戚繼光私庇憸夫,任情引薦,亦宜戒

---

① 高拱:《病榻遺言》卷二《矛盾原由上》。

② 張居正:《張太岳集》卷二三《與楚撫院汪南明》。

③ 《明穆宗實録》卷六五,隆慶六年正月癸未。

諭。報可。"[1]至此爲戚繼光、谷中虛、何寬等受賄一案徹底翻案了，受賄者反而變成了受害者。萬曆初年，爲王如龍、金科、朱珏的罪責徹底開脱，其被戚繼光任用爲將，所謂王如龍等"所贓犯事，罪止罷斥"、"罪不容誅"、"從重擬罪"云云，皆是空文。對戚繼光"亦宜戒諭"云云，變成了"時宰"高拱"幾欲殺之"。可見，張居正是在私人信函和事後裁定的《實録》中爲這一貪賄大案翻案的。張居正翻案不能簡單地理解爲爲貪贓納賄者"平反"，而是要顛倒是非，反指參論者和懲貪者爲貪賄者和陷害者。

同日 高拱上《參巡撫都御史何寬等舉劾違例疏》。提督軍務兼巡撫福建地方、都察院右僉都御史何寬題稱：副使熊倖才識庸淺，同知蕭端賁貪酷險詐，通判孫緒先年老貪縱，知州梁大中貪而罷軟，知縣丘凌霄貪而酷暴，知縣吕元聲貪而剛愎，知縣笪文魁科罰太濫，知縣蕭大謙才識庸劣，乞要罷斥、降調或改教。高拱批示："將熊倖照不及例調用，蕭端賁、孫緒先、梁大中、丘凌霄、吕元聲照貪酷例爲民，笪文魁照不謹例冠帶閑住，蕭大謙照不及例起送赴部改教。"隆慶六年二月初二日題，初四日奉聖旨："是。熊倖着調用，蕭端賁等都革職爲民，笪文魁冠帶閑住，蕭大謙改教。劉應箕、殷從儉既未奉新旨，姑各罰俸三個月。"[2]

初三日 高拱上《議處廣東舉劾以勵地方官員疏》。此疏是整頓廣東吏治的重要奏章。略言：邇來薦舉明例限制甚嚴，但臣前以廣東多事，拊循在良，有司總校其正官，以進士居三分之一，舉人居三分之二，皆擇年力精壯、才氣通敏者以充，而監生以下不與焉。若使撫按保薦，以拘近例，則科目多而與薦者少，非所以示風勸也。今宜於廣東舉劾，另立科條。果有殃民不職，應拿問者即便拿問，應參奏者即

① 《明穆宗實録》卷七〇，隆慶六年五月丙午。

② 高拱：《掌銓題稿》卷二〇《參巡撫都御史何寬等舉劾違例疏》。

便參奏,不必待復命之時,其他不許徇私市恩。若果有弭盜安民、茂著循良之績者,復命之時,不拘多寡,盡數舉薦。本部另行體訪的確,亦不拘多寡,盡數行取超陞。庶乎善政可興,而數年之間,可有安平之望也。而科目人少,不能周遍,則其撫按官自當守濫舉之禁,不得援廣東以爲例。隆慶六年二月初三日題,初五日奉聖旨:“是。”①

高拱認爲,廣東地區所以“盜賊充斥,師旅繁興,民物凋殘”,其根本原因在於“有司之不良”②。朝廷將大批無德無才之人派到廣東爲官,不堪重任,陞遷無望,甘於自暴自棄。這些官員又利用廣東財貨豐裕、地處偏遠的特點,大肆搜刮民脂民膏,貪贓納賄,以致官逼民反,盜賊四起。因此,高拱決心大破常格,對廣東有司進行整頓,并採取有力措施,化解更趨激化的民族矛盾和階級矛盾,扭轉日益嚴峻的動亂局面。在此疏中,高拱提出的措施有:(1)舉人進士并用。針對以往廣東有司非雜流則遷謫,大多不堪重用的情况,高拱提出州縣正官必須由年力精壯的進士、舉人兼任,以堪當軍政重任:“總計其州縣共八十處,其掌印官每三處則用進士一,舉人二,皆揀其年力精壯、才氣通敏者以充,而監生以下不與焉。”③(2)“廣東舉劾,另立科條”。當時廣東有司科目人多,每年舉劾之數又與他省相同,使得政績優良官員的晉陞機會反不如他省政績平平的官員,致使其意志消沉,無心政事。針對此弊,高拱提出廣東應另立舉劾科條,凡政績優良者不拘多寡,盡數舉薦,殃民不職者必須拿問參奏,舉劾之數不得同於他省。這一舉措,是他針對廣東地區的特殊情況提出來的,至於他省用人,其撫按官自當守濫舉之禁,不得援廣東以爲例。

高拱對廣東地區的整治及效果,明清政治家和史學家有其客觀評價。隆慶六年正月,穆宗在加勛高拱柱國、進兼中極殿大學士的

---

① 高拱:《掌銓題稿》卷三《議處廣東舉劾以勵地方官員疏》。
② 高拱:《邊略》卷五《議處遠方有司以安地方并議加恩賢能府官以彰激勸疏》。
③ 高拱:《邊略》卷五《議處廣東舉劾以勵地方官員疏》。

《誥命》中,認爲高拱"乃平嶺表"是"不世之勛"①。吏部侍郎張四維言:"粤東西及滇貴諸蠻夷不靖者,咸革心内向,惴惴無有越志,海波遂平。"②萬曆三十年(1602)四月,神宗在追贈高拱爲特進光禄大夫的《誥命》中,因高拱平定"嶺表滇南"等邊功,被譽爲"經綸偉業"的"社稷名臣"③。范守己言:"廣東徭寇韋銀豹倡亂,蔓延日滋,嶺表騷動。臣夫揀拔督撫重臣,授以方略,不旬月而剿平。"④郭正域言:"廣東昔稱樂土,後爲盜區。上官計無可施,每以撫爲得策。公請以殷正茂爲總督,促其剿除,勿致養寇。而廣東郡邑多除制科,寬其薦額,勿拘成數。遂使廣東造亂之邦,樂業而向化矣。"⑤沈德符亦言:"穆廟末年,殷石汀正茂以司馬督兩廣,專征伐,爲首揆高新鄭相知,以故得度外行事如此。""初嶺外不靖,連年用兵不得要領。時新鄭相方兼領銓政,遂用殷爲帥……後果奏功如所策。"⑥迄至清代,史學家雖然没有具體論及高拱的治粤功績,但對其靖邊才能給予了充分肯定。傅維麟説:"高拱以藩邸腹心,得君行政,慨然以綜核名實爲己任。其所條奏,銓政邊才,鑿鑿可施之當今。練達曉暢,救時賢相也。"⑦王鴻緒説:"自是三十餘年,邊陲晏然,拱之力爲多。"⑧孫奇逢也指出:高拱"于諸邊情形,無不熟諳而洞悉之,故邊人有事來請,公輒爲指示方略。政府不諳邊務,而邊人能立功于外者難矣"⑨。可以説,上述評價是確當的。

初五日 高拱上《覆浙江巡撫都御史參官疏》。巡撫浙江都御史

① 高務觀:《東里高氏家傳世恩録》卷二《誥命》。
② 張四維:《條麓堂集》卷二一《壽高端公六十序》。
③ 高務觀:《東里高氏家傳世恩録》卷五《誥命》。
④ 范守己:《御龍子集》卷六七《代高少師張夫人昭雪抑枉疏》。
⑤ 郭正域:《合併黄離草》卷二四《太師高文襄公墓誌銘》。
⑥ 沈德符:《萬曆野獲編》卷一八《嶺南論囚》。
⑦ 傅維麟:《明書》卷一三五《高拱傳》。
⑧ 王鴻緒:《明史稿》列傳第九二《高拱傳》。
⑨ 孫奇逢:《中州人物考》卷二《高文襄拱》。

郭朝賓論劾：欲要將遂昌縣知縣鄭惇典、龍泉縣知縣翁瑩閑住，台州府通判梅元豐改教，奉化縣知縣高應暘降調。高拱批示："將鄭惇典、翁瑩俱照貪例爲民，梅元豐、高應暘俱照不及例，起送赴部降用，員缺各另銓補。"隆慶六年二月初五日題，初七日奉聖旨："鄭惇典、翁瑩着爲民，梅元豐、高應暘降用。"①

初六日 高拱上《覆福建巡按御史參官疏》。巡按福建監察御史杜化中題參：泉州府同知丁一中考察回任，部限久違，似當罷職。但據府司勘稱，本官入覲事竣，順便給由回任，雖已逾期，難與應朝例論，且中途病阻情真，乞要姑行問罪。高拱批示："移咨都察院，轉行福建巡按御史，將丁一中行提問罪發落，姑准復職。"隆慶六年二月初六日題，初八日奉聖旨："丁一中着巡按御史提了問。"②

同日 高拱上《議紀録却賄三臣疏》。這是一篇表彰却賄、打擊行賄受賄的重要奏章。疏言："近年以來，是非不明，議論顛倒。行賄者既不加嚴，受賄者亦不加察，顧獨於却賄之人深求苛責……遂使受賄者泯於無迹，而却賄者反爲有痕；受賄者恬然以爲得計，而却賄者皇然無以自容；而行賄之人則公然爲之。"如：巡視南城監察御史周于德③因派柴炭于商人，富户於彪向周行賄，遣曹雄開具白米一百石，欲求倖免。周隨即將曹雄捉拿，發兵馬司問罪。巡按山東監察御史張士佩因陞任，齊河知縣陳天策便向張行帖銀一百五十兩，以求保薦。張將賄銀柬帖發按察司，嚴加追究。鹽商楊棟、李禄開具禮貼銀一千兩，向兩淮巡鹽御史李學詩行賄，送至李家被拿獲，連贓送府問罪。對周、張、李的却賄行爲，本應得到表彰，然而當時却深求苛責，有的説，他們素有賄名，不然賄賂何易而至；有的説，他們却賄是爲了掩飾

---

① 高拱：《掌銓題稿》卷三〇《覆浙江巡撫都御史參官疏》。

② 高拱：《掌銓題稿》卷三〇《覆福建巡按御史參官疏》。

③ 周于德，字號未詳，河南祥符（今開封）人，登隆慶二年（1568）三甲第十六名進士，官至布政使。

更大的受賄;有的説,他們受賄已爲人所知見,迫不得已而却賄。對此,高拱駁斥道:"所謂物奚宜至者,非也。彼素有貪聲者,一旦却之,是誠掩也。若素非貪,而今又却之,則誠廉矣。奈何不嘉其有據之廉,而深探其無形之貪乎? 則所謂受賄而假此以掩者,非也。至於有人知見而却之者,是亦却也,非受也;使無人知見,安知其必受乎? 乃棄其廉於所可見,而逆其貪於所不可知,豈人情哉? 則所謂不得已而却之者,亦非也。而世俗之論顧如彼,則非惟不足以訓廉,而常使人畏首畏尾,不能自主。固有本欲爲廉,而恐事露,人議其後,遂化爲貪者矣。所以綱維世道者,豈宜如是哉?"於是,高拱一方面提出要對却賄三臣辯誣正名,以爲廉謹之勸:"今御史周于德、張士佩、李學詩,乃能於行賄之事明言而不自隱藏,行賄之人直指而不少假借;可見其守法之正而不可干以私,持身之清而不可浼以利,見理之明而不可惑以俗説。本部即當登記簿籍,以俟優處,爲廉謹之勸。"另一方面又提出"凡遇有行賄之人,即當執拿在官,明正其罪";"凡遇有却賄之官,便當記之善簿,而不得反用爲瘢痕;列之薦剡,而不得反指爲瑕纇。"隆慶六年二月初六日題,初八日奉聖旨:"是。"①

高拱主政兩年半,一直把懲治貪賄作爲重要工作來抓。據《掌銓題稿》、《穆宗實録》等史料不完全統計,其懲處貪賄案件 64 起,貪賄文官 131 人,貪賄武官 38 人,共計 169 人。平均每月辦理貪賄案件 2.13 起,平均每案懲處貪賄官員 2.64 人②,自始至終堅定不移地把懲治貪賄置於工作日程之上。懲貪不是一陣風,過後不疼不癢。正因如此,才使得懲貪效果比較顯著:"是以數年之内,仕路肅清。"③这在一定程度上遏制了官場上奔競鑽刺、貪賄腐敗之風的蔓延。

初九日　倭寇分道犯廣東化州石城縣,攻破錦囊所,殺千户黄

---

① 高拱:《掌銓題稿》卷一六《議紀録却賄三臣疏》。

② 參見岳金西:《高拱的懲貪方略及其代價》,《古代文明》2011 年第 1 期。

③ 高拱:《掌銓題稿》卷一八《覆科道官條陳考察事宜疏》。

隆,又陷神宅衛縣城,一時吴川、陽江、高州、海農等並遭焚劫。而山寇黄朝太等復起,勢甚猖獗,官兵不能禦。提督軍務侍郎殷正茂以聞,并自劾待罪。兵部以正茂初致任,宜赦勿問。上曰:"廣東舊賊未平,新倭復熾,至陷城池,皆守臣向來怠廢玩愒,守備無策所致,罪不可宥,通候事寧核治。殷正茂素有才略,兹初任事,其督率將領司道等官,悉力驅剿,務期蕩滅。其地方機宜,悉聽破格整理,敢有梗撓者,奏聞重治。"①

初十日 陞巡撫貴州都察院右僉都御史阮文中爲右副都御史巡撫湖廣。陞廣東潮州府侯必登爲本省布政司右參政兼按察司僉事,整飭惠、潮兵備。② 侯必登是高拱治粤方略的重要人物之一。當時侯必登因揭發推官來經濟貪污受賄行爲,遭到來經濟的攻擊。無奈,侯必登只好上疏乞休。高拱通過勘察實情,多次上疏要擢陞這樣的廉能之臣:"訪得潮州府知府侯必登公廉有爲,威惠並著,能使地方鮮盜,百姓得以耕稼爲生……此等賢官,他處猶少,而況於廣東乎? 若使人皆如此,又何有地方不靖之憂? 合無將本官先加以從三品服色俸級,令其照舊管事,待政成之日,另議超陞。"③

十五日 高拱上《覆給事中宋之韓參官疏》。吏科左給事中宋之韓題參:福建右布政使熊琦入賀不敬,山西行太僕寺寺丞何凌霄至京不朝,且操守盡壞,乞要罷斥。高拱批示:"合候命下,將熊琦照有疾例致仕,何凌霄照不謹例,冠帶閑住。"隆慶六年二月十五日題,十七日奉聖旨:"熊琦着致仕,何凌霄冠帶閑住。"④

二十二日 高拱上《議處知府侯必登疏》。巡按廣東監察御史趙

---

① 《明穆宗實録》卷六六,隆慶六年二月丙申。
② 《明穆宗實録》卷六六,隆慶六年二月丁酉。
③ 高拱:《掌銓題稿》卷二八《議處知府侯必登疏》。
④ 高拱:《掌銓題稿》卷二六《覆給事中宋之韓參官疏》。

焞題參:潮州府知府侯必登[①]與推官來經濟挾嫌相構,妄行奏擾,乞要罷斥。高拱提出:“知府侯必登公廉有爲,威惠並著,能使地方鮮盜,百姓得以耕稼爲生。”巡按廣東御史楊標亦言:“知府侯必登有守有爲,任勞任怨,民賴以安。但不肯屈事上司,所以問之百姓,人人愛戴;問之上司,人人不喜。”侯必登心既好勝,氣又過剛,亦有薄咎。故此,高拱題請:“合無將侯必登仍以新陞職銜,量調别省,令其痛自省改。其來經濟事須要明白,本部移咨都察院,轉行廣東巡撫都御史,另委隔别衙門官,從公勘問,不得曲徇偏向,務見的確,具奏發落。仍令省諭各布按守巡等官,見今廣東盜賊縱横,正破格整飭之日;兵糧缺乏,正協力幹濟之時。毋得仍守成心,尚循故套,崇姑息而摧振作,獎軟熟而抑剛方。當知任事爲忠,不可徒諉罪于人;當以救民爲急,不可徒取便于己。如有違者,參奏重治。”隆慶六年二月二十二日具題,二十四日奉聖旨:“是。”[②]這是高拱重用人才的又一典型範例。

二十三日　東宫出閣講學。命太子少保禮部尚書兼翰林院學士高儀、吏部左侍郎兼翰林院學士張四維、司經局洗馬兼翰林院修撰余有丁、右春坊右贊善兼翰林院編修陳棟,充侍班官。詹事府少詹事兼翰林院侍讀學士馬自强、陶大臨,翰林院編修陳經邦、何洛文,檢討沈鯉、張秩,充講讀官。檢討沈淵、許國,充校書官。制敕房辦事大理寺左寺正馬繼文、徐繼申,充侍書官。先是大學士高拱等請選東宫輔導官僚,會同吏部推舉。有旨:宜加慎選,不必備員。於是拱等疏名以聞。上從之,仍諭拱、居正提調各官講讀。[③]

---

① 侯必登,字懋舉,號星吾,雲南澄江人。嘉靖三十八年(1559)進士。隆慶二年(1568)以兵部郎中出任潮州知府。他莅任後,革除苛政、捐税徭役,政績突出。潮州自明天順、成化以後,長期遭受山賊、海盜與倭寇之害,而當時許多鄉民或以接濟盜賊爲己任,或因與海盜貿易而獲利,可謂民盜難分,甚至民盜一體。官軍却兵疲將弱,善於擾民而怯於禦寇。而侯必登則力行剿倭除盜、安撫民衆之策,使潮州成爲“嶺海名邦”。

② 高拱:《掌銓題稿》卷二八《議處知府侯必登疏》。

③ 《明穆宗實録》卷六六,隆慶六年二月庚戌。

二十五日　高拱上《改參政陳奎兼潮州兵備疏》。文選清吏司案呈，照得廣東按察司缺僉事一員，專管東莞以東，自惠州、海豐直抵潮州閩境一帶地方。高拱題請："新陞山東布政使司右參政陳奎，原任廣東副使，才力有餘，敢於任事；且廣東民情事理皆所諳熟，堪以彈壓潮州等處地方。合無將本官改廣東布政使司右參政兼以僉事職銜，管理前項地方事務。"隆慶六年二月二十五日具題，二十七日奉聖旨："是。"①

二十九日　高拱上《覆直隸巡按御史參官疏》。巡按直隸監察御史趙應龍論劾：河間府青縣知縣邢繼芳貪酷顯著，大壞官箴，乞要罷斥。高拱批示："將邢繼芳照貪酷例爲民，仍咨都察院，轉行本官原籍山西撫按衙門一體知會施行。"隆慶六年二月二十九日題，閏二月初二日奉聖旨："邢繼芳着爲民。"②

是月　新鄭縣知縣燕好爵刻石高尚賢入鄉賢記，略言："公尚賢，號鳳溪，即虞衡郎中，贈少師。公之子乃同祀存翁，今少師玄翁、梅庵、競庵之父也。早承庭訓，夙負重名，遂以葩經發正德庚午解，賜丁丑進士第。肇官繕部，勵節自持，觸權奸而不攝；尋陟春曹，抗疏極諫，涉時禁而不諱。秉文衡於東魯，門人之貴顯者甚衆，洙泗贈夫子之號；揚憲節於西秦，冤獄之斷決者甚多，關中留去思之碑。薦言屢上於言官，少卿遂晉於光禄。中璫咸畏，釐數年侵冒之遺奸；浮費盡蠲，修一代供儲之實録。芳聲懋著，清節愈堅。未老歸田，潛心講學。北科道薦其閉門養高，罔隨時好；南科道薦其清才逸思，可備編摩。既没數日，而本省巡按李公仍追薦其有經綸蘊藉之才，具該博淹貫之學。此特筮仕宦成，歷履之大較也。乃其道本身心，學宗伊洛。教人以立誠爲門户，修己以克敬爲根基。喜怒罔輕，交遊必擇。爲人謀弗

① 高拱：《掌銓題稿》卷七《改參政陳奎兼潮州兵備疏》。
② 高拱：《掌銓題稿》卷三〇《覆直隸巡按御史參官疏》。

殊於己,處官事無異於家。孝於事親,存没盡追養之實;嚴以訓子,伯仲接甲第之芳。負雄才而猶如下士,位卿佐而自視布衣。文章有宏深沖雅之風,詩賦得温厚和平之體。發明甚廣,著述尤多。此又德行文學,表表可仰者也。全節完名,始終無玷;弘才重望,遐邇推先。殆不止一邑之師表而已。迨年逾知命,天召修文,朝野咸共惜之。兹請入鄉賢者,乃蓋棺之後,事久自定。豈雄黄朱紫,徒出於月旦也哉?……大明隆慶六年壬申仲春二月吉旦立石。"①

閏二月初三日 高拱上《覆保定巡撫都御史宋纁參知府楊道亨疏》。巡撫保定等處、都察院右僉都御史宋纁題稱:真定府知府、今陞雲南按察司副使楊道亨盜賣倉糧六百餘石,得銀二百四十兩。及查並無支銷明文,則是假公侵欺入己。乞將楊道亨先行革職,仍行巡按御史提問。高拱題請:"將本官先行革任,仍咨都察院轉行巡按御史查勘明白,具奏定奪。"隆慶六年閏二月初三日題,初五日奉聖旨:"楊道亨着革任聽勘。"②

初六日 高拱上《覆給事中周芸等劾官疏》。户科等衙門左給事中周芸等題參:薊州知州喬梁、良鄉縣知縣王瑋各闒茸無能,乞要降調閑散。高拱批示:"將喬梁、王瑋俱照才力不及例,起送赴部調用。"隆慶六年閏二月初六日題,初八日奉聖旨:"是。"③

初七日 陞提督四夷館太常寺少卿韓楫爲通政使司右通政,提督謄黄。④

初九日 高拱上《題大學士蔣冕孫補蔭疏》。驗封清吏司案呈,原任少傅兼太子太傅户部尚書謹身殿大學士蔣冕孫蔣務稼乞要補蔭。高拱題請:"大學士蔣冕輔政先朝,著有勛績,荷蒙恩蔭,成命具

---

① 高務觀:《東里高氏家傳世恩録》卷四《刻光禄寺少卿贈光禄大夫柱國少師兼太子太師吏部尚書中級殿大學士高公從祀鄉賢記》。

② 高拱:《掌銓題稿》卷二七《覆保定巡撫都御史宋纁參知府楊道亨疏》。

③ 高拱:《掌銓題稿》卷二六《覆給事中周芸等劾官疏》。

④ 《明穆宗實録》卷六七,隆慶六年閏二月癸亥。

存。今其嫡孫蔣務稼委宜承補，況查與大學士梁儲孫梁鈫事例相合，似應題請。但恩典出自朝廷，臣等未敢定擬，伏乞聖裁。”隆慶六年閏二月初九日題，十一日奉聖旨：“蔣務稼准補蔭中書舍人。”①

十二日 上出御皇極門，疾作，還宫。先是上病瘍，自春及夏，久不御門。及擇日開講，期輒中改。外庭見謂朝講希闊，而聖體實未平。惟上心亦以爲久居内，欲出視事，乃以是日出，疾益甚，遽還。②高拱對此事記述甚詳，言：隆慶六年正月下旬，上有疾，且有腕瘡在理，越月稍平。以閏二月十二日出視朝，行至金臺疾作，召高拱與張居正。上執拱手，隨上金臺立。上憤恨語臣曰：“我祖宗二百年天下以至今日，國有長君，社稷之福。争奈東宫小哩！”連語數次，一語一頓足、一握臣手，并曰：“有人欺負我。”“甚事不是内官壞了，先生你怎知道？”上命拱與居正送入乾清宫，上升榻坐，猶執拱手。二臣叩頭承旨，上從容曰：“朕一時恍忽。”又曰：“自古帝王後事，（下此二句聽不真，意是豫備後事——高拱注）卿等詳慮而行。”拱等叩頭出，有旨令拱等夜宿西闕内臣房，有召即至。明日聖體稍安，令百官散去，人心稍定，命拱等還家。③

高拱在《病榻遺言》中提出：“上付托之意，乃在執手告語之時，此乃顧命也。慟哉！至受顧命時，已不能言，無所告語矣。”高拱《顧命紀事》中曾出現八次“執臣手”或“執臣手不釋”，而張居正在萬曆

---

① 高拱：《掌銓題稿》卷三二《題大學士蔣冕孫補蔭疏》。

② 《明穆宗實録》卷六七，隆慶六年閏二月丁卯。

③ 參見高拱《病榻遺言》卷一《顧命紀事》。

初年曾三次上疏回憶穆宗親執其手告語[①]比較來看,高拱所言更符合史實,其原因有二:其一,當時閣臣只有二人,高爲首輔,張爲次輔。按照封建禮儀慣例,穆宗只能執拱手告語,而不會撇開首輔而執次輔之手。其二,高、張的確都出身裕邸,但與穆宗情誼之深厚却不可同日而語。高侍裕邸九年,正是裕王身處逆境之時。高作爲首席講讀官,周旋邸中,盡心竭力,百般調護,啓王孝謹,王甚倚重之。高與穆宗的深情厚誼是在共患難中建立起來的。而張侍裕邸二年有餘,此時裕王雖無册封太子,但他身處逆境已完全解除。張與穆宗不曾有過共患難的經歷。因此,無論從侍裕邸時間之長短,共患難之有無,他們君臣淵源之深、情誼之厚、信任之篤,張都不會超高。可知,穆宗執拱手告語是合情合禮、順理成章之事。穆宗親執拱手告語還有旁證,王世貞言:"上一日甫視朝,忽馳而下,且蹈于陛間。第云'國有長君,社稷之福',語且不了,居正與拱趨而掖之起。還宫,即不豫者月餘矣。群臣詣闕問安,而上方卧,蹶然興肩輿至内閣,居正與拱驚出俯伏,上掖之,起而持拱臂,仰天氣逆結,久之始云:'祖宗法壞且盡,奈何?'亦復不了了。而持拱袂,步且至乾清宫門,始復謂:'第還閣,别有論。'"[②]世貞所言與高拱自述稍異,但執拱手告語則是確定無疑的史實。

十四日　高拱上《覆給事中周良臣等論卿楊賢等疏》。吏科給事中周良臣、刑科左給事中梁問孟題稱:太僕寺卿楊賢精神昏惓,年齒

---

① 張居正所言共有三次:一次是萬曆五年八月上疏"先帝不知臣不肖,臨終親握臣手,屬以大事";一次是同年十一月上疏"又昔承先帝執手顧托";另一次是六年四月上疏"先帝臨終,親執臣手,以皇上見托"。(參見張居正:《纂修書成辭恩命疏》、《謝召見疏》、《乞鑒别忠邪以定國是疏》,載《張太岳集》卷四〇、四一、四三)三次先帝臨終對張居正執手顧托,在張總裁的《穆宗實録》中没有記載,在正史、野史中亦無記載。顯然,這是不實之詞。惟一的旁證是其長子敬修爲其父撰寫的《行實》,言:"一日,先帝視朝,忽起走,語且嚙。太師偕司禮監太監馮公扶持還宫。坐稍定,先帝召太師榻前,執太師手,屬托甚至。太師欷泣不能止。既出,遂觸地號天,幾不可生。"(張敬修:《太師張文忠公行實》,載《張太岳集》卷四七)這一旁證日月不清,矛盾重重,正史、野史亦無一字之證。

② 王世貞:《嘉靖以來首輔傳》卷七《張居正傳》。

衰頽;通政司右參議王汝言庸瑣特甚,物議久播;此二臣者俱不堪京職,乞將楊賢依年老致仕,王汝言調補外任。高拱題請:"將楊賢照年老例致仕,王汝言照不及例調外任。"隆慶六年閏二月十四日題,十六日奉聖旨:"是。楊賢着致仕,王汝言降一級調外任。"①

十八日 穆宗初愈,高拱上《問安疏》。疏言:"調理疾病,尤當謹於少愈之時。蓋客火初退,不可有觸,當以懲忿爲要;元氣初還,不可有撓,當以寡欲爲要。以此自持,日復一日,則客火盡消,元氣盡復,自壯盛矣……伏望皇上平氣寧神,倍加静養。勿以思慮勞心,勿以動作勞形。節慎起居,多進粥食,以保衛天和。不止今日如此,即大安之後,仍復如此。久之,自然聖躬强固,精神倍增。"隆慶六年閏二月十八日具奏,奉御批:"朕知道了。"此疏發下落科,拱附言:"疏上,上甚喜納,連閲數次,仍命司禮監寫一幅置几上,時閲之。"②

二十日 册封莊氏爲敬妃,李氏爲恭妃,于氏爲懿妃,葉氏爲奇妃。命成國公朱希忠、英國公張溶,定西侯蔣佑德、平伯李銘持節,大學士高拱、張居正,尚書高儀、潘晟捧册行禮。③

二十一日 兩廣提督撫按官殷正茂奏,兩廣總兵不當裁革。因奏言:"廣西設總兵,所以彈壓安南,約束土官,非獨爲區區猺獞,且係祖宗舊制,安得計小費而議變更,此揆之國體,終不可革者也。廣東總兵雖近時增設,但連歲用兵,未有休時,水陸將士盡屬總兵統領,責其次第剿蕩,俟諸巢盡珍,地方敉寧,更從議革亦未爲晚。此方今時勢未可遽革者也。"兵部覆請,從之。④

二十四日 上詔禮部,朕體已安,尚須静養數日,其傳示諸司官,各用心辦事,不得怠玩。⑤

---

① 高拱:《掌銓題稿》卷二四《覆給事中周良臣等論卿楊賢等疏》。

② 高拱:《綸扉稿》卷二《問安疏》。

③ 《明穆宗實録》卷六七,隆慶六年閏二月丙子。

④ 《明穆宗實録》卷六七,隆慶六年閏二月丁丑。

⑤ 《明穆宗實録》卷六七,隆慶六年閏二月庚辰。

二十八日　高拱上《覆江西撫按官劾僉事康憲疏》。巡撫江西等處地方兼理軍務、都察院右副都御史徐栻題稱：江西按察司分巡南昌道僉事康憲呈稱患病，要得休致，不候題請明旨，輒自回籍去訖。乞將本官照不謹事例，冠帶閑住。高拱批示："姑將康憲冠帶閑住。"隆慶六年閏二月二十八日題，三十日奉聖旨："是，康憲着冠帶閑住。"①

二十九日　高拱上《覆江西撫按官參處安義縣强賊劫庫失事官員疏》。隆慶五年十一月二十九日夜，盜劫安義縣庫，亡失甚多。江西撫按官徐栻獨請降調安義縣知縣曾知經，謂江西布政司左參政方良曙分守南昌，暫設九江守巡事，不宜加罪。而高拱則提出：今盜賊蜂起，皆因有司及巡捕官平時不能弭盜，及盜起不行緝捕，或故縱之以蒙蔽上官。有司蒙蔽日益甚，而盜之猖獗日益不可制。至於殺官劫庫，勢不容匿，乃始申報，上司却又以重爲輕，以多爲少。而上官者亦規脱己責，因而寬之。此所以日益滋蔓而不可圖也。今安義縣四十餘盜入城劫庫，縣官知經失事重大，安得免究處良曙？該道官安得免究地方之責？即撫按官亦不能無罪，安得爲二臣曲庇？故此，高拱題請："將曾知經革職爲民，方良曙降俸一級，戴罪管事，其撫按官姑行戒飭。以後另議爲條格：各州縣掌印巡捕官，有盜至十名者降一級，二十名者降二級，三十名以上者罷其官；各兵備及該道官所屬，有盜合至五十名者降一級，七十名者降二級，百名以上者罷其官。有隱匿不行參奏者，聽本部、都察院及科道官參奏重治。若果地方有盜，即行申報上司，就便捕滅。上司官若聞地方有盜，即撥兵馬，就便捕滅者免究，仍録叙其捕盜之功，量多寡爲陞賞。"隆慶六年閏二月二十九日題，三月初一日奉聖旨："强賊入城劫庫，地方官本有重罪。撫按官尚爾回護，姑不究。曾知經着爲民，方良曙降俸一級。這所議條

① 高拱：《掌銓題稿》卷二七《覆江西撫按官劾僉事康憲疏》。

格,都依擬着實舉行。”①

三月初四日　提督兩廣軍務右侍郎殷正茂奏:撫民許瑞出兵攻剿倭寇,生擒七十八人,斬首二十五級,請授把總職銜,以示優異。這是高拱綏廣方略取得的重要功績。兵部謂:廣盜未静,姑厚其賞,令盡剿諸賊,乃併授官。命如部議。②

同日　高拱上《覆巡視科道參兵馬袁謙疏》。巡視京營禮科等衙門左給事中等官、烏昇等參劾:南城兵馬司副指揮袁謙逞酒刑杖無辜,乞要重加降調。高拱批示:“姑將袁謙降俸一級,亦足示懲。”隆慶六年三月初四日題,初六日奉聖旨:“是。”③

初五日　高拱上《覆原職右諭德吴情乞原職閑住疏》。原任右春坊右諭德兼翰林院侍讀、調廣東市舶司提舉吴情奏稱:衰年廢疾,乞賜原職閑住。高拱題請:“伏望皇上念其昔也久參侍從,非有敗於官箴;今也久蒙點污,尚未明其心迹。特賜昭雪,准以原職諭德致仕,則不惟本官得存面目,以享餘年,凡在儒臣均切感戴。”隆慶六年三月初五日題,初七日奉聖旨:“吴情准以原職致仕。”④

初六日　高拱上《覆南京户部尚書曹邦輔參主事張振選疏》。南京户部尚書曹邦輔參奏:管倉主事張振選違抗不職,伏乞如例罷斥。高拱覆言:上下之分定而後紀綱立,政令行。邇來屬官不奉堂官約束,名分倒置。其原皆因往歲執政之臣悦人媚己,於是憸夫之在庶僚者托爲奥援,以語言相構,少不曲意,輒排陷之。故堂官不敢行其約束,而屬官益恣其胸臆,自稱風采。虽未必有奥援者,亦皆以違拗堂官爲得計,而安意承行者蓋鮮矣。其在外省則由巡按御史往往以進士、推官、知縣有科道之望,乃曲爲護庇,引爲私人,陰授以廉訪之柄。

① 高拱:《掌銓題稿》卷二七《覆江西撫按官參處安義縣强賊劫庫失事官員疏》。
② 《明穆宗實録》卷六八,隆慶六年三月己丑。
③ 高拱:《掌銓題稿》卷二五《覆巡視科道參兵馬袁謙疏》。
④ 高拱:《掌銓題稿》卷二一《覆原任右諭德吴情乞原職閑住疏》。

凡二司之賢否，悉出唇吻，少有不悦，遂以萋菲而禍終不免。於是二司反皆畏懼，曲意結納。蓋奉承之不暇，而又何敢問其政事之得失乎？體統既乖，法度盡廢，害政莫甚於此。據此，高拱題請："將張振選革職，冠帶閑住。本部仍移咨都察院，通行兩京直隸十三省大小衙門，今後敢有屬官抗違上官者，俱照張振選處分。上官有自降禮體，款曲屬官，平日不能督率，有罪不行糾治者，以不職論。其各巡按御史皆當以公正爲心，不得仍庇進士、推官、知縣，引爲私人，使各盡其上下之分。違者，聽本部、都察院及科道官參奏究治。"隆慶六年三月初六日題，初八日奉聖旨："張振選着革了職，冠帶閑住。近來屬官不受約束，上官不行糾治，反爲曲悦。名分倒置，政體大壞。這所奏便行内外衙門，一體戒飭。以後再敢有這等的，部院科道官着實參來，重治不饒。"①

初八日 高拱上《覆尚書曹邦輔乞休疏》。南京户部尚書曹邦輔奏稱：年入七旬，精力頓減，雖欲勉强，勢有不能，乞欲要放歸致仕。高拱題請：本官真誠無僞，剛正不阿，年雖七十，精力未衰。故此"令其照舊供職，圖報國恩"。隆慶六年三月初八日題，初十日奉聖旨："曹邦輔着照舊供職。"②

初十日 高拱將其在密勿之地所撰疏文，爰集成帙，名曰《綸扉稿》，又名《綸扉外稿》。此書是在隆慶三年至六年，高拱復政後在内閣撰寫并呈皇帝的奏疏。這些閣務要疏分作機密與否兩大類，故此分别輯成《綸扉内稿》（即《玉堂公草》）和《綸扉稿》。《綸扉稿》二卷，卷一有十七道疏文，卷二有七道疏文。隆慶六年三月初十日，高拱撰序成書。序曰："隆慶己巳臘月有命，召拱還閣，兼掌銓務。辭，弗獲。乃以庚年二月三日，陛見履任。自是諸所當行者，悉自屬草，

① 高拱：《掌銓題稿》卷二五《覆南京户部尚書曹邦輔參主事張振選疏》。

② 高拱：《掌銓題稿》卷二一《覆尚書曹邦輔乞休疏》。

奏行之。其在銓部者，別有集。其在内閣有關機密，人不與知者，不敢以泄。至言外事暨辭免諸疏，則人皆見之矣，故特存焉，曰《綸扉外稿》云。壬申三月十日，東里高拱題。"[①]《四庫全書》存目提要云："《綸扉内稿》一卷，《外稿》一卷"，"拱於嘉靖丙寅入閣，隆慶丁卯罷，己巳復召還。是編乃其先後在閣時疏稿也"[②]。

十五日 東虜速把孩及青等憤遼陽卓山之敗，復犯長勝堡，敗之；又犯清河堡，復大敗之。共斬首一百六十五級，獲酋首一級。捷聞，兵部謂該鎮累奏奇功，且俘斬數多，例當宣捷。上命勿宣，第犒報捷者如例。總督劉應節、巡撫張學顔、總兵李成梁，及其他有功將領各陞賞有差。[③] 這是高拱經畧東北的重要功勛。

二十日 禮部尚書兼翰林院學士潘晟乞致仕，許之。先是吏科左給事中宋之韓論晟衰朽不堪典禮，晟具疏自辯，因乞罷斥。張居正總裁《穆宗實録》加按曰："之韓淺鄙狠愎，内陷附當事以自肥利，而外務搏擊以必勝立威，不獨攻晟一事而已，士大夫多歹目視之。"[④]此對高拱門生宋之韓評价甚低，也反映出高、張在用人問題上存有矛盾。

二十一日 總督漕運都御史王宗沐[⑤]言：邇來因漕船漂流，科臣復議海運，而縉紳害怕風波。夫風波在海，利害自當有辨，海上風波無妨大計。若主于河而協以海，以海運佐河運之缺，自可萬全無慮。故條上海運七事：定運米，議船料，議防範，議起剥，議回貨，崇祀典。

---

① 高拱：《綸扉稿序》。

② 《四庫全書》總目卷五六，史部一二，"詔令奏議類"存目。

③ 《明穆宗實録》卷六八，隆慶六年三月庚子。

④ 《明穆宗實録》卷六八，隆慶六年三月乙巳。

⑤ 王宗沐（1524～1592），字新甫，號敬所，臨海人。嘉靖二十三年（1544）進士，授刑部主事。後遷廣西按察僉事，督學政。嘉靖三十五年（1556），任江西提學副使。修王陽明祠，建正學、懷玉書院。嘉靖三十八年（1559），任江西參政。次年，任按察使。嘉靖四十年（1561），陞山西右布政使。隆慶元年（1567），起爲山東左布政使。後陞右副都御史，總督漕運兼撫鳳陽，任内提高淮河防洪能力。萬曆三年（1575），任刑部左侍郎，奉詔巡視山西宣大諸鎮邊防軍務。萬曆九年（1581）罷歸。閑居十年，著有《海運詳考》、《海運志》、《敬所文集》等。

部覆如宗沐言,詔允行之。[①] 這是高拱破除海禁,恢復海運的重要舉措。

二十三日 尚寶司卿劉奮庸[②]疏言高拱專權擅政,穆宗大權旁落。言及五事:保安聖躬,總攬大權,慎乃儉德,留心章奏,起用忠直。《穆宗實録》按曰:"奮庸疏詞有所指斥,一時阿當事意者以爲奮庸久不徙官,有怏怏心,更相與詆訾之矣。"[③]張廷玉《明史》言:劉奮庸,洛陽人,嘉靖三十八年進士,侍裕邸,進員外郎。"穆宗即位,以舊恩,擢尚寶卿。已,藩邸舊臣相繼柄用,獨奮庸久不調。"大學士高拱"再起任事,頗專恣,奮庸疾之"[④]。奮庸上疏,篇首指出:穆宗登基六載,而"大柄漸移","積習仍故",不僅否定隆慶新政,而且全盘抹殺高拱改革功績。疏文條陳五條,除"保安聖躬"、"慎乃儉德"是批評和勸導穆宗外,其餘三條均以穆宗立論而暗斥高拱。如云"國事之更張,人才之用舍,未必盡出忠謀,協公論",暗責高拱不忠不公,導致穆宗"大柄漸移"、"政柄旁落"。又如,指責穆宗對一切章奏置之不覽,使"憸邪權勢之黨,轉生猜忌,御下蔽上,以成其奸"。再如,指責所謂非忠直之士"承望風旨,以泄他人之情,迎合權要,以樹淫朋之黨"。劉奮庸指斥高拱爲"權黨"、"權奸"、"權要"、"朋黨"等,并没有事實根據,只不過是由於穆宗"委政臺閣",高拱事權過重,并大力推行興利除弊的整頓改革而招致反對派的攻擊而已。

二十四日 户科給事中曹大埜論大學士高拱大不忠十事,言:

---

① 《明穆宗實録》卷六八,隆慶六年三月丙午。

② 劉奮庸,號書川,洛陽人。嘉靖三十八年(1559)進士,授兵部主事,尋改禮部兼翰林待詔,侍穆宗裕邸。穆宗即位,以舊恩,擢尚寶卿。已,籓邸舊臣相繼柄用,獨奮庸久不調。高拱再起任事,奮庸疾之。其隆慶六年(1572)三月上疏,帝報聞不怒也。而附拱者謂奮庸久不徙官,怏怏諷刺,相與詆訾之。給事中涂夢桂遂劾奮庸動搖國是。會給事中曹大埜亦劾拱十罪,帝斥之。奮庸與大埜漸構奸謀,傾陷元輔。章下吏部。拱方掌部事,爲二臣祈寬。帝不許,謫奮庸興國知州。夢桂、程文極詆奮庸,士論非之。奮庸謫官兩月,會神宗即位,遂擢山西提學僉事。再遷陜西提學副使。以病乞歸。

③ 《明穆宗實録》卷六八,隆慶六年三月戊申。

④ 張廷玉:《明史》卷二一五《劉奮庸傳》。

“拱蒙陛下任用,今掌吏部事,宜小心輔弼,奉公守正以報。乃專肆日甚,放縱無忌。臣不暇悉舉,謹以其不忠之大者略陳之:前者陛下聖體違和,大小臣工寢食不寧。獨拱言笑自若,且過姻家刑部侍郎曹金飲酒作樂,視陛下之疾若罔聞。知其不忠一也。東宫出閣講讀,乃曠世之盛典,國家之重務,拱當每日進侍左右,乃止欲三八日叩頭而出,是不以事陛下者事東宫矣。何其無人臣之禮,敢于自尊哉?其不忠二也。自拱復用,即以復仇爲事,昔日直言拱罪如岑用賓等二三十人,一切降黜,舉朝善人爲之一空。其不忠三也。自拱掌吏部以來,其所不次超擢者,皆其親戚、鄉里、門生故舊。如副使曹金其子女親家也,無一才能,乃超陞至刑部侍郎;給事中韓楫其親愛門生也,歷俸未久,即超陞爲右通政。其他任其所喜超用者,不可勝紀。其不忠四也。科道官乃陛下耳目,大臣之所以不敢爲奸者,賴其此也。拱乃欲蔽塞言路,任之所爲,故每選授科道,即先於部堂戒諭,不許擅言大臣過失。此上蔽陛下耳目,以恣其奸惡之計。其不忠五也。今科道官多拱腹心,凡陛下微有取用,即交章上奏,至拱罪惡皆隱晦不言,故内外皆知有拱,而不知有陛下。此其結黨爲惡,其不忠六也。昔日嚴嵩止是總理閣事,未嘗兼吏部之權。今拱久掌吏部,不肯辭退。故用舍予奪皆在其掌握中,陞黜去留,惟其所欲。在外撫按之舉劾不計,在朝之清議不恤。故其權之重過於嵩;而其引用匪人,排斥善類,甚於嵩。此其專權放恣,不忠七也。昔日嚴嵩止其子世蕃貪財納賄,今拱乃親開賄賂之門。如副使董文寀饋以六百金,即陞爲河南參政;吏部侍郎張四維饋以八百金,即取爲東宫侍班官。其他暮夜千金之饋,難以盡數。故拱家新鄭屢被盜劫,不下數十萬金,贓迹大露,人所共知。此其因權納賄,不忠八也。原任經歷沈鍊論劾嚴嵩,謫發保安。楊順、路楷乃阿嵩意,誣鍊勾虜虛情,竟殺之,人人切齒痛恨。比陛下即位,大奮乾斷,論順、楷死,天下無不稱快。拱乃受楷千金之賄,强辯脱楷死,善類皆忿怒不平。此其不忠九也。原任操江巡撫吴時來,在先帝朝抗疏論嵩,所謂忠臣也。拱以私恨,借一小事黜之。原任大學士徐階受先帝顧命,古所謂元老也。拱以私恨,乃多方害之,必欲置之死地。至於太監陳洪之閑住,出自陛下獨斷,天下皆仰其明;拱思昔致仕時私與洪密,常諷令言官欲爲報復,是黨洪而謂其不當去也。俺答歸順,惟陛下神威所致,拱乃揚言于人曰:'此非國家之威,乃我之力也。'此其歸功於己,不知上有陛下。設使外夷聞之,豈不輕視哉? 其不忠十也。請如先帝處嚴嵩故事,特賜罷黜,别選公忠之臣以掌吏部,以協理閣事。則陛下雖静養宫中,而天下有泰山之安矣。"疏入,上責大埜妄言,命調外任。①

曹大埜和劉奮庸劾拱的事實真相,高拱罷官後有其詳述:荆人(張居正)既使徒黨造言,招邀南北言官論我,然迄無應者。而楚人少卿曾省吾者,荆人幕賓用事者也,爲力更甚。省吾乃以荆人意嗾其門人曹大埜曰:上病甚,事皆馮太監主行。張望君舉事甚切,君此時劾高老,事必濟。張秉政必大用君,可永享富貴。又尚寶劉奮庸倖淺而求速化甚力,屢托鄉人爲言,予甚薄之,以是有怨言。而省吾亦遂收與共舉事。於是三人日相聚爲謀。會當外補科官,而荆人傳示大埜。故奮庸上疏陳事,以引其端。大埜即日上本劾我"十大不忠",應荆人之謀也。上見疏大怒,命處治大埜。司禮監擬旨:"曹大埜這厮排陷輔臣,着降調外任。"而保馳與荆人商量,荆人遂抹去"這厮排陷輔臣"及"降"字,而改曰"曹大埜妄言調外任"。擬上,上頟之,遂發行。而荆人則告我曰:"曹大埜是趙大洲鄉人,聞此事是大洲所爲。"蓋欲掩己,而推以與人,爲先入之説惑我也。乃予上疏求去,而人情駭愕洶洶,憤激不平之甚。是日,六科公本一,獨本三十三;道公本一,九卿公本一,太常寺等衙門公本一。一日並上,劾大埜誣陷元輔,而恐我必不肯留,勸上特加信任,勿令去。而我本兩上,上懇留不允。予

① 《明穆宗實録》卷六八,隆慶六年三月己酉。

自念曰:上病甚,吾今當以君父爲急,遂出視事。而言官有兩疏劾劉奮庸、曹大埜,乞重處。予當吏部覆本,乃即上疏救之,乞留大埜,而免究奮庸。上不允。[①]

由上可見,曹大埜劾拱實乃張居正使之。《神宗實録》言:"河南道御史王九儀言:巡撫江西曹大埜狎邪小人,始進諫垣,即與張居正深相結納。是時居正爲次相,欲去首相高拱,招邀南北言官論拱,迄無應者。乃嗾大埜劾拱十大不忠,比之秦檜、嚴嵩。朝論悉知出居正意。"因大埜劾拱有功,居正柄政,不斷陞遷。"及高拱去位,未幾而大埜果轉楚僉憲矣,尋轉尚寶太僕矣,未幾而開府江西矣。如此佞臣,可使開府重地哉?且奸鄙貪昧,士民罔不嘖怨,而日與原任雲南副使朱璉密結往來。夫璉甘附居正之黨,認義子于馮保,呼契兄于游七,自度不容,具疏乞休,誠縉紳所不齒。大埜獨與之黨,小人以類相從較然矣。"得旨:曹大埜冠帶閑住,朱璉爲民。[②]

二十六日　高拱針對曹大埜彈劾,上疏辯白。曰:"臣以涼德,謬膺重任,奉職無狀,以致人言,引罪負慝,安敢置辯。但其中有上關大義,下關名節者,不敢不明其説。前月聖體違和,臣與同官張居正日夜在朝,相對踧踖,至廢寢食,直待聖體就安,乃始還家。臣與刑部侍郎曹金舉行婚姻之禮,亦在聖體大安之後,其日月可按也。東宫講讀,閣臣雖有提調之責,而隨侍左右則《會典》未載,禮部未行題請,是前此所無也。臣等既不敢擅自入侍,而心不自安,所以有五日一叩之請。蓋於舊日所無之事有加,而非於舊日所有之事有減,其事例可稽也。俺答款順,臣實與張居正爲皇上始終謀畫,力贊其成,以少盡臣子報國之心,既屢荷温綸嘉獎,重賜陞廕,臣等力辭,竟不敢居其功。而今謂臣歸功於己,此聖明洞鑒也。自皇上召臣還閣兼掌銓務,臣即

① 高拱:《病榻遺言》卷二《矛盾原由上》。
② 《明神宗實録》卷一四六,萬曆十二年二月辛酉。

慮操權太重，恐致顛危，去歲辭免數四，皆不獲請，更蒙褒賚，臣乃感激，恭承竭力從事。至今春復具辭，疏入，皇上方在静養，不敢煩瀆。而今謂臣專權，不肯辭退，亦聖明所洞鑒也。此皆上關大義者，臣謹述其實如此。臣拙愚自守，頗能介潔，自來門無私謁，片紙不入，此舉朝縉紳與天下之人所共明知。副使董文寀資望已深，是臣推爲參政，官僚必慎擇年深老成之人。而侍郎吕調陽皆是皇上日講官，不敢動。侍郎張四維資望相應，是臣與張居正推爲侍班官。乃謂文寀饋金六百，四維饋金八百，果何所見，又何所聞，而不明言其指證乎？隆慶四年，臣曾審録，見路楷獄詞與律不合，擬在有詞，其後一年，法司擬作可矜，與臣無與。臣家素貧薄，至今猶如布衣，時人皆見之，曾未被劫。則所謂劫去數十萬金者，誠何所據？此皆下關名節者，臣謹述其實如此。至于其他指摘，與臣謀國之忠僞，執事之敬忽，用舍之公私，怨之有無，皆照然在人，天下自有公議，臣無容説也。但臣力小不足以勝重望，輕不足以服人。既經言官論列，理宜引退，幸特賜罷免。"上慰留曰："卿忠清公慎，朕所深知。妄言者已處分矣，宜安心輔政，以副眷倚，不允所辭。"①

對曹大埜劾拱"十大不忠"疏文及高拱申辯疏文，學界有不同認識。一種意見是把劾疏和辯疏加以對比研究，得出劾疏是"誣陷之詞"的結論。有論者認爲："曹大埜的疏文雖然冗長慷慨，但基本上是誣陷之詞。疏中毛舉舊事細故，過分上綱，却缺乏有理有據的確鑿事實支持。"而"高拱的辯疏，是於事有據而且比較在理的"②。另一種意見是把辯疏抛在一旁，單看劾疏的一面之詞，片面得出"并非不實之詞"的觀點。有論者認爲："應該説，這'大不忠十事'并非不實之

① 《明穆宗實録》卷六八，隆慶六年三月辛亥。

② 韋慶遠：《張居正和明代中後期政局》，廣東高等教育出版社 1999 年版，第 414、415 頁。

詞,但這一奏疏上得不是時候。"[1]不知劾疏何時呈上才是時候,才能達到立逐高拱的目的。還有論者認爲:"曹大埜彈劾高拱的種種不端,并非不實之詞,却立遭高拱報復,被降調外任。"[2]《實録》説是"上責大埜妄言,命調外任"。高拱還爲其説情:"大埜少年輕鋭,亦係言官,未足深咎,請……覆大埜職。""上不許曰:此曹朋謀誣陷,情罪可惡,宜重治如法。以卿奏姑從寬。大埜如前旨","于是調大埜陜西乾州判官"[3]。穆宗兩次批示大埜"調外",怎會變成"立遭高拱報復"呢?大埜調外并無降級,怎會變成"被降調外任"呢?論者既然認爲劾疏"并非不實之詞",其中當然包括所謂高拱納賄四事,然而這并非歷史事實。

九卿諸大臣楊博等及六科給事中雒遵等,十三道御史唐鍊等各上疏請留大學士高拱。上俱是其言。時拱辭位,上已慰諭褒美,未嘗聽拱去,而諸臣連章留之,識者以爲陷云。[4] "識者以爲陷云"無疑是《穆宗實録》總裁張居正之意。

二十八日 大學士高拱再疏乞休,言:"大臣之道,上之以身報國,次之不敢以身辱國。今臣奉職無狀,既不明報國,若再不明進退之節,而徒覥顔在位,是誠以身辱國。臣之罪愈大矣,天下後世其謂臣何?"上曰:"卿輔政秉銓以樸忠,亮直不避嫌怨,致被浮言,朕已具悉,何乃再疏求退?宜遵前旨,即出輔理,以副朕毗至意,慎毋再辭。"拱乃出視事。[5]

是月 新鄭縣知縣燕好爵刻石高捷入鄉賢記,略言:"照得本縣原任南京都察院右僉都御史高公諱捷者,有幹濟之閎才,有慷慨之大節。早膺秋薦,連第春闈。居官垂三十年,而冰蘗之操一塵不染;歷

---

① 樊樹志:《萬曆傳》,人民出版社 1993 年版,第 21 頁。

② 劉志琴:《張居正評傳》,南京大學出版社 2006 年版,第 137 頁。

③ 《明穆宗實録》卷六九,隆慶六年四月丁巳。

④ 《明穆宗實録》卷六八,隆慶六年三月辛亥。

⑤ 《明穆宗實録》卷六八,隆慶六年三月癸丑。

任凡十餘轉，而剛正之氣百折不回。其在户部也管糧臨清，僅三月即盡核逃軍冒支之糧以還官，而侵漁者切齒；其在兵部也典領選法，凡數年則盡查吏書潛移之弊以抵罪，而襲替者歸心。知兖州，則均徭定賦，節用愛人，彈壓强藩而跳梁斂手，擒捕巨寇而良弱寧家，山東撫按之薦章可查。副晉臬，則持法秉公，摧奸擊暴，守代州而數萬軍食倏忽而備，守北口而數萬虜騎警戒而回，山西撫按之薦章可證。及參江右，遂晉操江；振張皇之師而巨寇皆除，彰撻伐之滅而倭奴遠避。得首級數百，埋不以報，有誓清鯨海之心；保天長一帶，口不言功，有必吞島裔之志。國賴鎖鑰，人稱狀猷。迨至歸田，閉門謝客，口不談世事，足不履公庭。於官於民，曾無干涉；教家教族，惟有清嚴。訓鄉人之子弟而身督課程，濟鄉人之貧窮而無分彼此。雖古布文之惠施，陳實之表正，不多讓焉。方期再用，乃遽長終。遠近爲之舉哀，親友爲之墮淚。蓋棺已定，公論在人。理宜請入鄉賢，載在祀典。不惟懿行有以闡揚，抑且後人知所矜式……噫！兹舉也，歷履之狀在學校，實始倡之者蘄陽周公祈，踵而成之者膠東匡公鐸也。中間轉州轉府，其論公核實於督學方公、楊公，其事核爵適享其成焉。因紀歲月，敢略所自云。大明隆慶六年歲次壬申季春吉旦立石。”①

四月初二日　吏科給事中涂夢桂劾奏尚寶司卿劉奮庸：“自以供事舊臣，妄意起擢，乃假建言瀆擾，動摇國是。宜亟賜罷，仍行究治，以爲人臣假公營私之戒。”工科左給事中程文言：“輔臣拱竭忠報國，方萬世永賴，不可一日而無。奮庸與曹大埜潛構奸謀，傾陷元輔，有乖體罪，不可勝誅。宜示遠竄，或加罷斥。”章下吏部，拱既視事，乃覆言：“奮庸嘗供事潛邸，效有勤勞；大埜少年輕鋭，亦係言官，未足深咎。請宥奮庸，覆大埜職。”上不許曰：“此曹朋謀誣陷，情罪可惡，宜重治如法。以卿奏姑從寬，大埜如前旨，奮庸降一級調外任。”于是調

① 高務觀：《東里高氏家傳世恩録》卷四《刻存庵高公入鄉賢記》。

大埜陝西乾州判官，奮庸湖廣興國知州。《實録》加按語曰："奮庸自建言後，衆尋端排之，乃謂其怨望拱，故言有刺譏。及大埜疏出，益指目爲邪黨。夢桂乃極詆奮庸，而文盛稱頌拱，盡摘大埜奏，代拱一一剖析，若自爲辯者。朋比卑陷，公犯名義而不顧。士論耻之。"①按語顯係《穆宗實録》總裁張居正所加。遺憾的是，《實録》不僅不載涂夢桂、程文論劾劉奮庸、曹大埜的彈章全文，而且還極力爲劉奮庸、曹大埜開脱，故按語并非公論。

初三日 高拱上《覆吏科論巡撫曹三暘疏》。吏科都給事中雒遵等題論巡撫雲南右副都御史曹三暘，假捏月日，朦朧預奏考滿，乞行速爲罷黜，再乞查復給由舊制，酌從時宜，以憑黜陟。高拱題請："將曹三暘照例罷職，員缺會官推補。其該科所陳考滿規制，亦宜併議。"隆慶六年四月初三日題，初五日奉聖旨："是，曹三暘着致仕。欽此。"②

同日 高拱上《題行查建平伯孫高添爵疏》。根據前軍都督府已故建平伯高霳應襲孫男高添爵題奏，高拱題請再勘，言："查照節次，勘議事理，親詣高添爵祖居地方，嚴加審勘高士文遺留事迹，果否可據；其高英是否士文之子，高添爵是否高英之後；務在的確，明白具奏。如其爲真，即當承襲原爵，無容别議；如其爲假，仍當併其指揮革去，不得冒叨。庶爵禄不至濫加，事體皆得歸正。"隆慶六年四月初三日題，初五日奉聖旨："是。"③

初四日 高拱上《覆御史姚光泮論府丞丘有巖等疏》。巡按直隸監察御史姚光泮題參：應天府府丞丘有巖乘機納賄，乞要罷斥；原任翰林院編修、今閑住曹大章，原任苑馬寺卿、今閑住韓子允，朋計誆騙，乞要提問追贓。高拱題請："將丘有巖先行革職爲民，并曹大章、

---

① 《明穆宗實録》卷六九，隆慶六年四月丁巳。

② 高拱：《掌銓題稿》卷二四《覆吏科論巡撫曹三暘疏》。

③ 高拱：《掌銓題稿》卷三四《題行查建平伯孫高添爵疏》。

韓子允俱移咨南京法司提問明白，奉請發落。”隆慶六年四月初四日題，初六日奉聖旨：“是，丘有巖着革職爲民，并曹大章、韓子允南京法司提問具奏。”①

同日 高拱上《覆都給事中梁問孟追論貴州事疏》。兵科都給事中梁問孟等題稱：叛賊者念自三十七年父子稱王以後，撫按未見奏報，乞要查核到任管事年月，分别處治。經查，除高翀、鮑道明等已經病故，康朗、嚴清未曾到任外，先任巡撫都御史趙錦、杜拯、王諍職專開府，既不能設計剿除，又不行奏聞征討，玩寇殃民，所應重究。故此，高拱題請：“將趙錦、杜拯姑降俸級，王諍俟調用時另處。”隆慶六年四月初四日題，初五日奉聖旨：“是，趙錦、杜拯各降俸一級。欽此。”②

十一日 高拱上《恭建樓堂尊藏宸翰乞賜名額以崇聖澤疏》。疏言：“臣本庸陋，遭際聖明，薦晉穹階，渥承隆眷。昔侍藩邸講讀，屢蒙御筆大書褒獎，暨臣歷官叨領過誥命、敕書共十七道。又臣父祖俱曾歷官中外，俱有領得誥命、敕書，世傳爲寶。但臣家素寒薄，居室湫隘，尊藏無所，每懼其褻而莫可奈何。乃臣自侍藩邸以及今，兹積蒙頒賜銀兩多至千餘，向未敢輕用。近乃於臣原籍住居之北，置地一區，庀材鳩工，擬建層樓，尊藏前項宸翰，樓下擬建一堂，以便瞻仰。然思宸翰在上，如覲天顔。臣安敢自爲之名，用是齋沐竭誠上請。伏望聖慈俯賜名額，以垂永世。則不惟於聖澤增崇，而臣子子孫孫世守於兹，皆得以光戴於無窮也。臣冒干威嚴，無任戰兢懇切之至。爲此，謹具本親賫奏聞，伏候敕旨。”隆慶六年四月十一日，奉聖旨：“覽卿奏，具見忠敬，樓名與做‘寶謨’，堂名‘鑒忠’，着工部製扁送安。”③

同日 賜大學士高拱尊藏宸翰樓堂名額，樓曰“寶謨”，堂曰“鑒

---

① 高拱：《掌銓題稿》卷二四《覆御史姚光泮論府丞丘有巖等疏》。

② 高拱：《掌銓題稿》卷二四《覆都給事中梁問孟追論貴州事疏》。

③ 高拱：《綸扉稿》卷二《恭建樓堂尊藏宸翰乞賜名額以崇聖澤疏》。

忠”。從拱請也。①

十九日 調整飭蘇松兵備湖廣按察司副使蔡國熙②於山西,提調學校。③ 在蘇松期間,國熙按治徐階子璠、琨論戍,瑛編氓,又蒼頭坐戍十餘人,籍田六萬畝。

關於高拱起用蔡國熙報復徐階問題,王世貞《首輔傳》的記載多有不實之處。該傳寫道:高拱“起其門人前蘇州知府蔡國熙於家,復其官,旋擢爲蘇松兵備副使,委以階父子。而階之仇復上書誣階父子事,併下撫按悉以委國熙”。“國熙乃窮治其事,且募能言階三子及家人事者,有賞。”④於是,“三子皆就繫,僅階留而不堪其咻堵其室矣”⑤。“而階從困中上書拱,其辭哀。拱雖暴戾,頗心動,居正亦婉曲以解。而蔡國熙所具獄,戍其長子璠、次子琨,氓其少子瑛,家人之坐戍者復十餘人,没其田六萬畝於官。御史聞之朝,拱乃擬旨,謂太重,令改讞。而國熙聞而變色,曰:‘公賣我,使我任怨而自爲恩。’”⑥這段文字看似高拱直接授意,指使蔡國熙報復徐階父子,但事實并非如此。這裏需要辨析者有三:(1)蔡國熙攘臂請行,有意報復階子及其家人。正如王氏所言:“國熙故任蘇時,潔廉有惠愛,時階方在政,而奴之賈於蘇者橫,國熙以法外窮治之。御史聞而數難國熙不自得,

---

① 《明穆宗實録》卷六九,隆慶六年四月丙寅。

② 蔡國熙,字春臺,河北永年人。嘉靖三十七年戊午(1558)舉鄉試,三十八年己未(1559)成進士,授户部主事,以幹練敏捷著稱。嘉靖四十二年癸亥(1563)督餉延寧,建朔方書院。嘉靖四十五年丙寅(1566)出知蘇州府。蘇州向以難治,國熙鋭意興利除弊,勸課農桑、興修水利、減織造、毀淫祠。又建中吴書院,聚紳士講學不倦。當地人初皆謹謹遵守約束,後漸漸俯首帖服,政績爲天下第一。進京赴宴,朝野讚美。時逢其父廷光謝任,來信囑其以明哲處事,并力促國熙歸家。國熙性至孝,見信遂引病歸。吴人如失慈母,哭送於江邊者達數十萬人。父卒喪滿,吴人思念,由是薦陞蘇松道憲副。復任後不畏權貴,廉潔自律,遷提學山西不就,旋謝歸。清貧困窘,常借貸以自給。海内皆稱爲“春臺先生”。卒後,門人管志道等自吴門來吊唁。力辯其所受誣謗。祀於學宫。著有《文集語録》、《易解》、《鹽法議》等。

③ 《明穆宗實録》卷六九,隆慶六年四月甲戌。

④ 王世貞:《嘉靖以來首輔傳》卷六《高拱傳》。

⑤ 王世貞:《嘉靖以來首輔傳》卷六《高拱傳》。

⑥ 王世貞:《嘉靖以來首輔傳》卷六《高拱傳》。

乞休家居,久不能持貧而謁齊康,挾之于拱。拱悉其事,故擢之。"[①]于慎行也説:國熙本是徐華亭的門下士,"至是,攘臂請行。至吴,即諷郡邑刺華亭蒼頭不法,文致其三子皆論戍邊"[②]。史家朱國禎講得更爲具體:"蔡春臺(即國熙)備兵蘇松,性素强直,一番擾攘,自然不免……相傳蔡春臺守蘇時,徐公子有所請,不聽,亦不加禮。又因他事杖其家人。蔡以職事走松江,謁兵道還,徐合男婦數百人,皆裸形,逐其舟,大駡,蔡只得隱忍去。果有此,則蔡轉臬司,而治徐非過,即謂之愛徐可也。"[③]國熙受此羞辱,因而"治徐非過"也。(2)高拱承認與徐階存在政見分歧,但否認對其父子挾嫌報復。高拱復政,人謂必且報復,他遂明告天下以不敢報復之意。隨後曾三次致書徐階,言及不忘解先帝疑一節,反復表明不敢借朝廷之法進行報復。但是人情叵測,仍有鼓弄其間者,謂高實不忘情。他們炒得沸沸揚揚,各抱私心,以人劃綫。書言:"或怨公者,則欲僕陰爲報復之實;或怨僕者,則假僕不忘報復之名;或欲收功於僕,則云將甘心於公;或欲收功於公,則云有所調停於僕。然而皆非也。"他告訴徐階:"比者,地方官奏公家不法事至,僕實惻然……其中有於法未合者,僕遂力駁其事,悉從開釋,亦既行之矣。則僕不敢報復之意,亦既有徵,可收信於天下矣。蓋雖未敢廢朝廷之法,以德報怨;實未敢借朝廷之法,以怨報怨也。"他表示:"願與公分棄前惡,復修舊好。"[④]至於徐在困中致書拱,已不可考,因其所著《經世堂集》不載此書。高拱對御史所奏,除擬旨"令改讞"外,又三次致書蘇松巡按:存翁"尚在,而遂使其三子蒙辜,於心實有所不忍者,故願特開釋之。來奏已擬駁另勘,雖於原議有違,然愚心可鑒諒,必不以爲罪也"。"僕素性質直,語悉由中[衷],固非内

① 王世貞:《嘉靖以來首輔傳》卷六《高拱傳》。

② 于慎行:《穀山筆塵》卷四《相鑒》。

③ 朱國禎:《湧幢小品》卷九《華亭歸田》。

④ 高拱:《政府書答》卷四《與存齋徐公書一》。

藏怨而外爲門面之辭者。"存翁三子,"必望執事作一寬處,稍存體面,勿使此公垂老受辱苦辛,乃僕至願也"。又説:"丈夫心事,當如青天白日。若陽爲平恕而陰致其謀,初示寬和而卒幸其敗,則豈所謂丈夫哉!"[①]高拱其人,率性直腸,其言當爲心聲,他是不會言不由衷,説假話的。他還致書蔡國熙,義正辭嚴地指出:存老令郎事,"近聞執事發行追逮甚急。僕意乃不如此……故願執事特寬之。此老昔仇僕,而僕今反爲之者,非矯情也。僕方爲國持衡,天下之事自當以天下之公理處之,豈復計其私哉!"[②]由此看來,高拱并未秘密授意,指使蔡國熙對徐階父子進行報復。王氏所謂"公賣我"云云,純係揣摩之談。當時張居正也致書蔡國熙:"乃近聞之道路云:存翁相公家居,三子皆被重逮。且云吴中上司揣知中玄相公有憾于徐,故爲之甘心焉。此非義所宜出也。夫古人敵惠、敵怨,不及其子。中玄公光明正大,宅心平恕,僕素所深諒;即有怨于人,可一言立解。且中玄公曾有手書奉公,乃其由中[衷]之語,必不藏怒蓄恨而過爲已甚之事者也。"[③]此信也可證實,蘇松地方官是出於"揣知"而窮治徐階三子的,并非高拱授旨報復。後來高拱將蔡國熙調入山西提調學校[④]。(3)高拱不敢借朝廷威福對徐階進行報復,亦有客觀公允評述。《實録》載:"至摧抑故相階,拱不爲無意,然其家人獄成,而拱謂已甚,必欲輕出之,則原非深于怨毒者。"[⑤]黄景昉亦言:"徐華亭晚家居,厄於蔡國熙輩,三子皆繫獄論戍。此自群小阿奉政府,爲報怨圖,未必盡高新鄭意。高雖粗褊而意氣頗磊落,觀所予吴中當道書可見。"[⑥]由上可見,王氏大肆渲染高拱報復徐階,缺乏事實根據。

---

① 高拱:《政府書答》卷四《答蘇松劉巡按書》、《與蘇松劉巡按書》、《與蘇松李巡按書》。
② 高拱:《政府書答》卷四《與蘇松蔡兵備書》。
③ 張居正:《張太岳集》卷三四《答松江兵憲蔡春臺諱國熙》。
④ 《明穆宗實録》卷六九,隆慶六年四月甲戌。
⑤ 《明神宗實録》卷八四,萬曆七年二月乙巳。
⑥ 黄景昉:《國史唯疑》卷八。

二十四日 命吏部左侍郎兼翰林院學士協理詹事府事張四維掌府事。陞少詹事兼翰林院侍讀學士掌院事馬自强爲詹事,仍兼侍讀學士協理府事,同教習庶吉士。①

是月 曹大埜彈劾高拱之後,張四維在家致函高拱曰:"頃自家舅(王崇古)所得邸報,見狂夫流言,披猖無忌,殊增憤懣。我翁心事勛業,已軒揭天地,薄海内外,共所聞見。視丁卯蓄德未曜時,何啻千里?而彼狂乃欲變亂白黑耶?可恨,可恨。鵂鶹之鳴,蚍蜉之撼,不足爲臺端慁,希勿芥蒂。第以某之不肖,不善處物,動遭媢妒,下流叢毀,事有固然。顧復上累臺明,以故私心刺痛,無地自容耳……曹疏固孟浪,觀其詞指,其處心積慮深矣。"②

是月 張居正回函宣大總督兵部尚書王崇古,因三月給事中曹大埜彈劾高拱"大不忠"十事,涉及王崇古外甥張四維賄賂高拱八百金之事。時人認定曹大埜是授張居正指使而上彈章的。曹大埜被貶謫後,張居正向王崇古極力表白,曾爲高拱向穆宗"伸理",擺脱己責。函曰:"比者,屢奉翰教,一一領悉。屬有玄翁之事,既惱鄙懷,又費措畫,故未及裁答。言者謬妄,至波及令甥鳳磐,尤爲可惡。方事起時,僕即具揭,入告於主上,爲玄翁伸理。幸聖明過聽僕言,信之愈篤。而言者被遣不恤。此主上之明也。"③

是月 高拱將其掌銓期間的疏文爰滙成書,名曰《掌銓題稿》,凡三十四卷,二百五十道奏疏。其序曰:"予攝銓且二稔餘,諸所敷陳題覆,悉自屬草,非謂人莫可代也。予每舉事,必思國體所在,求可即一訓百者,務爲君父正紀綱,明憲度,進忠直,黜欺邪,革虚浮,核真實。蓋意之所注頗深,恐人不喻吾意,故須自爲耳。積稿頗多,間乃擇其事理重大暨自所興革議處者,仍去其繁,特存要略,全文一二而已。

---

① 《明穆宗實録》卷六九,隆慶六年四月己卯。

② 張四維:《條麓堂集》卷一七《寄高相公三》。

③ 張居正:《張太岳集》卷三四《答司馬王鑑川》。

爰滙成書，用徵故實。嗟乎！恩非不可結，其如害公；怨非不可遠，其如虧法。苟有益於國，則嫌何足避？苟無益於國，則名何足圖？庸攄靖直之衷，冀效涓塵之報云爾。知我，罪我，誠何暇計哉！隆慶壬申初夏日，東里高拱題。”①《四庫全書總目》指出：“拱於隆慶己巳復召入内閣兼掌吏部事者，凡二年，是編皆其疏稿也。史稱拱在吏部，‘欲遍識人材，授諸司以籍，使署賢否，誌爵里姓氏，月要而歲會之，倉卒舉用，無不得人’。蓋其才固有足取者矣。”②此書真實記録了高拱清整吏治、整飭軍事、治理邊疆、改革法治、復蘇經濟、疏通漕運、恢復海運的方針、政策和舉措，也是研究明代隆慶改革的重要歷史文獻之一。

五月初五日　吏部左侍郎兼翰林院學士掌詹事府事張四維③以曹大埜疏連污及己，上章自辯，因乞解職。上謂事已别白，令遵旨赴任。④

二十一日　總督尚書王崇古爲順義王俺答請乞四事：一請給王印，二請許貢使入京，三請給鐵鍋，四請撫賞虜中親屬。⑤崇古上疏之前，曾致函大學士高拱請示。高拱覆函曰：“來諭四事，區畫周悉。僕熟思之，可從而無他議者一，可從而有議者二，難從者一。夫與之以

---

① 高拱：《掌銓題稿·序》。

② 《四庫全書總目》卷五六，史部一二，“詔令奏議類”存目。

③ 張四維（1526～1585），字子維，號鳳磐，山西蒲州（今屬芮城）人。嘉靖二十八年（1549）中舉。嘉靖三十二年（1553）進士，授編修。隆慶元年（1567），《永樂大典》副本録成，陞右春坊右中允。同年主持順天鄉試，不久陞爲左春坊左諭德兼翰林院侍讀。隆慶三年（1569）陞翰林學士，任吏部右侍郎。隆慶四年（1570）十月，四維促成俺答封貢而爲内閣首輔高拱所器重。萬曆二年（1574）掌管詹事府事，充《世廟實録》副總裁。萬曆三年（1575），居正薦四維任禮部尚書兼東閣大學士，入閣參預機務。萬曆五年（1577），《實録》成，加太子太保，晉文淵閣大學士。萬曆六年（1578），加少保，晉武英殿大學士。萬曆八年（1580）一品滿考，加柱國少傅兼太子太傅。萬曆十年（1582）以決策功，晉兼太子太師。居正逝後，四維即爲首輔，累官加少師、吏部尚書、中極殿大學士。萬曆十一年（1583），父嵋川公亡，四維歸里服喪。萬曆十三年（1585）十月，四維服喪將滿，病歿於家。享年六十歲，贈太師，謚文毅。著有《條麓堂集》。

④ 《明穆宗實録》卷七〇，隆慶六年五月己丑。

⑤ 《明穆宗實録》卷七〇，隆慶六年五月乙巳。

印,使其相傳爲重。此可從而無他議者也。用廣鍋,不用潞鍋,用以充賞而不用以開市,庶有限制而彼不可多得鐵。其爲諸親乞賞,所宜給之。然須議爲定數,每歲爲常,以後不得再行添乞,庶絶他日之紛亂。此可從而有議者也。至於虜使之入,本無關係利害,而又可以慰俺酋之心,奚不可者。但虜無終不渝盟之理,而但有形迹,即據以苛責,乃我中國縉紳之故態也。今只在外處分,他日渝盟無可説者。若令之入,則或有渝盟之時,必以爲釁。由此起而追咎始事者之失策,此可不豫爲之計耶。故直厚賞,以遂其豔利之心,而不必令入,乃爲穩妥。此非以處虜人,乃所以處中國之人也。處中國之人者,乃所以爲公他日處也,而可不審慮之哉?若夫老把都之婦,既有異心,則任其颺去。彼既不貢,吾亦不市。彼如作歹,吾嚴兵以待,有戰而已。切不可委曲遷就,招致其來。蓋天下之事,人有求於己則重,己有求於人則輕。爲一酋所輕,則諸酋皆輕之。而携持要索之事起,款順反不得永矣。況諸酋皆正伏順,而此一老婦又何能爲?吾只加厚諸酋,而於吉能之喪恩禮皆備。此老婦者置之不理,亦不以一言相通,故示絶之之狀。彼必自無意思,摇尾乞憐,吾乃始數其罪而容之。則伸縮之機在我,自可以制馭諸酋。不然,便任其去,亦無害也。大抵公意,欲得此事完全,恐有破綻。僕則以爲,必有破綻而後可保其完全。彼若全順,吾全禮之;彼若全背,吾全不禮;彼若有順有背,吾則有禮有不禮。做成此等規模氣象,使彼常有恐失榮利之懼,而吾則加厚撫賞,又有以悦其心。如有不馴,便少加頓挫,以示不甚要緊之意。斯爲羈縻之理。就中若過爲委曲,遷順求全,則其機在彼,勢翻難久。而使人退有後言,他日反作奸人之話柄。破綻孰甚焉。僕每有此意而未得一告,乃今略陳其概如此,惟公其裁之。"①

崇古疏入,兵科都給事中梁問孟等以爲虜中食用必資於鍋,與之

① 高拱:《政府書答》卷一《與宣大王總督書三》。

互市固無害,而撫賞之論不宜輕許。禮科都給事中陸樹德亦言貢使入京有五不可。吏科都給事中雒遵等皆以爲不可許。兵部因謂户、禮二部共議,覆言:順義王印宜鑄給;貢使入京咸謂不可;廣鍋、潞鍋均犯出境之禁,宜以銅鍋代之;各鎮撫賞銀勿勒勿濫,可以賞公銀、客餉銀充之。上從之。①

二十二日 上不豫,至是增劇,百官上疏起居。②

同日 法司奏上,將官金科、朱珏、王如龍等獄,言其用賄營求事無左驗,貪恣侵剥,罪不容誅,請下福建巡按御史再訊,從重擬罪以聞。戚繼光私庇憸夫,任情引薦,亦宜戒諭。報可。③

二十四日 賜順義王俺答鍍金銀印。黄台吉欲携二婦入居山後,王崇古以聞。高拱致函崇古,言:"虜人性本貪婪,惟利是視。誘之以利,即死命亦可制。則撫賞定宜從厚,正不必惜此小費。已每與司計并各科道言之,其理既明,當無苛責者也。各縣出納之吝,公還當曉諭之。財固不可浪費,然當濟事處却從固嗇,則留之又何所用?況其出亦不多乎。禁民不得取馬利太多,前已言之,諒自有處。二事得當,則虜可羈而豢矣。至於黄酋以二婦帶衆入居,此必不可。彼豺狼也,畢竟難作一家人。況逼近山陵,事亦當慮。若止顧目前之款順,而不爲他日之遠圖,則今日之完全,反成他日之釁隙。願公之深思之也。大抵各酋既順,則黄乃孤雛耳。即有跳梁,亦何能爲?不趁此時且從且違,且恩且威,以折疊其心而定下規模,乃惟其言之從,則他日事體已定,處之豈不難哉?故愚以爲此宜厚賞而遣之還,不必徇之可也。"④

二十五日 上疾大漸,召大學士高拱、張居正、高儀至乾清宫受

---

① 《明穆宗實録》卷七〇,隆慶六年五月乙巳。

② 《明穆宗實録》卷七〇,隆慶六年五月丙午。

③ 《明穆宗實録》卷七〇,隆慶六年五月丙午。

④ 高拱:《政府書答》卷一《與宣大王總督書七》。

顧命。拱等疾趨至宮,左右奏召輔臣至。上倚坐御榻上,中宫及皇貴妃咸在御榻邊,東宫立於左,拱等跪於御榻下,命宣顧命。《實録》記曰:"朕嗣祖宗大統,今方六年。偶得此疾,遽不能起,有負先皇付託。東宫幼小,朕今付之卿等三臣,宜協心輔佐,遵守祖制,保固皇圖。卿等功在社稷,萬世不泯。"拱等咸痛哭叩首而出。是時,上疾已亟,口雖不能言,而熟視諸臣,頷之,屬託甚至。蓋自孝廟顧託三臣之後,僅再見也。①

受顧命一事,高拱記載曰:"隆慶六年五月二十五日,上大漸,未申間有命召内閣。臣拱暨張居正、高儀亟趨入乾清宫,遂入寢殿東偏室,見上已昏沉不省。皇后、皇貴妃擁於榻,皇太子立榻右,拱等跪榻前。於是太監馮保以白紙揭帖授皇太子,稱遺詔;又以白紙揭帖授拱,内曰:'朕嗣祖宗大統,今方六年。偶得此疾,遽不能起,有負先皇付託。東宫幼小,朕今付之卿等三臣同司禮監協心輔佐。遵守祖制,保固皇圖。卿等功在社稷,萬世不泯。'"②

張居正總裁的《實録》與高拱記載的差别有四:(1)召大學士受顧命的時間,前者記爲"二十五日"不記時,後者計時"未申間"即申時;(2)受顧命地點,前者記爲乾清宫,後者記爲乾清宫東偏室;(3)皇太子立於御榻哪邊,前者記爲立於"左",後者記爲立於"右",高拱不至於左右不分;(4)顧命接受者有無"同司禮監"四字,前者記爲無,後者記爲有,高拱是白紙揭帖的親閲者,不至於看錯加此四字。總之,前者籠統有"删潤"(張居正語),後者具體更可信。

然而,有論者對《病榻遺言》所記三閣臣"同司禮監"同受顧命的矯詔提出質疑。高拱所言"付之卿等三臣同司禮監協心輔佐",同受顧命是千真萬確的歷史事實,也爲當事人所認同。馮保於萬曆七年

---

① 《明穆宗實録》卷七〇,隆慶六年五月己酉;高務觀:《東里高氏家傳世恩録》卷五《遺詔》。"申時(即下午 15~17 時),上大漸……"

② 高拱:《病榻遺言》卷一《顧命紀事》。

所上《爲衰年有疾懇乞天恩容令休致以延殘喘》云:“隆慶六年五月内,聖躬不豫,特召内閣輔臣同受顧命,以遺囑二本令臣宣讀畢,以一本恭奉萬歲爺爺,一本投内閣三臣。”疏上,神宗有旨:“爾受皇考遺囑,保護朕躬,永奉兩宫聖母……宜仰遵皇考付託之意,不准辭。”① 馮保與高拱二人回憶不僅細節相同,而且神宗與馮保都認定馮是與“内閣輔臣同受顧命”的大臣。神宗生母李太后於萬曆六年二月在一道慈諭中也説:“司禮馮保,爾等親受顧命。”②這是又一確證。萬曆十年末,御史李植論馮保十二罪,神宗有旨“念係皇考付託”,從寬降處;御史楊四知論張居正十四罪,神宗降旨亦有“念係皇考付託”之句,從寬不究③。兩處“皇考付託”説的都是張、馮同是顧命大臣。由上確證高拱所言真實不虚。但有論者却否認高拱所言三閣臣“同司禮監”同受顧命的真實性,認爲《穆宗實録》記載“上疾大漸”之日所宣顧命,在“三臣”之後,無“同司禮監”四字④,説“這是要害所在,無此四字,馮張矯詔説則難以成立”⑤。接着又舉《實録》同條所載:“是時,上疾已亟,口雖不能言,而熟視諸臣,頷之,屬託甚至。”⑥認爲“穆宗雖在彌留,但一息尚存,意識還清醒,托孤三閣老是其本意也”⑦。是的,“托孤三閣老”是穆宗本意。但在“上疾已亟”、“昏沉不省”的狀態下,不可能對顧命字斟句酌,即有不同意見,已是“口不能言”。顧命由張居正草詔,“卿等三臣同司禮監協心輔佐”,這是違背穆宗本意的矯詔。而萬曆二年七月成書的《穆宗實録》,此段顧命又删掉“同司禮監”四字,也是手握史權的總裁官張居正所爲。爲何删掉?

---

① 王世貞:《弇山堂别集》卷一〇〇《中官考十一》。
② 《明神宗實録》卷七二,萬曆六年二月壬午。
③ 《明神宗實録》卷一三一,萬曆十年十二月壬辰、戊戌。
④ 《明穆宗實録》卷七〇,隆慶六年五月乙酉。
⑤ 趙毅:《〈病榻遺言〉與高新鄭政治權謀》,《古代文明》2009 年第 1 期。
⑥ 《明穆宗實録》卷七〇,隆慶六年五月己酉。
⑦ 趙毅:《〈病榻遺言〉與高新鄭政治權謀》,《古代文明》2009 年第 1 期。

因爲此時司禮監馮保與閣臣同受顧命早已成爲共認的既定事實，且又違背祖制，不宜載於《實録》，故而删之。論者百般爲《穆宗實録》辯解，説它"更具權威性和可信度"。它"是以檔案文書、起居注、邸鈔爲藍本，是衆人商討編定的"，等等。"權威性"是可信的，因爲是十二歲的神宗欽定的；而"可信度"則要大打折扣。隆慶六年九月嘉、隆兩朝《實録》開館，總裁官張居正嚴立限程："每月各館纂修官務要編成一年之事，送副總裁看詳。月終，副總裁務要改完一年之事，送臣等删潤。"[①]《實録》"編摩草創，雖皆出於諸臣之手，然實無一字不經臣删潤，無一事不經臣討論。"[②]這雖然是就《世宗實録》而言，但對他親歷其事的《穆宗實録》來説則更是如此。王世貞指出：我朝《實録》的纂修有許多失實之處：有的是"無所考而不得書"；有的是"有所避而不敢書"；更有甚者，是"當筆之士或有私好惡焉，則有所考無所避而不欲書，即書，故無當也"[③]。從而導致《實録》有許多不真不實之處。據此確知，"同司禮監"四字只有張居正有權和敢於"删潤"。嘉、隆兩朝《實録》的文本最後都是由張裁定的。論者所謂"衆人商討編訂"云云，不過是一種辯解的遁詞。

二十六日　上崩於乾清宫，翌日發喪，頒遺詔曰："朕以涼德，纘奉丕圖，君主萬方，於兹六載。夙夜兢兢，圖惟化理，惟恐有孤先帝付託。乃今遘疾彌篤，殆不能興。夫生之有死，如晝之有夜，自古聖賢其孰能免，惟是維體得人，神器有主。朕即棄世，亦復何憾。皇太子聰明仁孝，令德天成，宜嗣皇帝位。其恪守祖宗成憲，講學親賢，節用愛人，以綿宗社無疆之祚。内外文武群臣，協心輔佐，共保靈長。斯朕志畢矣。其喪禮悉遵先帝遺制，以日易月，二十七日釋服，毋禁音樂嫁娶，宗室親王藩屏是寄，不可輒離本國。各處鎮守巡撫總兵等官

---

① 張居正：《張太岳集》卷三七《纂修事宜疏》。

② 張居正：《張太岳集》卷四〇《纂修書成辭恩命疏》。

③ 王世貞：《弇山堂别集》卷二〇《史乘考誤一》。

及都、布、按三司官員,嚴固封疆,安撫軍民,不許擅離職守。聞喪之日,止於本處朝夕哭臨三日,進香遣官代行。廣東、廣西、四川、雲南、貴州及各布政司七品以下衙門,俱免進香。詔諭中外,咸使聞之。”①

隆慶帝在位六年,壽三十有六。七月丙戌(初三日)上尊謚曰:契天隆道淵懿寬仁顯文光武純德弘孝莊皇帝,廟號穆宗。九月壬寅(十九日)葬昭陵。②

同日 卯時,大行賓天,皇太子主喪。巳刻,傳太監馮保入司禮監。馮保狡黠,嘗訐故司禮監陳洪,高拱勿善也,至是掌司禮監太監孟冲譖逐之,薦保居其位。③

二十六日之事,高拱記曰:“至二十六日卯初刻(早晨5時許),上崩。拱等聞報,哭於閣中……是日巳刻,傳遺旨:‘着馮保掌司禮監印。’蓋先帝不省人事已二三日,今又於卯時升遐矣,而巳時傳旨,是誰爲之?乃保矯詔而居正爲之謀也。”④當事人馮保在萬曆七年乞休疏中亦有記述:“次日(即二十六日)卯時分,先帝强起,臣等俱跪御榻前,兩宫親傳懿旨:‘孟冲不識字,事體料理不開,馮保掌司禮監印。’蒙先帝首允,臣伏地泣辭。又蒙兩宫同萬歲俱云:‘大事要緊,你不可辭勞,知你好,纔用你。’迄今玉音宛然在耳,豈敢一日有忘?”⑤

然而,有論者却提出高拱《病榻遺言》所記馮保掌司禮監印的矯詔爲不實之詞,説:“高新鄭講的馮張矯詔以馮保掌司禮監印,是在穆宗病逝後的六月(應爲五月——引者注)二十六日巳時,而馮保所記則是在六月二十六日卯時,時穆宗强撑病體,與兩宫共同囑託馮保接任司禮監掌印。若馮保所言真實,則馮張矯詔令馮保掌司禮監印,則

① 《明穆宗實録》卷七〇,隆慶六年五月庚戌。

② 《明穆宗實録》卷七〇,隆慶六年五月庚戌。

③ 談遷:《國榷》卷六八,隆慶六年五月庚戌。

④ 高拱:《病榻遺言》卷一《顧命紀事》。

⑤ 王世貞:《弇山堂别集》卷一〇〇《中官考十一》。

是子虛烏有的不實之詞。"①"若"是"假如"之意。以"若"爲前提,其結論可真可假。"若馮保所言真實",則矯詔爲假;反之,則矯詔爲真。笔者認爲,馮保所言是不真不實的。不僅與高拱所言相矛盾,而且與《實録》所載相抵牾。其一,高拱言,隆慶六年五月二十六日"卯初刻"(早晨5時許),上崩於乾清宮,内閣聞報,三臣哭於閣中;而馮保所言,二十六日"卯時分"(早晨5~7時),穆宗與兩宮在乾清宮内按步就班地詔令馮保掌司禮監印。其二,高拱與《實録》均言,二十五日閣臣受顧命時,"上疾已亟","口不能言";而馮保却説,二十六日卯時,穆宗不僅"强起",而且以"玉音"同兩宮告語馮保掌司禮監印。據此,人們不禁要問:二十六日卯時,穆宗究竟是否駕崩?如無駕崩,閣臣怎會聞報,哭於閣中?如已駕崩,穆宗爲何還能"强起",以"玉音"説話?其三,高拱言上崩於二十六日"卯初刻",時刻準確,他作爲首輔是不敢胡言亂語上崩時刻的;而《實録》只載二十六日"上崩於乾清宮",不明載駕崩時辰,是有意爲后妃宦官矯詔預留迴旋餘地;而馮保則諱言穆宗駕崩於何日何時,似乎二十六日全天穆宗還活在人間,不曾撒手人寰。上述種種疑點説明,穆宗二十六日卯時駕崩於乾清宮後,是兩宮與馮保共同矯詔令馮保掌司禮監印。這是違背祖制的后妃宦官共同矯詔的典型事件。論者所謂馮保掌司禮監印"屬正常人事變動"、與張江陵"不謀而合",不過是爲兩宮與馮張共同矯詔辯解罷了。請看夏燮的考證。《明通鑒》正文載:"會帝不豫,居正欲引保爲内助。帝疾再作,居正密處分十餘事,遣小吏投保。拱知而迹之,吏已入。拱恚甚,面詰居正曰:'密封謂何?天下事不以屬我曹,而謀之内豎何也?'居正面赤,謝過而已。帝崩以卯刻,忽巳刻斥司禮監孟冲,而以保代之。蓋保言于兩宮,遂矯遺詔命之也。禮科給事中陸樹德言:先帝甫崩,忽有此詔,果先帝意,何不傳示數日前,乃

① 趙毅:《〈病榻遺言〉與高新鄭政治權謀》,《古代文明》2009年第1期。

在彌留後？果陛下意，則哀痛方深，萬幾未御，何暇念中官？疏入，不報。"①《考異》言："《明史·馮保傳》言：保既掌司禮監，遂矯遺詔命與閣臣同受顧命。其實，大漸詔中已有此語。證之《病榻遺言》，二十五日，拱等同受顧命。馮保以白紙揭帖授皇太子，稱遺詔；又以白紙揭帖授拱，其揭帖中已有'付三臣同司禮監協心輔佐'之語，則是次日所傳仍承前詔言之。所以然者，遺詔係居正所草，時但渾言司禮監，而不著其人。拱不悟其意，而以爲孟冲，故不復深詰。及次日傳遺詔，斥孟冲而以保代，拱始悟居正之奸，因有'宦官安得受顧命'之語。史家言，居正之密爲處分者以此，蓋已預爲馮保地矣。今但書矯詔授馮保司禮監事，餘悉略之。"②在夏氏看來，無論是張居正矯詔閣臣同司禮監同受顧命，還是馮保與兩宫矯詔令馮保掌司禮監印，其主謀都是張居正爲之。論者所謂"兩度矯詔"，只不過是張居正一個大權謀的兩個組成部分而已。論者查閲《明神宗實録》卷一三一和卷一五二，都没有查出張馮"兩次矯詔之大罪"，因爲神宗朝《實録》不載穆宗朝政治大事，當然查不出什麼東西來。即使是《明穆宗實録》，因其經過手握史權總裁官張居正的"删潤"，那就更查不出他和馮保矯詔的任何踪迹。

二十七日　馮保稱遺旨：詔皇太子曰："朕不豫，爾即皇帝位。一切禮儀自有部覆。爾依閣臣并司禮監輔導。進學修德，用賢使能，毋事怠荒，保守帝業。"廷臣聞之甚駭，謂閹人不預顧命。且詔授上，保安得自攘也。始，大行疾篤，促召閣臣至恭默室北。張居正吏姚曠趨奔于前，持密函。高拱問："誰何？"曰："與馮司禮。"拱問："何所言？"居正色動，遽曰："遺詔事。"拱默然，既而曰："我當國，事當首裁，何所私而内之也？"俄，拱奉遺詔及諭皇太子，俱云："同司禮監。"則居

① 夏燮：《明通鑒》卷六五，《續修四庫全書》史部第三六六册。

② 夏燮：《明通鑒》卷六五，《續修四庫全書》史部第三六六册。

正爲馮保地云。①

穆宗崩逝，諸多史書對其生平政績多有評價：《穆宗實録》曰："上天資純粹，大度寬仁，起藩邸而踐帝位，承世宗之業。方是時，法嚴令具，綱舉目張，百官兢兢守職，天下稱治。上乃下寬大之詔，修玄默之化。雖興革變通，要歸于繼述。改元之始，恭己臨朝，虚心講學。黜不經之祀，罷無用之作，蠲非藝之征，絶無名之獻，除煩苛，節浮冗，恤困窮，理冤滯，崇奬遺逸，汰斥憸邪，務在應古經誼，去民疾苦，裨政之缺失。一時典禮純備，法度修明，朝廷肅清，黎庶歡洽。自昔繼體守成之主，規設初政，未有若斯其盛者也。至于制節謹度，好生戒殺，人心自然，不待矯强。潛邸時，嘗食驢腸而甘，及即位，間以問左右，左右請詔光禄。上曰：'若爾，則光禄必日殺一驢，以備宣索，吾不忍也。'乃止。歲時游娱行幸諸供膳，光禄必先期以請，候上旨爲約。上常裁取最約者，歲省光禄費以巨萬計，其恭儉如此。居宫闈掖庭，周防慎察，嚴肅整齊，無敢出聲。而臨朝之頃，天顔睟穆，臣庶廷謁，小不如儀，常假借寬宥左右近侍，未嘗輕降詞色。即有犯小者，立斥大者，榜笞禁錮，必盡法無貸。至言事之臣，雖獲震怒譙讓，後常釋遣之。剛德内用，柔道外理，卓乎君人之盛節也。乃若留心邊事，思纘武功，每烽舉燧燔，羽書驛奏，憂形于色。汾石殘破，諮詢輔臣；山陵顧瞻，戒諭督撫。親舉大閲之禮，以討軍實；申明失律之誅，以正戎章。是以將士協心，邊圉生氣。穹廬大漠之長，慕義來王，貢市不絶。嘯峒憑林之孽，俛頸就縛，傳車自詣。上雍容臨觀受職，貢行逋誅焉。即史稱降胡係粤，鳴鐘清渭之上，懸首北闕之下，未足以喻其烈也。是時，北邊晏然，域中少事。上深居端拱而享太平，然猶申飭邊防，輶軒四出，綢繆桑土，憂外寧儆無虞，豈中智小康之主所可同日語哉！自臨御以來，言者數請修便殿，召對故事，皆未之許。然上端凝厚重，

① 談遷：《國榷》卷六八，隆慶六年五月辛亥。

不誅殺而自威;沉潛静密,不可察而自智。令雖未出,化行若馳;口雖未言,聲疾如震。尤能優崇輔弼,信任老成,群力畢收,衆思咸集。守祖宗之法,無紛更約束之煩;先儲二之教,爲長久治安之計。皆獨繼于宸慮而動含古昔,遂致中國乂安,外夷嚮風。蓋清静化民,庶幾漢帝寬仁馭下,比迹宋宗。雖享國六年,詒謀弘遠矣。上至德豐功,不可殫述。其文獻可徵者如此。是用紀實,以垂萬世云。"①

李維楨曰:"人言肅廟不視朝,朝事于心終不忘。帝臨朝無所事事,信然。肅廟時,大臣往往被三木,工作禱祠,防虜禦倭,人情物力詘矣。幸至是小舒。假令多才多藝,康陵流禍,可勝道哉! 廟謚曰穆,不虚耳。"②

支大綸曰:"帝寬仁恭儉,從諫弗咈,使李芳不斥,高拱早用,内外挾持,而不惑于滕祥諸閹之奸,即漢之孝文,何以加焉。"③

何喬遠曰:"上端凝静密,不殺自威,不察自智。優崇輔弼,假借臣僚,用能守祖宗之法,以致中國乂寧,外夷嚮風之盛。蓋清静合軌漢帝,寬仁比迹宋宗矣。"④

談遷曰:"世廟之季,南絓倭,北絓虜,禱祠土木,物力殫悴。山澤邊漠之間,縻纓罪組,素髮垂領,吊湘牧羝,士氣摧極。今上初詔,海内喁頌。驅斥左道,顯遂忠良。寬仁之譽,溢于紳氓。第裕邸時服御淹抑,故正位之後,微聞色貨。致大阿之柄,旁竊幸閹,舉朝不能奪也。又朝寧之上,嫌于牛李。朝華亭而暮新鄭,救偏補弊,各有失得。至于强胡就款,世廟所不能馭者,而賦狙馴虎,晉[盡]收其利,漢行其餌,帝德懋哉,非新鄭其孰能成之? 迹帝之終始,寬大如仁廟,而精勤不若也;安豫如憲廟,而控縱不若也。臨朝淵默,雖威嚴若神,顰笑潛

① 《明穆宗實録》卷七〇,隆慶六年五月庚戌。
② 引談遷:《國榷》卷六七,隆慶六年五月庚戌。
③ 引談遷:《國榷》卷六七,隆慶六年五月庚戌。
④ 引談遷:《國榷》卷六七,隆慶六年五月庚戌。

移，不無遺指。獨彌留之際，惓惓顧命，自孝廟後不多見耳。”①

《明史》卷一九《穆宗本紀》贊曰：“穆宗在位六載，端拱寡營，躬行儉約，尚食歲省巨萬。許俺答封貢，減賦息民，邊陲寧謐。繼體守文，可稱令主矣。第柄臣相軋，門户漸開，而帝未能振肅乾綱，矯除積習。蓋亦寬恕有餘，而剛明不足者歟。”②

皇太子，諱翊鈞，穆宗莊皇帝子，母貴妃李氏③。嘉靖癸亥（四十二年，1563）八月生，隆慶戊辰（二年，1568）册封皇太子。隆慶壬申（六年，1572），年方十歲。

二十八日 大學士高拱等上勸進儀注④，并賦五言律詩一首：

【五言排律】

初夏謁見皇太子詩

南風開雉扇，東閣駐鸞旌。
共仰前星彩，欣瞻少海清。
謙光追夏啓，敬德邁周成。
自愧商山老，深慚鄴下英。
承華隨日表，甲觀見龍行。

---

① 談遷：《國榷》卷六七，隆慶六年五月庚戌。

② 張廷玉：《明史》卷一九《穆宗本紀》。

③ 李貴妃，名彩鳳。嘉靖二十四年（1545）生，其父李偉是鄉村泥瓦匠。因家鄉遭受蟲害，便携家到京城謀生。李氏初入宫時，只是一般宫女，後到裕王府侍奉嘉靖皇帝的第三子。裕王登基後，陳王妃被晉封爲皇后，李彩鳳爲皇貴妃。李氏十九歲時（嘉靖四十二年）生朱翊鈞，即萬曆皇帝。神宗十歲即位，太監馮保爲取得李氏寵信，鞏固其地位，便勾結張居正，排逐高拱。馮保又示意朝臣張居正等議定，尊陳氏爲仁聖皇太后，尊李氏爲慈聖皇太后。其後，李氏累加尊號，稱爲“慈聖宣文明肅貞壽端獻恭熹”皇太后。自陳太后於萬曆二十四年（1596）死後，她獨享天下近三十年。萬曆四十二年（1614）二月卒，謚號“孝定貞純欽仁端肅弼天祚聖”皇太后，享年七十歲。

④ 《明神宗實録》卷一，隆慶六年五月壬子。

感激思天意，千年欲太平。①

六月初六日　大學士張居正同司禮太監曹憲卜山陵。居正請視嘉靖七年例，遣禮、工卿貳及科道官各一。於是户部尚書張守直、禮部右侍郎朱大綬、工部左侍郎趙錦、禮科都給事中陸樹德、江西道御史楊家相、工部主事易可義，同詣天壽山潭峪嶺，營視山陵。②

初十日　上即皇帝位，改明年爲萬曆元年。大赦，頒詔天下。詔曰："我國家光啓鴻圖，傳緒萬世，祖宗列聖，創守一心。二百餘年，重熙累洽。我皇考大行皇帝明哲作則，恭儉守文，虚己任賢，勵精圖治。蓋臨御六載，而天下晏如。四裔來賓，兆人蒙福。方燕詒之永賴，遽龍馭之上賓。顧命朕躬，屬以神器。朕方煢煢在疚，不忍遽聞。而文武群臣及軍民耆老人等，合詞勸進，至于再三。辭拒弗獲，乃仰遵遺詔，俯順輿情。于六月初十日，祗告天地、宗廟、社稷，即皇帝位。朕以涼德，方在沖年。惟上帝之眷命孔殷，祖宗之基業至重。兢兢夙夜，懼不克堪。尚賴文武親賢，共圖化理。爰暨萬方黎庶，與有嘉休。其以明年爲萬曆元年，與民更始。所有合行事宜，開列于後……於戲！纘大承休，惟奉累朝之成憲；布德施惠，用洽萬國之歡心。將陞大猷，在謹初服。詔告天下，咸使聞知。"③

同日　大學士高拱上《特陳緊切事宜以仰裨新政疏》。首陳新政五事：(1)祖宗舊規，御門聽政。凡各衙門奏事，俱是玉音親答，以見政令自上出。隆慶初，閣臣擬令代答，以致人心生玩，甚非事體。昨皇上於勸進時，荷蒙諭答，玉音清亮，臣無不忭仰；當日即傳遍京城，小民亦無不歡悦，則其所關係可知也。若臨朝時不一一親答，臣下必以爲上不省理，政令皆出他人之口，豈不解體。合無今後令司禮監每

① 高拱：《詩文雜著》卷一《初夏謁見皇太子詩》。

② 《明神宗實録》卷二，隆慶六年六月庚申。

③ 《明神宗實録》卷二，隆慶六年六月甲子。

日將該衙門應奏事件，開一小揭帖，明寫某件不該答，某件該答，某件該某衙門知道，及“是，知道了”之類。皇上御門時收入袖中，待各官奏事，取出一覽，照件親答。(2)祖宗舊規，視朝回宫之後，即奏事一次；至申時又奏一次。内侍官先設御案，請上文書，即退出門外。待御覽畢，發内閣擬票，此其常也。至隆慶初年，不知何故，不設覽本御案。司禮監官奏文書，先帝止接在手中略覽一二，亦有全不覽者。夫人君乃天下之主，若不用心詳覽章奏，則天下事務何由得知？中間如有奸詭欺罔情弊，何以照察？今後乞命該監官查復舊規，將内外一應章奏，除通政司民本外，其餘盡數呈覽。覽畢送票，票後再行呈覽。果係停當，然後發行。(3)事必面奏，乃得盡其情理。況皇上新政尤宜講究，天下之事始得周知。伏望於每二、七日臨朝之後，一御文華殿，令臣等隨入叩見，有當奏者就便陳奏，無則叩頭而出。此外，若有緊急密切事情，容臣等不時請見。其開講之時，臣等皆日侍左右，有當奏者即於講後奏之。(4)事必議處停當，乃可以有濟，而服天下之心。若不經議處，必有差錯。國朝設内閣之官，看詳章奏擬旨，蓋所以議處也。今後伏望皇上將一應章奏，俱發内閣看詳，擬票上進。若不當上意，仍發内閣再詳擬上。若或有未經發擬，徑自内批者，容臣等執奏明白，方可施行。(5)凡官民本辭，其有理者自當行，其無理者自當止，其有奸欺情弊者自當懲治，未有留中不出之理。且本既留中，莫可稽考，則不知果經御覽而留之乎，抑亦未經御覽而有留之者乎？是示人以疑也。又或事係緊急密切而有留中者及至再陳，豈不有誤？今後通政司封進一應本辭，開送該科備照，倘有未下，科官奏討明白。如此則事無間隔，亦可遠内臣之嫌，釋外臣之惑，其於治理所關未細。隆慶六年六月初十日具題，十三日奉聖旨：“覽卿等所奏，甚於新政有裨,具見忠藎,都依行。"①

疏上,馮保果不懌,乃不送閣,從中票出曰:"知道了,遵祖制。"蓋不納之辭也。高拱以爲今日新政之始,輔臣百官之首,第一疏便被馮保作梗如此,若不明正其事,則以後必任其所爲。故又上疏曰:臣高拱、高儀謹題,先於本月初十日恭上緊切事宜五件,仰裨新政,今日伏奉御批"朕知道了,遵祖制"。臣等竊惟五事所陳,皆是祖宗已行故事,而内中尚有節目條件,如命司禮監開揭夾簽,盡發章奏;如五日一請見,如未蒙發擬者容令奏請,與夫通政司將封進本辭送該科記數備查等項,皆是因時處宜之事,必須明示准允,乃可行各衙門遵行。況皇上登極之日,正中外人心觀望之際。臣等第一條奏,即未發票,未蒙明白允行,恐失人心之望。用是臣等不敢將本送科,仍用封上,並補本再進。臣等如敢差錯,自有公論,自有祖宗法度,其孰能容。馮保無可奈何,乃將先本留内,而以補本發下擬票,乃擬曰:"覽卿等所奏,甚於時政有裨,具見忠藎,都依擬行。"②

時太監馮保方居中用事。登極日,保自升寶座上立,傳出,外無不駭愕,以爲無君不道一至于此,將來必有叵測之事。談遷曰:"及拱疏上,保謂如此則閣權重,司禮輕,因内批云:'照舊制行。'拱得旨曰:'安有十歲天子而能自裁乎?'内臣還報,保失色,故謬其詞激上曰:高先生云:'十歲兒安能决事?'上怒,入告兩宫,皆訝之。高拱初善張居正,負氣倨直。前秉銓,居正以言蝕覺之。及並相,猜防積釁,居正陰結保自固。拱上陳五事疏前,曾預報居正,居正佯諾之,陰報馮保,合謀去拱。'十歲兒'之説,釀毒不可解。拱計初政,保即持我,何以善後? 遂上言,臣首疏未發票,未蒙允,恐失人心之望。仍封上,并補本再進,望皇上鑒察。如敢差錯,自有公論,自有祖宗法度,其孰能容。

① 高拱:《綸扉稿》卷二《特陳緊切事宜以仰裨新政疏》;《明神宗實録》卷二,隆慶六年六月丁卯。

② 高拱:《病榻遺言》卷三《矛盾原由下》。

保不得已留原疏，以補疏下擬。有旨：'卿等所奏，于時政有裨，具見忠藎，即擬行。'"①

所謂"十歲兒"之説，其他史書記載有所不同。張廷玉《明史》言：初，穆宗崩，拱於閣中大慟曰："十歲太子，如何治天下？"保譖於后妃曰："拱斥太子爲十歲孩子，如何作人主？"后妃大驚，太子聞之亦色變。以是遂斥逐高拱回籍閑住，不得停留。② 王世貞《嘉靖以來首輔傳》的記載則完全背離史實，言：張居正"密遣人報保，保得爲備，乃言於皇后、貴妃曰：'拱欺太子幼沖，欲迎立其鄉周王以爲功，而己得國公爵矣。'又多布金於兩宫之近侍，俾言之。皇后與貴妃皆錯愕。"③

十四日 輔臣高拱特請工部尚書朱衡④解督理河工總督，專理山陵事務。從之。⑤

十五日 廣西道御史張孝上疏，言：皇上踐祚之初，凡有舉措所窺伺者，何限名與器，安可假人？掌司禮監印務者，孟冲也。未聞令旨革某用某，一旦傳奉令旨者出自馮保，臣等相顧駭愕，莫知所爲。時皇上哀痛方迫，未敢瀆奏，且大窺皇上聖明，必自有説，非左右之所欺罔也。今又傳奉明旨，調用張宏，臣聞其守備南京，包藏禍心，恣作威福。安慶衛指揮張志學等挾衆倡亂，宏受重賄，特爲奏解，駕[嫁]禍知府查志隆激變，以寬志學等。首惡之誅守備如此，皇上何自察其可用，其進譽者何人？凡近習之中有欺上專擅者，不可不放逐；有導上以遊逸玩好之樂者，不可投其中。時臨便殿，召二三輔臣以資啓

---

① 談遷：《國榷》卷六八，隆慶六年六月庚午。

② 張廷玉：《明史》卷三〇五《馮保傳》。

③ 王世貞：《嘉靖以來首輔傳》卷六《高拱傳》。

④ 朱衡(1512～1584)，字士南，號鎮山，江西萬安縣人。嘉靖十一年(1532)進士，歷知縣、刑部主事、福建提學副使、山東布政使、山東巡撫，皆有政績。嘉靖四十四年(1565)進爲南京刑部尚書。同年秋，改工部尚書兼右副都御史，總理河道。朱衡主張開新河，與潘季馴主張復故道相異。隆慶時期，朱衡任工部尚書。多次奏減江南織造，裁抑浮費。萬曆二年(1574)五月致仕，萬曆十二年(1584)卒，享年七十三歲。著有《道南源委録》等。

⑤ 《明神宗實録》卷二，隆慶六年六月戊辰。

沃。前日侍講諸臣，臨御之暇，令其執經誦説，一如出閣之日。及退息宫中，則視内臣老成長慮忠言逆耳者，相與周旋，則聖學日進，庶足開太平之治。疏入，報聞。①

同日　工科給事中程文劾馮保四逆六罪。四逆：一曰："馮保平日造進誨淫之器，以蕩聖心；私進邪燥之藥，以損聖體。先帝因以成疾，遂至彌留。此事無人不知，無人不痛恨者。"二曰："五月二十六日卯時，先帝升遐，辰時即傳馮保掌印，豈非保自矯詔而爲之乎？假傳聖旨有條。"三曰："先帝升遐後一日，馮保即打出一報，内開《遺詔》與皇太子：'朕不豫，皇帝你做，一應禮儀自有該部題請而行。你要依三閣臣并司禮監輔導，進學修德，用賢使能，無事怠荒，保守帝業。'一時人皆抄報，遍傳四方，人心惶惑，以爲司禮豈輔導之任，内官豈顧命之臣？此自古所無者，虚實未可知也……故使事之無也，又是假傳聖旨；縱使事之有也，亦係透漏御情。"四曰："陛下登極之日，科官侍班見馮保直升御座而立，皆甚駭異……不軌之心，豈不可見？"

六罪：一罪耗國不仁："保在先朝不恤帑藏空虚，惟恣侈靡之導。鰲山一作，浪費不貲，其視邦財等若糞土。而凡私營莊宅，置買田産，則價值物料一切取諸御用監、内官監及供用庫内，本管太監翟廷玉言少抗違，隨差豪校陳應鳳等拿玉，庫役勒送千金，遂陷廷玉屈死刑牢。凡承運庫寶物，盜取無算。"二罪竊盜名器："徐爵、王杲係嘉靖年間問發逃軍，保即收爲腹心……尋爲捏功，一陞爲錦衣百户，一陞爲總旗。以白丁之弟馮佑買功，陞至錦衣大堂。又爲伊侄馮天馭、馮天騏謀陞錦衣千百户，家丁王賢、王才、王欽、張勛、邵淳等，皆以厮役濫竊校尉名色。"三罪販鬻弄權："每年聖旦、冬至、端陽三節，保輒思巧計，乞陞内使二百餘人。每陞太監一員受銀五百兩，少監一員受銀三百兩，小火者給牌賜帽俱五十兩；若陞補各王府承奉，正則四千兩，副則三千

---

① 《明神宗實録》卷二，隆慶六年六月己巳。

兩,除珠寶羅緞等物,名曰'見面土儀'。"四罪貪縱:"織染局鋪户石金關領西十庫銀一十七萬兩,保即索受五千餘兩。張大受、徐爵各騙銀一千兩,仍差陳應鳳等嚇送金背錢五十車。又織染局匠役盜去蟒龍羅緞共三百餘匹,保既連贓捉獲,乃索受管局太監陳洪銀物二扛,暗將獲贓送人,匿不以聞。"五罪吞噬强御:"如司禮監太監黄錦病故,管家梁經將錦所積玉器凡二食盒進上,保俱邀截,復嚇銀二萬兩,玉帶、蟒衣不可勝記。先是太監張永舊宅二所,價值五萬餘金,保恃强奪之,占作樓房,見存可究。又太監滕祥病故,遺有大青大碌盈數寸許者,保乃逼伊侄滕鳳送入私囊。復與太監陳洪争奪鳳宅二所,莊田一處,價值十萬兩。因不可得,忿將陳洪陷害。"六罪荼毒凌虐:"打死行兇内使,徑棄屍骸,妄殺無辜妻孥,忍殃同列,竝將太監陳憲坑下冤獄,亦皆人所共知共恨。"馮保負此四逆六罪,皆律法所不可赦者,"伏乞皇上俯納職愚,敕下三法司,亟將馮保拿問,明正典刑。"①

同日 吏科都給事中雒遵②、禮科都給事中陸樹德③、十三道監察御史劉良弼④,各劾太監馮保惡横不法⑤。疏七上,保大恐,使所善

---

① 引高拱《病榻遺言》卷三《矛盾原由下》。

② 雒遵,字道行、號涇波,陝西涇陽人。嘉靖四十四年(1565)進士,授户部主事。隆慶六年(1572)任吏科都給事中,彈劾馮保欺負皇帝年幼無禮。六月,高拱罷歸,雒遵被降三級,貶爲浙江布政使,後調任太原府推官,入爲尚寶司丞。萬曆五年(1577)九月,張居正喪父,神宗下令奪情。張居正歸葬其父時,令尚寶司護送,雒遵堅辭不肯。萬曆十年(1582)張居正去世,馮保被貶南京,雒遵陞爲太僕寺卿,不久改光禄寺卿,後調都察院右僉都御史,巡撫四川。萬曆十三年(1585),雒遵因功入朝,以都御史掌都察院事。後辭歸。

③ 陸樹德,字與成,尚書陸樹聲之弟。嘉靖四十四年(1565)舉進士,任嚴州推官。恰逢樹聲掌管禮部,於是任陸樹德爲尚寶卿。歷任太常少卿、南京太僕卿,以右僉都御史的身份任山東巡撫。隆慶六年(1572)四月,詔樹德東宫侍講。穆宗駕崩,神宗即位,樹德上疏彈劾馮保專權,遭馮保忌恨。樹德素清嚴,約束僚吏,屏絶聲伎。不久,乞休歸。

④ 劉良弼,字賚卿,號肖岩,江西南昌人。嘉靖四十四年(1565)進士,授金壇知縣。隆慶三年(1569),選雲南道御史。隆慶六年(1572),按福建。萬曆四年(1576),按天順。萬曆六年(1578),以京畿刷卷陞大理寺右寺丞。萬曆八年(1580),轉右少卿。萬曆十年(1582),太僕寺卿。萬曆十一年(1583),改光禄寺卿,陞巡撫廣西右僉都御史。後人輯有《中丞肖岩劉公遺稿》。

⑤ 參見《病榻遺言》卷三《矛盾原由下》。

問計於張居正。居正曰："勿懼便好，將計就計爲之。"居正嗛拱，欲乘間逐之。因計授保，明日變作。①

同日　大學士張居正還自天壽山，詔建大行皇帝陵寢于大峪山，賜居正等銀幣有差。②

十六日　罷大學士高拱。司禮監太監馮保等傳奉皇后懿旨、皇貴妃令旨、皇帝聖旨："傳與内閣府部等衙門官員，我大行皇帝賓天先一日，召内閣三臣至御榻前，同我母子三人親授遺囑，說東宫年少，要他每輔佐。今有大學士高拱專權擅政，把朝廷威福都强奪自專，不許皇帝主管，不知他要何爲。我母子三人驚懼不寧。高拱便著回籍閑住，不許停留。你每大臣受國家厚恩，當思竭忠報主，如何只阿附權臣，蔑視主上，姑且不究。今後俱要洗心滌慮，用心辦事。如再有這等的，處以典刑。"③

高拱罷官，談遷記曰："罷大學士高拱。拱在直，張居正引疾。俄召諸大臣于會極門。衆皆至，居正獨後，屢促之，掖而入。拱尚未覺也，語居正曰：'今日必因昨科道彈文，我且正對，必忤旨，公可即處我。'居正佯驚曰：'公何言也?'太監王蓁授旨，居正啓之曰：'皇帝聖旨，聖母皇太后懿旨，皇貴妃令旨……'諸臣愕然頓首謝，拱又頓首出。緹校迫逐，不及束裝，立就道，乘騾車宿城外。"④

事後，高拱回憶說：是時，"九卿皆欲上疏明此事，或曰'總上一疏'，或曰'各衙門自上一疏'，議方未決。荆人恐踪迹發露，當有後禍，乃復稱病不出，而令人揚言曰：'張老未出閣中，誰人票旨?'隨又托心腹人揚言，恐以禍福，衆本遂不敢上。而荆人欲掩飾其事，乃自上疏曰……疏上，乃捏一旨云：'卿等不可黨護負國。'付徐爵封入内

---

① 談遷：《國榷》六八，隆慶六年六月己巳。
② 《明神宗實録》卷二，隆慶六年六月己巳。
③ 《明神宗實録》卷二，隆慶六年六月庚午。
④ 談遷：《國榷》卷六八，隆慶六年六月庚午。

票發出。蓋以見衆無本者,公論不與我也。獨有本者,彼尚從厚,前事非己出也。不惟掩飾己事,且以歸過於君,抑且以事歸馮保。脱後日有禍,令保當之。今即解使去,已而保猶不之悟也。上既在幼,保文理不通,'黨護負國',豈保所能言者? 蓋止知自飾,而不知踪迹之露,翻有不能掩者也。"①

高拱被逐,明清史家有諸多論評。《神宗實録》記史臣曰:"上沖年在疚,拱默受成于兩宫,權不自制,惟恐外廷之擅。而顧命之臣自負付託之重,專行壹意,以致内猜外忌,同列陰行其謀,而内豎黠者亦謀間舊以自固,相比伺釁,驟移兩宫之意,而權復偏有所歸。後先同轍,相尋以敗。專擅之疑,深中聖心。魁柄獨持,以終其世。晚雖倦勤,而内外之間無復挾重恣行如初年者。主術所操,猶爲得其大也。"②

申時行曰:"兩宫始合終睽,幾剸刃相向。然江陵卒調護之,以釋舊怨,群喙乃息。人情世道,可謂一概。而又有謂閣臣之相攻擊者,賢于相和。然則《書傳》所稱'師師濟濟者',非耶?"③

支大綸曰:"高拱當鼎革之日,居保濟之任,開誠布公,周防曲慮,不阿私黨,即古之社稷臣,何以加焉。不幸比之匪人,反面横噬,狼狽出走,資斧盡喪,亦足悲矣。然拱天資剛愎,持論多偏;是己而不稽于衆,任氣而不期于理;抱樸忠而專政,恃偏才以蓋人。《易》所謂'亢龍有悔'者,非耶?"④

李騰芳曰:"新鄭、江陵兩公,皆負不世出之才,絶人之識。本以忠誠不二之心,遭時遇主,欲盡破世人悠悠之習,而措天下于至治。其所就雖皆不克終,然其所設施,亦已不可泯矣。獨怪兩人始相得甚歡,卒于相抵。人稱丙、魏、房、杜同心是矣,然韓魏公富鄭公齟齬特

① 高拱:《病榻遺言》卷三《矛盾原由下》。

② 《明神宗實録》卷二,隆慶六年六月庚午。

③ 談遷:《國榷》卷六八,隆慶六年六月庚午。

④ 談遷:《國榷》卷六八,隆慶六年六月庚午。

甚。由是言之,兩公之相忤,亦可以相貶也。"[①]

談遷曰:"昔人稱宫府一體,非比而附之,言相爲用也。相用則相信,相信則相倚。主上方十齡,兩宫抱虚名于内,勢必任大璫。大璫雖大職,屬在密勿,欲朝而糾,夕而逐,未可望之長君,矧孤危倉卒間哉?新鄭始志,不失爲社稷臣。未信而諫,釁起同室。雖無江陵之忮,城社易憑。謝、劉之攻逆瑾,此其前鑒矣。"[②]

上述明清史學家雖然提出高拱有某些性格上的弱點,但將其視爲"古之社稷臣"、"不世出之才"、"不失爲社稷臣"則是確當的,符合歷史事實的。然而,現今有論者却提出高新鄭"相材缺失論",如説:他"心胸偏狹,缺少相的氣度;快意恩仇,不能和衷同事,缺少表率百官相容并包的博大胸襟,其爲相的素質是有缺憾的"。"其興也忽,其敗也速,個中原委很有探討之必要。""高新鄭被驅逐與其做官做人的人格弱點有某種必然的關聯。高新鄭的相材是缺失的。"[③]在這裏,論者把高拱的"性格缺陷"提升爲"人格弱點"、把"性格決定命運"上綱爲"人格決定被逐"的高度,來抨擊高拱缺失相材。這裏的關鍵字之一是"人格"。何謂人格、性格?論者没有界定。我們認爲人格與性格是既有聯繫又有嚴格區别的兩個不同的概念。性格是指一個人心理素質和潛意識的個性反映,表現爲接人待物處事的穩定性、習慣性的言行作風和態度,帶有先天生理性的特質;而人格則是指一個人的尊嚴、價值和道德品質的總和,常被稱爲品德節操,具有後天社會性的特徵。

論者"從爲官之道、爲相之道考察",認定"新鄭似非相材也":(1)因其"剛偏太甚,缺少氣度","屢與徐階抗衡"。首先,高被徐薦入閣,責難高對徐"始終不買賬","不思圖報"。其實,徐之薦高入

---

① 談遷:《國榷》卷六八,隆慶六年六月庚午。

② 談遷:《國榷》卷六八,隆慶六年六月庚午。

③ 趙毅:《高新鄭相材缺失論》,載《哈爾濱師範大學社會科學學報》2010 年第 1 期。

閣,有其自己的謀算:一是“欣賞其才華,有意延納之以爲臂助”;二是因“高拱與朱載垕之間的長遠淵源和深厚情誼”,“及時延用高拱,實亦爲結好於儲君”①,有利於新君即位的邀寵固位。按照世俗觀點,高入閣本應對徐感恩戴德,巴結逢迎,即如論者爲高設計的那樣:“他本應隱忍自持,韜光養晦,與同列尤其是與如日中天影響巨大的首輔徐階處理好關係,誠如是,那麼作爲‘有才略’的政治新星,終有光輝燦爛的前程。”但是,高拱不是那種善用韜晦之計、具有兩面人格的政客。他有自己的獨立政見、人格尊嚴,堅持政治家應有的職業道德。“既躋政府,不爲折節。”②時人沈節甫言:“新鄭不能奪也。上交不諂,下交不瀆,諒哉!”③不媚不諂,守節如竹,這就是高拱的品德操守,獨立人格。其次,論者指責高新鄭“全面否定”、“根本否定”徐階所擬遺詔。其實,高并無全面根本否定遺詔,而是否定遺詔對大禮得罪諸臣悉加平反,對方士王金等六人不據罪依法量刑而悉加論死;否定遺詔對嘉靖善政和革新的根本否定;否定徐階對嘉靖皇帝“詭隨於生前,詆詈於身後”的雙重人格。徐擬遺詔“盡反先政”,而高“盡反階所爲”,這是完全順理成章、合乎邏輯的事情。其三,論者讚頌徐階“休休有容”,是“同樣爲相的高新鄭所不具備的”。何謂“休休有容”?只有那種能够團結反對過自己、并且實踐證明是反對錯了的人一道合作共事的人,才能稱爲“休休有容”。以此標準衡量,高拱爲相確實没能做到與自己政見不合的人一道共事,做到“休休有容”。不過,我們倒要質疑:“休休有容”、“有氣度、有包容”、“一味甘草”、能够“折衷調劑,煮於一鍋”的首輔徐階,爲什麼要把與自己政見不合的高拱、郭朴都要驅逐出閣呢?不惟如此,而且據論者所説與徐“關係源遠流長”、“仕途發展頗得徐階提携”的趙貞吉,爲什麼也一度被逐

---

① 韋慶遠:《張居正和明代中後期政局》,廣東高等教育出版社 1999 年版。

② 《明神宗實録》卷八四,萬曆七年二月乙巳。

③ 黄景昉:《國史唯疑》卷七。

出京師呢？史載：隆慶元年九月，俺答、土蠻入寇，京師震動，形勢緊張。穆宗"經筵畢，而詢階以戰守方略，掌詹趙貞吉條對甚詳，階不能答，乃請至閣議。及議，貞吉首言，宜用首相巡邊。階不懌，竟以漫語上覆……不久，貞吉出而南矣"①。政見稍有不合，即把貞吉逐往南京。這就是徐階"休休有容"的最好注脚。

論者提出"高新鄭缺失相材"：(2)因"頗快恩怨，不能和衷"。論者没有發現李、陳、趙、殷"做人做官有大的失德之處"，但"四人皆爲新鄭所不容"，"依次被逐出廟堂"。這裏還需補充的是，"不能和衷"不是高拱單方面一人之事。孔子曰："道不同，不相爲謀。"②中國歷史上的高官，因治國之"道不同"而不能和衷、互相排逐的事例，多不勝舉。即如隆慶朝而言，歷時雖短，但内閣諸臣亦存在着治國之道的不同。徐階、李春芳、趙貞吉的治道是：撥亂反正，恢復舊制；而高拱、張居正的治道則是：除弊創制，改革整頓。正因爲他們的治國之道（包括學術、理念、方略、政綱）不同，所以不能和衷同事而互相排逐。徐階、李春芳排逐高拱、郭朴出閣，因治道不同；高拱、張居正排逐李春芳、趙貞吉、殷士儋出閣，亦因治道不同。甚至後來張居正排逐高拱出閣，也是由於二人在整頓改革治國之道上的側重點不同：高以改革爲主，伴有整頓；張以整頓爲主，伴有改革。論者把陳、趙、李、殷四人"依次被逐"説成是高拱一人所爲，竭盡全力爲張居正開脱，不過是舊史學"袒文忠則絀文襄"③、"進江陵則退新鄭"④的歷史偏見而已。

明清史家幾乎衆口一詞批評高拱"頗快恩怨"，專修報復。這也爲論者指斥高拱"做官做人的人格弱點"、"缺失相材"提供了資料和口實。隆慶之初，内閣處理胡應嘉違制事件，"智老而猾"的徐階"陰

---

① 唐鶴徵：《皇明輔世編》卷五《徐文貞階》。

② 《論語·衛靈公》。

③ 馬之駿：《高文襄公集序》，《高拱全集》附録二《高拱生平文獻》。

④ 李永庚：《重修文襄高公祠堂記》，清乾隆《新鄭縣志》卷二七《藝文志》。

餌拱于叢棘之上”[①],不僅使高背上報復怨仇的黑鍋,而且將其逐出内閣。高拱復政,人謂必且報復。面對輿論壓力,他不避嫌怨,公忠任事,如説:“恩非不可結,其如害公;怨非不可遠,其如虧法。苟有益於國,則嫌何足避?苟無益於國,則名何足圖?”[②]“人臣修怨者,負國;若於所怨者避嫌而不去,或曲意用之,亦負國。何者?人臣當以至公爲心。如其賢,不去可也,用之可也;如其不賢,而徒務遠己之嫌,沽己之譽,而以不肖之人貽害國家,豈非不忠之甚乎?”[③]對彈劾過他的官員,既不“以怨報怨”,也不“以德報怨”,而是“以直報怨”。在他看來,“直者,情理之無所曲者也”,就是“出乎心之公,得乎理之正,斯爲直而已矣”[④]。張居正評價高拱曰:“再入政府,衆謂是且齮齕諸言者,公悉待之如初,未嘗以私喜怒爲用舍。”[⑤]又曰:“有所舉措,不我賢愚,一因其人;有所可否,不我是非,一準於理;有所彰癉,不我愛憎,一裁以法;有所罷行,不我張弛,一因於時。”其掌吏部所察舉汰黜,“皆詢之師言,協于公議。即賢耶,雖仇必舉……即不肖耶,雖親必斥”[⑥]。在此,張言并非溢美之詞,高之舉仇斥親不乏事例。

高拱背負“頗快恩怨”的報復惡名,大都是時人和史家深知高徐矛盾而揣摩臆測的結果。誠如高致徐書所言:“暨公謝政,僕乃召還,僉謂必且報復也。而僕實無纖芥介懷,遂明告天下以不敢報復之意。天下之人固亦有諒之者。然人情難測,各有攸存。或怨公者,則欲僕陰爲報復之實;或怨僕者,則假僕不忘報復之名。或欲收功於僕,則云將甘心於公;或欲收功於公,則云有所調停於僕。然而皆非也。”[⑦]

---

① 談遷:《國榷》卷六五,隆慶元年正月辛巳。
② 高拱:《掌銓題稿·序》。
③ 高拱:《本語》卷六。
④ 高拱:《問辨録》卷七《論語》。
⑤ 張居正:《張太岳集》卷七《門生爲師相中玄高公六十壽序》。
⑥ 張居正:《張太岳集》卷七《翰林爲師相高公六十壽序》。
⑦ 高拱:《政府書答》卷四《與存齋徐公書一》。

又致書蘇松李巡按言:“暨僕再起,胥謂必且報復;而僕實無報復之意,蓋不敢假朝廷威福行其私也。乃有鼓弄其間者,謂僕實未忘情,僕甚惡焉。”①高拱對徐階以及彈劾過他的官員實無報復之意,而時人却揣摩鼓弄其間,謂高實無忘情報復。史家跟著揣摩炒作,謂高“頗快恩怨”、“睚眥必報”。論者人云亦云,并加發揮,謂高“缺失相材”。但是,這些酷評并不切合高拱“公忠任事”的實際,也有損於高拱爲相做人的光輝形象。

“公正廉直”是高拱爲相做人之道。所謂公正,就是心公理正,公而忘私,國而忘家,忠勤輔政,不顧自身;所謂廉直,就是清廉方正,廉介持己,直道事人,操履剛方,守正不阿。簡言之,即正直。正直,是儒家規範從政者的政治道德。孔子曰:“政者,正也。”②這是儒家對政治的經典定義。人類社會爲什麽需要政治?因爲人事不濟:性有善惡之分,事有曲直之殊,理有是非之别,行有邪正之辨。必須有正直者出來以正治邪,以直治曲,即以正直管理社會,管理國家,才會使人過上有序、安定、公正、文明的政治生活。所謂行政就是要行正道,行直道。《詩經》謂:“靖共爾位,好是正直。”③《左傳》説:“恤民爲德,正直爲正,正曲爲直,參和爲仁。”④高拱這種正直的人格特徵,在當時弊俗成風、賄賂公行的形勢下是非常難能可貴的。高拱其人性格確有弱點,而其人格則無虧欠,無瑕疵。“金無足赤,人無完人。”高拱是偉人而非“完人”。其性格弱點主要是:“性急寡容”⑤,“性直而傲”⑥,“强直自遂”,“負才自恣”⑦,“性剛而機淺”⑧。海瑞説:“以

---

① 高拱:《政府書答》卷四《與蘇松李巡按書》。
② 《論語·顔淵》。
③ 《詩經·小雅·小明》。
④ 《左傳·襄公七年》。
⑤ 《明神宗實録》卷八四,萬曆七年二月乙巳。
⑥ 萬斯同:《明史》卷三〇二《高拱傳》。
⑦ 張廷玉:《明史》卷二一三《高拱傳》、《郭朴傳》。
⑧ 《明神宗實録》卷三七〇,萬曆三十年三月丁卯。

‘戾’病中玄最當。其他大抵出私見黨同,不然也。”[①]“戾者,暴也。”高拱這種粗暴高傲、性急機淺的性格缺點,比其爲相功業、爲人品格而言是第二位的,是十個指頭中的一個指頭。

高拱做官做人“公正廉直”,不是下屬的溢美,而是官方的論定。世宗評曰“慷慨立朝,公忠奉職”,“光明正大”,“直節勁氣”[②]。穆宗評曰“公正廉直”,“秉公持正”,“輔政忠勤,掌銓公正”[③],又曰“精忠貫日,貞介絶塵”,“鞠盡瘁以不辭,當嫌怨而弗避”[④]。神宗爲高拱平反,追贈“特進光禄大夫”的誥命亦言“鋭志匡時,宏才贊理”,“位重多危,功高取忌”,“慷慨有爲,公忠任事”,“經綸偉業,社稷名臣”,“雖讒人之罔極,旋公道之孔昭”[⑤]。嘉隆萬三朝皇帝的高度評價,是對高拱做官做人之道的真實概括和充分肯定。高拱對其“公正廉直”的做官做人之道也曾作過自我明釋,屢言“惟清惟直勉,夙夜以在公;曰慎曰勤,協寅恭而率屬”[⑥];“奮礪赤忠,堅守素節”;“不敢自顧身家而有虧於守,徒務形迹而有欺於心”;“國爾忘家,公爾忘私”[⑦];“必其至正,乃不奪於干託之私;必其至公,乃不狃於愛憎之素”[⑧]。高拱對其“公正廉直”的自我明釋和解讀,亦爲其正心、修身、齊家、治國的實踐所證實。人格具有可比性。高拱“公正廉直”爲相爲人的品格,比其前任首輔徐階和後任首輔張居正,均有過之而無不及。海瑞論徐“和柔之義勝,直方之德微”,“存翁爲富,中玄守貧”[⑨]。此爲至理名言。萬斯同亦認爲“高拱制行遠勝於階”,“其爲人賢於居正遠矣”[⑩]。

---

① 海瑞:《海瑞集》上编[京官时期]《乞治黨邪言官疏》及《附録》。

② 高務觀:《東里高氏家傳世恩録》卷二《誥命》。

③ 高拱:《綸扉稿》卷一《辭免兼任》諸疏。

④ 高務觀:《東里高氏家傳世恩録》卷二《誥命》。

⑤ 高務觀:《東里高氏家傳世恩録》卷五《誥命》。

⑥ 高拱:《獻忱集》卷四《謝陞禮部尚書兼翰林院學士疏》。

⑦ 高拱:《獻忱集》卷五《謝入閣迎和門叩頭疏》諸疏。

⑧ 高拱:《綸扉稿》卷一《懇乞天恩辭免重任疏》。

⑨ 海瑞:《海瑞集》上編[京官時期]《乞治黨邪言官疏》及《附録》。

⑩ 萬斯同:《明史》卷三〇二《高拱傳》“論曰”。

此評深中肯綮。高拱一身正氣,兩袖清風,廉潔自律的高尚品格更是徐、張二人所不及的。徐氏爲相十七年,放縱子弟横行鄉里,聚斂錢財,家有土地多達二十四萬畝。張氏從政前家有土地不過幾十畝,入閣拜相十六年,"在反對别人腐敗的同時,自己却也在腐敗",最後擁有良田八萬餘畝。而高拱"自輔儲至參鈞軸,歷三十年而田宅不增尺寸","中州家範之嚴,咸稱高氏"①。嘉隆萬交替之際,論爲相功業,高不亞於徐張;論人格品德,高比徐張高尚。奈何論者對徐張爲相爲人讚頌有加,而偏偏對高拱却百倍苛責,論其"相材缺失"呢?這只有用歷史傳統的政治偏見來解釋。著名專家牟鐘鑒説:"做學問求是,做事情求實,做人求誠。這就是高拱的真精神。"②這是對高拱做官做人之道最準確的概括。

十七日　清晨,高拱辭朝即行。"荆人來顧曰:'我爲公乞恩,馳驛行。'予曰:'行則行矣,何馳驛爲?'且諷之曰:'公必不可爲此,獨不畏黨護負國之旨再出耶?'荆人曰:'公到底只是如此。'然彼非爲我,蓋作門面,使天下以爲我行非出彼意。故雖厲色力止,而彼竟上疏,不令予知也。語竟,予遂行,不備威儀,覓一騾車載以行。道路之人見之,多流涕者……奉聖旨:'准馳驛去。'至真空寺,有親故以飯相送者。"③

同日　張居正上疏言:"臣等看得高拱歷事三朝,三十餘年,小心端慎,未嘗有過。雖其議論侃直,外貌畏嚴,而中實過於謹畏,臨事兢慎,如恐弗勝。昨大行皇帝賓天,召閣臣三人俱至御榻前,親受遺囑。拱與臣等至閣,相對號哭欲絶者。每屢惟先帝付託之重,國家憂患之殷,日夜兢兢,惟以不克負荷爲懼,豈敢有一毫專權之心哉?夫人臣之罪,莫大於專權。拱讀書知禮義,又豈敢自干國紀,以速大戾,正緣昨者閣疏五事,其意蓋欲復祖制,明職掌,以仰裨新政於萬一。詞雖

---

① 孫奇逢:《中州人物考》卷五《高郎中公魁》。
② 牟鐘鑒:《論高拱》,載《中州學刊》1988年第5期。
③ 高拱:《病榻遺言》卷三《矛盾原由下》。

少直，意實無它。又與臣等彼此商榷，連名同上，亦非獨拱意也。若皇上以此罪拱，則臣等之罪亦何所逃？仰惟皇上登極大寶，國家多事之時，正宜任使老成匡贊聖治，豈可形迹之間遽生疑二？且拱係顧命大臣，未有顯過，遽被罷斥，傳之四方，殊駭觀聽，亦非先帝所以付託之意也。伏望皇上思踐祚之初，舉措當慎。念國家之重，老成可惜，特命高拱仍舊供職，俾其益紓忠藎，光贊新政。"①"報曰：卿等不可黨護負國。"②

同日 高拱妻侄、尚寶司司丞張孟男送别高拱與其夫人於京郊。高拱夫人張氏，孟男姑也。平時極少往來，於相門無私謁，歲時問安，不交一私言，孟男爲符郎五年不遷。"一日，（文襄）詰夫人：卿家尚璽何爲疏我？夫人對曰：天下事方在公掌握，公不以妾故昵妾猶子，猶子不敢以私請公，妾知免矣，當爲公賀。文襄笑曰：卿言大佳……俄傳上與二后三旨同下，削文襄籍，徒步出門，操之爲已蹙矣。人心震駭，門生故吏鳥獸散。公（孟男）騋馬之文襄邸，入其門無人門焉者，入其閨無人閨焉者。文襄反袂拭面，涕淚沾袍怖哉！諸大夫遂無化我也。吾不早知子，生無相見，死無相哭。公從容慰藉曰：四時之序，成功者退，士之甚勇之甚，何爲此言？幸而退足改樂耳。質明，携簞食與脡脯，祖文襄於郊。文襄下韋藩加楗，而執手牓以爲席，鞍以爲幾，大嚼而别。吾夜思子之意，嘉子之行，若熱之有濯也。"③

《明史》記曰："大學士高拱得罪，倉黄去京師，門生皆避匿，（秦）

---

① 引高拱《病榻遺言》卷三《矛盾原由下》；《明神宗實録》卷二，隆慶六年六月庚午條，亦有簡述。

② 《明神宗實録》卷二，隆慶六年六月庚午。

③ 李維楨：《明南京户部尚書張公傳》，載清順治《中牟縣志》卷九《人物》。

柱[①]獨追送百里外。”[②]

高拱罷官南歸至蘆溝，好友、詩人嵇元夫[③]相送，并賦七言律詩一首。

【七言律】

立秋日蘆溝送新鄭少師相公

單車去國路悠悠，緑樹鳴蟬又早秋。
燕市傷心供帳薄，鳳城回首暮雲浮。
徒聞後騎宣乘傳，不見群公疏請留。
三載布衣門下客，送君垂淚過蘆溝。[④]

十八日　高拱南歸至内丘阻雨，賦七言律詩一首。

【七言律】

壬申六月十八日南歸至内丘阻雨感賦

自是天家雨露寬，孤臣千里濕征鞍。

---

① 秦柱(1536～1585)，字汝立，江蘇無錫人，係嘉靖初南京禮部尚書秦金之孫。秦柱以諸生授中書舍人。時吴中行上疏反對張居正奪情，被施杖刑下詔獄。秦柱則帶醫生侍奉湯藥，於是得罪張居正，被貶魯府審理，之後尋假考核被罷。家富藏書，藏書樓爲“雁里草堂”，所藏多有善本。清藏書家黄丕烈稱其爲“奇書”。卒後，藏書星散。嘉靖二十三年(1544)正月，高拱曾爲其祖父秦金撰《秦公敕誥碑陰》。

② 張廷玉：《明史》卷一九四《秦金傳》。

③ 嵇元夫，字長卿，號竹城，浙江歸安(今湖州)人。其父嵇世臣(字思用，號川南，嘉靖十四年進士)爲高拱的座主。高拱於元夫又有營救之恩。清朱彝尊言：“長卿父編修世臣，嘉靖辛丑分校禮闈，高文襄出其門。長卿少年簡傲，獲罪嘉興某推官，坐死。文襄營救獲免，招入都，執其手語朝士曰：‘此天下才也。’及文襄去位，乘牛車出國門，次日始有馳傳後命。長卿《蘆溝送新鄭相公》詩云：……蓋紀其實也。”(朱彝尊：《静志居詩話》卷一八《嵇元夫》)另，明朱國禎《湧幢小品》卷一七《酌水》亦有簡略記載。

④ 嵇元夫：《立秋日蘆溝送新鄭少師相公》，載沈德潛：《明詩別裁集》卷九。

塞垣回首煙塵静，農畝關心稼穡艱。
可喜一朝驅毒暑，不眠中夜襲輕寒。
却慚未滿甘霖望，徒使蒼生拭目看。[1]

高拱居政府，攝銓衡，厘奸除弊，成效顯著。天下已治而猶以爲未治，天下已安而猶以爲未安，故被排擠歸途中遇雨，猶有“却慚未滿甘霖望，徒使蒼生拭目看”之感。

二十三日 遣中使問大學士高儀[2]疾。高儀有疾不出，聞高拱去大驚，因嘔血三日，於是日卒。[3]

二十六日 上召見張居正於平臺，議兩宮尊號。張居正代高拱爲首輔柄政，慨然任天下之重，尊主權，課吏實。[4]

是月 高拱撰有四通疏稿，未及呈上而被罷。一通是《擬陳點官事宜疏》，略言吏、兵二部推舉大小官員，俱發内閣看詳票擬。二通是《正國是順民心以尊朝廷疏》，提出對安慶兵變的處置意見。另外兩通是《乞恩辭免部事疏》，略言：“臣於去歲曾五疏辭免部務，未蒙先帝俞[諭]允。兹恭遇皇上光登大寶，實惟新政之初，凡一應政令與凡一應禮文，俱屬閣臣議行。且先帝梓宫在殯，山陵未造，一應喪儀，亦俱屬閣臣議行。臣實竟日在閣辦理，更無時刻可以到部。吏部進退百官，治亂所係。臣既身不能到，若非别委之人，必至誤事。此臣所以不得不言者也。伏望皇上俯垂鑒察，容臣辭免兼任。庶臣得以專心在閣，仰裨聖政。臣無任祈請懇切之至。”又言：“兹惟皇上新政之

---

① 高拱：《詩文雜著》卷一《壬申六月十八日南歸至内丘阻雨感賦》。

② 高儀（1517～1572），字子象，號南宇，浙江錢塘人。嘉靖二十年（1541）進士，選庶吉士，授翰林院編修。歷侍講學士，掌南京翰林院，太常卿。嘉靖四十五年（1566），陞禮部尚書。後引疾以歸。隆慶六年（1572），以高拱薦，起以故官侍東宫講讀。是年五月二十六日，明穆宗病危，召高拱、張居正及高儀三人爲顧命大臣。六月十六日，張居正“附保逐拱”，高儀寢食不安，月餘嘔血死。著有《高文端奏議》。

③ 高拱：《病榻遺言》卷三《矛盾原由下》。

④ 《明神宗實録》卷二，隆慶六年六月庚辰。

初,機務旁午。臣忝閣臣之首,竟日辦理尚不能前,而暇及於他乎?況辦理機務,乃臣本職。昨先帝大漸之時,召臣等至御榻前,面授曰:'東宫幼小,朕今付之卿等輔佐。'則是先帝之專托,固在於輔佐也。臣既受輔佐之托,自當日在左右,奉贊萬幾,而又敢及於他乎?不暇及,不敢及,而不以辭,則銓衡之職必至曠廢,是又臣之罪也。伏望皇上鑒臣非敢辭勞,非敢釣譽,非敢避怨,非敢遠嫌,實出一念爲國之心。容臣辭免部務,庶臣得以專心輔佐,以副先帝之遺言,以裨皇上之新政。"①

是月 巡撫河南都察院右副都御史梁夢龍②在新鄭縣城内爲高拱立過街石坊,上題"柱國元輔"四個石刻大字。③

---

① 高拱:《綸扉稿》卷二《擬陳點官事宜疏》、《正國是順民心以尊朝廷疏》、《乞恩辭免部事疏》和《又乞恩辭免部事疏》。

② 梁夢龍(1527～1602),字乾吉,號鳴泉,北直隸真定(今河北正定)人。梁氏原是山西蔚州之巨族,洪武初年爲避戰亂徙至真定。至七世梁夢龍時,其家族大顯。嘉靖三十二年(1553)中進士,任順天府丞、河南副使。隆慶時,巡撫山東,遷右副都御史,巡撫河南。嘉、隆、萬時期,在開通海運、治理黄河、守邊抗敵方面皆有功勛。萬歷初爲户部右侍郎、兵部左侍郎,總督薊、遼、保定軍務,堅持抗擊後金,加兵部尚書,後遭彈劾,去官,家居十九年卒。爲官頗享清名,人稱"梁閣老"。崇禎末,追謚貞敏。著有《海運新考》、《史要編》等。

③ 高務觀:《東里高氏家傳世恩録》卷五《坊表》。

五 赋閑時期

〔61 歲至 67 歲〕

隆慶六年七月 高拱回歸故里,居住在新鄭縣城内東大街名叫“適志園”的家中。園内的“澄心洞”亦即“八卦洞”①,這是他的卧室,洞上建有“景仰堂”,這是他的書房。(1)澄心洞建置時間。始建於明成化四年(1468)。高拱祖父高魁從城東高老莊遷居縣城東街,取名適志園,内建澄心洞,早於“御賜樓堂”。隆慶六年(1572),高拱上《恭建樓堂尊藏宸翰乞賜名額以崇聖澤疏》言:“近乃於臣原籍住居之北,置地一區,庀材鳩工,擬建層樓,尊藏前項宸翰,樓下擬建一堂,以便瞻仰。”“伏望聖慈俯賜名額,以垂永世。”同年四月十一日,奉聖旨:“覽卿奏,具見忠敬,樓名與做‘寶謨’,堂名‘鑒忠’,着工部製扁送安。”從御賜樓堂方位來看,疏中所提“原籍住居”應該就是適志園澄心洞。高拱回籍後,住在澄心洞。由此可以推斷出始建區間:成化四年至隆慶六年。(2)澄心洞的結構。按乾南坤北方位設計,以子午綫爲中軸,座北朝南,脚下有數層臺階,用白石鋪成。八卦洞是一無梁殿,全用拱形砌就。上下兩層,下層稱澄心洞(俗名八卦洞),四面設門,前臉有三個門洞,寓意爲跳出三界外;上層稱敬仰堂,面闊五丈,進深三丈,單檐歇山頂,檐下斗拱出挑,屋角高翹,緑色琉璃瓦罩頂,抱廈五間,前爲木制隔牆,雕刻圖案,工藝精美。高拱“回籍閑住”時即在這裏居住,下層爲卧室,上層爲書房②。高拱歸家杜門謝客,不面縉紳,不言時事。一面整理舊疏文稿,一面著書立説。③ 高拱對澄心洞(八卦洞)懷有深厚感情,曾賦詩二首:

---

① 高拱撰有《澄心洞聯》和《適志園聯》,《詩文雜著》卷一有名無聯。

② 縣誌記曰:“澄心洞達观亭,在東街道南,高文襄公著書处也。”(《新鄭縣志》卷五《山川志》)

③ 《新鄭縣志》卷二六《藝文志》。

【五言律】

别　墅

素心耽曠寂，沉迹向林坰。
岩壑天開勝，黿龍地伏靈。
著書雲外閣，觀稼雨中亭。
煙路誰馳勒，山猿莫浪驚。①

【五言律】

秋暮東園與友人話舊

班荆依複磴，列藉撫幽泉。
高樹延殘日，荒城澹夕煙。
感時心欲碎，嘆逝淚同涓。
去去還留語，霜明草閣顛。②

初七日　高拱罷官後，朝中掀起對“高黨”的清洗浪潮。吏部等

① 高拱：《詩文雜著》卷一《别墅》。
② 高拱：《詩文雜著》卷一《秋暮東園與友人話舊》。

衙門考察奏:黜吏部員外郎穆文熙①,都給事中宋之韓②、程文等三十三員;吏部主事許孚遠③,御史李純朴④、杜化中⑤、胡峻德、成時選、劉曰睿、張集,左右給事中涂夢桂、楊鎔、周芸、張博等五十三員降調外任。吏部又題考察光禄寺寺丞張齊、何以尚,尚寶司卿成鍾音、司丞陳懿德等四員,詔報:齊、懿德閑住,鍾音、以尚降調外任。户、刑等部尚書張守直、劉自强、朱衡,倉場尚書王國光及户、兵、刑、工左右侍郎郭朝賓、陳瓚、石茂華、栗永禄、朱大器、曹金、趙錦、熊汝達,戎政侍郎王遴,通政使李際春等各自陳乞罷。詔報:自强致仕,永禄調南京,餘俱留。⑥

初十日 吏部覆,通政使司右通政何永慶、韓楫等各陳不職,詔報:永慶閑住,楫降調外任。⑦

二十日 掌詹事府事吏部左侍郎兼翰林院侍讀學士張四維遵例自陳,詔:照舊供職。改刑部右侍郎曹金爲兵部右侍郎兼右僉都御史

---

① 穆文熙(1532～1617),字敬甫,山東東明人。嘉靖四十一年(1562)進士,歷任工部郎中、尚寶寺寺丞、吏部考功司員外郎。文熙精通史略,文武兼備,且爲官清正,崇尚名節。萬曆年間,由于兵部尚書張佳胤推薦,文熙再起任廣東按察使,轉南京户部侍郎,以父老終養請歸,遂不復出。

② 宋之韓(1532～1600),字元卿,號敬齋,河北武安人。嘉靖四十四年(1565)進士,爲高拱門生,任户部員外郎、吏部都給事中。隆慶六年(1572)五月,神宗即位。剛正不阿的宋之韓鑒于自古無司禮監輔導皇帝之例,認定這是馮保假傳聖旨,加上素知馮保專擅朝政、賣官受賄的種種不法事,上《劾馮保四逆六罪疏》。疏中歷數馮保的罪行,要求神宗"下三法司,亟將馮保拿問,明正典刑"。宋之韓的抗疏,觸犯了當朝權奸。馮保大怒,宋之韓解職歸田。萬曆二十八年(1600)卒,享年六十九歲。

③ 許孚遠(1535～1604),字孟中,號敬庵,浙江德清人。嘉靖四十一年(1562)進士。授南京工部尚書,後調吏部主事,因講學遭尚書楊博忌,稱病歸里。萬歷三十二年(1604)卒,享年七十歲。

④ 李純朴,字文伯,號懷野,四川定遠(今武勝縣)人。嘉靖四十四年(1565)進士,高拱門生,初選刑部主事,以才調户部,監通州,陞廣西道御史。享年四十九歲。

⑤ 杜化中(1534～1600),字民孚,河南扶溝人,杜紹之孫。嘉靖四十四年(1565)進士,高拱門生。任直隸順德府推官,遷工部主事,轉廣東道監察御史,又遷東平知州。

⑥ 《明神宗實録》卷三,隆慶六年七月庚寅。

⑦ 《明神宗實録》卷三,隆慶六年七月癸巳。

巡撫陝西。調寺丞何以尚、御史劉曰睿、給事中周雲等于外任。①

是月 高拱回籍途中,張四維適逢赴召。二人相會於河北欒城。分別之後,張四維致函高拱曰:"欒城(今河北邯鄲)拜别北行,忽忽如失,迄今且匝月矣。都中人情事體,儼如革代,不忍見,不忍言。初心刺謬,恨在里發軔之早也。在欒奉臺諭,謂岳老與不肖無他嫌,乃媢忌者從而構陷之,則初意亦且不堅,天下事未可知也。岳翁與翁金石風契,一旦決裂,中心殊有慚俎。無耐群小不得志于翁者,百端捏造,殊足憤邑。我翁精忠宏度,天地鬼神、九廟神靈實共鑒之,此不須言説也。惟翁心術行業,數年來已表見于天下。今又以主持國體,爲奄人所逐。始終大節,雖古人無多讓,幸自寬慰,無以他端介意。神聽不謬,果育雙麟,則衍慶殊未央耳……且閉門謝客,絶口勿言時事,以需時月何如。"②可見,張四維與高拱、張居正均爲莫逆之交,亦曾試圖調解高、張矛盾,無奈,因官場險惡、權力之争,高拱被張居正和馮保所逐,深感惋嘆!

其後,張四維卒,高拱門生、大學士許國③爲其撰《墓誌銘》曰:"初在詞林,與新鄭、江陵二公爲莫逆交。二公繼在政府有隙。新鄭去國,而公適赴召,從獲鹿取道會新鄭於欒城。江陵公知之,迎謂公曰:'上方震怒,安得私見罪人?'公曰:'疇昔事高公猶事公也,一親一疏,謂交道何?'江陵默然……公或數言余於上,而人不及知也。公又爲余言:'欲白新鄭冤,請恤而未得間,今以遺公。'余出新鄭門下,深愧其言三事狀所不及載者。"④

---

① 《明神宗實録》卷三,隆慶六年七月癸卯。

② 張四維:《條麓堂集》卷一七《寄高相公九》。

③ 許國(1527~1596),字維楨,號穎陽,安徽歙縣人。嘉靖四十四年(1565)進士,高拱門生。歷仕嘉靖、隆慶、萬曆三朝,歷官檢討、國子監祭酒、太常寺卿、詹事、禮吏二部侍郎、禮部尚書兼東閣大學士入參機務。萬曆十二年(1584)以雲南"平夷"有功,晉太子太保、武英殿大學士。謚文穆。著有《許文穆公集》。

④ 許國:《許文穆公集》卷一二《吏部尚書中極殿大學士贈太師謚文毅張公墓誌銘》。

大約此時,高拱賦詩二首。

【五言絶】

菊　詠

秋宴群芳歇,東籬獨有花。
敢雲持晚節,不解鬥繁華。[①]

【五言絶】

萱草詠

晃日金英動,牽風翠帶浮。
何能常對此,忘却杞人憂。[②]

八月初三日　以開通海運功,陞巡撫都御史梁夢龍、王宗沐各俸一級,賞銀三十兩,紵絲二表裏。時海運船抵灣纔六號,直隸巡按李栻上疏,盛推諸臣經始之勞,輔臣(指高拱)贊襄之功,故有是命。[③]

初四日　加恩内閣首輔張居正左柱國,進中極殿大學士,廕一子尚寶司司丞。次輔吕調陽加太子少保,進武英殿大學士,餘官如故。給與新銜誥命。[④]

初六日　廕司禮監太監馮保等各弟侄一人爲錦衣衛正千户,以東宫侍衛勞也。[⑤]

此時,高拱賦詩一首,借寒潮秋月表達心中的惆悵悲涼。

---

① 高拱:《詩文雜著》卷一《菊詠》。
② 高拱:《詩文雜著》卷一《萱草詠》。
③ 《明神宗實録》卷四,隆慶六年八月丙辰。
④ 《明神宗實録》卷四,隆慶六年八月丁巳。
⑤ 《明神宗實録》卷四,隆慶六年八月己未。

【七言律】

十六夜月

風色蕭蕭二八秋，中天佇待彩波流。
落雲桂子還如昨，出海冰輪頓若留。
素影乍驚虧兔闕，寒潮已見落江洲。
倚欄莫為添惆悵，終夜嬋娟尚滿樓。①

二十二日 刑科左給事中宗弘暹劾原任吏部左侍郎魏學曾起官署郎，不數年陞巡撫，起樞貳又未幾，改入銓曹，皆近年遷擢所未有者。乃恣意貪饕，以朝廷官爵爲奇貨，公行賄賂，曲庇私人。前與大學士高拱同事，拱方誠心以用，學曾則徇私以負拱，面是背非，小人之患得患失，鄙夫之甚。今復使掌握南臺，恐自是伊門一開，士習將日壞……吏部言：學曾繇郎署轉光禄，以邊才超拜巡撫。稱病求歸，人即以避難議之。未幾，起兵部未任，輒改吏部，舍繁重就清顯，士論益復嘖嘖。餘亦多如弘暹所論。上命調學曾南京。②

宗弘暹論劾魏學曾事出有因，且悖離史實。學曾與高拱共事配合默契。如隆慶五年十二月，拱欲用張學顔爲遼撫，或疑之。拱曰："張生卓犖倜儻，人未之識也，置諸盤錯，利器當見。"侍郎魏學曾後至，拱迎問曰："遼撫誰可者？"學曾思良久，曰："張學顔可。"拱喜曰："得之矣。"遂以其名上，進右僉都御史，巡撫遼東。③ 郭正域言："壬申，今上即位，新鄭與江陵同在政府，各以才雄一世，顧皆倚重公（魏學曾）。已二相中失歡，而江陵欲得公爲助，心知與高公至篤也，乃設

① 高拱：《詩文雜著》卷一《十六夜月》。
② 《明神宗實録》卷四，隆慶六年八月乙亥。
③ 張廷玉：《明史》卷二二二《張學顔傳》。

事嘗之曰:‘吾頃以爲搏高公,公謂之何?’蓋是時有疏論高公者矣。公正色曰:‘二公皆當時名賢,同心爲國,即有失,不難盡言,搏之一言,非所敢聞。’江陵爲改容謝焉。”①張居正“附保逐拱”,魏學曾曾遺書居正曰:“外人皆言公與保有謀,遺詔亦出公手。今日之事,不宜復護此閹。”居正怒。及拱被逐,舉朝失色,學曾獨大言曰:“上踐祚伊始,輒逐顧命大臣,且詔出何人,不可不明示百官。”要諸大臣詣居正邸争之。諸大臣多不往,居正亦辭以疾。自是益忤,出爲南京右都御史。未上,給事中宗弘暹希居正指劾之。詔以故官候調,學曾遂歸。居正歿踰年,起南京户部右侍郎召爲右僉都御史督倉場。尋以南京户部尚書致仕。②

二十八日 張四維以病回籍,上念四維先朝講官,特令馳傳。③

九月初四日 吏部覆,巡撫四川右僉都御史曾省吾遵例自陳。不允。④

十七日 命大學士張居正詣昭陵恭題神主,既竣事,居正馳疏曰:臣奉命前詣昭陵恭叩,玄宫精固完美,有同神造,及周視山川形勢,結聚環抱,比之考卜之時,更覺佳勝,誠天地之隩區,帝王之真宅也。⑤

二十六日 南京浙江道御史計坤亨論劾原任右通政、高拱門生韓楫,言:前在諫垣,巧疏立論,令王親得混入京官五品,復濫與臺省,變亂祖制。且楫因降調,輒憤然上疏乞休,懷私怨望……因掌部大學士高拱閣務相妨,送除原本原榜俱在,並無復改之事,臣等查理明白。韓楫雖有小疵,未玷大節,宜仍舊處。上是部議。⑥

---

① 郭正域:《大司馬總督陜西三邊魏確庵學曾墓誌銘》,載焦竑《國朝獻徵録》卷五七。
② 張廷玉:《明史》卷二二八《魏學曾傳》。
③ 《明神宗實録》卷四,隆慶六年八月庚辰。
④ 《明神宗實録》卷五,隆慶六年九月丁亥。
⑤ 《明神宗實録》卷五,隆慶六年九月庚子。
⑥ 《明神宗實録》卷五,隆慶六年九月己酉。

二十八日　始纂《穆宗實録》。大學士張居正等言：事必專任乃可以圖成，工必立程而後能責效。“每月各館纂修官務要編成一年之事，送副總裁看詳。月終，副總裁務要改完一年之事，送臣等删潤。”①《穆宗實録》“編摩草創，雖皆出於諸臣之手，然實無一字不經臣删潤，無一事不經臣討論”②。報曰：“這纂修事理，俱依擬行。卿等還宜督率各官上緊用心編纂，用成兩朝大典，稱朕光昭前烈之意。”③由張居正任總裁官編纂的《穆宗實録》，對馮保矯詔、“附保逐拱”、“王大臣案”等重大事件的記載多有不實之處。故王世貞言：我朝《實録》纂修或“無所考而不得書”，或“有所避而不敢書”，或“當筆之士或有私好惡焉，則有所考無所避而不欲書，即書，故無當也”。④

十月初二日　查勘漕運漂没之失。先是南京户科給事中張焕疏論總督漕運王宗沐，言：六月内飛報海運米十二萬石，于某日離淮安，次天津抵灣，粒米無失。比間人言嘖嘖，咸謂海運八舟米三千二百石忽遭風漂没，渺無影響。宗沐蓋預計有此，令人賫銀三萬兩糴補。糧船有失，據實陳乞，未爲不可，何至粉飾觀聽？大臣實心任事之體，當不若是。米可補，人命亦可補耶？疏下户部。

宗沐疏辯曰：臣固知駭見之難偕俗，成事非易，可居然不意乃懸空妄傳若此。使臣有一毫不誠，但爲身計則按守舊規，可以畢事，何必更端革故，力舉海運，自添一事，以致彈射也。況海運人船募數省之人，發行經數月之久，按歷涉三省之途，其同事而不可欺者，各省撫按十數人，沿海守令及護行守備等官百餘人，官軍水手三千餘人，使有沉溺，豈待言官今日始言？三萬出之淮庫，自有卷籍；人船出于雇募，各有貫址。乞敕户部會同法司行巡按御史查勘。⑤

---

① 張居正：《張太岳集》卷三七《纂修事宜疏》。

② 張居正：《張太岳集》卷四〇《纂修書成辭恩命疏》。

③ 《明神宗實録》卷五，隆慶六年九月辛亥。

④ 王世貞：《弇山堂别集》卷二〇《史乘考誤一》。

⑤ 《明神宗實録》卷六，隆慶六年十月己未。

是月　高拱爲故里建成“尊恩閣”①撰記。記曰：“昔我世宗肅皇帝以神道設教，實敬事天地神明，垂四十五年罔有斁怠。嘗命宫中作諸神像，間以賜輔弼近臣。時拱備位内閣，得賜凡十軸。其五各有龕，籠以絳紗。龕下各有桌，桌各有器，每銅爐、燭臺二、瓶三，内有翠花海燈一，上有罩。小瓶一，内有匙，有箸。各盛以黄匣，記數其上……隆慶壬申，拱得還里，而閣適落成，乃爲之記其事。閣凡三楹，經始於隆慶元年二月，成於六年十月。其典守而焚修者，道士李微太等也。”②

十一月二十二日　漕運總督王宗沐奏辯海運漂没事，乞回籍聽勘。户部以漕運在邇，請敕宗沐矢心任事，仍照原議習熟海道，備一時權宜之計。從之。③

十二月二十一日　兵科右給事中張楚誠言，陜西巡撫曹金（高拱姻親）無疾請去，此必有疑避不安之情。金往服藩臬，清謹茂稱，近轉貳卿，未聞指摘舉朝，公論昭然，乃使之疑避求去，非盛世事。吏部言，金已奉旨回籍。從之。④

歲初　高拱賦詩一首。詩文每句嵌有一味中藥名，讚頌尹巨川博大精深的醫術和高尚醫德。

---

① 尊恩觀後建有尊恩閣。尊恩觀初名中陽庵，在新鄭縣東北，唐開元中建。元時更名重陽觀。有斷碑存焉。明正德時道士趙清福移置城内城隍廟右。嘉靖四十五年（1566），少師高公拱建尊恩閣於其後，藏欽賜神像十軸，内五軸有龕，因改觀名。清乾隆十九年（1754），邑監生蔡巨重修閣前三清殿，知縣舒鴻儒作記（參見清乾隆《新鄭縣志》卷一一《祀祠志》）。

② 《新鄭縣志》卷二六《尊恩閣記》。

③ 《明神宗實録》卷七，隆慶六年十一月甲辰。

④ 《明神宗實録》卷八，隆慶六年十二月癸酉。

【七言律】

贈御醫尹巨川

烏頭早續杏林春，遠志高標更除塵。
厚樸晚須成大器，從容金尚德潤身。
百年陰德當歸後，六枝神功獨活人。
別玄參辰應念我，天南星門望中深。①

歲秋　高拱賦詩二首，借秋風落葉以抒發罷官失意、年衰無望之悲情。

【七言古】

見落葉有感

飄飄落葉隨風吹，葉落何時還故枝？
盛年光景能幾何，俟河之清日月多。
餔糟歠醨且共歡，何爲憂虞坐自煎。
不見熒熒帳中燭，短鬓頹齡不可續。②

---

①　高拱：《詩文雜著》卷一《贈御醫尹巨川》。按：尹巨川（1525～1598），名百祥，字巨川，鄭州西郊三官廟人。因精通醫理，醫術高超，被譽爲"尹神仙"，在河南鄭州地區遠近聞名。大約隆慶六年（1572）初，尹巨川進京會見輔臣高拱返鄭時，高拱便揮毫賦詩《贈御醫尹巨川》。詩文每句嵌有一味中藥名，贊頌尹巨川博大精深的醫術和高尚醫德。尹巨川的後代珍愛其詩，便鎸刻在墓碑上，後人捐獻給國家，現存鄭州市博物館。此碑通高2米許，碑座已失。

②　高拱：《詩文雜著》卷一《見落葉有感》。

【七言律】

秋　聲

何處森森過竹籬，夜窗初聽轉淒其。
奔騰欲動歐公賦，坎壈應添宋玉悲。
響入疏桐人静後，韻隨寒雨客愁時。
晚來試問蕭條意，惟有庭前落木知。①

歲冬　高拱歸家後，通過對仕途坎坷和官場險惡的反思，賦詩一首。

【古樂府】

君子有所思

西河有蛟，北山有虎。
漁樵不敢窺，行人心獨苦。
心獨苦兮奈若何，湛盧②倒柄將奈何？③

這是一首置於《詩文雜著》首篇的古樂府，是一首政治寓意深刻的詩作。作者高拱入閣兩起兩落：兩起是指世宗、穆宗父子先後拔擢重用作者入閣；兩落是指作者被兩個政敵先後驅逐出閣，先是徐階，後爲張居正。此詩是作者反思兩落時的心境、悲情。“西河有蛟”應解讀爲東海有凶惡之巨蛟，暗指徐華亭；“北山有虎”應詮釋爲南方有

① 高拱：《詩文雜著》卷一《秋聲》。
② 湛盧，春秋時越國歐冶子（浙江寧波人）在福建湛盧山鑄劍，後人將寶劍稱爲湛盧。
③ 高拱：《詩文雜著》卷一《君子有所思》。

凶猛之惡虎,隱喻張江陵。"行人"暗示作者自己。東方巨蛟和南方惡虎,連漁人樵夫都不敢偷窺,更何况同路的行人呢?與巨蛟惡虎爲伴,即使手握寶劍利器的湛盧也無可奈何。

萬曆元年癸酉(1573) 62歲

正月十九日 以誣陷乃至誅殺高拱爲目的的王大臣闖宫案起。此案是張居正爲專權與馮保挾舊怨,合謀鍛造的以構殺前内閣首輔、顧命大臣高拱及其家族爲目的的冤案。案發緣由是:"當日,皇帝出早朝,執男子王大臣于宫門。王大臣一曰章龍,靖江人,嘗投總兵戚繼光三屯營兵,不遂,流落都下。以巧捷便佞,亡須髯,入中貴家,爲所昵。遂竊中貴裝,闌入乾清宫門外。時值駕出,大臣色戰,以犯蹕,執驗之,男子也,袖有佩刀。馮保立鞫之曰:'奚自?'曰:'自戚總兵。'保密報張居正,居正謂:'戚氏方握南北軍,地在危疑,且禁毋妄指,此可藉以除高拱也。'保故甘心太監陳洪,先下洪獄。令大臣供之,自是合稱高使。改籍曰武進縣。即令家奴辛儒衣大臣蟒袴,腋三劍,劍首飾貓睛異寶,送繫廠中。入以聞,請詰主使者。皇上下旨:'王大臣拿送東廠究問,還差的當辦事校尉着實緝訪來説。'"①

二十二日 輔臣張居正與馮保相勾結,上疏追究"主使勾引之人",將矛頭指向高拱。疏言:"適司禮監太監馮保奏稱:聖駕出宫視朝,有一男子身挾二刃,直上宫門,堮礤當即拿獲。臣等竊詳,宫廷之内侍衛嚴謹,若非平昔曾行之人,則道路生疏,豈能一徑便到?觀其挾刃直上,則造蓄逆謀,殆非一日。中門必有主使勾引之人。乞敕緝事問刑衙門,訪究下落,永絶禍本。仍乞皇上出入警蹕,倍宜嚴備。再照祖宗舊制,門禁甚嚴,望敕司禮監官,遵照律令,嚴行申飭。其該

---

① 《萬曆起居注》,萬曆元年正月十九日庚子。

日守門内外官員，俱乞量加懲治。庶人知所警，杜患將來。”[①]皇上當即批示：“卿等説的是。這逆犯挾刃入内，蓄謀非小。着問刑緝事衙門仔細研訪主逆勾引之人，務究的實。該日守門内官，着司禮監拿來打問具奏，守衛法司提了問。”[②]

張居正鍛造王大臣案的目的十分明確，史載：“張居正欲以王大臣事構殺拱。”[③]“江陵恐新鄭復起，將藉以殺新鄭。”[④]“張居正及馮保謀殺前大學士高拱。”[⑤]據張居正奏請，上即付馮保鞫問。保令家奴辛儒屏大臣曰：“第言高閣老怨望，使汝來刺，願先首免罪，即官汝錦衣，賞千金。不然，重榜掠死矣。”因使儒畀大臣金，美飲食之，即令誣拱家奴同謀。獄具，馮保遣五校至新鄭逮械拱奴。“居正密爲書，令拱切勿驚死。已，又爲私書安之云。”[⑥]張居正這兩封書信表面上是以昔日好友身份予以安慰，但其真正用意是害怕高拱自裁，失去活口，無法定案。[⑦] 王世貞言：“保先使四緹騎馳詣新鄭，頤指縣官備拱之逸，縣官即發卒圍拱第。家人悉竊其金寶鳥獸竄。拱欲自經不得，乃出見緹騎，問：‘將何爲？’緹騎曰：‘非有逮也，恐驚公，而使慰之耳。’拱乃稍稍自安。”[⑧]

張居正前疏請令追究主使之人，傳之中外，中外警駭，謂居正實主之，“拱既去，保憾未釋，復構王大臣獄，居正亦從中主之”[⑨]。對此，談遷記載尤詳：“……獄具，保遣五校械拱奴，而居正前疏傳中外，中外藉藉，謂且逮拱。居正乃密謀吏部尚書楊博。博曰：‘事大，迫之

---

① 《明神宗實録》卷九，萬曆元年正月癸卯。

② 《萬曆起居注》，萬曆元年正月二十二日癸卯。

③ 張廷玉：《明史》卷二一四《葛守禮傳》。

④ 劉青霞：《房堯第傳》，載《新鄭縣志》卷二七《藝文志》。

⑤ 吴承權：《綱鑒易知録》第八册《明鑒易知録》卷九《明紀》。

⑥ 《萬曆邸抄》，萬曆元年癸酉卷。

⑦ 文秉提出張居正致書高拱是脅令其自殺，言：“江陵誘其招構新鄭，因使馳告新鄭，欲脅令自殺，新鄭怡然不爲動。”（《定陵注略》卷一《逼逐新鄭》）

⑧ 王世貞：《嘉靖以來首輔傳》卷六《高拱傳》。

⑨ 王鴻緒：《明史稿》列傳第九二《高拱傳》。

恐起大獄。高公雖粗暴,天日在上,萬不爲也。'居正色不懌。會大理少卿李幼滋,以居正鄉人,私語居正:'果行之,污及萬世矣。'强答曰:'吾憂之甚,何謂我爲?'居正禁科道不得有言,而御史鍾繼英疏暗指之。居正怒,擬旨詰問。左都御史葛守禮拉楊博過居正。居正曰:'東廠獄具矣,同謀人至,即疏處之。'守禮曰:'守禮敢附亂臣黨耶,願以百口保高公。'居正默不應,楊博力爲解,居正仍如故。守禮因歷數先時如貴溪、分宜、華亭、新鄭遞相傾軋,相名坐損,可鑒也。居正憤曰:'二公意我甘心高公耶!'奮入内,取一東廠揭帖示博曰:'是何與我?'而揭中居正手定四字'歷歷有據',而居正忘之。守禮識居正筆,笑而袖之。居正覺曰:'彼法理不諳,我爲易數字耳。'守禮曰:'此事密,不即上聞,先政府耶?吾兩人非謂公甘心新鄭,以回天非公不能。'居正悟,揖謝曰:'苟可效,敢不任,第後局何以結?'博曰:'公患不任耳,任何難,任須世臣乃可共。'"①

張居正鍛造冤獄,誣殺高拱,不得人心。居正同鄉、大理寺少卿李幼滋規勸居正説:"朝廷拿得外人,而公即令追究主使之人,今廠中稱主使者即是高老。萬代惡名必歸於公,將何自解?"②居正同年、原太常寺少卿陸光祖也勸誡説:"此事關於治道甚重,望翁竭力挽救。萬一不能保存舊相,翁雖苦心,無以白於天下後世。不肖憂之至切,夜不能寢,念與翁道義深交,敢僭昧馳告,非爲舊相也。"③

二十八日 上御文華殿講讀畢,輔臣張居正迫於公議,開始爲高拱開脱。奏曰:"奸人王大臣妄攀主者,廠衛連日推求,未得情罪,宜稍緩其獄。蓋人情急則閉匿愈深,久而怠弛,真情自露。若推求太急,恐誣及善類,有傷天地之和。"報聞。"蓋居正初疏,意有所欲中,

---

① 談遷:《國榷》卷六八,萬曆元年正月庚子。
② 引高拱:《病榻遺言》卷四《毒害深謀》。
③ 陸光祖:《陸莊簡公遺稿》卷五《與張太岳相公書》。

會廷議洶洶,故有是奏。”①

於是,張居正命馮保與葛守禮、左都督朱希孝會訊。“希孝懼而泣,急謁居正。居正命見冢宰,遂謁博,博曰:‘欲借公全朝廷宰相體耳,何忍陷公?’因示以指,希孝如其言。使校尉密詢大臣何自來,則來自保所,語盡出保口。校尉語大臣:‘入宫謀逆者法族,奈何甘此?若吐實或免罪。’大臣茫然笑曰:‘始紿我主使者論死,自首亡恙,官且賞。豈知此當實言。’適高氏奴逮至,希孝雜諸校,令物色,大臣不辨也。”②

及會訊,“風霾大晦,尋雨雹不止。東廠理刑白一清謂保初問官二千户曰:‘天意若此,可不畏乎?高公顧命大臣,强我輩誣之,異日能免誅夷耶?’皆曰:‘馮公已具案,而張閣老手竄四字。’一清曰:‘東廠機密重情,安得送閣改乎?’頃之,天稍明,出訊大臣。故事,先雜治。大臣呼曰:‘故許我富貴,何雜治也?’馮保即問:‘誰主使者?’大臣仰視曰:‘爾使我,乃問也?’保氣奪,强再問:‘爾言高閣老何也?’曰:‘汝教我,我則豈識高閣老?’希孝復詰其蟒袴刀劍,曰:‘馮家奴辛儒所予。’保益懼。希孝曰:‘爾欲污獄吏耶!’遂罷”③。

二月初九日 吏科都給事中陳三謨劾原任蘇松兵備副使蔡國熙奸邪險詐,且言其假道學以欺世。自知大察難免,託疾求歸,不當聽其致仕,竟不加顯黜。國熙遂革職聽勘。④

二十日 夜,王大臣送法司會審。馮保派人用生漆酒灌啞王大臣,口不能言。有一近侍太監姓殷的,年七十餘,亦跪奏曰:“萬歲爺爺不要聽他。那高閣老是個忠臣,他如何幹這等事!他是臣下來行刺,將何爲?必無此事,不要聽他。”⑤又有太監張宏冒死對萬曆皇帝

---

① 《明神宗實録》卷九,萬曆元年正月己酉。

② 談遷:《國榷》卷六八,萬曆元年正月庚子。

③ 談遷:《國榷》卷六八,萬曆元年正月庚子;又見高拱《病榻遺言》卷四《毒害深謀》。

④ 《明神宗實録》卷一〇,萬曆元年二月庚申。

⑤ 高拱:《病榻遺言》卷四《毒害深謀》。

說:“高公不可枉。”①於是上下刑部擬罪。二十一日,三法司同審,不問所以,竟論大臣斬。

二十二日 “王大臣伏誅。大臣者,浙中傭奴詭名,以浮蕩入都,與一小豎交暱,竊其牌帽,闖入禁門。馮保恨前大學士高拱,阿意者遂欲因其鍛錬,以雙刃置大臣兩腋間,云:受拱指行刺,圖不軌。搒掠不勝楚,遂誣服爲言拱狀貌及居止城郭。廠衛遣卒驗之,皆非。時大獄且起,張居正迫於公議,乃從中調劑,獄得無冤。”②

王大臣被匆匆處死,張居正、馮保構殺高拱的陰謀爲何没有得逞?究其原因,主要有四:(1)張、馮密謀此案過於草率,以致留下“歷歷有據”四字把柄。由於張居正懼怕高拱東山再起,急於達到誅滅政敵、消除後患的目的,以致在要害處留下鐵鑄難移的把柄,并被楊博、葛守禮抓住,不得不罷手。(2)迫於朝野輿論的强大壓力。案發後,朝野輿論普遍同情高拱,幾乎無人相信顧命大臣行刺之説。儘管張居正手握重權,不怕朝野輿論,但也不敢輕易冒犯,興起冤獄,誣殺高拱。如《實録》所言:“時大獄且起,張居正迫於公議,乃從中調劑,獄得無冤。”(3)鍛造冤案過於駭人聽聞,令人難以置信。案發後,大部分朝臣和言官未敢輕率附和,更未有人公開支持,大多採取觀望自保的態度;楊博、葛守禮、鍾繼英、白一清、李幼滋、陸光祖等人也都竭力勸解停釋,甚至“願以百口保高公”。(4)高拱雖然罷官歸里,但從政三十多年,去職僅半年,不乏官場中的關係,如錦衣衛左都督朱希孝在審訊中也有所回護。這也是張居正謀殺高拱的陰謀没有得逞的重要原因。

王大臣伏誅後,居正在致友人的多封信函中故意避開不久前奏請追查“主使勾引之人”的事實,反而把救解高拱收爲“己功”。如

---

① 談遷:《國榷》卷六八,萬曆元年正月庚子。

② 《明神宗實録》卷一〇,萬曆元年二月癸酉。

説:“頃奸人挾刃入内,誣指新鄭所使。上自兩宫主上,下自閭閻細民,一聞此語,咸以爲信;而抵隙者,遂欲甘心焉。中外洶洶,幾成大獄。僕切心知其不然,未有以明也。乃面奏主上,斯事關係重大,竊恐濫及無辜。又委曲開導,以國法甚嚴,人臣不敢萌此念,請得姑緩其獄,務求真的,乃可正法。荷主上面允。而左右中貴人,亦皆雅相尊信,深諒鄙心,不敢肆其鉤鉅之巧。伏念六七日,至於旬時,果得真情。新鄭之誣,始從辯釋……不然此公之禍,固不待言,而株連蔓引,流毒縉紳,今不知作何狀矣。嗟乎!如僕苦心,誰則知之?日來爲此,形神俱瘁,鬚髮頓白,啗荼茹蘗,又誰與憐之?耿耿丹心,祇自憐耳。”①故此,天啓初年大學士朱國禎言:“張對人曰:‘高老一事,我憂愁,今才救得下。’又寫書南都及四方之人,皆以救高爲功。”②

張居正與馮保合謀鍛造以誣殺高拱爲目的的“王大臣案”,後世史家有諸多評論。黄景昉曰:“王大臣獄,江陵爲楊博、葛守禮所持,以達馮璫,業悔之。訊日,比部郎鄭汝璧密令携大臣暗處,剪其舌,或云瘖之。臨期無一言,趣棄市。江陵由此才汝璧,改儀部,復改考功。”③

朱國禎曰:“王大臣一事,高中玄謂張太岳欲借此陷害滅族,太岳又自鳴其救解之功。看來,張欲殺高甚的,張不如是之痴。或中有小人,窺而欲做,則不可知。一曰馮保之意,庶幾得之。”④

于慎行曰:“馮璫與陳洪有郤。洪者,高拱同里,故亦忌高,而深與江陵相結。及上初政,高以顧命自居,目無群璫,馮愈恨之。既去,猶不能釋然。會有王大臣之事,因風使引高公,使校逮其舍人。初,

---

① 張居正:《張太岳集》卷三四《答張操江》。另,在卷二五《答汪司馬南溟》、《與廣東按院唐公》、《答司馬萬兩溪》、《答吴堯山言弘願濟世》、《答總憲張崌崍言公用舍》、《答河漕王敬所言漕運》等多封信函中也表明此意。

② 朱國禎:《皇明大事記》卷三八《閣臣》。

③ 黄景昉:《國史唯疑》卷八。

④ 朱國禎:《湧幢小品》卷九《閣臣相構》。

高公大恐，而欲自決，及聞使者來第逮其僕，遂止。而御史大夫葛公守禮爲高力解，江陵意亦憐之，又朱太傅希孝多行金及賓客請於馮，馮知不可誣，亦稍解。及高公僕逮至，雜之衆人中，以問大臣，乃不知面，遂奏釋僕。高公無恙也。新鄭既爲江陵所逐，罷歸里中，又有王大臣之構，益鬱鬱不自安。"①

談遷曰："江陵修怨，令新鄭放逐足矣。必借王大臣之獄，果正其罪，九族爲輕。噫！宰相坐廢，或不無怨望，間見一二。若懷奸蹈險，犯天下之大不韙，如專聶之事，于古未聞也，而謂新鄭甘之乎？江陵深機，只自見其愚耳。權保本蔔人，求快一時，曾何足論。江陵號察相，不與汶汶爾。械阱猝發，中不自制，殁罹讒構，闔室累繫。天且以枉高氏者枉張氏也。"②

谷應泰曰："方夫穆宗憑几，顯帝沖齡，居正、拱、儀同授顧命，而内臣馮保竊叢于側。斯時逐刁之議未行，吊讓之謀潛固。賣交附璫，漏言市重……揆之結主，固如是乎？卒之會極傳宣，新鄭被斥。而馮保以快己之怨者，即以酬次輔之恩。居正以去保之疾者，還以固綸扉之寵。鬻權誇毗，若互市然。及乎九齡遠引，頤浩外徙。始乃宫府交通，更唱迭和。馮倚執政則言路無憂，張恃中涓即主恩罔替。以故扇殿清暑，鋪毡禦寒，居正所蒙，壹皆媚璫之力也。至于犯蹕具獄，詞連拱奴，謀發宰臣，風生内侍，苟非天變見于上，公議格于下，則上官黠詐，立碎奉車，易之飛文，赤誅魏氏。居正之包藏禍心，傾危同列，真狗彘不食其餘矣。"③

及至張居正卒後，在萬曆十一年言路追論清算馮保、張居正的浪潮中，神宗又追查王大臣案。"上覽刑部録進王大臣招情。傳旨：'此事如何這每就了，查原問官與馮保質對。'大學士張四維等言：'事經

① 于慎行：《穀山筆麈》卷四《相鑒》。

② 談遷：《國榷》卷六八，萬曆元年正月庚子。

③ 谷應泰：《明史紀事本末》卷六一《江陵柄政》。

十年,原問官廠即馮保,衛乃朱希孝。今罪犯已決,希孝又死。陳希美奏王大臣係馮保潛引,亦無的據。若復加根究,恐駭觀聽。'上乃置不問。"①

四月 高拱始撰《病榻遺言》一書,至六月撰成。因該書撰於高拱經"王大臣案"的沉重打擊,"驚憂成疾"②,病愈不久之後而故名。該書是他對隆慶六年正月至萬曆元年二月之間發生的諸多政治事件的真實記録。全書共分四卷:卷一《顧命紀事》,記述穆宗彌留之際受顧命的詳細經過;卷二《矛盾原由上》、卷三《矛盾原由下》,追述他同張居正、馮保矛盾的原由以及隆慶六年六月中他被罷官的詳情;卷四《毒害深謀》,揭露萬曆元年春張、馮借用王大臣一案企圖誅殺高拱的陰謀。《四庫全書總目》指出:"是編備述與張居正先後構隙之端,一曰'顧命紀事',二曰'矛盾原由',三曰'毒害深謀'。以史考之,亦不盡《實録》。"③但是"不盡《實録》"之處,提要作者并無指出任何一處史實根據。

關於《病榻遺言》,有些論者提出該書刊刻問世成爲張居正、馮保罹難的"催化劑",是高拱報復張居正的"政治權謀"。如説:"現在張居正已經死後倒臺,但皇帝還没有下絶情辣手,這時高拱的遺著《病榻遺言》就及時地刊刻問世。""它的出版在朝野都産生了極大的影響,成爲最後處理張居正一案的强烈催化劑。"④又説:"一般認爲,馮保、張居正是被萬曆皇帝打倒的。這種認識不錯,但不够全面,馮保、張居正、戚繼光的倒臺原因中包含着高新鄭政治權謀的因素。"⑤高拱"這位一向有仇必報的落難權臣,實在按捺不住内心的憤怒。況且極度仇恨的心理已嚴重損害了他的軀體,餘日已經不多。這一切都

---

① 《明神宗實録》卷一三四,萬曆十一年閏二月乙卯。

② 王世貞:《嘉靖以來首輔傳》卷六《高拱傳》。

③ 《四庫全書總目》卷一四三,子部,"小説家類"存目一。

④ 黄仁宇:《萬曆十五年》,中華書局 1982 年版,第 33、35 頁。

⑤ 趙毅:《〈病榻遺言〉與高新鄭政治權謀》,《古代文明》2009 年第 1 期。

把他推到了不吐不快、不反撲不能自存的境地。於是《病榻遺言》問世……高拱在身後達到了報復目的。"①還説:"新鄭却骨鯁在喉,不吐不快,將對居正的滿腹惡氣,二人間的種種恩怨,盡書之於《病榻遺言》之中。後人因將其舉爲明人'橫議'之列……新鄭的'橫議',對於時人及以後人們的敢言,起到了推波助瀾的作用。"②也有論者説:"本書是高拱在病榻上口述,家人記録并整理,未經高拱本人最終審定認可的一部著作,其中既有高拱神志清醒時的口述内容,也有高拱昏迷時的胡言亂語,還有家人整理時核對增補的文字和思想。"③如此等等。

上述觀點不符合史實。據考證,《病榻遺言》的刊刻問世是在萬曆三十年至三十一年之間,而張、馮遭難則是在萬曆十年至十二年之間,兩者相距幾近二十年,前者刊刻問世怎會成爲後者禍發罹難的"催化劑"呢? 又説:"皇帝聽到這一故事"(前已暗示看過《病榻遺言》所載王大臣案),"他滿腹狐疑,立即命令有關官員把審訊王大臣的檔案送御前查閲。查閲并無結果"。"他一度下旨派員徹底追查全案,後來由大學士申時行的勸告而中止。"④事實上,神宗追查王大臣一案起因於南京兵部郎中陳希美的奏疏,而非神宗看過《病榻遺言》一書。萬曆十一年二月,陳希美上疏,首論馮保於萬曆元年正月"乃潛引一男子王大臣,白晝挾刃,直至乾清宫門"行刺,"王大臣既已伏誅,而保係首禍之人,乃夤緣漏網",因此"懇乞聖明,亟加誅戮"⑤。本來萬曆十年十二月,御史李植論劾馮保十二大罪,神宗已有旨寬

---

① 許敏:《關於高拱研究的幾個問題》,《中國史研究》2010 年第 4 期。

② 商傳:《"王大臣案"小議》,載牛建强等主編《高拱、明代政治及其他》,河南大學出版社 2011 年版,第 178 頁。

③ 任昉:《高拱〈病榻遺言〉性質新探——以隆慶六年六月"庚午政變"爲綫索》,《歷史文獻研究》(總第 32 輯),華東師范大學出版社 2013 年版,第 59 頁。

④ 黄仁宇:《萬曆十五年》,第 35 頁。

⑤ 陳希美:《罪人既得天討難容懇乞聖明亟加誅戮以絶亂萌以安宗社疏》,載《萬曆疏鈔》卷二〇,《續修四庫全書》史部第四六九册。

處。但兩個月後，他又看到陳希美論劾馮保竟敢"潛引"犯人王大臣謀害自己，便立即下令刑部查閱王大臣案。對此，《明神宗實録》卷一三四，萬曆十一年閏二月乙卯條有其明確記載。張四維講得一清二楚：神宗追查王大臣案起因於陳希美的奏疏，而非高拱的《病榻遺言》。因此，《病榻遺言》的刊刻問世與張、馮罹難毫無關聯，并非張居正罹難的"强烈催化劑"，更非高拱的"政治權謀"、"胡言亂語"，對張居正的所謂"報復"。此書也没有如此大的政治能量、如此大的政治威力。

六月十三日　户科都給事中賈三近奏，往因運渠梗咽，當事者（指高拱）議覆海運，悉心講畫，法非不周。然風濤險阻，終屬可虞，所以歲運祗限十二萬石，意正如此。今聞海運至山東即墨縣福島等處，忽遭異常風雨，衝壞糧船七隻，哨船三隻漂没，正耗糧米幾五千石，淹死運軍水手十五名。乞敕詳酌，將海運姑暫停止，仍以額糧十二萬盡入河運。時巡倉御史鮑希顔、山東撫按傅希摯、俞一貫疏，俱如三近指。疏下户部議，停之。①

八月初六日　張居正罷海運。② 他當時在給王宗沐的信函中決定："竊以爲今欲河海并運，則當著實料理，歲歲加增；若止欲嘗之，則二年之間，道路已熟，何歲以十二萬石嘗險哉！"③這樣，高拱當年主持的開通海運遂壽終正寢。如孫承澤所言："隆慶五年，漕河大決，漕運爲梗。憂國計者始起而議海運……於是海運行。至萬曆元年，高新鄭拱去國，張江陵盡反其所行。户科賈三近奏罷。"④可見，高拱主政時期推行開通漕運、恢復海運即"二路並運"的漕政改革，至此被張居正斷然禁停。這顯然與當時商品經濟發展，海外貿易擴大的趨勢

---

① 《明神宗實録》卷一四，萬曆元年六月辛酉。

② 《明神宗實録》卷一六，萬曆元年八月癸丑。

③ 張居正：《張太岳集》卷二五《答王敬所》。

④ 孫承澤：《春明夢餘録》卷四六。

是背道而馳的。

高拱晚年曾回憶説:國家財賦仰給東南,漕糧不至則京師坐困。然漕運困難甚多,必有意外之防。"予昔當國時,念此至深,乃計通海運。""奏功之後,二路並運,脱有一路之阻,亦自有一路之通,京師可以坐俟無憂。"於是命山東巡撫梁夢龍、布政王宗沐籌畫海運。"二君區畫周詳,措處停妥,造船堅好,諸事完備,海運遂通,刻日而至,人皆快之。會予去位,當事者務反吾所爲,隨議罷。所造海舟棄之無用,沿海諸備皆廢,可惜也。""議罷海運者,謂偶有六七艘之漂溺也。然昔漕河泛漲衝決時,曾以百萬石委之泥沙,詎翅六七艘哉?""予聞而三嘆,夫不求弊之所在,而徒因噎廢食,縱他日必有行時,然又勞費一番矣。"①

九月二十日 兵科左給事中蔡汝賢奏,俺答封貢,王崇古其功誠偉。第邊防未固,正望其始終經略,成臣子之大忠,乃忽焉推舉京營。夫循資止可馭長才,非所以待豪傑;遷陟止可酬卓勛,非所以振事功。今一月之内,戴才陞任矣,王崇古又推再繼,劉應節亦推邊疆,重臣一朝盡易,豈廟堂又任責成之初意。上曰:朕體念邊臣,不欲竭盡其力。王崇古且着回京管理營務,便推堪任的替他。三幾日後,起原任巡撫大同兵部右侍郎兼都察院右僉都御史方逢時,以原官總督宣大山西等處軍務兼理糧餉。②

三十日 陞禮部祠祭司署員外郎事主事曹大埜爲山西提學僉事。③

十月初一日 兵科給事中劉鉉劾原任總督王崇古甘心媚虜,欺誑朝廷,躐取爵賞,及將敗露,復仗錢神,偃然内補,崇古斷不可用。上問:王崇古五千金賄囑何人,鉉無所指。上責鉉輕聽風聞,污人名

① 高拱:《本語》卷六。

② 《明神宗實録》卷一七,萬曆元年九月丁酉、己亥。

③ 《明神宗實録》卷一七,萬曆元年九月丁未。

節,令崇古遵新命供職。①

是月　高拱爲其《邊略》一書作序,言:“昔予還政府僅二年餘,值邊徼多故,予乃竭力劻勷。爲固圉計,賴天佑聖明,西敵稽顙稱臣,東敵投戈授首,貴彝讋服,嶺寇底寧。計幸屢效,而予已歸且老矣。竊伏自念,諸所條畫利害關國事甚大,乃不以此時一明其意,將何以示後世者。遂追憶略述其概。嗟乎!予豈伐一時事哉,亦姑存往迹。儻後經略者考焉,有裨一二。亦老臣爲國之心也,而何嫌自言哉!書凡五卷。萬曆癸酉十月,中玄山人高拱自序。”②

《邊略》五卷的前四卷記載高拱“奉命還内閣,兼理銓部”時期主持處理的一系列邊疆軍政改革的情况。其中,卷一《防邊紀事》内含五道疏文和七封有關西北、東北軍政大臣的信件,記載處置宣、大、薊、遼等地與各蒙古部族的情況。卷二《撻伐紀事》,記述高拱針對東北建州女真和土蠻各部軍事擴張的嚴峻局勢,實施以剿爲先,以撫爲善後的靖邊方略,破格起用張學顔巡撫遼東,與大將李成梁協力守邊,共同抗敵。隆慶五年,土蠻各部和女真頭領汪住等多次率精兵大舉入侵,均被張、李守軍徹底擊潰,取得了數十年來從未有過的勝利,即“遼左大捷”。卷三《靖彝紀事》,記載隆慶四年初貴州發生土官安國亨與安智互相仇殺的内亂事件,而當地的地方官却袒護安智,照搬鎮壓内地反叛勢力的模式,動用兵馬,輕行征伐,結果造成安國亨擁兵自衛的對抗局面。高拱復政後,根據西南邊疆少數民族問題的特殊性,在深入調查、核准實情的基礎上,提出以撫爲主,不輕用兵,力爭和平解決的處置方略,從而使這起騷亂仇殺事件得以圓滿解決,貴州大局也趨於穩定。卷四《款敵紀事》(《伏戎紀事》),記載高拱針對嘉隆時期蒙古韃靼俺答部屢犯邊陲,京師多次戒嚴的局勢,採取積極

---

① 《明神宗實録》卷一八,萬曆元年十月戊申。

② 高拱:《邊略·序》。

防禦的戰略方針,以撫爲主、以戰爲輔,利用俺答汗之孫把漢那吉叩關降明的有利時機,周密部署,巧用謀略,最終迫使俺答稱臣納貢,永不内犯,并成功擒斬漢奸趙全等人,并在邊方開展互市貿易,從而解除了二百年來的西北邊患,使漢蒙民族和睦相處長達三十餘年。這即是著名的"俺答封貢"事件,亦稱"隆慶和議"。卷五《綏廣紀事》内含七道奏疏和十三封信函,記述嘉隆時期兩廣内憂外患的局勢。在内有司不良,貪賄成風,少數民族的反叛時有發生;在外倭寇侵擾,海盜猖獗,沿海百姓深受其害。高拱爲了扭轉這一嚴峻局勢,在吏治上大力推行選賢任能,勸廉懲貪,嚴明賞罰條例的整頓改革,以緩解日益尖鋭的民族矛盾和階級矛盾;在軍事上實施剿撫并用,軍政配合,内外兼治的綏廣方略,從而取得了剿倭除盜,平定叛逆的實效。總之,《邊略》一書既反映了高拱"南剿北撫"的軍事戰略和謀略,也記載了他在西北、東北、西南、南方取得的顯著靖邊功績。故此,馬之駿評曰:"公所長在《邊略》諸書,然疆埸之事,未可易易言也。嘗按世宗季年,宣、大、幽、薊中虜無虚月,塞上暴骨如莽。撫戎議起,廷論沸羹,不啻會昌之議澤潞,景德之議澶淵。而公慷慨擔荷,亦實不下李、寇……至於處叛胡,處安氏,綸扉幕府之懸絶,呼吸關通,而以竿尺代樽俎,靡不纚纚鑿鑿,中情實妙權衡,恐又非李、寇之所敢望也。"①可見,高拱的靖邊功績,也是唐朝李德裕和宋代寇準望塵莫及的。

是月 高拱將其在内閣期間寫給各地重臣的公文書信彙集成書,名曰《政府書答》。該書共四卷:卷一"庚午防秋"、"款處北邊"和"捷宣東塞",收録寫給西北、東北督撫重臣王崇古、譚綸、吴兑、趙岢、戴才、張學顔、李成梁、戚繼光等的信件,内容涉及隆慶四年防秋、促成俺答封貢、取得遼左大捷等重要問題;卷二"安綏廣東"和"讋服貴番",收録寫給兩廣、貴州督撫重臣殷正茂、阮文中等的信函,内容主

① 馬之駿:《高文襄公集·序》,載《高拱全集》附録二。

要涉及兩廣軍政改革、剿倭除盜、平息少數民族叛亂以及解決貴州安氏之亂等問題；卷三“各省應答”，主要收録寫給蘇松巡撫朱大器、山東巡撫梁夢龍、布政王宗沐、河南巡撫李邦珍和栗永禄等的信件，内容涉及推廣一條鞭法、整頓漕政、開通膠萊新河、恢復海運、弭盜安民等重要問題；卷四收録寫給同年陳豫野、符後岡等的七封信函以及“調處徐府”的八封信函，内容主要涉及家鄉治理、選賢任能、改革志向問題，及其復政後對致仕輔臣徐階之子、族人阻撓條鞭、清丈改革，非法圈占土地的處置問題。總之，該書主要反映了高拱的軍事戰略思想以及政務改革舉措。《四庫全書總目》指出：《政府書答》“皆録其爲首輔時，與各省文武大僚尺牘……其文大都爲籌酌時政而發，至徐階一事，則全爲自明心迹而設矣”①。

是年 高拱應右僉都御史張鹵②之請，爲其母雷氏撰墓誌銘。略言：“誥封太恭人雷氏儀封（今河南蘭考縣）人，太學生贈中憲大夫南京都察院右僉都御史張翁立妻，右僉都御史鹵之母也。都憲爲給諫時，值國恩封母太孺人。暨服位大僚，復值國恩晉今封。方迎養宦邸，奉彩侍之歡，而太恭人忽念歸。歸數日，都憲有巡撫兩浙之命，擬假道省覲再圖養，而太恭人卒。蓋隆慶六年十月十一日也。都憲聞喪逵次，慟幾絶，遂遄奔歸。聞訃於上，詔遣官賜祭如例。時贈君已歿，且葬若干年，乃并祭之，實異數云。都憲卜以次年十一月八日，啓贈君之窆合焉。而自勒狀匍匐詣我東里泣血請銘隧中之石。嗟乎！

---

① 《四庫全書總目》卷二七七，集部三〇，“别集類”存目四。

② 張鹵（1523～1598），字召和，號滸東，河南儀封（今蘭考縣）人。嘉靖三十八年（1559）進士，先後任婺源、高平縣令，以政績拜禮科給事中。穆宗登基，疏請視朝、莅經筵、廣顧問以興新政，被採納。隆慶四年（1570）晉陞太常少卿，命未下，而内江趙貞吉相請更制兵營，鹵疏言不可。隆慶五年（1571）陞右通政，南京都察院僉都御史，提督操江，巡撫浙江。萬曆六年（1578）詔巡撫保定，提督紫荊、倒馬等關，加副右都御史。在保定修三關險厄，百里保障。入拜大理卿，以忤張居正，左遷南京太常寺卿。旋乞休歸，萬曆二十六年（1598）卒。享年七十六歲。著有《張滸東文集》、《嘉隆疏草》、《邑志七篇》等。

予與都憲雅厚，固秘知太恭人賢也，何可以不銘？按狀……”①

萬曆二年甲戌（1574） 63歲

歲春 高拱歸家後，仍抱有金蘭結拜的朋友道義，與張居正有書信往來。隆慶六年下半年至萬曆元年，曾兩次致函張居正。居正在答兵部左侍郎陜西巡撫曹金的信劄中透露：“比兩得玄翁手書，頗以往事爲悔。此中近益帖然，無足慮也。”②

五月 高拱致函張居正，賀其三弟居謙、長子敬修鄉試中舉。居正謝曰：“春間承翰教，以舍弟、小兒叨領鄉薦，重辱遣賀。仰荷厚情，擬附入覲令弟修謝。比令兄行，以冗沓忽忘之，至今爲歉。玆令親張尚寶人便，專此啓謝。”③

七月十二日 翰林院進穆宗皇帝《實録》、《寶訓》，百官朝服慶賀。監修、總裁、副總裁以及纂修官各陞級加俸有差。④

十五日 高拱罷官後，撰成首部學術代表作《春秋正旨》一卷。序曰：“予昔也讀諸家之説，實有不能安於心者，既乃以吾心君臣之義，而逆孟子稱述之旨，遂有以得其大意。顧方從宦，徒懷之數十年，莫能筆之書也。歲壬申歸田之暇，乃稍爲之敘其理，以正君臣之義，以明聖人之道，以償夙志。嗟乎！《春秋》果假天子之權，即孔子之書，吾不敢謂然也，而況出於後人之誤乎？謂《春秋》假天子之權，即孟子之言，吾不敢謂然也，而況出於後人之誤乎？……尊王也而與竊柄同，則竊柄者何誅？明法也而與干紀同，則干紀者何責？玆實萬古綱常攸繫，予豈好辯哉，予不得已也。萬曆甲戌七月望，東里中玄山人高拱自序。”⑤該書根據孔子作《春秋》“以植天經，以扶人紀”，尊王

---

① 高拱：《詩文雜著》卷三《明誥封太恭人雷氏墓誌銘》。
② 張居正：《張太岳集》卷三四《答少司馬曹傅川》。
③ 張居正：《張太岳集》卷三四《答中玄高相公一》。
④ 《明神宗實録》卷二七，萬曆二年七月甲申、乙酉、丙戌。
⑤ 高拱：《春秋正旨・序》。

明法的原意，對宋儒程頤、胡安國等人把孔子經意歪曲爲“孔子自爲天子，命德討罪”等謬誤，一一加以訂正和駁斥，以正“萬古綱常”。

《春秋正旨》主要闡述七個問題：首論《春秋》天子之義，非以天子賞罰之權自居；二論孔子必不敢改周正朔，而用夏時；三論托於魯史，因其周禮尚存，非以其周公之後而假之；四論王不稱天，乃偶然異文，滕侯稱子，乃時王所黜，聖人斷無削貶天子降封諸侯之理；五論齊人歸鄆讙龜陰田，非聖人自書其功，深斥胡安國《春秋傳》以天自處之非；六論《春秋》作於哀公十四年（前481），乃孔子卒前一歲，適遇獲麟，因而書之，經非感麟而作，麟亦非應經而至；七論説經以《左氏傳》爲長，胡安國之書是有激而作，其餘諸家紛紛不休，多由誤解“天子之事”一語而生。該書所論多得孔子《春秋》本意，與其他諸儒附會之説絶異。從思想内容來看，《春秋正旨》主要是通過批判宋儒宣揚的天人感應説，闡發了天人相分的無神論思想。如對“災異譴告”[①]説的批判：“信斯言也，則所謂水旱凶災者，君當之歟？民當之歟？年雖大殺，何艱於君？而民則流殍且相食矣。天誠有意誅罰無道，乃降水旱凶災之譴，而使無辜之百姓當之，亦非所以爲天矣。而況其理實有非人所能測識者乎？”[②]又如對“記異”之説[③]的批判：《春秋》“祥則書之爲祥，異則書之爲異，乃直筆也。今既書‘有年’、‘大有年’矣，而意則以爲記異，聖人固不若是詭也”。“《春秋》書祥異，不書事應，而後儒必以事應符合之，蓋非惟無以得聖人大公至正之旨，而又徒以啓

① 程頤説：“大抵《春秋》所書災異，皆天人響應，有致之之道。如石隕于宋而言‘隕石’，夷伯之廟震，而言‘震夷伯之廟’，此天應之也。但人以淺狹之見，以爲無應，其實皆應之。”（《河南程氏遺書》卷一五）

② 高拱：《春秋正旨》。

③ 胡安國以“記異”之説詮解《春秋》“有年”（桓公三年）、“大有年”（宣公十六年），認爲桓、宣二公篡弑而立，“逆理亂倫”，獲罪於天，理應遭水旱凶災之譴，但實際上却是五穀豐收的“有年”和“大有年”，是“反常也，故以爲異”。（《春秋傳》卷四）

人君矯誣之心。"[①]如此等等。此書是高拱《春秋》學的主要代表作[②]。《四庫全書》收録此書,提要做了高度評價:"是編之作,蓋以宋以來説《春秋》者,穿鑿附會,欲尊聖人而不知所以尊,欲明書法而不知所以明,乃推原經意,以訂其謬……其言皆明白正大,足破説《春秋》者之痼疾。卷帙雖少,要其大義凜然,多得經意,固迥出諸儒之上矣。"[③]《春秋正旨》是高拱由早年崇信宋明理學到晚年批判宋明理學之學術立場轉變的標誌。

二十三日 昭陵建成未及一年,祾恩殿、明樓、寶城多處磚石沉陷。輔臣張居正上言昌破侵欺,苟且完事之弊,疏下工部追查相關人員治罪。工科給事中吴文佳等追論原任工部尚書朱衡、總理侍郎熊汝達宜追奪恩蔭,并治其罪。上怒,命都察院會同工部通查參處。[④]

萬曆三年乙亥(1575) 64歲

四月十二日 河南巡撫以鈞州犯御名,疏請改易。上以鈞州有禹山,親定州名爲"禹州"。[⑤]

五月十八日 高拱撰成第二部學術代表作《問辨録》十卷。該書站在批判宋明理學的學術立場上,對朱熹《四書章句集注》184條注釋中屬於"成心未化,各持臆説"的"方隅"之處提出質疑,然後逐條加以辯駁,以求對四書經義的"冀正真詮"。《序》曰:"予本譾陋,學道有年,始襲舊聞,有梏心識,既乃芟除繁雜,返溯本原,屏黜偏陂,虚觀微旨。驗之以行事,研之以深思。潛心既久,恍如有獲。然後聖人公正淵弘之體,會通變化之神,稍得窺其景象,則益信夫不可迹求也已。間與同志商榷遺言,冀正真詮,乃不敢膠守後儒之轍。昔仲舒欲

---

① 高拱:《春秋正旨》。
② 高拱在其後撰著的《問辨録》和《本語》中,對《春秋》學思想也多有闡述。
③ 《欽定四庫全書》經部五,春秋類三。
④ 《明神宗實録》卷二七,萬曆二年七月乙未。
⑤ 《明神宗實録》卷三七,萬曆三年四月庚辰。

罷去諸家,獨宗孔氏。予以爲宗孔氏者,非必一致,亦有諸家。雖皆講明正學,乃各互有離合。其上焉者,或可與適道,或可與立,而固未可與權,不能得聖人之大。君子於是參伍而取節焉可矣。囿焉安焉,錮其神悟,非善學孔子者也。録凡十卷,皆問辨之辭,故名《問辨》云。萬曆三年夏五月十八日,東里高拱自序。"①該書十卷,卷一《大學》,卷二《中庸》,卷三至卷八《論語》,卷九至卷十《孟子》。

《問辨録》的内容涉及諸多學術思想。(1)在經學思想方面:首論《大學》謂"新民"即"明德"中事,不應分之爲三綱領,不知三"在"字固顯然並列;次言"賢賢易色"四事,謂能如是,必其務學之至;再言"生質之美"四字,朱子可不必加,然涵泳語意,終以朱子之説爲圓;其他如伊川謂"敬事而信"一章,皆言所存而不及於事,高拱則謂"節用"、"使民"非事而何?謂孔子之責臧文仲,正以其賢而責之備,等等。(2)在哲學思想方面,主要闡發了"天地之間,惟一氣而已"的氣本論思想,"事必求其實","虚心以求其是"的認識論思想;"經乃有定之權,權乃無定之經"的辯證法思想②;"天定勝人,人定亦勝天"的無神論思想;"時以濟才,才以應時"的歷史唯物論思想;等等。(3)在政治思想方面,主要闡述了"義利之分,惟在公私之判"的經濟思想;"以義用其力,以力成其義"的軍事思想;"本之以公,斯祥刑之經"和"法必貴當","罪必責實"的法治思想;"用人必先養人"的育才思想和"才德兼備"的用人思想,等等。另外,在該書中,高拱還就其主持隆慶時期的吏治、軍事、法治、經濟、漕政、邊政等方面改革的經驗教訓做了精闢概括和總結,是研究隆慶大改革指導思想的重要著作。《問辨録》言之成理,持之有故,成一家之言,是代表高拱晚年最

---

① 高拱:《問辨録·序》。

② 清陸隴其説:"程子以經字合權字,朱子以經權分解,皆是在處變上説權字。中玄以經權合解,則二字俱兼常變矣。"(《四書講義困勉録》卷一二《論語》)明陳耀文《經典稽疑》對高拱權説也有高度論評。

高的學術成就之一,也是明代批判宋明理學的代表性著作。《四庫全書》收録此書,提要指出:"此編取朱子《四書章句集注》疑義,逐條辨駁……皆確有所見。如此之類,亦足備參考而廣聞見。明之中葉,士大夫務以異説相高,尊陸攻朱,故相抵牾,其猬薄固不可訓。至于聖賢經典,包括宏深學者,見智見仁,各明一義。但于微言奥旨有所發明,則亦不必盡斥群言,堅持門户。《周易》一經,程、朱往往異義,至今原不害並行也。拱此書自抒所見,時有心得,初非故立異同,固無庸定繩以一家之説矣。"又説:"鄭汝諧《論語》意原頗與朱子異同,而朱子於汝諧之説反有所取。朱子作《周易本義》,與《程傳》亦有異同。世未嘗以是病朱子。拱之是編,亦可作如是觀矣。"①

臺灣學者鍾彩鈞將高拱的《問辨録》視爲經學著作,并以《問辨録》和《春秋正旨》爲主要文獻,探討其經學思想。他提出:《四書》學——對朱注從信從到批判,《春秋》學——政治體驗與經書詮釋,聖人觀——天理人情之至,儒學觀——體用兼備經權不離。據此,鍾先生得出四點結論:高拱把政治家的實際體驗融入經書詮釋中,而常有精到的見解;他的經學從朱注出發,而走向批判朱注,并重視體用一致的經世之學;他的學問是精勝於博,但從方法學來説,他還是朱子的後裔;他批判朱注,用意在回到聖人本義,雖然在方法上没有創新,但其返回聖人本義的努力,使他成爲明代後期經學復古思潮中的一員。②

八月十一日　上御文華殿講讀,輔臣張居正等請增點閣臣,上命舉勘任的來看。即日,居正等推舉詹事府掌府事吏部左侍郎兼翰林院學士張四維、吏部左侍郎兼翰林院侍讀學士馬自强、詹事府少詹事兼翰林院侍讀學士申時行,俱資望相應。得旨:"張四維陞禮部尚書

---

① 《欽定四庫全書》經部八,四書類二。

② 鍾彩鈞:《高拱的經學思想》,載林慶彰等主編:《明代經學國際研討會論文集》,臺北"中央研究院"中國文哲研究所籌備處1996年版,第463~483頁。

兼東閣大學士隨元輔等入閣辦事。"内"隨元輔"三字,上親批註也。①

九月 高拱應鄉梓、少傅大學士郭朴之請,爲其父母合葬撰墓誌銘。略言:"萬曆三年三月八日,誥封一品太夫人李氏卒。太夫人者,贈光禄大夫少保兼太子太保吏部尚書武英殿大學士静庵郭公配。光禄大夫少傅兼太子太傅吏部尚書武英殿大學士東野父母也。静庵公諱清,字靖之。先是以封侍郎歿,先皇帝用三品恩賜祭,遣官營葬事,又念少傅功加祭一壇。至是太夫人訃聞,今皇帝用一品恩賜并祭,遣官開壙。又念少傅功加祭一壇。蓋皆異數,非例有也。於是少傅公卜以次年丙子四月二十二日舉窀穸之事,乃自勒狀而以其嗣子渡河而南,屬拱銘其墓。少傅公與都憲先兄(高捷)同舉進士友善,而拱自翰林以至政府皆從公後,受教數年,則知太夫人者莫如拱也,銘何可以辭。按狀……"②

是歲 高拱開始主持刊刻其十三種八十卷著作,直至萬曆六年七月病逝爲止,大體三年時間。刊刻順序是依據其著作撰成的倒行時序刊刻,共四十二册。列表如下:

初刻四十二册本列表

序 號	書 名	册 數	卷 數
1	《問辨録》	五册	一〇卷
2	《本語》	三册	六卷
3	《春秋正旨》	一册	一卷
4	《政府書答》	二册	四卷
5	《邊略》	四册	五卷
6	《掌銓題稿》	一四册	三四卷

① 《明神宗實録》卷四一,萬曆三年八月丙子。

② 高拱:《詩文雜著》卷三《明誥封一品太夫人李氏合葬墓誌銘》。

續表

序號	書名	册數	卷數
7	《南宫奏牘》	一册	二卷
8	《綸扉稿》(《綸扉外稿》)	一册	二卷
9	《玉堂公草》(《綸扉内稿》)	一册	一卷
10	《程士集》	二册	四卷
11	《日進直講》	五册	五卷
12	《獻忱集》	二册	五卷
13	《外制集》	一册	一卷
總計	一三種著作	四二册	八〇卷

上述十三種著作共計四十二册八十卷,没有統一的書名,《四庫全書》編纂者稱爲"初刻四十二册本",或"初刻本",亦可稱爲"家本"、"原本"。初刻本没有包括高拱的全部著作,高拱病逝時還有多種著作没有刊刻。初刻本的板籍在明末戰亂中已化爲灰燼,不存於世。

是歲 高拱爲新鄭縣即將重建的子産祠①撰《碑記》,頌揚子産有君子之道,駁斥宋儒成心未化之説。他言:"後人未達聖賢微旨,過有譏評,遂滋千古之惑。予特爲之明其意,刻石祠中,諗諸來者。"②

---

① 子産(前584~前522),名僑,字子産,鄭穆公之孫,子國之子,故稱公孫僑。春秋時期鄭國政治家和思想家。在鄭國爲相,仁厚慈愛、輕財重德、愛民重民,執政期間在政治上頗多建樹。子産祠,位於今新鄭市區西雙洎河(古洧水)東岸卧佛寺塔北,創建者莫考。晉,滎陽太守李炬派郭誦禱於子産祠。唐天寶七年(748)重修,五代時毁。宋重修。元天寶二年(1328)重修,元末毁。明洪武十二年(1379)知縣辛時敏重建,其後宣德、成化、萬曆年間不斷修葺,高拱撰《鄭大夫子産祠碑記》:"洧出西山至近郊溱乃合流,平時深及膝而已,夏秋之間雨則山水泛漲,高十餘仞,奔騰而下,不可以橋也。子産乘輿濟人時月無紀,豈十一二月不成杠、梁,止假乘輿哉?"明末復毁。清康熙三年(1664)知縣謝鴻奇重建,雍正十一年(1733)總督王士俊重修碑。祠舊有田十四畝,責令卧佛寺耕種,管理祠廟。此祠在明清時期爲新鄭"八景"之一,名謂"錦堂春色",民國年間廢。1987年3月,鄭州市人民政府列其爲鄭州市文物保護單位。

② 高拱:《詩文雜著》卷二《鄭大夫子産祠碑記》。

是歲　高拱賦詩一首，借鄭莊公宴集，感嘆自己不能像舜之重臣夔、龍一樣，實現宏大志願。

【五言律】

鄭莊宴集用韻

上公開勝宴，劍履集城南。
地敞花香入，亭虚水氣含。
窺筵喧雜鳥，列障起層嵐。
敢接夔龍武，追陪愧盍簪。①

萬曆四年丙子(1576)　65歲

正月二十三日　巡按遼東御史劉臺論劾大學士張居正擅作威福，蔑祖宗法，如逐大學士高拱去國，不容旦夕；援成國公朱希忠無邊圉功而贈王爵；引用閣臣張四維及冢卿張瀚不以廷推；斥遣諫官余懋學、傅應禎等，幾空言路。爲一身固寵計則獻白蓮白燕以爲祥，爲子弟科第謀則假京堂巡撫以爲報。翰林不侵政事而創爲章奏考成，江陵膏血已枯而大起違禁宫室。疏入，上大怒，以爲誣罔忠良，肆言排擊，意惟構黨植私，不顧國家成敗，命錦衣衛逮之。居正奏辯，言：去年遼東大捷，臺越職報捷，律以先朝舊例，則臺宜降謫；臺與應禎同縣素厚，爲陰構之黨；門生排擊師長，惟一去以謝之。上温旨慰留，詔臺削籍爲民。後又構陷流放廣西致死。②

四月二十七日　陞尚寶司少卿張孟男爲本司正卿③。孟男係高

① 高拱:《詩文雜著》卷一《鄭莊宴集用韻》。
② 《明神宗實録》卷四六，萬曆四年正月丁巳。
③ 《明神宗實録》卷四九，萬曆四年四月壬辰。

拱妻侄,河南中牟人。

五月十三日 高拱撰成最後一部學術代表作《本語》六卷,序曰:“予嘗有言曰:‘天理不外於人情。’然聖人以人情爲天理,而後儒遠人情以爲天理,是故聖學湮,聖化窒。夫事有本情,而人有本心。出吾本心,以發事之本情,則議道而道不睽,作之於事,可推四海而準,通千古而不謬。何者?天理、人情固如是也。故曰君子‘中庸’,又曰‘和’。夫‘中’也者,言乎其當也;‘庸’也者,言乎其平也;‘和’也者,言乎其順也。皆本人情,不遠人以爲道,作《本語》。萬曆丙子五月十有三日,中玄山人自序。”①此書所論治國方策與時事,皆本乎世道人情與客觀真理,皆切中明季要害與時弊,故名《本語》。

此書内容論及哲學、政治、軍事、經濟、教育、人才、人物評價、歷史事件等諸多方面。(1)在哲學上,批判程朱“宇宙之間,一理而已”②的理本論:“儒者有言:‘雖無其事,實有此理。’此亦大謬。夫理也者,事之理也。既無其事,理於何有?蓋求其説而不得,乃曲爲之辭云爾。”③(2)在政治上,提出修舉務實之政:“夫災而懼,懼而修政,則國愈治……災而後懼,而後修政,則既已災矣,孰與夫無災而懼,而修政之尤爲得乎?”④(3)在軍事上,主張先實後聲:“兵家先聲而後實,必是先實後聲,乃可以先聲而後實。蓋以實爲聲,人自畏之,而可省於實。若無實,不可以爲聲也。”⑤(4)在經濟上,主張爲國理財:“使司國計者,不以足國爲務,而徒以不言利爲高,則國家何利焉?”⑥(5)在教育上,提出培育人才:“人徒曰用賢才,而不知賢才必須培養於先,俟其成而用之,乃可以濟天下之務。若不待其成而用,未有不

① 高拱:《本語·序》
② 朱熹:《朱文公文集》卷七〇《讀大紀》。
③ 高拱:《本語》卷三。
④ 高拱:《本語》卷四。
⑤ 高拱:《本語》卷三。
⑥ 高拱:《本語》卷六。

債事者，此非才之不美也。”[①](6)在人才上，主張唯才是用：“國家用人，匪徒資治，亦即以安天下之人也。故大臣小臣，分列上下，散布内外，又有士有胥吏，下至里社，亦各有長，多其等，廣其途，盡網羅天下之才而用之。使天下之人，苟有一長一藝異於齊民者，隨其才之大小，皆入吾之網羅。”[②]另外，在《本語》中，高拱對歷史人物如裴度、劉晏、李林甫、哈麻、許衡、盧懷慎及其諸多歷史事件亦有其精湛評價。《四庫全書》收録此書，提要指出：“是書成於萬曆丙子，距拱罷歸之日已十三年，故開卷即以《否》、《泰》兩卦君子小人消長爲言。其中論裴度、論劉晏，皆陰以自比；論李林甫、論哈麻，皆以陰比徐階；論盧懷慎，則陰比殷士儋輩。亦發憤而著書者也……至駁伊川説《春秋》‘災異’一條，欲破董仲舒、劉向、劉歆之説，遂謂天道不關於人事，尤爲紕繆。其他辨詰先儒之失，抉摘傳注之誤，詞氣縱横，亦其剛狠之餘習。然頗有剖析精當之處，亦不可磨。五卷以下，皆論時事，率切中明季之弊。故《明史》稱其‘練習政體，有經濟才’。一書之中，蓋瑕瑜互見，如其爲人云。”[③]

十二月十四日　原任太子太保禮部尚書兼文淵閣大學士趙貞吉卒。貞吉，四川内江人，嘉靖乙未進士，選庶吉士，授編修。卒，贈少保，謚文肅。[④]

歲末　巡撫河南等處地方都察院右僉都御史孟重、巡按河南監察御史趙焕同，在新鄭縣城内爲大學士高拱立過街石坊，額題“廟堂底柱”四個石刻大字。[⑤]

---

① 高拱：《本語》卷五。

② 高拱：《本語》卷五。

③ 《欽定四庫全書》子部一〇，雜家類一，雜學之屬。

④ 《明神宗實録》卷五七，萬曆四年十二月壬申。

⑤ 高務觀：《東里高氏家傳世恩録》卷五《坊表》。

萬曆五年丁丑(1577)　66歲

二月十五日　陞河南布政使周鑑爲都察院右副都御史,巡撫河南。①

八月二十日　上諭輔臣張居正:皇祖《實録》(指《明世宗實録》),皆經先生看改,恩宜首加,而何獨辭? 居正疏言:皇祖《實録》實無一字不經臣删潤,無一事不經臣討論,第此乃臣子分所當爲,臣盟心矢報,不敢覬恩謀利,以背初志。②

九月十七日　兵部尚書王崇古因南京禮科給事中彭應時、工科都給事中劉鉉交章論劾,具疏奏明款貢本末。略言:隆慶三年,臣爲總督,大同巡撫方逢時揭報,俺答孫把漢那吉率其妻孥來降,臣即會議上聞。荷蒙先皇納輔臣(即高拱)之謀,嘉那吉之歸順,授以官職。臣等構獲逆犯趙全等八名,遣那吉以生還。俺答感恩求貢,貢市事成。事雖當日邊臣措注畫策之力,亦皆先皇獨斷之明,輔弼折衝之略,臣不過奉揚規畫耳。既承輔臣"八事"之議,定三年閱視之規,示九邊崇實之圖,臣即隨事條覆,嚴督奉行。今經七載,節省國餉奚啻百萬,保全軍民不可數紀,開墾屯田遠至邊外,修砌城堡各用磚包,築建邊垣各數百里,柴磚木料咸取虜中。昔也各邊斗米值銀二三錢,今則僅值錢許,屯糧盡完,鹽糧估減。視嘉靖末年隆慶初歲,安危迥異。而鉉輩乃謂虜貢不足恃,虜情不可測,以安爲危,以功爲罪。臣去留何足恤,將使以後邊臣轉相顧忌,不至坐失虜心,大壞邊圖。乞敕廷臣查核,以明國是,臣死無憾。得旨:"連年虜酋款貢彌恭,邊圉寧謐,卿之勞績,朕已悉知,浮言不足介意,不准辭。"③

---

① 《明神宗實録》卷五九,萬曆五年二月癸酉。

② 《明神宗實録》卷六五,萬曆五年八月乙亥。

③ 《明神宗實録》卷六七,萬曆五年九月庚午。

二十六日　大學士張居正初聞父喪，次輔吕調陽[1]、張四維引例，奪情事起。[2]

十月初八日　張居正三疏乞歸守制，得旨："卿今日實不可離朕左右，特遣司禮監官同卿子嗣修馳驛回籍，營葬事畢，即迎卿母來京侍養，用全孝恩。卿宜體朕至意，弗再辭。"[3]

二十二日　先是編修吴中行、簡討趙用賢、刑部員外郎艾穆、主事沈思孝各上疏論居正奪情事，留中數日，至是降旨，命錦衣衛逮至午門前，中行、用賢各杖六十，削籍爲民，永不叙用；穆、思孝各杖八十，發邊充軍，遇赦不宥。[4]

二十四日　刑部辦事進士鄒元標上疏論輔臣張居正奪情事，上命廷杖八十，謫極邊充戍。[5]

十二月初一日　陞南京都察院右都御史李幼滋爲工部尚書。幼滋時爲輔臣居正周親，當居正奪情之時，修撰沈懋學貽書幼滋，幼滋復書云：今師相不奔喪，是聖賢之道，直接揖遜征誅而得其傳者。本朝惟王新建可與語，羅生不達此耳。小人之無忌憚如此。[6]

初五日　罷南京禮部尚書何維柏。維柏前爲吏部左侍郎，因反對奪情，與尚書張瀚同被旨詰責，未幾而轉，至是自陳，遂罷之。[7]

是歲　張居正次子嗣修於十月回江陵料理喪葬事，途經新鄭，與高拱晤面，并告知張居正之父文明病逝江陵。高拱吊唁祭奠。至是

---

① 吕調陽(1516～1580)，字和卿，號豫所，謚文簡，廣西桂林人。嘉靖二十九年(1550)廷試一甲第二名，授翰林院編修，後歷任國子監祭酒、禮部尚書、文淵閣大學士、太子少保、太子太保、少傅兼太子太傅、吏部尚書等。留京近30年，以廉正聞名。爲穆宗講學，引經據古以規時政，深得朝廷敬重。能文能詩，古雅淳厚。與張居正合編《帝鑒圖説》，并纂修嘉靖、隆慶兩朝《實録》。萬曆六年(1578)，因病辭官。

② 《明神宗實録》卷六七，萬曆五年九月己卯。

③ 《明神宗實録》卷六八，萬曆五年十月辛卯。

④ 《明神宗實録》卷六八，萬曆五年十月乙巳。

⑤ 《明神宗實録》卷六八，萬曆五年十月丁未。

⑥ 《明神宗實録》卷七〇，萬曆五年十二月癸未。

⑦ 《明神宗實録》卷七〇，萬曆五年十二月丁亥。

居正致書高拱答謝,言:"前小兒南歸,方伏在苫塊,情緒荒迷,不遑啓報。比辱遣吊勤惓,又承厚奠,不勝哀感。小兒途中書來,言翁推夙愛,引入内舍,款語移時,垂泣而别。孤方在哀苦之中,感念厚誼,涕泗横流,所謂悲者不可累籲也。貴恙想已勿藥。孤近尊諭旨,勉强稽留,待經理大婚事。計來歲春夏間,乃得乞歸。擬過梓里,當作一日淹留。今預盼此期,真以日爲歲也。"①

萬曆六年戊寅(1578)　67歲

正月初六日　陞尚寶司卿張孟男②爲南京太僕寺少卿。③

三月十三日　大學士張居正離京歸家葬父。大約三月下旬,途經新鄭,居正與高拱在縣城高家"適志園"内晤面。話别之後,高拱遣人赴江陵吊唁祭奠居正之父。至於面談内容,史料尚無記載。

四月初四日　張居正抵江陵,又致書高拱答謝,言:"相違六載,祗於夢中相見,比得良晤,已復又若夢中也。别後歸奔,于初四日抵舍。重辱遣奠,深荷至情,存歿銜感,言不能喻。使旋,草草附謝。苦悰慟切,不悉欲言,還朝再圖一披對也。"④

五月初一日　太子太保都察院左都御史葛守禮卒。賜祭葬如例,贈太子太保,謚端肅。守禮立朝四十餘年,周旋於權要之會,而正色獨立,危言危行,去就不闗其心,里居恂恂若儒生。時人重之⑤。如

---

① 張居正:《張太岳集》卷三四《答中玄高相公二》。

② 張孟男(1534~1606),字元嗣,號震峰,河南中牟人。孟男出身於官宦世家,其十二世祖是元代禮部尚書張圭,高祖豹翼是屯留令,曾祖張嵩積善行孝,人稱張孝子。祖父繼祖是周府審理,父親文教被追贈爲太子少保。孟男中嘉靖四十四年(1565)進士,授廣平推官。後又陞遷爲刑部員外郎、尚寶司丞、太常寺卿、大理寺卿、南京工部右侍郎、南京工部尚書、南京户部尚書等職。由於孟男爲人正直,不畏權勢,而且勤於政事,政績卓著,故於萬曆三十四年(1606)卒後,被追封爲太子太保。距生嘉靖十三年(1534),享年七十三歲。參見清同治九年吴若良修、路春林纂《中牟縣志·人物志》。

③ 《明神宗實録》卷七一,萬曆六年正月辛酉。

④ 張居正:《張太岳集》卷三四《答中玄高相公三》。

⑤ 《明神宗實録》卷七五,萬曆六年五月辛亥。

黄景昉所言:守禮"立朝本正直忠厚,其斯人歟?"[①]

六月十五日 張居正在江陵葬父之後抵京[②]。依路途推算,大約於六月初五、初六日在返京途中,張居正與高拱在新鄭縣城高拱家中又會面一次。這時高拱病情加重,委託張居正爲他確定嗣子和身後幫助請求恤典之事。居正抵京之後,又致書高拱,云:"比過仙里,兩奉晤言,殊慰夙昔,但積懷未能盡吐耳。承教二事,謹俱祇領。翁第專精神厚自持,身外之事,不足縈懷抱也。初抵京,酬應匆匆,未悉鄙悰,統容專致。"[③]由張居正與高拱晤面、書信往來的史實可以斷定,高、張之間雖然有其激烈的權力之争,是政敵,但還是志同道合的好友,至高拱晚年還保持著這種友情之誼。

二十二日 大學士張居正疏奏,日閲員外王用汲全本,始知用汲之言,陽爲論炌,實陰以攻臣[④]。此事原委是居正回鄉葬父,湖廣文武官員俱來送殯,獨有巡按御史趙應元因病未到。居正姻親僉都御史王篆,嗾使都御史陳炌劾奏應元規避,將其除名,斥爲民。户部員外郎王用汲氣憤不過,上疏論劾陳炌"欺罔"。居正回京審讀用汲全疏,呈上三千餘言論疏,一面斥責用汲是"憸邪小人",是劉臺反張的繼續,一面大擺自己的忠心、政績,比擬爲古代的賢臣宰相。[⑤]

七月初二日 即公元1578年8月4日,輔臣高拱病逝於河南新鄭故居澄心洞,周歲六十六歲,虚齡六十七歲。

高拱卒於疾病。其致病的原因,據其夫人張氏言是由於王大臣闖宫一案,誣陷其夫行刺皇帝,致使遭受沉重打擊而"憂懼愁苦"、

---

① 黄景昉:《國史唯疑》卷八。

② 《明神宗實録》卷七六,萬曆六年六月乙未。

③ 張居正:《張太岳集》卷三四《答中玄高相公四》。

④ 《明神宗實録》卷七六,萬曆六年六月壬寅。

⑤ 參見張居正:《張太岳集》卷四三《乞鑒别忠邪以定國是疏》。

"遂成痼疾",拖了五六年之久病故[①]。徐學謨提出高拱是因中風而歿,言:高拱"牖下臨終以中風,淫口不能言,第與相知者訣,持其手書一'淡'字而歿,亦任達人也"[②]。

王世貞却提出高拱是因失賄致死,言"居正始歸葬,道新鄭。拱已病若痱,故爲篤狀,輿詣居正。撫之,乃大哭,謝謂:'往者幾死馮瑠手,雖賴公活,而瑠意尚未已,奈何?'居正笑曰:'瑠念不至此,且有我在,無憂也。'居正歸,而拱意其不即召,使使賄太后父武清伯謀代之,武清伯納其賄,不得間。居正既入而知之,誚讓良苦。拱既失賄,而知其泄,憂懣發疾死。"[③]

所謂"拱既失賄,而知其泄,憂懣發疾死",完全是誣謗之談。這是一條真假混淆的記述。所謂真,是指萬曆六年春夏之交,江陵歸葬,道經新鄭,往返兩次會晤高拱,真有其事。因爲高拱被逐歸家,但他特重金蘭結拜,同張還保持著交往,故有兩次相見之事。[④] 所謂假,是指傳語自相見高拱"大哭"至段末"憂懣發疾死",全係王氏的臆測。(1)高拱歸家,口不言時政,是其既定方針。因此,高、張第一次相見,不可能談及馮瑠害己之事,因爲這無異於揭張之短。況且高、張均無透露相見時的談話内容,這從張答謝高的最後兩封書信即可證明。(2)高拱歸家後受到"王大臣案"的株連打擊,身染痼疾,已無東山再起、重新復政的可能。于慎行云:"新鄭家居,有一江陵客過,乃新鄭門人也。取道謁新鄭,新鄭語之曰:'幸煩寄語太岳,一生相厚,無可仰托,只求爲於荆土市一壽具,庶得佳者。'蓋示無他志也。"[⑤]據此可知,根本不存在所謂高拱行賄太后父武清伯,圖謀再次

---

① 范守己:《御龍子集》卷六七《代高少師張夫人昭雪抑枉疏》、《代高少師張夫人乞補恤典疏》。

② 徐學謨:《世廟識餘録》卷二六。

③ 王世貞:《嘉靖以來首輔傳》卷八《張居正傳》。

④ 參見張居正:《答中玄高相公》四封信函,載《張太岳集》卷三四。

⑤ 于慎行:《穀山筆麈》卷四《相鑒》。

召回問題。所謂"居正既入而知之,誚讓良苦"云云,完全是王氏誣衊高拱之語。正如黄景昉所言:"王元美謂高拱使賄武清伯,乘江陵行,求復入……曖昧語何憑?肆巇名輩,徒益張閣威權。王每輕持論類爾。"①(3)高拱之死,根本原因是由於張、馮假借"王大臣案"誣陷高拱行刺朝廷,致使驚怖成疾,"遂成痼疾,馴至不起矣"②。高、張首次相見,高已處於病危狀態;再次相見,高已預感到不久於人世,故拜託張爲其立繼嗣和死後請求恤典二事;相見之後一個月左右,因中風口不能言,於萬曆六年七月初二日病故。由此可見,王氏所謂"拱既失賄,而知其泄,憂懣發疾死",是虚言浮誇,没有史實根據。

高拱是貪官嗎?這關係到對其道德品行的評價問題,不可不辯。王世貞、張廷玉及現今有些論者均認定高拱貪污受賄。王世貞言:"拱初起,强自勵,人亦畏之,不敢輕賕納。而其弟爲督府都事者,依拱後第而居。於是韓楫等乃數携壺榼,往爲小宴。拱自閣或吏部歸,即過其弟,見而悦曰:'若等乃爾歡,吾不如也。'因留酌,自是以爲恒。而益以珍餚果,飲食愈暢,乃各進其所私人,欲遷某官得某地。拱時已且醉,曰:'果欲之耶?'以一琴板書而識之,次日除目上矣。以是其所狎門生及客皆驟富,門如市。而楫、文、之韓輩有所恨於他給事御史,至中夜警門而入,拱出見之,則陽怒若氣不屬者,曰:'某某乃欲論吾師,吾知而力止之,暫止耳,故不可保也。'拱恚且恐,質明即召文選郎移缺,而出其人於外,亦不更詳所繇。以是中外益畏惡拱,以爲叵測。而拱最後時時與客曰:'日用不給,奈何?'其語聞諸撫鎮以下,賕納且麕集矣。"③《神宗實録》言:"(高拱)雖自清勵,而所引用多門生,不無竊竊。"④張廷玉言:"拱初持清操,後漸以賄聞,蓋其門生親

---

① 黄景昉:《國史唯疑》卷八。

② 范守己:《御龍子集》卷六七《代高少師張夫人乞補恤典疏》。

③ 王世貞:《嘉靖以來首輔傳》卷六《高拱傳》。

④ 《明神宗實録》卷八四,萬曆七年二月乙巳。

串爲之,而拱以此致物議。"[①]王鴻緒言:"拱初持清操,後漸以賄聞。蓋其門生、親串爲之,而拱以此致物議。"[②]現今也有論者説:"高拱自身在貪賄上亦脱不了干係","高拱晚節不保,苞苴之效彰,而廉隅之道喪。"[③]也有學者對此持存疑態度,言:"高拱本人是否貪賄,亦有待考證。"[④]以上記述不符合史實,需要進行辨析:(1)高拱恒常"留酌"於其五弟高才家中"小宴",并時常暢飲而醉,韓楫等便乘機"各進其所私人,欲遷某官得某地",高拱則不問所由,於"次日除目上矣"。我們不禁要問:作者是否參加過這種"小宴",是親眼所見,還是韓楫等人的告知?各進私人是誰,遷何官得何地?何不指實一二,以證所言有據?空言編造高拱及"所狎門生"賣官鬻爵,"漸以賄聞","晚節不保",很難令人信服!(2)門生韓楫等人恨於其他言官,便"中夜警門而入"拱邸卧室,進行告密,且次日就將所恨之人謫外。試問:作爲一個高層官僚首輔的府邸,夜半敲門而入,這可能嗎?真實嗎?調外之人姓甚名誰,調往何地,何不指實?這種詭秘之事又是何人所見、何人所聞?對此,論者一概含糊其辭,只是一味指控,没有任何實證。這使人不得不質疑這些記述的真實性、可靠性。(3)高拱"醉後"索賄,語聞"撫鎮以下",因而"賕納且麕集矣"。高拱能吐出此種醉言嗎?即使有,能作爲立論的根據嗎?醉言真的能使天下撫鎮以下的官員云集行賄嗎?如果作者所言不虚,爲何從當時衆多"撫鎮"官員的著作中找不到任何記載呢?看來"醉後"索賄只是作者的主觀臆測,没有任何旁證。在論者筆下,高拱名爲首輔,實爲門生發財的工具,從進退官員中受禮納賄,斂財致富,無疑高拱是罪魁禍首;但在我們看來,這些史料不過是作者醜詆、中傷高拱的虚構,而虚構不可能

---

① 張廷玉:《明史》卷二一三《高拱傳》。
② 王鴻緒:《明史稿》列傳第九二《高拱傳》。
③ 尹選波:《高拱的執政思想與實踐論略》,《史學月刊》2009 年第 4 期。
④ 南炳文:《中華點校本〈明史〉高拱、徐階二傳隨筆》,《史學集刊》2008 年第 4 期。

成爲信史,也掩蓋不了高拱"清正廉直"(穆宗語)的歷史真相。

高拱不僅不是貪官,反而是一位清正廉直的清官。清正廉直,既是高拱的家風,也是其可貴的品質。他雖然出身於官宦世家,但其祖高魁爲官"刻廉勵節"①;其父高尚賢爲官"持廉秉公"②;長兄高捷居官"惠窮摧强",居家"出穀濟貧"③。高拱繼承了這一清廉家風。隆慶四年初,他復政兼領吏部,對老家族人和僕人嚴加教誨,不得囑事放債和違法犯紀,并致書新鄭知縣,要求嚴加監督管教,書曰:"僕雖世宦,然家素寒約,惟閉門自守,曾無一字入於公門,亦曾無一錢放於鄉里。今僕在朝,止留一價在家看守門户,亦每嚴禁不得指稱囑事,假借放債。然猶恐其欺僕不知而肆也。故特有托於君:倘其違禁,乞即重加懲究。至於族人雖衆,僕皆教之以禮,不得生事爲非。今脱有生事爲非者,亦乞即繩以法,使皆有所畏憚,罔敢放縱。然此有三善焉:一則使僕得以寡過;一則見君持法之正,罔畏於勢而無所屈撓;一則小懲大戒,使家族之人知守禮法而罔陷於惡,豈不善歟!"④這封出自肺腑的信件,充分表明了高拱一身正氣、廉潔自律的可貴品格。他在主政期間,家人、僕人和族人確無囑事放債、違法犯紀的,更無田土"飛灑"、"詭寄"之事。這同前任首輔徐階放縱子弟横行鄉里,聚斂錢財,兼併土地多達24萬畝⑤,形成鮮明對比;也同後任首輔張居正"在反對别人腐敗的同時,自己却也在腐敗",最後擁有良田8萬餘畝⑥,形成鮮明反差。故此,海瑞説:"存翁爲富,中玄守貧";"中玄是個安貧守清介宰相,是個用血氣不能爲委曲循人之人。"⑦支大綸説:

① 王廷相:《王氏家藏集》卷三一《明故工部都水司郎中進階中憲大夫高公墓誌銘》。

② 郭朴:《明故光禄寺少卿高公神道碑》,載《新鄭縣志》卷二六《藝文志》。

③ 《新鄭縣志》卷一六《高捷傳》。

④ 高拱:《政府書答》卷三《與新鄭縣尹書》。

⑤ 伍袁萃:《林居漫録》卷一,臺灣偉文出版有限公司1977年版,第31頁。

⑥ 王春瑜:《中國反貪史序言》,《中國反貪史》上卷,四川人民出版社2000年版,第10~11頁。

⑦ 海瑞:《海瑞集》上編[京官時期]《論劾黨邪言官疏》及《附録》。

"拱精潔峭直,家如寒士。而言者過爲掊擊,則言者過也。"[①]范守己説:高拱"贊政數年,清介如一;門無苞苴之入,家無阡陌之富。"[②]孫奇逢也説:"自輔儲至參鈞軸,歷三十年而田宅不增尺寸","中州家範之嚴,咸稱高氏。"[③]上述史料可充分確證高拱是廉潔清官,而非貪官。由此可見,有些論者將其記述爲貪官,有悖於歷史事實。

---

① 談遷:《國榷》卷六五,隆慶元年五月丁丑。

② 范守己:《御龍子集》卷六六《險邪大臣陰結党瀆亂朝政賊害忠直乞加追戮以正法紀疏》。

③ 孫奇逢:《中州人物考》卷五《高郎中公魁》。

六 譜後

萬曆六年戊寅(1578)

七月初二日 高拱病逝後,張居正曾六次與高拱五弟高才(字德卿,號梅庵)書信往來,述説他與高拱平生之深交及其爲高拱乞請恤典、撰寫行狀、墓誌銘等事宜。言:"三十年生死之交,一旦遂成永隔,刺心裂肝,痛何可言!猶幸比者天假其便,再奉晤言,使孤契闊之悰,得以少布,而令兄翁亦遂長逝而無憾也。今嗣繼既定,吾契且忍痛抑哀,料理家事。至於恤典諸事,須稍從容,俟孤於内廷多方調處,俾上意解釋,孤乃具疏以請。旦夕有便,當告之貴省撫按,托其具奏報也。"①居正還遣舍弟居謙專程前往新鄭吊唁祭奠,言:"頃舍弟回,曾附薄奠,布之玄老靈幾。并言恤典事,須令嫂夫人具名奏乞,孤當爲之斡旋於内。"②并許諾爲高拱創傳記,撰墓銘,囑託曹金撰寫行狀,言:"僕與玄老交深,平生行履,知之甚真,固願爲之創傳,以垂來世。墓銘一事,雖微委命,亦所不辭,僅操筆以俟。行狀,當屬之曹傅川可也。"③但張居正爲高拱所創"傳記"、"墓銘",均不載《張太岳集》,曹金所撰高拱"行狀"亦不存世。

高拱病逝後,張居正又與高拱女兒親家(未成親)、告歸家居的前刑部侍郎曹金五次書信往來,叙説與高拱的深厚情誼、乞請恤典及其囑託代爲撰寫行狀等事宜,言:"玄老長逝,可甚悼痛。前過新鄭,再奉晤言。比時病甚,語不可了,但相與痛哭而已。追惟平昔,期許蕭、曹、丙、魏,今一旦遂成永訣,每一念之,涕泗盈襟。恤典一節,前已心許,今雖啓齒大難,然不敢背,已爲之調解於内,俟渠夫人有疏,當爲面奏代懇也。"④"玄老行狀,事核詞工,足垂不朽。不穀不過詮次其

---

① 張居正:《張太岳集》卷三四《答參軍高梅庵》。

② 張居正:《張太岳集》卷三四《答參軍高梅庵一》。

③ 張居正:《張太岳集》卷三四《答參軍高梅庵三》。

④ 張居正:《張太岳集》卷三四《答司寇曹傅川一》。

語,附以銘詞耳。”[①]又言:“不穀與玄老爲生死交,所以疏附後先,雖子弟父兄,未能過也。叵奈中遭憸人交構其間,使之致疑於我,又波及於丈。悠悠之談,誠難户曉,惟借重一出,則群喙自息。況此乃區區推轂素心,敬聞命矣。”[②]

十二月二十日 原任大學士高拱妻張氏陳乞恤典,因馮保作梗,神宗不允。[③] 此前,張居正曾上《爲故大學士高拱乞恩疏》,曰:“伏蒙發下原任大學士已故高拱妻張氏陳乞恤典一本。該文書官田義口傳聖旨:‘高拱不忠,欺侮朕躬,今已死了,他妻還來乞恩典,不准他。欽此。’臣等聞命震驚,罔知所措。看得高拱賦性愚戇,舉動周章,事每任情,果於自用。雖不敢蹈欺主之大惡,然實未有事君之小心。以此誤犯天威,死有餘戮。但伊昔侍先帝於潛邸,九年有餘,犬馬微勞,似足以少贖罪戾之萬一。皇上永言孝思,凡先帝簪履之遺,猶不忍棄,況係舊臣,必垂軫念。且當其生前,既已寬斧鉞之誅,今值歿後,豈復念宿昔之惡?其妻冒昧陳乞,實亦知皇仁天覆,聖度海涵,故敢以匹婦不獲之微情,仰幹鴻造也。查得世宗肅皇帝時,原任大學士楊一清、翟鑾俱以得罪褫職,後以大慶覃恩,及其子陳乞,俱蒙賜復原職,給與恤典。今拱之事體,實與相同。夫保全舊臣,恩禮不替者,國家之盛典也;山藏川納,記功忘過者,明主之深仁也。故臣等不揣愚昧,妄爲代請……仰惟聖慈裁察,臣等不勝戰慄隕越之至。”[④]

是日 奉聖旨:“高拱負先帝委託,藐朕沖年,罪在不宥。但以先帝潛邸講讀,朕推念舊恩,始准復原職,給與祭葬。”[⑤]又因馮保干擾,篡改欽命,只給半葬,祭文仍寓貶詞。

輔臣高拱病故,題請奉旨:“准復原職,賜祭五壇(其時祭不合典

① 張居正:《張太岳集》卷三四《答司馬曹傅川一》。
② 張居正:《張太岳集》卷三四《答司馬曹傅川二》。
③ 《明神宗實録》卷八二,萬曆六年十二月丙申。
④ 張居正:《張太岳集》卷四三《爲故大學士高拱乞恩疏》。
⑤ 《明神宗實録》卷八二,萬曆六年十二月丙申。

例,以江陵改换原本故也)。塋地一區,四十三畝。命工部給銀二百五十兩,遣本布政司堂上官致祭。”①

于慎行曰:“新鄭既爲江陵所逐,罷歸里中,又有王大臣之構,益鬱鬱不自安。一日,遣一僕入京,取第中器具,江陵召僕,問其起居。僕泣訴:‘抵舍病困,又經大驚,幾不自存。’江陵爲之下泣,以玉帶、器幣、雜物可值千金,使僕賫以遺之。又新鄭家居,有一江陵過客,乃新鄭門人也。取道謁新鄭,新鄭語之曰:‘幸煩寄語太岳,一生相厚,無可仰托,只求爲於荆土市一壽具,庶得佳者。’蓋示無他志也。萬曆戊寅,江陵歸葬,過河南,往視新鄭。新鄭已困卧不能起,延入卧内,相視而泣云。是年,新鄭卒,無子。夫人張氏遣一僕人入京,上疏求恤典,因賫千金器物往獻江陵,江陵却之。其僕泣曰:‘夫人使告相公,先相公平生廉,所愛惟此器物,無子孫可遺,謹以獻相公,庶見此物如見先相公也。’江陵色動,憐之,乃盡納其所獻。翌日,恤典下矣。”②

萬曆七年己卯(1579)

正月 張居正致函河南巡撫周鑑曰:“故相中玄公今尚未葬。聞恩恤葬價,有司未能時給,此仁人之所隱也。不揣溷冒,敢徼惠於下執事,惟公哀憐之。”③敦促其及時給予恩恤葬費。

二月三十日 復高拱原官,給半葬。《神宗實録》言:“復前任少師兼太子太師吏部尚書中極殿大學士高拱原官,葬祭半給,不差官。拱,河南新鄭人,才氣英邁,遇事能斷。當穆廟藩邸授經,特加眷注。首相徐階亦薦,既躋政府,不爲折節,時出語忤階意。而言路方擁戴階,又忌拱豐裁。會有御史論階者,拱門生也。意爲拱嗾,因交章論拱。以病去,已張居正赶於家,以閣銜掌吏部事,鋭然惟甄别吏迹,儲

---

① 高務觀:《東里高氏家傳世恩録》卷五《祭葬》。
② 于慎行:《穀山筆麈》卷四《相鑒》。
③ 張居正:《張太岳集》卷三四《與河南周巡撫》。

用邊才爲務。前是虜酋俺答孫降於塞,拱請歸之,遂入貢,因求互市,朝議紛紜。拱奮身主其事,與居正區畫當而貢事成,三邊寧戢。又廣寇鴟張,遼東數與虜角,一時督撫剿除,拱主持力爲多。至讞獄,執筆出冤者百三十九人。諸所條疏持大體,不避恩怨。然性急寡容,與同列每成嫌隙。雖自清勵,而所引多用門生,不無窺竊。至摧抑故相階,拱不爲無意,然其家人獄成,而拱謂已甚,必欲輕出之,則原非深於怨毒者。居正次拱相,拱多面折,居正銜之。拱欲除馮保,猶與居正謀。有旨:逐拱。一夕,策騫去。萬曆六年卒於家,祭葬止半給。又二十餘年,嗣子上疏,得旨:以疆埸功,贈太師,謚文襄,蔭一子。"①這是高拱病逝後,官方最早對高拱蓋棺定論的評價。其評價表揚多於批評,基本符合史實。

歲春　高拱下葬。高拱墓,人稱"閣老墳",位於今新鄭市西北約一公里的閣老墳村西北。陵園坐北向南,北靠"鄭韓故城"北城牆,南臨梳妝檯。陵園前方建一石牌坊,自此北行約60米,即是陵園拱形大門樓,高約8米,陵園四周建有圍牆,牆高2.3米,厚0.6米。圍牆南北長190米,東西寬95米。進入大門北行56米處建有二門樓。進入二門經甬道直通大殿。甬道兩旁對稱排列有石獅、石羊、石猴、石豬、石龜、石馬、石人等。石人高約2米,身著皂服,手持朝笏侍立。過二門北行56米處即是"明三暗五"的大殿。殿前築有祭壇,兩側建有東西廂房。過大殿北行60米即是墓冢。冢高8米,周長95米,頂圓底方。冢前和左右植有翠柏五株。明清時期,陵園頗爲壯觀。後因年久失修,屢經戰火,建築物及其它設施逐漸敗壞倒塌。新中國成立之初,僅存石刻和古柏,"大躍進"時期園中古柏被砍伐一空,"文革"時期石刻均遭破壞。現僅存墓冢,1982年列爲新鄭縣重點文物保護單位。2008年,重修墓冢,新立墓碑,并被列爲河南省文物保護

① 《明神宗實録》卷八四,萬曆七年二月乙巳。

單位。

高拱逝世後，其門生、南京兵部尚書周世選①和鄉梓、禮部左侍郎兼翰林院侍讀學士張一桂②爲高拱撰祭文兩篇。

周世選祭曰："惟公嵩高挺秀，河洛孕英。胸羅武庫，識貫元精。仇經白虎，論道承明。歷事三朝，致身自盟。才猷燁燁，莫與爲京。剖決電迅，議論風生。獨持國是，總攬權衡。順内外攘，相業崢嶸。既歸田野，堅守幽貞。行誼昭晊，著在鄉評。誠一代之元老，爲士紳之章程。宜享百年，胡爲其傾還也？庸流下品，曲荷陶成。愧我愚戆，碌碌硜硜。不體至訓，奮袂長行。隱顯參商，頓隔幽明。夢寐周旋，摇摇心旌。兹撫兩河，咫尺佳城。感今追昔，意緒縈縈。摇奠清酤，聊表衷情。神如不昧，鑒此微誠。尚饗！"③

張一桂祭曰："崧高降神，生申及甫。毓粹儲祥，猗公接武。世載明德，庭訓揚芬。石渠天禄，贊軌淵雲。爲圭爲璋，望隆鼎鼐。氣雄萬夫，識該百代。人或辟易，公獨舒徐。人所不足，公則有餘。先帝龍潛，昇華帷幄。稽古獻規，談經嶽嶽。譽髦胄監，遴俊南宫。寅清匪懈，曳履班崇。肅皇神聖，群臣莫及。獨公允諧，誕膺爰立。以調以燮，晉陟黄扉。補衮造膝，心膂是依。先帝訪落，公歸田裏。晞發具茨，濯纓溱洧。乃眷舊學，綸音賜環。衮衣東來，宅揆秉銓。内贊謨謀，外康流品。垂紳正笏，物聽惟允。荃宰相得，庶績斯凝。龍駕飆欻，末命親承。敬揚審訓，功媲召畢。霖雨未竟，雲雷遽息。明夷

① 周世選（1531～1606），字文賢，號衛陽，河北省故城縣故城鎮周莊村人。嘉靖四十一年（1562）進士，出高拱之門。初爲刑部觀政進士，後任常州府推官，有案親自裁決，明斷之譽聞於朝廷。後任南京兵部尚書。他親臨海上巡防，并指揮常州郡傳檄拒敵，大破入侵倭寇。後仍倭患不息，他一面謹防，一面上疏朝廷，條陳禦敵建議。卒於萬曆三十四年（1606），享年七十六歲。著有《衛陽先生集》十四卷。

② 張一桂（1540～1592），字稚圭，號玉陽，河南祥符（今開封）人。隆慶二年（1568）進士，選庶吉士，授翰林院編修。其後因主持順天府鄉試，遭流言蜚語，調南京兵部員外郎。萬曆十八年（1590），改南京國子監，終禮部右侍郎兼翰林院侍讀學士。萬曆二十年（1592）八月卒，享年五十三歲。著有《漱秇堂文集》。

③ 周世選：《衛陽先生集》卷一二《祭大學士高公文》。

養晦，屏迹懸車。衡用不盈，身卷道舒。瞻彼中州，相業炳焕。文達稱才，文靖能斷。公生其後，實紹其芳。匪芳則紹，實集其長。偶罹霜露，何恙不已。彼蒼弗整，臺光夜圮。聲聞五位，恩恤駢蕃。哀榮終始，怡然九原。某等依附末光，緬懷遺烈。南望玄廬，情深永訣。興言執紼，薦藻陳詞。公神至止，連蹝兩螭。"①

萬曆十年壬午(1582)

六月 大學士張居正卒。《神宗實録》言:"居正沉深機警，多智數。爲史官時，嘗潛求國家典故及政務之切時者，部裏之遇人多所諮詢。及贊政，毅然有獨任之志，受顧命於主少國疑之際，遂去首輔，手攬大政。勸上力守祖宗法度，上亦悉心聽納。十年海内肅清，四夷讋服，太倉粟可支數年，四寺積金錢至四百餘萬。成君德，抑近倖，嚴考成，綜名實，清郵傳，核地畝，洵經濟之才也。使其開誠布公，容賢遠佞，持止足之戒，敦寬大之風，雖古賢相何以加焉。惜其褊衷多忌，小器易盈，鉗制言官，倚信佞倖，方其怙寵奪情時，本根已斵矣。威權震主，禍萌驂乘，何怪乎身死未幾，而戮辱隨之也。識者謂居正功在社稷，過在身家。諒夫後數十年，人追誦其功，天啓元年辛酉，復其官如制。"②這是張居正死後，官方對其毁譽參半的定評。

十二月初八日 先是山東道御史江東之劾錦衣衛指揮同知徐爵以犯罪逃軍，夤緣馮保門下，濫叨武職，擅入禁庭，爲謀叵測，應亟行竄逐，以清宫禁。次日，江西道御史李植參司禮監馮保當誅十二罪。有旨:保欺君蠹國，本當顯戮，念係皇考付託，效勞日久，姑從寬降，奉御發南京閑住。③

初十日 先是直隸巡按王國疏論逆璫馮保專權納賄，令徐爵索

① 張一桂:《漱秋堂文集》卷一七《館閣會祭少師高文襄公文》。

② 《明神宗實録》卷一二五，萬曆十年六月丙午。

③ 《明神宗實録》卷一三一，萬曆十年十二月辛卯、壬辰。

其家名琴七張、夜明珠九顆、珍珠簾五副、金三萬兩、銀十萬兩,送輔臣張居正家。國又劾吏部左侍郎王篆送保銀三萬兩、玉帶十條,謀掌都察院,并乞罷斥,以儆官邪。篆疏辯乞罷。有旨:調南京别衙門用。已而御史李廷彦復追數其貪縱不法諸事,上令冠帶閑住。①

十四日 陝西道御史楊四知論故太師張居正十四罪,略言:欺君蔽主,僭奢專權,樹黨忘親。有旨:居正朕虚心委任,寵待甚隆,不思盡忠報國,顧乃怙寵行私,殊負恩眷。念係皇考付託,侍朕沖齡,有十年輔理之功,今已歿,姑貸不究,以全始終。龐清、游七錦衣衛拿送鎮撫司打問。仍諭大小臣工,其奉公守正,各修職業,以圖自効,不必追言往事。②

萬曆十一年癸未(1583)

正月十四日 御史黄鐘劾湖廣巡撫陳省重賄居正,又爲之防護其家設兵數百,歲給餉數千,荆州舊城盡夷,故疏刱爲新規工未畢居正物,故前役告罷,至殺戮五開興師,幾于僨事。上命罷陳省職爲民。③

十八日 御史魏允貞劾兵部尚書吴兑附高拱、張居正,饋馮保金一千兩,署名標封,宛然尚在,又裝送兵器、火器賂俺答。乞正兑欺肆之罪,章下所司。④

---

① 《明神宗實録》卷一三一,萬曆十年十二月丙申。
② 《明神宗實録》卷一三一,萬曆十年十二月戊戌。
③ 《明神宗實録》卷一三二,萬曆十一年正月戊辰。
④ 《明神宗實録》卷一三二,萬曆十一年正月癸酉。

二月　河南洧川人范守己[①]上《險邪大臣陰結奸黨瀆亂朝政賊害忠直乞加追戮以正法紀疏》,爲高拱鳴冤,乞賜贈謚。略言:"……再照原任少師大學士高拱,輔翼先帝,忠勤正直。贊政數年,清介如一。門無苞苴之入,家無阡陌之富。先帝諒其忠赤,傾心委任,大漸托以顧命,庶幾社稷之臣也。忽遭奸黨竊弄威福,逐斥而去。致令憂鬱抱屙以亡,沉淪冤抑,數年不白,亦可痛愍。而保與居正仍内外串通,減其祭葬,停其贈謚。不惟壞國家優禮大臣之典,又何以仰副先帝之德意,使在天之靈豫悦于於穆之表也。伏乞敕下該部,再加查議。如果臣言不謬,將拱補賜贈謚,以爲人臣效忠者之勸,庶善善惡惡各得其正,而天下爲之大悦矣。萬曆十一年二月賫發至京,因有阻者不果上。"[②]

四月十八日　原任少師兼太子太師吏部尚書建極殿大學士徐階卒。贈太師,謚文貞。[③]

十一月初一日　陞總督倉場右都御史兼户部右侍郎魏學曾爲南京户部尚書。[④]

是歲　高拱五弟、經歷司經歷高才撰《明重修尊恩觀大門記》碑

---

① 范守己,字介儒,河南洧川固賢(今長葛古橋固賢村)人。隆慶四年(1570)中舉,萬曆二年(1574)進士。曾任云間(江蘇松江縣)司理、主獄訟。後做過南京户曹、山西提學、秦中參議、建昌(四川西昌縣)兵備等官職。又曾屢奉欽命,以學院身份主考江南,故後人稱"范學院"。他本是文官,但上通天文,下知地理,既有文韜,又有武略,所以官至兵部侍郎,晚年再陞任太僕卿,總理欽天監。明江南文風雖然勝過江北,但科考事宜,多有弊端,門閥觀念嚴重,排擠身份卑微者。皇帝曾派范守己到江南主鄉試,他針對種種弊端制定新戒律,然後再自己命題開場考試。一連三屆,江南科考得以整肅,權要把持局面有所改變,真才實學的貧寒之士得到晉身機會。范守己擅長天文,當時曆法失度,他曾列表糾正。據傳,過去推算打春只知日期,不知時辰。范守己發現觀測打春時辰的方法,再推算打春時辰的變化規律,爲華夏曆法做出貢獻。他亦是歷史學家,著有《御龍子集》、《參兩通極》和《天官舉正》。

② 范守己:《御龍子集》卷六六《險邪大臣陰結奸党瀆亂朝政賊害忠直乞加追戮以正法紀疏》。

③ 《明神宗實録》卷一三六,萬曆十一年四月己巳。

④ 《明神宗實録》卷一四三,萬曆十一年十一月己卯。

文,碑在觀中。①

是歲　御史、河南禹州人安久域撰《明創置學田記》,略言:"……自是鄭庠無田而有田,義哉此舉也。可以風矣!時有高生諱捒,乃少師元翁老先生弟,敬服翁之德義,慨然以己業膏腴田二百畝,並莊基牛只車輛農器俱全,約白金餘,操書致以獻,願不價。"②可見,高拱六弟高捒捐資興學之義舉。

萬曆十二年甲申(1584)

二月十四日　河南道御史王九儀疏言:"巡撫江西曹大埜狎邪小人,始進諫垣,即與張居正深相結納。是時居正爲次相,欲去首相高拱,招邀南北言官論拱,迄無應者。乃嗾大埜劾拱十大不忠,比之秦檜、嚴嵩,朝論悉知出居正意。皇上亦燭其奸,旨下,調謫。時有御史疏劾大埜傾陷輔臣。及高拱去位,未幾而大埜果轉楚僉憲矣,尋轉尚寶太僕矣,未幾而開府江西矣。如此佞臣,可使開府重地哉?且奸鄙貪昧,士民罔不嘖怨,而日與原任雲南副使朱璉密結往來。夫璉甘附居正之黨,認義子於馮保,呼契兄於游七,自度不容,具疏乞休,誠縉紳所不齒。大埜獨與之黨,小人以類相從較然矣。"得旨:"曹大埜冠帶閑住,朱璉爲民。"③

三月十三日　工科給事中唐堯欽題,今天下所憂可恨者則誤居正之臣,原任太子太保工部尚書致仕曾省吾是也。蓋省吾與王篆數人,同惡相濟,以欺居正,居正日爲賣弄不覺而竟成誤國之罪。今居正謚已追奪,四子褫職,王篆、賀一桂等亦俱爲民,則奸險如省吾者亦宜重處,以謝朝廷。至如浙江僉事曹一夔藉省吾爲泰山,結馮保爲心腹,仗徐爵爲介紹巡鹽長蘆使。送保不下萬金,差往四川,千金饋爵,

① 《新鄭縣志》卷二九《金石志》。
② 《新鄭縣志》卷二六《藝文志》。
③ 《明神宗實録》卷一四六,萬曆十二年二月辛酉。

二千饋保。言之實污口頰,可使復濫仕籍哉? 詔褫省吾、一夔職。[1]

十六日 上視朝,左副都御史丘橓條陳三事,其一請廣搜屈抑之士,言給事中魏時亮、御史張檟、李復聘等皆以建言忤輔臣高拱,吏部郎中胡汝桂以抗直忤堂官,均宜及時搜起。上可其奏。[2]

張居正身死未幾,言路便開始追劾馮保當誅之罪。上命抄其家産之後,進而追論張居正的風浪遂起。萬曆十一二年,追論風浪進入高潮,神宗對此不僅不加以制止,反而據以清算張居正,追奪其官爵謚號,籍没其家産,幾至"斬棺戮屍"。由於種種原因,神宗自我否定政績,自毁整頓成果,從而引起政局大轉向,形勢大動蕩,高官大改組,思想大混亂。清算張居正風潮,其内因是其"威權震主,禍萌驂乘,何怪乎身死未幾,戮辱隨之也";其外因是科道言官彈劾馮保十二大罪所發,并非如有些論者所言是神宗看過高拱的《病榻遺言》一書所致。在這場風潮中,還連及了故相高拱,連及了諸多爲高拱、張居正所提拔和重用的文臣武將,如戚繼光、殷正茂、張學顔、吴兑、梁夢龍、潘季馴等,使他們致仕歸家。這就全面否定了隆萬時期改革整頓的成果。這是一次歷史性的大轉折,是明朝漸趨衰亡的大轉折。故《明史》曰:"論者謂明之亡,實亡於神宗,豈不諒歟!"[3]

是年 故相高拱之妻、一品夫人張氏委託史學家、河南洧川人范守己代她兩次撰寫奏疏,爲高拱抑枉昭雪、乞補恤典。略言:"原任少師兼太子太師吏部尚書中極殿大學士,今已故臣高拱妻,誥封一品夫人臣張氏謹奏:爲奸黨欺君,計逐顧命大臣,陰謀陷害,致死含冤,懇乞聖明洞鑒孤忠,昭雪抑枉,俯念微勞,補賜贈謚恤典,以溥皇仁,以慰泉壤事……(高拱)受先帝顧命,身處危疑,恭奉皇上即位,即陳五事,杜塞奸萌,處心積慮,無非忠君愛國之至念,臣夫何負於朝廷哉?

---

① 《明神宗實録》卷一四七,萬曆十二年三月庚寅。

② 《明神宗實録》卷一四七,萬曆十二年三月癸巳。

③ 張廷玉:《明史》卷二一《神宗本紀》"贊曰"。

而張居正、馮保内外締結，陰肆奸險，始而捏旨斥逐，繼而攀陷謀害，必致死亡而後已。又暗换奏本，減其祭葬，使憂國奉公之臣，不得蒙朝廷優恤之盛典。此氏之所以日夜痛心，不能已於哀鳴者也。邇者，皇上大奮乾斷，剪除凶邪，居正父子具已伏辜，馮保黨類又皆斥逐。凡被二人所誣害者，俱蒙昭雪。忠良顯遂，邪正分明，薄海内外，莫不頌皇上之神明，仰皇上之溥博矣。獨臣夫九泉之下，尚爾含冤，是日月之明猶有所未遍，雨露之恩猶有所未及也。伏望敕下該部，稽核臣夫微勞與所以受枉之狀。如果氏言不謬，乞賜贈謚、恩蔭，并補給恤典，以全朝廷優禮大臣之體，以慰幽冥未及瞑目之魂。”①又言：“奏爲懇乞聖明俯念舊臣微勞，辯誣枉，賜昭雪，議補恤典，以廣天恩事……独臣夫之冤尚未昭雪，是如天之仁猶有所遺而未遍，此臣之所以不避鈇鉞，哀鳴於君父之前也。伏乞敕下該部，再加體訪。如果臣言不妄，乞將臣夫心迹昭示中外，應得恤典，照例補賜。庶忠直不至含冤九泉之下，亦知銜恩思效犬馬於再生矣。臣激切哀鳴，冒瀆天聽，不勝戰兢隕越之至。”②然而，范守己所上兩疏，均留中不發。

范守己曾賦詩一首，爲高拱之冤大鳴不平。

次新鄭慟高少師肅卿

秉國當年贊帝猷，先朝玉扆儼宸旒。
姚崇死去名長在，盧杞生全恨不休。
東里新祠高鄭相，西州舊路慟羊侯。
所忠未有君王問，封禪遺書肯上投。③

① 范守己：《御龍子集》卷六七《代高少師張夫人昭雪抑枉疏》。
② 范守己：《御龍子集》卷六七《代高少師張夫人乞補恤典疏》。
③ 范守己：《御龍子集》卷三七《次新鄭慟高少師肅卿》。

萬曆十六年戊子(1588)

三月初四日　已故輔臣高拱妻誥封一品夫人張氏病故。題請奉旨:"准照例與祭一壇,開壙合葬。命工部給銀五十兩,遣本布政司堂上官致祭。"①張夫人爲河南中牟人、南京户部尚書張孟男的姑姑。梁維樞《玉劍尊聞》曾記載一件趣事,言:"文襄以閣臣攝冢宰,司徒(張孟男)守散曹,罕交人事。歲時起居,夫人、文襄置酒便坐,歡燕諧謔,終不及他。文襄詰夫人:'卿家尚璽何爲疏我?'夫人曰:'天下事方在公掌握,公不以妾故暱,妾猶子,猶子不敢以私請公,妾知免矣,當爲公賀。'文襄掀髯大笑曰:'卿言大佳。'"②此事表明高拱爲官以公不以私。

萬曆二十五年丁酉(1597)

八月　高拱嗣子務觀,字象玄,中萬曆二十五年丁酉科鄉試副榜。③

萬曆三十年壬寅(1602)

二月　在高拱已故二十四年後,嗣子高務觀上疏,請爲其父易名立謚。④

三月初五日　禮部覆大學士高拱嗣男高務觀乞贈蔭謚,併母張氏祭葬議。言:"本官器本高明,才兼謀斷。爰從講幄,入贊機廷。以輔弼之任而握銓衡,則威權不免過重;自搏擊之餘而當樞要,則恩怨不免太明。然其人實有憂國家之心,兼負濟天下之具。即如處安國

---

① 高務觀:《東里高氏家傳世恩録》卷五《祭葬》。

② 引《新鄭縣志》卷三一《雜志》。

③ 《新鄭縣志》卷一六《高務觀傳》。

④ 郭正域:《合併黄離草》卷二四《太師高文襄公墓誌銘》。

亨之罪,不煩兵革而夷方自服,國體常尊,所省兵餉何止數十萬。又如授那吉之降,薄示羈縻而大虜稱臣,邊氓安枕,所全生靈何止數百萬。此皆力爲區畫,卓有主持。當其成敗利鈍之未形,不顧毁譽身家而獨任。倉皇去國,寂寞蓋棺,論者謂其意廣而氣高,間不符於中道,要之性剛而機淺,總不失爲人臣。宜加易名之典,以勸任事之臣。其妻張氏宜與祭一壇、合葬。詔:'高拱雖屢被論黜,但在閣之日,擔當受降,至今使北虜稱臣,功不可泯,特允所請。'"①

四月初六日 據禮部題請,神宗爲高拱平反昭雪,贈太師,謚文襄,賜予誥命曰:"奉天承運,皇帝制曰:國家於輔弼之臣,每篤始終之誼。才品程之,功實定論,采之輿評。其有績丕著於中朝,而報未孚於物望,則榮名峻秩,朕不敢愛焉。所以彰有勸示,無私也。故原任光禄大夫柱國少師兼太子太師吏部尚書中極殿大學士高拱,鋭志匡時,宏才贊理。當畿庭之再入,肩大任而不撓。位重多危,功高取忌。謀身近拙,實深許國之忠;遺俗似迂,雅抱殿邦之略。幕畫得羌胡之要領,箸籌洞邊塞之機宜。化椎結爲冠裳,柔犬羊於怗服。利同魏絳,杜猾夏之深憂;策比仲淹,握御戎之勝算。在昔允資定力,於今尚想膚功。溯彼遠猷,洵堪大受。眷兹巨美,寧問微疵。矧公論之久明,豈彝章之可靳。是用追贈爾爲'太師',謚'文襄'。錫之誥命。於戲!寵極師垣,冠百僚而首出;名垂衮字,耀千載以流輝。舊物既還,新恩贈渥。英靈未泯,永慰重泉。仍准後世嫡子嫡孫奉祀生員二名,春秋致祭。萬曆三十年四月初六日。"印:"制誥之寶。"②此道《誥命》原件現存於新鄭市博物館。

同時,神宗還頒布一道追贈高拱爲特進光禄大夫的誥命,敕曰:"奉天承運,皇帝制曰:朕崇鴻號於慈闈,覃慶澤於臣庶。凡爲人子,

① 《明神宗實録》卷三七〇,萬曆三十年三月丁卯。

② 高務觀:《東里高氏家傳世恩録》卷五《原任光禄大夫柱國少師兼太子太師吏部尚書中極殿大學士高拱贈太師謚文襄》。

嘉與尊親。矧篤我世臣,推恩碩輔者乎?爾原任柱國光禄大夫少師兼太子太師吏部尚書中極殿大學士贈太師謚文襄高拱,博大精詳,淵宏邃密,經綸偉業,社稷名臣。家學夙著乎箕裘,史才稱良於袞鉞。横經潛邸,歷九載之師儒;秘策金縢,受兩朝之顧命。既秉成於揆席,復馭柄於銓衡。慷慨有爲,公忠任事。迨殫内寧之略,益宏外禦之勛。嶺表滇南,氛淨長蛇封豕;東夷西虜,煙消堠鷺庭烏。洵稱緯武經文,不愧帝臣王佐。雖讒人之罔極,旋公道之孔昭。嘉乃膚功,已晉三公之秩;稽於定論,載蒙壹惠之褒。當兹慶洽寰區,豈靳恩施故舊。爰從子請,用霈皇綸。是用追贈爾爲'特進光禄大夫'。錫之誥命。於戲!世賞光延溥洪,庥於燕翼悃誠。披瀝徽異,數於龍章。彤管流輝,玄扃增賁。"①上述兩道誥命,是官方對高拱的人品、相材、功績和歷史地位的定論。至此,高拱三十年不白之冤,得以平反昭雪。

同日　奉部題:賜故輔臣高拱贈太師,謚文襄,准給誥命一通,蔭一子尚寶司司丞,嗣子高務觀承蔭。又准奉祀生一員,胞任高務本襲②。務觀承蔭,"奉使册韓藩,賦詩托寄,恬淡寧静,不擾驛遞。繼而賫餉秦中。故事,解交有滴珠陋規,公止取正數,詣陜藩仍以例索,且疑公乾没。公正色曰:'我清白家子,豈等尋常逐末輩乎?'藩始悔謝,謂非克繩父武,烏能矯矯立朝,毅然不苟若此哉!"③務觀娶端木氏,邑人端式女;繼娶張氏,中牟張文化女;俱封安人;又娶馬氏,誥封太安人。

務觀生五女:"長適大理寺左少卿連格④子生員得壽,早卒,因親

① 高務觀:《東里高氏家傳世恩録》卷五《原任光禄大夫柱國少師兼太子太師吏部尚書中極殿大學士高拱贈太師謚文襄追贈特進光禄大夫》。

② 高務觀:《東里高氏家傳世恩録》卷五《蔭叙》。

③ 《新鄭縣志》卷一六《高務觀傳》。

④ 連格,字小嵩,河南鈞州(今禹州)人。嘉靖四十三年(1564)中舉,萬曆五年(1577)登進士第。初任大同知縣,後官終御史(參見民國二十五年靳蓉鏡等修、蘇寶謙纂《禹州志·人物志》)。

不忍革股，以三女續焉；次女適范縣知縣陳洪猷[①]子階；四女、五女具未字。”[②]

務觀生八子：長子杠，字濟寰，文襄公嫡孫。隆慶六年（1572）正月襲錦衣衛千户，陞南京僉書，誥封昭武將軍上輕車都尉。據新鄭縣志載：杠“繈褓失恃，事繼母以孝聞，五十年如一日。異母弟八，友愛無二視，及析箸資產維均。弟有早亡者，撫侄及女，衣食婚嫁以身任。弟婦吕氏少孀，保護甚力，俾全操。居官清慎廉明，居鄉和平敦厚，時論雅推之。年八十餘，舉鄉飲賓數次，子若孫能世其家云。”[③]高杠娶孟氏、胡氏、王氏、劉氏，俱誥封淑人，生一子：永泰。永泰生二子：元徽、元英。二子則益，字友三，廩膳生，蔭中書科中書舍人，陞户部廣西司主事，誥封承德郎，娶金氏，封安人，無出。三子則謙[④]，字景抑，清順治二年（1645）拔貢生，揀選推官，娶范氏、劉氏、邢氏，嗣子永祉。四子則明，字普周，廩膳生，娶桑氏，生一子：永昌。繼娶吕氏[⑤]，無後。五子則遠，字屆長，增廣生，娶連氏，無後。六子則超，字凌霄，奉祀生，娶文氏，生一子：永奕。七子則顯，字海揚，生員，娶張氏，生二子：永次，嗣；永祉，過繼與三胞伯則謙爲嗣。八子則上，字麗天，廩膳生，娶徽王府女朱氏爲徽府儀賓，生一子：永禄，聘王氏[⑥]，未婚而少逝。[⑦]

是年　高拱平反後，嗣子高務觀乃請江夏（武漢）人東宫講官郭

---

① 陳洪猷，河南鈞州（今禹州）人，舉人，官至范縣知縣。

② 郭正域：《合併黄離草》卷二四《太師高文襄公墓誌銘》。

③ 《新鄭縣志》卷一八《高杠傳》。

④ 《新鄭縣志》傳曰：“高則謙，文襄公孫，穎敏嗜古，居家孝友。處交遊坦懷磊落，無富貴氣，亦不以得失介懷。順治二年拔貢生，後隱居不仕，賦詩養静以終其身。”（《新鄭縣志》卷一九《高則謙傳》）

⑤ 《新鄭縣志》傳曰：“吕氏，庠生高則明繼室。適明數月，夫歿，投繯以救免。孝翁姑，撫前妻子女甚慈。後遭流寇，子女俱亡，伶仃孤苦，節操愈堅。順治十五年公舉，撫軍賈，按院李皆旌之。”（《新鄭縣志》卷二〇《人物志》）

⑥ 《新鄭縣志》傳曰：“王氏，王璠女。許字生員高永禄，未婚而禄卒。女聞之不食，旬日死，雖合壙以葬。”（《新鄭縣志》卷二〇《人物志》）

⑦ 參見《高氏族譜》。

正域爲其父撰墓誌銘。略言:“嘉、隆之際,相臣身任天下之重,行誼剛方,事業光顯者,無如新鄭高公。而先後處兩才相之間,先爲雲間,後爲江陵。雲間大旨善藏其用,籠天下豪傑爲之羽翼,故唯唯於履尾之時,而揚揚於攀髯之際,善因時耳。彼方墨墨,此則蹇蹇,宜不合也。江陵負豪傑之才,其整齊操縱,大略用高公之學,而莫利居先。彼方剸刃,此猶坦腹,蓋公之瀕死者累矣。志不盡舒,才不盡酬。悲夫! 公没且二十四年,而嗣子務觀乃得請易名之典。上未忘疆埸功,謚曰‘文襄’,謚法因事有功曰‘襄’。公功在社稷,上心自簡在也。既得請,而務觀乃敢乞志文。公家之多憂多懼可念矣。”①另,郭氏在《墓誌銘》中列有高拱著作目録。列表如下:

墓誌銘載高拱文集目録列表

序　號	書　名	卷　數
1	《問辨録》	一〇卷
2	《春秋正旨》	一卷
3	《本語》	六卷
4	《邊略》	五卷
5	《綸扉外稿》	四卷
6	《掌銓題稿》	三四卷
7	《南宫奏牘》	四卷
8	《政府書答》	四卷
9	《綸扉集》	一卷
10	《程士集》	四卷
11	《外制集》	二卷
12	《日進直講》	一〇卷
13	《獻忱集》	四卷
總計	一三種著作	八九卷

① 郭正域:《合併黄離草》卷二四《太師高文襄公墓誌銘》。

需要指出，郭氏所列這一書目不包括《病榻遺言》和《詩文雜著》，這就確證這兩種著作在高拱殁後二十四年之間没有刊刻問世。

高務觀承蔭後，即著手編纂刊刻《病榻遺言》、《詩文雜著》和《東里高氏家傳世恩録》三種著作。《病榻遺言》共四卷：卷一《顧命紀事》，卷二《矛盾原由上》，卷三《矛盾原由下》，卷四《毒害深謀》。該書真實詳細地記述了與張居正的矛盾以及張居正"附保逐拱"和"王大臣案"的真相，是研究隆萬之交政局走向的重要文獻。《詩文雜著》共四卷，卷一包括詩、聯、銘、贊、頌、論、議、評、解、説、記、表、露布；卷二包括書序、譜序、壽序、碑記、碑銘、墓表等；卷三包括墓誌銘、墓記；卷四包括行狀、碑陰、祭文、雜著等。該書是研究高拱的文學思想和人際關係的重要資料。《東里高氏家傳世恩録》共五卷，卷一敕命，卷二誥命，卷三敕諭，卷四鄉賢和專祀碑記，卷五坊表、特恩、蔭叙、遺詔、祭葬等。務觀編成《世恩録》，曾乞請時任順天府尹劉日昇撰序。大約此時，高拱的《讒書》、《避讒録》和《春岡年譜》三種著作手稿已佚。

萬曆四十二年甲寅（1614）

五月　高拱著作第二次刊刻，名曰《高文襄公集》四十四卷，是謂"萬曆本"。

河南新野進士、户部主事馬之駿[①]與其兄馬之騏[②]根據高拱初刻

---

① 馬之駿（1578～1617），字仲良，河南新野人。萬曆三十八年（1610）與其兄馬之騏同中進士，馬之駿中二甲第五十一名，歷任户部主事，郎中。曾遭貶謫，降廣德州同知，遷應天府通判，轉順天，後復官户部主事。馬之駿自幼曾隨任職嘉興、淮安等地的父親居之江南。其父馬化龍爲萬曆五年（1577）進士，故留下南陽新野"一門三進士"的佳話。馬之駿博洽典籍，善詩文，與王穉登之子留造作新聲，務以新譬鮮異相唱和，著有《妙遠堂集》。

② 馬之騏，字時良，萬曆三十四年（1606）中舉，三十八（1610）年登庚戌科進士，以榜眼入鄉賢。經筵進講，爲皇帝講解經傳史鑒。授翰林編修。萬曆四十六年（1618）五月充起居注館纂修，七月奉命出任湖廣鄉試主考官，所拔皆當時知名士子。天啟五年（1625）陞尚寶司卿，六年（1626）爲國子監司業，七月陞祭酒。他歷仕三朝，官至禮部左侍郎。與其弟馬之駿以詩文稱譽於世。著有《静啃堂全集》。

四十二册本刊刻成《高文襄公集》四十二卷，又增補一種著作《病榻遺言》二卷，重新編排高拱著作順序，統編爲四十四卷，并由馬之駿作序。序言："予過新鄭，聞長老談文襄瑣屑遺事甚詳。及卒，業公全集，則愾然如見其人……今公集具在也。代述之言莊而裁，敷奏之言剴而盡，侍經策士之言確而正，宏肆而淵博，以至表詞致語咸高華詳麗，有專門之士所不敢望者。斐斐乎，可謂備文武之質者矣。説者微以量訾公，則殊不然矣……今天下思襞割仔肩之用，方殷殷推公，而邊事尤縻潰不可支。故予每讀公《邊略》諸書，輒反復不能已也。公集行世，必且有謂予知言者矣。萬曆甲寅五月望日，賜進士出身户部主事後學新野馬之駿頓首撰。"①該刻本統編高拱著作的順次、卷數和書名。

明萬曆刻本列表

序號	卷　次	書　名	附　注
1	卷之一	《外制集》	
2	卷之二	《綸扉内稿》	又名《玉堂公草》
3	卷之三	《綸扉外稿》	
4	卷之四、五	《獻忱集》	
5	卷之六、七	《政府書答》	
6	卷之八至二一	《掌銓題稿》	
7	卷之二二、二三	《奏牘》上下	即《南宫奏牘》二卷
8	卷之二四	《邊防紀事》	内含《撻虜紀事》、《靖夷紀事》
9	卷之二五	《伏戎紀事》	
10	卷之二六	《綏廣紀事》	

① 馬之駿：《高文襄公集序》，載《高拱全集》附録二。

續表

序號	卷次	書名	附注
11	卷之二七、二八	《程士集》	
12	卷之二九至三一	《本語》	
13	卷之三二	《春秋正旨》	
14	卷之三三	《大學直講》	
15	卷之三四	《中庸直講》	
16	卷之三五至三七	《論語直講》	
17	卷之三八至四二	《問辨録》	
18	卷之四三、四四	《病榻遺言》	該書係“長洲戚伯堅校訂”。
總計	共四四卷	一八種著作	

高拱初刻四十二册本，只輯入了十三種著作，其餘未刻的幾種著作，在高拱逝世以後，由嗣子務觀又續刻二種：《病榻遺言》四卷，《詩文雜著》四卷。散佚三種：《春岡年譜》、《讒書》和《避讒録》。高務觀自己又編訂刊刻了一種：《東里高氏家傳世恩録》。刊刻完成後，他約請廬陵人、萬曆進士、時任應天府尹劉日昇①作《聖恩録序》，因之該序没有刊刻於書内。序曰：“新鄭高文襄公捐館舍二十五年矣，今上始追公秉撲忠勞，予一切特恩。令子符丞君輯，恭請部覆諸牘及蒙賜綸誥，滙成一編付梓。一日，手兹編示劉子，淚承睫曰：‘先君子孤貞直道，以徇國家爲忠；排擊不忌，蹈於危阱凛以殁，天下悲之。遭遇聖明，猶有今日。此某願生生世世捐軀以報者也。惟吾子無靳一言，以章主德詔來嗣可乎？’劉子惶恐，遜謝弗得，既卒業則三嘆……嗟乎！恐懼三監，孫膚幾幾，以卒全於地天之泰古，惟姬公能耳。不能爲姬公聖，則當爲寧武愚。兹公之所以甘心而不悔也，矧没世而蒙主知

① 劉日昇，河北河間人，以書選入翰林。後任南京工部右侍郎。著有《解學士集》等。

乎？符丞君懷恩欲報思深哉，公有子矣。"①

馬之駿賦詩一首，吟誦高拱的道德文章功業。

過新鄭訪故相高文襄公樓堂舊址

題記：過新鄭，訪故相高文襄公寶謨樓、鑒忠堂舊址，因睹其遺像、樓及堂各有穆廟御書賜額，仰瞻感述，恭寄短章。

昭陵昔御宇，植德邁軒燧。
文襄奮詩流，穆穆鐘鏞器。
匪繇丹青畫，早獲舟楫利。
藻鏡有兼資，風雷無凡施。
為霖澤八埏，有謀告必遂。
灑落君臣間，膠漆未堪譬。
鼎湖攀遺髯，貽謀頗淵秘。
執手玉戺時，睿衷諒深寄。
功高崇辱身，時遠異同議。
斯人已山阿，斯堂尚天地。
梁棟吐奎光，宸章滿函笥。
帝錫以嘉名，揮毫出遊戲。
至今五色錯，仍呵百靈避。
欷歔念方今，靈鎖九閽閉。
拱默固一心，瘡痍漸多事。
治國在圜轉，積誠未堪致。
造膝已渺茫，鞠躬苦憔悴。

---

① 劉日昇：《慎修堂集》卷八《聖恩録序》。

緬思遠步艱，轉覺前修異。
晨星半淪没，好音疇堪嗣。
展卷挹餘采，豈泯典型義。
載詠破斧詩，泚然雪餘涕。①

崇禎十年丁丑(1637)

二月初二日　新鄭縣知縣韓永馨②據本縣儒生張士元、胡定、陳善道等申請建立高拱專祀祠堂，上《明太師高文襄公專祀申文》，陳述緣由，略言："國之大事，首重祀典，所以崇德而報功也。但從祀者有，而專祀者不恒有，則功德之難其人也。如已故太師高文襄公者，學貫天人，道備位育。受兩朝之顧命，爲百僚之師表。天子且以功在社稷，玉音褒美之是。論其忠勛節義，應陪享忠臣之廟考。夫道德文章，業從祀孔子之庭，而士庶猶以祀典有未盡者。以寇氛犯境，堅城可依。永賴保障之功，益動水木之感。考諸祭法有曰：'能禦大災則祀之，能捍大患則祀之。'文襄公有焉，非專祀不可也。況子產、魯齋二賢已有專祀在先乎？上稽祀典，俯從公論，相應春秋專祀，不第鄉人之瞻依可慰，抑且國朝之俎豆有光，永傳勿替矣。緣由太師高文襄公專祀事理，卑縣未敢擅便，擬合具稟申詳。崇禎十年二月初二日具申。"③獲批："崇禎十年，知縣韓永馨申文，奉部題請文襄公高拱專祀，准建祠移主，春秋祀典，俱照大祭内撥用，纂入縣志，永爲定規。又准奉祀二員：孫高則超、侄孫高基承襲。"④

---

① 馬之駿：《妙遠堂全集·過新鄭訪故相高文襄公樓堂舊址》。

② 韓永馨，字緒柳，直隸雄縣舉人。崇禎十年(1637)任新鄭邑宰時，值鄰邑多寇警，韓永馨修城樹栅，選集鄉勇，爲禦寇計，躬親訓練，不辭勞苦，民賴以安。其時，高文襄公祠堂玻敗，永馨重修祠堂，貢獻頗多。其後，陞任懷慶府同知。

③ 高務觀：《東里高氏家傳世恩録》卷四《明太師高文襄公專祀申文》。

④ 高務觀：《東里高氏家傳世恩録》卷五《專祀》。

高文襄公祠，俗稱高拱祠堂，位於縣城北門内西側，坐北向南。大門前建有石牌坊，石刻“明柱國太師高文襄公專祠”。大門爲正開磚建拱形門樓，門額石刻“萬代瞻仰”四個大字。進入正門，庭院有太湖石，東廂房後牆刊有宋蘇軾草書《醉翁亭記》石刻，還有高拱、文彭、劉巡等跋文石刻。西廂房爲奉祀人宿舍。最北面的正殿，明三暗五，供奉高文襄公靈牌。20 世紀 50 年代初期，高拱祠堂完好無損，1959 年新鄭縣劃歸鄭州市管轄，市文教部門將蘇軾草書《醉翁亭記》及高拱等人的跋文石刻，全部拆掉，運往鄭州市博物館保存。祠堂房舍建築遂全部拆毁，建爲北街小學。同時，高拱故居亦被拆毁，建爲新鄭戲院。至此祠堂、故居蕩然無存。

清康熙七年戊申(1668)

八月　重修高拱祠堂。新鄭縣知縣、與張居正“世戚親舊”的湖廣江陵人李永庚①作《重修文襄高公祠堂記》。記曰：“新鄭邑治北有明相國高文襄公祠，令以時祀，乘典載之久矣。迨鼎革後，飆風雨剥，櫨楝鱗次傾圮，神靡所依，灌土而馨，若野祭焉。予履任即瞻拜其下，既慕且愾，意圖構新。而百務未理，郁藏中心。越庚戌歲，始克謀諸邑縉紳先生，及高氏諸博士弟子員，捐俸醵資，庀材鳩工，起於三月，以八月落成。凡工若干，堂五楹，繚周垣而顔其額，丹堊幾案悉備，俎豆階除，焕然可觀。邑諸君子復請予記其事，石刻傳遠，予固不獲以

① 李永庚，湖廣江陵人。清順治十八年(1661)進士。康熙七年至十四年(1668 ~ 1675)任新鄭縣令。就任伊始，重修高拱祠堂，作爲讀書學習之所，又在城外設義學，聘知名學者任教。新鄭土地貧瘠，官府支出成爲百姓累贅，永庚察其弊決心革除。他經常深入民間，體察百姓疾苦。縣東有水澇災患，永庚勘測地勢，帶領百姓開挖溝渠，疏通水道，根除水患，造福鄉裏。時河南常年向荆州無償調運糧食，老百姓苦不堪言。永庚聲泪俱下，向巡撫請求免除。巡撫佟公爲永庚的真誠所感動，答應免去糧食。他還建魁星樓振興教育，停止訴訟安撫百姓，提供耕牛、種子開墾荒地，減免賦税招撫外逃，驅逐蝗蟲消滅蝗災，深受百姓擁戴。永庚治理新鄭八年，政績名聞朝廷。朝廷下詔，陞其爲監察御史。離别新鄭之時，百姓爬上車轅，躺在車前，阻止永庚離去。康熙十四年(1675)建生祠，刻碑文，以示懷念。

不文辭也，因思此舉有大不偶然者。何也？公與予鄉太岳張公，同以名相，顯重當時。其揆輔表見，勒在史册，皆所稱賢豪大人也。仰典型者莫不知曰江陵、新鄭云。但江陵威重，新鄭篤實，其心同正而迹若相梗者；亦伯夷不可以清清柳惠之和，柳惠不可以和和伯夷之清也。而進江陵者退新鄭，進新鄭者退江陵，均之不知江陵、新鄭者也。昔蕭、曹同起里澤，及乘時殊建，各有短長。至於就榻問代，不但蕭能舉曹，即曹亦自知蕭之必以已代，而竟促舍人治裝以俟召也。兩公生没豈斤斤乎肯合塵步之間也哉？予生於江陵，且與相國爲世戚親舊，嘗悲其事，而誦前史，識往哲，又未嘗不雅重新鄭，願爲之執鞭也。然則予令此土，既獲展其忻慕之誠，復得公一邑盛舉於蘋藻馨香之事，則祠新鄭之祠者，予蓋不禁心江陵之心也。夫嗟嗟三都諸賦，晉間諸作，叙山川風土物産之奇，必歷述古聖帝明王及賢豪大人，以寫其歸重。可知邑即有名山水，必藉賢豪大人以增其色。故往往名一世者，過都歷國，訪古迹，登臨題唱憑吊，未有不瞻拜徘徊於賢豪大人之丘墓，而思芟其荆榛，潔其範宇者。蓋山川在邑，如人之鬚眉風采，而賢豪大人則人之精神氣魄也。邑有人則塊土皆靈矣。自今而後，焉知不再又有繼文襄而起者耶？予故曰'蓋有大不偶然者在也'。嗚呼！鄭多君子，典型在望。溱洧之水，湛然祀公祠者，將謂千秋之下，尚有同心歟！謹記。"①

清康熙二十五年丙寅(1686)

六月二十五日　高拱胞侄曾孫高有聞呈上《重刻〈高文襄公文集〉呈文》。言："我祖文襄公弼亮兩朝，當年之政績可采；著書數卷，此日之殘編僅存。板已刊於故明，自流寇訌而化爲灰燼。書既遭乎兵火，及式微後而難致焕然。嗟哉！我祖以爲德爲民之壯猷，幾同河

① 清康熙《新鄭縣志》卷四《祠堂記》。

漢;而愛君愛國之藎謨,竟爾淪亡。苗裔雖有多人,苦刊刻之無資,編輯固所應爾,奈供給之誰承? 幸遇當今崇文重道,搜求天下藏書,正我祖之遺文隱而復見之會也;且蒙神君尊儒敬賢,又我祖之殘編困而當亨之時也……伏願仁慈老父師,垂念先祖之事業文章,勿令湮没。俯准後嗣之剞劂纂輯,得盡顯揚。則文襄九泉之靈,銜環有永;而高氏一家之衆,頂戴無窮矣。爲此具稟,須至稟者。康熙二十五年六月二十五日,具稟。""縣批:重刻祖集,顯揚先烈,亢宗美舉,欽羨欽羨。"①是年起,高有聞開始主持刊刻《高文襄公文集》,大體四年時間刻完。

清康熙二十八年己巳(1689)

是年 高拱著作第三次刊刻完成,書名《高文襄公文集》,計八十八卷,稍後另刻《東里高氏家傳世恩録》五卷。

高拱胞侄曾孫高有聞曾記述此次刊刻情況,言:"闖逆肆虐,土寇交訌,本衙所藏之板,盡爲灰燼。及清定鼎,先大人經歷公自金陵解綬來,目睹相府之丘墟,每不禁流涕曰:'文襄祖之手澤無存,可惜也。'有志重刊,而資斧不給,因遺囑於有聞曰:'吾固無他願,惟願文襄祖諸集成帙,則泉臺中目可瞑也。汝其記之。'由是自先大人命後,日夜焦思,惟恐付託不效,以貽泉下憂。第寄居山寨容膝之地,又何以館梓人。自丙寅歲移居城中,除碎瓦,理頹垣,斷荒榛之梗,爲結茅之屋。一年餘,造作稍有處所,即鬻田五百畝,爲購梨之資及剞劂工食之用。迄今逾四載,而諸書刻成。非敢曰能表揚先人也,亦聊以繼先大人之志云爾。時康熙二十八年歲次己巳暑月上浣之吉。明文襄公胞侄曾孫高有聞,伯昌氏題於籠春堂。"②因該書題"籠春堂",是謂

① 高有聞:《重刻〈高文襄公文集〉呈文》,載清康熙籠春堂刻本《高文襄公文集》。
② 高有聞:《重刻〈高文襄公文集〉自叙》,載清康熙籠春堂刻本《高文襄公文集》。

籠春堂刻本。該刻本遵依原本，即高拱初刻四十二册本十三種著作和高務觀續刻的二種著作，按原來標明的卷數重刻，計八十八卷，十五種著作按元、亨、利、貞次序編排。

清康熙籠春堂刻本列表

集　序	書　名	卷　數
元　集	《外制集》	一卷
	《玉堂公草》(《綸扉内稿》)	一卷
	《綸扉外稿》	二卷
	《獻忱集》	五卷
	《南宫奏牘》	二卷
	《政府書答》	四卷
	《程士集》	四卷
亨　集	《掌銓題稿》	三四卷
利　集	《日進直講》	五卷
	《問辨録》	一〇卷
貞　集	《邊略》	五卷
	《本語》	六卷
	《春秋正旨》	一卷
	《病榻遺言》	四卷
	《詩文雜著》	四卷
	高務觀:《東里高氏家傳世恩録》	五卷
總　計	一六種著作	九三卷

籠春堂刻本没有把《詩文雜著》四卷列入元亨利貞總目之内，除《高文襄公文集》八十八卷外，還刊刻有高務觀編纂的《東里高氏家傳世恩録》五卷，該刻本共計九十三卷。

清康熙三十一年壬申(1692)

是年　由高拱題跋的《蘇軾書歐陽修醉翁亭記》石碑立於新鄭縣高氏祠堂。北宋元佑六年(1091)蘇軾知潁州時,應開封劉季孫之請,以真、行、草兼用字體寫成《醉翁亭記》長卷,卷末有趙孟頫、宋廣、沈周、吴寬、高拱等人的跋尾贊叙。隆慶五年(1571)年末,姻親劉巡邀請文彭、吴應祈爲之雙鉤勒石,立於鄢陵縣劉氏家祠内。

高拱跋文撰於隆慶五年冬。跋曰:"此卷得之鈞陽徐潁南氏。潁南告予曰:'一老傭入徽府,拾此於塗泥踐踏中,祚以豆數鬥易得。'予聞而悲之,荆山之璧遇識者千金不易也,而顧棄之塗泥。即幸脱塗泥也,亦才易豆數鬥耳。此公負絶世之才,時不能用,且遣摘陷垂死者屢,塗泥孰甚焉? 晚雖召還,竟不大用以殂,亦易豆數鬥而已矣,傷哉! 然此卷至今存,予猶得以寶之,亦未爲不遇也。而此公已不可作,乃尚不如此卷之遇。然則當時君相豈不皆卞和也哉! 隆慶辛未冬日,中玄子題。"①

是年　高拱胞侄曾孫高有聞因原刻石磨損不清,出其家藏拓本重新刻石,立於新鄭縣高氏祠堂。石刻共十八塊,每塊長60釐米、寬40釐米左右;其後還有六塊寬約40釐米、長60~90釐米的石刻,有趙孟頫、沈周、高拱等人的題跋。此碑爲宋代文學家歐陽修撰文、蘇軾書寫,刻石手法極爲精巧,有"三絶碑"之譽。此碑現存鄭州市博物館。

清乾隆十六年辛未(1751)

二月　高拱胞侄來孫高玉生(字潤涵)將籠春堂刻本因年久殘缺失次的板章,曾進行補刻,并作跋文記之,言:"迨餘弱冠後,爲科名所

① 跋文載於《新鄭縣志》卷二九《金石志》。

驅，宦遊南北，所歷江、淮、燕、趙，凡文人達士接談間，每頌中玄子《玉堂公草》、《本語》、詩文等不置云。玆者，旋車桑梓。爐煙茗椀之餘，翻閱板章，惜多殘缺。惟先文襄一生精神，胥載集中。先王父之綉梓，先大人之寶惜，詎可聽其殘缺失次耶？餘雖赤貧，忍不竭力補綴，以全先大人寶守之意。以無負先曾王父之遺囑者乎。乾隆十六年歲次辛未二月上浣。胞侄來孫高玉生潤涵氏敬跋。"①籠春堂板章於20世紀50年代初毁掉。

清代諸多詩人爲緬懷高拱的道德功業文章，并感嘆身後之悲涼，世事之滄桑，曾賦詩緬懷。

行經新鄭

［清］呂履恒②

鄶國東偏驛路開，輕風南陌静塵埃。
川原浩浩隨雲草，樓堞蒼蒼上雨苔。
巷廢誰憐京叔美，祠荒還紀國僑才。
元臣華表停車問，欲采芳蘭薦夜臺。③

過新鄭高相廢園

［清］王廷璧④

緑野鶯花池，蕭條剩廢磚。
龍衣方借補，鶴氅已歸田。
蛙亂秋池月，雞鳴冷巷煙。

---

① 高玉生：《重刻〈高文襄公文集〉跋》，載清康熙籠春堂刻本《高文襄公文集》。

② 呂履恒，字元素，號坦庵，河南新安人。清康熙三十三年（1694）進士，官至户部侍郎。履恒工詩，著有《夢月岩詩集》二〇卷。

③ 呂履恒：《行經新鄭》，載《新鄭縣志》卷二八《藝文志》。

④ 王廷璧，字昆良，河南祥符（今開封）人。清順治九年（1652）進士，授刑部主事，歷官陝西涼莊兵備道按察司副使。著有《聚遠樓詩集》。

何如李衛國，凝淚灑平泉。①

新鄭高文襄公故宅

[清]劉應陛②

井巷巋然故宅存，十年踪迹謝華軒。
可憐身後蒙驂乘，不及疲驢出薊門。③

重修高文襄公祠

[清]趙御衆④

顔坊駕祠牖，俎豆俯城衢。
我來敬瞻拜，�焉增踟躕。
先生在揆席，挺挺大臣模。
廟籌格丹楓，稽古追都俞。
當其顧命時，姬旦期與徒。
平生秉剛德，太阿光門樞。
胡為輕去國，弓劍不可呼。
陰霾煽白日，禍機伏交蘆。
皇恩本浩蕩，歸馬眷長途。
欷歔松柏聲，空山老庭廡。
雖蒙身後榮，忠悃抑已孤。
野火跳封豕，傾棟竟誰扶？
每讀所遺稿，南枝啼夜烏。

---

① 王廷璧:《過新鄭高相廢園》,載《新鄭縣志》卷二八《藝文志》。

② 劉應陛,字覲宸,號胎簪,河南信陽人。清乾隆三十年(1765)舉人。著有《胎簪山房詩稿》。

③ 劉應陛:《新鄭高文襄公故宅》,載《新鄭縣志》卷二八《藝文志》。

④ 趙御衆,字寬夫,河北灤州人。中過秀才,絶意仕進,師從孫奇逢,專心爲學。孫奇逢將其與湯斌并稱,被公認爲是孫奇逢三大弟子之一。

賢宰來何暮,榛莽重芟誅。
表章力潛通,孰謂精爽無?
挹藻滌香幾,勒碑樹貞瑜。
嚴霜下明月,酌水束生芻。
興廢鑒神理,先後同樞趨。
滔滔溱洧流,寧復注斯須。①

謁高文襄公墓

[清]趙御衆

離離石馬碧秋岡,閣老衣冠冷墓堂。
隆慶六年懸劍舄,尚書九德憶文襄。
和羹未辦鹽梅實,去國才留月旦長。
聞道江陵同顧命,不知誰侍白雲鄉。②

謁高文襄公祠

[清]溱士昌

依然祠宇不沉淪,石榜鱗榱洞牖新。
風雨當年承顧命,山川異代識元臣。
霜天想像明如月,城闕蕭條浩有神。
階下碑文廉吏重,又從知己露全身。③

---

① 趙御衆:《重修高文襄公祠》,載《新鄭縣志》卷二八《藝文志》。
② 趙御衆:《謁高文襄公墓》,載《新鄭縣志》卷二八《藝文志》。
③ 溱士昌:《謁高文襄公祠》,載《新鄭縣志》卷二八《藝文志》。

附録一

高拱研究文獻

一、穆宗誥命

少保兼太子太保禮部尚書
武英殿大學士高拱并妻

奉天承運,皇帝制曰:

朕祇受貞符,恭膺寶曆,惟宗社奠安之慶,皆臣鄰翊戴之勛。矧德重經幃,適際風雲之會;而位聯臺席,正資舟楫之才。眷倚既隆,褒嘉可後。咨爾少保兼太子太保禮部尚書武英殿大學士高拱,得淵源之正學,抱康乂之弘猷。禔身以介而行必顧言,濟務以誠而名不浮實。凝重見廟堂之器,公忠稱社稷之臣。爰自擅譽於詞垣,已即升華於講幄。蓋先帝念輔導之重,慎選明儒,俾沖人在藩邸之年獲聞至道,竭啓沃者九載。秉敬慎,惟一心,乃由冑監以晉宮端,乃正秩宗而躋揆路。獨持國是,屹如山嶽之承;參決政機,沛若江河之下。朕兹承繼,爾實劻勷。聞顧命言,親與召公之托;應大横兆,允諧漢相之謀。遂陟孤卿,載兼宮保。貳公弘化,佇收寅亮之功;一德陳謀,亟藉論思之益。是頒涣號,庸示泰交。兹特進爾階光禄大夫,錫之誥命。

於戲!殷德盛於高宗,應念甘盤之舊;唐基紹於秦府,寧忘房、杜之勞。其在朕躬曰:惟卿首學焉而後臣,方茂尊賢之禮;忠焉能勿誨,益堅匡辟之忱。共保昌圖,永臻至治。欽哉!

初任翰林院編修;

二任翰林院侍讀;

三任翰林院侍講學士;

四任太常寺卿管國子監祭酒事;

五任禮部左侍郎;

六任禮部左侍郎兼翰林院學士;

七任吏部左侍郎兼翰林院學士掌詹事府事;

八任禮部尚書兼翰林院學士;

九任禮部尚書兼文淵閣大學士入閣辦事;

十任今職。

制曰:

臣之事君,必有内助之良,而後得以盡心於國;君之禮臣,必有并榮之典,而後可以示勸於家。乃維樞筦之英,夙著閨門之化。爰旌淑懿,特示褒崇。少保兼太子太保禮部尚書武英殿大學士高拱妻封淑人張氏,毓自名門,嬪於元哲。奉先以孝,既惠於宗祊;逮下多恩,復宜於家室。惟予有相,懋左右輔弼之勛;以爾克賢,盡夙夜贊襄之道。載揚美號,誕告明廷,特加封爾一品夫人。祇受湛恩,益佐章明之内治;勉修令范,尚垂啓迪於後人。

曾祖(略)

祖(略)

父(略)

制　　誥

隆慶元年二月二十九日

之　　寶

録自高務觀編纂《東里高氏家傳世恩録》卷二《誥命》

少師兼太子太師吏部尚書加勛柱國進兼中極殿大學士兼掌吏部事高拱并妻①

奉天承運,皇帝制曰:

朕躬膺駿命,嗣守鴻基,願得不二心之臣,共致大有爲之治。天惟純佑,邦欲中興。篤生名世之英,茂翊格天之業。昭宣異烈,誕霈殊恩。咨爾光禄大夫柱國少師兼太子太師吏部尚書中極殿大學士兼掌吏部事高拱,振今豪傑之才,稽古聖賢之學。養氣極其剛大,爲衆人所不能爲;析理入於淵微,發前哲所未嘗發。精忠貫日,貞介絶塵。訏謀爲百辟之師,風采係萬民之望。在先帝爰立作相,托以代言;暨渺躬先學後臣,賴其訓志。偶遭讒忌,周公遂以居東;迨黜庸回,司馬於焉再相。既端揆席,載攝銓衡。朕思覩德化之成,卿乃以天下爲任。赤心報國,力扶既斁之綱常;正色立朝,頓折久淆之議論。内弘啓沃,外竭劻勷。盡鞠瘁以不辭,當怨嫌而弗避。澄清流品,虞廷之黜陟惟明;登進材賢,漢室之循良最盛。士風丕變,吏治勃興。澤普於民,如喬嶽大川之無私,而均蒙其利;誠孚於衆,如青天白日之無隱,而皆信其心。且值國家多事之時,先爲社稷萬年之計。乃通海運,乃飭邊防,乃定滇南,乃平嶺表。制降西虜,坐令稽顙以稱藩;威撻東夷,屢致投戈而授首。蓋有不世之略,乃可建不世之勛;然必非

---

① 此篇誥命題銜係《東里高氏家傳世恩録》編者所加,但脱漏"加勛柱國進兼"六字,今據誥命原文補入。明穆宗的此篇誥命聖軸,現存新鄭高拱後裔手中。聖軸爲錦緞絲絹織品,長520釐米,寬30釐米,底色分爲淺緑、橘紅、杏黄、土黄、淺青、淺絳、絹白七段依次排列,其上以白雲仙鶴圖案襯托。聖軸開頭織有"奉天承運"篆體四字。誥命正文字體爲墨書方寸工楷,竪行排列,每行十字。其中在高拱所任十四職的字裏行間,鈐有三枚篆書"制誥之寶"朱色印璽。騎縫留半字"智字□□拾柒號"字樣。騎縫左邊鈐蓋"制誥之寶"和"廣運之寶"兩枚篆書朱印。聖軸最後日期爲"隆慶六年正月十三日",在"隆慶"二字上下鈐蓋篆書"制誥之寶"朱印。錦緞最後織有"弘治五年□月□日造"字樣。由於年陳久遠,錦緞的個别地方已經腐爛,有的字迹磨損,難以辨認。此篇誥命以《東里高氏家傳世恩録》爲底本,參校了聖軸誥命原文。

常之人,斯克濟非常之事。既大書於彝鼎,宜顯示於朝廷。兹特加爾勛柱國,進兼中極殿大學士,錫之誥命。仍蔭一子爲世襲錦衣衛正千户。

於戲!文武成功,卿既征於歷試;安危注意,朕益切於眷懷。詎止風雲龍虎,慶會昌時;固將帶礪山河,永垂盟府。卿其盡攄閎藴,懋贊大猷;罔俾皋夔名績,專美於前。庶幾堯、舜君民,親見於世。欽哉!

初任翰林院編修;

二任翰林院侍讀;

三任翰林院侍講學士;

四任太常寺卿管國子監祭酒事;

五任禮部左侍郎;

六任禮部左侍郎兼翰林院學士;

七任吏部左侍郎兼翰林院學士掌詹事府事;

八任禮部尚書兼翰林院學士;

九任禮部尚書兼文淵閣大學士,入閣辦事;

十任少保兼太子太保禮部尚書武英殿大學士;

十一任少傅兼太子太傅吏部尚書武英殿大學士;

十二任少傅兼太子太傅吏部尚書武英殿大學士兼掌吏部事;

十三任少師兼太子太師吏部尚書建極殿大學士兼掌吏部事;

十四任今職。

制曰:

雞鳴配乎君子,夙聞儆戒之風;象服宜於夫人,謂有委蛇之度。乃惟淑媛,克媲忠勛。令儀既備於魚軒,殊寵載申於鳳綍。爾光禄大夫柱國少師兼太子太師吏部尚書中極殿大學士兼掌吏部事高拱妻,累封一品夫人張氏,族本世望,行爲女師。筐筥致誠,既嚴恭於祀事;珩璜協德,更敦穆於壼彝。乃佐真賢,爲時良弼。任朝廷之大事,罔恤於私;當天下之危機,不懈其志。自匪内焉之有助,安能國爾以忘家？豐功既茂於安攘，隆渥易均於伉儷。兹乃封爾爲一品夫人，甚盛而蔑以加，雖榮名之若故，特封而至於再，實峻命之方新。祗服寵靈，益昌胤祚。

曾祖（略）

祖（略）

父（略）

制　　誥

隆慶六年正月十三日

之　　寶

録自高務觀編纂《東里高氏家傳世恩録》卷二《誥命》

二、神宗誥命

原任光禄大夫柱國少師兼太子太師吏部尚書中極殿大學士高拱贈太師謚文襄[①]

奉天承運，皇帝制曰：

國家於輔弼之臣，每篤始終之誼。才品程之，功實定論，采之輿評。其有績丕著於中朝，而報未孚於物望，則榮名峻秩，朕不敢愛焉。

---

① 此篇誥命題銜是《東里高氏家傳世恩録》編者所加，原誥命聖軸并無此題銜。明神宗頒布這一誥命聖軸，現存新鄭市博物館。此誥命聖軸係特製的錦緞絲絹織品，長545釐米，寬30釐米。底色分爲淡黄、淺青、深黄、淺絳、銀灰五色相間，其上均織以雲鶴花紋襯托。開頭織有"奉天誥命"四個篆體字，兩邊織有龍文圖案。誥命正文字體爲墨書方寸工楷，豎行排列，每行五字。文後鈐蓋篆書"制誥之寶"朱色璽印，印下落款爲"萬曆三十年四月初六日"。存根騎縫留左半文字"智字七百三十五號"。後印篆書"廣運之寶"朱印。聖軸最後織字是篆體"隆慶元年□月□日造"。正文墨蹟個别地方略有磨損殘缺，字迹難以辨認。此次輯入此篇誥命，是以《東里高氏家傳世恩録》爲底本，參校了聖軸上的誥命原文。

所以彰有勸示,無私也。

故原任光禄大夫柱國少師兼太子太師吏部尚書中極殿大學士高拱,鋭志匡時,宏才贊理。當畿庭之再入,肩大任而不撓。位重多危,功高取忌。謀身近拙,實深許國之忠;遺俗似迂,雅抱殿邦之略。幕畫得羌胡之要領,箸籌洞邊塞之機宜。化椎結爲冠裳,柔犬羊於怗服。利同魏絳,杜猾夏之深憂;策比仲淹,握御戎之勝算。在昔允資定力,於今尚想膚功。溯彼遠猷,洵堪大受。眷兹巨美,寧問微疵。矧公論之久明,豈彝章之可靳。是用追贈爾爲"太師",謚"文襄"。錫之誥命。

於戲!寵極師垣,冠百僚而首出;名垂袞字,耀千載以流輝。舊物既還,新恩增渥。英靈未泯,永慰重泉。

仍准後世嫡子嫡孫奉祀生員二名,春秋致祭。①

制　　誥

萬曆三十年四月初六日

之　　寶

録自高務觀編纂《東里高氏家傳世恩録》卷五《誥命》

原任光禄大夫柱國少師兼太子太師吏部尚書中極殿大學士高拱贈太師謚文襄追贈特進光禄大夫

奉天承運,皇帝制曰:

朕崇鴻號於慈闈,覃慶澤於臣庶。凡爲人子,嘉與尊親。矧篤我

① 此句在清康熙籠春堂本中缺漏,據聖軸誥命原文補。聖軸上此句在原文最後另起一行,且字體比原文約小一半。

世臣，推恩碩輔者乎？爾原任柱國光禄大夫少師兼太子太師吏部尚書中極殿大學士贈太師謚文襄高拱，博大精詳，淵宏邃密，經綸偉業，社稷名臣。家學夙著乎箕裘，史才稱良於袞鉞。橫經潛邸，歷九載之師儒；秘策金縢①，受兩朝之顧命。既秉成於揆席，復馭柄於銓衡。慷慨有爲，公忠任事。追殫内寧之略，益宏外禦之勛。嶺表滇南，氛淨長蛇封豕；東夷西虜，煙消堠鷺庭烏。洵稱緯武經文，不愧帝臣王佐。雖讒人之罔極，旋公道之孔昭。嘉乃膚功，已晉三公之秩；稽於定論，載蒙壹惠之褒。當兹慶洽寰區，豈靳恩施故舊。爰從子請，用霈皇綸。是用追贈爾爲“特進光禄大夫”。錫之誥命。

於戲！世賞光延溥洪，庥於燕翼悃誠。披瀝徽異，數於龍章。彤管流輝，玄扃增賁。

制　　誥

萬曆三十年四月□日

之　　寶

録自高務觀編纂《東里高氏家傳世恩録》卷五《誥命》

三、六十壽序

翰林爲師相高公六十壽序

［明］張居正　撰

聖賢之學，始於好惡之微，而究於平治天下。好惡得其平，則因應無爲，不降階序，而萬務咸理。《書》曰：“天壽平格，保乂有殷。”言

① “秘策金縢”：句末“金縢”，清康熙籠春堂本爲“金滕”，據文義改。金縢，即金匣子。

天無私壽，惟至平格天者，乃壽之以保乂王家。夫相臣，佐天子，理陰陽，順四時，長養萬物，總攝衆職，其道鴻矣。乃《書》稱格天基壽，保國乂民，不外乎平之一言，則致理之要，斷可識矣。

今少師高公，起家詞林，已隱然有公輔之望，公亦以平治天下爲己責。嘗與余言："大臣柄國之政，譬之提衡，與之輕重，與之低昂，而己無與焉。在'皇極'之疇曰：無偏陂，無作好惡，無偏黨反側。而後人無有比德，民無有淫朋，是謂平章軍國之理。"余深味其言，書之座右，用以自鏡。

其後與公同典胄監，校書天禄，及相繼登政府，則見公虚懷夷氣，開誠布公。有所舉措，不我賢愚，一因其人；有所可否，不我是非，一準於理；有所彰癉，不我愛憎，一裁以法；有所罷行，不我張弛，一因於時。無兢兢以貶名，無屑屑以遠嫌。身爲國相，兼總銓務，二年於兹。其所察舉汰黜，不啻數百千人矣。然皆詢之師言，協于公議。即賢耶，雖仇必舉，亦不以其嘗有德於己焉，而嫌於酬之也；即不肖耶，雖親必斥，亦不以其嘗有惡於己，而嫌於惡之也。少有差失，改不旋踵；一言當心，應若響答。蓋公向之所言，無一不售者，公信可謂平格之臣已！

夫皇極之道，人主所以斂福錫民者，而佐之實在輔相。今天子恭默虚己，委任丞弼。蓋將執皇極之要，以斂福錫民，而得公平格天之佐。提衡秉鈞，斡旋默運，則悠久無疆之業，自可不勞而成。天祐國家，亦必將錫之遐齡，畀之多祉，使海内熙熙，登春臺而享太平，公其躋於福壽康寧之域，如《書》所云者，必不誣矣。

余無似，獲從公後，廿有餘年。兹又奉上手詔，諭以同心輔政。自惟駑下，公之才十倍於余，何足以仰贊其萬一。亦惟以公素所以教我者，而共相勵翼，以仰副主上之委託，則余亦有榮幸焉。

今年公六十春秋矣。翰林諸大夫將以公誕辰奉觴於公，而徵余言以爲祝。余惟公文章功業，炳輝烜赫，皆諸君所親見。既已筆之史册，光昭若來世，無俟余言。策論其學術之奥，基壽保國乂民，其道由此。且諸大夫列官詞壇，踵公芳躅，他日皆有平章責者，其亦聞余言而得所師承焉。

録自影印明萬曆刻本《張太岳集》卷七

門生爲師相中玄高公六十壽序

［明］張居正　撰

天祐國家，必有耆碩魁壘之士，以據鼎軸而斡機衡，然後其主不勞，而休美無疆之業，可衍而昌也。自昔有道之長莫如周，周之盛莫如成王，成王時相業莫如周公。史稱公相武王，五十有八載，其負黼扆而佐嗣王，又十有餘年，已乃還政而歸東周，留東周者又七年。蓋公是時春秋高，閱天下之義理多矣。身爲太傅，操冢宰之權而上不疑，周道以穠，天下歸德焉。老成人之重國家固如此。

今少師中玄高公，相肅皇帝及今天子有年矣。入則陳王道之閎，啓乃心，納乎聖聽；出則兼冢宰之重，鳩衆材，庀乎主職。以余所睹記，按公具之往迹，抑何符也。公嘗授經天子，天子改容而師事之。比參大政，發謀揆策，受如流水。其著者，肅皇帝憑玉几而授顧命，天下莫不聞。論者乃罪及方士，污衊先皇，規脱己責，公爲抗疏分辨之。君臣父子之義，若揭日月而行也。虜從庚子以來，歲爲邊患，一旦震慴於天子之威靈，執我叛人，款關求貢。中外相顧駭愕，莫敢發。公獨決策，納其貢獻，許爲外臣，虜遂感悦，益遠徙，不敢盜邊。所省大司農芻粟以鉅萬計。曹、沛、淮、徐間，數苦河決。公建請遣使者按視膠萊河渠，修復海運故道，又更置督漕諸吏，申飭法令。會河亦安流，舳艫啣尾而至，國儲用足。是時方内乂安，四夷嚮風，天下翕然稱治平矣。公猶弗康，日兢兢與九卿百執事，講究實政，甄别吏治，問民所疾苦，撫摩而噢咻之。雖桑土綢繆，不劬於此矣。

始公方柄用，遭忌者言，郗婁不可詰辨，公避居東山，意豁如也。居二年，再入政府，衆謂是且齮齕諸言者，公悉待之如初，未嘗以私喜怒爲用舍。踰年，再上書請解銓務，上手詔慰勞，恩禮有加焉。雖赤舄遜膚，不泰於此矣。

公才略蓋世，又天子師也，而滋益恭，親賢愛士，實能容之。一事之善，稱不容口；一言之當，決若江河。雖吐握延接，不勤於此矣。昔公旦修此三者，令聞長世，爲國元老。而公之功德爛然，後先争烈。年已六十，聰明步履有踰少壯，其於上壽，猶掇之也。今天子基命宥密，孰與成王賢，其委任公，不在周公下。薄海内外，皆蹻足抗手，歌頌盛德。即余駑下，幸從公後，參預國政，五年於兹。公每降心相從，宫府之事，悉以諮之，期於周、召夾輔之誼，以獎王室。此神明所知也。由此言之，國家休美無疆之業，溢於成、周，雖有巧曆，莫之能得。兹於公而卜之矣。

嘉平之十又三日，爲公誕辰。公所舉鄉、會士百有餘人，蘄余言介壽，而余爲舉其大者著於篇。夫春陽煦物，百卉咸榮，而迎曦含旭，桃李爲最。諸君皆公桃李也。公今行周公之道，萃宇宙之太和，躋一世於仁壽，而況近在門牆者乎？宜其感悦愛戴，倍於恒情云。

録自影印明萬曆刻本《張太岳集》卷七

四、墓誌銘

太師高文襄公墓誌銘①

［明］東宫講官江夏人郭正域　撰

嘉、隆之際，相臣身任天下之重，行誼剛方，事業光顯者，無如新鄭高公。而先後處兩才相之間，先爲雲間，後爲江陵。雲間大旨善藏其用，籠天下豪傑爲之羽翼。故唯唯於履尾之時，而揚揚於攀髯之際，善因時耳；彼方墨墨，此則蹇蹇，宜不合也。江陵負豪傑之才，其整齊操縱，大略用高公之學，而莫利居先。彼方剸刃，此猶坦腹，蓋公之瀕死者累矣。志不盡舒，才不盡酬。悲夫！

公没且二十四年，而嗣子務觀乃得請易名之典。上未忘疆埸功，謚曰"文襄"，謚法因事有功曰"襄"。公功在社稷，上心自簡在也。既得請，而務觀乃敢乞誌文。公家之多憂多懼可念矣。

按狀：公名拱，字肅卿。其先爲洪洞人，六世祖曰成者避元兵，徙新鄭居焉。成生二。二生亮。亮生旺。旺生魁，繕部郎中。魁生尚賢，光禄寺少卿，娶於沈，舉六子；伯兄捷，南京僉都御史；仲兄掇，金吾衛千户；弟操；次弟才，右軍都督府經歷；次弟揀，鳳陽府判。

公生而狀瑰奇偉，苦學問，攻經義，爲文不好瑣屑，而沈雄開爽，出人意表。年十七魁其鄉。辛丑成進士，改翰林院庶吉士，授編修。時分宜、華亭各以秘計相傾，公無所見厚薄。

穆宗爲裕王，出閣講學，居外府。公爲講官，反復開導，王目屬而

① 高拱墓誌銘題銜原爲《光禄大夫柱國少師兼太子太師吏部尚書中極殿大學士贈太師高文襄公墓誌銘》，清康熙籠春堂刻本《高文襄公文集》收録此篇墓誌銘，將題銜改爲《太師高文襄公墓誌銘》，今從此題。本書輯入此篇墓誌銘，以萬曆刻本《合併黄離草》爲底本，以明焦竑撰《國朝獻徵録》本和清康熙籠春堂刻本《高文襄公文集》爲主要校勘本。

心儀之。時人心洶洶,王日懷叵測。兩府雜居,讒言肆出。公周旋邸中,竭力盡心,王深倚重之。考滿,陞侍讀。戊午,典順天試,尋陞侍講學士。在府凡九年,陞太常寺卿,管國子監祭酒事。王賜金繒甚厚,哽咽不能别。公雖去講幄,府中事無大小,必令中使往問。一日,思先生甚,親書"懷賢"二字,遣中使賜至第。無何,又書"忠貞"二字賜之,又書"啓發弘多"四字賜之。

壬戌,陞禮部左侍郎兼學士。知貢舉科場諸弊,百五十年所不能正者,革之殆盡,中外肅然。

癸亥,改吏部左侍郎兼學士,掌詹事府事。時少宰缺,當推公往,公曰:"吏曹事不令兩侍郎知,吾無以報上,而徒以虚名鎮百僚,無以爲也。"竟辭不就,時論偉之。

乙丑,主考會試,所爲程士式,奇傑縱横,傳誦海内。

六月,陞禮部尚書兼學士。禮曹故自詞臣往,不習吏事,弊孔叢雜,未可究詰。公吏事精核,每出一語,奸吏股慄,俗弊以清。

丙寅,進兼文淵閣大學士,參預機務。未幾,召入直,賜直房、食用、乘馬。時分御膳,畀之閣臣,入直西苑。

自世皇中年始,有事在直,無事在閣。世皇諭閣臣曰:"閣中政本,可輪一人往。"徐文貞竟不往,曰:"不能離陛下也。"袁文榮亦不往,曰:"不能離陛下也。"公正色問文貞曰:"公元老,常直可矣。不才與李、郭兩公願日輪一人,詣閣中習故事。"文貞拂然不樂。

會世皇不豫,入直諸公各移具出。公有老僕,亦將爲歸計。時江陵公尚爲學士,以公事至,語公曰:"君父病篤,臣子移具可乎?"公愕然曰:"吾意乃如此。"竟不出。而吏科都給事中胡應嘉有所授旨,遂以是劾公,曰:"皇上違和,正臣子籲天請代之時,而拱乃爲歸計,此何心也?"蓋以此激怒世皇,爲傾公計。會世皇疾革,不省覽。

龍馭上賓。華亭公於袖中出草詔,欲以遺命盡反先政。公謂語太峻,與安陽公入室對食相向,曰:"先帝英主,四十五年所行,非盡不善也。上親子，非他人也。三十登庸，非幼小也。乃明於上前，揚先帝之罪，以示天下，如先帝何？且醮事，先帝幾欲止矣，紫皇殿事誰爲之，而皆爲先帝罪乎？土木之事，一丈一尺，皆彼父子視方略，而盡爲先帝罪乎？詭隨於生前，而詆詈於身後，吾不忍也。"相視淚下。語稍聞外廷，而忌者側目矣。

會上改年，問閣臣，於是四臣各擬二字上。上竟號"隆慶"，則公擬也。人謂上意在公。

又議登極賞軍事，公曰："祖宗無此，自正統元年始也。先帝以親藩入繼，時尚殷富，遂倍之。今第如正統事行，則四百萬之中可省二百萬矣。"當事者竟如嘉靖事行，而司農苦不支。

會有言大臣某者，其人實有望，不當擬去。而首揆重違言者意，乃以揭請上裁。公曰："此端不可開。先帝歷年多通達國體，故請上裁。今上即位甫數日，安得遍知群下賢否，而使上自裁。上或難於裁，有所旁寄，天下事去矣。"乃竟請上裁。兩人嫌益開，言者争謂公擅矣。

而胡應嘉之事起，應嘉故以危機中公。會大計，給事中鄭欽被黜，應嘉上疏論救。諸公以應嘉亂政，黜爲民。公以嫌故，不敢出一語，而外廷争謂公去應嘉矣。於是，歐陽一敬輩論劾公不少休。時上初政，公亦初在政府，無大異同。而三月之間，言者三十餘疏。公亦力請去，疏十二。故事：拾遺不及閣臣。而南給事岑用賓、御史尹校，遂以公拾遺。公自念非請病無以謝人言，遂力求去。穆皇驚問左右曰："高先生病邪？"左右對曰："病甚。"穆皇猶弗忍，良久，得請賜馳驛，遣行人護送，又賜銀幣以歸。既抵家，猶有白金、蟒衣之賜。

越一載，上思公不置，詔還内閣兼理吏部事。公至，慨然以天下爲己任。凡晨理閣事，午視部事。人謂公門無片楮，公曰："是奚足哉！大臣以體國爲忠，以匡國事爲美，區區小廉，細節耳，寧足多乎！"往黜陟，取辦倉卒，不無紕繆。公集諸司官，各授之策曰："吏部職在知人,人不易知也,幸諸公早計之。某也德,德何如;某也才,才何如;書諸册。某也不德,不德何如;某也不才,不才何如;書諸册。某也所自見,某也所自聞,某也得之何人,書諸册。皆親識封記之,月終以復於予。慎之哉!予且以此見諸君賢。"蓋每歲所得,凡百八十餘册,以爲參驗。以故賢否不淆,黜陟允當。

北虜頻年入犯,中外以兵事爲憂。公曰:大司馬安危所係,至重也。不得其人,由儲之不豫。少司馬止二員,此無事時耳。閲邊事,未免假於他官;或遇總督乏人,未免移於他處。假他官則非本職,不便行事;移他處則補於東,缺於西。彼此候代,動經歲時,不得履任,門庭誰禦?請於兵部增侍郎二員。一遇巡閲,即以一人往;邊方員缺,即以一人往。凡邊方險隘,虜情緩急,將領賢否,士馬强弱,皆已曉暢,方略素定。遇大司馬員缺,即以補之。如此而稱乏用,必不然也。然兵乃專門之學,儲養本兵大臣,當自司屬始。兵部司屬職在軍旅,而不擇其人,泛然以用,又往往遷爲他官。今宜特高其選,而以有智謀才力者充之,使其專官於此,不復他遷。如邊方兵備缺,即以司屬往;邊方撫臣缺,即以兵備往;邊方總督缺,即以撫臣往。而總督與在部侍郎,時出時入,以候尚書之缺。如此而稱乏用,必不然也。邊方之臣,又宜特示優厚,使其功名常在人先,他官不得與之論年月。脱或不稱,則律以法,使其功名常在人後。人且欣於進取,懼於蹭蹬。如是而猶不盡力,必不然也。關隘總督之臣在邊日久,著有成績,當令回署,以休暇之,休暇之後,不妨再出。使其精神不疲,而智慧不竭,以勤王事,爲濟必多。得旨報可。

已又上疏曰:方今邊徼用兵,惟是薊、遼、宣、大、延、綏、寧夏、甘肅,而南則閩、廣。是數處者,一或有警,有所處分,衹隨奏報,多不中竅。請於是數處,擇知兵事者一二人,使爲兵屬。彼有身家之慮,凡山川險易,將領賢否,奏報虚實,功罪真僞,可一問而得。請以是爲參伍之資。得旨報可,著爲令甲。

已又上疏曰：臣惟沿邊有司，有疆場之責。才者，猶懼不堪；即優禮而鼓舞之，猶恐不振。乃官其地者，非雜流則遷謫，待之既薄，志意隳沮，又何望於展布？蓋徒以地苦其人，而曾不顧人之苦其地也；徒以邊方爲遠，而不知遠安然後邇安也。請擇年力精强、才氣超邁、兼通武事者，調用。有能保惠困窮，俾皆樂業者，以三年爲率，比内地超等陞遷。有能捍患禦敵者，以軍功論，不次擢用。即由此爲兵備、爲巡撫、爲總督，無不可。惟以治效，不以資格。功名之路既開，則又有借口邊方以圖倖進者，不可不爲一定之説。薊遼則昌平、順義、密雲、懷柔、薊州、玉田、豐潤、遵化、平谷、遷安、撫寧、昌黎、樂亭、延慶、永寧、保安、安樂；山西則河曲、臨縣、忻州、崞縣、代州、五臺、繁峙、定襄、寧鄉、岢嵐、嵐縣、興縣、静樂、保德、大同、懷仁、渾源、應州、山陰、朔州、馬邑、蔚州、廣靈、廣昌、靈丘；陜西則固原、静寧、隆德、安定、會寧、蘭州、環縣、安塞、安定、保安、清澗、綏德、米脂、葭州、吴堡、神木、府谷。其他不得概以邊稱，得旨報可。

時虜甚警，朝臣無經戰者，人心震恐。公乃以尚書陳其學、曹邦輔，侍郎王遴，各率師背城列陣以待。以京尹栗永禄、南都御史，護守山陵。又起都御史劉燾於天津守通糧。而以總督王崇古、譚綸專征剿，無内顧。以侍郎戴才理餉。是歲也，虜竟不入。

時霜降讞獄。故事，府部皆在，冢宰當執筆。至是，大司寇意公閣臣，不屑往。公曰："上命我視吏部，部事皆吾事也，第須得情耳。不至，如往年問法司故牘，唯唯耳。"於是秉燭視獄詞，漏盡不休。晝則集諸司議於朝房，凡二十日。往歲矜疑，不越三四十人，至是出冤獄一百三十有九人。内王金輩六人，謂以硝黄損先帝聖躬，以子弒父律，置極典。公驚曰："豈有子爲天子，而殺父之仇，五年尚然在録者乎？先帝臨御四十五年，享年六十以正終，天下所共知。今蒙以非命，天下後世將謂之何？"遂上疏明其説，有旨皆釋之。

往大計時，銓曹祇問藩臬爲黜陟。公多所參伍，或衆否獨留，衆可獨黜，其黜者必告以故，無不懾服稱神明，謂前此未有也。已又授策天下有司，曰："各地方有何賢才尚隱淪，有何凶頑尚梗正；有何利當興，何所阻而弗興；何害當革，何所畏而弗革。皆得言之。"令封識以告，天下事皆在目中矣。時天下重制科，輕科貢。公曰："天下制科處其三，科貢處其七，是崇其三而棄其七也。"乃疏請惟賢是視，不計科貢。除吏時，其善地多留而不除，名曰"養缺"。公曰："民方無主，吾何以留爲？祗留以供用，且以供人之用耳。吾無所用，又不供人用，則何留焉？"於是命選司凡所有缺，悉揭諸門外，使衆見之。故事，推陞時皆主事揭授郎中，呈於冢宰。公曰："堂有侍郎，司有員外，疏上皆列名而事不與聞，何居？此不過欲行其私，故秘密耳。吾其改是。"令吏抱牘至後堂，二侍郎同所屬揭之，即冢宰欲有所上下不能也。鹽、馬之官暨遠方府守，人皆薄視之，以故善政無聞。請以賢者往，不得復有低昂。積谷，遇貧薄之區，則何以取盈？完糧，當苦寒之地，則何以足數？於是特寬其額，而官不苦難。教官暨驛遞、閘壩等官，本無民社，而竟處以他省遠方，使有官者不能赴，而去官者不得歸。乃請得選本省人，皆稱便。他如開王親内轉之例，覆一甲讀書之規，正撫按舉劾之差，核京官考滿之實，分進士講律之會，定王官陞授之條，議有司捕盜之格，遂使朝無偏黨，官無煩苛，九州四海，雷動風行矣。

廣東昔稱樂土，後爲盜區。上官計無可施，每以撫爲得策。公請以殷正茂爲總督，促其剿除，勿致養寇。而廣東郡邑多除制科，寬其薦額，勿拘成數。遂使廣東造亂之邦，樂業而向化矣。

先是貴州撫臣白，土官安國亨叛逆當剿，久而不克。公復偵知國亨非叛，而巡撫者輕聽讒而倖功也。乃以少卿阮文中往，受計行。阮至貴得實，如公言。然狃于浮議，語多依違。公覆之書曰："民夷異類，順逆殊途，稍有釁隙，當自處分，不可過言於君父之前。君父威在必伸，一有叛逆，便當撲滅，可但已乎？事非其真，過以言之，則將何以處也？安國亨、安智，夷族自相仇殺，何謂叛逆？而撫臣以告國亨，禍在不測，且圖苟全，有司不原其情，激而成變，即以爲叛逆之證，可恨也。國亨上疏乞哀，叛逆者若是耶？有司仍以叛逆論之，遂使朝廷欲開釋而無由，國亨欲投順而無路。且智，國亨仇也，智在省則國亨疑畏日深，是挑之使鬥，而增吾多事也。愚謂國亨有罪，而不可輕言叛逆。安智當有安置，而不可省居。”時彼中號令未明，國亨疑畏，不肯出赴理，聲言“撫臣以勘，誘我殺我”，乃擁兵自衛。於是撫臣上疏，請兵糧，爲征剿計。公曰：“嘻！誤矣。國亨不出者，疑畏深也。處以叛逆，彼將叛逆自爲也。彼夷酋耳，族滅何爲？”時在閣思之，旋牀而走。同官者問曰：“公何環牀走？”公曰：“思貴州事耳。從之，則非計；無從，則失威。今撫臣疏請征剿，而國亨亦奏辯。吾意兩行之，而以一科臣往勘。彼聞勘官且至，以身既在勘，當不敢殺我，我出聽理。乃可以自明，而乃治其本罪，亂或可戢也。”胥曰：“善。”公召職方郎中至授意，遂得請而以科臣賈三近往，公復面授方略。乃國亨聞科臣且來，果喜曰：“吾生矣，吾豈叛逆者哉？”語達京師。先是阮約以五事，而國亨母子狐疑不出。至是乃將漢夷犯人王寬、吴瓊、阿弟輩獻出，而母子出就理，輸銀四萬一千有奇抵罪。蓋科臣未至而事已定矣。

故黔國公沐朝弼既謝事，請入南京赴葬。雲南撫按奏曰：“沐昌祚政事清明，以致歲豐。朝弼逼走昌祚，不知所往，請將朝弼錮南京，毋令回鎮。”兵部來問計，公曰：“誤矣！雲南守巡，故以挫沐爲丰采，今又其故智耳。領鎮之人，衆所寓目，而謂不知所往。昌祚，孺子耳，安能感動天地？朝弼安能爲惡？如有罪，朝廷以檻車逮之，如之何其賺之令歸耳。”後數日，昌祚奏至，請還其父，且言撫按所奏誣也。廷臣益信公神明。有如撫按言，則今何以處？

北虜俺答孫把漢那吉來降，邊報至中朝，人心汹汹，罔知所措。公曰：“是奚足懼，顧老酋愛其孫否耳。”繼報者至曰：“酋婦甚愛其孫,而老酋甚懼其婦泣,欲得孫耳。”公曰:“虜敢擁兵來索,吾必殺之,令退去。”虜果退去。公請加那吉指揮使,賚以章服。又語邊臣,令盛其騶從,騎馬街行,使衆見之。老酋初意中國殺之也,乃聞不殺,又加以官,又美衣食,騎馬街行,大過望外而又知不可得。於是公請下令,獻我叛人趙全等,以贖其孫。俺酋果以計招全等。全等皆中國人,而爲虜用,居板升,領衆數萬,所居左曰“鳳閣”,右曰“蟾宫”,門曰“宣化”,牆屋皆繪龍鳳。往歲破城殺吏,皆其爲也。世皇懸重賞購之,得其一,爵通侯,然竟不可得。公乃請許那吉歸,又令邊臣以緋袍、金帶、鶴蓋,鼓吹送之。又宣諭俺答曰:“那吉是我中國臣,若善視之。”老酋夫婦既喜得孫,而又見其榮寵,南向取胡帽叩首,呼萬歲,而封貢事之議起矣。先生親詣射所,面質全等。全果驍鷙異常,次李自馨者諸生也,凡數十言不能了者,全一言而畢。先生因問虜今歲不入故,全曰:“虜豈能不畏死哉!偵是處有兵,是處有糧,人有鬥志,不敢入耳。”遂收獄盡磔於市。全等顧其屬九人曰:“吾屬被擒,邊事寧矣。今就刑勿出一聲。”磔盡,果不聞一聲,各示雄鷙。

至封貢之事,虜哀求日懇,而中朝疑畏日深,盈廷之議,有如鼎沸,動以宋人講和爲辭。公曰:“天下之事,以己求人,機在人;以人求己,機在己。宋人求和於虜,機在虜,故曰講;今虜求貢於我,機在我,直許之而已。彼嘵嘵者,豈爲國籌利害哉?徒念重大,恐有不效,留爲後言耳。”乃請封俺答爲順義王,其餘都督、指揮、千百户有差。而套虜吉能等,亦請願如例。而三邊總督難之。公擬旨切責,復遺之書:“三邊、宣大,似難異同。異同則宣、大之市方開,而三邊之擾如故。豈無俺答之人稱吉能而擾三邊者乎?亦豈無吉能之人稱俺答而市宣、大者乎?是宣、大有市而又擾也,三邊苦擾而實市也。同則兩利,異則兩壞。”總督者議始協。於是,俺答進馬謝恩,吉能亦附焉。而西北沿邊一帶,民狎其野,穡人成功。雖深夜獨行,無誰何者矣。

於是,公上疏曰:嘉靖十九年,北虜遣使求貢,不過貪賞賚與互市之利耳。邊吏倉卒不知所策,當事之臣憚於主計,直却其請,斬使絶之。以致黠虜怨憤,擁衆大舉。此往歲失計之明驗也。今天祐國家,請貢稱藩,可以息境土之蹂踐,可以免生靈之荼毒,可以省内帑之供億,可以停士馬之調遣。乘此閑暇,修我邊備。若見寧息,遂爾偷安,則從此邊備寖弛,卒然有變,將何以應?是臣等謀國之忠,反成誤國之罪矣。請每歲特遣才望大臣,四出閲視,以今視昔,錢穀贏幾何,險隘修幾何,兵馬增幾何,器械整幾何,其他屯田、鹽法以及諸事拓廣幾何。果有成績,論武功爵;若襲故常,罪如失機。上嘉納之。蓋今三十餘年,而疆圉晏如也。虜既貪我財物,虜中婦女亦貪我繒帛,惟恐罷市,我得伸縮而制之。諸所爲貢市費者,即取諸囊日幕府出征之費不及半耳。虜得我金錢,非盡携以歸也,我之群商又因而爲利。而我數十年所全百萬之命,所省百萬之費,可按籍而求,屈指而論也。蓋漢人五餌之策,公實用之矣。

穆皇久不出,欽天監卜吉旦視朝。鐘鼓嚴傳宣閣下急,公疾趨而至,則穆皇已立於墀矣。執公手北行,至乾清宫,公不敢入。穆皇顧曰:"送我。"公承旨,直至乾清宫。上御榻坐,手猶未釋也。有旨:高閣老夜宿乾清宫門外。公謂張公:"吾二人一去一留,是示人輕重也,吾其爲公奏。"得旨,二閣臣皆在乾清宫門外。薄暮,又奏曰:"禁地,非人臣所宜宿,願宿闕前,陛下有召,可頃刻而至。"上可之。百官出。十八日,御體漸復。公具疏請上懲忿寡欲,覽奏甚喜。越二日,聖恙復劇,公流涕無已。五月二十五日申刻,宣内閣授顧命,司禮監以二劄,一授皇太子,一授拱,蓋遺詔也。公泣奏曰:"臣受陛下厚恩,誓以死報,不敢愛其死。"奏畢,大哭,兩宫亦大哭。二内臣挾公長號以出。至閣,同列私問曰:"榻前之奏,公兩言死,何也?"公曰:"今日之事,有死而已。"潸然而罷。翌日,報司禮掌篆者,而外庭有相約者矣。

今上登極,公上言五事:一謂御門聽政,玉音親答,以見政令出自主上;二謂題奏繁文,難以遍閲,自有節要,請先籤出,以便省覽;三謂事必面奏，乃得盡情；四謂大小章奏，俱發内閣看詳，若或未經發擬，徑自内批者，容臣等執奏；五謂官民章疏，當行當止，未有留中之理。得旨報可。而同事者遂以此用間。

翌日，有旨逐公，即乘騾車去。道旁之人有流涕者。公乃歸而杜門謝客，口不言時事。

未幾，而有王大臣之獄，柄人將借以殺公。已差五校往新鄭，有所逮。會廷鞫之日，白日盡暝，乃大臣瞪目仰面，備極拷掠，竟不識所謂高公。次日殺王大臣，而公獲免，不敢復見一人矣。

公素好讀書，作《問辨録》十卷，《春秋正旨》一卷，《本語》六卷，《邊略》五卷，《綸扉外稿》四卷，《掌銓題稿》三十四卷，《南宫奏牘》四卷，《政府書答》四卷，《綸扉集》一卷，《程士集》四卷，《外制集》二卷，《日進直講》十卷，《獻忱集》四卷。

萬曆六年卒於家，賜祭葬止半給。又二十餘年，值建儲大典，嗣子務觀具疏。上有旨：高某擔當受降，北虜稱臣封貢，功不可泯，贈太師，謚文襄。蔭一子尚寶司司丞。三十年不白之冤，至今雪矣。

公生於正德七年壬申，卒於萬曆六年，凡得年六十七歲。

受室中牟張氏，累封一品夫人，無出。側室曹氏、薛氏。曹三女，長許都御史孟君淮子兆梅。次許廣平知府郭中子坤，并未有行，殤。三女適兵部侍郎曹金次子治和。薛生一子，早夭。嗣子即務觀，尚寶司司丞，娶端氏，邑人端式女；繼娶張氏，中牟張文化女。諸子：務本、務滋，俱錦衣衛官生；務實，武英殿中書。務觀六子：杠、楨、楠、梐、榆、樟。杠聘國子生孟存女，楨聘國子生金時亨女。女五人：長適大理寺左少卿連格子生員得壽，早卒，因親不忍割股，以三女續焉；次女適范縣知縣陳洪猷子階；四女、五女具未字。

銘曰：

可立惟公，可權惟公。立則執中，亦莫與同。權則難名，亦莫與容。寧惟莫容，亦莫與明。雖莫與明，亦莫與京。我則平平，人則濛濛。如虎如龍，社稷之功。如沸如羹，人各有心。保我黎民，奠我疆場。以志功宗，以志公葬。

録自明萬曆刻本《合併黄離草》卷二四

附録二

高拱文獻列表

表一

高拱奏疏系年

上疏时间	疏文題名	疏文出處
嘉靖三十九年(月日不詳)	《賀雨疏》	《獻忱集》卷一
嘉靖三十九年(月日不詳)	《賀玉龜仙芝疏》	《獻忱集》卷一
嘉靖三十九年八月初十日	《聖節恭賀疏》	《獻忱集》卷一
嘉靖三十九年 十一月二十四日	《賀冬至疏》	《獻忱集》卷一
嘉靖三十九年十二月	《賀雪疏》	《獻忱集》卷一
嘉靖四十年正月初一日	《賀元旦疏》	《獻忱集》卷一
嘉靖四十年(月日不詳)	《賀白鹿疏》	《獻忱集》卷一
嘉靖四十年“惟月辛卯日”	《賀日當食不食 大謝禮成疏》	《獻忱集》卷一
嘉靖四十年“惟月初七日”	《賀白兔疏》	《獻忱集》卷一
嘉靖四十年歲春	《賀雨疏》	《獻忱集》卷一
嘉靖四十年歲夏	《又賀雨疏》	《獻忱集》卷一
嘉靖四十年(月日不詳)	《賀瑞穀疏》	《獻忱集》卷一
嘉靖四十年八月初十日	《聖節恭賀疏》	《獻忱集》卷一
嘉靖四十年(月日不詳)	《賀白雁疏》	《獻忱集》卷一
嘉靖四十年十一月初六日	《賀冬至疏》	《獻忱集》卷一
嘉靖四十一年正月初一日	《賀元旦疏》	《獻忱集》卷一

續表 1

上疏时间	疏文題名	疏文出處
嘉靖四十一年 正月二十七日	《謝陞禮部左侍郎疏》	《獻忱集》卷二
嘉靖四十一年 二月初十日	《謝賜牲醴脯果祭品疏》	《獻忱集》卷二
嘉靖四十一年 三月二十八日	《擬謝教庶吉士疏》	《獻忱集》卷二
嘉靖四十一年七月	《賀平逆賊張璉疏》	《獻忱集》卷二
嘉靖四十一年(月日不詳)	《賀瑞穀疏》	《獻忱集》卷二
嘉靖四十一年九月	《賀三殿工成疏》	《獻忱集》卷二
嘉靖四十一年八月初三日	《謝兼學士充大 典副總裁疏》	《獻忱集》卷二
嘉靖四十一年八月十九日	《謝遣帝王廟分奠疏》	《獻忱集》卷二
嘉靖四十二年三月	《謝改吏部左侍郎仍兼 學士掌詹事府事疏》	《獻忱集》卷三
嘉靖四十二年(月日不詳)	《賀雨疏》	《獻忱集》卷三
嘉靖四十二年(月日不詳)	《賀龜生卵疏》	《獻忱集》卷三
嘉靖四十二年(月日不詳)	《又賀龜生卵疏》	《獻忱集》卷三
嘉靖四十二年八月初十日	《聖節恭賀疏》	《獻忱集》卷三
嘉靖四十二年"惟月六日"	《賀瑞穀疏》	《獻忱集》卷三
嘉靖四十二年(月日不詳)	《又賀瑞穀疏》	《獻忱集》卷三
嘉靖四十二年(月日不詳)	《賀白鵲疏》	《獻忱集》卷三
嘉靖四十二年 十一月二十七日	《賀冬至疏》	《獻忱集》卷三
嘉靖四十二年(月日不詳)	《賀雪疏》	《獻忱集》卷三
嘉靖四十三年正月初一日	《賀元旦疏》	《獻忱集》卷三
嘉靖四十三年(月日不詳)	《謝禱雨遣祭告疏》	《獻忱集》卷三
嘉靖四十三年 三月二十四日	《謝賜祭品疏》	《獻忱集》卷三

續表 2

上疏时间	疏文題名	疏文出處
嘉靖四十三年(月日不詳)	《謝賜表裏鈔錠疏》	《獻忱集》卷三
嘉靖四十三年歲春	《賀雨疏》	《獻忱集》卷三
嘉靖四十三年八月初十日	《聖節恭賀疏》	《獻忱集》卷三
嘉靖四十三年(月日不詳)	《賀聖體平復還宮疏》	《獻忱集》卷三
嘉靖四十四年四月十四日	《謝遣文華殿代拜疏》	《獻忱集》卷三
嘉靖四十四年(月日不詳)	《賀雨疏》	《獻忱集》卷三
嘉靖四十四年(月日不詳)	《賀瑞芝疏》	《獻忱集》卷三
嘉靖四十四年 六月二十三日	《辭免重任疏》	《獻忱集》卷四
嘉靖四十四年 六月二十三日	《謝陞禮部尚書兼 翰林學士疏》	《獻忱集》卷四
嘉靖四十四年 六月二十三日	《謝入直疏》	《獻忱集》卷五
嘉靖四十四年八月初五日	《謝遣陪祀帝社稷疏》	《獻忱集》卷四
嘉靖四十四年八月十四日	《謝施藥完賜 銀兩表裏疏》	《獻忱集》卷四
嘉靖四十四年 八月二十八日	《謝賜大紅金彩 飛魚羅衣疏》	《獻忱集》卷四
嘉靖四十四年九月十七日	《議處代府宗室疏》	《南宮奏牘》卷二
嘉靖四十四年十月十九日	《參肅府長史等官疏》	《南宮奏牘》卷二
嘉靖四十四年十二月	《謝賜紵絲金 彩雲鶴衣疏》	《獻忱集》卷四
嘉靖四十四年(月日不詳)	《題選補譯字生疏》	《南宮奏牘》卷一
嘉靖四十四年(月日不詳)	《參四夷館教師顧禕等疏》	《南宮奏牘》卷一
嘉靖四十四年(月日不詳)	《議處大同分 巡管提學事疏》	《南宮奏牘》卷一
嘉靖四十五年 正月二十七日	《議處唐王孫 管理府事疏》	《南宮奏牘》卷二

續表 3

上疏时间	疏文題名	疏文出處
嘉靖四十五年二月初五日	《謝遣祭先師孔子疏》	《獻忱集》卷四
嘉靖四十五年二月二十三日	《議處瑞昌王府宗室疏》	《南宫奏牘》卷二
嘉靖四十五年二月二十五日	《議處宜川王府宗室疏》	《南宫奏牘》卷二
嘉靖四十五年二月	《議處西鄂王府宗室管理府事疏》	《南宫奏牘》卷二
嘉靖四十五年二月二十七日	《釐正差遣以便遵守疏》	《南宫奏牘》卷一
嘉靖四十五年三月二十六日	《議處楚等府宗室疏》	《南宫奏牘》卷二
嘉靖四十五年三月二十八日	《辭免兼文淵閣大學士入閣辦事疏》	《獻忱集》卷五
嘉靖四十五年三月	《謝入閣迎合門叩頭疏》	《獻忱集》卷五
嘉靖四十五年三月	《謝兼文淵閣大學士入閣辦事疏》	《獻忱集》卷五
嘉靖四十五年三月	《挽頽習以崇聖治疏》(未上)	《南宫奏牘》卷一
嘉靖四十五年五月二十五日	《謝遣方澤分獻疏》	《獻忱集》卷五
嘉靖四十五年五月二十七日	《議處管理府事文移體式疏》	《南宫奏牘》卷二
嘉靖四十五年六月	《釐士風明臣職以仰裨聖治疏》(未上)	《南宫奏牘》卷一
嘉靖四十五年(月日不詳)	《謝賜御膳疏》	《獻忱集》卷五
嘉靖四十五年(月日不詳)	《謝賜麒麟羅衣疏》	《獻忱集》卷五
嘉靖四十五年(月日不詳)	《謝遣紫宸宫上梁祭告賜銀兩表裏疏》	《獻忱集》卷五
嘉靖四十五年(月日不詳)	《謝賜蟒衣疏》	《獻忱集》卷五

續表 4

上疏时间	疏文題名	疏文出處
嘉靖四十五年 十一月初二日	《謝遣圜丘分獻疏》	《獻忱集》卷五
嘉靖四十五年十一月乙亥	《申辯所謂不忠二事疏》	《世宗實録》卷五六五
隆慶元年正月辛巳	《乞休疏》	《穆宗實録》卷三
隆慶元年正月壬午	《乞休再疏》	《穆宗實録》卷三
隆慶元年二月初九日	《辭免加少保兼太子 太保武英殿大學士疏》	《玉堂公草》
隆慶元年二月	《考察自陳疏》	《玉堂公草》
隆慶元年四月初五日	《奏辯乞休疏》	《穆宗實録》卷七
隆慶元年四月十五日	《辭免加少傅兼太子 太傅吏部尚書疏》	《玉堂公草》
隆慶元年五月二十三日	《稱病乞休疏》	《穆宗實録》卷八
隆慶四年正月十八日	《懇乞天恩辭免重任疏》	《綸扉稿》卷一
隆慶四年二月十三日	《覆御史尚德恒論 總督王之誥疏》	《掌銓題稿》卷二三
隆慶四年二月十五日	《覆給事中戴鳳翔 論巡撫海瑞疏》	《掌銓題稿》卷二三
隆慶四年二月十七日	《議處知州等官容 朝望等加銜疏》	《掌銓題稿》卷一三
隆慶四年二月十八日	《覆侍郎楊巍乞休疏》	《掌銓題稿》卷二一
隆慶四年二月十九日	《議處直隸縣官加恩疏》	《掌銓題稿》卷一三
隆慶四年二月十九日	《議留定興縣知縣任鎧疏》	《掌銓題稿》卷一三
隆慶四年二月十九日	《題大學士夏言復官疏》	《掌銓題稿》卷三一
隆慶四年二月二十四日	《參治刁官以肅選法疏》	《掌銓題稿》卷一〇
隆慶四年二月二十五日	《覆給事中戴鳳翔 論巡撫海瑞疏》	《掌銓題稿》卷二三

續表 5

上疏时间	疏文題名	疏文出處
隆慶四年二月二十五日	《議處本兵及邊方督撫兵備之臣以裨安攘大計疏》	《掌銓題稿》卷二 《邊略》卷一
隆慶四年三月初一日	《覆給事中王禎論尚書孫植等疏》	《掌銓題稿》卷二三
隆慶四年三月初一日	《覆科道交參僉事譚啓疏》	《掌銓題稿》卷二六
隆慶四年三月初三日	《覆河南撫按參官疏》	《掌銓題稿》卷二九
隆慶四年三月初四日	《覆直隸提學御史參官疏》	《掌銓題稿》卷二九
隆慶四年三月初六日	《覆禮部尚書吴山乞休疏》	《掌銓題稿》卷二一
隆慶四年三月初七日	《議懲酷官播示中外疏》	《掌銓題稿》卷一六
隆慶四年三月初九日	《議處廣東兵備知府等官疏》	《掌銓題稿》卷一六 《邊略》卷五
隆慶四年三月初十日	《覆給事中舒化參郎中孫大霖疏》	《掌銓題稿》卷二五
隆慶四年三月十二日	《覆參政曹科乞休疏》	《掌銓題稿》卷二二
隆慶四年三月十三日	《議歲終考核鴻臚寺屬官疏》	《掌銓題稿》卷一五
隆慶四年三月十四日	《覆參政方啓參乞休疏》	《掌銓題稿》卷二二
隆慶四年三月十七日	《題豁王親疏》	《掌銓題稿》卷一二
隆慶四年三月十八日	《查處不職佐貳等官以示勸懲疏》	《掌銓題稿》卷六
隆慶四年三月十八日	《補制敕房官疏》	《掌銓題稿》卷一五
隆慶四年三月十八日	《議處本兵司屬以裨邊務疏》	《掌銓題稿》卷二 《邊略》卷一
隆慶四年三月二十一日	《議處順天等府更置守令疏》	《掌銓題稿》卷一三
隆慶四年三月二十三日	《議革南京督糧都御史疏》	《掌銓題稿》卷一四
隆慶四年三月三十日	《議革廣東屯田僉事疏》	《掌銓題稿》卷一四

續表 6

上疏时间	疏文題名	疏文出處
隆慶四年四月初六日	《查處年老官員疏》	《掌銓題稿》卷九
隆慶四年四月初六日	《議加河道都御史總理軍務并復曹濮兵備疏》	《掌銓題稿》卷一六
隆慶四年四月初七日	《覆給事中光懋論兵備副使宋豫卿等疏》	《掌銓題稿》卷二六
隆慶四年四月初十日	《覆河南巡按御史蔣機劾參政沈寅疏》	《掌銓題稿》卷二七
隆慶四年四月十二日	《議處各省兵備疏》	《掌銓題稿》卷九
隆慶四年四月十三日	《覆侍郎陸樹聲乞休疏》	《掌銓題稿》卷二一
隆慶四年四月十三日	《覆都給事中光懋論巡撫海瑞疏》	《掌銓題稿》卷二三
隆慶四年四月十六日	《議處商人錢法以蘇京邑民困疏》	《綸扉稿》卷一
隆慶四年四月二十三日	《覆御史成守節等論巡撫海瑞疏》	《掌銓題稿》卷二三
隆慶四年四月二十三日	《題大學士梁儲孫補蔭疏》	《掌銓題稿》卷三二
隆慶四年四月二十三日	《題侍書李中子改蔭疏》	《掌銓題稿》卷三三
隆慶四年四月二十四日	《議處知縣張旆加恩疏》	《掌銓題稿》卷一三
隆慶四年四月二十八日	《覆貴州巡按御史蔡廷臣參參議曹司賢疏》	《掌銓題稿》卷二七
隆慶四年五月初二日	《議處都御史吴時來舉薦太濫疏》	《掌銓題稿》卷二〇
隆慶四年五月初二日	《覆布政凌雲翼乞休疏》	《掌銓題稿》卷二二
隆慶四年五月初四日	《議加副使鄭洛職銜疏》	《掌銓題稿》卷一二
隆慶四年五月初四日	《覆布政劉斯潔乞休疏》	《掌銓題稿》卷二二
隆慶四年五月十一日	《議革廣東巡撫疏》	《掌銓題稿》卷一四 《邊略》卷五
隆慶四年五月十五日	《覆尚書譚大初乞休疏》	《掌銓題稿》卷二一

續表 7

上疏时间	疏文題名	疏文出處
隆慶四年五月十九日	《議處廣東有司官加恩疏》	《掌銓題稿》卷一三
隆慶四年五月二十日	《覆副使張守中乞休疏》	《掌銓題稿》卷二二
隆慶四年五月二十一日	《議處江西縣官加恩疏》	《掌銓題稿》卷一三
隆慶四年五月二十一日	《議處福建州縣官疏》	《掌銓題稿》卷一三
隆慶四年五月二十一日	《題黔國公沐昌祚襲爵疏》	《掌銓題稿》卷三四
隆慶四年六月初四日	《議處邊方有司以固疆圉疏》	《掌銓題稿》卷二 《邊略》卷一
隆慶四年六月初七日	《覆保定巡撫都御史參官疏》	《掌銓題稿》卷二九
隆慶四年六月初九日	《覆給事中章甫端劾提學副使林大春疏》	《掌銓題稿》卷二六
隆慶四年六月初十日	《議處遠方有司以安地方并議加恩賢能府官以彰激勸疏》	《掌銓題稿》卷三 《邊略》卷五
隆慶四年六月十八日	《參總督陳其學薦舉違例疏》	《掌銓題稿》卷二〇
隆慶四年六月二十七日	《覆廣東巡按御史參官疏》	《掌銓題稿》卷二九
隆慶四年六月二十八日	《覆陜西巡按御史參官疏》	《掌銓題稿》卷二九
隆慶四年七月初二日	《覆山西巡按御史參官疏》	《掌銓題稿》卷二九
隆慶四年七月初二日	《請禁章奏繁詞以肅朝廷疏》	《綸扉稿》卷一
隆慶四年七月初三日	《覆浙江巡按御史參官疏》	《掌銓題稿》卷二九
隆慶四年七月初三日	《議專任總部京糧官疏》	《掌銓題稿》卷一四
隆慶四年七月初七日	《議總督劉應節給由加恩疏》	《掌銓題稿》卷一一
隆慶四年七月初七日	《議考察光禄寺屬官疏》	《掌銓題稿》卷一五
隆慶四年七月初七日	《覆大學士陳以勤條陳疏》	《掌銓題稿》卷一七

續表 8

上疏时间	疏文題名	疏文出處
隆慶四年七月初八日	《議革會考科舉疏》	《掌銓題稿》卷八
隆慶四年七月初九日	《覆尚書黄光昇乞休疏》	《掌銓題稿》卷二一
隆慶四年七月初十日	《申議養病事例以一法守疏》	《掌銓題稿》卷五
隆慶四年七月十一日	《參巡按御史王君賞舉劾違例疏》	《掌銓題稿》卷二〇
隆慶四年七月十二日	《議處邊方久缺正官疏》	《掌銓題稿》卷七 《邊略》卷一
隆慶四年七月十四日	《議處府佐官疏》	《掌銓題稿》卷六
隆慶四年七月十四日	《議處改教官員疏》	《掌銓題稿》卷六
隆慶四年七月十六日	《覆副使張嘉孚乞休疏》	《掌銓題稿》卷二二
隆慶四年七月十六日	《辯理副使張鳳來疏》	《掌銓題稿》卷二八
隆慶四年七月十七日	《覆江西巡按御史劉思問參僉事陳成甫等疏》	《掌銓題稿》卷二七
隆慶四年七月十七日	《覆福建巡按御史參官疏》	《掌銓題稿》卷二九
隆慶四年七月十九日	《議重民牧疏》	《掌銓題稿》卷一六
隆慶四年七月十九日	《覆都給事中温純論總督劉燾疏》	《掌銓題稿》卷二三
隆慶四年七月二十日	《再題大學士梁儲孫補蔭疏》	《掌銓題稿》卷三二
隆慶四年七月二十四日	《覆尚書林雲同乞休疏》	《掌銓題稿》卷二一
隆慶四年七月二十四日	《覆湖廣撫按參官疏》	《掌銓題稿》卷二九
隆慶四年七月二十五日	《覆都御史張翀乞休疏》	《掌銓題稿》卷二一
隆慶四年七月二十七日	《議裁革冗員等事疏》	《掌銓題稿》卷一六
隆慶四年七月二十九日	《覆直隸巡按御史參官疏》	《掌銓題稿》卷二九
隆慶四年八月初七日	《公考察以勵衆職疏》	《掌銓題稿》卷四
隆慶四年八月初八日	《覆總督王之誥條陳疏》	《掌銓題稿》卷一七

續表 9

上疏时间	疏文題名	疏文出處
隆慶四年八月初九日	《覆直隸巡按御史傅孟春參副使周希哲疏》	《掌銓題稿》卷二七
隆慶四年八月十一日	《覆貴州巡按御史蔡廷臣參知府何維等疏》	《掌銓題稿》卷二七
隆慶四年八月十一日	《覆湖廣巡按御史參官疏》	《掌銓題稿》卷二九
隆慶四年八月十一日	《參巡撫熊汝達舉劾違例疏》	《掌銓題稿》卷二〇
隆慶四年八月二十一日	《覆都給事中光懋參知州等官張求可等疏》	《掌銓題稿》卷二六
隆慶四年八月二十二日	《邊情緊急議處當事大臣疏》	《掌銓題稿》卷二 《邊略》卷一
隆慶四年八月二十四日	《覆尚書劉采乞休疏》	《掌銓題稿》卷二一
隆慶四年八月二十七日	《議起用布政王宗沐疏》	《掌銓題稿》卷一二
隆慶四年八月二十七日	《參巡按御史楊標舉劾違例疏》	《掌銓題稿》卷二〇
隆慶四年九月初四日	《議處兵馬正官并革曲阜世職知縣管民事疏》	《掌銓題稿》卷一六
隆慶四年九月初四日	《題侍郎曾鈞贈官疏》	《掌銓題稿》卷三一
隆慶四年九月初六日	《正綱常定國是以仰裨聖政疏》	《掌銓題稿》卷一
隆慶四年九月初六日	《議處廣西官員久任疏》	《掌銓題稿》卷一三
隆慶四年九月初八日	《參處郎中費懋樂疏》	《掌銓題稿》卷九
隆慶四年九月十七日	《辯大冤明大義以正國法疏》	《掌銓題稿》卷一
隆慶四年九月二十七日	《議陝西添設憲職疏》	《掌銓題稿》卷一四
隆慶四年十月初五日	《覆侍郎翁大立代尚書吴岳乞休疏》	《掌銓題稿》卷二一
隆慶四年十月初八日	《題究考察被黜官員朦朧在任疏》	《掌銓題稿》卷一〇

續表 10

上疏时间	疏文題名	疏文出處
隆慶四年十月初十日	《覆侍郎王遴乞休疏》	《掌銓題稿》卷二一
隆慶四年十月初十日	《覆陝西巡按御史參官疏》	《掌銓題稿》卷二九
隆慶四年十月十一日	《覆副使潘一桂乞休疏》	《掌銓題稿》卷二二
隆慶四年十月十二日	《覆左都御史劉燾乞休疏》	《掌銓題稿》卷二一
隆慶四年十月十六日	《覆侍郎任士憑告病疏》	《掌銓題稿》卷二一
隆慶四年十月二十五日	《題同都察院考察科道官疏》	《掌銓題稿》卷九
隆慶四年十月二十六日	《考察科道官疏》	《掌銓題稿》卷九
隆慶四年十月二十八日	《覆直隸巡按御史參官疏》	《掌銓題稿》卷二九
隆慶四年十一月初二日	《覆給事中張崇倫論都御史李邦珍等疏》	《掌銓題稿》卷二三
隆慶四年十一月初九日	《覆四川撫按參官疏》	《掌銓題稿》卷二九
隆慶四年十一月十八日	《覆總理河道侍郎參官疏》	《掌銓題稿》卷二九
隆慶四年十一月十九日	《覆科道官條陳考察事宜疏》	《掌銓題稿》卷一八
隆慶四年十一月十九日	《覆吏科給事中韓楫條陳疏》	《掌銓題稿》卷一八
隆慶四年十一月二十一日	《覆順天巡撫都御史參官疏》	《掌銓題稿》卷二九
隆慶四年十一月二十三日	《懇乞天恩特賜罷免以全臣節疏》	《綸扉稿》卷一
隆慶四年十一月二十三日	《覆宣大巡按姚繼可論巡撫方逢時等疏》	《掌銓題稿》卷二四
隆慶四年十一月二十五日	《覆侍郎靳學顔告病疏》	《掌銓題稿》卷二一
隆慶四年十一月二十九日	《覆侍郎趙孔昭乞休疏》	《掌銓題稿》卷二一
隆慶四年十二月初五日	《覆吏科條陳疏》	《掌銓題稿》卷一八
隆慶四年十二月十七日	《詳議調用條約以便遵守疏》	《掌銓題稿》卷四

續表 11

上疏时间	疏文題名	疏文出處
隆慶四年十二月十七日	《覆山西巡按御史武尚賢參參議黄九成疏》	《掌銓題稿》卷二七
隆慶四年十二月二十日	《覆南京科道交論江西科場事變參提學副使陳萬言等疏》	《掌銓題稿》卷二六
隆慶四年十二月二十四日	《覆山西撫按并查盤御史交參員外席上珍疏》	《掌銓題稿》卷二五
隆慶五年正月初十日	《申飭朝覲考察重典以勵庶官疏》	《掌銓題稿》卷一九
隆慶五年正月十五日	《覆科道拾遺方面官疏》	《掌銓題稿》卷一九
隆慶五年二月初一日	《覆給事中賈三近劾官疏》	《掌銓題稿》卷二六
隆慶五年二月初三日	《題侍郎劉源清孫補蔭疏》	《掌銓題稿》卷三三
隆慶五年二月初十日	《覆都給事中韓楫等論侍郎游居敬等疏》	《掌銓題稿》卷二四
隆慶五年二月十三日	《議恤刑官在差考滿疏》	《掌銓題稿》卷一一
隆慶五年二月二十三日	《議處賢能官員以彰激勸疏》	《掌銓題稿》卷七
隆慶五年二月二十四日	《覆遼東巡按向程論巡撫毛綱疏》	《掌銓題稿》卷二四
隆慶五年三月初四日	《覆南京科道官參劾冒濫京堂疏》	《掌銓題稿》卷一九
隆慶五年三月初七日	《議加副使傅希摯職銜疏》	《掌銓題稿》卷一二
隆慶五年三月初七日	《議復督糧官疏》	《掌銓題稿》卷一四
隆慶五年三月十三日	《辯理副使林烶章疏》	《掌銓題稿》卷二八
隆慶五年三月十五日	《覆都給事中韓楫條陳疏》	《掌銓題稿》卷一八
隆慶五年三月二十日	《議廣西按察司改併道分疏》	《掌銓題稿》卷一四
隆慶五年三月二十四日	《薦舉才望舊臣乞賜召用以裨治理疏》	《掌銓題稿》卷七

續表 12

上疏时间	疏文題名	疏文出處
隆慶五年三月二十七日	《題侍書鄭守德廕子疏》	《掌銓題稿》卷三三
隆慶五年三月二十八日	《查究假官以正國法疏》	《掌銓題稿》卷一〇
隆慶五年三月二十八日	《覆江西巡按御史參官疏》	《掌銓題稿》卷三〇
隆慶五年三月三十日	《分撥進士觀政講求律例疏》	《掌銓題稿》卷八
隆慶五年三月三十日	《議增正歷監生疏》	《掌銓題稿》卷一五
隆慶五年三月三十日	《議處聽勘僉事楊應東疏》	《掌銓題稿》卷二八
隆慶五年四月初六日	《乞恩辭免兼任疏》	《綸扉稿》卷一
隆慶五年四月初七日	《覆都御史李棠條陳疏》	《掌銓題稿》卷一七
隆慶五年四月初十日	《覆科道官參員外包大爟等疏》	《掌銓題稿》卷二五
隆慶五年四月十二日	《議處兵馬養病疏》	《掌銓題稿》卷六
隆慶五年四月十三日	《查處王親疏》	《掌銓題稿》卷一二
隆慶五年四月十五日	《覆河南巡撫都御史粟永禄參長史許邦才疏》	《掌銓題稿》卷二七
隆慶五年四月二十一日	《議豁王親疏》	《掌銓題稿》卷一二
隆慶五年四月二十一日	《覆御史部永春總督王崇古互相論訐疏》	《掌銓題稿》卷二四
隆慶五年四月三十日	《議責成州縣正官徵糧問刑及多選進士疏》	《掌銓題稿》卷一六
隆慶五年五月初二日	《覆三邊總督侍郎參官疏》	《掌銓題稿》卷三〇
隆慶五年五月初八日	《題加僉事蕭大亨服俸疏》	《掌銓題稿》卷七
隆慶五年五月十一日	《推補兵部右侍郎并分布事宜疏》	《掌銓題稿》卷二 《邊略》卷一
隆慶五年五月十四日	《覆御史蘇民望參不到官員疏》	《掌銓題稿》卷二五
隆慶五年五月十七日	《覆直隸巡按御史羅鳳翔參副使紀誠疏》	《掌銓題稿》卷二七

續表 13

上疏时间	疏文題名	疏文出處
隆慶五年五月十八日	《覆巡城御史王元賓緝獲鑽刺犯人孫五等疏》	《掌銓題稿》卷二六
隆慶五年五月二十七日	《再乞天恩辭免兼任疏》	《綸扉稿》卷一
隆慶五年五月二十九日	《起用賢才疏》	《掌銓題稿》卷一二
隆慶五年五月二十九日	《三乞天恩辭免兼任疏》	《綸扉稿》卷一
隆慶五年六月初六日	《議設土官學校補教官疏》	《掌銓題稿》卷一四
隆慶五年六月初七日	《申明京官考滿事例以一法守疏》	《掌銓題稿》卷四
隆慶五年六月十五日	《議處蔭官及遠方府守疏》	《掌銓題稿》卷五
隆慶五年六月十六日	《覆參政李珁乞休疏》	《掌銓題稿》卷二二
隆慶五年六月十六日	《覆給事中張國彦論侍郎姜廷頤疏》	《掌銓題稿》卷二四
隆慶五年六月十七日	《考選庶吉士疏》	《掌銓題稿》卷八
隆慶五年六月二十五日	《議處科目人才以興治道疏》	《掌銓題稿》卷五
隆慶五年六月二十八日	《議處馬政鹽政官員以責實效疏》	《掌銓題稿》卷五
隆慶五年六月二十九日	《再議京官考滿事例以一法守疏》	《掌銓題稿》卷四
隆慶五年六月二十九日	《辯理判官張齊疏》	《掌銓題稿》卷二八
隆慶五年六月二十九日	《議留副使王化立功贖罪疏》	《掌銓題稿》卷二八 《邊略》卷五
隆慶五年六月三十日	《議處知州唐執中疏》	《掌銓題稿》卷一三
隆慶五年七月初一日	《覆御史馬三樂論太常卿陳慶疏》	《掌銓題稿》卷二四
隆慶五年七月初四日	《覆給事中程文論孫丕揚等疏》	《掌銓題稿》卷二四
隆慶五年七月初六日	《覆貴州巡按御史蔡廷臣論都御史孫應鰲等疏》	《掌銓題稿》卷二七

續表 14

上疏时间	疏文題名	疏文出處
隆慶五年七月初九日	《四乞天恩辭免兼任疏》	《綸扉稿》卷一
隆慶五年七月初九日	《覆侍郎王遴乞休疏》	《掌銓題稿》卷二一
隆慶五年七月十八日	《虜衆内附邊患稍寧乞及時大修邊政以永圖治安疏》	《綸扉稿》卷一
隆慶五年七月二十三日	《議處外官考滿事宜疏》	《掌銓題稿》卷六
隆慶五年七月二十六日	《議處卑官地方以順人情疏》	《掌銓題稿》卷五
隆慶五年八月初一日	《禁奸僞以肅政體疏》	《掌銓題稿》卷一〇
隆慶五年八月初一日	《覆尚書陳其學乞休疏》	《掌銓題稿》卷二一
隆慶五年八月初七日	《議處欠糧欠穀官員以圖實效疏》	《掌銓題稿》卷六
隆慶五年八月初九日	《覆副使李蓘乞休疏》	《掌銓題稿》卷二二
隆慶五年八月十一日	《議豁王親疏》	《掌銓題稿》卷一二
隆慶五年八月十三日	《覆給事中吴文佳條陳疏》	《掌銓題稿》卷一八
隆慶五年八月十七日	《議加恩管河郎中張純疏》	《掌銓題稿》卷一一
隆慶五年八月二十二日	《題大學士劉忠孫補蔭疏》	《掌銓題稿》卷三二
隆慶五年八月二十九日	《議覆蘇松管糧參政并水利僉事兼轄蘇松疏》	《掌銓題稿》卷一四
隆慶五年八月三十日	《覆直隸巡按御史參官疏》	《掌銓題稿》卷三〇
隆慶五年九月初一日	《覆直隸巡按御史參官疏》	《掌銓題稿》卷三〇
隆慶五年九月初三日	《議處審録大臣疏》	《掌銓題稿》卷八
隆慶五年九月初五日	《覆江西巡按御史參官疏》	《掌銓題稿》卷三〇
隆慶五年九月初五日	《覆科道官參尚寶司司丞岳相疏》	《掌銓題稿》卷二五
隆慶五年九月初八日	《覆侍郎張翀乞休疏》	《掌銓題稿》卷二一

續表 15

上疏时间	疏文題名	疏文出處
隆慶五年九月十五日	《議處順天等府更置守令疏》	《掌銓題稿》卷一三
隆慶五年九月二十四日	《披瀝懇誠辭免加恩疏》	《綸扉稿》卷一
隆慶五年十月初二日	《覆尚書譚綸養病疏》	《掌銓題稿》卷二一
隆慶五年十月初二日	《覆操江都御史參官疏》	《掌銓題稿》卷三〇
隆慶五年十月初六日	《覆提督兩廣軍務侍郎李遷養病疏》	《掌銓題稿》卷二一
隆慶五年十月初九日	《覆科道官論漕運都御史陳炌疏》	《掌銓題稿》卷二四
隆慶五年十月初十日	《覆山東巡按御史參官疏》	《掌銓題稿》卷三〇
隆慶五年十月初十日	《覆山東巡按御史參官疏》	《掌銓題稿》卷三〇
隆慶五年十月十七日	《覆御史吳道明論應天巡撫陳道基疏》	《掌銓題稿》卷二四
隆慶五年十月十七日	《覆保定巡撫宋纁參進士孫鳴鳳疏》	《掌銓題稿》卷二五
隆慶五年十月二十三日	《題侍郎曾銑蔭子疏》	《掌銓題稿》卷三三
隆慶五年十月二十五日	《覆直隸巡按御史參官疏》	《掌銓題稿》卷三〇
隆慶五年十一月初八日	《覆陝西巡按御史參官疏》	《掌銓題稿》卷三〇
隆慶五年十一月十七日	《覆尚書曹亨乞休疏》	《掌銓題稿》卷二一
隆慶五年十一月二十一日	《議豁王親疏》	《掌銓題稿》卷一二
隆慶五年十一月二十六日	《參處崇明縣民黃善述等保官疏》	《掌銓題稿》卷一〇
隆慶五年十二月初八日	《覆河南巡按御史參官疏》	《掌銓題稿》卷三〇
隆慶五年十二月十八日	《議處刑部司官究律久任疏》	《掌銓題稿》卷一六
隆慶五年十二月十九日	《覆直隸巡按御史參官疏》	《掌銓題稿》卷三〇
隆慶五年十二月十九日	《覆山西巡按御史參官疏》	《掌銓題稿》卷三〇

續表 16

上疏时间	疏文題名	疏文出處
隆慶五年十二月十九日	《覆僉事紀大綱乞休疏》	《掌銓題稿》卷二二
隆慶五年十二月十九日	《覆僉事劉田乞休疏》	《掌銓題稿》卷二二
隆慶五年十二月二十三日	《參處知縣王淑民莊鵬舉疏》	《掌銓題稿》卷九
隆慶五年十二月二十五日	《議加致仕僉事陳乙服色疏》	《掌銓題稿》卷一二
隆慶五年十二月二十八日	《恭繳聖諭辭免加恩疏》	《綸扉稿》卷一
隆慶六年正月初六日	《披瀝悃誠辭免恩命疏》	《綸扉稿》卷一
隆慶六年正月初八日	《明事例以定考核疏》	《掌銓題稿》卷四
隆慶六年正月初八日	《覆廣東巡按御史參官疏》	《掌銓題稿》卷三〇
隆慶六年正月初八日	《覆直隸巡按御史參官疏》	《掌銓題稿》卷三〇
隆慶六年正月初九日	《議差尚書朱衡治漕河疏》	《掌銓題稿》卷一一
隆慶六年正月十八日	《議處督撫等官劉應節等薦舉違例疏》	《掌銓題稿》卷二〇
隆慶六年正月二十一日	《覆山西巡撫都御史楊綵參參議查鐸等疏》	《掌銓題稿》卷二七
隆慶六年正月二十四日	《題南和伯方燁襲爵疏》	《掌銓題稿》卷三四
隆慶六年正月二十四日	《覆福建巡按御史杜化中論侍郎谷中虛等疏》	《掌銓題稿》卷二四
隆慶六年二月初二日	《覆給事中涂夢桂論侍郎谷中虛疏》	《掌銓題稿》卷二四
隆慶六年二月初二日	《參巡撫都御史何寬等舉劾違例疏》	《掌銓題稿》卷二〇
隆慶六年二月初三日	《議處廣東舉劾以勵地方官員疏》	《掌銓題稿》卷三 《邊略》卷五
隆慶六年二月初五日	《覆浙江巡撫都御史參官疏》	《掌銓題稿》卷三〇
隆慶六年二月初六日	《覆福建巡按御史參官疏》	《掌銓題稿》卷三〇

續表 17

上疏时间	疏文題名	疏文出處
隆慶六年二月初六日	《議紀録刼賄三臣疏》	《掌銓題稿》卷一六
隆慶六年二月初十日	《議處知府侯必登疏》	《掌銓題稿》卷二八
隆慶六年二月十五日	《覆給事中宋之韓參官疏》	《掌銓題稿》卷二六
隆慶六年二月二十二日	《議處知府侯必登疏》	《掌銓題稿》卷二八 《邊略》卷五
隆慶六年二月二十五日	《改參政陳奎兼 潮州兵備疏》	《掌銓題稿》卷七 《邊略》卷五
隆慶六年二月二十九日	《覆直隸巡按御史參官疏》	《掌銓題稿》卷三〇
隆慶六年閏二月初三日	《覆保定巡撫都御史宋纁 參知府楊道亨疏》	《掌銓題稿》卷二七
隆慶六年閏二月初六日	《覆給事中周芸等劾官疏》	《掌銓題稿》卷二六
隆慶六年閏二月初九日	《題大學士蔣冕孫補蔭疏》	《掌銓題稿》卷三二
隆慶六年閏二月十四日	《覆給事中周良 臣等論卿楊賢等疏》	《掌銓題稿》卷二四
隆慶六年閏二月十八日	《問安疏》	《綸扉稿》卷二
隆慶六年閏二月二十八日	《覆江西撫按官 劾僉事康憲疏》	《掌銓題稿》卷二七
隆慶六年閏二月二十九日	《覆江西撫按官參處安義 縣强賊劫庫失事官員疏》	《掌銓題稿》卷二七
隆慶六年三月初四日	《覆巡視科道 參兵馬袁謙疏》	《掌銓題稿》卷二五
隆慶六年三月初五日	《覆原任右諭德 吴情乞原職閑住疏》	《掌銓題稿》卷二一
隆慶六年三月初六日	《覆南京户部尚書曹 邦輔參主事張振選疏》	《掌銓題稿》卷二五
隆慶六年三月初八日	《覆尚書曹邦輔乞休疏》	《掌銓題稿》卷二一
隆慶六年四月初三日	《覆吏科論巡撫曹三暘疏》	《掌銓題稿》卷二四
隆慶六年四月初三日	《題行查建平伯 孫高添爵疏》	《掌銓題稿》卷三四

續表 18

上疏时间	疏文題名	疏文出處
隆慶六年四月初四日	《覆都給事中梁問孟追論貴州事疏》	《掌銓題稿》卷二四
隆慶六年四月初四日	《覆御史姚光泮論府丞丘有巖等疏》	《掌銓題稿》卷二四
隆慶六年四月十一日	《恭建樓堂尊藏宸翰乞賜名額以崇聖澤疏》	《綸扉稿》卷二
隆慶六年六月初十日	《特陳緊切事宜以仰裨新政疏》	《綸扉稿》卷二
隆慶六年六月	《擬陳點官事宜疏》（未上）	《綸扉稿》卷二
隆慶六年六月	《正國是順民心以尊朝廷疏》（未上）	《綸扉稿》卷二
隆慶六年六月	《乞恩辭免部事疏》（未上）	《綸扉稿》卷二
隆慶六年六月	《又乞恩辭免部事疏》（未上）	《綸扉稿》卷二

表二

高拱政府書答目録表

序號	類别	信函題名	文獻來源
1	庚午防秋	《答宣大王總督書一》	《政府書答》卷一
2	庚午防秋	《答宣大王總督書二》	《政府書答》卷一
3	庚午防秋	《與薊遼譚總督書》	《政府書答》卷一
4	庚午防秋	《與護守通州劉總督書》	《政府書答》卷一
5	庚午防秋	《與延綏何巡撫書》	《政府書答》卷一
6	庚午防秋	《答趙總兵書一》	《政府書答》卷一
7	庚午防秋	《答趙總兵書二》	《政府書答》卷一
8	庚午防秋	《示閻參將》	《政府書答》卷一

續表 1

序號	類別	信函題名	文獻來源
9	款虜北邊	《與宣大王總督書一》	《政府書答》卷一
10	款虜北邊	《與宣大王總督書二》	《政府書答》卷一
11	款虜北邊	《與宣大王總督書三》	《政府書答》卷一
12	款虜北邊	《與宣大王總督書四》	《政府書答》卷一
13	款虜北邊	《與宣大王總督書五》	《政府書答》卷一
14	款虜北邊	《與宣大王總督書六》	《政府書答》卷一
15	款虜北邊	《與宣大王總督書七》	《政府書答》卷一
16	款虜北邊	《與宣大王總督書八》	《政府書答》卷一
17	款虜北邊	《與宣大王總督書九》	《政府書答》卷一
18	款虜北邊	《與宣府吴巡撫書一》	《政府書答》卷一
19	款虜北邊	《與宣府吴巡撫書二》	《政府書答》卷一
20	款虜北邊	《與宣府吴巡撫書三》	《政府書答》卷一
21	款虜北邊	《與宣府吴巡撫書四》	《政府書答》卷一
22	款虜北邊	《與宣府吴巡撫書五》	《政府書答》卷一
23	款虜北邊	《與宣府吴巡撫書六》	《政府書答》卷一
24	款虜北邊	《與宣府吴巡撫書七》	《政府書答》卷一
25	款虜北邊	《答三邊戴總督書一》	《政府書答》卷一
26	款虜北邊	《答三邊戴總督書二》	《政府書答》卷一
27	款虜北邊	《答延綏部巡撫書》	《政府書答》卷一
28	款虜北邊	《答吴少參書一》	《政府書答》卷一
29	款虜北邊	《答吴少參書二》	《政府書答》卷一
30	捷宣東塞	《答遼東張巡撫書一》	《政府書答》卷一
31	捷宣東塞	《答遼東張巡撫書二》	《政府書答》卷一

續表 2

序號	類別	信函題名	文獻來源
32	捷宣東塞	《答遼東張巡撫書三》	《政府書答》卷一
33	捷宣東塞	《答李總兵書》	《政府書答》卷一
34	捷宣東塞	《答戚總兵書》	《政府書答》卷一
35	安綏廣東	《答廣東趙巡按書》	《政府書答》卷二
36	安綏廣東	《答兩廣殷總督書一》	《政府書答》卷二
37	安綏廣東	《答兩廣殷總督書二》	《政府書答》卷二
38	安綏廣東	《答兩廣殷總督書三》	《政府書答》卷二
39	安綏廣東	《答兩廣殷總督書四》	《政府書答》卷二
40	安綏廣東	《答兩廣殷總督書五》	《政府書答》卷二
41	安綏廣東	《答兩廣殷總督書六》	《政府書答》卷二
42	安綏廣東	《答兩廣殷總督書七》	《政府書答》卷二
43	安綏廣東	《答兩廣殷總督書八》	《政府書答》卷二
44	安綏廣東	《答兩廣殷總督書九》	《政府書答》卷二
45	安綏廣東	《答廣東楊巡按書》	《政府書答》卷二
46	安綏廣東	《與南京姚監察書》	《政府書答》卷二
47	安綏廣東	《答兩廣殷總督書》	《政府書答》卷二
48	聋服貴番	《答貴州阮巡撫書一》	《政府書答》卷二
49	聋服貴番	《答貴州阮巡撫書二》	《政府書答》卷二
50	聋服貴番	《答貴州阮巡撫書三》	《政府書答》卷二
51	聋服貴番	《答貴州阮巡撫書四》	《政府書答》卷二
52	聋服貴番	《答貴州鄭巡按書一》	《政府書答》卷二
53	聋服貴番	《答貴州鄭巡按書二》	《政府書答》卷二
54	聋服貴番	《答南京參贊王西石》	《政府書答》卷二

續表 3

序號	類別	信函題名	文獻來源
55	各省應答	《答蘇松朱巡撫書一》	《政府書答》卷三
56	各省應答	《答蘇松朱巡撫書二》	《政府書答》卷三
57	各省應答	《答山東梁巡撫書一》	《政府書答》卷三
58	各省應答	《答山東梁巡撫書二》	《政府書答》卷三
59	各省應答	《答山東梁巡撫書三》	《政府書答》卷三
60	各省應答	《答山東梁巡撫書四》	《政府書答》卷三
61	各省應答	《答山東梁巡撫書五》	《政府書答》卷三
62	各省應答	《答山東王方伯書》	《政府書答》卷三
63	各省應答	《答胡給事書》	《政府書答》卷三
64	各省應答	《答山東梁巡撫書》	《政府書答》卷三
65	各省應答	《答山東王方伯書》	《政府書答》卷三
66	各省應答	《答山東施方伯書一》	《政府書答》卷三
67	各省應答	《答山東施方伯書二》	《政府書答》卷三
68	各省應答	《答山東梁巡撫書一》	《政府書答》卷三
69	各省應答	《答山東梁巡撫書二》	《政府書答》卷三
70	各省應答	《答山東傅巡撫書》	《政府書答》卷三
71	各省應答	《與漕運王都憲書一》	《政府書答》卷三
72	各省應答	《與漕運王都憲書二》	《政府書答》卷三
73	各省應答	《與漕運王都憲書三》	《政府書答》卷三
74	各省應答	《與河南李巡撫書一》	《政府書答》卷三
75	各省應答	《與河南李巡撫書二》	《政府書答》卷三
76	各省應答	《答河南栗巡撫書》	《政府書答》卷三
77	各省應答	《答河南楊巡按書》	《政府書答》卷三

續表 4

序號	類别	信函題名	文獻來源
78	各省應答	《答河南查大參書》	《政府書答》卷三
79	各省應答	《答開封張太守書》	《政府書答》卷三
80	各省應答	《答河南梁巡撫書一》	《政府書答》卷三
81	各省應答	《答河南梁巡撫書二》	《政府書答》卷三
82	各省應答	《答查大參書》	《政府書答》卷三
83	各省應答	《與新鄭縣尹書》	《政府書答》卷三
84	同年應答	《答張給事書》	《政府書答》卷四
85	同年應答	《答楊大參書》	《政府書答》卷四
86	同年應答	《答同年陳豫野書》	《政府書答》卷四
87	同年應答	《答張給事書》	《政府書答》卷四
88	同年應答	《答南京參贊王西石書》	《政府書答》卷四
89	同年應答	《答蕭監察書》	《政府書答》卷四
90	同年應答	《答同年符後岡書》	《政府書答》卷四
91	調處徐府	《答存齋徐公書》	《政府書答》卷四
92	調處徐府	《答友人書》	《政府書答》卷四
93	調處徐府	《答蘇松劉巡按書》	《政府書答》卷四
94	調處徐府	《與蘇松蔡兵備書》	《政府書答》卷四
95	調處徐府	《答蘇松劉巡按書》	《政府書答》卷四
96	調處徐府	《與存齋徐公書一》	《政府書答》卷四
97	調處徐府	《與存齋徐公書二》	《政府書答》卷四
98	調處徐府	《與蘇松李巡按書》	《政府書答》卷四

表三

高拱詩文雜著目錄表

序號	類别	題名	文獻來源
1	古樂府	《君子有所思》	《詩文雜著》卷一
2	五言古	《早霽出苑中望西山積雪》	《詩文雜著》卷一
3	五言古	《奉詔讀書翰林述懷》	《詩文雜著》卷一
4	五言古	《相公愛賢堂》	《詩文雜著》卷一
5	五言古	《楊翁仰宸樓》	《詩文雜著》卷一
6	五言古	《咏葵》	《詩文雜著》卷一
7	七言古	《玉河春水曲》	《詩文雜著》卷一
8	七言古	《中流砥柱歌壽太宰聞公》	《詩文雜著》卷一
9	七言古	《子昂畫馬圖歌贈河南李中丞》	《詩文雜著》卷一
10	七言古	《見落葉有感》	《詩文雜著》卷一
11	五言律	《送宋柏崖分教贛榆》	《詩文雜著》卷一
12	五言律	《送劉僉憲之山西》	《詩文雜著》卷一
13	五言律	《送裴遜山守睢陽》	《詩文雜著》卷一
14	五言律	《送少宗伯康礪峰之南部》	《詩文雜著》卷一
15	五言律	《送翰撰唐小漁奉使册封就便省覲》	《詩文雜著》卷一
16	五言律	《送李少參之廣州》	《詩文雜著》卷一
17	五言律	《種槐》	《詩文雜著》卷一
18	五言律	《秋暮東園與友人話舊》	《詩文雜著》卷一
19	五言律	《題礪峰思先壟卷》	《詩文雜著》卷一
20	五言律	《别墅》	《詩文雜著》卷一
21	五言律	《鄭莊宴集用韻》	《詩文雜著》卷一
22	五言律	《送符後岡尹青城》	《詩文雜著》卷一
23	五言律	《首夏》	《詩文雜著》卷一

續表 1

序號	類别	題名	文獻來源
24	五言律	《觀蘭亭修禊圖》	《詩文雜著》卷一
25	五言律	《雨中聞雁》	《詩文雜著》卷一
26	五言律	《移芍藥》	《詩文雜著》卷一
27	五言律	《曉霞》	《詩文雜著》卷一
28	五言律	《院中聞鶯》	《詩文雜著》卷一
29	五言律	《閻貴妃挽歌》	《詩文雜著》卷一
30	七言律	《至前一日朝天官習儀用韻》	《詩文雜著》卷一
31	七言律	《習儀罷道院小憩用韻》	《詩文雜著》卷一
32	七言律	《孔廟陪祀有作》	《詩文雜著》卷一
33	七言律	《鄭王餞席口占奉贈》	《詩文雜著》卷一
34	七言律	《壽相公限體》	《詩文雜著》卷一
35	七言律	《送楊南泉使清江浦就便省覲》	《詩文雜著》卷一
36	七言律	《送徐華原按滇南》	《詩文雜著》卷一
37	七言律	《壽朱鴻川祖母》	《詩文雜著》卷一
38	七言律	《送閻又泉司成之南都》	《詩文雜著》卷一
39	七言律	《送馮太守之廣州》	《詩文雜著》卷一
40	七言律	《壽孫太夫人》	《詩文雜著》卷一
41	七言律	《十六夜月》	《詩文雜著》卷一
42	七言律	《秋聲》	《詩文雜著》卷一
43	七言律	《送許龍石先生赴南都》	《詩文雜著》卷一
44	七言律	《壬申六月十八日南歸至内丘阻雨感賦》	《詩文雜著》卷一
45	七言律	《送王稚川南京司業》	《詩文雜著》卷一
46	七言律	《中秋内直觀月》	《詩文雜著》卷一

續表 2

序號	類別	題名	文獻來源
47	七言律	《雨後望西山》	《詩文雜著》卷一
48	七言律	《頒歷》	《詩文雜著》卷一
49	七言律	《贈御醫尹巨川》	《詩文雜著》卷一
50	五言排律	《聖壽無疆詩》	《詩文雜著》卷一
51	五言排律	《初夏謁見皇太子詩》	《詩文雜著》卷一
52	五言排律	《内苑聞鶯》	《詩文雜著》卷一
53	五言排律	《許鬆翁慶源堂》	《詩文雜著》卷一
54	五言排律	《許鬆翁世芳樓》	《詩文雜著》卷一
55	五言排律	《對菊》	《詩文雜著》卷一
56	七言排律	《春雨》	《詩文雜著》卷一
57	五言絶	《萱草詠》	《詩文雜著》卷一
58	五言絶	《菊詠》	《詩文雜著》卷一
59	七言絶	《聞蟬》	《詩文雜著》卷一
60	聯	《御製聯》	《詩文雜著》卷一
61	聯	《明農堂聯》	《詩文雜著》卷一
62	聯	《澄心洞聯》	《詩文雜著》卷一
63	聯	《適志園聯》	《詩文雜著》卷一
64	銘	《省齋銘》	《詩文雜著》卷一
65	銘	《慎獨齋銘》	《詩文雜著》卷一
66	贊	《諸葛孔明畫贊》	《詩文雜著》卷一
67	頌	《敬一亭頌》	《詩文雜著》卷一
68	頌	《擬上大閱頌》	《詩文雜著》卷一
69	頌	《瑞麥嘉禾頌並序》	《詩文雜著》卷一

續表 3

序號	類别	題名	文獻來源
70	論	《士先器識而後文藝》	《詩文雜著》卷一
71	論	《古人爲學次第論》	《詩文雜著》卷一
72	論	《至誠知天地之化育》	《詩文雜著》卷一
73	論	《三代所以有道之長》	《詩文雜著》卷一
74	議	《鑄錢議》	《詩文雜著》卷一
75	評	《蕭曹魏丙相業評》	《詩文雜著》卷一
76	評	《韓范經略西夏評》	《詩文雜著》卷一
77	解	《上巳袚禊解》	《詩文雜著》卷一
78	説	《養心説》	《詩文雜著》卷一
79	記	《鄢陵縣修學記》	《詩文雜著》卷一
80	記	《洧川縣重修廟學記》	《詩文雜著》卷一
81	記	《尊恩閣記》	《新鄭縣誌》卷二六《藝文志》
82	記	《適志園記》	《詩文雜著》卷一
83	表	《擬史館奉旨寫完〈五經四書性理大全〉進呈表》	《詩文雜著》卷一
84	露佈	《破虜露佈》	《詩文雜著》卷一
85	書序	《刻五經白文序》	《詩文雜著》卷二
86	書序	《真西山〈讀書記〉序》	《詩文雜著》卷二
87	族譜序	《長清李氏族譜序》	《詩文雜著》卷二
88	族譜序	《賈氏家乘序》	《詩文雜著》卷二
89	族譜序	《高氏族譜序》	《詩文雜著》卷二
90	序	《南京兵部尚書克齋李公之任序》	《詩文雜著》卷二
91	序	《山東大參丘荆野之任序》	《詩文雜著》卷二
92	序	《憲副王公致仕序》	《詩文雜著》卷二

續表 4

序號	類別	題名	文獻來源
93	序	《節推王可庵之任兖州序》	《詩文雜著》卷二
94	序	《同年任知州序》	《詩文雜著》卷二
95	序	《六盤李君榮授金吾衛指揮僉事序》	《詩文雜著》卷二
96	序	《陳淮濱分教徽州序》	《詩文雜著》卷二
97	序	《侍醫顧東川致仕序》	《詩文雜著》卷二
98	序	《牛君還鄢陵序》	《詩文雜著》卷二
99	壽序	《總憲東洲屠公七十壽序》	《詩文雜著》卷二
100	壽序	《外舅張公七十壽序》	《詩文雜著》卷二
101	壽序	《魏翁八十壽序》	《詩文雜著》卷二
102	壽序	《陸母李太夫人七十壽序》	《詩文雜著》卷二
103	壽序	《蕭太夫人壽序》	《詩文雜著》卷二
104	壽序	《吴太孺人八十壽序》	《詩文雜著》卷二
105	跋	《跋〈圬者王承福傳〉後》	《詩文雜著》卷二
106	跋	《蘇軾草書歐陽修〈醉翁亭記〉長卷跋》	《詩文雜著》卷二
107	碑記	《鄭大夫子産祠碑記》	《詩文雜著》卷二
108	碑記	《漢留侯祠碑記》	《新鄭縣誌》卷二六《藝文志》
109	神道碑銘	《明故光禄大夫柱國少傅兼太子太傅吏部尚書文淵閣大學士贈少師謚文簡許公神道碑銘》	《詩文雜著》卷二
110	墓表	《明中順大夫山東青州府知府徐公墓表》	《詩文雜著》卷二
111	墓誌銘	《明都察院右副都御史東玉高公墓誌銘》	《詩文雜著》卷三
112	墓誌銘	《明故中憲大夫陝西承宣布政使司右參政南皋李公墓誌銘》	《詩文雜著》卷三
113	墓誌銘	《明中憲大夫陝西行太僕寺少卿虎村劉公暨配宜人李氏墓誌銘》	《詩文雜著》卷三

續表 5

序號	類别	題名	文獻來源
114	墓誌銘	《明故明威將軍錦衣衛指揮僉事駱公墓誌銘》	《詩文雜著》卷三
115	墓誌銘	《明故朝列大夫四川布政使司左參議胡公墓誌銘》	《詩文雜著》卷三
116	墓誌銘	《山西按察司僉事盧君墓誌銘》	《詩文雜著》卷三
117	墓誌銘	《明奉政大夫兵部車駕司郎中朱君墓誌銘》	《詩文雜著》卷三
118	墓誌銘	《明故徵仕郎户科給事中宋公墓誌銘》	《詩文雜著》卷三
119	墓誌銘	《明魚臺縣主簿贈通議大夫吏部左侍郎兼翰林院侍講學士郭公墓誌碑銘》	《詩文雜著》卷三
120	墓誌銘	《明贈通議大夫工部右侍郎張公配封太淑人劉氏墓誌銘》	《詩文雜著》卷三
121	墓誌銘	《明故應州學正封徵仕郎兵科給事中孟公暨配太孺人胡氏墓誌銘》	《詩文雜著》卷三
122	墓誌銘	《明封文林郎工科給事中直庵楊公暨配陳孺人墓誌銘》	《詩文雜著》卷三
123	墓誌銘	《明誥封奉政大夫户部陝西司郎中盧君墓誌銘》	《詩文雜著》卷三
124	墓誌銘	《明贈承德郎宛平縣知縣符公暨配贈安人周氏合葬墓誌銘》	《詩文雜著》卷三
125	墓誌銘	《王處士墓誌銘》	《詩文雜著》卷三
126	墓誌銘	《周府南陵王繼妃宗氏墓誌銘》	《詩文雜著》卷三
127	墓誌銘	《明誥封一品太夫人李氏合葬墓誌銘》	《詩文雜著》卷三
128	墓誌銘	《明誥封太恭人雷氏墓誌銘》	《詩文雜著》卷三
129	墓誌銘	《明敕封太安人孟母謝氏墓誌銘》	《詩文雜著》卷三
130	墓誌銘	《明敕封孺人崔母朱氏墓誌銘》	《詩文雜著》卷三
131	墓誌銘	《劉室孺人高氏墓誌銘》	《詩文雜著》卷三
132	墓記	《啓禎兒權厝記》	《詩文雜著》卷三
133	墓記	《啓宗兒權厝記》	《詩文雜著》卷三

續表 6

序號	類别	題名	文獻來源
134	墓記	《兒五姐權厝記》	《詩文雜著》卷三
135	行狀	《前榮禄大夫太子太保兵部尚書兼都察院右僉都御史掌院事浚川王公行狀》	《詩文雜著》卷四
136	行狀	《明資政大夫兵部尚書贈太子少保謚襄毅鳳泉王公行狀》	《詩文雜著》卷四
137	行狀	《故資政大夫刑部尚書春岡劉公行狀》	《詩文雜著》卷四
138	行狀	《明故通議大夫都察院右副都御史耐庵吴公行狀》	《詩文雜著》卷四
139	行狀	《亞中大夫陝西布政使司右參政荆陽李公行狀》	《詩文雜著》卷四
140	行狀	《明故直隸吴橋縣知縣封翰林院檢討徵仕郎懷恬裴公暨配贈孺人楊氏行狀》	《詩文雜著》卷四
141	行狀	《明封翰林院檢討徵仕郎晁公暨二配孺人行狀》	《詩文雜著》卷四
142	行狀	《誥封太恭人李母周氏行狀》	《詩文雜著》卷四
143	祭文	《郭静庵祭文》	《詩文雜著》卷四
144	祭文	《李麟山祭文》	《詩文雜著》卷四
145	祭文	《馬穎穀祭文》	《詩文雜著》卷四
146	祭文	《李湫南祭文》	《詩文雜著》卷四
147	祭文	《晁封君祭文》	《詩文雜著》卷四
148	祭文	《李荆陽祭文》	《詩文雜著》卷四
149	祭文	《趙兩城祭文》	《詩文雜著》卷四
150	祭文	《蕭同野祭文》	《詩文雜著》卷四
151	祭文	《李浦汀老先生祭文》	《詩文雜著》卷四
152	祭文	《亡妹祭文》	《詩文雜著》卷四
153	祭文	《曹老夫人祭文》	《詩文雜著》卷四
154	祭文	《孟老夫人祭文》	《詩文雜著》卷四

續表 7

序號	類別	題名	文獻來源
155	祭文	《許老夫人祭文》	《詩文雜著》卷四
156	祭文	《許老夫人祭文(代作)》	《詩文雜著》卷四
157	雜著	《〈周禮〉考異》	《詩文雜著》卷四
158	雜著	《擬論時事書》	《詩文雜著》卷四
159	雜著	《憲伯董公帳詞》	《詩文雜著》卷四
160	雜著	《明學諭獎帳詞》	《詩文雜著》卷四

附録三

高拱思想研究綜述

高拱(1513~1578)是明代嘉、隆、萬時期著名的思想家和政治家。學術界對高拱學術思想的研究肇始於20世紀40年代,迄今已有70年,大致可分爲三期:40年代至60年代初爲開創期,60年代至70年代末爲沉寂期,80年代至今爲繁榮期。本文擬就高拱學術思想的研究概況加以綜述,并做一簡要評價和前瞻,以期將其研究進一步引向深入。

一

哲學思想是高拱學術思想的重要内容。嵇文甫先生是高拱哲學研究的開創者。他的研究主要有三個方面:在理氣觀上,高拱反對離事而言理,離氣而言理,反對專以理言性。反理氣二元論的潮流,極盛於清代,而實開始於明朝中葉。在這一點上,新鄭又作了時代的先驅①。在義力觀上,高拱提出"以義用其力,以力成其義"的觀點,批駁了宋儒把義力對立起來謬論②。在經權觀上,高拱總結的"經乃有定之權,權乃無定之經"的道理,通於大《易》,通於《中庸》,和後來王船山所謂"其不定者皆一定者也",有異曲同工之妙③。高拱得力於

---

① 嵇文甫:《張居正的學侣與政敵——高拱的學術》,《嵇文甫文集》(中),河南人民出版社1990年版(以下出版社略,下同),第433~434頁。

② 嵇文甫:《再論高拱的學術思想》,《嵇文甫文集》(下),第688頁。

③ 嵇文甫:《張居正的學侣與政敵——高拱的學術》,《嵇文甫文集》(中),第425頁。

這個"權"字,所以他講道理都很切合人情事變、平正通達,和那班迂滯偏執的道學家大異其趣。總之,高拱不僅在政治上有所表現,他還確乎有一套很值得表揚的學術思想。① 嵇先生還對高拱思想的特質、與心學關係、學術地位問題做了探討。他提出高拱學術可用"通"和"實"兩個字來概括;新鄭學術"尚通,尚實",有許多地方開清儒之先。這種"尚通,尚實"的特質,使其具有通達世變而切合實用,帶有事功派和實用派的色彩,具見他反對虚説、實事求是的學風。② 明嘉、隆、萬三朝是陽明心學極盛的時代,高拱生長在這樣的氣氛中也不能不受其影響。然而,在高拱的著述中,没有發現他和那班講學家有多少來往,也没有發現他多麽激烈地反對他們。他也是獨立自搞一套,不爲那班講學家門户所束縛。他獨立於程朱陸王以外,既没有跟着當時王學家跑,却也不是一直回到程朱。高拱是一位不下於王廷相而更超過黄綰的思想家。③

十年"文革"期間,高拱哲學研究陷入沉寂。但 20 世紀 70 年代末 80 年代初改革開放以後,隨着中國哲學研究的全面展開,高拱哲學研究也進入了繁榮發展期,并取得了豐碩成果。

其一,氣本論思想。李慎儀認爲高拱提出"氣即是理","理即是氣",本爲一物,不分先後的觀點,使程朱"理先氣後"説和"性即理"説都失去其邏輯前提。④ 牟鐘鑒指出高拱批判程朱理學并改造陽明心學,建立起一套具有一定深度的哲學理論。在理氣問題上,他針對朱熹理高於氣的觀點,提出"天地之間惟一氣而已",氣的運行又具體表現爲萬物。"理"是事物"脈絡微密,條派分明之謂",并非不同於"氣"的另外一物;"理"只是事物的規則、性質而已,所以離不開事

---

① 嵇文甫:《論高拱的學術思想》,《嵇文甫文集》(下),第 454、451 頁。

② 嵇文甫:《張居正的學侶與政敵——高拱的學術》,《嵇文甫文集》(中),第 420、434、430 頁。

③ 嵇文甫:《再論高拱的學術思想》,《嵇文甫文集》(下),第 685 ~ 686、691 頁。

④ 李慎儀:《試論高拱的哲學思想(續)》,《中州學刊》1981 年第 2 期。

物,當然也離不開構成事物的氣。[①] 葛榮晉提出高拱在宇宙觀上雖没有王廷相那樣的宏恢深度,但在理氣關係上,他的“理與氣俱”觀點與王廷相則是一致的。這不但把理學家視作宇宙最高精神實體的“理”還原成事物規律,而且進一步肯定了氣是理的基礎。這樣就把程朱的“理先氣後”的唯心論改造成爲物質及其規律相統一的唯物論。高拱肯定理只是“事之理”,無其事即無其理,斷然拋棄了理學家的“理先事後”的玄虛説教。[②] 筆者認爲高拱不僅闡發了元氣“常久不息,化生萬物”的元氣本原論,“氣具夫理”、“理具於氣”的氣本體論,而且還把氣學思想貫穿於認識論、無神論和人性論中,由此建構起氣學思想體系。因此,高拱是一位著名的氣學家。[③] 臺灣學者王俊彦將以王廷相爲代表的明代氣學思想歸納爲四派:“以氣爲本”派、“心氣是一”派、“理氣歸一”派和“由易説氣”派。而高拱則屬於“理氣歸一”派。[④]

其二,辯證法思想。李慎儀提出高拱首先闡述了義利辯證法。“義”不是空洞的概念,而是公共利益的總和。如果是爲公衆謀利益,利是義,義也是利。“義”和“利”不僅不是處於絶對對立地位,而是互相滲透的統一概念。其次闡述了義力辯證法。義與力是相須相承的關係,即“爲義”必須“用力”,“以力”正是“成義”。這種直觀辯證法是高拱在哲學上超過王廷相的顯著標誌。[⑤] 牟鐘鑒指出高拱大力批判超功利主義,重新解釋無利即無義之説。這裏的關鍵在於利公還是利私。爲公謀利即是義,若是心在自私,却標榜仁義之名,則是

---

① 牟鐘鑒:《高拱的實政論及其理論基礎》,《明清實學思潮史》(上),齊魯書社 1989 年版,第 270 ~ 271 頁。

② 葛榮晉:《高拱的唯物論思想》,《中國唯物論史》,河南人民出版社 1994 年版,第625 ~ 626 頁。

③ 岳天雷:《試論高拱的哲學思想》,《中國哲學史》1993 年第 3 期。

④ 王俊彦:《王廷相與明代氣學》,臺北秀威資訊科技股份有限公司 2005 年版,第 255 ~ 267 頁。

⑤ 李慎儀:《試論高拱的哲學思想(續)》,《中州學刊》1981 年第 2 期。

以名爲利。高拱也反對"義不以力"之説,主張"以義用其力,以力成其義",没有實政實力,仁義便是空的。[①] 葛榮晉認爲高拱認識到腐儒空談道義、鄙棄事功,對發展生産和治理國家是極爲有害的,所以他極力批評"不言利之説"。高拱主張義與力并非絶對不相容,而是相輔相成的,并提出"以義用其力,以力成其義"的觀點。另外,高拱還提出"時以濟才"的論點,這已經接觸到個人在歷史上的作用問題,含有歷史唯物論的因素和萌芽。總之,在歷史辯證法方面,無論其廣度或者深度,他比王廷相都前進了一步。[②] 筆者認爲,與王廷相相比,高拱的辯證法思想最爲豐富,全面闡發了"經乃有定之權,權乃無定之經"的政治辯證法,"以義用其力,以力成其義"的軍事辯證法,"義利之分,惟在公私之判"的經濟辯證法,"用有所養"、"寬嚴適宜"的教育辯證法,"德才兼備"、"務核名實"的人才辯證法。[③]

經權思想是高拱哲學的重要内容。趙紀彬肯定高拱不分居常、處變,均需用權,以"權"作爲一個普遍性的方法論範疇,此點頗有特識。高拱權説中的直觀辯證法因素頗爲鮮明和豐富,在中國方法論史上,是應當批判繼承的珍貴遺産。[④] 葛榮晉提出高拱對"權"的界説富有辯證法精神。"權"作爲一種辯證的認識方法和處理事物的應變能力,是從後天的經驗中獲得的。這種從經驗中探求"權"的方法,實爲高拱權説中的最精闢的思想之一。他的權説在中國權説史上是一次理論上的概括和總結,具有劃時代的意義。[⑤] 牟鐘鑒認爲高拱用體用範疇建立起經權統一論,是一大理論創新。他打破了傳統經權觀,提高了"權"的地位和普遍應用性。這種新經權論包含的深刻思想和一般意義就是理論聯繫實際,任何一種原理原則都必須結合實

---

① 牟鐘鑒:《高拱的實政論及其理論基礎》,《明清實學思潮史》(上),第275~278頁。

② 葛榮晉:《高拱的唯物論思想》,《中國唯物論史》,第631~635頁。

③ 岳天雷:《高拱實踐辯證法思想探略》,《中州學刊》1995年第1期。

④ 趙紀彬:《高拱權説辯證》,《中州學刊》1982年第4期。

⑤ 葛榮晉:《中國哲學範疇史》,黑龍江人民出版社1987年版,第361~364頁。

際,靈活運用。[①] 張立文認爲高拱闡發了經權之本與末、體與用、“衡”與“錘”的對待性,又闡述了經權的相互依存、相互滲透、相互爲用而不相離的統一性。高拱經權論使中國的歷史哲學、道德哲學進入辯證思維的殿堂。[②] 臺灣學者鍾彩鈞指出高拱對漢儒以後的經權説做了批判綜合,很有意義。然而他的界定反映了其重視人事的基本立場,討論具體的人事之理,而不是抽象原則。具體的人事之理不是一成不變的,須就個别狀況來處理,這就是權。權不離經,而是實現經的。没有權,經只是虚懸的抽象原則,或者無法實現,或者行之而效果相反。所以要有權,權就是經之“用”[③]。岳天雷認爲高拱在經權觀上,闡發了“經乃有定之權,權乃無定之經”的辯證經權觀;在權道觀、權中觀上,闡述了權變的原則性、規律性和適度性;在權變方法上,提出了“權也者,圓而通者也”的權變新論;在價值取向上,他的權説爲其“更法以趨時”的明代隆慶改革奠定了理論基礎[④]。孫聚友指出高拱的經如同稱杆上的衡量刻度,是不變的,權如同稱的稱錘,是處於變化之中的,但有經而無權,則經是不會産生作用的,同樣權也離不開經,無經之權也是不會有所作用的。[⑤] 而鄧志峰則認爲高拱的權是“權術”,他曾專門撰文討論過權術的問題,時人批評高拱“任權術”并没有説錯。他把經看成是“有定之權”,權是“無定之經”,與傳統的經權論頗有不同,反而與王守仁、耿定向等的觀點大致無疑[⑥]。

其三,認識論思想。李慎儀認爲高拱的認識論是直觀反映論。在認識方法上重視“見之”、“聞之”、“驗之”等“參驗”方法;在認識

① 牟鐘鑒:《論高拱》,《中州學刊》1988 年第 5 期。

② 張立文:《中國哲學範疇發展史(人道篇)》,中國人民大學出版社 1995 年版,第 733 ~ 735 頁。

③ 鍾彩鈞:《高拱的經學思想》,林慶彰主編:《明代經學國際研討會論文集》,臺灣“中央研究院”中国文哲研究所籌備處 1996 年版,第 479 ~ 480 頁。

④ 岳天雷:《高拱的權變方法論及其實踐價值》,《孔子研究》2001 年第 3 期。

⑤ 孫聚友:《儒家管理哲學新論》,齊魯書社 2003 年版,第 174 頁。

⑥ 鄧志峰:《王學與晚明的師道復興運動》,社會科學文獻出版社 2004 年版,第 256 頁。

目的上主張探求真理，必須打破門户之見，克服争勝之心，務求其“是”。[①] 葛榮晉指出高拱把“尊德性”與“道問學”統一起來，提出“尊德性而由於問學”的觀點，如此，才能避免“空虛無據徒爲空中之樓閣”的弊病；[②]在真理標準問題上，他强調以實踐作爲判定是非的客觀標準，在“親知”的基礎上進行獨立思考。這種“尊崇以理”的追求真理的態度是很可貴的。[③] 牟鐘鑒提出高拱反對知行合一説，因爲這與孔子之言不合，也與事實不符；在良知問題上，他又用孟子反對王陽明，孟子講良知兼講良能，而王氏良知説“與孟子之言不合，吾不敢從”。不過，與批判程朱比較起來，高拱對王學的批判不够深刻有力，但他不迷信王學，還是值得肯定的。[④] 筆者則認爲高拱的認識論有四個方面，即“事必求其實”的求實論，“虛心以求其是”的求是論，“貴乎知而能行”的知行論和“聞見”與“問學”相統一的知識論。高拱的認識論藴含著許多可資借鑒的精神品格[⑤]。李書增認爲高拱認識論的主要特點是直觀的反映論，他把人們的感覺經驗看成是認識事物的源泉，亦即檢驗認識正確與否的標準[⑥]。

其四，無神論思想。李慎儀指出高拱以史實和矛盾律爲武器批駁有神論，判定“五德終始”説是“術家荒唐之説”。他批判了“天人感應”説，根本不存在“有意誅罰無道”的“天”，這是當時現實政治鬥争在理論上的反映。他還强調“人定亦能勝天”，決心“化無道之世爲有道之世”，在歷史上起著進步作用。[⑦] 牟鐘鑒指出高拱力求明天人之分，這是一種反傳統的精神。高拱認爲天災是“元氣不足”造成

---

① 李慎儀：《試論高拱的哲學思想》，《中州學刊》1981 年第 1 期。

② 葛榮晉：《高拱的唯物論思想》，《中國唯物論史》，第 630 ~ 631 頁。

③ 葛榮晉：《中國哲學範疇史》，黑龍江人民出版社 1987 年版，第 275 ~ 276 頁。

④ 牟鐘鑒：《高拱的實政論及其理論基礎》，《明清實學思潮史》（上），第 275 頁。

⑤ 岳天雷：《高拱實學實政論綱》，吉林大學出版社 2006 年版，第 76 ~ 92 頁。

⑥ 李書增：《高拱的哲學思想》，《中國明代哲學》，河南人民出版社 2002 年版，第 1039 頁。

⑦ 李慎儀：《試論高拱的哲學思想（續）》，《中州學刊》1981 年第 2 期。

的自然現象，與社會政治人事并無直接感應關係。善於治道的人，并不因災與不災而改變政策，皆努力於事功。高拱著《春秋正旨》專力澄清歷來春秋學中的神秘色彩，其破除迷信的目的就是爲了把人們的注意力從迷信拉轉到人事上，加强實政實功。① 葛榮晉認爲高拱集中揭露和批判了天人感應説，對漢宋儒家宣揚的“符瑞”説、災異説和“記異”説，從其自身的矛盾入手，斷然加以否定。他還從邏輯上揭露了宋儒“異類比附”的錯誤，認爲天人感應説違背了“異類不比”的邏輯規則。高拱批駁天人感應論雖不如王廷相那樣宏富，但是他集中地揭露了披在經學上的神學迷霧，痛擊了經學中的神學迷信，把經學從神學桎梏中解放出來，這是他比王廷相深入的表現，也是對中國無神論史的重要貢獻。高拱還根據“天人交勝”原則，從“有道之世”與“無道之世”之間的轉化，來説明無神與有神的轉化。從社會政治狀況説明宗教迷信，包含有深刻的歷史唯物論的思想萌芽②。筆者認爲高拱闡發的“在天有實理”的天道觀，“在人有實事”的人道觀，其目的在於否定“五行生克”的歷史循環論和“帝王受命而興”的歷史宿命論。無神論與有神論産生的認識根源和社會根源，決心“化無道之世爲有道之世”，爲高拱推行隆慶改革提供了理論先聲。③

其五，心性論思想。牟鐘鑒認爲高拱反對程朱人性二元論，提出“人只是一個性，此言氣質之性”的人性一元論。其實際作用就是把心性之學從空疏、僞善的懸浮狀態中拉回到實地上來，使它與現實人生更貼近，與人的自然性情更合拍，讓上層集團更重視解決人們正常的生存和發展所遇到的困難，使國家的政策變得更加合理。④ 葛榮晉指出高拱反對宋儒人性二元論，認爲人只是一個性即“氣質之性”；針

---

① 牟鐘鑒:《高拱的實政論及其理論基礎》,《明清實學思潮史》(上),第 273 ~ 275 頁。

② 葛榮晉:《高拱的唯物論思想》,《中國唯物論史》,第 626 ~ 630 頁。

③ 岳天雷:《論高拱的唯實無神論思想》,《河南社會哲學》1999 年第 3 期。

④ 牟鐘鑒:《論高拱》,《中州學刊》1988 年第 5 期。

對程朱的"性即理"命題,他從"性"、"理"兩個概念的不同内涵和外延立論,斷然否定"性即理"的説法。[①] 高拱"理欲不兩立,人心無二用"的思想,不僅在政治上反映了地主階級改革派要求發展生産、緩和社會矛盾的願望,而且在理論上揭露了封建倫理道德的虚僞性,給人的情欲以合理的道德地位。[②] 鍾彩鈞認爲高拱所謂理乃人事之理,根本不出三綱五常,然而綱常間也互相扺牾,必須分析具體情況,才能達到允愜的地步,此即是合乎人情,所以説"聖人以人情爲天理",其所達到的結果則是"天理人情之至"。[③] 牟鐘鑒指出宋儒將抽象的道德規範抬高爲"天理",而貶低基本人性與情欲,使聖人的標準高不可攀。而高拱則提出"天理不外於人情,然聖人以人情爲天理"。離開人情的所謂"天理"是人們無法做到的,只能是虚的假的。[④] 筆者認爲高拱反對程朱將人性割裂爲天地之性與氣質之性,認爲人性皆從氣來,"性即氣,氣即性"。因此"人只是一個性,此言氣質之性",而宋儒提出"不雜於形氣"的"義理之性"是不存在的。高拱反對情理分離説,主張情理相合。脱離人情的所謂"天理",是根本不存在的。這種人情即天理的觀點,表現出了高拱的一種務實精神。[⑤] 林怡伶則指出高拱的心性根源於"形氣",闡發了以"明善"和"誠身"爲主要内容的修養論,并充分肯定了高拱的心性論和修養論在宋明理學中的重要地位。[⑥]

高拱與陽明心學。牟鐘鑒認爲高拱正是具備了王學的主體意識,才能够不依附他人門户,有獨立的人格和見解,形成一種一往無前的氣概。但高拱并不是王學門徒,他吸收王學而又獨立於王學之

---

① 葛榮晉:《中國實學文化導論》,中共中央黨校出版社 2003 年版,第 186 ~ 187 頁。
② 葛榮晉:《中國實學文化導論》,中共中央黨校出版社 2003 年版,第 187 頁。
③ 鍾彩鈞:《高拱的經學思想》,林慶彰主編:《明代經學國際研討會論文集》,第 474 頁。
④ 牟鐘鑒:《論高拱》,《中州學刊》1988 年第 5 期。
⑤ 岳天雷:《高拱氣論探析》,《天中學刊》2005 年第 4 期。
⑥ 林怡伶:《高拱理學思想之研究》,臺灣"中國文化大學"1990 年碩士論文。

外。王學的"心"是個人的良知,而高拱强調"人心"是爲了更好地追求客觀真理,兩者之間有重大差别。他把王學所發揮的人的主體性與能動性安放在唯物主義的基礎之上,所以不僅與王學不同,也與包括程朱在内的一切唯心論理學劃清了界限。① 葛榮晉指出高拱是明代"氣一元論"的代表人物,與發端於吴與弼而集成於王守仁的"心一元論"者的講學不能同調,故不能贊成講學。② 韋慶遠提出高拱認爲陽明心學無非是在文字概念上推理,穿鑿牽拘。這種用引申又引申的做法,只能陷於"空虚無據"的絶地。③ 陳時龍認爲高拱生於陽明學風行之際,習染於陽明學的思維方式,因此他的思想中有一點陽明學的影響。但他與陽明學有著非常大的隔膜。高拱重實際的學術風格,使得在解釋一些儒家經典時決不同於陽明學那樣細緻、思辨。高拱反講學是基於其講究實效的學術風格與王學高談性命之理之間的差别和矛盾。④

高拱與道家思想。李霞認爲高拱提出人之生則形色完好,天性具備,理氣具存;人之死則形色毁滅,天性消滅,理氣具息的觀點,與道家以"氣"的變化論人的生死這一思想是一致的。高拱對於義利的判斷要看行爲的動機,也近於秦漢黄老道家。⑤

高拱哲學的特質。周書燦認爲高拱建構起獨具特色的實學實政思想體系。高拱的實學思想形成於明代中後期社會結構變化和社會轉型的關鍵時期,而且在實踐上直接服務於他的改革活動,成爲其經邦濟世的理論綱領。⑥ 朱鴻林指出高拱的經世思想濃厚,和保守道學

---

① 牟鐘鑒:《高拱的實政論及其理論基礎》,《明清實學思潮史》(上),第264頁。

② 葛榮晉:《明代社會的演變和儒學的分化》,《儒學國際學術討論會文集》(下),齊魯書社1989年版,第1070頁。

③ 韋慶遠:《張居正和明代中後期政局》,廣東高等教育出版社1999年版,第289頁。

④ 陳時龍:《明代中晚期講學運動》,復旦大學出版社2007年版,第118~122頁。

⑤ 李霞:《道家與中國哲學(明清卷)》,人民出版社2004年版,第262~263頁。

⑥ 周書燦:《高拱的經學貢獻》,《淮陰師範學院學報》2008年第5期。

家傳統者的見解確實不同,具有經邦濟世的思想特徵。① 筆者認爲高拱闡發了"天地之間惟一氣"的元氣實體論,"在天有實理,在人有實事"的實理實事論,"事必求其實","虛心以求其是"的求實求是論,"官修實政而民受實惠"的實政實惠論,其中蘊含著唯實性、辯證性和實踐性的理論特質。②

高拱哲學的品格。牟鐘鑒指出做人求誠,做學問求是,做事情求實,這就是高拱的真精神。③ 筆者認爲高拱具有"務實而不務名"的務實精神,"虛心以求其是"的求是精神,"子有駁正"的批判精神和"貴乎知而能行"的改革實踐精神。④

高拱哲學的地位。嵇文甫提出高拱是滿可以配得上王廷相的一位唯物主義思想家⑤,是一位在政治上和學術上都有特別表現的人物,也是一位站在時代前面開風氣的人物。⑥ 牟鐘鑒指出高拱與王廷相都是第一流的哲學家,在理論上呼應契合,戰鬥精神很强。高拱影響了明代中後期的社會政治生活與思想文化,推動了實學思潮的形成。⑦ 筆者認爲高拱是明代實學思潮的先驅者,是明代氣學陣營的重要代表。他與王廷相等氣學家構成由張載到王夫之氣學發展的中間環節,具有承上啓下的歷史地位。⑧

---

① 朱鴻林:《高拱與明穆宗的經筵講讀初探》,《中國史研究》2009 年第 1 期。
② 岳天雷:《高拱的實學思想及其實政價值》,《中州學刊》2000 年第 5 期。
③ 牟鐘鑒:《高拱的實政論及其理論基礎》,《明清實學思潮史》(上),第 281 頁。
④ 岳天雷:《論高拱的實學精神品格》,《學習論壇》2000 年第 1 期。
⑤ 嵇文甫:《論高拱的學術思想》,《嵇文甫文集》(下),第 461 頁。
⑥ 嵇文甫:《張居正的學侶與政敵——高拱的學術》,《嵇文甫文集》(中),第 434 頁。
⑦ 牟鐘鑒:《高拱的實政論及其理論基礎》,《明清實學思潮史》(上),第 257 頁。
⑧ 岳天雷:《論高拱的歷史地位》,《天中學刊》2007 年第 3 期。

二

學術界對高拱政治思想的研究,主要論及教育思想、人才思想、軍事思想、民族思想、法治思想、改革思想、經濟思想等方面,成果豐碩。

其一,教育思想。嘉靖三十一年至三十九年(1552~1560),高拱任裕王侍讀講官長達九年,其後又任國子監祭酒多年,具有豐富的教育思想。嵇文甫認爲高拱尊重本朝制度,尊重祖宗成憲,"時王之法不可不守",各朝代都有自己祖宗所創制的根本大法以爲"精神命脈"。他要叫當嗣君的首先研究本朝典制,深悉其"精神命脈"之所在,然後才拿"異代之事"來作參考,什麽經書以至《貞觀政要》之類,都只能算次要的東西。這可以説是高拱對於帝王教育的主張。高拱又認定翰林院是培養相才的地方,不應該專學些無用的詩文,而應該把當代的典章制度以及輔相君主辦理政治所必需的各種事項,都一一預先講習,以備他日之用,這可以説是高拱對於翰林教育或宰相教育的主張。從這些言論裏面,分明可以看出他崇尚實際和貴今主義,和那班迂儒動輒高談唐虞三代者迥乎不同。[①] 其帝王教育論和宰相教育論,通達世變而切合實用,顯然帶有事功派或實用派的色彩。[②] 朱鴻林提出高拱登上政治高層之前,長期擔任裕王侍讀講官,他的經筵講章即《日進直講》理論上也是他的成熟意見。他被罷官之後撰著的《本語》和《問辨録》,對經筵講學問題作了一系列反思:一是除了講授"四書"和"五經"之外,還要增加"祖訓"和歷朝故事,這是建基於他一再强調的爲治之要在於"法祖"的見解;二是强調出身翰林的閣臣和講官先要給予特殊而有實用性的訓練,才能具備職業所要求

① 嵇文甫:《再論高拱的學術思想》,《嵇文甫文集》(下),第685頁。

② 嵇文甫:《張居正的學侣與政敵——高拱的學術》,《嵇文甫文集》(中),第430頁。

的技能,并在爲政以實的思想指導下,内閣大學士不應只用出身翰林的官員,而應該參用其他衙門的官員;三是講官必須是個正人君子,有聲望,有信用,言行相顧,心口合一,而又頭腦聰明,思維靈活,隨機表達,能够給予人君見微知著、由小見大的啓發。總之,要先有好的講官,再求熱心參與的皇帝,否則無法改變隆慶朝經筵頹廢的現狀。① 筆者認爲高拱在教育内容上主張用其所養、養以致用,反對"所用非所養,所養非所用"的舊制。執政者必先接受教育,教育内容又必須切合實用,如此才能達到經邦濟世的目的。雖然高拱所説的培養内容具有時代局限性,但他提出根據治國需要來確定培養内容的原則,則是符合養以致用的育才規律的。在教育方法上,應根據學生"率教"的具體情況,採取因材施教、"寬嚴適宜"的方法,因人、因時、因變提出寬嚴要求,做到因人、因時、因變施教,靈活採取對策,統而言之寬嚴,或寬嚴得中,都是缺乏辯證分析的。最後得出"教無遺術"的結論。② 喬鳳岐强調高拱的育人思想主要是因人而教,即在教育管理學生方面,要從學生整體情況出發,因材施教,寬嚴適宜;在教學内容方面,要根據學生的實際情況確定其學習内容,爲他以後可能從事的工作進行專業化的培養。③

其二,人才思想。牟鐘鑒指出高拱重視人才的儲備、培養和正確使用,并創建一種人才檔案"簿籍",隨時爲朝廷提供全國賢才的資訊,這是封建吏治中一項了不起的創新。高拱把很大的精力用於選培軍事人才,他親自選舉和使用了一批邊方重臣,對於鞏固邊防起了積極作用。高拱還注意支持和愛護有作爲的人才,務使他們放手做事,充分施展才智,不被小人或讒言所沮。④ 王宗虞認爲高拱主張

① 朱鴻林:《高拱與明穆宗的經筵講讀初探》,《中國史研究》2009 年第 1 期。

② 岳天雷:《高拱吏治改革的思想基礎——以人才思想爲中心》,《河南工程學院學報》(社科版)2008 年第 1 期。

③ 喬鳳岐:《高拱的育人用人思想略論》,《蘭臺世界》2009 年第 18 期。

④ 牟鐘鑒:《論高拱》,《中州學刊》1988 年第 5 期。

"修舉務實之政",反映在他的用人思想上,就是要用有真才實學之人,不能單憑學歷和資歷。進士舉人并用,"但係賢能,一例陞取";授官之後,惟考政績,不問出身。高拱重視邊疆州縣正官的選拔與任用,其原則是"不當爲官擇地,只當爲地擇官"。邊地官員既有行政民事之責,還有保衛國家的軍事之任,因此"必擇年力精强,才氣超邁兼通武事者除補"。這已大大地高出了歷代名君賢相的用人思想。[1] 王興亞提出高拱的用人思想是發現人才,廣求賢能;培養在先,使用在後;儲備人才,建立梯隊;選用賢能,不論資歷;因人授職,人盡其用;選好要害部門正官;等等。在當時條件下,高拱的人才思想是高出於時人、難能可貴的。唯一的缺失是没有論及科技人才。[2] 毛佩琦認爲高拱提出增加兵部侍郎編制,對人才實施獎勸激勵之法,兵部司屬要選取邊區人員等措施,使得從嘉靖末到隆慶年間軍政名臣人才輩出,雖然這是當時的大環境使然,但不能不説與高拱等人培養儲備邊才的政策主導有關。[3] 筆者認爲高拱的人才思想有三:其一,"人有當用之才"的識才思想,即選才標準,才德兼備;大才小才,皆適於用。其二,"有才皆得其用"的用才思想:人盡其用,用才貴當;取長棄短,惟才是用;網羅天下之才爲我所用。其三,力破嫉賢妒能的惡習,倡導推賢讓能的新風尚。研究高拱的人才思想不僅有助於正確評價其吏治改革,而且對今天實施的人才强國戰略也有着可資借鑒的價值。[4] 喬鳳岐提出高拱的用人思想,首先是養人以備他日之用。科舉選拔出來的人才不應該立即委派官職,需要經過一段時間的見習訓練,具備一定的處理具體事務經驗之後才能任用。其次是用人所長、

---

① 王宗虞:《高拱的用人思想》,《中州學刊》1986 年第 5 期。

② 王興亞:《高拱振興吏治的主張與實踐》,《領導科學》2003 年第 15 期。

③ 毛佩琦:《明朝頂級文臣·一代名相高拱》,花山文藝出版社 2007 年版,第 168 ~ 173 頁。

④ 岳天雷:《高拱人才思想探析》,《第十二屆明史國際學術研討會論文集》,遼寧師範大學出版社 2009 年版,第 457 ~ 464 頁。

不拘一格。用人應該取其所長,人盡其用;地方官員要年輕化;在官員的陞遷問題上,不應該以資格爲主;用人的目的是要安撫人心,保障國家的長治久安。再次是考核賞罰要務核名實。考核内容要具體化,減少操作過程中存在的弊端;考核目的是爲賞罰提供依據,要嚴格按照標準進行;在考核基礎上,賞罰應該分明。高拱的人才培養與使用理論,在中國思想史上仍然有着重要地位。①

其三,軍事思想。嵇文甫認爲高拱主張義力統一論,程子把"力"和"義"對立起來,講"義"就不管"力",一講"力"便非"義",而不知"以義用其力,以力成其義"。程子這種迂腐議論,禍人國家不淺。這些地方,具見他反對虚説,實事求是的學風。② 牟鐘鑒指出高拱反對"義不以力"之説,主張"以義用其力,以力成其義",可知高拱是動機與效果統一論者,没有實政實力,仁義便是空的。正是根據這樣的見識,他才致力於吏治的清整、人才的培養和邊防的鞏固。③ 李慎儀認爲高拱在邊略上實行的是"以力行義"。其具體戰略思想是"南剿北撫"。但不論剿撫,他都堅持"以力行義"的原則。他强調"力"并不害"義",二者是不可分離、相須相承的關係:"爲義"必須"用力","以力"正是"成義"。義力合則并榮,離則雙枯。④ 葛榮晉認爲高拱針對程朱割裂"義"與"力"的形而上學觀點,闡發了"以義用其力,以力成其義"的軍事思想。義與力的關係,并非絶對不相容,而是相輔相成的。⑤ 筆者認爲在戰争性質問題上,高拱批判宋儒"義不以力"之説,闡發了"以義用其力,以力成其義"的正義戰争論;在戰略問題上,通過對軍事戰略所涉及的威勢與戰機、内綫與外綫、防守與進攻等諸多矛盾的精闢分析,提出了寓戰於守,寓守於和的防禦戰略論;在策略

① 喬鳳岐:《高拱的育人用人思想略論》,《蘭臺世界》2009 年第 18 期。

② 嵇文甫:《再論高拱的學術思想》,《嵇文甫文集》(下),第 688 ~ 689 頁。

③ 牟鐘鑒:《高拱的實政論及其理論基礎》,《明清實學思潮史》(上),第 275 ~ 278 頁。

④ 李慎儀:《試論高拱的哲學思想(續)》,《中州學刊》1981 年第 2 期。

⑤ 葛榮晉:《高拱的唯物論思想》,《中國唯物論史》,第 632 ~ 633 頁。

問題上,高拱通過分析秦漢時期兵家運用“先聲而後實”的具體戰例,提出了“先實後聲”和“以威聲下之”即實力威聲,兩手互用的靈活策略論。高拱的軍事思想不僅爲其軍事改革和邊疆治理提供了理論指南,而且對我國今天實施的和平軍事戰略也有著一定的借鑒意義。[①]趙世明認爲爲了扭轉明中期以來軍備廢弛的現狀,適應明中期國防的實際需要,高拱改革軍事體制,增加兵部官員,創設軍事官員人才儲備制度、特遷制度、邊防官員休假和内遷制度等激勵機制,同時强化軍備人員不職誤事的懲處之制等,使明中後期軍備一度振興,邊防形勢大爲改觀,其改革意義重大,在明代歷史上舉足輕重。[②]

其四,民族思想。牟鐘鑒以高拱處置貴州“安史之亂”爲例,指出高拱處理邊事的指導思想是高明的:一是以撫爲主,儘量争取和平解決,不輕用兵;處理邊疆民族問題不能照搬内地格式,而要照顧其特殊性,以寬大爲懷,靈活處理;二是據實定策,反復調查,核准真情,以極冷静的態度確定行動方案,不爲危言所擾亂。開明的民族政策和求實的精神相結合,使他能够從容不迫地解決這一棘手的邊境民族事件。[③] 彭勇認爲高拱取得顯赫的靖邊功績,主要是在其民族觀指導下,通過制定有效的民族政策實現的。“華夷之防”和“華夷一家”是構成高拱民族觀的主要内容。這種民族觀在華夷之防思想濃厚的大環境下,要想實現真正的華夷一家也是相當困難的,但它畢竟反映了政治家努力的目標和思想家的追求,是值得肯定的。高拱的民族政策既反映了他的“華夷一家”的追求,也有“華夷之防”的心結,呈現出“懾之以威”、“因俗而治”、“懷之以恩”、“務實靈活”、“慎選官員”的特點。高拱的民族觀基於那個時代的政治理念,其民族政策除受民族觀的影響外,還與他本人的知識、信仰和政治訴求有很大關係。

① 岳天雷:《高拱的軍事思想及其實踐》,《大連大學學報》2009 年第 2 期。
② 趙世明:《高拱軍備邊防建設及其歷史地位》,《哈爾濱學院學報》2007 年第 12 期。
③ 牟鐘鑒:《高拱的實政論及其理論基礎》,《明清實學思潮史》(上),第 268 頁。

正是他的“博學精慮”思想帶來了“實政”、“務實”之風。高拱的實政思想在其處理民族事務、制定民族政策方面也得到了切實體現。高拱務實、靈活的執政風格，有著重大的歷史意義和現實意義。[①]

其五，法治和改革思想。牟鐘鑒從唯實政治論的角度，認爲高拱提出一切唯實的施政方針，强調要遵“實理”，做“實事”，行“實政”。他主張加强法制，嚴肅責任，實行監察，提高辦事效率；政府的工作，官吏的優劣，都要以實際的效果來評定，根據實際的情況進行升降賞罰。凡與這種精神不符的，一概予以破除。[②] 張鳴芳從吏治考察的視角，指出高拱要求考核時綜核名實，“但問其政之美惡，勿論其名之有無”，如此才能達到“官修實政”的目的；要求明確考核的目的，爲破除懲汰官員循以定數之弊，高拱提出“惟求至當，不得因襲故常”的措施；應加强平時考核，不必等到歲終再行；强調考察從嚴，分清是非，不能因循舊例，考察之後，還要獎勤罰懶，懲酷罰貪。[③] 高拱的法治思想可概括爲四個方面，即“本之以公，祥刑之經”的立法價值論，“法必貴當”，“罪必責實”的司法原則論，“宥過刑故”，反對大赦的執法實踐論，“禮樂馴服，法度繩約”的禮法互補論。高拱的法治思想還蕴涵著公平公正精神、變法改革精神、從嚴執法精神和禮法并重精神等可資借鑒的精神品格。[④] 在高拱的法治思想中，改革思想或變法思想也是其重要内容。韋慶遠認爲高拱用以指導改革的理論指南，即是其闡發的“法以時遷”，“更法以趨時”的變革理論。作爲隆萬大改革前一階段的主要領導人，高拱的主導思想是承認變動，主張變制，堅持通過變革以求治。[⑤] 高拱在外表上仍自詡爲儒臣，口頭上未嘗悖離

---

① 彭勇：《因循與變通：高拱的民族觀和民族政策簡論》，《中央民族大學學報》（哲學社會科學版）2009 年第 2 期。

② 牟鐘鑒：《高拱的實政論及其理論基礎》，《明清實學思潮史》（上），第 259 ~ 260 頁。

③ 張鳴芳：《高拱整頓吏治的理論和實踐》，《法學雜志》2007 年第 1 期。

④ 岳天雷：《高拱實學實政論綱》，吉林大學出版社 2006 年版，第 187 ~ 200 頁。

⑤ 韋慶遠：《張居正和明代中後期政局》，第 291 頁。

孔孟之道，但實際上服膺并推行戰國時期商鞅、申不害、韓非等法家學說。高拱一生的事功建立在深厚的學術根基之上。隆萬大改革之能出現并取得過顯赫的成果，絶不是枝節性的就事論事，零打碎敲的孤立性的個别調整，而是擷取了儒法兩大學派的精粹，有所吸收，又有所甄别選汰，構築成比較系統的變革理論。① 筆者認爲高拱既强調“祖宗之法”不可妄意紛更，即法的穩定性，又强調“事以位異，則易事以當位；法以時遷，則更法以趨時”，即變法的必要性。他試圖把法的穩定性與變法的必要性統一起來，不可偏執一端，但在他的法治思想中强調的重點則是變法改革，因爲只有變法改革，才能打破陳規，使法律爲社會的發展變化提供理論服務。這又爲他主持和推行隆慶朝改革提供了法學依據。②

其六，經濟和民生思想。高拱通過義利之辨闡發了他的經濟思想。李慎儀認爲高拱從直觀的辯證統一觀入手，對長期將“義”“利”對立起來的形而上學觀點給以有力的回擊。他認爲“義”不是空洞的概念，是公共利益的總和。如果是爲公衆謀利益，“利”是“義”，“義”也是“利”。“義”和“利”不僅不是處於絶對對立地位，而是互相滲透的統一概念。③ 牟鐘鑒指出高拱鑒於理學末流坐而論道，侈談心性，口不言功利，造成空疏不實的學風，從理論上批判超功利主義，重新詮釋義利之説。高拱以公私辨義利，確是一種高見，把義利之辨提高了一個層次。他還痛斥宋儒對理財官吏的誣蠛和攻擊，爲唐朝理財家劉晏辯誣鳴冤，其目的就是要大家認識到超功利主義的危害，去掉因襲虚浮、不務實際的習氣，號召整個社會注重經濟生活方面的實際學問。④ 筆者認爲高拱主張“義者利之和”，提倡計功謀利，反對“以

① 韋慶遠：《張居正和明代中後期政局》，第 8 ~ 10 頁。
② 岳天雷：《高拱的法治改革及其思想基礎》，《學習論壇》2005 年第 6 期。
③ 李慎儀：《試論高拱的哲學思想（續）》，《中州學刊》1981 年第 2 期。
④ 牟鐘鑒：《論高拱》，《中州學刊》1988 年第 5 期。

名爲利”的超功利主義；提出“理財，王政之要務”，力倡生財之説，理財之道。[①] 高拱針對當時商業“十分凋敝”的局面，力倡懲貪革弊，解除商困，推行恤商惠商之策。另外，高拱還特别重視户部及錢糧衙門理財官員的任用，號召整個社會注重經濟生活方面的實際學問，痛斥理學末流對理財官吏的誣衊和攻擊。高拱這種以功利爲價值取向的經濟思想，既是他批判宋儒“以名爲利”的超功利主義有力武器，也是其主政期間大力推行條鞭、清丈、幣制等經濟改革的思想指南。[②] 韋慶遠論述了高拱的重商思想，認爲在高拱之前雖然已有一些官僚兼學者論述過重商的言論，但是真正能站在執政地位，將重商惠商見解轉變爲全國性的實際經濟政策的則是高拱。韋先生又以高拱的《議處商人錢法以蘇京邑民困疏》爲例，指出這篇疏文以具體的事實材料，反映商人的愁苦和商業的窘困，并奏請隆慶皇帝採取有力措施，頒下明詔，革除宿弊，是明代經濟史上一篇重要的文獻。高拱不僅主張懲貪革弊，解除商困，而且還著重論述建立健全錢幣制度的重要性，因爲它對於安定民生和便利商民，都是至關重要的。[③] 民生思想是高拱經濟思想的重要組成部分。林金樹就高拱和張居正民生思想的異同作了分析，相同之處在於他們反對“重義輕利”説教，爲生民興利製造輿論；重視發展生産，爲改善民生創造經濟基礎；大力整頓吏治，爲改善民生營造安定環境。其不同之處在於高拱關於中央和邊區官員配備與選用，多具創新意義；張居正更關注社會財富分配，尤其痛恨豪强兼併；高拱將商業在民生中的作用提高到事關全民生活的新高度，而張居正特别强調商業與農業的互動關係。儘管他們的民生思想有其差别，但在理論上，他們“前後呼應”；在實踐上，張繼續

① 岳天雷：《論高拱的義利觀》，《鄭州經濟管理幹部學院學報》2006 年第 1 期。

② 岳天雷：《高拱的惠商政策和幣制改革》，《鄭州經濟管理幹部學院學報》2007 年第 1 期。

③ 韋慶遠：《張居正和明代中後期政局》，第 402 ~ 405 頁。

完成高未竟之業;他們都是爲了"裕民富國强兵"這一崇高事業。謀"生民之福"是高、張的共同追求。① 高拱的民生思想可歸納爲:"義爲利和",爲國計民生奠基價值基礎;"生財理財",爲生民興利提供經濟保障;"恤商惠商",爲解除商困制定優惠政策;錢糧之官"國用民生所係,蓋重任也";厲行改革,爲改善民生營造制度環境。研究高拱的民生思想對我們構建以人爲本的和諧社會有著一定的借鑒意義。②

三

綜上可見,學術界對高拱學術思想研究取得了豐碩成果,但在有些方面也存在着不足,有待加强。

(一)就高拱哲學思想研究來看,研究較爲全面,如本體論、認識論、辯證法、無神論、心性論以及高拱哲學與陽明心學、道家哲學的關係、精神特質、學術地位等。但也不可否認,還有許多方面或領域的研究相當薄弱。其一,由於受到"兩個對子"(唯物與唯心、辯證法與形而上學的對立)研究範式的限制,使得現有研究没有開掘出具有時代價值的新内涵。運用這一範式研究高拱哲學缺乏時代感和現實感,因此必須超越原有研究範式,轉换視角,擴大視野,如此才能開掘出新内涵。如,以西方伽達默爾的哲學詮釋學爲視角,運用詮釋學方法,對高拱的《日進直講》、《春秋正旨》和《問辨録》等文本加以重新解讀,可以發現高拱具有豐富的詮釋學思想。又如,以現今構建以人爲本的和諧社會爲參照,重新解讀高拱的上述文本,可以開掘出高拱的人際和諧思想、天人和諧思想、生態倫理思想等。其二,哲學定性

---

① 林金樹:《高拱和張居正民生思想研究》,《高拱、明代政治及其他》,河南大學出版社2011年版,第107~124頁。

② 岳天雷:《高拱的民生思想及其實踐》,《河南教育學院學報》(哲學社會科學版)2009年第4期。

問題需要進一步探討。有學者依據張岱年先生提出理學、心學和氣學的"三系"説,把高拱哲學定性爲氣學;也有學者如葛榮晉、牟鐘鑒等先生將其定性爲經世致用的實學。應該説,這兩種定性都有一定的學理依據。若從本體哲學的視角來看,高拱不僅闡發了氣學思想,而且還將其貫穿於認識論、人性論、無神論之中。就此而言,前一種定性是確當的。若就形成的時代背景和自身特點來看,高拱哲學産生於明嘉、隆、萬時期,而這正是實學思潮的勃興時期,這就使其具有"尚實"的時代特征,在他的氣本論、認識論、無神論和價值論中也鮮明地體現出這一時代特徵,就此而言,後一種定性也是合理的。當然,由於目前對明清"實學"的稱謂和内涵争議頗大,因此將其定性爲實學,仍然是需要進一步探討的問題。其三,高拱與諸家哲學關係問題需要進一步研究。(1)高拱與理學。他對理學的批判態度是鮮明的,這從其《問辨録》和《春秋正旨》等著作中可以看出,但他爲何又未擺脱理學的思維方式,"還是朱子的後裔"? 這需要進一步探討。(2)高拱與心學。他的批判和懷疑精神、以"心"爲判斷是非和真理的標準,顯係受到王學的影響。但他爲何又大力批判王學,對"心"範疇加以氣學化的改造? 這説明高拱與王學之間存在着頗爲複雜關係,需要進一步思考。(3)高拱與道家。現有成果只論及高拱氣學與道家生命觀的聯繫,但没有厘清高拱"道"範疇的豐富内涵。這一方面有待於深化。(4)高拱與法家。有學者提出高拱是儒法兼宗的思想家,這從一個方面説明高拱的變法改革思想淵源於法家,因爲他的祖籍是河南新鄭,在先秦時期鄭國和韓國就是不斷湧現法家的地區,如鄭子産、鄧析、申不害、韓非等,但高拱到底從哪些方面繼承了先秦法家思想,這也是需要進一步探討的問題。

(二)就高拱政治思想研究來説,取得的成果也相當豐厚,可歸納爲四:一是對高拱政治思想的内容做了全面探討。20 世紀 80 年代以後,高拱的政治思想成爲研究的重點,學術界就其教育思想、人才思想、軍事思想、民族思想、法治思想、改革思想、經濟思想、民生思想等諸多方面做了系統發掘和研究,由此提升了高拱學術研究水準,并初步構建了高拱政治思想體系。無疑,這對豐富和發展中國傳統政治文化具有重要意義。二是對高拱政治思想的特徵做了準確概括。由於高拱的政治思想産生於明嘉、隆、萬實學勃興時期,他的政治思想就具有了"尚實黜虚"的時代特徵;由於他的政治思想是爲其變法改革提供理論服務的,因此又帶有"尚通崇變"的學術特徵。對此,學者們做了明確概括。如説"新鄭學術,尚通、尚實";"他的學術,大概可用'通'和'實'兩個字來概括,平正通達,有實用而近人情"。[①] "作爲隆萬大改革前一階段的主要領導人,高拱的主導思想是承認變動,主張變制,堅持通過變革以求治。"[②]"高氏以實學思想抨擊理學末流,用以爲隆慶階段改革樹立指南,開闊視野,規範工作。"[③]可以説,這是高拱政治思想研究的重要成就。三是對高拱政治思想的價值做了明確闡述。作爲政治家和改革家的高拱,不是爲了學術而學術,而是爲了力行改革、振興朝政而鑽研學術的。這就決定了他的政治思想是爲其改革提供合法性論證的。因此,學術界把高拱的政治思想與其改革聯繫起來加以研究,一方面闡明了高拱改革的思想基礎或根源;另一方面又闡明了高拱政治思想的改革價值取向。這一研究方法和思路值得肯定。

當然,高拱政治思想研究也有不足之處,主要有四:其一,具有時代價值的思想内涵需要發掘。如在《日進直講》、《程士集》、《問辨録》、《本語》等著作中藴含的民本思想、社會和諧思想,至今尚未涉及。加强這方面的研究,不僅可以拓寬研究視域,而且還可以豐富和

---

① 嵇文甫:《張居正的學侶和政敵——高拱的學術》,《嵇文甫文集》(中),第 434、420 頁。

② 韋慶遠:《張居正和明代中後期政局》,第 291 頁。

③ 韋慶遠:《張居正和明代中後期政局》,第 288 頁。

充實中國傳統政治文化的資源,從而爲我們建設文化强國提供深厚的文化資源。其二,相對薄弱的研究領域需要加强。當前,學術界對高拱的教育思想、人才思想、軍事思想、法治思想、經濟思想的研究比較充分,但其民族思想、改革思想的研究相對薄弱,只有少數學者論及。"關於高拱改革的思想基礎、條件、目標和對策只有少數學者進行了研究,如果不將這些問題明確就不能更好地認識高拱的改革。"①顯然,高拱的民族思想、改革思想是有待加强研究的領域。其三,在明代政治思想史上的地位有待認定。從上述研究成果來看,還無人論及這一問題。筆者認爲,高拱政治思想的地位有兩個方面:一方面,高拱是明代政治思想的重要代表。明中後期湧現出衆多政治思想家,如張璁、王廷相、張居正、吕坤等,其中高拱是最傑出的代表之一。無論是從政治思想的系統性來看,還是從其深刻性來説,高拱都可堪稱政治思想家。另一方面,高拱是隆慶大改革的開創者和萬曆初元整頓的奠基者。高拱主持隆慶改革并取得顯著成效,除了他手握重權并得到張居正相助外,一個重要條件就是同他的政治思想的指導分不開的②。從這種意義上説,没有高拱政治思想的理論指導,就不會出現隆慶改革。顯然,高拱政治思想的歷史地位也有待認定。其四,研究方法需要多樣化。研究方法的多樣化是把學術研究引向深入的必要條件。從目前來看,對高拱政治思想研究是分析方法居多,綜合方法偏少;定性方法較多,定量方法鮮見。只有把分析與綜合、定性與定量的方法有機結合起來,實現研究方法的多樣化,才能把高拱政治思想的研究進一步引向深入。

另外,學術界對高拱的文學思想亦有論及,如羅宗强的《隆慶、萬

---

① 李冰:《新時期高拱改革研究綜述》,《河南教育學院學報》(哲學社會科學版)2009 年第 4 期。

② 岳天雷:《由保守到改革:明代隆慶政局的走向——以徐階、高拱、張居正爲中心的考察》,《廣西社會科學》2009 年第 6 期。

曆初當政者的文學觀念》[1]、邱真真的《高拱文學思想研究》[2]和筆者的《高拱詩詞考略》[3]等,但很不全面和深入。這一方面有待於加强。

總之,我們堅信,隨着上述研究視域的轉换,薄弱領域的加强,研究方法的多樣化,有關争議問題的解決,高拱學術思想的研究肯定能够得到深入展開,從而爲豐富、充實明代中原文化乃至中國傳統文化研究做出重要貢獻。

(原載《船山學刊》2011 年第 3 期。輯入本書,内容有所增益)

---

① 羅宗强:《隆慶、萬曆初當政者的文學觀念》,《文學遺産》2005 年第 4 期。
② 邱真真:《高拱文學思想研究》,蘭州大學 2014 年碩士論文。
③ 岳天雷:《高拱詩詞考略》,《遼東學院學報》2013 年第 6 期。

附録四

高拱改革研究綜述

明代嘉、隆、萬時期的高拱,是一位傑出的哲學家和思想家,也是一位政績卓著的政治家和改革家。隆慶三年至六年(1569~1572),他在職掌吏部繼又提任内閣首輔期間,在穆宗的信任和支持下,針對嘉靖中期以後吏治腐敗、邊備廢弛、法治黑暗、國庫空虚、商業凋敝、幣制混亂、漕運廢阻的嚴峻局勢,大刀闊斧地推行了一系列改革,在吏治、軍事、邊政、法治、經濟等方面都取得了顯著功績,並有效地遏制了明王朝下滑的頹勢,使隆慶後期呈現出中興之勢。其改革在明代歷史上占有十分重要的地位。

學術界對高拱改革的研究,發端於嵇文甫先生1944年所著《晚明思想史論》,迄今已有70餘年。據不完全統計,到目前爲止,已出版或發表高拱文獻資料有3部①,專著和論文集有4部②,學位論文

① 流水點校:《高拱論著四種》,中華書局1993年版;岳金西、岳天雷校注:《問辨録》(内含《本語》和《春秋正旨》),中州古籍出版社1998年版;岳金西、岳天雷編校:《高拱全集》(上、下册),中州古籍出版社2006年版。

② 岳天雷:《高拱實學實政論綱》,吉林大學出版社2006年版;岳天雷:《高拱研究文集》,中州古籍出版社2011年版;趙世明:《高拱與隆慶政治》,西南交通大學出版社2014年版;牛建强等主編:《高拱、明代政治及其他》,河南大學出版社2011年版。

有8篇[①],期刊論文有140餘篇。另外,在有關徐階和張居正研究的專著中,也或多或少地論及高拱的改革和事功問題。從研究的内容來看,這些成果主要涉及高拱的改革綱領、改革内容、歷史地位等方面。總結已有的成果,反思存在的問題,無疑對促進高拱改革研究的深入有重要意義。

一

高拱主持並推行的隆慶大改革,並非細枝末葉的修補,而是有其綱領作爲思想指導和理論指南的。這即是他撰於嘉靖四十五年四月的《挽頹習以崇聖治疏》,又名《除八弊疏》。學術界就該疏的性質、内容和價值問題做了頗多研究。

牟鐘鑒在研究該疏内容的基礎上,指出高拱要破除的"八弊"積習。針對這種虛浮、邪僻、因襲之風,高拱提出一切唯實的施政方針,强調要遵"實理",做"實事",行"實政"。在唯實論的政治思想指導下,高拱在吏治方面推行了一系列的改革。[②] 韋慶遠明確提出高拱在主持内閣、推行改革之前提出了自己的帶有綱領性的政治主張,即《除八弊疏》。這份疏文特别强調不能再墨守成規,必須以變處變。由於高疏起草於世宗去世前夕,且因世宗崩逝而未奏上,因此疏文只能集中於除弊。當然,高拱條列必須掃除的八弊,也是抓住了明中葉官僚政治最主要、最惡劣的方面。高在執政後,也是首先對此八弊痛加割治的。韋先生還將高拱的《除八弊疏》與張居正的《陳六事疏》

---

① 金程豐:《高拱改革與明中後期政局》,華南師範大學2002年碩士論文;趙世明:《高拱改革研究》,西北師範大學2004年碩士論文;劉萍:《論隆慶帝及其時代》,山東大學2009年碩士論文;李冰:《高拱經濟思想及其改革研究》,西北師範大學2010年碩士論文;范菲菲:《隆慶革新研究》,山東大學2010年碩士論文;徐智敏:《明隆慶能臣高拱之研究》,臺灣"中央大學"2012年碩士論文;孫傑:《明中後期的義利之辨——以王陽明、高拱、李贄爲中心》,厦門大學2013年博士論文;劉小麗:《高拱性格特徵探微》,西南大學2014年碩士論文。

② 牟鐘鑒:《高拱的實政論及其理論基礎》,載陳鼓應等主編:《明清實學思潮史》(上),齊魯書社1989年版,第258~259頁。

做了比較研究,認爲高疏在揭露嘉靖後期廊廟和各級官吏中的積弊方面,較之張疏更爲具體深入;但在營造新局面的建議方面,則不如張疏條分縷析、全局在胸。但兩份疏文都是立足於除舊佈新,將國家的前途寄託於改革上,都起到了前呼後應、振聾發聵、統籌全局的作用。對隆慶後期和萬曆前期的大改革,一直起着積極指導的作用。① 岳金西提出高拱懲貪是有其政治綱領作爲指導思想的,也是他進行政治改革的一個重要方面。高拱在入閣前夕,撰就了《挽頹習以崇聖治疏》即《除八弊疏》,形成了他的政治改革綱領。這一奏疏雖然由於種種原因没有呈上,在朝野之間没有形成什麼影響,但它却是他在隆慶後期主持改革實踐的指導思想和行動綱領。② 趙世明認爲早在嘉靖四十五年,高拱就起草了《除八弊疏》,希望革除當時存在的壞法之習、黷貨之習、刻薄之習、争妒之習、推諉之習、党比之習、苟且之習、浮言之習等八種惡習,但因世宗的去世而没能上奏。而張居正的《陳六事疏》對全局的把握和認識還遠遠不到位。高拱日後推行全面改革和整頓,很大程度上爲張居正十年改革奠定了堅實基礎,並指明了方向。所以,没有高拱大刀闊斧、有膽有識全局的改革,僅僅在《陳六事疏》的路徑上亦步亦趨,隆萬政治不會有太大的起色,也很難有所謂隆萬大改革的成就。③ 尹選波指出明中葉出現了嚴重的統治危機,一般認爲,吏治不修、諸邊不靖、兵不强、財不充是其主要癥結。但高拱認爲這些都是表面現象,問題的關鍵在於官場積弊。爲此,高拱提出了糾正八弊的建議,並於任内閣首輔之後付諸實施,在一定程度上祛除了政治、軍事、經濟方面的某些積弊。④ 范菲菲提出這八大積習,是對嘉靖時期官場百態的真實寫照,反映了當時司法腐敗、士

① 韋慶遠:《張居正和明代中後期政局》,廣東高等教育出版社 1999 年版,第 299 ~ 331 頁。

② 岳金西:《高拱的懲貪方略及其代價》,《古代文明》2011 年第 1 期。

③ 趙世明:《高拱與隆慶政治》,西南交通大學出版社 2014 年版,第 22 ~ 24 頁。

④ 尹選波:《高拱的執政思想與實踐論略》,《史學月刊》2009 年第 4 期。

風日下、吏治廢弛的深層根源。針對此,高拱提出了總體的改革對策,這成爲日後隆慶改革的重要指導。穆宗即位後,明王朝從用人、吏治方面進行了一系列刷新政治的改革實踐。① 筆者認爲高拱的《除八弊疏》全面揭露了嘉靖中後期的"八弊"積習,提出了破除"八弊"的改革對策,指明了"修内攘外,足食足兵"的改革目標。這是他不久後主政内閣推行隆慶大改革的行動綱領和理論指南。這篇歷史文獻的提出標誌着高拱改革綱領的形成,引領着隆慶政局由保守到改革的走向,對其執政後的改革具有重要的指導作用。該疏在當時之所以没有呈上,其原因主要有四:一是嘉靖帝喜怒無常,"恩威不測",晚年極喜諛辭,忌聽諫言;二是鑒於不久前試題觸忌,高拱幾遭重典的沉痛教訓;三是吸取海瑞上《治安疏》的前車之鑒;四是此疏恐爲當朝首輔徐階所不容。②

與上述觀點不同,劉志琴却認爲相形之下,高拱也有一本《除八弊疏》,該疏又名《挽頹習以崇聖治疏》,顧名思義,與張居正《陳六事疏》有異曲同工之處……該疏對官場的揭露和鞭撻,具體生動,可謂入木三分。然而,高拱只停留在具體的是非論斷上,缺少理論的提升,更缺乏張居正那樣高屋建瓴、全局在胸的氣勢。③

二

在高拱改革中,吏治改革是其重要内容之一。學術界就其用人制度改革和科舉制度改革等問題做了全面探討,並取得了豐碩成果。

其一,任官和考核制度的改革。嵇文甫認爲高拱有幹濟才,勇於任事。既爲首輔,更慨然以天下爲己任。其籌邊、課吏、用人、行政,

① 范菲菲:《明隆慶革新研究》,山東大學 2010 年碩士論文。

② 岳天雷:《高拱改革綱領述論——以〈挽頽習以崇聖治疏〉爲中心》,《殷都學刊》2008 年第 1 期。

③ 劉志琴:《張居正評傳》,南京大學出版社 2006 年版,第 127 頁。

不數年間,成效卓然。① 牟鐘鑒指出高拱在清整吏治、選儲人才、安邊强兵等方面都頗有建樹。在整頓吏治上,改革官吏考察陞降制度;精簡機構編制,裁革冗員,充實弱項;儲養人才,愛才護才。總之,隆慶三年到六年,在穆宗充分信任與重託下,高拱大刀闊斧地進行了洗刷頹風、振興朝政的一系列改革,使明朝多年因襲虛浮、積弊叢生的内政外交,有所改觀,生出一股清明剛健的新風。② 黄仁宇强調高拱性急而有闖勁,他藐視官場的慣技和程式化的守舊作風,竭力教導各級官僚具有一種管理意識,善於選拔任用官員,如任命張學顔巡撫遼東、王崇古總督宣大、殷正茂提督兩廣,等等。兵部高級職位必選有軍事經驗的官員,中央政府派人定期視察邊防。③ 韋慶遠全面探討了高拱對人事制度和邊政的整頓改革,如對軍事領導體制和邊防將官選任制度做出了突破性改革,以政績而不以資格作爲任官的主要依據,加强對官員的考察,擴大考察範圍等;促成俺答封貢的實現;取得擒斬漢奸趙全和瓦解板升叛亂勢力的勝利。因此,他是有明一代最有魄力、最有識見、最敢於改革舊制,而又能妥慎制訂符合實際需要新規制的吏部尚書。他所謀劃和推行的新法,實爲明代人事制度掀開新的一頁。④ 高拱内恃皇帝的殊眷,外用本身的識見和魄力,叱咤風雲於隆慶中期以後的政壇,進行了重要的整頓和改革,爲其後的萬歷朝十年大改革奠下基礎。⑤ 葛榮晉認爲在政治上,出現了以高拱爲代表的社會改革家。他針對當時的社會弊病,從"富國强兵"出發,提出了拯救社會危機的一系列改革方案。高拱大膽提拔潘季馴、王崇

---

① 嵇文甫:《論高拱的學術思想》,《嵇文甫文集》(下),河南人民出版社 1990 年版,第 450 頁。

② 牟鐘鑒:《論高拱》,《中州學刊》1988 年第 5 期。

③ 黄仁宇:《隆慶和萬曆時期》,載[美]牟復禮、[英]崔瑞德:《劍橋中國明代史》,中國社會科學出版社 1992 年版,第 562 ~ 564 頁。

④ 韋慶遠:《張居正和明代中後期政局》,第 352 ~ 392 頁。

⑤ 韋慶遠:《隆慶皇帝大傳》,遼寧教育出版社 1997 年版,第 204 頁。

古、戚繼光等人,推行“南剿北撫”政策,世稱“救時宰相”。[①] 毛佩琦等提出高拱通曉政務,勇於任事,負經世之才,在整頓吏治、選儲人才、安邊强兵等方面頗有建樹。在高拱主持、張居正贊助下,俺答封貢互市成功,使北方邊境保持了三十年之久的和平安定局面。[②] 王興亞指出高拱振興吏治的主張和實踐主要有任人唯賢,選好官員;遍識人才,用其所長;考其政績,獎勤罰惰;懲治行賄,打擊貪污;鞠躬夙宵,以身作則。高拱吏治改革在一定程度上遏制了吏治腐敗之風的蔓延,提高了行政工作的效率,緩和了社會矛盾,並使明朝的經濟形勢得以好轉,出現了“百度用康”的局面。[③] 金程豐對高拱實施的吏治改革、財政措施、邊疆治理做了論述,並分析了高拱改革對明中後期改革的影響及其作用。[④] 尹選波指出高拱執政以後,在穆宗的支持下,大力驅除積弊,去舊維新,改革朝政,在内政、軍事方面取得了突出成就:遍識人才,因才授官,用得其人;儲備、培養軍事人才;重視邊防地方官的選拔和任用,以賢才充當邊防地方官;重提三途並用、勿循資格的用人策略;公正考察,以鼓勵群臣恪盡職守;知人善任,依靠得力將領、官員解決了邊疆衝突,維護了和平環境。這是高拱執政實踐的突出特點。[⑤] 筆者提出高拱吏治改革的具體措施主要有:細化懲處條例,打破循以定數陳規,舉劾必實,舉人進士並用;增加提陞官員透明度,建立人事檔案制度,州縣正官年輕化,地方小官異地化。加强理財官吏選用,完善税糧徵收措施,推廣丈田均糧和一條鞭法改革,整頓幣制,推行惠商政策,疏通漕運,恢復海運等。這些改革取得了“官修實政而民受實惠”的顯著效果。[⑥] 趙世明認爲高拱刷新吏

---

① 葛榮晉:《中國實學文化導論》,中共中央黨校出版社 2003 年版,第 147 頁。
② 毛佩琦、劉利平:《明朝頂級文臣》,花山文藝出版社 2007 年版,第 168 ~ 173 頁。
③ 王興亞:《高拱振興吏治的主張和實踐》,《領導科學》2013 年第 15 期。
④ 金程豐:《高拱改革與明中後期政局》,華南師範大學 2002 年碩士論文。
⑤ 尹選波:《高拱的執政思想與實踐論略》,《史學月刊》2009 年第 4 期。
⑥ 岳天雷:《高拱實學實政論綱》,吉林大學出版社 2006 年版,第 220 ~ 410 頁。

治,整飭言路,振興學政,力革官吏頹廢之習,大大提高了行政效率,啟動了行政機制;整頓軍備,策成俺答封貢,平定地方叛亂,社會漸趨安定;重視商業,行惠商、恤商之政,經濟日漸復蘇,凡此等等,其改革成效卓然。① 張鳴芳認爲高拱任官原則是不應求全責備,應用其所長,强調舉賢不必非甲科出身;對宰相選拔要務實不務名,重視對司法官吏的薦舉,要選好邊才,也要加强平時的酌别人才,用人必先養人。② 范菲菲提出高拱在用人制度方面,打破獨重進士的用人格局,重視舉薦的選官途徑;降低出身資格對官吏仕途的影響,官吏考核、賞罰、遷調只憑政績;對官生、恩生、捐納、吏員也儘量酌才選用;變革任職籍貫回避制度;加强布政司、按察司、府州縣等行政機構以及行太僕寺、苑馬寺等專務機構官員的選用。在官員考核方面,針對當時貪污腐敗之風,高拱提出懲貪墨正士風,嚴考核以達實效等改革舉措。儘管高拱的吏治改革並非全面性、根本性的大變革,但對明中後期歷史仍然影響深遠。其後,張居正對吏治的整頓就部分繼承和發展了隆慶時期吏治改革的舉措。③ 徐智敏認爲高拱辦理政事,特别注重實際,能切中要害,又不墨守成規,表現出過人的膽略和魄力,以期能破除積習之不善,高拱在吏治、籌邊、行政等各方面多有建樹。高拱在政事改善的努力,應是功大於過。④

其二,科舉制度改革。趙世明通過考察高拱整頓學官,提出高拱整治提學官是通過政令條例的方式進行的,以期强化對他們的管理和威懾,同時,他還從制度上進行設計,務求振興學政和教育,並化解當時科舉教育中存在的一些弊病;通過考察國子監歷事制度改革,提出高拱這一改革只是作爲一種臨時性舉措,以兩年爲限,基本化解監

① 趙世明:《高拱改革研究》,西北師範大學 2004 年碩士論文。

② 張鳴芳:《高拱整頓吏治的理論和實踐》,《法學雜志》2007 年第 1 期。

③ 范菲菲:《明隆慶革新研究》,山東大學 2010 年碩士論文。

④ 徐智敏:《明隆慶能臣高拱之研究》,臺灣"中央大學"2012 年碩士論文。

生壅滯狀況後將再行恢復原制度。① 高拱試圖通過改革科舉制度,以端正文風和士風。故此,筆者提出高拱針對當時因襲虚浮之風,提出了兩項改革措施:一是革除繁文縟節,提倡"簡静"、"勤慎"之風;二是革除繁詞虚文,提倡"簡實之風"②。另外,金程豐、劉萍、范菲菲等在其學位論文中對隆慶時期的科舉整頓問題也做了論述,但尚無涉及高拱科舉制度改革的具體内容和貢獻。③ 總體來看,在高拱科舉制度改革研究方面顯得薄弱,有待於加强。

三

高拱主政期間,還大力推行軍事領導體制改革,以加强軍事防禦作戰力量。對此,學術界研究頗多。

孟森指出隆、萬間軍事頗振作,高拱、張居正皆善馭將。高拱亦政事才,不失爲救時良相。④ 韋慶遠提出高拱對軍事領導體制和邊防將官選任制度做了突破性改革,如兵部尚書作爲最高軍事首長必須得人,而且必須有所儲備;增設兵部侍郎,由原來的"一尚二侍"體制改成"一尚四侍"新體制,以加强軍事領導力量;他特别注意選拔生長在邊塞的人士進入兵部工作;建立邊將輪流休假制度,在陞遷和待遇方面給予特殊優厚;提高邊關將佐選拔的品質。總之,高拱在軍事體制改革和實踐方面是有創造性和建樹的,其後國家在東南西北取得的靖邊功績與此密不可分。⑤ 趙世明認爲高拱改革兵部領導體制,建立軍事官員人才儲備制度,邊防官員休假之法和内遷制度,特遷與久

---

① 趙世明:《高拱與隆慶政治》,第 136 ~ 141 頁。

② 岳天雷:《挽刷頹風,修舉實政——明代高拱吏政改革述論》,《廣東教育學院學報》2010 年第 6 期。

③ 參見金程豐:《高拱改革與明中後期政局》,華南師範大學 2002 年碩士論文;劉萍:《論隆慶帝及其時代》,山東大學 2009 年碩士論文;范菲菲:《隆慶革新研究》,山東大學 2010 年碩士論文。

④ 孟森:《明清史講義》(上册),中華書局 1981 年版,第 249、236 頁。

⑤ 韋慶遠:《張居正和明代中後期政局》,第 352 ~ 358 頁。

任之法,强化軍備人員不職誤事的奬懲機制,簡化行政程式等。這使明中後期軍備一度振興,其改革在明史上舉足輕重。自此以後,明代再没有出現像“土木之變”、“庚午之變”和“汾石之禍”等類似的事件和震動,邊防狀況大爲改觀,一直到明朝滅亡,邊防仍然比較牢靠。① 筆者提出高拱推行軍事體制改革的主要措施是:打破兵部“一尚二侍”的舊體制,建立“一尚四侍”的新體制;“兵乃專門之學”,兵部司官精選久任;選拔邊塞知兵之才,使之成爲兵部司屬;邊關將佐,特示優厚;沿邊有司要嚴其選、重賞罰;建立巡邊“八事”制度,力争邊塞長期安寧。由於高拱的改革方案合理,措施得當,實施堅毅,再加之隆慶帝的大力支持,使得當時的軍事部署漸趨健全,邊疆將帥官佐的配備漸趨得當,防禦作戰能力也大大加强,並取得了“邊陲晏然”的成效,使隆慶朝後期出現中興之勢。② 范菲菲認爲在明穆宗的支持和高拱等人的力倡之下,隆慶時期對兵部及邊防系統的任官制度有重點地進行了調整和改革,包括變革傳統的軍事編制和用人制度、嚴明軍隊的奬懲制度、實行邊關守臣休假制度、慎選邊方有司等幾個方面。隆慶時期對兵部和邊防系統的用人制度,進行了較大幅度的調整和變革,這對刷新明朝的軍政和邊務產生了積極的推動作用。③

四

高拱主政期間,在西北促成“俺答封貢”,在東北取得“遼左大捷”,在西南平息“安氏之亂”,在南方有效地剿倭除盜,並提出了切合實際的靖邊戰略和指導方針。這是他一生中取得的最輝煌的功業。

其一,靖邊方略。牟鐘鑒認爲總括這一時期的邊政,西北、東北、

① 趙世明:《高拱軍備邊防建設及其歷史地位》,《哈爾濱學院學報》2007 年第 12 期。

② 岳天雷:《高拱研究文集》,中州古籍出版社 2011 年版,第 273 ~ 293 頁。

③ 范菲菲:《明隆慶革新研究》,山東大學 2010 年碩士論文。

西南和南方等處的整頓、改良和鞏固，都與高拱決策正確、用人得當、施行堅毅有極大關係。他是一位人才難得的文武兼備的政治家。[①] 筆者提出高拱的靖邊戰略是：對西北韃靼俺答部，執行積極防禦的戰略方針，以撫爲主、以戰爲輔；對東北建州女真及土蠻諸部，實施分化瓦解的計策，寓戰於守，寓守於戰；對西南安氏之亂，運用據實定策，不輕用兵，力爭和平解決的方略；對南方來犯的倭盜匪幫及兩廣少數民族的武裝反抗，則以迎頭痛擊、堅決鎮壓的辦法對付之。由於高拱戰略方針正確，故取得了顯著戰果[②]。

其二，促成"俺答封貢"。學術界對實現俺答封貢的歷史條件、處置方式、進程、結果與意義問題研究頗多，成果豐厚。但對其真正的主持者和決策人問題分歧很大，主要提出了三種觀點：（1）穆宗說。胡凡提出明穆宗時期實現的"俺答封貢"是影響中國北疆歷史發展的重大事件，認爲其實現有着深刻的歷史和經濟根源，而穆宗即位後政治形勢的重大變化是其決定性條件。穆宗較少民族偏見，因而在出現機遇時，才能做出正確的決策。[③] 王天有指出明穆宗於隆慶三年九月舉行大閱，檢閱京軍，振興明朝軍事，是促成俺答封貢的決定性條件，册封蒙古韃靼部首領俺答汗爲順義王，從此雙方通貢互市。在這一過程中，起決定性作用的是穆宗的兩次"宸斷"。[④]（2）張居正說。朱東潤提出在封貢互市的爭論中，張居正占據主要的地位。這次決策的大功，當然由高拱、王崇古和張居正平分，但是居正却盡了最大的努力。[⑤] 劉志琴認爲隆慶年間張居正是邊防事務的實際主持人，俺

---

① 牟鐘鑒：《高拱的實政論及其理論基礎》，載《明清實學思潮史》（上），第 269 頁。

② 岳天雷：《高拱的軍事改革及其靖邊功績》，載《高拱研究文集》，第 273 頁。

③ 胡凡：《論明穆宗時期實現俺答封貢的歷史條件》，《中國邊疆史地研究》2001 年第 1 期。

④ 王天有：《試論穆宗大閱與俺答封貢》，《北京大學學報》（哲學社會科學版）1987 年第 1 期。

⑤ 朱東潤：《張居正大傳》，湖北人民出版社 1981 年版，第 115 頁。

答封貢是隆慶年間新政的最大成就，其中，張居正起了重要的策劃、推動作用。① 不過，她並没有指明張居正主持邊防事務的文獻依據。酈波認爲高拱正是出於對張居正的友情和信任，才在這件事（即俺答封貢）上大力支持張居正的……也就是説，張居正是策劃者，高拱是支持者。② 唐玉萍也認爲在"隆慶和議"中，張居正悉心指授王崇古和方逢時等以"把漢那吉事件"爲契機，通過書牘來往和奏疏溝通朝廷與邊鎮的關係，周密策劃與部署，最終實現了"俺答封貢"。在"隆慶和議"的過程中，張居正是主要策劃人，是起主要作用和決定性作用的。③ 另外，其其格的《張居正與"俺答封貢"》④論文也表達了基本相同的觀點。（3）高拱説。鄧之誠指出高拱以招致俺答一事爲最成功，雖成於王崇古，而主持者則拱也。隆、萬以後，韃靼擾邊之患遂滅。⑤ 李勤奎認爲促成俺答封貢的首功當屬高拱，而非張居正。⑥ 顔廣文指出高拱主導了俺答封貢事件的全過程，高拱是解決該事件的真正決策人。張居正主持修撰的《明穆宗實録》刻意隱瞞高拱這一功績，導致學界對高拱研究的忽略。⑦ 王雄認定明隆慶年間，明朝對蒙古的政策發生了重大轉變，封貢互市，化干戈爲玉帛，從根本上改變了明朝北邊防禦的面貌。在這一轉變過程中，時任内閣首輔的高拱做了出色的工作，改革兵部及邊鎮吏治，儲養邊才，把握"把漢那吉事件"契機，達成"隆慶和議"，使數十年刀兵相見之北邊成爲明蒙互市、兩族和平交往的樂土。其功惠及當時，垂訓後世。⑧ 筆者認爲俺

---

① 劉志琴：《張居正評傳》，第 91、105 頁。

② 酈波：《風雨張居正》，中國民主法制出版社 2009 年版，第 102 頁。

③ 唐玉萍：《張居正、高拱在"隆慶和議"中的作用對比》，《赤峰學院學報》（哲學社會科學版）2010 年第 5 期。

④ 其其格：《張居正與"俺答封貢"》，《内蒙古師大學報》（社會科學版）1996 年第 2 期。

⑤ 鄧之誠：《中華二千史》卷五（上）《明代之政治・高拱》，中華書局 1983 年版，第 139 頁。

⑥ 李勤奎：《促成"俺答封貢"的首功當屬高拱》，《駐馬店師專學報》1992 年第 1 期。

⑦ 顔廣文：《高拱與"俺答封貢"》，《廣東教育學院學報》2004 年第 1 期。

⑧ 王雄：《高拱與明隆慶朝的北邊防禦》，《廣播電視大學學報》2009 年第 4 期。

答封貢是中國古代邊疆史和民族關係史上的重大事件。在解決該事件的主持者和決策人問題上,許多學者認定是張居正,然而這不符合歷史事實。從解決該事件的決策者所處的政治地位和權力格局、在封貢過程中所起的決定性作用以及明清歷史文獻的記載等方面來考察,其主持者和決策人當屬高拱,而非張居正。[①] 與此不同,趙世明則提出討論穆宗、高拱或張居正誰是俺答封貢的決策者意義不大,所以,探討個人貢獻的大小比探討誰是決策者似乎更具可行性,也更有意義和價值[②]。由此可見,俺答封貢的真正主持者和決策人問題,還有待於進一步辨析和探討。

其三,平息"安氏之亂"。牟鐘鑒以高拱平息"安氏之亂"爲例,指出他處理邊事的指導思想是以撫爲主,儘量争取和平解決,不輕用兵;據實定策,核準實情,以極冷静的態度確定行動方案。開明的民族政策和求實的精神相結合,使他能够從容不迫地解決這一棘手的邊境民族事件。[③] 李良品提出高拱對貴州安國亨之亂的定性是準確的:即不同宗派的互相仇殺,屬於彝族内部的内亂,而不是地方土司政權對抗中央政權的叛亂。高拱處置的對策也是正確的:不能派兵鎮壓剿滅,只能和平解決。這是他處理少數民族問題一個極爲成功的範例。[④] 劉祥學、余同元認爲高拱治理西南邊疆民族地區的方針政策是:對廣大下層各族百姓的反抗活動,採取以剿爲主,剿撫兼施的方針;對土司反叛,確立以撫爲主的治理方針,主張根據實情,慎重用兵,以緩和西南地區民族矛盾;整頓吏治,以緩和階級和民族矛盾。高拱對西南民族地區處置的經驗是:能從深層次上思考民族矛盾產

① 岳天雷:《高拱是"俺答封貢"的主持者》,《井岡山大學學報》(社會科學版)2011 年第 4 期。

② 趙世明:《高拱與隆慶政治》,第 94 ~ 96 頁。

③ 牟鐘鑒:《高拱的實政論及其理論基礎》,載《明清實學思潮史》(上卷),第 268 頁。

④ 李良品:《明代貴州水西"安氏之亂"的起因、性質與處置》,《貴州社會科學》2008 年第 2 期。

生的根源;處理民族問題的靈活態度。從總體上看,高拱對邊疆的治理爲其後張居正的改革創造了良好的外部條件。[①] 趙世明通過對安氏之亂的起因、進程與結果的梳理,提出安氏之亂的和平化解,高拱對事件的準確把握和定性起到了關鍵作用。之後,高拱又成功蕩平安順一帶長達三十年的叛亂,整個貴州得以安寧,其積極意義是很明顯的。[②] 筆者認爲明隆慶四年初,貴州水西發生了土官"安氏之亂"的嚴重事件。高拱執政伊始,便根據邊疆少數民族問題的特殊性,在準確定性的基礎上,採取以撫爲主、和平解決的處置方略,使這起仇殺事件得以圓滿解決。對高拱這一靖邊功績,明清至近現代政治家和史學家給予了肯定性評價。[③]

其四,取得"遼左大捷"。筆者認爲高拱爲扭轉遼東地區土蠻劫掠、建州女真侵擾的嚴峻局勢,採取的治遼方略:一是大力推行邊政軍事改革,以提高明軍的防禦作戰能力;二是破格任用張學顏巡撫遼東,使其與總兵李成梁協同守邊,共同禦敵。這是他能取得"遼左大捷"的兩個決定性因素。[④] 韋慶遠、趙世明在相關論著中對該問題僅有提及,並無詳論。可見,這一方面的研究還相當薄弱,有待於加强。

其五,剿倭除盜。趙世明認爲高拱建設和整頓廣東,主要推行了用人體制改革、裁撤廣東巡撫,並制定知府、兵備責任連帶制度,特别是通過處理侯必登事件,遏制了廣東地區的腐敗之風的蔓延。[⑤] 筆者指出嘉隆時期,廣東地區有司不良,貪賄成風,倭盜侵擾,社會動盪不安。爲扭轉這一局勢,高拱於隆慶四年主政後,便大力推行整頓吏治、軍政配合、剿倭除盜的治粵方略,並取得初步成效。雖然治粵方

---

① 劉祥學、余同元:《嘉隆政局與高拱對西南邊疆的治理》,載《高拱、明代政治及其他》,河南大學出版社 2011 年版,第 74 ~ 88 頁。

② 趙世明:《高拱與隆慶政治》,第 146 ~ 150 頁。

③ 岳天雷:《高拱處置"安氏之亂"的方略分析》,《商丘師範學院學報》2009 年第 2 期。

④ 岳天雷:《論高拱的治遼方略》,載《高拱研究文集》,第 314 ~ 327 頁。

⑤ 趙世明:《高拱與隆慶政治》,第 151 ~ 154 頁。

略推行時間較爲短暫，尚無實現預期的理想目標，却開啟了張居正治粵之先河。就此而言，高拱應該占據一定的歷史位置，明清時期政治家和史學家也給予了肯定性評價。①

其六，民族政策和地方治理。許敏指出高拱在吏治、籌邊、行政等方面多所建樹。他在主持接受俺答孫求降以及對俺答封貢互市中，把蒙古與中原看成一個整體的觀念，比僅圖邊安的想法又高一籌。高拱在兩廣、雲貴邊事上亦頗多建樹。② 高拱在主政期間，還關注和參與了河南地方政治建設。牛建强提出高拱對河南地方政治的關注和參與體現在：新鄭城牆的改築，郭店驛站的添設，民兵操備的撤除，新鄭歸屬的調整，宗藩禄米的籌措，族衆奴僕的約束，地方治安的强化，撫按職事的支持。高拱改革的持續時間短暫，但已"先立規模"，繪製了初步的改革藍圖，開啟了改革步伐，並取得了一定成效。這種改革精神和一些成果被張居正所繼承，成爲萬曆最初十年更大規模改革的起點，應該占據一定的歷史位置。③

五

高拱的經濟改革主要包括制定重商政策、貨幣體制改革、推行條鞭以及整頓漕運、破除海禁等内容。

其一，重商政策、貨幣體制改革和推行條鞭改革。韋慶遠認爲真正能站在執政位置，將重商恤商見解轉變爲全國性的實際經濟政策的，是高拱。明代自弘治以來斷續出現並逐漸高漲的重商恤商思想，歷經六七十年的醞釀，在隆慶中後期才被朝廷認可，朝廷對原有的病商扼商政策做了較大幅度調整。直到這個時期，官方才比較清醒地認識到，扶助商業使之繁榮興旺，貨暢其流，對社會民生以及充實國

① 岳天雷：《論高拱的綏廣方略》，載《高拱研究文集》，第 341 ~ 355 頁。
② 許敏：《關於高拱研究的幾個問題》，《中國史研究》2010 年第 4 期。
③ 牛建强：《居閣期間的高拱與河南地方政治》，《史學月刊》2009 年第 5 期。

力都具有重大的意義。[①] 趙世明提出高拱關於商人、錢法的論述體現了我國古代商業經濟思想的發展水準。利商、恤商政策很大程度上改善了商業的生存空間,對商業的發展、經濟復蘇具有實質意義。保證貨幣的穩定性和貨幣正常流通利民利國,減輕了國家對商人和其他百姓的壓榨和剥削,對商業活動正常展開起到關鍵性作用。[②] 李冰認爲高拱不僅行惠商、利商之策,經濟日漸復蘇,而且還採取了一系列措施,提高商人地位,大力發展商品經濟,規範市場流通秩序,將理論付諸於實踐中,爲隆慶朝的經濟復蘇做了些實際的工作。此外,多數研究者將一條鞭法的實施統統歸功於張居正,却忽略了高拱在其中所起到的重要作用,實際上高拱对一條鞭法的推行也有着不可磨滅的歷史功績,正是因爲高拱所打下的堅實基礎,才使張居正日後將這一政策推行到全國成爲可能。[③] 范菲菲提出高拱在惠商和幣制改革方面,在隆慶時期的恤商惠商改革,在一定程度上有利於安定民生和便利商民,也是當時財政經濟改革中一個卓有成效的探索,其作用不可小視。在賦役改革方面,高拱更是對清丈土地工作採取積極推進的態度,正是在高拱等人的推動下,蘇、松、常、鎮、杭及應天府等地區丈田均糧的工作取得了較爲明顯的成果。在推行一條鞭法方面,高拱主政的隆慶時期更是占據了不可忽視的一頁。[④] 筆者認爲高拱針對嘉靖後期商業凋敝、幣制混亂、國庫虧空的局面,大力推行恤商惠商政策,整頓鑄錢用錢之法,健全貨幣流通體制。重商政策的推行和幣制改革不僅繁榮了商品經濟,開通了邊市貿易,增加了國庫收入,而且也使隆慶後期呈現出中興之勢。[⑤] 高拱主政時期,一條鞭法在全國迅速推廣並形成高潮,"條鞭法至隆慶中年以後開始盛行"。

① 韋慶遠:《張居正和明代中後期政局》,第402~407頁。
② 趙世明:《我國明朝中後期重商略論》,《商業研究》2012年第5期。
③ 李冰:《高拱經濟思想及其改革研究》,西北師範大學2010年碩士論文。
④ 范菲菲:《明隆慶革新研究》,山東大學2010年碩士論文。
⑤ 岳天雷:《高拱的惠商政策和幣制改革》,載《高拱研究文集》,第371~383頁。

據梁方仲《明代一條鞭年表》提供的287條資料統計,嘉靖後期三十五年計有43條;隆慶六年68條,前後期各占一半;萬曆頭十年119條。隆萬改革整頓十三年共計144條。萬曆十年以後至明朝滅亡計有66條。可見,隆慶後期一條鞭法的推廣速度迅猛,遍及的範圍更廣,都是嘉靖朝無法相比的。這時的條鞭改革已進入全面鋪開的階段。可以説,如果没有隆慶後期條鞭改革的高潮,就不可能將其確定爲全國性的賦税制度。①

其二,整頓漕運和破除海禁。韋慶遠指出在採取什麼方案以整治漕運、是否開鑿新河等問題上,隆慶内閣的主要人物高拱和張居正意見不一致。而此時高、張在治漕方案中表現出的政見分歧,可能又與他們在隆慶五年之後關係的微妙逆轉相聯繫。高拱以首輔的身份,曾經堅決支持開新河。主張在山東高密縣境内鑿一條新河,溝通膠萊二水,使漕船能從膠州灣沿此水道直達萊州。但由於後來胡櫃的勸阻,高拱亦同意停開新河的意見。在破除海禁、恢復海運問題上,高拱表現出更爲積極的態度,而張居正則有一定的保留。隨着穆宗崩逝和高拱被罷,張居正於萬曆元年斷然禁停海運,顯然這與明中後期的商業經濟繁榮和海外貿易發展的趨勢是背道而馳的。② 筆者認爲高拱執政時期提出河、海"二路並運"的治漕方略,由於同張居正意見相左,推行起來困難重重,在隆慶後期没有得到有力實施,但在萬曆初元却得到了張居正的大力推行。張居正一方面大力開鑿膠萊新河,另一方面又修訂規章,嚴厲整飭漕政。從這種意義上説,高拱在隆慶後期提出並實施的河、海"二路並運"的治漕方略實開張居正整頓之先河,具有首創之功。③ 范菲菲提出隆慶時期許多有識之士紛紛建議開放海禁,不僅順應了當時商業繁榮發展和沿海貿易的需求,

---

① 岳天雷:《高拱實學實政論綱》,吉林大學出版社2006年版,第363~371頁。
② 韋慶遠:《張居正和明代中後期政局》,第739~757頁。
③ 岳天雷:《論高拱的治漕方略》,《黄河科技大學學報》2009年第4期。

而且還打破了持續近兩個世紀的海禁政策,私人海外貿易取得合法身份,出海經商者驟然增多。①

六

作爲高拱改革内容之一的法治改革,學術界研究較少,僅有筆者發表的一篇論文。該文指出高拱針對嘉靖中期以後的倚重廠衛、釀造冤獄,司法腐敗、法紀大壞的法弛刑濫的嚴峻局面,推行督令觀政進士講求律例,加强州、縣正官理刑之責,推行刑部司官久任之法,申嚴法紀、嚴懲貪酷和平反冤獄的改革舉措。這在一定程度上扭轉了隆慶時期法弛刑濫、司法腐敗的局面,也爲他進行吏治、邊政、賦税、漕運改革提供了法制保障。當然,由於高拱執政時間較短,其法治改革的效果不甚明顯,但這却被其後張居正所繼承和發展。就此而言,高拱的法治改革也具有開創之功。②

七

關於高拱改革的歷史地位問題,目前學術界主要提出了三種觀點:“高拱開先”説、“隆萬改革”説和“嘉隆萬改革”説。前一種觀點鮮有争議,後兩種觀點争議頗大。

一是“高拱開先”説。此説以嵇文甫先生爲代表。他於 20 世紀 60 年代初,明確提出高拱改革開創張居正之先的觀點。其實新鄭於江陵還是先進,江陵的學術和事功有許多地方實在可説是淵源於新鄭。高拱是一位很有幹略的宰相,在許多方面開張居正之先。③ 有許多事情江陵似乎還是繼承他、抄襲他的。他是一個在政治上和學術

① 范菲菲:《明隆慶革新研究》,山東大學 2010 年碩士論文。

② 岳天雷:《論高拱的法治改革》,《遼東學院學報》(社會科學版)2009 年第 3 期。

③ 嵇文甫:《論高拱的學術思想》,《嵇文甫文集》(下),第 420、451 頁。

上都有特别表現的人物，是一個站在時代前面開風氣的人物。① 他有許多整飭吏治、考察官吏的方法，和後來張居正所行正相類。後來把許多邊防功都歸結居正，而不知高拱實開其先，也應當分得一份。② 筆者贊同嵇先生的觀點：一方面高拱是隆萬改革整頓的先行者。在明史上，隆慶朝僅有 6 年(1567 ~ 1572)，與其前嘉靖朝(45 年)和其後萬歷朝(48 年)相比，是最短命的朝代。兩長夾一短，似乎隆慶朝顯得微不足道，因此史家對其略而不談，或併入嘉靖，或併入萬曆，一筆帶過。然而，隆慶朝却是一個從守舊到革新、由保守到改革的大轉折時代。前三年是以徐階爲首的保守派對嘉靖弊政進行救弊補偏的階段，後三年是以高拱爲首的改革派全面推行改革的階段。隨着隆慶前後期閣權的轉移，即徐階致仕，高拱不久職任内閣首輔並兼掌吏部事後，使隆慶政局呈現出由保守到改革的走向，由此揭開了隆慶改革和萬曆整頓的序幕。③ 另一方面，高拱是萬曆初元張居正整頓的開創者。高拱不僅首先奠定了隆萬改革整頓的理論基礎——變法思想、權變思想和實政思想，他首先提出了隆萬改革整頓的綱領性文獻——《除八弊疏》，而且還把改革思想和改革綱領付諸實踐，並爲其後張居正的整頓確定了政策導向，奠定了人事基礎和制度基礎，提供了良好的外部條件。④

二是“隆萬改革”説。此説以韋慶遠先生爲代表。他提出明中葉的改革實際上是從隆慶三年(1569)高拱復出，其後任内閣首輔，張居正任重要閣員時期開始的。舉凡整飭吏治、加强邊防、整飭司法刑獄、興修水利、推行海運、改革中央和地方軍政人事制度，重點推行清丈土地、實行一條鞭法、恤商惠商等多種政策方略，都是在這個時期

---

① 嵇文甫：《論高拱的學術思想》，《嵇文甫文集》(下)，第 434 頁。

② 嵇文甫：《再論高拱的學術思想》，《嵇文甫文集》(下)，第 682 頁。

③ 岳天雷：《由保守到改革：明代隆慶政局的走向——以徐階、高拱、張居正爲中心的考察》，《廣西社會科學》2009 年第 6 期。

④ 岳天雷：《論高拱的歷史地位》，《天中學刊》2007 年第 3 期。

出臺,並且立竿見影地取得過成果……可以説,隆慶時期實爲大改革的始創期,實爲其後萬歷朝進一步的改革奠立基礎和確定政策走向的關鍵性時期。由張居正總攬大權以主持的萬曆十年改革,基本上是隆慶時期推行改革方案的合理延續和發展。兩者之間的承傳和銜接關係是非常明顯的。也可以説,如果没有在隆慶時期奠定初基,萬曆時期的改革勢難如此迅猛地得到展開。有鑒於此,筆者在本書中將隆慶和萬曆兩朝的改革作爲一個階段性研究的整體,總稱爲隆萬大改革。① 對此,吕延明、顔廣文提出商榷,認爲高拱與張居正在很多方面的思路和做法的確存在一致性,但他們之間又存在明顯的差異:高拱主政時期的改革多是重視權變,真正的制度建設並不突出;相反,張居正改革顯得更有系統、更有組織和更有計劃。因此,張居正改革的力度和深度都是高拱主政所不能相比的。這種改革的系統性、力度和深度的差異,還與他們個人性格不同有關。由此看來,"隆萬大改革"突出了改革的延續性,有合理的一面,但這一提法容易使人産生高、張二人並列之感,似有拔高高拱地位和作用之嫌。故"隆萬改革"的提法尚未取得學術界的普遍認可。② 相反,毛佩琦先生對張居正作爲改革家問題提出反駁。他認爲張居正是明朝歷史上一位重要人物,却够不上一位改革家。張居正没有提出足以挽救明朝統治衰敗的根本辦法,只是對舊制度修修補補,使其得到加固。因爲張居正與同朝的大多數官僚治國理念並無不同,他的前任高拱,主張選用德才兼備的人才,主張整飭吏治、加强邊備、加强法制、加强理財,這與張居正的主張都是一致的,而且隆慶年間的許多大政也都是他們一起決策、實施的。張居正在政見上比高拱没有什麽高明之處。張居正執政使明朝出現了短暫中興,只不過給垂死的舊制度打了一

① 韋慶遠:《張居正和明代中後期政局》,第 4 ~ 5 頁。

② 吕延明、顔廣文:《"張居正改革"、"隆萬改革",還是"嘉隆萬改革"——明朝中期改革運動稱謂的界定》,《廣東教育學院學報》2010 年第 4 期。

劑强心劑,延緩了它的壽命。①

三是"嘉隆萬改革"説。此説以田澍先生爲代表。他提出嘉、隆、萬時期是明代歷史發展過程中相對獨立的單元。大禮議是這一時期的新起點,也是連接這一時期政治的主綫。世宗去世之後,徐階所草擬的世宗遺詔被人們視爲隆慶朝與嘉靖朝"决裂"的重要標誌。高拱被穆宗重用後,充分肯定了世宗欽定的大禮議,旗幟鮮明地堅持世宗朝的政治路綫,使隆慶朝在震盪中得以調適,完成了與嘉靖朝的理性對接。這是高拱對隆慶政治的重要貢獻,也是高拱在隆慶政治中有所建樹的基點。② 田先生又指出張居正擔任首輔後,盡可能效法嘉靖革新,以遵循成憲和綜核名實爲主要施政特點。一方面,在嘉靖革新基礎上有部分地推進,如一條鞭法的推廣和推行考成法等;另一方面,對一些重大難題無力作爲,如沙汰生員和裁減宗室禄俸等。只有以此爲視角,才能認清張居正對嘉靖革新的效法與繼承。也只有如此,才能有理由説張居正是明代改革家。③ 另外,田先生的弟子趙世明、李冰也表達了相同的觀點④。對於此論,吕延明、顔廣文則提出了質疑。他們指出"嘉隆萬改革"之説不能成立,有兩個問題無法自圓其説:一是在時空上不存在延續性,因爲嘉靖十八年之後有長達 27 年的荒政怠政時期,故無法捏合爲一場改革運動;二是提出"張居正改革爲嘉靖革新的餘波"説法不能成立,因爲張居正對嘉靖帝既有阿諛奉承的一面,又有尖鋭批評的一面,故此説對改革的階段性性質判斷有誤。⑤

---

① 毛佩琦:《張居正改革,一個神話——爲張居正正名》,《晉陽學刊》2010 年第 4 期;又見毛先生《無關進步改革——從歷史邏輯出發給張居正定位》,《博覽群書》2010 年第 10 期。

② 田澍:《震盪與調適:隆慶政治的走向》,《社會科學輯刊》2011 年第 2 期。

③ 田澍:《嘉靖革新視野下的張居正》,《學術月刊》2012 年第 6 期。

④ 參見趙世明:《高拱與隆慶政治》,第 206 ~ 210 頁;又見李冰:《張璁、高拱、張居正三人的時代——嘉隆萬改革述論》,《赤峰學院學報》(哲學社會科學版)2009 年第 9 期。

⑤ 吕延明、顔廣文:《"張居正改革"、"隆萬改革",還是"嘉隆萬改革"——明朝中期改革運動稱謂的界定》,《廣東教育學院學報》2010 年第 4 期。

八

從以上總結和回顧中可以看出,學術界對高拱改革功績的研究取得了引人注目的成果,如高拱的改革綱領、吏治改革、軍事改革、邊政改革、民族政策、地方治理、法治改革、條鞭改革、清丈改革、幣制改革、漕政改革以及改革歷史地位的確認,等等。這使得高拱改革的整體面貌逐漸清晰,進步作用得到凸顯,歷史定位獲得肯定,從而把高拱改革研究推向新階段,提升到新水準。這是必須加以肯定的。

不過,在高拱改革研究中還存在着許多薄弱之處。如科舉改革、遼左大捷、剿倭除盜、條鞭改革、清丈土地、幣制改革及其法治改革等,這些都是有待於加强研究的問題。另外,還存在着許多有争議的問題,如《除八弊疏》能否成爲改革綱領問題,"俺答封貢"的主持者和決策人問題,高拱改革是否具有系統性或整體性的問題,若有,那麼能否將其改革定位爲"高拱改革"或"隆慶改革"?等等。無疑,這些都是需要進一步辨析、探討和研究的重要問題。

但也毋庸諱言,目前學術界也存在着全盤否定高拱爲德、爲官、爲政及其改革功績的問題,大致有五種情況:或是以他執政時間短暫,而否定其改革功績;或是以他性格缺弱,而否定其爲相能力;或是肯定他的改革功績,而污衊乃至醜詆他的人格;或是强行剥奪他的改革功績,而將其戴到張居正頭上,來個"高冠張戴";或是將他爲德、爲官、爲政及其改革功績等全盤否定,大加抨擊;等等。並以此爲依據,提出了諸多醜詆、厚誣高拱之説:

(1)"有仇必報"説。這是一種高拱"報復"隆慶閣臣,從而否定其改革功績之説。"高拱没有膽識和度量擺脱一己之私仇……高拱要想有所作爲又丟不開個人恩怨,這就失去了改革的重要前提,再也不可能邁出前進的步伐。"[①]"高拱報復徐階的確是深文周納,無所不用其極了,甚至遠遠超過'罪不原其情,而以深入爲公;過不察其實,而以多訐爲直'的刻薄之習了。"[②]"這位一向有仇必報的落難權臣,實在按捺不住内心的憤怒。況且極度仇恨的心理已嚴重損害了他的軀體,餘日已經不多。這一切都把他推到了不吐不快、不反撲不能自存的境地。於是《病榻遺言》問世……後來在推倒張居正過程中,成爲一股内在的力量。這股力量,不僅助長了朝廷對張的總清算,也加速了新政的垮臺、舊政的復辟。當然,高拱在身後達到了報復目的。"[③]

(2)"貪污納賄"説。有學者依據張廷玉《明史・高拱傳》"拱初持清操,後其門生、親串頗以賄聞,致物議"[④]爲依據,提出:"高拱迹涉索賄的問題……不可否認的是,高拱晚節不保,'苞苴之效彰,而廉隅之道喪'。"[⑤]有學者對此持存疑態度:"高拱本人是否貪賄?亦有待考證。"[⑥]

(3)"相材缺失"説。這是一種全盤否定高拱爲相素質和能力之説。高拱"心胸偏狹,缺少相的氣度;快意恩仇,不能和衷同事,缺少表率百官相容並包的博大胸襟,其爲相的素質是有缺憾的"。"高新鄭被驅逐與其做官做人的人格弱點有某種必然的關聯。高新鄭的相材是缺失的。""高新鄭也給我們提供了一個缺失某些相材的一代橫臣形象。"[⑦]

(4)"政治權謀"説。此説是將張居正冤案完全歸罪於高拱晚年

---

① 劉志琴:《張居正評傳》,第83頁
② 尹選波:《高拱的執政思想與實踐論略》,《史學月刊》2009年第4期。
③ 許敏:《關於高拱研究的幾個問題》,《中國史研究》2010年第4期。
④ 張廷玉等:《明史》卷二一三《高拱傳》。
⑤ 尹選波:《高拱的執政思想與實踐論略》,《史學月刊》2009年第4期。
⑥ 南炳文:《修訂中華點校本〈明史〉高拱、徐階二傳隨筆》,《史學集刊》2008年第4期。
⑦ 趙毅:《高新鄭相材缺失論》,《哈爾濱師範大學社會科學學報》2010年第1期。

所著《病榻遺言》,認定該書包含着高拱的"政治權謀",是明神宗最後處理張居正一案的强烈催化劑。如説:"現在張居正已經死後倒臺,但皇帝還没有下絶情辣手,這時高拱的遺著《病榻遺言》就及時地刊刻問世。""它的出版在朝野都産生了極大的影響,成爲最後處理張居正一案的强烈催化劑。"①"一般認爲,馮保、張居正是被萬曆皇帝打倒的。這種認識不錯,但不够全面,馮保、張居正、戚繼光的倒臺原因中包含着高新鄭政治權謀的因素。"②高拱的《病榻遺言》"可謂高新鄭爲其身後報復政敵的巧妙政治設計","對萬曆十年以後的明代政局影響極深"③。

(5)"輔助封貢"説。這是一種否定高拱是"俺答封貢"的主持者或決策人之説。"在封貢互市的争論中,居正占據主要的地位。這次決策的大功,當然由高拱、王崇古和張居正平分,但是居正却盡了最大的努力。"④"隆慶年間張居正是邊防事務的實際主持人",俺答封貢"是隆慶年間新政的最大成就,其中,張居正起了重要的策劃、推動作用"。⑤"從史料來看,方案的提出、步驟的細化、問題的解決思路,無一不出自張居正的手筆。高拱正是出於對張居正的友情和信任,才在這件事上大力支持張居正的……也就是説,張居正是策劃者,高拱是支持者。"⑥"在'隆慶和議'的過程中,張居正是主要策劃人,是起主要和決定性作用的。"⑦

(6)"留下爛攤"説。這是一種全盤否定高拱改革功績之説。"高拱留下來的是一個爛攤子","張居正接高拱留下來的那可是個

① 黄仁宇:《萬曆十五年》,中華書局 1982 年版,第 33、35 頁。

② 趙毅:《〈病榻遺言〉與高新鄭政治權謀》,《古代文明》2009 年第 1 期。

③ 同上注。

④ 朱東潤:《張居正大傳》,湖北人民出版社 1981 年版,第 115 頁。

⑤ 劉志琴:《張居正評傳》,第 91、105 頁。

⑥ 酈波:《風雨張居正》,中國民主法制出版社 2009 年版,第 102 頁。

⑦ 唐玉萍:《張居正、高拱在"隆慶和議"中的作用對比》,《赤峰學院學報》(哲學社會科學版)2010 年第 5 期。

爛攤子","一個内憂外患的爛攤子"。①

(7)"保全高拱"説。高拱罷官後,張居正與宦官馮保又借王大臣案密謀株連高拱,最後因朝臣反對而罷。但有的論者却極力爲張居正開脱,甚至提出張居正保全高拱有功:"誣陷高拱的王大臣案件,更是真真假假,雲籠霧罩……張居正是否參與密謀,没有確證,要説全不知情,那也未必。""張居正有没有參與其事,參與程度有多深,已成爲難解的歷史之謎。"②"就這樣,一場非常大的危機被張居正化解了,既保全了高拱能平安度過晚年,又顧及了馮保的面子,不至於讓他與内閣結仇。"③

(8)"新鄭横議"説。有學者提出張居正"借王大臣案而加害於新鄭,實非高明之舉。待其冷静下來亟於化解其事時,新鄭却骨鯁在喉,不吐不快,將對居正的滿腹惡氣,二人間的種種恩怨,盡書之於《病榻遺言》之中,後人因將其舉爲'横議'之列……新鄭的'横議',對於時人及以後人們的敢言,起到了推波助瀾的作用。這恐怕是馮保、居正以至新鄭本人都始料未及的事情"④。

此外,學界還提出了所謂"盡反階政"説、"罷官海瑞"説等,在此不再贅舉。這些醜詆、厚誣高拱之説,既不符合歷史事實,對高拱也有失公平公正。究其原因,主要有四:

其一,由於隆慶内閣權力之争而被誣陷。隆慶三年十二月,高拱復政,以大學士兼掌吏部事,不久晉陞内閣首輔仍兼吏部事。可謂手握掌權,獨斷朝綱。而張居正自入閣以來,雖有從閣員到次輔的陞遷,但其政治地位始終居於高拱之下。在封建集權體制下的這種權力格局,必然使張居正排逐高拱,謀奪首輔之位。"居正次拱相,拱多

---

① 酈波:《風雨張居正》,第141、193、156頁。

② 劉志琴:《張居正評傳》,第152~153、156頁。

③ 熊召政:《張居正冷處"行刺"危機》,《領導文粹》2008年第11期。

④ 商傳:《"王大臣案"小議》,載《高拱、明代政治及其他》,第178頁。

面折，居正銜之"[①]；"居正深中多智，恥居拱下，陰與保結爲生死交，方思所以傾拱"[②]。因此，隆慶六年三月，張居正趁穆宗有病之機，指使户科給事中曹大埜彈劾高拱"大不忠十事"，即"陛下有疾，自笑自若"；"無人臣禮，敢於自尊"；"復仇爲事，降黜善人"；"任人唯親，委以重任"；"蔽塞言路，恣其奸惡"；"欺上瞞下，結黨爲惡"；"排斥善類，專權放肆"；"因權納賄，贓迹大露"；"受賄容惡，朝臣不平"；"報復徐階，攬權貪功"。[③] 高拱當即對曹大埜這一"上關大義"、"下關名節"的劾疏，給予詳細疏辯，逐條駁斥。[④] 然而，現今有些論者却片面採信曹大埜的劾疏，無視高拱的辯疏，得出"並非不實之詞"的結論。如説："應該説，這'大不忠十事'並非不實之詞，但這一奏疏上得不是時候。"[⑤]又説："曹大埜彈劾高拱的種種不端，並非不實之詞，却立遭高拱報復，被降調外任。"[⑥]顯然，這既不符合歷史事實，也是導致明清至近現代有些史家醜詆、厚誣高拱的源頭。

其二，由於高拱具有某種性格缺弱而被否定。金無足赤，人無完人。當然，高拱也不例外。史載：高拱"性急寡容"[⑦]，"性直而傲"[⑧]，"强直自遂"，"負才自恣"[⑨]，"性剛而機淺"[⑩]等，但這並不能成爲否定高拱人品、爲官和爲政的依據。實際上，"公正廉直"才是高拱爲官做人之道。如世宗評其"慷慨立朝，公忠奉職"，"光明正大"，"直節

① 《明神宗實録》卷八四，萬曆七年二月乙巳。
② 文秉：《定陵注略》卷一《逼逐新鄭》。
③ 《明穆宗實録》卷六八，隆慶六年三月己酉。
④ 參見《明穆宗實録》卷六八，隆慶六年三月辛亥。
⑤ 樊樹志：《萬曆傳》，人民出版社 1993 年版，第 21 頁。
⑥ 劉志琴：《張居正評傳》，第 137 頁。
⑦ 《明神宗實録》卷八四，萬曆七年二月乙巳。
⑧ 萬斯同：《明史》卷三〇二《高拱傳》。
⑨ 張廷玉：《明史》卷二一三《高拱傳》、《郭朴傳》。
⑩ 《明神宗實録》卷三七〇，萬曆三十年三月丁卯。

勁氣”。[①] 穆宗評其“公正廉直”,“秉公持正”,“輔政忠勤,掌銓公正”[②],“精忠貫日,貞介絶塵”,“鞠盡瘁以不辭,當嫌怨而弗避”。[③] 其後,神宗爲高拱平反,追贈“特進光禄大夫”的誥命亦言“鋭志匡時,宏才贊理”,“位重多危,功高取忌”,“慷慨有爲,公忠任事”,“經綸偉業,社稷名臣”,“雖讒人之罔極,旋公道之孔昭”。[④] 嘉、隆、萬三朝皇帝的評價,是對高拱做人爲官之道的真實概括和充分肯定。高拱對其“公正廉直”的做人爲官之道也有明釋,言“惟清惟直,夙夜在公;曰慎曰勤,寅恭率屬”[⑤];“奮礪赤忠,堅守素節”;“不敢自顧身家而有虧於守,徒務形迹而有欺於心”;“國爾忘家,公爾忘私”[⑥];“必其至正,乃不奪於幹托之私;必其至公,乃不狃於愛憎之素”[⑦]。這種“公正廉直”的做人爲官之道,亦爲其正心、修身、齊家、治國的實踐所證實。而現今有的論者提出“在明代的首輔中,像高拱這樣有仇必報,性格偏狹的人並不多見。俗話説宰相肚裡能撑船,指的是度量和氣量,高拱就是氣度太小”[⑧],顯然,這是有悖於歷史事實的厚誣之詞。

其三,由於當世史家的是非恩怨而被醜詆。在明清史學家撰著的十二篇高拱傳記中,王世貞的《嘉靖以來首輔傳·高拱傳》是高拱逝世後最早的一篇政治性傳記,當撰於萬曆十八年王氏去世之前的數年之内。[⑨] 該傳運用形象誇張、虛構情節等文學手法,重點敘述高拱如何傾軋同僚,報復朝官,結黨營私,排斥異己,重用門生,貪贓索

---

① 高務觀:《東里高氏家傳世恩録》卷二《誥命》。
② 高拱:《綸扉稿》卷一《辭免兼任》諸疏。
③ 高務觀:《東里高氏家傳世恩録》卷二《誥命》。
④ 高務觀:《東里高氏家傳世恩録》卷五《誥命》。
⑤ 高拱:《獻忱集》卷四《謝禮部尚書兼翰林院學士疏》。
⑥ 高拱:《獻忱集》卷五《謝入閣入直》諸疏。
⑦ 高拱:《綸扉稿》卷一《懇乞天恩辭免重任疏》。
⑧ 熊召政:《政壇一把霹靂火——記老門士高拱》,《紫禁城》2010 年第 8 期。
⑨ 南炳文:《修訂中華點校本〈明史〉高拱、徐階二傳隨筆》,《史學集刊》2008 年第 4 期。

賄等，並給予否定性評價，如“大約新鄭狠於信州（夏言），而汰小未甚”；“拱剛愎强忮，幸其早敗；雖有小才，烏足道哉！”[①]在王氏筆下，高拱可謂是十惡不赦的政治罪人，“報復”成性的失德小人。該傳之所以以偏概全、曲筆武斷，渲染“報復”、背離史實，虚言浮誇、醜詆厚誣等諸多錯謬，不能秉持客觀公正的治史原則，就是因爲王世貞與高拱之間存在着是非恩怨[②]。該傳自問世以來，其影響至爲深遠。明清史家修撰的多部正史和野史，凡爲高拱立傳或與之相關之處，無不採信該傳資料，甚至有些地方一字不爽地加以抄録，這就進一步加深了對高拱的歷史偏見。該傳對現今史學界負面影響巨大。

其四，由於思想認識的偏見而被詆毁。認識和評價高拱，離不開徐階和張居正。明清時期，就有把高與張對立起來的傾向，“祖文襄，則絀文忠；祖文忠，則絀文襄”[③]；“進江陵者退新鄭，進新鄭者退江陵”[④]。然而，現代許多論者或囿於門户之見，或存有歷史偏見，或固守狹隘的地域觀念，仍然秉持“祖張絀高”的歷史偏見，判定張是事功卓著的政治家、改革家，而高則是“奸惡”、“横臣”。特别是一些歷史小説和人物評傳，如《張居正評傳》、《風雨張居正》等，爲了抬高、美化徐階和張居正，而把高拱塑造成反面人物，改革的反對派，全盤抹煞其改革事功和歷史貢獻，甚至將其改革事功和邊防功績完全戴到張居正頭上，對高拱不置一詞，由此形成“高冠張戴”的歷史偏見。顯然，這對高拱是不公平的，也是同歷史事實相悖的。

總之，對於高拱改革的研究，在其改革綱領、改革内容、改革歷史地位和作用等方面，這些年來都有全面深入的探討。這已經大致勾勒出高拱改革的立體輪廓和多彩畫面，其成果是顯著的、不容抹煞

---

① 王世貞：《嘉靖以來首輔傳》“序”和“野史氏曰”。

② 參見岳天雷：《王世貞與高拱的恩怨》，《博覽群書》2011 年第 1 期。

③ 馬之駿：《高文襄公集序》，載清康熙籠春堂刻本《高文襄公文集》。

④ 李永庚：《重修文襄高公祠堂記》，載清乾隆《新鄭縣誌》卷四《祠堂記》。

的。儘管其中還存在着許多争議、不同觀點，甚至還有醜詆、厚誣之詞、全盤抹煞其改革功績的現象，不過，我們堅信只要本着對歷史人物認真負責的態度，勿爲狹隘鄉曲觀念所支配，勿爲舊史學傳統所束縛，勿爲情緒化傾向所左右，就一定能够去僞存真，得出符合歷史實際的結論。由此看來，高拱改革研究仍然任重而道遠。

（本文根據作者《高拱研究的回顧與展望》一文改寫而成，並增加了近5年來學術界研究的新成果。原文刊於《河南大學學報》2010年第1期）

參考文獻

一、高拱文獻

高　拱:《外制集》,清康熙籠春堂刻本。

高　拱:《玉堂公草》,清康熙籠春堂刻本。

高　拱:《綸扉外稿》,清康熙籠春堂刻本。

高　拱:《獻忱集》,清康熙籠春堂刻本。

高　拱:《政府書答》,清康熙籠春堂刻本。

高　拱:《掌銓題稿》,清康熙籠春堂刻本。

高　拱:《南宫奏牘》,清康熙籠春堂刻本。

高　拱:《邊略》,清康熙籠春堂刻本。

高　拱:《程士集》,清康熙籠春堂刻本。

高　拱:《本語》,清康熙籠春堂刻本。

高　拱:《春秋正旨》,清康熙籠春堂刻本。

高　拱:《日進直講》,清康熙籠春堂刻本。

高　拱:《問辨録》,清康熙籠春堂刻本。

高　拱:《病榻遺言》,清康熙籠春堂刻本。

高　拱:《詩文雜著》,清康熙籠春堂刻本。

高務觀:《東里高氏家傳世恩録》,清康熙籠春堂刻本。

高有聞:《高文襄公文集》,清康熙籠春堂刻本。

高　拱:《高拱論著四種》,流水點校,中華書局 1993 年版。

高　拱:《問辨録》(外二種:《本語》、《春秋正旨》),岳金西、岳天雷校注,中州古籍出版社 1998 年版。

高　拱:《高拱全集》(上下册),岳金西、岳天雷編校,中州古籍出版社 2006 年版。

河南新鄭市高老莊存:《高氏族譜》、《高氏家乘》。

二、古籍文獻

《明武宗實録》,臺北“中央研究院”歷史語言研究所 1962 年影印本。

《明世宗實録》,臺北“中央研究院”歷史語言研究所 1962 年影印本。

《明穆宗實録》,臺北“中央研究院”歷史語言研究所 1962 年影印本。

《明神宗實録》,臺北“中央研究院”歷史語言研究所 1962 年影印本。

《萬曆起居注》,北京大學出版社 1988 年影印本。

《萬曆疏鈔》,《續修四庫全書》史部第四六九册。

《萬曆邸抄》,江蘇廣陵古籍刻印社 1991 年影印本。

郭正域:《合併黄離草》,北京出版社 2000 年版。

馬之駿:《高文襄公集序》,清康熙二十五年籠春堂刻本。

馬之駿:《妙遠堂全集》,《四庫全書存目叢書》集部第一八四册。

張居正:《張居正集》四册,湖北人民出版社 1994 年版。

張居正:《張太岳集》,上海古籍出版社 1984 年影印本。

張四維:《條麓堂集》,《續修四庫全書》本。

梁夢龍:《海運新考》,《玄覽堂叢書》本。

過庭訓:《本朝分省人物考》,上海古籍出版社 1995 年影印本。

黄宗羲:《明儒學案》,《黄宗羲全集》第七、八册,浙江古籍出版社 1992 年版。

羅欽順:《困知記》,中華書局 1990 年版。

葛守禮:《葛端肅公集》,清嘉慶七年樹滋堂刻本。

張　鹵:《皇明嘉隆疏抄》,《四庫全書存目叢書》史部七二、七三册。

沈　越:《皇明嘉隆兩朝見聞紀》,《四庫全書存目叢書》史部七册。

趙貞吉:《趙文肅公全集》,《四庫全書存目叢書》集部第一〇〇册。

馮夢龍:《智囊全集》,綫裝書局 2008 年版。

李維楨:《大泌山房集》,上海古籍出版社 1986 年版。

黄景昉:《國史唯疑》,上海古籍出版社 2002 年版。

歸有光:《震川文集》,臺灣中華書局 1981 年版。

徐開任:《明名臣言行録》,《明代傳記叢刊》本。

沈德符:《萬曆野獲編》,中華書局 1959 年版。

徐學謨:《世廟識餘録》,中國書店 1991 年版。

于慎行:《穀山筆麈》,中華書局 1984 年版。

王廷相:《王廷相集》,中華書局 1989 年版。

王守仁:《王陽明全集》,上海古籍出版社 1992 年版。

王世貞:《嘉靖以來首輔傳》,《叢書集成初編》,中華書局 1981 年影印本。

王世貞:《弇山堂别集》,中華書局 1985 年版。

王　材:《王稚川全集》,臺灣"中央研究院"傅斯年圖書館影印清雍正五年(1727)刊本。

王　圻:《續文獻通考》,現代出版社 1986 年版。

海　瑞:《海瑞集》,中華書局 1962 年版。

范守己:《御龍子集》,《四庫全書》卷一七九,集部三二。

焦　竑:《國朝獻徵録》,上海書店 1986 年影印本。

申時行:《賜閑堂集》,齊魯書社 1997 年影印本。

吴中行:《賜餘堂集》,齊魯書社 1997 年影印本。

吴伯與:《國朝内閣名臣事略》,《北京圖書館古籍珍本叢刊》本。

沈　鯉:《張太岳集序》,《張居正集》附録一,湖北人民出版社 1994 年版。

劉日昇:《慎修堂集》,漢學研究中心藏明泰昌元年原刊本。

支大綸:《支華平先生集》,齊魯書社 1997 年影印本。

朱國禎:《湧幢小品》,中華書局 1959 年版。

朱國禎:《皇明大事記》,《續修四庫全書》史部第四三一册。

賈三近:《皇明兩朝疏抄》,《續修四庫全書》史部四六五册。

何良俊:《四友齋叢説》,中華書局 1959 年版。

何喬遠:《名山藏》,北京出版社 1998 年影印本。

周世選:《衛陽先生集》,齊魯書社 1997 年影印本。

吴廷翰:《吴廷翰集》,中華書局 1984 年版。

羅汝芳:《羅汝芳集》,鳳凰出版社 2007 年版。

陳子龍:《明經世文編》,中華書局 1962 年版。

龍文彬:《明會要》,中華書局 1956 年版。

田藝蘅:《留青日劄》,上海古籍出版社 1985 年版。

孫承澤:《春明夢餘録》,北京古籍出版社 1992 年版。

唐鶴徵:《皇明輔世編》,《續修四庫全書》史部第五二四册。

尹守衡:《明史竊》,臺北華世出版社 1978 年影印本。

高汝栻:《皇明法傳録嘉隆紀》,《續修四庫全書》史部第三五七册。

陳治紀:《書張文忠公文集後》,《張居正集》第四册,附録一,湖北人民出版社 1994 年版。

許　國:《許文穆公集》,無錫許氏簡素堂 1924 年刻本。

萬斯同:《明史》,《續修四庫全書》本。

張廷玉:《明史》,中華書局 1974 年版。

談　遷:《國榷》,中華書局 1958 年版。

沈德潛、周凖:《明詩别裁集》,上海古籍出版社 1979 年版。

谷應泰:《明史紀事本末》,中華書局 1977 年版。

余繼登:《典故紀聞》,中華書局 1981 年版。

文　秉:《定陵注略》,北京大學出版社 1986 年影印本。

王鴻緒:《明史稿》,天津古籍出版社 1998 年版。

查繼佐:《罪惟録》,浙江古籍出版社 1986 年版。

夏　燮:《明通鑑》,中華書局 1959 年版。

魏　源:《聖武記》,中華書局 1984 年版。

宋學洙:《張文忠公遺事》,《張居正集》附録一,湖北人民出版社 1994 年版。

傅維鱗:《明書》,《叢書集成初編》本,中華書局 1985 年版。

孫奇逢:《孫奇逢集》,中州古籍出版社 2003 年版。

李永庚:《重修文襄高公祠堂記》,清乾隆四十一年《新鄭縣志》卷四《祠堂記》。

朱彝尊:《静志居詩話》,人民文學出版社 1990 年版。

吴承權:《綱鑒易知録》,中華書局 1960 年版。

阮元校刻:《十三經注疏》,中華書局 2009 年版。

永瑢等:《四庫全書總目》,中華書局 1965 年版。

李振裕:《白石山房文稿》,齊魯書社 1997 年影印本。

清乾隆《御選明臣奏議》,《文淵閣四庫全書》四四五册,臺灣商務印書館 1983 年影印本。

楊伯峻譯注:《論語譯注》,中華書局 1980 年版。

楊伯峻譯注:《孟子譯注》,中華書局 1981 年版。

楊伯峻撰:《春秋左傳注》,中華書局 1990 年版。

劉毓慶、李蹊譯注:《詩經》,中華書局 2011 年版。

許維遹集釋:《韓詩外傳集釋》,中華書局 2009 年版。

王先慎集解:《韓非子集解》,《諸子集成》(5),上海書店出版社 1986 年影印本。

劉向校、戴望校正:《管子校正》,《諸子集成》(5),上海書店出版社 1986 年影印本。

嚴可均校:《商君書》,《諸子集成》(5),上海書店出版社 1986 年影印本。

程顥、程頤:《二程集》,中華書局 2004 年版。

陸九淵:《陸九淵集》,中華書局 2010 年版。

張　載:《張載集》,中華書局 1978 年版。

胡安國:《春秋傳》,《四庫全書》本。

朱　熹:《四書章句集注》,中華書局 1983 年版。

朱　熹:《朱子語類》,中華書局 1986 年版。

朱　熹:《晦庵先生朱文公文集》,國家圖書館出版社 2006 年版。

陳　淳:《北溪字義》,中華書局 1983 年版。

孫希旦:《禮記集解》,中華書局 1989 年版。

許　衡:《許衡集》,東方出版社 2007 年版。

吕　坤:《吕坤全集》,中華書局 2008 年版。

陳耀文:《經典稽疑》,《四庫全書》本。

陸隴其:《四書講義困勉録》,《四庫全書》本。

清雍正《河南通志》,江蘇廣陵古籍刻印社 1987 年刻本。

清乾隆《新鄭縣志》,(清)黄本誠修纂,清乾隆四十一年(1776)刻本。

清乾隆《祥符縣志》,(清)張叔載修、魯曾煜纂,清乾隆四年(1739)刻本。

清同治《中牟縣志》,(清)吴若良修、路春林纂,清同治九年

(1870)刻本。

清道光《禹州志》,(清)朱煒修、姚椿、洪符孫纂,清道光十五年(1835)刻本。

民國《鄢陵縣志》,靳蓉鏡等修、蘇寶謙纂,民國二十五年(1936)刻本。

三、現代文獻

(一)專著

孟　森:《明清史講義》,中華書局1981年版。

朱東潤:《張居正大傳》,湖北人民出版社1981年版。

南炳文、湯綱:《明史》(上下),上海人民出版社2003年版。

黄仁宇:《萬曆十五年》,中華書局1982年版。

鄧之誠:《中華二千年史》第5卷(上),中華書局1983年版。

黄雲眉:《明史考證》第六、七册,中華書局1985年版。

嵇文甫:《嵇文甫文集》中、下册,河南人民出版社1990年版。

趙紀彬:《困知二録》,中華書局1991年版。

楊國楨、陳支平:《明史新編》,人民出版社1993年版。

樊樹志:《萬曆傳》,人民出版社1993年版。

張岱年主編:《中國唯物論史》,河南人民出版社1994年版。

林慶彰等主編:《明代經學國際研討會論文集》,臺北"中央研究院"中國文哲研究所籌備處1996年版。

關文發、顔廣文:《明代政治制度研究》,中國社會科學出版社1996年版。

韋慶遠:《隆慶皇帝大傳》,遼寧教育出版社1997年版。

韋慶遠:《張居正和明代中後期政局》,廣東高等教育出版社1999年版。

王興亞:《明代行政管理制度》,中州古籍出版社1999年版。

譚天星:《明代内閣政治》,中國社會科學出版社 1996 年版。

陳鼓應等主編:《明清實學思潮史》(上),齊魯書社 1989 年版。

王俊彦:《王廷相與明代氣學》,臺北秀威資訊科技股份有限公司 2005 年版。

葛榮晉:《王廷相和明代氣學》,中華書局 1990 年版。

葛榮晉主編:《中國實學思想史》中册,首都師範大學出版社 1994 年版。

葛榮晉:《王廷相生平學術編年》,河南人民出版社 1987 年版。

葛榮晉:《中國實學文化導論》,中共中央黨校出版社 2003 年版。

高令印、樂愛國:《王廷相評傳》,南京大學出版社 1998 年版。

張立文:《中國哲學範疇發展史》(人道篇),中國人民大學出版社 1995 年版。

孫聚友:《儒家管理哲學新論》,齊魯書社 2003 年版。

鄧志峰:《王學與晚明的師道復興運動》,社會科學文獻出版社 2004 年版。

張家驤:《中國貨幣思想史》,湖北人民出版社 2001 年版。

李書增等主編:《中國明代哲學》,河南人民出版社 2002 年版。

張顯清等主編:《明代政治史》,廣西師範大學出版社 2003 年版。

李　霞:《道家與中國哲學》(明清卷),人民出版社 2004 年版。

劉志琴:《張居正評傳》,南京大學出版社 2006 年版。

馬振芳:《在歷史與虚構之間》,北京大學出版社 2006 年版。

陳時龍:《明代中晚期講學運動(1522 ~ 1626)》,復旦大學出版社 2007 年版。

毛佩琦:《明朝頂級文臣》,花山文藝出版社 2007 年版。

劉澤華主編:《中國傳統政治哲學與社會整合》,中國社會科學出版社 2000 年版。

劉衛東:《河南書院教育史》,中州古籍出版社 1991 年版。

白壽彝總主編、王毓銓主編:《中國通史》第九卷,上海人民出版社1999年版。

吴　震:《明代知識界講學活動繫年》,學林出版社2003年版。

宗志罡主編:《明代思想與中國文化》,安徽人民出版社1994年版。

楊　鐸:《張江陵年譜》,商務印書館1934年版。

侯外廬等著:《宋明理學史》,人民出版社1987年版。

容肇祖:《明代思想史》,齊魯書社1992年版。

容肇祖:《容肇祖集》,齊魯書社1992年版。

張學智:《明代哲學史》,北京大學出版社2000年版。

[美]牟復禮、[英]崔瑞德編:《劍橋中國明代史》,中國社會科學出版社1992年版。

梁方仲:《梁方仲經濟史論文集》,中華書局1989年版。

賈　征:《潘季馴評傳》,南京大學出版社1996年版。

崔大華:《儒學引論》,人民出版社2001年版。

姜廣輝:《中國經學思想史》(第三、四卷),中國社會科學出版社2010年版。

楊國榮:《善的歷程——儒家價值體係研究》,上海人民出版社2006年版。

蔡仁厚:《儒家的常與變》,臺灣東大圖書公司1990年版。

李瑞全:《儒家生命倫理學》,臺灣鵝湖出版社1992年版。

陳正夫、何植靖:《許衡評傳》,南京大學出版社1995年版。

盧連章:《程顥程頤評傳》,南京大學出版社2001年版。

馬　濤:《吕坤評傳》,南京大學出版社2011年版。

田　澍:《嘉靖革新研究》,中國社會科學出版社2002年版。

田　澍:《正德十六年——"大禮議"與嘉隆萬改革》,人民出版社2013年版。

展　龍:《張居正改革時期民族政策研究》,人民出版社 2013 年版。

王春瑜:《中國反貪史》,四川人民出版社 2000 年版。

岳天雷:《高拱研究文集》,中州古籍出版社 2011 年版。

岳天雷:《高拱實學實政論綱》,吉林大學出版社 2006 年版。

牛建强等主編:《高拱、明代政治及其他》,河南大學出版社 2011 年版。

趙世明:《高拱與隆慶政治》,西南交通大學出版社 2014 年版。

（二）報刊論文

嵇文甫:《張居正的學侶和政敵——高拱的學術》,《河南民報》1946 年 10 月 25 日至 11 月 1 日連載。

嵇文甫:《論高拱的學術思想》,《哲學研究》1962 年第 3 期。

嵇文甫:《再論高拱的學術思想》,《光明日報》1963 年 4 月 5 日。

李慎儀:《試論高拱的哲學思想》,《中州學刊》1981 年第 1、2 期。

蔣星煌:《〈高文襄公文集〉與海瑞罷官事件》,《讀書》1982 年第 1 期。

趙紀彬:《高拱權説辯證》,《中州學刊》1982 年第 4 期。

李　威:《明代政治家和思想家高拱》,《中州今古》1984 年第 1 期。

張鳴芳:《試論高拱整頓吏治的思想》,《遼寧廣播電視大學學報》1986 年第 3 期。

王宗虞:《高拱的用人思想》,《中州學刊》1986 年第 5 期。

王興亞:《高拱的吏治思想及其改革》,《商丘師專學報》(社會科學版)1987 年第 1 期。

王興亞:《高拱振興吏治的主張與實踐》,《領導科學》2003 年第 15 期。

牟鐘鑒:《論高拱》,《中州學刊》1988 年第 5 期。

牟鐘鑒:《高拱的實政論及其理論基礎》,載陳鼓應等主編《明清實學思潮史》上册,齊魯書社 1989 年版。

李勤奎:《促成"俺答封貢"的首功當屬高拱》,《天中學刊》1992 年第 1 期。

趙丙煥:《新鄭縣發現明神宗賜給高拱的誥命》,《文物》1994 年第 11 期。

鍾彩鈞:《高拱的經學思想》,載林慶彰主編《明代經學國際研討會論文集》,臺北"中央研究院"中國文哲研究所籌備處 1996 年版。

許　敏:《高拱傳》,載白壽彝總主編:《中國通史》第 9 卷"明時期",上海人民出版社 1999 年版。

許　敏:《關於高拱研究的幾個問題》,《中國史研究》2010 年第 4 期。

胡　凡:《論明穆宗時期實現俺答封貢的歷史條件》,《中國邊疆史地研究》2001 年第 1 期。

王天有:《試論穆宗大閲與俺答封貢》,《北京大學學報》1987 年第 1 期。

張鳴芳:《高拱的考核思想及其哲學基礎》,《當代法學》2001 年第 4 期。

張鳴芳:《高拱整頓吏治的理論和實踐》,《法學雜志》2007 年第 1 期。

高德、高亮:《高拱對五行説的批評》,載《秩序論——象數學及中醫哲學理論實質》,内蒙古人民出版社 2002 年版。

趙世明:《新時期高拱研究述評》,《天中學刊》2004 年第 1 期。

顔廣文:《高拱與"俺答封貢"》,《廣東教育學院學報》2004 年第 1 期。

羅宗强:《隆慶、萬曆初當政者的文學觀念》,《文學遺産》2005 年第4期。

陳時龍:《隆慶與萬曆前十年的講學與反講學——以徐階、高拱、張居正爲核心》,《復旦史學集刊》2005年創刊號。

南炳文:《修訂中華點校本〈明史〉高拱、徐階二傳隨筆》,《史學集刊》2008年第4期。

趙世明:《高拱軍備邊防建設及其歷史地位》,《哈爾濱學院學報》2007年第12期。

趙世明:《高拱"盡反階政"淺析》,《殷都學刊》2008年第1期。

李良品:《明代貴州水西"安氏之亂"的起因、性質與處置》,《貴州社會科學》2008年第2期。

周書燦:《高拱的經學貢獻》,《淮陰師範學院學報》(哲學社會科學版)2008年第5期。

[日]城地孝:《張居正政治的生成過程——明代隆慶時期内閣政治與北邊防衛政策的展開》,《北大史學》抽印本(13),北京大學出版社2008年版。

趙　毅:《〈病榻遺言〉與高新鄭政治權謀》,《古代文明》2009年第1期。

趙　毅:《高新鄭相材缺失論》,《哈爾濱師範大學社會科學學報》2010年第1期。

岳金西:《高拱〈病榻遺言〉考論——與趙毅教授商榷》,《古代文明》2009年第3期。

岳金西:《高拱缺失相材嗎?——與趙毅教授商榷之二》,《哈爾濱師範大學社會科學學報》2012年第2期。

朱鴻林:《高拱與明穆宗的經筵講讀初探》,《中國史研究》2009年第1期。

朱鴻林:《高拱經筵内外的經説異同》,載曾一民主編《林天蔚教授紀念文集》,臺北文史哲出版社2009年版。

彭　勇:《因循與變通:高拱的民族觀和民族政策簡論》,《中央民族大學學報》(哲學社會科學版)2009 年第 2 期。

尹選波:《高拱的執政思想與實踐論略》,《史學月刊》2009 年第 4 期。

牛建强:《居閣期間的高拱與河南地方政治》,《史學月刊》2009 年第 5 期。

李　冰:《新時期高拱改革研究綜述》,《河南教育學院學報》(哲學社會科學版)2009 年第 4 期。

李　冰:《張璁、高拱、張居正三人的時代——嘉隆萬改革述論》,《赤峰學院學報》(漢文哲學社會科學版)2009 年第 9 期。

喬鳳岐:《高拱的育人用人思想略論》,《蘭臺世界》2009 年第 18 期。

王　雄:《高拱與明隆慶朝的北邊防禦》,《廣播電視大學學報》(哲學社會科學版)2009 年第 4 期。

林金樹:《高拱和張居正民生思想研究》,《明史研究》第十一輯(2010 年 9 月)。

毛佩琦:《張居正改革,一個神話——爲張居正正名》,《晉陽學刊》2010 年第 4 期。

唐玉萍:《張居正、高拱在"隆慶和議"中的作用對比》,《赤峰學院學報》(漢文哲學社會科學版)2010 年第 5 期。

康　華:《精編〈高拱全集〉,構建學術體系》,《南都學刊》2010 年第 4 期。

吕延明、顔廣文:《"張居正改革"、"隆萬改革",還是"嘉隆萬改革"——明朝中期改革運動稱謂的界定》,《廣東教育學院學報》2010 年第 4 期。

商　傳:《"王大臣案"小議》,載《高拱、明代政治及其他》,河南大學出版社 2011 年版。

熊召政:《政壇一把霹靂火——記老鬥士高拱》,《紫禁城》2010年第8期。

劉祥學、余同元:《嘉隆政局與高拱對西北邊疆的治理》,載《高拱、明代政治及其他》,河南大學出版社2011年版。

田 澍:《震蕩與調適:隆慶政治的走向》,《社會科學輯刊》2011年第2期。

田 澍:《嘉靖革親視野下的張居正》,《學術月刊》2012年第6期。

岳金西:《高拱的懲貪方略及代價》,《古代文明》2011年第1期。

趙世明:《"俺答封貢"的決策問題》,《天水師範學院學報》2011年第1期。

趙世明:《我國明朝中後期重商略論》,《商業研究》2012年第5期。

陳寒鳴:《高拱儒學思想漫議》,《燕山大學學報》(哲學社會科學版)2012年第1期。

張 鑫:《試析隆慶初高拱的首次休罷》,《天中學刊》2012年第4期。

任 昉:《高拱〈病榻遺言〉性質新探——以隆慶六年六月"庚午政變"爲綫索》,《歷史文獻研究》(總第32輯),華東師範大學出版社2013年6月版。

岳天雷:《由學侶到政敵——論高拱與張居正的關係》,《廣東第二師範學院學報》2011年第4期。

岳天雷:《朱熹論"權"》,《香港中文大學中國文化研究所學報》第56期(2013年1月)。

岳天雷:《趙紀彬"權説"研究述評——爲紀念趙先生逝世30周年而作》,《河南大學學報》(社會科學版)2012年第2期。

岳天雷:《高拱的南疆整頓及其功績》,《哈爾濱師範大學社會科學學報》2013 年第 2 期。

岳天雷:《理學權説析論——以程頤、朱熹、高拱爲中心》,《中原文化研究》2013 年第 1 期。

岳天雷:《張居正密謀"王大臣案"的確證——兼論道德評判的必要性》,《哈爾濱師範大學社會科學學報》2011 年第 5 期。

岳天雷:《醜詆與厚誣:高拱"報復"問題辨析——以王世貞〈嘉靖以來首輔傳·高拱傳〉爲中心》,《哈爾濱師範大學社會科學學報》2011 年第 3 期。

岳天雷:《高拱與張居正關係之逆變》,《哈爾濱師範大學社會科學學報》2013 年第 1 期。

岳天雷:《高拱留下來的是"爛攤子"嗎?——兼評酈波先生的〈風雨張居正〉》,《中國圖書評論》2011 年第 1 期。

岳天雷:《"寬嚴"與高拱的教學智慧》,《光明日報》2014 年 2 月 15 日。

岳天雷:《高拱與恩師、同年、門生關係考略》,《遼東學院學報》2015 年第 1 期。

岳天雷:《高拱與姻親、鄉梓關係考略》,《商丘師範學院學報》2015 年第 7 期。

岳天雷:《緬懷高拱詩詞考略》,《河南教育學院學報》2014 年第 5 期。

(三)學位論文

林怡伶:《高拱理學思想之研究》,臺灣"中國文化大學"1990 年碩士論文。

金程豐:《高拱改革與明中後期政局》,華南師範大學 2002 年碩士論文。

趙世明:《高拱改革研究》,西北師範大學 2004 年碩士論文。

陳　娟:《高拱及其著作三種考述》,蘭州大學 2006 年碩士論文。

翟　禹:《嘉靖年間明蒙邊境戰爭研究》,内蒙古大學 2008 年碩士論文。

劉　萍:《論隆慶帝及其時代》,山東大學 2009 年碩士論文。

李　冰:《高拱經濟思想及其改革研究》,西北師範大學 2010 年碩士論文。

范菲菲:《隆慶革新研究》,山東大學 2010 年碩士論文。

徐智敏:《明隆慶能臣高拱之研究》,臺灣"中央大學"2012 年碩士論文。

孫　傑:《明中後期的義利之辨——以王陽明、高拱、李贄爲中心》,厦門大學 2013 年博士論文。

邱真真:《高拱文學思想研究》,蘭州大學 2014 年碩士論文。

劉小麗:《高拱性格特徵探微》,西南大學 2014 年碩士論文。

人名索引

一、索引收録年譜正文中主要古代人名，近現代人名略去不收。

二、索引依據英文字母序列排序。每一序列按姓名所在頁碼先後順序編排，相同姓氏亦按頁碼順序排列。

三、年譜正文中的人名凡以字、號、謚號、晚號、地望、官稱、尊稱等出現者，本索引均以姓名全稱作爲主索引詞，并在主索引词後括号内标出。

四、年譜正文内引用文獻對少數民族多有誣蟣或貶义之詞。本索引依據其特指，一律將其姓名作爲主索引詞。

A

B

C

D

F

G

H

J

P

Q

R

S

W

後　記

大約 20 年前,我與家父在編校《高拱全集》過程中,便產生了編著高拱年譜的想法,後著成《高拱大事年譜》,并將其作爲附録三輯入《高拱全集》。這一年譜雖屬首創,具有一定的學術價值,但也存在著諸多不足或缺漏之處,如:因篇幅所限,譜主的家族世系、生平事迹没有得到全面展現;偏重譜主的政治事功,其著作撰述、版本流變、學術成就等内容顯得薄弱;現今學術界有關譜主的研究成果,特别是有關學術争論的内容没有汲取和採納;引用文獻資料較少,且没有注明出處,爲進一步研究帶來不便。

鑒於上述情況,筆者考慮再三,覺得重新編著一部高拱年譜長編很有必要。爲此,筆者做了三項工作:其一,以《高拱全集》爲基本史料,搜集了明正德、嘉靖、隆慶、萬曆四朝《實録》和新鄭高氏族譜、碑刻、傳記、地方誌等諸多文獻資料,爲撰寫年譜長編提供史料依據;其二,對搜集到的文獻資料加以考辯、對校、甄别,以確定譜主的生平身世、政治事功、學術活動、著作撰述及其刊刻日期,以便入譜;其三,有些文獻資料如高拱的詩詞、對聯、壽序、雜記、行狀、祭文、墓誌銘等没有明確的撰寫日期,對此,年譜或依據文獻資料所述歷史事件發生的時間來確定,或依據旁證資料提供的日期來確定,或依據事件發生的先後時序來推定。通過上述工作,以確保年譜内容的真實性、可靠性,準確反映譜主的活動全貌。譜主是明中後期著名的政治家和思想家，也是明清至今頗有争議的歷史人物。編著這本年譜長編只是希望全面、準確地反映譜主的生平事迹、改革功績和學術貢獻，也爲學術界全面研究譜主及其明中後期歷史提供一部完整的編年資料。

在拙著完成之際，首先要感謝郭寶平先生！郭先生是明清史專家韋慶遠先生的高足，史學功底深厚，見解新穎獨到，對明代歷史頗有研究。多年來，郭先生發奮進取，筆耕不輟，已有多部明史傳記問世，如《當權不過如此——張居正的權力生涯》、《謀位——張居正從少年到國相》、《最有權勢的讀書人——張居正》等。筆者在編著這本年譜過程中，郭先生又鼎力相助，褒愛有加，這使我深受感動。在此，特向郭先生表達最誠摯的謝意！

長期以來，我的研究工作得到了河南工程學院副校長董浩平教授、副校長許瑞超教授、科研處處長王生交教授、人文社科學院院長桂玉教授、圖書館館長盧有才教授的關懷和支持。特别是在他們的倡導和支持下，2013 年學校成立了"黄帝故里文化研究中心"，這不僅爲我的研究工作搭建了學術平臺，而且也爲這本拙著的出版提供了經費資助。對此，特向他們表示衷心的感謝！

最後，還要感謝中州古籍出版社的各位領導和同仁！筆者先前出版的《高拱全集》、《〈問辨録〉校注》和《高拱研究文集》三本拙作，就是在該社大力支持下才得以出版的。這本年譜長編的出版，一如既往地得到了社長張存威先生、總編輯趙學軍博士和責任編輯賈保倩女士的鼎力支持，對他們付出的辛勞，我也深表謝意！

兹因筆者天資駑鈍，學識有限，這本年譜長編肯定會有諸多不確乃至錯謬之處，敬請專家和讀者批評賜教。

岳天雷

2015 年 9 月於鄭州

圖書在版編目（CIP）數據

高拱年譜長編 / 岳天雷編著. — 鄭州：中州古籍出版社，2017.9

ISBN 978-7-5348-6458-2

Ⅰ. ①高… Ⅱ. ①岳… Ⅲ. ①高拱（1513 ~ 1578）—年譜 Ⅳ. ①K827=48

中國版本圖書館CIP數據核字（2016）第154036號

高拱年譜長編

責任編輯：賈保倩
責任校對：劉 群
裝幀設計：曾晶晶

出 版 中州古籍出版社
地址：河南省鄭州市經五路66號
郵編：450002
電話：0371-65788693
經 銷 新華書店
承 印 鄭州市毛莊印刷廠
開 本 640mm × 960mm 1/16
印 張 36.75印張
字 數 480千字
版 次 2017年9月第1版
印 次 2017年9月第1次印刷
定 價 98.00圓